本書出版得到國家古籍整理出版專項經費資助

尚書校詁

雒江生 校詁

中華書局

圖書在版編目(CIP)數據

尚書校詁/雒江生校詁. —北京:中華書局,2018.8
ISBN 978-7-101-13076-8

Ⅰ.尚… Ⅱ.雒… Ⅲ.①中國歷史-商周時代②《尚書》-研究 Ⅳ.K221.04

中國版本圖書館 CIP 數據核字(2018)第 022440 號

責任編輯: 王 勇

尚書校詁

雒江生 校詁

*

中華書局出版發行

(北京市豐臺區太平橋西里 38 號 100073)

http://www.zhbc.com.cn

E-mail:zhbc@ zhbc.com.cn

北京瑞古冠中印刷廠印刷

*

880×1230 毫米 1/32 · 19⅞印張 · 4 插頁 · 480 千字

2018 年 8 月北京第 1 版 2018 年 8 月北京第 1 次印刷

印數:1-3000 册 定價:82.00 元

ISBN 978-7-101-13076-8

雒江生先生在書房近影

漢熹平石經今文尚書盤庚殘石

魏正始三體石經古文尚書多士殘石

尚書校詁目録

晚書校詁目錄

尚書校詁自序

尚書爲中國最古之史書經典，是夏商周三代政治制度史之概要。先秦古籍引尚書皆稱書，自漢初始定名爲尚書。太平御覽學部引西漢劉歆七略云：「尚書，直言也，始歐陽氏先名之。」按：廣雅釋詁云：「直，正也。」是「直」謂正當，正確切當之義，言稱書之名爲尚書，是正確切當言其書名。而所謂正確切當者，東漢劉熙釋名釋典藝云：「尚書：尚，上也，以堯爲上始而書其時事也。」按：「尚」與「上」通，本字爲「上」，故尚書即「上古史書」。而云「始歐陽氏先名之」者，史記儒林列傳云：「伏生者，濟南人也，故爲秦博士。孝文帝時，欲求能治尚書者，乃聞伏生能治。伏生教濟南張生及歐陽生，歐陽生教千乘兒寬；兒寬既通尚書。」又漢書儒林傳云：「歐陽生字和伯，千乘人也。事伏生，授倪寬，寬又受業孔安國。」按：孔安國爲漢武帝博士，是從西漢初文帝至武帝時，傳伏生尚書者爲歐陽生、倪寬、孔安國。蓋伏生正確切當言稱書之名爲尚書，而歐陽生開始先傳授此名，故知自漢初始定名爲尚書。

伏生所傳尚書二十八篇，用當時通行隸字書寫，故名今文尚書。而史記儒林列傳、漢書儒林傳皆曰二十九篇者，向、歆父子皆有説明。唐孔穎達尚書序疏引西漢劉向別録云：「武帝末，民有得泰誓書於壁内者，獻之。與博士，使讀説之，數月，皆起傳以教人。」又唐李善文選移書讓太常博士注引劉歆七略云：「孝武皇帝末，有人得泰誓書於壁中者，獻之。與博士，使讚説之，因傳以教。」是伏生今文尚書本二十八篇，司馬遷以新得泰誓一篇加入，總言二十九篇，而班固漢書因之，遂啟後世之疑。

伏生今文尚書本居正統地位，于武帝時立于學官。而又有古文尚書出現，與今文尚書争勝。史記儒林列傳云：「孔氏有古文尚書，而安國以今文讀之，因以起其家。逸書得十餘篇，蓋尚書滋多於是矣。」又漢書藝文志云：「古文尚書者，出孔子壁中。武帝末，魯共王壞孔子宅，欲以廣其宮，而得古文尚書及禮記、論語、孝經凡數十篇，皆古字也。孔安國者，孔子後也，悉得其書，以考二十九篇，得多十六篇，安國獻之。遭巫蠱事，未列於學官。劉向以中古文校歐陽、大小夏侯三家經文。」而王充論衡正説篇云：「至孝景帝時，魯共王壞孔子教授堂以爲殿，得百篇尚書於牆壁中。武帝使使者取視，莫能讀者，遂祕於中，外不得見。至孝成皇帝時，徵爲古文尚書學。」按：所謂「古字」者，蓋即不同於秦篆漢隸之古文字。今以説文古文、魏三體石經之古文與出土先秦古文字相較，説文古文、魏石經古文多有失真，不合先秦古文字，是則用漢代流傳之古文奇字書寫，故名古文尚書。而「安國以今文讀之」者，謂孔安國用漢隸書寫之今文尚書對照釋讀流俗古文奇字書寫之古文尚書，即用隸書寫定古文尚書，以便閲讀，此即所謂「隸古定」。而所謂「中古文」者，即中央内府所藏古文尚書。以論衡校漢書，可明二事。一爲魯恭王壞孔壁得古文尚書在漢景帝時，班志以爲「武帝末」者，當爲「景帝末」。二爲劉向於漢成帝時奉詔校書，用以校勘歐陽、大小夏侯三家今文尚書之「中古文」，即孔安國所得之古文尚書而于武帝時祕藏中央内府者，非另有「中古文」之古文尚書。此爲中國文獻學史上之要事，故當于此明之。

孔壁本古文尚書至東漢漸顯，傳授名家有杜林、賈逵、許慎、馬融、鄭玄，尤以馬融弟子鄭玄爲殿後經學大師。但漢靈帝熹平四年蔡邕等奏定五經文字，刻石立碑洛陽太學門外，使天下學者取正，于尚書則用今文尚書而不用古文尚書，仍顯示其今文正統地位。雖然魏正始年間刻三體石經用古文尚書，但經西晉永嘉之亂，真今文尚書與真古文尚書俱亡，唯存漢石經與魏石經斷碑殘句以見今文古文一斑，而今文古文全經皆不復見于人間。

東晉元帝時，豫章内史梅賾獻名爲孔安國傳注之古文尚書，比今文尚書二十八篇多出二十五篇。這部古文尚書從六朝至隋唐未有疑之者。唐初貞觀間孔穎達等奉敕撰五經正義，則用此孔氏傳本古文尚書作尚書正義，使其取得正統地位。天寶間衛包奉詔改字，開成間刻立石經尚書，皆確信爲真書。至宋代學者始疑其僞，首疑者爲北宋吴棫。南宋朱熹則直指爲假書。朱子語類論尚書云：「孔壁所出尚書，如禹謨、五子之歌等篇皆平易，伏生所傳皆難讀。如何伏生偏記得難底，至於易底全記不得？」又云：「某嘗疑孔安國書是假書。兼小序皆可疑。」「尚書孔安國傳，此恐是魏晉間人所作，托安國爲名。」這雖然已表現朱子非凡學術眼光，但仍主要從文字難易體味其非先秦真書。而至明代學者梅鷟，則開始從先秦古籍文獻中蒐集多出二十五篇雜取拼湊之證據。清康熙時閻若璩更進一步廣輯作僞文獻證據，撰尚書古文疏證，完成對僞書二十五篇及僞孔傳的辨僞工作。從北宋至清初，經過五六百年的辨僞考證，使東晉出現的古文尚書及孔氏傳是僞書成爲鐵案。但又所幸依賴這部僞書保存二十八篇今文尚書和相同内容的古文尚書，其餘二十五篇才是名符其實的僞古文尚書。雖然二十八篇文字已非真今文與古文原貌，其實是今文古文之混合，而大體可見漢代以前尚書面目，作爲學者研究尚書之依據。以上爲尚書版本流傳大概。

西漢學者以研究今文尚書爲主。漢書藝文志有伏生尚書大傳四十一篇，傳是解説之義。唐初陸德明經典釋文序録云：「尚書大傳三卷，伏生作。」大傳本四十一篇，至隋唐時編爲三卷書。此書至宋代已無完帙。清代陳壽祺有尚書大傳輯校三卷，爲伏書四十一篇之遺，雖殘書猶可見尚書最早説解，伏生講論風範。伏生後學歐陽和伯、夏侯勝、夏侯建，世稱歐陽、大小夏侯今文三家，皆撰有尚書章句，章句猶今之注析。經西晉永嘉之亂，今文三家章句亦亡，今有清代馬國翰玉函山房輯佚書輯本殘卷。西漢今文尚書之訓釋流傳至今者，以司馬遷史記中之訓詁最爲重要。漢書儒林傳云：「司馬遷亦從安國問故。」按：故與詁通，謂訓詁。孔安國爲孔子十二代孫，世傳文字訓詁之學。大戴禮記小辨篇記孔子教魯哀公學爾雅云：「爾雅以觀於古，足以辨言矣。」爾雅一書爲中國訓詁學之鼻祖，相傳創作自周公，增補於孔子及弟子，寫定於漢初。是孔安國文字訓詁家學淵源，且既通伏生今文尚書，又通孔壁古文尚書。司馬遷有如此博通之師，故文字訓詁淵源有自，是對應爾雅訓詁解讀今文尚書第一大家。其以漢代今語訓釋尚書古言，即所謂用訓詁代經文，俱見于史記五帝、夏、殷、周諸本紀及相關世家。如堯典云「庶績咸熙」，五帝本紀訓詁字作「衆功皆興」，是用爾雅釋詁「庶，衆也」，「績，功也」，「咸，皆也」，「熙，興也」之訓詁。又如皋陶謨云「載采采」，夏本紀訓詁字作「始事事」，載與哉通，是用爾雅釋詁「哉，始也」，「采，事也」之訓詁。史遷對應爾雅訓詁解讀尚書古文，爲後代用訓詁解讀尚書佶屈聱牙古文之楷則。而首先揭明其法式者爲班固。漢書藝文志云：「書者，古之號令。號令於衆，其言不立具，則聽受施行者弗曉。古文讀，應爾雅故，解古今語而可知也。」按：「古文」謂尚書佶屈聱牙之古文。廣雅釋詁云：「讀，説也。」是讀謂説解，亦謂解讀。應謂對應，即對照。故與詁通，謂訓詁。王引之經傳釋詞云：「而，猶則也。」言尚書古文之解讀，對照爾雅之訓詁，解釋古今異語則可知曉其義。班固可謂史遷訓詁知音。今人于班志此文斷句説解頗多分歧，故今略説于此，異日將撰專文詳明之。

東漢中期以後，由于古文經學顯盛，尚書研究以古文爲主。賈逵撰古文尚書訓。其弟子許慎著説文解字，多引古文尚書證説字義；並據古文考校今文異同，撰五經異義。其後馬融作尚書傳，弟子鄭玄作尚書注，皆注古文尚書全經，世稱馬、鄭古文尚書。鄭玄是中國經學研究史上第一位集大成經學大師。他遍注羣經，尤以尚書注、毛詩箋、三禮注最爲重要。尚書注九卷，雖以古文經説爲主，亦兼採今文經説入注，一如作毛詩箋以尊毛傳古文經説爲主，亦兼採三家詩今文經説，是東漢尚書注解集大成著作。從漢末經魏晉南北朝，其間雖有王肅作尚書注與其立異争勝，但鄭氏尚書注仍不失爲顯學。東晉所出之僞古文尚書孔氏傳雖係僞托，但因其能汲取漢魏尚書訓詁成就，故其説解多有可取。黄侃先生講尚書條例云：「僞書自不可據，而僞傳則過半可從。與其信後人肊説，何如僞傳尚爲近古乎？」此爲公允之論。或云僞傳出自王肅，肅本魏時與鄭學抗衡之經學大師。或云出自鄭沖，沖乃西晉傳授馬、鄭古文尚書訓詁名家，其學力皆足以作傳。而所以托名孔安國者，蓋欲尊顯其學術。唐初孔穎達等撰五經正義，于尚書不辨真僞，以僞古文尚書孔氏傳「其辭富而備，其義弘而雅」，遂選爲經文經注，僅于正義疏文摘引馬融、鄭玄、王肅注以備參考，于是僞孔氏傳本古文尚書獨尊，馬、鄭古文尚書傳注遂廢，是尚書訓詁史上之失誤。

宋代學術雖然逐漸進入理學時代，但漢唐徵實學風仍體現于經書之注解。北宋注尚書之書，以王安石新經尚書義、蘇軾東坡書傳較爲重要。王氏注經頗重文字訓詁，宋王闢之澠水燕談録云："公之治經，尤尚解字。"爲配合解經，著字説二十卷。書義、字説皆獨立思考之作，不依傍舊説注經釋字。雖遭譏摘，猶風行學林六十年，因新政失敗而其書被廢不傳。蘇氏書傳因政見不同而反對王書，但解經能實事求是。如校禹貢雍州"織皮崑崙析支渠搜，西戎即敘"十二字云："其文當在『厥貢惟球琳琅玕』之下，『浮于積石』之上，簡編脱誤，不可不正。"對蘇氏此説，不僅宋代理學派經學家蔡沈于書集傳説"愚謂梁州亦篚織皮，恐蘇氏之説爲然"，就連清代漢學家亦肯定其是。鄧廷楨雙硯齋筆記卷一云："以韻讀之，亦可以證蘇説之是。蓋禹貢多作韻語，如冀州之陽與漳韻，兖州之繇與條韻，揚州之豬與居韻，夭與喬韻，豫州之豬與壚韻。而雍州獨多，『漆沮既從，灃水攸同』，從、同爲韻；『荆岐既旅，終南惇物，至于鳥鼠，原隰厎績，至于豬野，三危既宅，三苗丕敘，厥土惟黄壤，厥田惟上上，厥賦中下』，旅、鼠、野、宅、敘、下皆韻，則『西戎即敘』之敘，正與上文相蒙爲韻，不當間以他語也。"宋代學者僅從前後文例推斷簡編脱誤，清代學者轉從上下韻語考定其必爲錯簡，可謂後出轉精。南宋尚書注解名著，先有林之奇尚書全解，雖學派理學正宗，但注經能求實創新。如注禹貢"彭蠡既豬，陽鳥攸居"云："諸儒之説皆以陽鳥爲雁，竊獨疑之。此篇所敘治水，詳見於九州之下者，莫非地名。此州上言『彭澤』，下言『三江』、『震澤』，獨於此三句中言雁，非惟文勢不稱，考之九州，亦無此例也。夫雁之南翔，乃其天性，豈其洪水未平，遂不南翔乎？古地名取諸鳥獸，如虎牢、犬邱之類多矣。左昭二十年『公如死鳥』，杜注：『衛地名。』又鄭有鳴雁在陳留縣，漢北邊有雁門，安知陽鳥之非地名乎？」清代訓詁學家王引之在經傳釋詞卷一釋「攸」字條下全録林氏此文，云：「林説是也。雁名陽鳥，書無明文。説者誤以陽鳥爲鳥，因附會『彭蠡既豬』之文，又牽合以鴻雁南翔之説耳，其不足信亦明矣。原其所以誤者，蓋但知爾雅有『攸，所也』之訓，以爲經言陽鳥所居，則所居者爲彭蠡，而居之者爲水鳥矣。不知禹貢多以『既』、『攸』二字相對爲文，攸猶用也，言陽鳥之地用是安居也，與他處『攸』訓爲『所』者不同。」林氏從實詞考證「陽鳥」爲地名，王氏從虚詞證明「陽鳥」非鳥名，虚實交會，珠聯璧合，完成定詁，是尚書訓詁繼承發展之範例。

南宋尚書注解集大成著作，是朱熹弟子蔡沈的書集傳。朱熹是中國經學研究史上繼漢代鄭玄以後的第二位集大成經學大師，後世並稱「鄭、朱」。他繼承發揚漢儒學風，注經頗重訓詁。朱子語類卷七十二云：「某尋常解經，只要依訓詁説字。」又其文集答張敬夫書云：「漢儒可謂善説經者，不過只説訓詁，使人以此訓詁玩索經文，訓詁經文不相離異，只做一道看了，直是意味深長也。」朱氏詩集傳是宋代詩經訓詁集大成著作。他于尚書雖未寫成專著，但從朱子語類兩卷總論尚書與逐篇講解語録，可見其研究尚書之精深。朱熹在去世前一年囑托蔡沈作書集傳，蔡沈受其師命，經過十年撰著完成。其自序云：「慶元己未冬，先生文公令沈作書集傳。明年，先生殁。又十年，始克成編。沈自受讀以來，沈潛其義，參考衆説，融會貫通，迺敢折衷，微辭奥旨，多述舊聞。二典三謨，先生蓋嘗是正，手澤尚新。集傳本先生所命，故凡引用師説，不復識别。」是此書多用師説，前五篇即經其師修改手定。如師不早逝，或將手定全書，故雖曰朱熹、蔡沈師生合著亦無不可。四庫全書總目提要謂「其疏通證明，較爲簡易，且淵源有自，大體終醇」，故元、明、清初並立學官，學子棄置漢唐注疏而讀此書，在宋末至清初五百年理學顯盛時代處于獨尊地位。

清代是經學研究鼎盛時期，其基礎爲文獻學與小學的空前繁榮。清初顧炎武等因不滿晚明束書不觀，游談無根的空疏學風而倡導經世致用的考證樸學。顧氏著日知録，是考證解釋古代文獻的典範。又著音學五書，是研究傳統小學（音韻文字訓詁）的典範，皆開啟樸學風氣之作，學者向風，以爲治學楷模。閻若璩承此學風，于康熙時期首先完成對古文尚書文獻的辨僞考證，爲此後進而考釋尚書經義掃清障礙。至乾嘉時期，考證樸學達到極盛。皖派領袖戴震發揚樸學宗風，倡導「治經先考字義」（與某書），「由字以通其詞，由詞以通其道」（與是仲明論學書），「故（詁）訓明則古經明」（題惠定宇先生授經圖），以爲治經必須通曉文字訓詁、典章制度，以小學爲治學根基。戴氏弟子段玉裁、王念孫秉承師訓，精研文字訓詁，由文字訓詁通經，旁及周秦羣籍，被譽爲「段王之學」。東漢「五經無雙」的經學大師許慎，爲解經而著説文解字。而段玉裁作説文解字注，考釋羣經字義，博大精深，是治經先考字義的傑作。王念孫爲之作序，謂自許慎「千七百年來無此作」，學者盛贊段氏爲「字仙」。段氏在説文注中，凡關係漢代今文古文尚書文字，皆加考釋分別。而又遍蒐周秦漢魏羣書所引尚書文獻，詳加比勘，區分今古，著古文尚書撰異，使僞孔古文尚書所包含漢代今文二十八篇與相應古文之字句各見原文，精博無比。王念孫與其子引之號稱「二王」。引之自幼隨父問詁，盡傳父學。念孫著廣雅疏證、讀書雜志，引之撰經義述聞、經傳釋詞，互相引述，實同合著，總名高郵王氏四種，皆研究尚書訓詁要籍，而經傳釋詞一書尤爲傑作。蓋古經虚字，雖多釋于爾雅、説文等書，但貫通經訓，鮮有佳作。王氏述聞多釋實字，故又用科學歸納方法，紬繹古訓，撰釋詞十卷，專釋虚字。梁啟超先生在清代學術概論評價云：「以極嚴正之訓詁家法貫穴羣書而會其通者，則王引之經傳釋詞最精鑿。」釋詞一書對今文尚書最難解虚字多作精確訓解，使佶屈聱牙之句涣若冰釋，怡然理順，可謂前無古人。其他乾嘉樸學大師治尚書亦多名著，如惠棟古文尚書考、江聲尚書集注音疏、王鳴盛尚書後案、孫星衍尚書今古文注疏皆是。惠氏書旨在補閻若璩尚書古文疏證之不足。江、王二氏書旨在推倒僞孔古文尚書而恢復漢代伏生今文尚書與馬鄭古文尚書。孫氏書遍輯西漢伏生及後學歐陽、大小夏侯今文説和司馬遷史記中今文尚書訓詁，與東漢馬融、鄭玄古文尚書傳注之説，以疏解今文二十八篇和相應之古文，是乾嘉學派注解尚書全經的代表著作。但棄置僞孔傳訓詁而不顧，則見其偏頗。又自輯已佚之泰誓插入書中而作注疏，亦嫌其蛇足。道、咸以後，由于今文經學與輯佚古書之風大興，故今文尚書文獻輯佚考證名著迭出，其最重要者爲魏源書古微、陳喬樅今文尚書經説考、皮錫瑞今文尚書考證等。魏氏書以西漢今文尚書説反對東漢古文尚書説。陳氏書遍輯今文尚書遺説，蒐集文獻材料之豐富爲前此所未有。皮氏書後出，是總結清代今文尚書文獻研究成果之作。而在今文派學説籠罩學林之時，兼通古文與今文經學之王先謙撰尚書孔傳參正一書，以僞孔傳本古文尚書爲依據，集「衆家疏解，冶爲一鑪」，不僅釋證僞孔傳本所包含二十八篇今文古文，亦輯證二十五篇僞古文及傳，與乾嘉以來注解尚書多注漢代今文古文而不注僞孔二十五篇異趣。王氏注解古書以囊括排比參正文獻資料見長，此書亦見此特色。而晚清發揚段、王學風精研尚書訓詁之名家，當推俞樾、孫詒讓與章炳麟（太炎）。俞氏撰羣經平議三十五卷，其中尚書平議四卷，釋訓解詁，勝義紛綸。其全集春在堂全書中尚有説尚書之作數種，亦皆可觀。孫氏精研經、子、小學，是清末金文研究大家與甲骨文考釋開山，所撰尚書駢枝雖僅兩卷，而確詁甚多。章氏爲俞樾弟子，是乾嘉樸學後殿，現代國學前驅，撰古文尚書拾遺二卷，頗多新義。俞、孫、章氏紹承段、王小學經訓，接引後學治經重文字訓詁，皆學林繼往開來宗師。

二十世紀初，由于故有金石學的蓬勃發展，尤其殷墟甲骨文字與敦煌寫經遺書的發現，尚書研究進入一個嶄新時代，其代表學者爲新史學開山的國學大師王國維。王氏創用「二重證據法」，即用地下出土新材料甲骨文、金文等與紙上文獻材料相結合研究古史，創獲甚多。其論文集觀堂集林的壓卷之作殷卜辭中所見先公先王考及續考之考證殷代世系，生霸死霸考之考釋周曆記時等，多可爲尚書解詁定論。一九二五年王國維先生就任清華國學研究院導師，即以尚書教多士。其弟子楊筠如遵循師法，以甲骨文金文新材料與古史文獻二重證據，並刺取清代樸學大師考釋尚書確詁，寫成尚書覈詁一書。其師爲作序云：「古經多難讀而尚書爲最。門人常德楊筠如近作尚書覈詁，博攬諸家，文約義盡，亦往往自出己説，不違雅詁。其於近三百年之説，亦如漢魏之有孔傳，宋人之有蔡傳也。其得經義亦較蔡氏爲多，猶蔡氏之書優於僞孔，皆時爲之也。筠如英年力學，異日更深造自得，著爲定本，使千載而下讀商周人之書，若聞鄉人之相語，而所謂難讀者日以鮮焉，則亦將奪孔、蔡二傳之席而代之矣。」王氏如此賞識而期許者，蓋賞識能傳己學而期待尚書訓詁有大成之作。繼王氏用甲骨文、金文等新材料研究尚書的名家有郭沫若、于省吾、楊樹達等多位學者。收入郭沫若全集之考古編與歷史編中的諸多論著，是治尚書必須參考著作。而于先生所撰雙劍誃尚書新證，楊先生積微居甲文説、金文説、小學金石論叢、小學述林、讀書記及詞詮，亦多有訓解尚書新義。又其間曾運乾先生發揮文法訓詁專長撰尚書正讀，亦頗可觀。而顧頡剛、劉起釪先生積三十多年撰尚書校釋譯論一書，綜比古今，擇善而從，亦爲今日治尚書者必觀之書。其他各家注譯尚書新著，亦各具特色，兹不備述。以上爲古今學者注解尚書要略。

王國維先生與友人論詩書中成語書云：「詩、書爲人人誦習之書，然於六藝中最難讀。以弟之愚闇，於書所不能解者，殆十之五，於詩亦十之一二。此非獨弟所不能解也，漢魏以來諸大師未嘗不强爲之説，然其説終不可通，以是知先儒亦不能解也。」而見于王氏清華國學研究院講授尚書之弟子筆記觀堂學書記中者，云「不解」、「未解」、「此語不解」、「此句不能解釋」、「全句不解」、「二句全不解」之語比比皆是，于其所不知蓋闕，真乃學者風度。今去王先生離世又八十年，尚書訓詁雖有創獲，而其難讀仍如故，究其癥結，難在漢字。饒宗頤先生符號·初文與字母——漢字樹一書之引言云：「漢字已是中國文化的肌理骨幹，可以説是整個漢文化構成的因子，我人必需對漢文字有充分的理解，然後方可探驪得珠地掌握到對漢文化深層結構的認識。」此乃深知漢字本質之言。從圖畫演變而來的方塊漢字，是中華文化根柢，古代經典載體。漢字研究史説明，殷商甲骨文金文以前的上古漢字系統尚有待考古發現，而用成熟的上古漢字甲骨文寫作的歷史文獻是商王盤庚遷殷以來的殷墟甲骨刻辭。據夏商周斷代工程階段成果報告，盤庚遷殷在公元前一千三百多年，距今三千三百年。而尚書早期作品爲商書的盤庚三篇，寫盤庚遷殷史事。尚書末篇爲周書的秦誓，作于秦穆公三十六年，即公元前六百二十四年，距今二千六百多年，正值東周春秋時代。以上古漢字成熟時期與尚書撰寫年代相較，尚書除虞夏書寫作年代難以確定外，商書與周書應是公元前一千三百年至前六百年左右的作品，時值殷商甲骨文金文與兩周金文爲基礎的上古漢語時期，其通行漢字爲甲骨文金文。由上可見，尚書是上古漢字系統形成以後最先寫作的一部經典，正如黄侃先生講尚書條例所言，「神州故籍，唯此最先」。由于上古漢語以單音詞爲主，多爲一字即一詞，與現代漢語以雙音詞爲主不同。而距今三千三百年至二千六百年以前的上古漢字，甲骨文可識之字僅約三分之一，殷周金文亦多有不識之字。且字之本義、引申義與現代漢字今義相差甚遠，尤其爲數甚多的假借字最易陷學者于多歧亡羊之苦境。但不能正確解釋殷周漢字古義，則直接影響對尚書字義詞旨、文字通假、語法文例、名物典制、天文曆法、社會風情等諸多問題的精確訓解，故尚書所以難讀，難在語言文字難解。此非唯我輩今日之認識，實漢唐以來解經重文字訓詁者所先識。

我國文字訓詁之學發源甚早。禮記祭法篇云：「黄帝正名百物。」論語子路篇云：「子曰：必也正名乎！」馬融注云：「正百事之名也。」又鄭玄注云：「正名謂正書字也，古者曰名，今世曰字。」按「百事」即百物，名謂字義，是「正名」本義爲正字義名物，引申之義爲正名分。而正字義名物即爾雅訓詁之事，故孔子要人「正名」，又教人要學爾雅，實相一致。東漢劉熙釋名釋典藝云：「爾雅：爾，昵也，昵，近也；雅，義也，義，正也。五方之言不同，皆以近正爲主也。」魏張晏注漢書藝文志，唐陸德明撰經典釋文序録，釋爾雅之名皆用「爾，近也，雅，正也」之説。黄侃先生爾雅略説云：「雅之訓正，誼屬後起，其實即夏之借字。知爾雅爲諸夏之公言。」黄先生此説頗有新義。但竊以爲「爾」字不當訓「近」，而應訓「爾」字本義。説文㸚部云：「爾，此與爽同意。」又云：「爽，明也。」而「雅」字亦不必改讀爲「夏」，雅謂雅故，即雅詁。史記高祖本紀裴駰集解引東漢服虔云：「雅，故也。」故與詁通，「爾雅」即「明詁」，明其訓詁之義，是爾雅爲明訓詁之書。自訓詁之學興而經書注解日益昌明，學者一以貫之，且不爲學術思想變遷而轉移。故漢初盛行黄老之學而有毛詩詁訓傳，爲我國經書訓詁奠基之作。漢武帝獨尊儒學而司馬遷用訓詁字代尚書經字，開用今語釋譯古言之風，啟示來學，垂法後世，其功甚偉，梁啟超先生論中國學術思想變遷之大勢謂「太史公誠漢代獨一無二之大儒」。魏晉玄學清談横流而有尚書孔氏傳，雖托名而訓詁可取。唐代佛學鼎盛而有五經正義。又有周禮、儀禮、公羊傳、穀梁傳注疏，合稱九經注疏，皆經書訓詁要籍。宋代理學籠蓋學林而有朱氏詩集傳，蔡氏書集傳，經文訓詁凌駕漢唐注疏。又有論語、孝經、爾雅、孟子注疏，合唐代九經注疏而成十三經注疏，爲學者案頭必備之書。清代有意復興漢學，經書訓詁超軼前代，乾嘉樸學流風被及章太炎、王國維一代學人。由此觀之，尚書訓解當發揚自司馬遷至王國維重文字訓詁優良學風，以之爲始基進而考求新義確詁，此乃古經載體上古漢字特質所決定之必由途徑。

本書注解經文體式，分爲「解題」、「校」與「詁」三項。今文二十八篇解題多用史記之説。書序簡略，且作者與時代皆難以確定，或斷爲僞作，故今文解題不取，僞孔古文二十五篇解題酌用之。「校」即校勘文字異同，考辨其正俗錯譌；「詁」即訓釋字詞，疏通經義，故名尚書校詁。孫詒讓札迻自序云：「竹帛梨棗，鈔刊婁易，則有三代文字之通叚，有秦漢篆隸之變遷，有魏晉正艸之輥淆，有六朝唐人俗書之流失，有宋元明校槧之羼改，逵徑百出，多岐亡羊，非覃思精勘，深究本原，未易得其正也。」今考尚書文字之變易多歧，有如孫氏所言。近百年來，由于甲骨文、金文、古陶文、古璽文、古幣文及戰國簡帛等古文字研究之長足進展，遠勝前此多淉許慎説文、郭忠恕汗簡、夏竦古文四聲韻等篆籀古文校正尚書文字。而漢石經、魏三體石經殘石尚書，敦煌古寫本尚書與日本國所藏古寫本尚書的彙輯影印，即顧頡剛、顧廷龍先生所輯尚書文字合編的出版，爲校勘今本尚書提供前所未有的豐富資料，亦遠勝前此多據今本經典釋文尚書音義所載異文與宋元明清尚書刻本校勘今本。我輩生逢地寶祕籍大出之世，有幸看到如此豐富地下出土文獻與新出紙上遺書，實乃時代機遇。今即據以校勘推求漢代以前尚書文字語句之正，以此進而疏解經文。經文注文用繁體字書寫，取便解字釋義。凡引用戰國以前古文字，皆楷化書寫，以便排印。

自西漢司馬遷對應爾雅訓詁解讀尚書古文，爲後世注經楷式。而至東漢許慎説文出，與爾雅相爲表裏，二書爲訓解尚書不可或缺之書。今即以此二書訓詁爲主，旁及揚雄方言、佚名小爾雅、劉熙釋名、張揖廣雅、顧野王玉篇及廣韻、集韻諸書雅詁，甄采漢史遷、馬融、鄭玄尚書訓詁，晉僞孔氏傳，唐孔氏正義，宋蔡氏集傳，清段氏説文注、尚書撰異，王氏述聞、釋詞，孫氏注疏及近現代各家之説，以疏解尚書經義。凡「校」已釋明字義者，則「詁」不再釋，以免複重。徵引各説，前後説同，則録前不録後；前説未備，則以後説補苴。引文悉記作者，以不没其學術創見之功。

此書屬稿之初，原依唐孔氏尚書正義篇次校詁全書。及稿過半，終覺今文二十八篇與僞古文二十五篇雜插合編，實不倫不類。但如棄置二十五篇而不顧，又覺殊爲可惜。蓋嘗以爲晚出二十五篇雖僞，亦編輯魏晉以前尚書文獻資料而成，不僅有歷史文獻價值，亦有文學藝術價值。如大禹謨云「滿招損，謙受益，時乃天道」；五子之歌云「民惟邦本，本固邦寧」；胤征云「火炎崑岡，玉石俱焚，天吏逸德，烈于猛火」；武成云「歸馬于華山之陽，放牛于桃林之野，示天下弗服」；旅獒云「玩人喪德，玩物喪志」，「不矜細行，終累大德，爲山九仞，功虧一簣」等，其寓意之深，文辭之美，不遜真經。僞古文二十五篇晚出，學者或徑稱晚書，如清代程廷祚撰有晚書訂疑。故今仿元代趙孟頫書今古文集注真僞分編之例，于今文二十八篇尚書校詁之後，即附晚書校詁，以保存僞古文二十五篇。

此書屬草，迄今十載。雖務屏雜事，專力于兹，亦可謂勤勉，然猶未能愜懷者，學力有限，所爲者太難而已。嘗以爲學術研究，猶如接力競走，前趨者既已盡力，後繼者勉力以赴勝界，故治尚書勝義新詁，尚待來哲。

二〇〇七年八月，雒江生自序于詁經室。

尚書校詁凡例

一、本書以清代嘉慶時期阮元所刻十三經注疏本之尚書爲底本。其尚書全名爲重刊宋本尚書注疏附校勘記，是阮刻本底本即宋代刊本，爲明清以來第一善本。所附校勘記彙集宋元明清各種版本尚書注疏文字異同，爲校勘今本尚書經文之資料淵藪。本書即取校今本經文異同，于校文詳細説明。

二、尚書篇目，漢代今文尚書、古文尚書堯典與舜典皆爲一篇。東晉僞古文尚書乃分「舜徽五典」句以下爲舜典。今仍合舜典入堯典爲一篇。又臯陶謨與益稷漢代今古文尚書本爲一篇，東晉僞古文尚書乃分爲兩篇，今亦合益稷入臯陶謨爲一篇。又漢代今文尚書顧命與康王之誥本爲一篇。自東漢馬鄭古文尚書乃分顧命後半爲康王之誥，東晉僞古文尚書仍之。但康王之誥文義與顧命緊密相連，不可分割，故今仍合爲一篇。而全書篇目先後，一仍阮氏刻本，不改變其次序。

三、本書前十卷爲全書主體，是對漢代今古文尚書二十八篇的文字校勘與經義訓解。後三卷是對東晉晚出僞古文尚書二十五篇的校勘注解，實爲全書附編。晚出僞書雖僞，亦有史學價值，且文多格言精語，可降低時代，視爲魏晉人所著之尚書閲讀。

四、文字校勘所引漢石經、魏三體石經、唐石經、敦煌古寫本、日本多種古寫本、書古文訓等，皆依據顧頡剛、顧廷龍所輯尚書文字合編一書。其中唐石經最重要，實爲唐宋以來各種版本尚書文字之底本，今即據以校勘經文，如與今本有異，則于校詁説明。而文字結體正俗，則據殷商甲骨文、兩周金文、戰國古文、秦簡漢碑與許氏説文等，推求漢代以前之正體，以校今本尚書文字，于校文考證説明。

五、唐代初年，陸德明撰經典釋文，孔穎達撰尚書正義，即尚書注疏，遍引漢魏六朝學者尚書音義，如東漢馬融尚書傳、鄭玄尚書注、魏王肅尚書注之訓解，皆多賴陸、孔二書以存。本書校詁，即據黄焯經典釋文彙校與阮刻尚書正義，采録馬、鄭、王三家古注之説。

六、本書校詁，多甄采清代乾嘉學派研究尚書成説。六朝至元明書訓，則略采東晉梅氏僞孔傳與宋代蔡沈書集傳及各家注解尚書新義。乾嘉學派研究尚書名家衆多，而高郵王念孫、引之父子尤爲卓絶。王氏父子涵泳經文，推求古訓，得經義尤多。引之所撰經義述聞、經傳釋詞之書訓，實代表清代研究尚書最高水平。今兹遍檢述聞、釋詞兩書説書確詁，以釋「佶屈聱牙」之句。近現代學者尚書訓解，則多甄采俞樾、孫詒讓、章太炎、王國維四家新義，其他各家新義亦皆甄引。而前賢未通讀之句，則悉心考證，試作新解，以補前賢未備之詁。

七、本書標點，全用中華書局古籍整理標點符號，書名篇名皆標書名號，人名地名皆標專名號。所引兩周金文與漢魏碑刻亦皆標書名號，以清眉目。

八、書名集字唐人寫本刊謬補缺切韻。

尚書校詁卷一

虞夏書一

堯典【解題】史記五帝本紀云：「學者多稱五帝，尚矣，然尚書獨載堯以來。」按：「堯以來」謂堯舜以來史事。史記所引尚書爲伏生今文尚書，是史遷所據今文尚書述堯舜事同篇爲堯典，不別分舜典。孔氏正義云：「馬融、鄭玄、王肅、別録題皆曰虞夏書，以虞、夏同科。」今按：劉向別録載尚書五十八篇，是爲古文尚書，多出今文尚書二十八篇之外若干篇。而馬、鄭、王本亦皆古文尚書，是古文題堯舜禹史曰虞夏書。蓋唐堯、虞舜、夏禹本同朝一代，以禪讓傳位開啟夏朝，非如後代商湯、周武以革命改朝換代，故可以唐、虞、夏爲一代，更可以夏該唐虞，與商周概稱夏商周三代，爲我國信史時代。東晉梅氏所獻僞古文尚書分堯典「慎徽五典」以下爲舜典，不合漢代今文尚書原編，故今不取。説文丌部云：「典，五帝之書也，从册在丌上，尊閣之也。莊都説：『典，大册也。』笧，古文典，从竹。」今按：殷虛書契前編卷二第四十頁七片作⿱⿱册𠬞二，從册從𠬞從二，二即古文上字；後編卷下二十頁七片作⿱册𠬞，即⿱⿱册𠬞二之省形，是典字本義爲奉册尊上之意。説文篆文作典從丌，即從𠬞之變。東周金文陳侯因資錞作䉅，魏三體石經皋陶謨、多方亦作䉅，與説文古文同，爲後出異體，是以作典爲古文正字。典字本義爲書册，故堯典即帝堯一朝紀事史册。竺可楨論以歲差定尚書堯典四仲中星之年代謂「堯典四仲中星蓋殷末周初之現象」，據此則堯典作年當在殷商西周以後。又其文字較殷盤、周誥平易，而與文侯之命、秦誓等篇接近，故當不晚于東周春秋時代。

曰若稽古，帝堯曰放勳。欽明文思安安，允恭克讓，光被四表，格于上下。

【校】日本國古寫本尚書足利、天正本稽作乩，内野本上下作丄丅。汗簡土部引尚書堯作𡊅。宋薛季宣書古文訓勳作勛，恭作龔，讓作攘，四作亖，格作𢦒。按：説文卜部云：「卟，卜以問疑也，从口卜。讀與稽同。」段氏説文注云：「俗作乩。」今按：甲骨文囧字，陳夢家謂「囧卟應是一字」，其説可從。説詳甲骨文字詁林囧字。是乩即囧異體，爲「稽疑」本字。尚書古寫本稽作乩，是初唐本猶作乩，而至天寶三年衛包奉詔改字，則作稽用假借字，唐石經因之。説文垚部云：「堯，高也，从垚在兀上，高遠也。𡊅，古文堯。」今按：殷虛書契後編卷下三十二頁十六片作尭，从圵从兀，與説文古文略同，从圵猶从垚。戰國古璽文及郭店楚簡作𡊅，與説文古文同。漢碑隸書作堯，與小篆同，後世通行。説文力部云：「勳，能成王功也，从力，熏聲。勛，古文勳。」今按：東周金文中山王壺勳作勛，从鼎者，員字甲金文作鼎，戰國睡虎地秦簡省形作員，是勛爲古文，而勳爲篆文。段氏撰異云：「欽明文思安安，古文尚書也；欽明文塞晏晏，今文尚書也。思與塞同部雙聲，故古思今塞。按：塞字從土，近或改從心作寋，傅合説文解字。古安、晏通用。」説文心部云：「恭，肅也。从心，共聲。」廾部云：「龏，慤也。从廾，龍聲。」共部云：「龔，給也，从共，龍聲。」今按：以上三字甲骨文與兩周金文皆作龏，是古本字。蓋古金文廾爲共之初文，故从共猶从廾，睡虎地秦簡龏即作龔，又另有恭字，是知龔、恭爲古今字。説尚書者或以龔爲恭之假借字，非是。説文言部云：「讓，相責讓，从言，襄聲。」手部云：「攘，推也，从手，襄聲。」今按：古書讓、攘通用，但古陶文與睡虎地秦簡有讓字，而先秦古文字未見攘字，是攘爲推讓後出字。尚書經文當以作讓爲正。四作亖者，甲骨文與西周金文四皆作亖，而東周金文乃作四，是亖爲古文無疑。格字甲骨文作凶，象足趾來至庭院，故有至意。或作各，變凵爲口，口是古圍字，表院落，與從凵同意。或作洛從彳，表行至之意。西周金文作各，與甲文同；或作格，見格伯簋，從木者，表來至有樹木之庭院，詞義仍爲至，故格亦是古文。汗簡戈部引尚書格作𢦏。按説文無𢦏字。玉篇戈部云：「𢦏，古額切，鬬也。」而戰國金文滕侯戟有𢦏字，今或釋爲格字，是𢦏爲後出異體字。故尚書經文當以作格爲正。上下作丄丅者，甲骨文金文作二二，説文篆文作丄丅，由甲金文而變，皆爲指事字，是丄丅亦爲古文。漢隸作上下，後世通行。

【詁】觀堂學書記引王國維曰：「曰若爲語助詞。如小盂鼎云『雩若翌乙亥』，召誥云『越若來三月』，漢書引佚武成『粤若來二月』，皆其例也。雩、粤、越、曰古通用。」按：小爾雅廣言云：「稽，考也。」是「曰若稽古」謂考證古史。五帝本紀云：「帝堯者，名放勳。」釋文引馬融尚書傳云：「堯，謚也。放勳，堯名。」按：楊氏覈詁云：「先師王静安先生曾據吉金文以證文、武、成、康、昭、穆之非謚。蓋後人以堯爲帝號，而另予以放勳一名。」書疏引鄭玄尚書注云：「敬事節用謂之欽，照臨四方謂之明，經緯天地謂之文，慮深通敏謂之思，不懈于位曰恭，推賢尚善曰讓。」按：明字古音近孟。爾雅釋詁云：「欽，敬也。」「孟，勉也。」是「欽明」謂敬慎勤勉。今文尚書思作塞，讀爲寋。説文心部云：「寋，實也，从心寒聲。虞書曰：『剛而寋。』」按：「文寋」謂文静誠實。今文尚書「安安」作「晏晏」。爾雅釋訓云：「晏晏、温温，柔也。」郭璞注云：「皆和柔。」按：「晏晏」謂性格温和。言考證古史，帝堯名叫放勳，他爲人謹慎勤勉，文静誠實，性格温和。楊氏覈詁云：「允，説文：『信也，从儿㠯聲。』高晉生謂説文『能』亦從『㠯』聲，足證『允』、『能』

古音近，『允』亦『能』也，『允恭克讓』，謂能恭能讓也。」按：爾雅釋詁云：「恭，敬也。」釋言云：「克，能也。」言堯能敬賢能讓賢。禪讓帝位於舜，即讓賢之事。王氏述聞云：「説文曰：『桄，充也。』光、桄、横古同聲而通用，三字皆充廣之義。」按先秦古文無桄字，並無横字，桄即光字孳乳，横又光之假借字，經文當以光爲正字。説文人部云：「假，非真也。从人，叚聲。一曰至也。虞書曰：『假於上下。』」按格作假者，借字也。許氏説文所引爲古文尚書，用假借字，是今文尚書作格用本字。「四表」謂四方，「上下」謂天地。言堯德廣被四方，至於天地。

克明俊德，以親九族。九族既睦，平章百姓。百姓昭明，協和萬邦。黎民於變時雍。

【校】敦煌古寫本經典釋文尚書音義俊作畯，德作悳，變作彭。内野本萬作万，變作彭。足利、天正本德作悳，變作彭。古文訓親作寴。按：説文人部云：「俊，才過千人也。」又田部云：「畯，農夫也。」今按：先秦古文字無俊字。而甲骨文與西周金文畯字作畍从允，東周金文秦公簋亦作畍，秦公鐘作畯从夋，夋从允从夊，夊表足止。畯字本義爲農官，農官當任才俊，故畯有才義。後畯分化有俊字，爲説文所本。陸氏釋文謂「畯，古俊字」，是。説文心部云：「悳，外得於人内得於己也，从直从心。」又彳部云：「德，升也，从彳，惪聲。」今按：惪即悳之變。甲骨文德字作値，見殷契粹編八六四片。西周金文辛鼎作値，與甲文同；盂鼎、毛公鼎作德。東周金文秦公鐘亦作德，而陳侯因資錞及侯馬盟書皆作悳，是德、悳本一字，悳即德字省形，説文分德、悳爲二字，未當。説文見部云：「親，至也，从見，亲聲。」段注云：「情意懇到曰至。父母者，情之最至者也，故謂之親。」又宀部云：「寴，至也，从宀，親聲。」段注云：「寴與親音義皆同，故秦碑以寴軓爲親巡。廣韻真韻曰：『寴，古文親也。』」今按：殷契粹編一四六片作寴从新，西周金文咢侯鼎、史懋壺作寴從親，而克鐘作親，即寴之省，是寴、親皆殷周古文，後世通行親字。説文内部云：「萬，蟲也，从厹，象形。」今按：甲骨文金文萬字皆象蝎蟲。先秦古璽與漢印或作万，蓋蟲形之省，是万亦古字，今則用爲簡化字。説文攴部云：「變，更也。」按：變爲變更本字。堯典「於變」之變當讀爲弁，甲骨文與殷周金文作廾，戰國古文郭店楚簡作㝵，說文篆文作覍，或體作弁。魏三體石經無逸變字古文作㝵从㝵，汗簡彡部引尚書變字作彭从貞，蓋从貞與古寫本作彰从卓，即古文㝵字之譌，而彡爲紋飾無義。說文皃部云：「覍，冕也，从皃象形。弁，或覍字。」段注云：「假借爲昪樂字，如詩小弁傳曰：『弁，樂也。』」是古文尚書作弁，今文尚書作變，同音而通用，而本字爲昪。說文日部云：「昪，喜樂皃，从日，弁聲。」

【詁】史記五帝本紀「克」作「能」，用訓詁字。禮記大學云：「康誥曰『克明德』，帝典曰『克明峻德』，皆自明也。」鄭玄注云：「皆自明明德也。帝典，堯典，亦尚書篇名也。峻，大也。」按：峻與俊通。陸氏釋文云：「上自高祖，下至玄孫，凡九族，馬鄭同。」言堯能自作表率明識大德，以德親密九族之人。王氏述聞云：「平章百姓，史記作便章，尚書大傳作辯章。平訓爲辯治可也。平與辯、便古音可通，平字古音在耕部，辯、便二字古音在真部，真耕二部之字古音最相近。」吴其昌王觀堂先生尚書講授記引王國維云：「古書中無姓字，而姓氏之制，至周始成，且皆女人用之。惟金文中多生字，此百姓，亦當作百生，百生者，百官也。此與下『黎民於變時雍』，百生、黎民對文。」今按：周易說卦虞翻注云：「章，謂文理也。」是章有理義，「平章百姓」謂治理百官。昭與明同義，「昭明」猶言清明，「百姓昭明」謂百官清明廉潔。「萬邦」謂天下諸侯萬國。爾雅釋詁云：「黎，衆也。」按「黎民」猶言庶民。王氏釋詞云：「於，語助也。書堯典曰：『黎民於變時雍。』『於變』與『時雍』對文。」是「於變」即「於昪」，「於」爲語助詞，謂黎民喜樂。廣雅釋詁云：「時，善也。」按：善謂美善。禮記樂記鄭玄注云：「雍，和也。」是「時雍」謂美善和諧。言九族已和睦，則治理百官，百官清明，則協和諸侯萬國，故庶民百姓皆喜樂堯政美善而天下和諧。謂帝堯齊家治國平天下成功。

乃命羲和，欽若昊天，曆象日月星辰，敬授人時。

【校】魏三體石經人作民。内野、足利、天正古本星作曐，人作民。書古文訓曆作厤。按：説文止部云：「歷，過也，傳也，从止，厤聲。」段注云：「引伸爲治曆明時之曆。」説文新附云：「曆，厤象也，从日，厤聲。」史記通作歷。」今按：殷虛文字甲編五四四片厤字作歷。西周金文禹鼎作歷，毛公鼎作厤，是歷、厤皆古文，曆爲後出今字。説文晶部云：「曐，萬物之精，上爲列星，从晶，生聲。星，曐或省。」今按：西周金文麓伯星父簋作曐，是古文；楚帛書、睡虎地秦簡作星，是曐之省形，尚書經文作星可矣。段氏撰異云：「民時，衛包改作人時。自來尚書無作『人時』者。古人引用，如鄭注尚書大傳，徐氏偉長中論厤數篇，韋氏注鄭語，皆引『敬授民時』，皆治古文尚書者也。史記五帝本紀，漢書律厤志、食貨志、藝文志，漢孫叔敖碑，亦皆引『敬授民時』，皆治今文尚書者也。」是今文古文尚書皆作「民時」。自唐天寶三年衛包奉詔改字，避李世民諱改爲「人時」，而開成石經仍之。

【詁】陸德明經典釋文引馬融尚書傳云：「羲氏，掌天官；和氏，掌地官。四子掌四時。」周禮疏序引鄭玄尚書注云：「高辛之世，命重爲南正司天，黎爲火正司地。堯育重、黎之後羲氏、和氏之子賢者，使掌舊職天地之官。」爾雅釋詁云：「欽，敬也。」又釋言云：「若，順也。」史記五帝本紀引尚書「欽若」作「敬順」，用訓詁字。詩周頌昊天有成命鄭玄箋云：「昊天，天大號也。」按：「昊天」猶言上天，「欽若昊天」謂敬慎遵順上天自然規律。「曆象日月星辰」，史記五帝本紀引尚書作「數法日月星辰」。按：爾雅釋詁云：「厤，數也。」厤即古曆字。儀禮士冠禮鄭玄注云：「象，法也。」史記「曆象」作「數法」，用訓詁字。爾雅釋天云：「大火謂之大辰。」是辰亦謂星，「星辰」猶言星宿，謂二十八宿。「曆象日月星辰」謂觀測日月星周天運行位置數法以推算四時早晚，即依據日月星運行推定曆法。言帝堯于是命令羲氏、和氏認真遵循上天自然規律，依據日月星辰周天運行數法推算一年四時曆法，認真授予人民用于農時。

分命羲仲，宅嵎夷，曰暘谷。寅賓出日，平秩東作。日中，星鳥，以殷仲春。厥民析，

鳥獸孳尾。

【校】内野、足利、天正本仲作中，夷作𡰥，孳作𡥈。古文訓嵎作堣，秩作豑，作作迮，析作㪿，獸作嘼，孳作𡥈。按：説文人部云：「仲，中也。从人中，中亦聲。」今按：殷虛書契前編卷八第十頁三片仲字作中。羅振玉增訂殷虛書契考釋云：「此伯仲之仲，古伯仲但作白中，然與中正之中非一字，後人加人以示別，許書列之人部者，非初形矣。」金文令鼎、散盤等仲字亦作中，與甲文同。魏三體石經無逸仲亦作中，與甲金文同，是仲古止作中。説文土部云：「堣，堣夷，在冀州暘谷，立春日，日值之而出。从土，禺聲。尚書曰：『宅堣夷。』」段注云：「日正當堣夷而出。乃許所聞尚書古義如此。」今按：西周金文史頌簋、史頌鼎堣字作䣂，从城郭之郭初字，是作堣者乃後出異體，尚書經文作堣可矣。説文山部有嵎字，謂「封嵎之山，在吳楚之間，汪芒之國」，是堣嵎二字義別，今文尚書作嵎，乃同音通用字。説文大部云：「夷，東方之人也。从大从弓。」今按西周金文兮甲盤夷作尸，尸即人；而柳鼎作夷，與説文篆文同，侯馬盟書、睡虎地秦簡皆作夷，是作夷爲正體。玉篇尸部云：「𡰥，古文夷字。」僞古文尚書泰誓「受有億兆夷人」，敦煌本夷作𡰥。汗簡尸部、古文四聲韻脂韻引尚書夷作𡰥。但先秦古文未見夷作𡰥者。且説文人部仁字古文作𡰥，金文中山王鼎亦作𡰥，是𡰥乃仁字古文。故夷作𡰥者乃俗別字，經文不足取。説文豊部云：「豑，爵之次弟也。从豊弟。虞書曰：『平豑東作。』」段注云：「爵者行禮之器，故从豊；有次弟，故从弟。今尚書作『平秩』，許作『平豑』，豑蓋壁中古文之字如此。孔氏安國乃讀爲秩，而古文家從之。許存壁中之字。」今按：豑字先秦古文未見，蓋漢代所傳奇字，不足取。書古文訓字作從豊，即從豊之譌。

【詁】羲仲，羲氏兄弟年長于羲叔者。爾雅釋言云：「宅，居也。」寅當讀爲夤。説文夕部云：「夤，敬惕也，从夕，寅聲。」段注云：「釋詁曰：『寅，敬也。』凡尚書寅字皆假寅字爲夤也。」賓與儐通，字亦作擯。說文人部云：「儐，導也。」段注云：「導者，導引也。周禮司儀注曰：『出接賓曰擯。』」是「寅賓」猶言敬迎，謂敬祭迎導日出。陸氏釋文云：「平，如字，馬作苹，普庚反，云：『使也。』」按：馬融本古文尚書作苹，苹爲抨之假借，爾雅釋詁云：「抨，使也。」史記五帝本紀「秩」作「程」。按：廣雅釋詁云：「程，示也。」是「平秩」猶言指示。應劭注漢書成帝紀云：「作，耕也。」今按：春日東出，東土解凍，農耕始起，故春耕曰「東作」。言帝堯分別命令羲仲，居職東方日出之地嵎夷之暘谷，敬祭迎導春日之出，以指示農夫開始春耕。吕氏春秋任地篇高誘注云：「日中，春分也。」書疏引馬融曰：「古制刻漏，晝夜百刻。晝中五十刻，夜亦五十刻。」是「日中」謂春分之日晝夜長短相等。書疏引馬融、鄭玄云：「星鳥，星火，謂正在南方，春分之昏七星中，仲夏之昏心星中，秋分之昏虚星中，冬至之昏昴星中，皆舉正中之星，不爲一方盡見。」是「星鳥」謂南方朱鳥七宿居正中位置星宿。朱鳥七宿即井、鬼、柳、星、張、翼、軫，星是居正中之宿。爾雅釋詁云：「殷，正也。」周禮天官宰夫鄭注云：「正，猶定也。」言春分時節晝夜長短相等，南方朱鳥七宿之星宿居南天正中位置，以此確定仲春季節。爾雅釋言云：「厥，其也。」說文木部云：「析，破木也，从木从斤。」段注云：「詩多言析薪。」按：「析薪」古喻婚媾生育。詩小雅車舝云：「陟彼高岡，析其柞薪，析其柞薪，其葉湑兮。」清初錢澄之田間詩學云：「析薪比男女牉合，泛論昏姻之事。」今按：「析薪」古本字爲新，「析新」蓋上古男女新婚初交之隱語，今有些地方民俗猶謂男女交合生子爲析新，與此詩意合，即其遺俗。而殷商金文多見⿱丵子字，會意析生子孫，宋人釋爲析字，尤爲古義明證。參見方濬益綴遺齋彝器款識考釋卷三。今人或以甲骨文「東方曰析」之析釋此文析，可備一說。廣雅釋詁云：「孳，孿也。」王氏疏證云：「說文作孿，徐鍇傳云：『孿猶連也。』」按：今民間俗語猶謂鳥獸交尾生子爲「連兒子」，是「孳尾」者，交尾繁殖也。書言「厥民析」，正謂人民婚媾生育，與下「鳥獸孳尾」繁殖相對成義。言仲春時節，其民婚媾生育，鳥獸亦牝牡交尾繁殖。

申命羲叔，宅南交，平秩南訛，敬致。日永，星火，以正仲夏。厥民因，鳥獸希革。

【校】古文訓訛作僞，夏作昰，革作譁。按：說文言部云：「譌，譌言也，从言，爲聲。詩曰：『民之譌言。』」段注云：「爲、僞、譌古同通用，尚書『南譌』，周禮注、漢書皆作『南僞』。今詩小雅作『訛言』。」今按：先秦古文字未見僞字。戰國古文字郭店楚簡有譌，又中山王壺有訛字，是今本尚書據唐石經作訛亦古字，不必改作僞。說文夊部云：「夏，中國之人也，从夊从頁从臼，臼，兩手，夊，兩足也。𡕱，古文夏。」今按：東周金文齊叔夷鎛夏字作頣，先秦古璽文亦作頣，會意人有首足，是夏之古文。而楚帛書作頣，與金文小異。魏三體石經僖公作昰，當即古文作頣之省形而譌。集韻禡韻云：「夏，古作昰。」古文訓因之作昰，皆不可取。說文革部云：「革，獸皮治去其毛曰革，革，更也，象古文革之形。」又言部云：「譁，飭也，从言，革聲。讀若戒。一曰更也。」段注云：「譁與革音義同。」按：戰國古文字睡虎地秦簡作革，與篆文同。先秦古文字未見譁字，故尚書經文當以作革爲正。

【詁】爾雅釋詁云：「申，重也。」荀子富國篇楊注云：「再令曰申。」史記五帝本紀宅作居，用訓詁字。尚書大傳云：「堯南撫交趾。」意謂堯再命羲叔，爲居守南疆交趾之官。交趾在今廣東一帶。「平秩南訛」，五帝本紀作「便程南爲」。按「南爲」與上文「東作」相對成文，爲即作爲之義，訛是古同聲通用字，謂羲叔辨理規程開發南疆。說文夊部云：「致，送詣也，从夊从至。」段注云：「送詣者，送而必至其処也，引伸爲精致之致。」按：「敬致」，敬即敬慎，致之言至，至即至善，言羲叔敬慎至善其職守。爾雅釋詁云：「永，長也。」「日永」謂夏至之時白日長。「星火」，謂夏至之時大火星昏夜居南天正中。言據日永、星火判定仲夏季節。楊氏覈詁云：「因即古茵字。說文：『茵，車重席也。』古文弼字，毛公鼎作弻從因，番生敦作弻，因即席字，是因、席同誼之證，謂暑日而民織席也。希假爲晞。方言：『晞，暴也。』謂鳥獸羽毛脱落而暴露其皮革。」言仲夏之時，人民織席乘涼，鳥獸脱毛避暑。

分命和仲，宅西，曰昧谷。寅餞納日，平秩西成。宵中，星虚，以殷仲秋。厥民夷，鳥獸毛毨。

【校】敦煌本經典釋文餞作淺。足利、天正古本秋作穐。古文訓昧作⿰目𦣞，餞作淺，納作内，宵作睄，毛作毣。按：今本史記五帝本紀作「昧谷」，而裴氏集解引徐廣曰：「一作柳谷。」三國志吴志虞翻傳注引虞翻别傳云：「鄭注尚書讀柳以爲昧，甚違不知蓋闕之義。」今按：史記用今文尚書，鄭玄本爲古文尚書，是史記原作「柳谷」，後人據鄭氏本改爲「昧谷」。説文日部云：「昧，昧爽，且明也，从日，未聲。一曰闇也。」今按：西周金文免簋及戰國古璽文作杳，漢代隸書變作昧，後世通行。集韻限韻云：「昧，古作⿰目𦣞。」汗簡日部引尚書昧作⿰目𦣞，皆偏旁從𦣞，𦣞即古頣字。集韻咍韻云：「頣𦣞，曳來切，關中語。」今關隴方言猶讀「昧道」音如「喻道」，「渭河」音如「喻河」，可證關中古音未、𦣞通轉音近，故改昧字聲符未爲𦣞作⿰目𦣞，此據方音造俗字之例。而戰國以前古文字未見⿰目𦣞字，故尚書經文當以作昧爲正。説文食部云：「餞，送去也，从食，戔聲。詩曰：『顯父餞之。』」今按：敦煌古寫本陸氏釋文作淺，唐天寶間衛包奉詔改經作餞，宋開寶間又改釋文作餞。尚書大傳云：「寅餞入日，辯秩西成。」是今文尚書作餞，用本字，古文尚書作淺，用借字。説文入部云：「内，入也，从冂入，自外而入也。」又糸部云：「納，絲溼納納也，从糸，内聲。」段注云：「古多假納爲内字。」今按：甲骨文金文凡納入字皆作内，用古本字，如西周金文克鼎「出内王令」，即「出納王令」，用古本字。戰國古文信陽楚簡有納字，爲内之孳乳，秦漢以後用作納入字，是内、納爲古今字，非假借字。説文宀部云：「宵，夜也，从宀，宀，下冥也，肖聲。」今按：西周金文宵簋作宵，从月不从肉。戰國古文包山楚簡作㝱从夕，古文字夕、月爲一字，是从夕猶从月。睡虎地秦簡作宵从月，可證説文篆文从肉之誤。先秦古文字未見宵作哨。玉篇日部云：「哨，古宵字。」汗簡日部引尚書宵作哨，爲古文訓所本。蓋哨爲後出俗字，尚書經文當以作宵爲正。説文禾部云：「秌，禾穀孰也，从禾，龜省聲。龝，籀文不省。」今按：甲骨文秋字作𪛁，説文漏編。𪛁省變作龝，説文籀文以爲聲符。先秦古璽文作𥤚，當即古籀省形。古陶文作烁，又𥤚之省形，爲説文篆文所本。睡虎地秦簡作秋，爲漢隸通行體，故尚書經文作秋亦可。説文髟部云：「髦，髮也，从髟毛。」今按：古書毛與髦通用，儀禮士喪禮「馬不齊髦」，鄭玄注云：「今文髦爲毛。」今文家多用本字，且先秦古文字未見髦字，是髦爲後出毛髮分別字，故尚書經文當以作毛爲正，古文訓作髦，不可取。

【詁】和仲，和氏兄弟年長于和叔者。「宅西」，五帝本紀作「居西土」，集解引鄭玄曰：「西者，隴西之西。」按：爾雅釋詁云：「宅，居也。」史記用訓詁字。「寅餞」猶言敬送，謂敬祀送行。「納日」猶言入日，謂日落入于昧谷。「平秩」，五帝本紀作「便程」，謂規定程式。「西成」，謂仲秋之時日落西山時刻與萬物成就時節。爾雅釋言云：「宵，夜也。」五帝本紀「宵」作「夜」，用訓詁字。「宵中」謂秋分夜半中分之時。虚即北方玄武七星之虚星，「星虚」謂秋分季節昏夜虚星居南天正中位置。「以殷仲秋」，五帝本紀作「以正中秋」，殷作正，仲作中，皆用訓詁字；正者，定也，謂以之確定中秋季節。言帝堯分别命令和仲，居職于隴西以西之日落處昧谷，敬祀送行日之西落入谷時刻，規程測定中秋時節與萬物成熟時令，以確定中秋季節。爾雅釋言云：「厥，其也。」夷當讀爲刈。周禮秋官薙氏鄭注云：「夷之，以鉤鎌迫地芟之也。」是夷爲刈之借字，「厥民夷」謂其民收刈禾稼。五帝本紀作「其民夷易」，謂其民秋收畢由田舍易居回屋過冬，亦通。説文毛部云：「毨，選也，仲秋鳥獸毛盛，可選取以爲器，从毛，先聲。讀若選。」按：敦煌本陸氏釋文云：「毨，古洗字，先典反。」白虎通五行篇云：「洗，鮮也。」言仲秋季節，其民收刈禾稼，鳥獸毛盛鮮美。

申命和叔，宅朔方，曰幽都，平在朔易。日短，星昴，以正仲冬。厥民隩，鳥獸氄毛。

【校】「朔易」，史記五帝本紀作「伏物」。敦煌本釋文隩作炨。古文訓方作匚，在作圣，短作拒，隩作炨。按：說文方部云：「方，併船也，象兩舟省總頭形。汸，方或从水。」又匚部云：「匚，受物之器，象形。讀若方。」段注云：「方本無正字，故自古假方爲之。匚有榘形，固可假作方也。」今按：方字甲骨文作方或作汸，與說文同。但地方之方本無正字，故假方、匚爲之。唯方字通用已久，故應以方爲正字。說文土部云：「在，存也，从土，才聲。」又云：「圣，汝潁之間謂致力于地曰圣，从又土。讀若兔鹿窟。」是圣與在音義全異。在字甲骨文作才，西周金文盂鼎作才或在。戰國古文中山方壺及古璽文作仕从十，十即古才字。而古文訓作圣从又者，又即十之譌變。故尚書經文當以作在爲正。五帝本紀「朔易」作「伏物」者，史記用今文尚書，司馬貞史記索隱引尚書大傳作「伏物」可證，是作「朔易」者爲古文尚書，以今文義長。說文矢部云：「短，有所長短，以矢爲正，从矢，豆聲。」按：戰國古文字睡虎地秦簡作短，與說文篆文同，當爲正體。漢隸逢盛碑作拒从手，爲短字隸變俗體，爲古文訓所本，不足取。段氏撰異云：「隩，此字古本作奥，故孔云『室也』。衛包改爲隩。馬云『煖也』，此讀奥爲燠，奥自有引伸兼煖義，不俟加火旁。」今按：說文宀部云：「奥，宛也，室之西南隅。」古俗屋室向南，西南隅向陽而暖，故奥引伸有暖義，燠乃後出加火旁之分別字。汗簡火部引尚書燠作炨。考說文墺字古文偏旁从于，于隸變作乇，故燠字仿之省形作炨，此乃俗字不可取。說文毛部云：「毴，毛盛也，从毛，隼聲。虞書曰：『鳥獸毴髦。』」段注云：「髦、毛古同用，今書毴作氄。」今按：當以毴字爲正。說文無氄字，玉篇以氄爲毴字或體，是後出字。唐石經作氄，據衛包改字尚書而刻。又髦、毛通用，亦當以毛字爲正。

【詁】爾雅釋訓云：「朔，北方也。」又詩小雅出車毛傳云：「朔方，北方也。」淮南子墬形篇高誘注云：「古之幽都在雁門以北。」平當讀爲抨。爾雅釋詁云：「抨，使也。」「在，察也。」司馬貞史記五帝本紀索隱釋「便在伏物」云：「使和叔察北方藏伏之物，謂人畜積聚等冬皆藏伏。尸子亦曰：『北方者，伏方也。』」言帝堯又命令和叔居職北方名幽都之地，使觀察人畜萬物伏藏過冬情景。書疏引馬融曰：「古制刻漏晝夜百刻，晝短四十刻，夜長六十刻。」今按：馬説晝短四十刻，謂冬至之日白晝最短之刻漏，是「日短」謂冬至當日。「星昴」謂西方白虎七宿奎、婁、胃、昴、畢、觜、參之中星昴星居南天正中位置。言和叔依據冬至之日白晝最短與觀測昴星在南天居正中位置，以確定仲冬季節，其民此時居住暖室過冬，鳥獸新生盛毛禦寒。

帝曰：「咨汝羲暨和，朞三百有六旬有六日，以閏月定四時成歲。允釐百工，庶績咸熙。」

【校】敦煌本釋文汝作女，暨作臮，朞作𣅀，旬作㫗，歲作𢧵，熙作㷩。古文訓咨作資，汝作女，暨作臮，期作𣅀，三作弎，有作又，旬作㫗，釐作𡒯，熙作㷩。按：咨與資皆从次聲，古同聲而通用。禮記緇衣釋文云：「資，依書作咨。」是資爲咨之假借字，尚書經文當以作咨爲正。阮元校勘記云：「汝，古本作女。」按：凡尚書人稱代詞汝，當以作女爲正。唐石經作汝者，依天寶間衛包改字而刻。説文旦部云：「暨，日頗見也，从旦，既聲。」又㐺部云：「臮，眾與詞也，从㐺，自聲。虞書曰：『臮咎繇。』」段注云：「亦假暨爲之。堯典文，今書作暨。」是連詞「與」義之字以臮爲本字，暨爲假借字。但暨通行既久，尚書經文無需改作臮。説文禾部云：「稘，復其時也，从禾，其聲。虞書曰：『稘三百有六旬。』」又月部云：「期，會也，从月，其聲。𣅀，古文从日丌。」段注云：「假借爲期年、期月字，其本字作稘，期行而稘廢矣。」今按：汗簡月部、古文四聲韻之韻引尚書作𣍘从丌，丌即古其字。東周金文夆叔匜作朞从日，吴王光鑑作期从月，古璽文作𣍘从丌。先秦古文未見稘字，是期即期年本字。尚書經文當以作期爲正。說文三部云：「三，數名，天地人之道也。於文一耦二爲三，成數也。弎，古文三。」汗簡三部引尚書三作弎。今按：甲骨文作三，西周早期金文大豐簋、井侯簋亦作三，是三爲正體。先秦古文字未見三作弎者，故尚書經文當以作三爲正。說文勹部云：「旬，徧也，十日爲旬，从勹日。𠣑，古文。」今按：西周金文王來奠新邑鼎作旬，與說文篆文同。東周金文王孫鐘作𠣑，與說文古文同。汗簡勹部引尚書旬作𠣑。以金文相校，旬爲正體，𠣑爲後出異體，尚書當以作旬爲正。古寫本旬或作𠣏，當即𠣑之寫譌。說文步部云：「歲，木星也，越歷二十八宿，宣徧陰陽，十二月一次，从步，戌聲。」今按：羅振玉增訂殷虛書契考釋云：「歲，从步戉聲。說文解字作戌聲。」兩周金文毛公鼎、國差𦉜亦从戉聲。以汗簡、古文四聲韻及諸抄本歲字或从戊而多不从戌相校，疑許氏說文原本亦作戉聲，後世傳抄譌誤爲从戌聲。說文里部云：「釐，家福也，从里，𠩺聲。」段注云：「家福者，家居獲祐也。有假釐爲理者，堯典『允釐百工』是也。」今按：西周金文善夫克鼎作釐，芮伯壺作釐。東周金文秦公鎛作釐，與說文篆文同。古文訓作𡎺，即釐之省譌。尚書經文當以作釐爲正。說文火部云：「熙，燥也，从火，巸聲。」段注云：「釋詁曰：『熙，興也。』燥者，熙之本義，又訓興訓光者，引伸之義也。」今按：兩周金文有巸字而無熙字，熙即巸之孳乳。說文𦣝部巸字古文作戺从户，故類化熙字作𤋮。集韻之韻云：「熙，古作𤋮。」實則𤋮爲俗字，尚書經文當以作熙爲正。

【詁】說文口部云：「咨，謀事曰咨。」按：「咨汝羲暨和」謂告知你們羲氏與和氏。史記五帝本紀作「歲三百六十六日，以閏月正四時」，以歲釋朞，歲謂一周年；以正釋定，定从正聲，古通用，史公皆用訓詁字。王氏釋詞云：「有，猶又也。有、又古同聲，故又字或通作有。」按：「有六旬有六日」即又六旬又六日。白虎通四時篇云：「歲，遂也。三百六十六日一周天，萬物畢成，故爲一歲也。」引此經文爲例。竺可楨我國古代天文學上的偉大貢獻謂「三百有六旬有六日，就是陽曆年」，又謂「以閏月定四時成歲，乃是陰陽曆並用」。今按：陰曆年十二個月，大月三十日，小月二十九日，計三百五十四日，與一年日數相差十一日又四分之一日，故需三年置閏月以定四時成歲。王氏釋詞云：「允，猶用也。書堯典曰『允釐百工』，言用釐百工也。」詩周頌臣工鄭箋云：「釐，理也。」小爾雅廣言云：「工，官也。」按：「百工」猶言百官。爾雅釋詁云：「庶，衆也。」「績，事也。」「咸，皆也。」「熙，興也。」按：「庶績咸熙」猶言百業皆興。言帝堯說，告知你們羲氏與和氏，一周年是三百六十六日，以三年一置閏月正四時季節成歲，遵循四時成歲規則以治理百官，則衆業皆能興旺。

帝曰：「疇咨若時登庸？」放齊曰：「胤子朱啟明。」帝曰：「吁！嚚訟，可乎？」

【校】敦煌本釋文子作学，啟作启，嚚作壘。足利、天正本啟作启。古文訓子作学，朱作絑，啟作启，嚚作壨，乎作虖。按：段氏撰異云：「尋此經之語，當云『帝曰：咨疇若此登庸。帝曰：咨疇若予采』。」今按：段說當是。說文子部云：「子，十一月陽氣動，萬物滋，人以爲偁，象形。学，古文子，从巛，象髮。」今按：殷虛書契後編卷下四十二頁七片作子，與說文篆文同。又同頁五片作学，與說文古文同，但子字通行既久，故尚書經文當以作子爲正。說文糸部云：「絑，純赤也。虞書『丹朱』如此，从糸，朱聲。」段注云：「丹朱見咎陶謨。許所據壁中古文作丹絑。蓋六經之絑僅見此处，朱行而絑廢矣。」今按：甲骨文有朱字，西周金文番生簋絑作朱，而古陶文與古璽文並有絑字，是絑即朱之孳乳。說文木部云「朱，赤心木」，可證絑从朱得聲得義。蓋今文尚書作丹朱，用古本字，古文尚書作丹絑，用後出字，當以今文作朱爲正。說文口部云：「启，開也，从户口。」段注云：「後人用啟字訓開，乃廢启不行矣。啟，教也。」玉篇引堯典文『胤子朱启明』。」今按：殷虛書契前編卷五第二十一頁三片作启，與說文篆文同。訓教義之啟字甲骨文作𢼊，而西周金文啟尊作𢻮。東周金文中山王鼎作啟，與說文作啟同，是启、啟二字有別，尚書經文「啟明」當作「启明」。說文㗊部云：「嚚，語聲也，从㗊，臣聲。𡆯，古文嚚。」段注云：「左傳曰『口不道忠信之言爲嚚』，引伸之義也。」今按：殷虛書契前編卷六第五十五頁三片嚚作𠾎，說文古文从壬，蓋从口之譌。汗簡吅部引尚書作𡆯省吅，㗊部引尚書作𡆯，與古寫本及古文訓合，皆非正體，尚書經文作嚚可用。說文兮部云：「乎，語之餘也，从兮，象聲上越揚之形也。」段注云：「班史多假虖爲乎。」今按：甲骨文與西周金文頌鼎作乎，與說文篆文同，爲語詞乎正字。虖字說文釋爲「哮虖也」，而甲骨文未見，西周金文作虖，與說文篆文虖同，是古書乎作虖者，虖乃借字。尚書經文當以作乎爲正。

【詁】爾雅釋詁云：「若，善也。」「時，是也。」按：若謂善理，時承上文謂百官，「若時」謂善理百官之事。小爾雅廣言云：「登，升也。」說文用部云：「庸，用也，从用庚，庚，更事也。」按：「登庸」猶言升用，謂升用爲百官之首使治理百官。爾雅釋詁云：「胤、嗣，繼也。」按：「胤子」猶言嗣子，謂帝堯嗣子丹朱。「啟明」猶言開明，謂開通聰明。說文于部云：「吁，驚語也，从口亏，亏亦聲。」段注云：「亏有大義，吁訓驚語，故从亏口，亏者驚意，此篆重以亏會意，故不入口部。」按：吁謂驚詫而不以爲然。嚚訟，史記五帝本紀作「頑凶」。按：廣雅釋詁云：「嚚，愚也。」說文頁部云：「頑，梱頭也，从頁，元聲。」段注云：「凡物渾淪未破者皆得曰梱，凡物之頭渾全者皆曰梱頭。析者鋭，梱者鈍，故以爲愚魯之偁。左傳曰：『心不則德義之經爲頑。』」按：嚚、頑古音疑母雙聲，史記嚚作頑用訓詁字。嚚、頑古謂之梱頭，今語謂之溷頭，謂頭腦頑愚不開通之人。又按：爾雅釋言云：「訩，訟也。」是訟與訩同義，五帝本紀訟作凶，凶即訩之省形，是亦用訓詁字。而漢代方言語轉作倯。揚雄方言云：「庸謂之倯，轉語也。」郭璞注云：「倯猶保倯也，今隴右人言孏爲倯。」孏即嬾字，倯音松，是倯謂愚懶無能。訟、凶、倯皆古音東部，故疊韻相轉，尚書作訟，史記作凶，方言作倯，一語之轉，故「嚚訟」、「頑凶」即今語嚚倯、頑倯，謂愚魯之人。言帝堯咨問有誰善理百官而可升用爲百官之首，大臣放齊推荐説，我帝嗣子丹朱開通明達可用，帝堯驚歎説，丹朱愚頑懶惰不材，怎能重用。

帝曰：「疇咨若予采？」驩兜曰：「都！共工方鳩僝功。」帝曰：「吁！靜言庸違，象恭滔天。」

【校】敦煌本釋文驩作鴅，兜作吺，僝作㑘，功作𢒅，靜作彭。内野、足利、天正本功作𢒅，靜作彭。八行本僝作㑘。唐石經僝作㑘。古文訓驩作鴅，兜作吺，工作𢒅，鳩作逑，僝作孱，功作𢒅，靜作彭。按：汗簡鳥部、口部引尚書驩、兜分别作鴅、吺。今按説文無鴅字，口部云：「吺，讘吺，多言也。」玉篇鳥部云：「鴅，呼丸切，人面鳥喙。」西周金文沈子簋有鴅字。蓋今文尚書作驩兜，古文尚書作鴅吺。古寫本及古文訓作鴅者，鴅字之譌。説文工部云：「工，巧飾也，象人有規榘也，與巫同意。𢒅，古文工从彡。」今按：殷契粹編一二七一片作工。兩周金文虢季子白盤與中山王鼎亦作工，是工爲正體。魏三體石經無逸作𢒅，當本説文古文。蓋壁中出古文尚書工作𢒅，爲後世好奇者所本，實不足取。説文辵部云：「逑，斂聚也，从辵，求聲。虞書曰：『旁逑孱功。』」段注云：「凡尚書古文作方，今文作旁。今堯典逑作鳩，説者亦云鳩聚。」是作逑亦今文尚書用本字，古文尚書作鳩用假借字。又説文人部云：「㑘，具也，从人，孨聲。讀若汝南潺水。虞書曰：『旁救㑘功。』」今按：西周金文廟㑘鼎及戰國古璽文作㑘从人，是㑘爲正體。古文字尸與人同形，故隸書㑘亦作孱，上引堯典作孱作㑘，實一字。尚書經文當以作㑘爲正。而今本作僝者，乃後出俗字，始見于廣韻，不足取。又説文引書作救，則逑之假借字。説文力部云：「功，以勞定國也，从力，工聲。」今按：工、功古一字，東周金文中山王鼎功作工。先秦古文字無𢒅字。魏三體石經無逸功作𢒅，爲尚書古寫本及古文訓所本。實則工孳乳爲功，用爲功勞專字，故尚書經文作功亦可。説文女部云：「妌，靜也，从女，井聲。」又青部云：「靜，宷也，从青，争聲。」段注云：「采色詳審得其宜謂之靜。安靜本字當从立部之竫。」今按：先秦古文字無竫字，並無彭字。鐵雲藏龜七十五頁一片有姘字。兩周金文静卣與秦公鐘有静字皆作静从井，當即姘字異體，而戰國古文郭店楚簡有静字，故尚書經文當以作静爲正。魏三體石經康誥静作彭，爲諸寫本及古文訓所本，不足取。

【詁】爾雅釋詁云：「若，善也。」「予，我也。」「采，事也。」按：事謂政事，「若予采」謂善理我朝中政事。驩兜，臣名。爾雅釋詁云：「都，於也。」郭璞注云：「書曰：『皋陶曰：都。』繇辭於乎，皆語之韻絶。」按：「於乎」亦作「嗚呼」，是於音嗚，於、都爲贊歎詞。方讀爲旁。説文二部云：「旁，溥也。」按：爾雅釋詁云：「溥，大也。」小爾雅廣詁云：「功，事也。」按：事謂事功，「方鳩僝功」謂大力聚攬布施事功，即有宏圖事業之意。五帝本紀方作旁，鳩作聚，僝作布，布謂布施，皆用訓詁字。静通作竫，廣雅釋詁云：「竫，善也。」説文用部云：「庸，用也。」廣雅釋詁云：「違，偝也。」按：偝即背字，「静言庸違」謂善大言而實用則違背。象、像古今字。説文人部云：「像，似也，从人，象聲。」孫詒讓尚書駢枝云：「滔當爲謟之借字。爾雅釋詁云：『謟，疑也。』『象恭滔天』，謂貌爲恭敬而不信天命。」言帝堯咨問衆臣，誰善理我朝中政事，臣名驩兜者贊歎推荐説，共工正大力聚攬布行事業，有雄心壯志，帝堯感歎而不以爲然説，共工善大言而實用則違背，貌似恭敬而實不信天命自然規律，如此不實之人不可重用。

帝曰：「咨四岳，湯湯洪水方割，蕩蕩懷山襄陵，浩浩滔天，下民其咨，有能俾乂？」僉曰：「於！鯀哉！」帝曰：「吁！咈哉，方命圮族。」岳曰：「异哉！」，試可乃已。」帝曰：「往，欽哉！」九載，績用弗成。

【校】敦煌本釋文岳作峀，割作刣，懷作褱。足利、天正本岳作𡷫，割作刣。古文訓割作刣，懷作褱，乂作嬖，鯀作骸，載作𢧁。按：說文山部云：「嶽，東岱、南霍、西華、北恒、中大室，王者之所以巡狩所至，从山，獄聲。𡶬，古文，象高形。」段注云：「今字作岳，古文之變。」今按：鐵雲藏龜二十三頁一片作𡶬，下从山，上象山峰重巒，說文古文相近，隸變作岳从丘。小篆作嶽，乃後出形聲字。尚書經文當以作岳爲正。說文刀部云：「割，剥也，从刀，害聲。」段注云：「古字亦从匄聲，故宋次道、王仲至家所傳古文尚書曰𠜾。」今按：春秋金文㠱伯盨作割。戰國古文曾侯乙鐘、包山楚簡、郭店楚簡亦作割，與說文篆文同，是其正體。魏三體石經多士割作𠜾，爲諸寫本及古文訓所本，不足取。說文衣部云：「褱，俠也，从衣，眔聲。一曰橐。」段注云：「俠當作夾，轉寫之誤。亦部曰：『夾，盗竊褱物也，从亦有所持。』今人用懷挾字，古作褱夾。」今按：褱、懷古今字，古止作褱，見西周金文毛公鼎及古璽文，睡虎地秦簡作懷，後世懷行而褱廢。尚書經文當以作懷爲正。說文辟部云：「𨐨，治也，从辟，乂聲。虞書曰：『有能俾𨐨。』」段注云：「今𨐨作乂，蓋亦自孔安國以今字讀之已然矣。」而段氏注說文乂字云：「乂訓治也，見諸經傳。」按：乂、𨐨古今字，乂字見殷虚書契前編卷一第四十四頁七片，而先秦古文字未見𨐨字。魏三體石經君奭乂作𨐨，與說文引堯典同。乂字自有治義，故尚書經文當以作乂爲正。說文魚部云：「鯀，鯀魚也，从魚，系聲。」段注云：「禹父之字古多作𩨍作骸。廣韻曰：『禹父𩨍，尚書本作鯀。』按鯀乃鯀譌。」今按：西周金文還鯀鼎、毛公鼎及戰國古文郭店楚簡皆作鯀，而先秦古文字未見𩨍骸二形，故尚書經文當以作鯀爲正。說文丮部云：「𩛥，設飪也，从丮食，才聲。讀若載。」今按：𩛥、載古通用。甲骨文作𩛥，又作𢦏。西周金文師𩛥鼎作𩛥，叔𩛥卣作𢦏，與甲骨文同。東周石鼓文載字作𩛥，夜君鼎、鄂君舟節作載，是皆先秦古文字而後世通行，故尚書經文當以作載爲正。

【詁】漢書百官公卿表云：「四岳謂四方諸侯。」國語周語韋昭注云：「四岳，官名，主四岳之祭，爲諸侯伯。」是「咨四岳」謂咨詢四方諸侯之長。陸氏釋文云：「湯湯，音傷。」詩衛風氓毛傳云：「湯湯，水盛貌。」方當讀爲旁，旁者溥也，猶今語普遍。割當讀爲害。書大誥「天降割于我家」，釋文引馬融本割作害，是割爲害借字。蕩本字爲潒。說文水部云：「潒，水潒瀁也，从水，象聲。讀若蕩。」段注云：「潒瀁疊韻字，搖動之流也，今字作蕩漾。」襄當讀爲驤。說文馬部云：「驤，馬之低仰也。」段注云：「馬之或俛或仰謂之驤，古多假襄爲驤。」按：「蕩蕩懷山襄陵」謂洪水蕩漾，包圍山林，衝激丘陵。廣雅釋訓云：「浩浩，流也。」又釋言云：「滔，漫也。」按：「浩浩滔天」謂流水漫天。「下民其咨」，五帝本紀作「下民其憂」，是咨即嗟憂，謂百姓叫苦。有當讀爲或。王氏釋詞云：「有，猶或也。有與或古同聲而義相通。」劉淇助詞辨略云：「廣韻云：『或，不定也。』此或字猶云誰也。」爾雅釋詁云：「俾，使也。」是「有能俾乂」謂誰可派使治水。爾雅釋詁云：「僉，皆也。」於音烏，與上文都字同義謂贊歎。說文口部云：「咈，違也，从口，弗聲。」按：咈謂違失。釋文引馬融曰：「方，放也。」是方讀爲放，「方命」謂放棄君命不尊。說文土部云：「圮，毀也，从土，己聲。」禮記祭法鄭玄注云：「族，類也。」按「圮族」謂毀敗人類事業。說文廾部云：「异，舉也，从廾目聲。虞書曰：『岳曰：异哉。』」是异謂舉用。俞氏平議云：「已、以通用，以，用也。『試可乃已』者，言試之而可，乃用之也。」爾雅釋詁云：「欽，敬也。」釋天云：「載，歲也。夏曰歲，商曰祀，周曰年，唐虞曰載。」按：「九載」猶言九年。績訓功，功通工。用與猶一聲之轉，「績用弗成」謂治水工程猶不成。言帝堯咨問四岳諸侯之長，今汹湧洪水遍害下民，激流圍山上陵，橫水漫天，下民嗟歎憂苦，誰可派使治水？四岳諸侯之長贊舉鯀可，帝堯則驚詫失舉說，鯀放棄君命不尊，剛愎自用，會毀敗人類事業。而四岳勸堯說，先舉用，試可用則用。堯于是命鯀前往敬業治水，但經過九年，治水工程猶無成就。

帝曰：「咨四岳，朕在位七十載，汝能庸命，巽朕位！」岳曰：「否德忝帝位。」曰：「明明揚側陋。」師錫帝曰：「有鰥在下，曰虞舜。」帝曰：「俞，予聞。如何？」岳曰：「瞽

子。父頑，母嚚，象傲。克諧以孝烝烝，乂不格姦。」帝曰：「我其試哉！」女于時，觀厥刑于二女。釐降二女于溈汭，嬪于虞。帝曰：「欽哉！」

【校】敦煌本釋文揚作敭，側作仄，聞作䎽，傲作奡，姦作㤆，嬀汭作嬴内。古文訓巽作顨，否作不，陋作𠥱，鰥作𩹉，諧作龤，降作夅。按：説文丌部云：「巺，具也，从丌，𢀳聲。𢁉，古文巺。巽，籒文巺。」段注云：「巺从二卪者，具意也。蘇困切。後人隸字則从籒變之作巽。」今按：東周金文曾侯乙編鐘作巺，與説文篆文同。古璽文作𢁉，與説文古文同。蓋後出俗體作巽，爲隸體作巽所本。又説文釋顨與巺音義同，但先秦古文字未見顨字，是當以作巺爲正。説文不部云：「否，不也，从口不，不亦聲。」今按：不、否古同字，甲骨文作不，西周金文牆盤作不，毛公鼎作否，是古一字。古文訓否作不，亦是。説文手部云：「揚，飛舉也，从手，昜聲。敭，古文揚。」今按：甲骨文與西周早期金文貉子卣揚字止作昜。而兩周金文多作𩰫从丮，丮象手握持，但未見作敭从攴者。説文篆文作揚从手，與金文从丮同義，故尚書當以作揚爲正。説文人部云：「側，旁也，从人，則聲。」段注云：「不正曰仄，不中曰側，二義有别，但經傳多通用。」今按：西周金文無叀鼎有側字，而仄字始見于戰國古文郭店楚簡，故尚書當以作側爲正。説文匸部云：「𠥱，側𠥱也，从匸，丙聲。」臣鉉等曰：「丙非聲，義當从内，會意，疑傳寫之誤。」段注云：「玉篇曰：『又作陋。』是知『側𠥱』即堯典之『側陋』，謂隱藏不出者也。」今按：大徐説是。甲骨文金文内與丙同形作内，戰國文字始作𠥱，如睡虎地秦簡有𠥱字，是𠥱、陋古今字，故尚書經文作陋亦可。説文魚部云：「鰥，鰥魚也，从魚，眔聲。」今按：西周金文父辛卣、毛公鼎鰥字作𩹉，小篆作鰥，形聲未變。汗簡魚部引石經鰥作𩹉。集韻山韻云：「鰥，古作𩹉。」𩹉即鰥之省譌，古文訓本之，誤。説文耳部云：「聞，知聲也，从耳，門聲。䎽，古文，从昏。」今按：甲骨文金文聞字皆不從門聲。中山王鼎作聵，从耳昏聲，與説文古文同。古璽文與睡虎地秦簡作聞，與説文篆文同。戰國古文郭店楚簡作睯从采，采即古辨字，蓋變形聲爲會意而造新字。故尚書經文作睯固可，而通行字當以作聞爲正。説文人部云：「傲，倨也，从人，敖聲。」段注云：「古多假敖爲傲。」今按：段注未審。敖、傲古今字。説文出部云：「敖，游也，从出从放。」東周金文真敖簋及古陶文皆有敖字，而先秦古文字未見傲字，是傲爲敖之孳乳。又説文夰部云：「奡，嫚也，从百从夰，夰亦聲。虞書曰：『若丹朱奡。』讀若傲。論語：『奡湯舟。』」蓋許氏所據壁中古文尚書作奡，則作傲者今文尚書，當從今文。説文龠部云：「龤，樂和也，从龠，皆聲。虞書曰：『八音克龤。』」段注云：「龤與言部諧音同義異，各書多用諧爲龤。」今按：許氏據壁中古文尚書作龤，是今文尚書作諧，當从今文。説文女部云：「姦，厶也，从三女。悬，古文姦，从旱心。」段注云：「厶下曰：『姦衺也。』俗作姧，其後竟用奸字。」今按：西周金文有姦字，見户姦罍、長甶盉，而先秦古文字不見悬字，尚書經文當以作姦爲正。説文𨸏部云：「降，下也，从𨸏，夅聲。」今按：殷契粹編九〇一片、殷契佚存七一三片皆作降，象兩足下山陵之形。西周金文大保簋、散盤亦作降，與甲骨文同，是降爲下降正字。説文夂部云：「夅，服也，从夂㐄，相承不敢並也。」謂夅爲降服本字。但甲金文雖有降字而無夅字，蓋降本會意字，不以夅爲聲符。故尚書經文當以作降爲正。段氏撰異云：「周語：『伶州鳩説武王反及嬴内。』韋注：『嬴内，地名。』宋庠曰：『舊音上音嫣，下音汭。今按本或作嬴，非是。古文尚書作嬴，與嫣同。』玉裁按：凡所云舊音者，唐人所爲也。云今按者，宋説也。嬴姓字漢書地理志作盈，則古音同盈可證。蓋由國語古本作嬴，相傳讀若嫣，内讀若汭。本不與尚書相涉，而僞作古文尚書者，遂比附竄改，此正陸氏所謂穿鑿之徒，務欲立異者也。汭作内則古時有之，如溝洫志洛汭作雒内是。」按段氏謂由國語古本作嬴，相傳讀若嫣，遂比附竄改爲嬴，其説是。古寫本及古文訓嫣作嬴，不足取。

【詁】爾雅釋詁云：「朕，我也。」説文用部云：「庸，用也。」史記集解引鄭玄曰：「言汝諸侯之中，有能順事用天命者，入處我位，統治天子之事者乎？」是釋巽爲入處，即巽字本義具之引伸義。王氏釋詞云：「不，否，無也。」堯典曰『否德忝帝位』，言無德也。」爾雅釋言云：「忝，辱也。」言帝堯咨詢四岳諸侯之長說，我在帝位已七十年，你們誰能用天命，繼我入處帝位，四岳說我們無德辱在帝位。爾雅釋訓云：「明明，察也。」按：「側陋」謂隱僻低下之人，帝堯言要察訪舉薦地位隱僻低下之賢人。爾雅釋詁云：「師，衆也。」錫當讀爲賜。說文貝部云：「賜，予也。」又予部云：「予，推予也。」按：「師錫」謂衆臣推舉。鰥通矜，矜本字爲憐。禮記王制云：「老而無妻者謂之矜。」今按：鰥用爲凡無妻孤身之人。言衆臣給帝堯推薦說，有一無妻孤苦之人在民間下層，叫做虞舜。爾雅釋言云：「俞，然也。」言帝堯說，是的，我也聽說，其人如何？觀堂學書記引王國維曰：「汪容甫考瞽爲古樂官名，其說是也。國語『虞幕能聽協風』，意虞舜之先祖世掌樂官者也。」按：汪容甫即汪中，其說見述學瞽瞍說。王氏述聞云：「經言『以孝烝烝』，烝烝即是孝德之形容，言孝德之厚美也。」爾雅釋言云：「克，能也。」釋詁云：「諧，和也。」「格，至也。」言舜爲樂官之子，父親頑愚，繼母不明事理，異母弟名象傲慢，但舜能和諧相處，能以厚美孝德治家，故讓他治國亦不至于走邪道。女用爲動詞，謂嫁女。爾雅釋詁云：「時，是也。」按：是謂此人，即舜。堯之二女，長曰娥皇，次曰女英，見列女傳。言堯要試驗舜，嫁二女于舜，從二女德行觀察虞舜齊家治國之法。「釐降」，史記五帝本紀作「飭下」。按：飭與敕古通。國語齊語韋昭注云：「飭，教也。」爾雅釋言云：「降，下也。」是「釐降」謂教誡二女而下嫁。嬀，水名，在山西永濟市，源出歷山，西流入黃河。詩大雅鄭玄箋云：「汭之言内也。」「嬀汭」謂嬀水之濱。爾雅釋親云：「嬪，婦也。」言堯教誡二女而下嫁于嬀汭爲舜妻，命其敬盡爲婦之道。

慎徽五典，五典克從。納于百揆，百揆時敘。賓于四門，四門穆穆。納于大麓，烈風雷雨弗迷。

【校】僞古文尚書在「慎徽五典」之上有「曰若稽古，帝舜曰重華，協于帝，濬哲文明，温恭允塞，玄德升聞，乃命以位」二十八字。但史記五帝本紀于此僅作「乃使舜慎和五典」，是史公所據今文尚書無二十八字之證。東晉梅氏獻僞古文尚書，亦不知有二十八字。至南朝齊建武四年姚方興獻古文尚書，始有二十八字，是僞造二十八字者，姚方興也。敦煌本釋文慎作昚，從作⿰刀刀，穆作㪍，麓作⿱林彔。古文訓慎作昚，穆作㣎，迷作⿰忄米。按：説文心部云：「慎，謹也，从心，真聲。昚，古文。」段注云：「釋文序録偁『昚徽五典』，是陸氏所據堯典作昚。自衛包改作慎，開寳中乃於尚書音義中删之。」今按：戰國古文字郭店楚簡與邾公華鐘作昚，魏三體石經、汗簡、古文四聲韻録尚書亦作昚，與説文古文合。先秦古璽文及睡虎地秦簡作慎，與説文篆文同。諸抄本昚字从目作睿者，爲俗字，俗字从日與从目常互寫。玉篇於日部與目部分收昚、睿，注云「古慎字」，是六朝以前已有昚寫作睿者。蓋慎、昚皆古字，慎通行既久，故尚書經文當以作慎爲正。説文从部云：「从，相聽也，从二人。」又云：「從，隨行也，从从辵，从亦聲。」段注云：「以从辵，故云隨行。引伸訓順。」按：甲骨文有从、⿰彳从二字，⿰彳从即从之繁化。兩周金文作從或作⿱从土，從又⿰彳从之繁化，⿱从土乃從之省形。从、從當爲古今字，二字皆隨从之義，許氏説文釋从爲相聽，是臆説。因从、從同音同義，故尚書經文作从作從均可。説文禾部云：「穆，禾也，从禾，㣎聲。」又彡部云：「㣎，細文也，从彡，㡭省。」段注云：「細文，文之細者，故字从彡㡭。彡者，文也；㡭者，際見之白。際者，壁隙也，璺之細者也，引伸爲凡精美之偁。古本作㣎，今皆从禾作穆，假借字也。」汗簡、古文四聲韻録尚書穆作㣎。今按：先秦古文字無㣎字。甲骨文穆字作⿰禾杲，从杲从禾，象日光曬禾。禾即小米之穀，爲喜日光之禾類，日光充足則茂盛，故穆有美善、肅穆之義。西周金文遹簋作⿰禾杲，東周金文邾公華鐘作⿰禾⿱杲彡，从彡从丰，皆表丰茂。故許氏説文以㣎爲穆本字則誤。漢隸作穆，尚書經文當以作穆爲正。而抄本穆作㪍者，玉篇手部云：「穆，古文作㪍。」是㪍乃後出六朝俗字，故不可取。説文林部云：「麓，守山林吏也，从林，鹿聲。一曰林屬於山爲麓。春秋傳曰：『沙麓崩。』𣘽，古文从录。」段注云：「录聲。」今按：殷契粹編六六四片作麓，與説文篆文同，當爲正體。殷虚書契前編卷二第二十三頁一片作𣘽，西周金文𣘽伯簋亦作𣘽，皆與説文古文同，是爲異體。汗簡、古文四聲韻引尚書作菉，乃俗字，不可取。尚書經文當以作麓爲正。説文辵部云：「迷，惑也，从辵米聲。」按：戰國古璽文及侯馬盟書皆作迷，與説文篆文同；中山王鼎作䊳从米，當爲異體。魏三體石經無逸作罙，即䊳之譌變。集韻齊韻云：「𢘈，心惑也。」是以𢘈爲迷之異體，實爲後出俗字。尚書經文仍當以迷爲正。

【詁】爾雅釋詁云：「典，常也。」史記集解引鄭玄尚書注云：「五典，五教也，蓋試以司徒之職。」左傳文公十八年云：「使布五教於四方，父義、母慈、兄友、弟恭、子孝，內平外成。」楊氏覈詁云：「高晉生謂徽疑假爲敳，説文『敳，有所治也』，徽、敳並从𡵂聲。」言堯命舜謹治五常之教，于是五教能順，內外成風。此主持教化之功。「納于百揆」，五帝本紀作「偏入百官」，是釋納爲入，百揆爲百官。王氏述聞云：「時敘者，承敘也，承、時一聲之轉。爾雅曰：『順，敘也。』是敘與順同義。」言堯派舜入長百官，百官因承舜法而順。此主吏治之功。五帝本紀云：「舜賓於四門，乃流四凶族，於是四門辟，言毋凶人也。」按：賓謂迎導。辟、闢古今字。言舜接納四方賢俊，流放壞政世族凶頑，開通進諫言路，于是四方耳目通明美備。此主外治之功。五帝本紀云：「舜入于大麓，烈風雷雨不迷，堯乃知舜之足授天下。」按：大麓謂大山大林。方言云：「烈，暴也。」言舜深入大山大林，遇暴風雷雨不迷失方向，處變不驚。此試舜承壓應變之能力。

帝曰：「格汝舜，詢事考言，乃言厎可績，三載，汝陟帝位。」舜讓于德，弗嗣。

【校】敦煌本釋文考作丂，陟作㣅。內野、足利、天正本嗣作孠。古文訓考作丂，陟作隮，嗣作孠。按：説文老部云：「考，老也，从老省，丂聲。」段注云：「凡言壽考者，此字之本義也。假借爲攷字。凡言考校、考問字，皆爲攷之假借也。」又支部云：「攷，敂也，从攴，丂聲。」段注云：「唐風：『子有鐘鼓，弗擊弗考。』毛曰：『考亦擊也。』攷引伸之義爲攷課。周禮多作攷，他經攷擊、攷課皆作考，假借也。」今按：戰國古文郭店楚簡有攷字，是攷亦古字。但甲骨文已有丂字，並有考字，是考乃丂之孳乳，攷即考之後出異體。金文司土司簋、仲枏父簋考皆作丂，是壽考、稽考古皆作丂，丂、考古今字。攷字古作丂，前人固已言之。南唐徐鍇説文解字繫傳丂部云：「丂，猶稽丂之意也。」清邵瑛説文解字羣經正字云：「此乃稽考之考之本字。气欲舒出勹上礙於一，即稽留考察之意。字本作丂，今經典通用考字。蓋丂字廢不用，而攷字稍近古，故周禮用之，其實非六書字也。」但考字通行既久，故尚書經文當以作考爲正，作攷亦可。説文𨸏部云：「陟，登也，从𨸏步。僓，古文陟。」今按：殷虚書契後編卷下十一頁十三片作陟，兩周金文沈子簋和蔡侯盤皆作陟，與説文篆文同，是作陟爲正體。戰國古文字中山王壺陟作𢉖，从屇从步。古陶文作僓，从佃从步，或作僓。竊以爲从屇即从𨸏之變，从佀又从屇之譌，是説文古文作僓實譌字。故魏三體石經君奭作隮，汗簡人部引尚書作僓，皆不可取。説文冊部云：「嗣，諸侯嗣國也，从冊，司聲。孠，古文嗣，从子。」汗簡子部、古文四聲韻志韻録尚書嗣作孠，與説文古文同。按：殷代金文戍嗣鼎嗣字作𤔲，从司冊口子會意，司者讀冊之人，子者繼位之人，即司口讀冊立子繼位之意。西周金文盂鼎省作𠛬。東周金文令狐君壺省作孠，曾姬無卹壺及石鼓文、詛楚文皆作嗣。嗣本冊立之義，孠爲異體，故尚書經文當以作嗣爲正。

【詁】五帝本紀云：「堯以爲聖，召舜曰：『女謀事至而言可績，三年矣，女登帝位。』舜讓於德不懌。」按：以召釋格者，格本義爲來，呼來即有召義。爾雅釋詁云「詢，謀也」，釋言云「底，致也」，致者至也，皆用訓詁字。陸氏釋文引馬融曰「底，定也」，爾雅釋詁「底、定，止也」，是底、至、定皆同義。績當讀爲蹟，蹟者循道之義。孫氏注疏謂「言字疑衍文，古文丂似乃，故重出，古本無乃言二字」，可從。三爲表多虚數，「三載」猶言多年，説詳汪中釋三九。言堯召來舜説，汝謀事可定而出言可循，已主政多年，當登帝位。史記自序云：「唐堯遜位，虞舜不台。」五帝本紀云：「舜讓於德不懌。」集解引徐廣曰：「今文尚書作不怡，怡，懌也。」按：台即怡字，當讀爲嗣。王氏述聞云：「司與台聲相近，故從司從台之字可互通。」是不台、不怡、不懌即不嗣。史遷用今文尚書作台、懌，爲假借字，古文尚書作嗣用本字。爾雅釋詁云：「嗣，繼也。」言舜讓于有德之人，不肯繼帝位。或以史記作懌爲悦懌者，乃誤解遷書。

正月上日，受終于文祖。在璿璣玉衡，以齊七政。肆類于上帝，禋于六宗。望于山川，徧于羣神。輯五瑞，既月乃日，覲四岳羣牧，班瑞于羣后。

【校】敦煌本釋文終作㚇，文作彣，類作䫨，輯作楫。內野、足利、天正本終作㚇，文作彣。古文訓類作䫨，望作朢，輯作楫，牧作坶，班作攽。今按：冬、終古今字。殷虚文字乙編三六八片作冬，兩周金文善夫克鼎、臧孫鐘亦皆作冬，與甲骨文同，而古陶文與睡虎地秦簡冬、終分爲兩字，爲後世冬、終分爲二字所本，故尚書經文當以作終爲正。古寫本終作㚇者，即終之俗字，行均龍龕手鏡自部云：「㚇，古文終字。」尚書經文不足取。説文彣部云：「彣，戫也，从彡文。」又文部云：「文，錯畫也，象交文。」段注云：「錯當作逪。逪畫者，文之本義；彣彰者，彣之本義，義不同也。紋者，文之俗字。」今按：甲骨文、金文、古陶文、古幣文、睡虎地秦簡皆有文字，是文章、紋飾本字，彣字始見于戰國文字包山楚簡，是後出分別字。故尚書經文當以作文爲正。説文示部云：「禷，以事類祭天神，从示，類聲。」段注云：「五經異義曰：今尚書夏侯、歐陽説：『禷，祭天名也。以禷祭天者，以事類祭之。』『肆禷于上帝』，時舜告攝，非常祭也。凡經傳言禷者，皆謂因事爲兆。此當曰从示類，類亦聲。禮以類爲禷。」今按：先秦古文字無禷字，睡虎地秦簡有類字，類、禷當爲古今字。古文尚書作類，今文尚書作禷。汗簡肉部引尚書類作𦝫。鄭氏箋正云：「𦝫字類篇有類一音，造僞尚書者采此爲『類上帝』字，不詳本何書。」是尚書經文當作類，諸寫本作𦝫等形者不足取。説文壬部云：「朢，月滿也，與日相望，似朝君，从月从臣从壬，壬，朝廷也。𦣠，古文朢，省。」段注云：「此與望各字，今則望專行而朢廢矣。」今按：殷契佚存七二六片作𦣠，臣即目字，象人舉目立土而望，爲遠望本字。西周金文保卣作𦣠，與説文古文合；望簋作朢从月會意，則兼月滿既望之義；無叀鼎及戰國古文郭店楚簡作望从亡。説文亡部云「望，出亡在外，望其還也，从亡朢省聲」，分朢、望爲二字，未當也。汗簡壬部引尚書望作𦣠，是用説文古文。尚書經文當以通行體望爲正。説文車部云：「輯，車和輯也，从車，咠聲。」今按：五帝本紀引尚書作「揖五瑞」。又漢書兒寬傳云：「陛下躬發聖德，統楫羣元。」顔師古注云：「輯、楫與集，三字並同，虞書曰『楫五瑞』是也，其字從木。」司馬遷、倪寬皆治今文尚書，是今文作揖、楫，古文作輯。蓋凡从咠聲之字有密合義，故三字互通。但揖、楫不見於先秦古文字，而古陶文有輯字，故尚書經文當以作輯爲正。説文攴部云：「牧，養牛人也，从攴牛。詩曰：『牧人乃夢。』」段注云：「左傳曰：『馬有圉，牛有牧。』引伸爲牧民之牧。」又土部云：「坶，朝歌南七十里地。周書曰：『武王與紂戰於坶野。』从土，母聲。」是牧爲牧放專字，坶爲地名坶野專字。甲骨文金文皆有牧字，而未見坶字。汗簡土部引尚書牧作塺，塺即坶之異體。尚書「羣牧」本字當作牧，作坶者後出通用字，當以本字牧爲正。説文玨部云：「班，分瑞玉，从玨刀。」段注云：「會意，刀所以分也。周禮以頒爲班。」又攴部云：「攽，分也，从攴，分聲。周書曰：『乃惟孺子攽。』讀與彪同。」段注云：「雒誥文，今尚書作頒，蓋孔安國以今文字易之。當是攽爲正字，頒爲假借字。」今按：兩周金文班簋、邾公孫班鎛有班字，而先秦古文字未見攽、頒二字，是班爲分頒、頒布本字，尚書經文當以作班爲正。

【詁】史記集解引馬融尚書傳曰：「上日，朔日也。」蔡傳引葉氏曰：「上日，上旬之日。」王氏述聞云：「上日謂上旬吉日。元日、善日也，吉日也。月令：『孟春，天子乃以元日祈穀于上帝。』盧植、蔡邕並曰：『元，善也。』太平御覽時序部十四引尚書大傳曰『上日，元日』，亦謂上旬之善日，非謂朔日也。」王説是。蔡傳云：「受終者，堯於是受帝位之事而舜受之也。文祖者，堯始祖之廟。」按楊氏覈詁云：「終，疑假爲中，論語『允執厥中』。王師釋史謂中爲貯册之器，是也。文疑當作大，形近而誤。説文：『祖，始廟也。』大祖即太廟，謂舜受傳國寶册於太廟中也。」按楊説或是。爾雅釋詁云：「在，察也。」史記集解引鄭玄尚書注云：「璿璣玉衡，渾天儀也。七政，日月五星也。」今按：渾天儀乃漢代張衡創製，堯舜時代尚無。蓋以美珠比擬北斗七星，璿璣指斗魁四星，玉衡指斗杓三星。而以七星比附七政，七政當即受禪帝位後類于上帝、禋于六宗、望于山川、徧于羣神、輯五瑞、覲四岳羣牧、班瑞于羣后七件政事。古人最重天象，故觀察北斗七星運轉方位而排比七政進行時序，齊者，排比之義。爾雅釋詁云：「肆，故也。」五帝本紀肆作遂，更切合文意。王氏釋詞云：「肆，遂也。史記五帝紀肆並作遂，遂、肆聲相近。」言舜遂以受禪即位之事祭告于上帝，上帝謂上天。説文示部云：「禋，絜祀也，一曰精意以享爲禋。从示，垔聲。⿱宀禋，籀文从宀。」今按：西周金文牆盤作⿱宀禋，東周金文蔡侯盤作禋。古字从宀，是禋祀太廟，于廟中設神位焚香獻牲精誠祭祀。六宗者，釋文引馬融曰：「天地四時也。」言禋祭天、地、春、夏、秋、冬六神，以求祐風調雨順而春種夏長秋收冬藏。范寧穀梁傳僖公三十一年注引鄭玄曰：「望者，祭山川之名也，謂海也、岱也、淮也。」蓋望祀主祭東海、泰山及淮水之神。説文彳部云：「徧，帀也，从彳，扁聲。」此周遍字古異體。詩時邁疏引鄭玄尚書注云：「徧以尊卑次秩祭之羣神，若丘陵墳衍之屬。」言遍祭大小山神土地河神水神。爾雅釋詁云：「輯，合也。」尚書大傳云：「圭冒者，天子所以與諸侯爲瑞也，諸侯執所受圭以朝天子。瑞也者，屬也。無過行者，復其圭以歸其國；有過行者，留其圭；能改過者，復其圭。」史記集解引馬融尚書傳云：「輯，斂也。五瑞，公侯伯子男所執，以爲瑞信也。」今按：瑞圭分五等代表爵位，新主即位，諸侯持圭以朝，新主合符驗收，待考察功過重新頒賜，即輯五瑞。「既月乃日」，五帝本紀作「擇吉月日」，是釋既爲擇。蓋史公讀既爲摡，廣雅釋詁云：「摡，取也。」是摡有擇取義。王氏釋詞云：「乃，發聲也。」禮記雜記正義曰：『乃者，言之助也。』」是乃爲語助詞，「既月乃日」謂擇取吉月吉日。爾雅釋詁云：「覲，見也。」言擇吉月吉日接見四方諸侯朝賀。爾雅釋詁云：「后，侯，君也。」是羣后即諸侯，言擇吉重新頒布五等瑞圭于諸侯，以示新命其爵位。至此禪位七政完畢。

歲二月，東巡守，至于岱宗，柴。望秩于山川，肆覲東后。協時月正日，同律度量衡。修五禮、五玉、三帛、二生、一死贄，如五器，卒乃復。五月，南巡守，至于南岳，如岱禮。八月，西巡守，至于西岳，如初。十有一月，朔巡守，至于北岳，如西禮，歸，格于藝祖，用特。

【校】敦煌本經典釋文贄作摯，歸作帰，藝作蓺。古文訓岱作代，柴作祡，度作厇，修作攸，藝作萟。按：説文山部云：「岱，大山也，从山，代聲。」段注云：「大作太者，俗改也。域中最大之山，故曰大也；作太作泰皆俗。」今按：白虎通論五嶽四瀆云：「東方爲岱宗者何？言萬物更相代於東方也。」又風俗通山澤云：「一曰岱宗，岱，始也；宗，長也。」太平御覽引義宗云：「東岳謂之岱者，代謝之義。」蓋此皆附會之説，而古文訓本之岱作代，不可取。説文示部云：「祡，燒柴尞祭天也，从示，此聲。虞書曰：『至于岱宗，祡。』禥，古文祡，从隋省。」段注云：「柴與祡同此聲，故燒柴祭曰祡。郊特牲曰：『天子適四方，先祡。』注：『所到必先燔柴，有事於上帝。』許自序偁書孔氏，知古文尚書作祡，不从木作柴也。」又木部云：「柴，小木散材，从木，此聲。」段注云：「月令：『乃命四監，收秩薪柴，以供郊廟及百祀之薪燎。』注云：『大者可析謂之薪，小者合束謂之柴。薪施炊爨，柴以給燎。』按：『尞，祡祭天也。』燔柴曰祡。」今按：祡、柴當爲古今字。殷虚書契前編卷一第三十七頁五片祡字作⿱⿰又木示，从示从又从木，取木焚燎祭祀之義。秦篆作祡，改會意字爲形聲字。柴字後出，見戰國古文柴内右戈。汗簡示部引尚書柴作禬，用說文古文，而不見于先秦古文，故不足取。尚書經文當以作柴爲正。度作庀者，說文宀部云：「宅，人所託居也，从宀，乇聲。庀，亦古文宅。」古書宅、度通用，如堯典「宅嵎夷」，今文尚書宅作度。按宅、度古音同定母鐸部，故可通用。是尚書經文度作庀者，乃用假借字，本字仍當爲度。說文彡部云：「修，飾也，从彡，攸聲。」段注云：「修者，治也，引伸爲凡治之偁。經典多假肉部之脩。」今按：修身先秦古璽文作攸身。甲骨文作伎，見殷虛書契前編，西周金文井鼎亦作伎，从支从人，即修身之義；毛公鼎作攸从水，用水洗身，亦修身之義，隸變作攸。說文攴部云「攸，行水也，从攴从人，水省」，釋義不確。戰國文字江陵楚簡作伎，猶存古形。顧氏隸辨謂「古文尚書脩皆作攸」。蓋攸、修古今字，尚書經文當作修。今本陸氏釋文云：「贄，音至，本又作摯。」敦煌寫本則云：「摯，本又作贄，音至，所執也。」按說文有摯無贄，手部云：「摯，握持也，从手執。」甲骨文摯字亦从手執，象被捕罪人手帶刑具。睡虎地秦簡作摯，與說文篆文同。後代造俗字贄，並改經文。而正字當爲摯，陸氏釋文唐寫本作摯，是原本不誤，今本作贄者，宋開寶間所改。說文止部云：「歸，女嫁也，从止，婦省，自聲。埽，籀文省。」段注云：「公羊傳、毛傳皆云：『婦人謂嫁歸。』此非婦人假歸名，乃凡還家者假婦嫁之名也。」古寫本釋文云：「埽，古歸字。」今按：殷虛書契前編卷八第一頁六片作歸，西周金文矢令彝亦作歸，與甲骨文同；而戰國古文江陵楚簡，睡虎地秦簡作歸，與說文篆文同，說文籀文作埽，而不見先秦古文，故尚書經文當作歸。說文丮部云：「埶，穜也，从丮坴，丮持穜之。詩曰：『我埶黍稷。』」段注云：「齊風毛傳曰：『蓺猶樹也。』」樹、種義同。唐人樹埶字作蓺，六埶字作藝，說見經典釋文。然蓺、藝字皆不見於說文。周時六藝字蓋亦作埶。」今按：殷代金文埶觚作⿰巾丮，殷契佚存三六九片作⿰木丮，象雙手持屮木種植之意。西周金文毛公鼎、克鼎及東周石鼓文皆作⿰圭丮，與甲骨文種植義同。說文篆文作埶，即执之譌變。又按：漢碑多作藝而不作埶，蓋通行已久。至于作蓻，見褚遂良行書千字文，是唐代俗字，薛氏取之入經文，殊不類，不可取。

【詁】爾雅釋山云：「泰山爲東嶽。」釋文引馬融曰：「柴，祭時積柴，架牲其上而祭之。」言即位之年二月，帝舜巡視東方，至泰山柴祭岱宗，又逐次遍祭山川之神，遂接見東方諸侯。五帝本紀協作合，用訓詁字。史記集解引鄭玄曰：「協正四時之月數及日名，備有失誤。律，音律；度，丈尺；量，斗斛；衡，斤兩。」言於巡守時合正各地四時節氣月日數名差誤，統一音律、丈尺、斗斛、斤兩。公羊傳隱公八年疏引鄭玄曰：「五禮，公侯伯子男朝聘之禮。」史記集解引鄭玄曰：「（五玉）即五瑞也，執之曰瑞，陳列曰玉。帛所以薦玉也。必三者，高陽氏後用赤繒，高辛氏後用黑繒，其餘諸侯皆用白繒。」又引馬融曰：「摯：二生，羔雁，卿大夫所執；一死，雉，士所執。」王氏述聞云：「五玉、三帛、二生一死贄如五器，皆蒙修字爲義。如者，與也、及也。言五玉、三帛、二生一死之贄與所用之五器，皆因五禮而並修之耳。五器蓋公侯伯子男朝聘之禮器也。卒乃復，乃統承上文之辭，是時東方諸侯來朝於岱宗之下以聽政令，至協時日以下諸事皆畢，乃命諸侯各反其國，故曰卒乃復。」按：爾雅釋詁云：「卒，終也。」又釋言云：「復，返也。」王氏說可從。爾雅釋山云：「霍山爲南嶽。」郭注云：「即天柱山，潛水所出。」霍山在安徽潛山縣。或謂衡山爲南嶽，則在湖南衡陽，路途遥遠，唐虞時不易到達。爾雅釋山云：「華山爲西嶽。」又云：「恒山爲北嶽。」郭注云：「常山。」又釋訓云：「朔，北方也。」是「朔巡守」即北巡守。「如西禮」猶言「如初」，即岱禮。詩我將疏引鄭玄曰：「藝祖，文祖，猶周之明堂。」又通典巡狩引鄭玄尚書注云：「每歸用特者，明祭一岳即歸也。」爾雅釋詁云：「格，至也。」說文牛部云：「特，朴特，牛父也。从牛，寺聲。」按：牛父即公牛，特謂一公牛。言舜每嶽巡守歸來，皆至文祖之廟，用一公牛爲牲祭祀告歸。

五載一巡守，羣后四朝。敷奏以言，明試以功，車服以庸。

【校】敦煌本釋文朝作翰，敷作尃。古文訓朝作翰，敷作尃，服作舠。按説文倝部云：「翰，旦也，从倝，舟聲。」汗簡日部引尚書作鼂。説文黽部云：「鼂，匽鼂也。讀若朝。楊雄説，匽鼂，蟲名。杜林以爲朝旦，非是。从黽从旦。鼂，古文，从皀。」段注云：「伯山蓋謂鼂夕爲真字。皀字見日部，讀若窈。古文从黽，皀聲。」按：杜林以爲鼂是朝旦本字，而非朝之假借字，當有所本。但朝字甲骨文即作从月之朝，見殷虚書契後編下卷三頁八片，羅氏增訂殷虚書契考釋云：「此朝暮之朝字，日已出茻中而月猶未没，是朝也。古金文省从𠦝，後世篆文从倝舟聲，形失而義晦矣。」至於鼂字，説文古文字上从鼂，竊謂皀爲旨之譌，殷墟文字甲編一八五片旦字作旨，與皀形近，故鼂字古文譌作鼂。又睡虎地秦簡鼂字作鼂从日，與汗簡引尚書同，正體當从旦。鼂當即朝字異體，故古書通作。尚書經文當以作朝爲正。説文寸部云：「尃，布也，从寸，甫聲。」又攴部云：「敷，敂也，从攴，尃聲。周書曰：『用敷遺後人。』」段注云：「此與寸部尃音義同。俗作敷，古寸與方多通用。」汗簡寸部引尚書敷作尃，與古文訓同。今按：甲骨文及兩周金文尃字作叀从又，魏三體石經君奭亦作叀从又，猶合古文。戰國信陽楚簡作尃从寸，與説文篆文同，敷字不見於先秦古文，爲尃字後出異體，俗字作敷而後世通行，是尚書作敷用俗字。説文舟部云：「服，用也，一曰車右騑所以舟旋。从舟，𠬝聲。舠，古文服，从人。」按屈服之服作𠬝，从又从卩，象手抑人屈節之狀，甲骨金文及説文小篆相同。服用之服，林泰輔龜甲獸骨文字卷一第二十四頁五片及兩周金文盂鼎、井侯簋、秦公鐘並作服，从舟，𠬝聲，與説文小篆同。説文古文作舠从人，先秦古文字未見，尚書經文當以作服爲正。

【詁】五帝本紀載作歲，用訓詁字。爾雅釋天云：「載，歲也，夏曰歲，商曰祀，周曰年，唐虞曰載。」是「五載」即五年。釋文引鄭玄曰：「四朝，四年一朝京師也。」言帝舜每五年巡守東南西北四岳一遍，而四方諸侯每四年朝覲一次，即第一年帝舜出行巡守，後四年諸侯輪流朝覲。「敷奏」，五帝本紀作徧告，用訓詁字。説文言部云：「直言曰言，論難曰語。」禮記雜記鄭玄注云：「言，言己事也。」是「敷奏以言」者，謂諸侯皆於朝覲時述職。說文言部云：「試，用也，从言，式聲。虞書曰：『明試以功。』」白虎通考黜篇云：「能安民，故賜車馬，以著其功德，安其身。能使人富足衣食，倉廩實，故賜衣服，以彰其體。書曰：『明試以功，車服以庸。』」爾雅釋詁云：「庸，勞也。」言明察考績而記功德，以車馬衣服勞賜表彰朝覲諸侯。

肇十有二州，封十有二山，濬川。

【校】唐石經肇作肈。古文訓肇作肁。按：說文户部云：「肁，始開也，从户聿。」段注云：「引申爲凡始之偁。凡經傳言肈始者，皆肁之假借，肈行而肁廢矣。聿於語詞有始義，故从聿。」又戈部云：「肈，上諱。臣鉉等曰：後漢和帝名也。按李舟切韻云：擊也，从戈，肁聲。直小切。」段注云：「古有肈無肇。从戈之肈，漢碑或从殳，俗乃从攵作肇，而淺人以竄入許書攴部中。玉篇曰：『肇，俗肈字。』五經文字戈部曰：『肈作肇，訛。』廣韻有肈無肇。和帝命名之義取始。漢人肁字不行，只用肈字訓始，故許云諱肈。今經典肈字俗譌从攵，不可不正。」今按：甲骨文肁字，殷契佚存三四〇片作𢨋，象以戈擊户之形。金文肈、肇爲一字，長由盉、齊陳曼簠作肈，沈子簋作肇，从戈與从攴同義。段氏斷言古有肈無肇，並删攴部肇字，可謂武斷。其字三形皆爲擊户，而擊户爲破門而入之始，引伸爲凡始之義。故尚書經文作肁、肈、肇均可。

【詁】尚書大傳作「兆十有二州」，鄭玄注云：「兆，域也，爲營域以祭十有二州之分星也。」說文釋兆字云「灼龜坼也」，是兆有分界域之義。孳乳爲垗，說文云：「垗，畔也，爲四畔界祭其中。」作兆作垗皆今文尚書。而古文作肇，亦有破坼分開之義，是今文古文用字不同，其義則相同。但兆字始見於戰國古文包山楚簡與睡虎地秦簡，故尚書經文當作肇或肁。陸氏爾雅釋地釋文云：「禹平水土，畫爲九州。其後舜分置十二州。鄭玄云：舜以青州越海，而分齊爲營州；冀州南北太遠，分衛爲并州；燕以北爲幽州，新置三州，並舊爲十二州也。」按禹劃九州，即冀、兖、青、徐、荆、揚、豫、梁、雍，合舜新置幽、并、營三州，是爲十二州。王氏釋詞云：「有，猶又也。有、又古同聲，故又字或通作有。」是「十有二州」即十又二州。孫氏注疏云：「周禮職方氏九州皆有山鎮：揚州會稽，荆州衡山，豫州華山，青州沂山，兖州岱山，雍州嶽山，幽州醫無閭，冀州霍山，并州昭餘祁，凡九山。唐虞十有二州，則山鎮當十有二，無文可知。」是舜時置十二州，有三州鎮山無文可考。説文谷部云：「㕡，深通川也。濬，㕡或从水，濬，古文㕡。」説文川部云：「川，貫穿通流水也。」按：川謂河流，是「濬川」者，疏通河道之義。此川對上名山，故指大河。言帝舜劃分全國政區爲十二州，封十二大山爲十二州所祭鎮山，疏通十二州流經大河。

象以典刑，流宥五刑，鞭作官刑，扑作教刑，金作贖刑。眚災肆赦，怙終賊刑。「欽哉！欽哉！惟刑之恤哉！」

【校】敦煌本釋文流作沠，扑作苻，災作灾，恤作卹。足利、天正本流作沠，扑作朴，災作灾。古文訓扑作茠，災作灾，恤作卹。按説文篆文流字，與古陶文、睡虎地秦簡作流同，是流字正體。玉篇水部云：「沠，古文流。」汗簡水部引尚書流作沠。此蓋均本漢隸，先秦古文字流無作沠者。漢堯廟碑流字作沠，故沠爲漢代隸書俗字，並非古文，尚書經文當以作流爲正。説文攴部云：「攴，小擊也，从又，卜聲。」段注云：「此字从又卜聲，又者手也。經典隸變作扑。凡尚書、三禮鞭扑字皆作扑，又變爲手，卜聲不改，蓋漢石經之體，此手部無扑之原也。唐石經初刻作朴從木者，唐元度覆校正之从手，是也。」又木部云：「朴，木皮也，从木，卜聲。」段注云：「此樹以皮厚得名，按廣雅云：『重皮，厚朴也。』凡鞭扑字从手作扑，即攴字也；凡樹皮字从木作朴。」敦煌本釋文作苻，注云：「字又作⿱⺮仆。」汗簡艸部録尚書作⿱艹攴。鄭氏箋正云：「薛本作⿱艹仆，玉篇、集韻、類篇皆同。當是從竹仆聲，隸書竹例作卄，因寫成⿱艹仆。扑係攴之俗別，从手，卜聲也。此更誤仆作二人，夏沿之。⿱⺮仆亦攴之俗別，非古文。」今按鄭説是。漢隸攴變作扑見鄭固碑，故尚書經文作扑，實爲通行字。説文火部云：「烖，天火曰烖，从火，𢦏聲。灾，或从宀火。災，籀文从巛。⿰才火，古文从才。」按灾爲會意，災爲形聲，⿰才火亦形聲，與𢦏从才聲同意。甲骨文作灾，見殷虚文字乙編九五九片。後編下卷八頁十八片作⿱才火，説文古文作⿰才火即其變形。楚帛書作灾，與説文或體同。竊謂説文正篆當作灾，起火燒屋之意，別體皆後起之形聲字。尚古寫本作⿱乃火者，集韻咍韻云：「烖，説文：『天火曰烖。』或从乃作⿱乃火。」此以乃代换聲符才之俗字，先秦無是古文。尚書經文當以作灾爲正。説文血部云：「卹，憂也，从血，卩聲。一曰鮮少也。」段注云：「卹與心部恤音義皆同。古書多用卹字，後人多改爲恤，今尚書卹皆作恤是也。卹與惜雙聲，鮮少，可惜也。鮮當作尟。」今按：甲骨文與兩周金文及詛楚文皆作卹从卩，先秦古文字未見恤字，是以作卹爲正體。而戰國古文睡虎地秦簡作⿰卹阝從邑，漢隸變作⿰卹阝，見于街彈碑、張納功德敘碑，是从卩卹字在漢以前即有此从邑旁之俗字⿰卹阝，經文不足取。

【詁】爾雅釋詁云：「典，常也。」曾運乾尚書正讀云：「象，刻畫也。蓋刻畫墨、劓、剕、宫、大辟之刑於器物，使民知所懲戒，如九鼎象物之比。俗説乃以畫衣冠異章服爲象刑，蓋傳之失其真也。」按曾説或是。常刑即五刑。言首用五刑之象戒民守法，以示重在教育。史記集解引馬融曰：「流，放；宥，寬也。一曰幼少，二曰老耄，三曰惷愚。五刑：墨、劓、剕、宫、大辟。」言可用流放代替五刑之罰，以示寬宥從輕。「鞭作官刑」，言用鞭打作爲懲處官吏之刑。史記集解引鄭玄曰：「扑，檟、楚也。扑爲教官爲刑者。」按：檟音賈，説文云：「楸也。」言學校用楸、荆枝條打罰學生作爲教刑。史記集解引馬融曰：「金，黄金也。意善功惡，使出金贖罪，坐不戒慎者。」按古謂銅爲黄金。言用銅贖過失之罪。說文目部云：「眚，目病生翳也，从目，生聲。」段注云：「眚，引伸爲過誤，如『眚災肆赦』是也。」史記集解引鄭玄曰：「眚災，爲人作患害者也。過失，雖有害則赦之。」爾雅釋詁云：「肆、故，今也。」是肆與故同義。言由過失造成災害，故可赦免。說文心部云：「怙，恃也，从心，古聲。」又云：「恃，賴也，从心，寺聲。」是怙者賴取之義。史記集解引徐廣曰：「終，一作衆。」按：王氏釋詞云：「家大人曰：終，詞之既也。僖二十四年左傳注曰：『終，猶已也。』已止之已曰終，因而已然之已亦曰終，故曰詞之既也。引之謹按：載馳曰：『許人尤之，衆穉且狂。』衆，讀爲終，古字多借衆爲終，史記五帝紀：『怙終賊刑。』徐廣曰：『終，一作衆。』」是終者已然之義，言賴取成性已經發展爲盜賊者刑罰之。上句「眚災肆赦」，是無意犯罪，故從輕，下句「怙終賊刑」，是有意犯罪，故從重。爾雅釋訓云：「欽欽，憂也。」按疾言曰欽欽，徐言則曰欽哉欽哉，憂思慎重之義，與下「卹」字同義。五帝本紀卹作静，是今文尚書作静。爾雅釋詁「慎，静也」，是静與慎同義，卹與慎亦同義，故王氏述聞本之，云：「卹者，慎也。」言決獄要慎重，用刑要慎重。反復警告之意。

流共工于幽洲，放驩兜于崇山，竄三苗于三危，殛鯀于羽山，四罪而天下咸服。

【校】敦煌本釋文崇作崈，罪作辠。古文訓洲作州，竄作𥨍。按：段氏撰異云：「孟子萬章篇：『流共工于幽州。』射義注：『流猶放也。』書曰：『流共工於幽州。』字皆作州。今尚書作洲者，衛包以俗字改也。」今按：甲骨文金文皆作州，先秦古文字無洲字，尚書文當作州。說文山部云：「崇，山大而高也，从山，宗聲。」汗簡山部引尚書崇作崈。按：漢書崇作崈，顔師古注郊祀志云：「崈，古崇字。」實則崈乃俗字，許氏說文作崇爲正體。說文宀部云：「𡫏，塞也，从宀，𠭥聲。讀若虞書曰『竄三苗』之竄。」此據段氏本，是𡫏乃假借字，本字爲竄，與流、放同義。而汗簡穴部録尚書竄作𡫏。鄭珍箋正云：「薛本今譌𥨍，又誤爲从穴，益非。」是尚書經文當以作竄爲正，汗簡及古文訓作𡫏、𥨍者，皆誤。說文辛部云：「辠，犯灋也，从辛自，言辠人戚鼻苦辛之憂。秦以辠似皇字，改爲罪。」段注云：「罪本訓捕魚竹网，从网，非聲，始皇易形聲爲會意，而漢後經典多從之，非古也。」汗簡辛部引尚書罪作辠。按：辠、罪二字戰國古文字並見，既經典通用，故尚書經文作罪亦可。

【詁】孔傳云：「殛、竄、放、流，皆誅也。異其文，述作之體。」按：流、放、竄、殛互文見義，字異義同，皆流放之義。史記五帝本紀謂堯臣共工、驩兜、鯀皆用事無功敗政，三苗數次爲亂，因而流放。蓋三苗爲舊貴族苗裔敗政者，三是虚數言多，即所有敗政之貴族苗裔。史記集解引馬融曰：「幽州，北裔也。崇山，南裔也。三危，西裔也。羽山，東裔也。」罪用爲動詞，「四罪」謂四種罪人皆治罪。爾雅釋詁云：「咸，皆也。」吕氏春秋先己篇高誘注云：「服，從也。」按：服謂悦服。言流放四罪人于四裔邊遠之地使其不歸，而天下皆悦服其處治得當。

二十有八載，帝乃殂落。百姓如喪考妣，三載，四海遏密八音。

【校】敦煌本經典釋文堯典海作𣳚。內野、足利、天正本海作𣳚。古文訓殂作𣦸。按：段氏撰異云：「二十，唐石經作廿，今不從。說文：『廿，二十并也，古文省多。』『卅，三十并也，古文省。』是則廿即二十字，卅即三十字也。而廿讀如入，卅讀如颯，即以二十、三十爲反語。廣韻注云：『廿，今直以爲二十字；卅，今直以爲三十字。』然則開成毛詩字作卅，仍讀三十，不讀如颯也。此篇『廿有八載』、『廿有二人』，亦仍讀二十，不讀如入。」今按：敦煌本釋文及諸古寫本「二十」皆不作廿，是尚書原本作「二十」，唐石經作廿者，據衛包改字本。說文歺部云：「殂，往死也，从歺，且聲。虞書曰：『勛乃殂。』𣦸，古文殂，从歺从作。」王筠說文繫傳校録云：「𣦸，古文死字，恐是从死乍聲。小篆殂自在歺部，古文𣦸自从死，不相妨也。」今按：王說是。戰國古文字九店楚簡殂字作𣦸，从死乍聲，可證說文殂字古文作𣦸之謁。説文水部云："海，天池也，以納百川者，从水，每聲。"段注云："爾雅『九夷、八狄、七戎、六蠻，謂之四海』，此引伸之義也。凡地大物博者，皆得謂之海。"今按：西周金文及戰國古文字皆作海，是爲正體。而玉篇水部云："𣳚，同海。"魏江陽王次妃墓誌海作𣳚，是隋唐以前已有此俗字。汗簡水部録尚書海作𣳚，以俗字爲古文，不可取。

【詁】五帝本紀云："舜攝行天子之政，堯避位凡二十八年而崩。百姓悲哀，如喪父母。三年，四方莫舉樂，以思堯。"殂通作徂，爾雅釋詁云："徂落，死也。"言舜攝政二十八年而帝堯老死。爾雅釋親云："父爲考，母爲妣。"郭注云："禮記曰：生曰父母，死曰考妣。"又釋詁云："遏，止也。""密，静也。"按：不動爲静，與止義同，是"遏密"猶言停止不動。白虎通禮樂篇云："樂記曰：土曰塤，竹曰管，皮曰鼓，匏曰笙，絲曰弦，石曰磬，金曰鐘，木曰柷敔，此謂八音也。"按："八音"猶言音樂。言堯死朝野如喪父母，三年之内四海全國不動音樂，以思念帝堯。

月正元日，舜格于文祖。詢于四岳，闢四門，明四目，達四聰。

【校】敦煌本釋文闢作辟。足利、天正、八行本闢作𨷐，古文訓作𨳇。按説文門部云："闢，開也，从門，辟聲。閞，虞書曰：『闢四門。』从門，从𠬜。"段注云："引伸爲凡開祏之偁。古多叚借辟字。按此上當依匡謬正俗、玉篇補古文闢三字。𠬜者，今之攀字，引也。今俗語以手開門曰攀開，讀如班。古文於此會意。書序：『東郊不閞。』馬本作闢。"張揖古今字詁云："『閞、闢古今字。』舊讀閞爲開，非也。自衛包徑改閞爲開，而古文之見於尚書者滅矣。"今按：西周金文盂鼎闢字作𨳌。古陶文與古璽文亦作閞，均與説文古文同，是閞、闢爲古今字。古寫本闢作𨷐者，由門字作门而變。東晉二王及唐代顏氏書家門字作门，故闢字俗書作𨷐，然經文不足取。

【詁】以上文"正月上日"例之，此當作"正月元日"。薛綜東京賦注引尚書作"正月元日，舜格于文祖"，是三國時學者所見尚書猶不誤。王氏述聞云：「元日，非謂朔日也。元日，善日也，吉日也。」爾雅釋詁云：「格，至也。」詢，謀議。詩緇衣疏引鄭玄曰：「文祖者，明堂。」言舜于正月吉日，至堯太廟明堂與四方諸侯謀議政事。「明四目，達四聰」，五帝本紀作「明通四方耳目」，是四者四方，達者通達。言于明堂謀政，開闢四門，以明通四方視聽，謂不專斷。

咨十有二牧，曰：「食哉惟時，柔遠能邇，惇德允元，而難任人，蠻夷率服。」

【校】敦煌本釋文邇作迩，率作衛。古文訓邇作迩，率作衛。按：説文辵部云：「邇，近也，从辵，爾聲。迩，古文邇。」今按：戰國古璽文邇作迩，或作⿱尔止，从止與从辵同義。兩周金文爾字亦省形作尔，是迩實邇之異體，故尚書經文作邇作迩均可。説文行部云：「衛，將衛也，从行，率聲。」段注云：「衛，導也，循也，今之率字，率行而衛廢矣。率者，捕鳥畢也。將帥字古衹作將衛，帥行而衛又廢矣。帥者，佩巾也。衛與辵部達音義同。」汗簡行部引尚書率作衛，从行率省。按：戰國古文詛楚文、睡虎地秦簡作衛，與汗簡引尚書作衛合。西周金文𢦚簋作達从辵，與从行之衛同義。可見尚書作率，古本字爲衛爲達。

【詁】爾雅釋詁云：「詢，咨，謀也。」按：五帝本紀咨作命，是史遷不以咨爲嗟歎詞。禮記曲禮云：「九州之長，入天子之國曰牧。」鄭玄注云：「每一州之中，天子選諸侯之賢者以爲之牧也。」是一州之諸侯首領爲牧，亦謂之州伯。言帝舜咨詢面命于十二州長。食謂民食。哉當讀爲在，哉、在皆从才聲，故可通用。説文心部云：「惟，凡思也，从心，隹聲。」時謂農時。言足食之要在思遵農時。爾雅釋詁云：「柔，安也。」王氏述聞云：「柔遠與能邇相對。古者謂相善爲相能。」按：玉篇能部云：「能，善也。」言治國要安定邊遠，善撫近郊，即遠近皆親之義。爾雅釋詁云：「惇，厚也。」「允，信也。」「阻，難也。」「任，佞也。」禮記月令鄭注云：「元，善也。」按：「允元」謂信任賢良。「難任人」謂阻難疏遠佞人。言用人要厚待有德，信任賢良，疏遠佞人。蠻夷謂少數民族。爾雅釋詁云：「率，循也。」言少數民族要使其順從悦服。

舜曰：「咨四岳，有能奮庸熙帝之載，使宅百揆，亮采惠疇？」僉曰：「伯禹作司空。」帝曰：「俞！咨禹，汝平水土，惟時懋哉！」禹拜稽首，讓于稷、契暨皋陶。帝曰：「俞！汝往哉！」

【校】敦煌本釋文伯作柏，禹作⿱亼⿵冂巾，懋作楙，稽作䭫，契作㝬，皋陶作咎繇。唐石經皋作臯。古文訓禹作⿱亼⿵冂巾，稷作䄠。按：説文人部云：「伯，長也，从人，白聲。」段注云：「古多假柏爲之。」又木部柏字注云：「古多假借爲伯仲之伯。」漢書古今人表伯益作柏益，即其例。而本字仍當作伯。殷虚書契後編卷下四頁十一片與兩周金文录伯簋、成伯刀伯字皆作白，是其初文。先秦古璽文作伯从人，與説文篆文同，是爲後世通行正體。説文内部云：「禹，蟲也，从厹，象形。⿱亼⿵冂禸，古文禹。」段注云：「夏王以爲名。⿱亼⿵冂禸見漢書。」魏三體石經皋陶謨作⿱亼⿵冂巾，下似巾，已失本形。汗簡市部引尚書作⿱亼⿵冂巾。漢書藝文志雜家類有大⿱亼⿵冂巾三十七篇，顔師古注云：「⿱亼⿵冂巾，古禹字。」今按：秦公鐘及先秦古璽文禹字下皆从内，象蟲之足形。汗簡禹字下从巾，是以譌作古，不可取。尚書經文當以作禹爲正。説文林部云：「楙，木盛也，从林，矛聲。」段注云：「此與艸部茂音義皆同，分艸、木耳。」又艸部云：「茂，艸木盛皃，从艸，戊聲。」段注云：「茂之引伸借爲懋勉字。」心部云：「懋，勉也，从心，楙聲。虞書曰：『時惟懋哉。』𢘓，或省。」段注云：「古多叚茂字爲之。」今按：西周金文瘨鐘懋字作楙，是其初文；免卣作懋从心，即楙之孳乳，爲後世通行正體，故尚書經文當作懋。説文首部云：「䭫，䭫首也，从首，旨聲。」段注云：「周禮䭫首，本又作稽。許沖上書，前作稽首，後作䭫首，恐今之經典轉寫譌亂者多矣。」汗簡旨部引尚書稽作䭫。䭫爲䭫首本字，西周金文命簋作䭫可證。稽爲稽考本字，因皆从旨聲，故䭫首亦借作稽。尚書原本當作䭫，古寫本作䭫可證。說文禾部云：「稷，齋也，五穀之長，从禾，畟聲。䄌，古文稷。」段注云：「兇，蓋即古文畟字。」汗簡禾部引尚書與說文古文同。今按：古璽文及睡虎地秦簡作稷，與說文篆文同，是稷爲正體。䄌乃後出省形異體，尚書經文不足取。說文禸部云：「禼，蟲也，从禸，象形，讀與偰同。萬，古文禼。」段注云：「殷玄王以爲名，見漢書。俗改用偰、契字。」汗簡禸部引尚書契作禼，亦作萬，與說文合。段氏撰異云：「說文人部曰：『偰，高辛氏之子，堯司徒，殷之先，从人，契聲。』玉裁按：此正字也，別無他義，但爲元王之名，故叔重之說解如此。蓋壁中尚書正作偰也。」今按：以禹本蟲名作人名相例，人名禼爲正字，契爲借字，楚帛書有禼、契二字。偰蓋契字後出異體，先秦古文字無偰字。段氏撰異云：「釋文於孔序曰：『皋本又作咎，陶本又作繇。』考自來古文尚書有作皋陶者，有作咎繇者，是以顔注漢書引尚書皆作咎繇，李善注文選則皆作皋陶。要之，衡以古音，則皋陶二字古在尤幽。說文引虞書作咎繇，則壁中元本也。」今按：唐石經皋作皐，戰國古文睡虎地秦簡作皋，是爲正體，與說文作皋同，故尚書當以作皋爲正。

【詁】「咨四岳」，與上「咨十二牧」之咨義同。五帝本紀上咨作命，下咨作謂，謂亦命也。有當讀爲或，有與或古同聲而通用。劉淇助字辨略云：「或字，猶云誰也，不定其誰何，故云或也。」廣雅釋詁云：「奮，進也。」庸字从用，義爲用，是「奮庸」即進用。爾雅釋詁云：「熙，光也。」按：光謂光大。廣雅釋詁云：「載，則也。」按：則謂法則。「百揆」，史記作百官。爾雅釋詁云：「亮，右也。」「采，事也。」按：「亮采」謂輔助從事。說文叀部云：「惠，仁也，从心从叀。」徐鍇曰：「爲惠者，心專也。」按：惠之本義爲專心，引申之義爲仁愛。疇當讀爲籌，「惠疇」謂專心籌劃。舜言我問你們四岳，誰可進用而光大先帝堯理朝法則，使居百官之首，協助我專心籌劃治理朝政。爾雅釋詁云：「僉，皆也。」又釋言云：「作，爲也。」伯禹即禹。言四岳皆回答説，禹現任司空之官，主治水利土建，可升居百揆爲百官之長。爾雅釋言云：「俞，然也。」又釋詁云：「時，是也。」時爲指示代詞，指代平治水土。舜言四岳推薦得對，當任命禹，禹前有治平水土之功，今當以是前功勉勵自己，任百官之長。爾雅釋詁云：「暨，與也。」稷即后稷，與契、臯陶皆時爲重臣。言禹向舜下拜，推讓于后稷、契與臯陶，舜言行了，不必推讓，禹往就任吧！

帝曰：「棄，黎民阻飢，汝后稷，播時百穀。」

【校】敦煌本釋文棄作弃，阻作俎，飢作⿰飠殳，播作⿴囗米。足利、天正本穀作榖。古文訓棄作弃，阻作俎，飢作⿰飠⿱𢆶人，播作⿴囗米，穀作⿱𣪊米。按：説文云：「棄，捐也。弃，古文棄。」段注云：「隸變作棄，中體似世，唐人諱世，故開成石經及凡碑板皆作弃。」今按：説文篆文構形與甲骨文及西周金文義合，皆象兩手推箕倒棄子形。東周金文中山王鼎及包山、郭店楚簡與古璽文皆作弃，與説文古文同，亦象弃子之形。詩大雅生民三章即寫后稷名棄之義。弃爲棄之省，即古之簡化字。説文𠂤部云：「阻，險也，从𠂤，且聲。」段注云：「堯典古文『黎民俎飢』，鄭注云：『俎讀曰阻。』是皆古文假借字也。」今按：甲骨文金文皆無阻字而有俎字，象俎上置肉之形，是俎之本義爲家俎有肉，引伸爲凡有肉食之義。上古社會以漁獵肉食爲主，蓋尚書本作俎飢，猶言食飢，即無食之義，如讀爲險阻，則于義難通。説文食部云：「飢，餓也，从食几聲。」「饑，穀不孰爲饑，从食幾聲。」今按：飢、饑當是一字，而許書分別爲二字。先秦古文字未見饑字，而戰國古文睡虎地秦簡有飢字，是飢爲正體，饑爲後出異體。古文四聲韻脂韻引尚書飢作⿰飠⿱𢆶人，又作飥，⿰飠⿱𢆶人乃饑之省形俗字，猶唐陽華巖銘譏作⿰言⿱𢆶人。而敦煌本釋文飢作⿰飠殳者，即飥之寫譌，不足取。尚書經文當以作飢爲正。説文手部云：「播，種也，从手，番聲。一曰布也。敽，古文播。」段注云：「九歌：『⿴囗米芳椒兮成堂。』補注：『⿴囗米，古播字。』」今按：汗簡攴部引尚書播作敽，用説文古文。西周金文師旂鼎播作敉从采聲，戰國文字睡虎地秦簡作播从番聲，與説文篆文同。敦煌寫本播作⿴囗米者，⿴囗米爲⿴囗⿱乂米之隸變，據説文⿴囗⿱乂米爲番之古文，但考兩周金文番字無作⿴囗⿱乂米者，是播字古文不作⿴囗⿱乂米。尚書經文當以作播爲正。説文禾部云：「穀，續也，百穀之總名也。从禾，㱿聲。」段注云：「李善引薛君韓詩章句曰：『穀類非一，故曰百也。』㱿者，今之殼字，穀必有稃甲，此以形聲包會意也。」今按：先秦古璽文作穀从㱿，睡虎地秦簡省形作榖，是尚書經文當以作穀爲正。廣韻屋韻云：「穀，今經典省作榖，俗作糓。」是古寫本作糓从米者，乃俗字。又古文訓作檕者，即穀之俗譌，俗書从㱿多作从殸，晉好大王碑穀作檕即其例，是穀作糓、檕皆不足取。

【詁】爾雅釋詁云：「黎，衆也。」「后，君也。」君即君主，故后有主官義，后稷即主持農業之官。詩思文疏引鄭玄曰：「時讀曰蒔。汝作稷官，種蒔五穀。」按：説文艸部云：「蒔，更別種，从艸，時聲。」段注云：「今江蘇人移秧播田中曰蒔秧。」是蒔爲種植義。言衆民少食飢餓，你作主持農業之官，播種百穀，以足民食。

帝曰：「契，百姓不親，五品不遜，汝作司徒，敬敷五教，在寬。」

【校】内野、足利、天正本不親作弗親，教作𢽈。古文訓不作弗，遜作愻。按：説文丿部云：「弗，矯也。」段注云：「今人矯弗皆作拂，而用弗爲不，其誤蓋亦久矣。公羊傳曰：『弗者，不之深也。』凡經傳言不者其文直，言弗者其文曲。學記：『雖有嘉肴，弗食不知其旨也；雖有至道，弗學不知其善也。』弗與不可互易。」蓋今文尚書作「不親」、「不愻」，古文尚書或作弗親、弗愻。説文心部云：「愻，順也，从心，孫聲。唐書曰：『五品不愻。』」段注云：「訓順之字作愻，古書用字如此。凡愻順字从心，凡遜遁字从辵。今人遜專行而愻廢矣。許所據古文如此，愻者順也，故尚書大傳作『五品不訓』，五帝本紀『五品不馴』，訓與馴皆順也。」今按：東周金文者沪鐘有愻字，是尚書經文本作愻，今本作遜者，同聲通用字。説文教部云：「教，上所施下所效也，从攴孝。𢽈，古文教。」段注云：「孝見子部，效也。上施故从夊，下效故从孝。（古文）从支从爻。」今按：殷虚書契前編卷五第二十頁二片作教，與説文篆文同。西周金文郾侯簋亦作教，與甲文同，而散盤作䢒，與説文古文同。魏三體石經無逸作斆，與古文不合，不可取。尚書經文當以作教爲正。

【詁】契，説文人部作偰，云：「高辛氏之子，爲堯司徒，殷之先也。」廣雅釋詁云：「親，近也。」按：親謂親近和睦。廣雅釋詁云：「品，式也。」按：式謂楷式、倫常，「五品」猶言五倫，即五類規範人倫。孟子滕文公上篇云：「使契爲司徒，教以人倫：父子有親，君臣有義，夫婦有別，長幼有敘，朋友有信。」言帝舜謂契曰：百姓不相親近和睦，父子、君臣、夫婦、長幼、朋友之間人倫道德關係不順，你作教化之官，敬謹施行五教，要重在寬行德化。

帝曰：「皋陶，蠻夷猾夏，寇賊姦宄。汝作士，五刑有服，五服三就，五流有宅，五宅三居，惟明克允。」

【校】敦煌本釋文猾作滑，宄作宂。八行本宄作宂。内野、足利、天正本居作凥。古文訓猾作滑，宄作夋，居作凥。按：説文無猾字。伏生尚書大傳作「蠻夷滑夏」，史記五帝本紀、漢書匈奴傳引書作「蠻夷猾夏」，是漢代尚書滑、猾通用，至唐開成石經則定爲猾，猾字始見于漢碑，古無是字。説文宀部云：「宄，姦也，外爲盜，内爲宄，从宀，九聲，讀若軌。夋，古文宄。」汗簡九部引尚書作夋，與説文古文同。今按：甲骨文宄字作㝑，从宀从殳，九聲，見殷虚書契前編卷六第十六頁，後編卷下三頁；金文省作宊，从宀从又，九聲，見兮甲盤；説文所引古文則省宀作夋。字雖再省，而从殳、从又作姦之義未失。諸寫本从九譌作从几，與宂散字相混，不可取。説文以凥爲居處本字，以居爲蹲居本字。凥、居均見戰國古文鄂君啓車節，可證説文不誤。而汗簡尸部引説文居作凥，今本説文佚之。考古金文凥字師虎敦作宊，簋鼎作㡴，説見吴大澂説文古籀補。蓋𡰥字古文作宊，亦作㡴，小篆作𡰥，作屋者乃㡴之譌變。但玉篇尸部云：「屋，居古文。」是六朝以前已誤作屋，不足取。尚書古本或作𡰥，今本作居者，即𡰥之假借通用字。

【詁】説文水部云：「滑，利也，从水，骨聲。」段注云：「古多借爲汩亂之汩。」水部又云：「淈，濁也，从水，屈聲。一曰滒泥，一曰水出皃。」段注云：「今人汩亂字當作此。洪範『汩陳其五行』，某氏曰：『汩，亂也。』」是滑之本字當作淈，今尚書經文作滑者，假借字；作猾者，漢以後俗字。廣雅釋詁云：「猾，擾也。」今按：説文手部云：「擾，煩也，从手，夒聲。」段注云：「煩者，熱頭痛也，引申爲煩亂之偁。今作擾从憂，俗字也。」史記集解引鄭玄曰：「猾夏，侵犯中國也。由内爲姦，起外爲軌。」按軌爲宄之假借字。言外夷侵犯中國，引起國内寇賊姦宄之人爲害。史記集解引馬融曰：「士，獄官之長。五刑：墨、劓、剕、宮、大辟。」國語魯語云：「大者陳之原野，小者致之市朝。五刑三次，是無隱也。」韋昭注云：「次，處也，三處：野、朝、市也。」王氏釋詞云：「有，語助也。一字不成詞，則加有字以配之。」按：「有服」即服，下「有宅」即宅。服，古本字作𠬝。説文又部云：「𠬝，治也。」國語周語韋昭注云：「流，放也。」爾雅釋言云：「宅，居也。」「克，能也。」周易升卦虞翻注云：「允，當也。」言你皋陶作獄官之長，審判額墨、割鼻、刖足、宮刑、死刑五等罪刑，五刑定罪後就在原野、朝廷、街市三處分别執行，五刑從寬改爲流放要在五處管制，五流居地又要分散多處居住，以免聚居暴亂；要明察案情，能允當公正判決。

帝曰：「疇若予工？」僉曰：「垂哉！」帝曰：「俞！咨垂，汝共工。」垂拜稽首，讓于殳斨暨伯與。帝曰：「俞！往哉！汝諧。」

【校】足利、天正本疇作誰，「汝共工」作「汝作共工」，與作与。八行本亦爲「汝作共工」。古文訓與作𢌱，諧作龤。按：古寫本疇或作誰者，此據史記訓詁字改經文。「疇若予工」，五帝本記作「誰能馴予工」，是以誰代疇。爾雅釋詁云：「疇，誰也。」史遷以同義訓詁字代經字，意在助時人通讀經義。而抄經文者據此改經文則妄。凡此下不復說。又寫本「汝共工」或作「汝作共工」，此又據上下文句法改經文。上文云「汝作士」，下文云「汝作朕虞」，抄者求句法一律，順改經文爲「汝作共工」，而不知「共工」名詞動用，即「汝作共工」之義。段氏撰異云：「釋文曰：『（垂）如字，徐音睡。』玉裁按：徐所說舊音也。工垂字他書皆作倕。山海經『南方不距之山，巧倕葬其西』郭傳云：『倕，堯巧工也，音瑞。』顧命當同此篇。」說文勺部云：「与，賜予也，一勺爲与。此与、與同。」段注云：「今俗以與代与，與行而与廢矣。」又舁部云：「與，黨與也，从舁与。𢍏，古文與。」段注云：「黨當作攩，攩，朋群也。舁、与皆亦聲。」今按：先秦古文字未見𢍏字，而金文喬君鉦、中山王鼎及侯馬盟書、睡虎地秦簡皆有與字，是賜與、黨與本字，𢍏乃省形俗字，尚書經文當以作與爲正。說文龠部云：「龤，樂龢也，从龠，皆聲。虞書曰：『八音克龤。』」段注云：「龤龢作諧和者，皆古今字變，許說其未變之義。龤與言部諧音同義異，各書多用諧爲龤。」又言部云：「諧，詥也，从言，皆聲。」「詥，諧也，从言，合聲。」段注云：「此與龠部龤異用，龤專謂樂和。」又云：「詥之言合也。」今按：推求本義，尚書「八音克諧」本字當作龤。而「汝諧」本字當爲諧，意謂合，故諧爲正字。

【詁】五帝本紀疇作誰，若作馴，僉作皆，代用訓詁字。馴通順，謂理順，爾雅釋言云：「若，順也。」史記集解引馬融曰：「（工）謂主百工之官也。（共工）爲司空，共理百工之事。」楊氏覈詁云：「說文：『共，同也。』猶言統也。」廣雅釋詁云：「諧，耦也。」按：耦謂配合，「汝諧」謂你們殳斨、伯與二人配合垂爲司空之佐，此以五帝本紀釋下文「汝諧」可知。言舜問誰可任理順我百工之官，皆謂垂可爲司空之官，統理百工之事；垂下拜稽首，讓於殳斨和伯與二臣；舜說垂任司空可定，去往任職，你們殳斨、伯與二人配合垂爲司空之佐。

帝曰：「疇若予上下草木鳥獸？」僉曰：「益哉！」帝曰：「俞！咨益，汝作朕虞。」益拜稽首，讓于朱虎、熊羆。帝曰：「俞！往哉！汝諧。」

【校】敦煌本釋文草作艸。内野本草作艸，益作森，「朱虎熊羆」作「朱虎暨熊羆」。足利、天正本草作艸，益作森。古文訓草作艸，益作莾，羆作⿱能皮。按：説文艸部云：「艸，百艸也，从二屮。」段注云：「俗以草爲艸，乃别以皁爲草。」又艸部云：「草，草斗，櫟實也，一曰象斗。从艸，早聲。」段注云：「草斗之字俗作皁、作皂，於六書不可通。象斗字當從木部作樣，俗作橡。」今按：甲骨文金文从艸之字不勝枚舉，先秦古陶文艸字頻見，是艸爲艸木本字，而草爲皂斗本字。今草字通行而艸字少用，此文字應用習俗使然。尚書經文作草可用。説文水部云：「益，饒也，从水皿，皿益之意也。」段注云：「食部曰：『饒，飽也。』凡有餘曰饒。」又口部云：「嗌，咽也，从口，益聲。森，籀文嗌，上象口，下象頸脈理也。」段注云：「漢書百官公卿表曰：『森作朕虞。』應劭曰：『森，伯益也。』師古曰：『森，古益字也。』按此假借籀文嗌爲益，如九歌假借古文番爲播也。趙宋時古文尚書益作森，此本諸漢表耳。」今按：殷虛書契後編卷下二十四頁三片及西周金文班簋、益公鐘皆作益，是伯益本字當作益，古書或作森者，假借字。而汗簡冉部、古文四聲韻昔韻引尚書益作森，與漢書百官表合。此以借字作古之例，尚書經文當以作益爲正。説文熊部云：「羆，如熊，黄白文，从熊，罷省聲。⿱能皮，古文从皮。」今按：先秦古文有能字，亦有熊字，羆亦熊屬，則古文作⿱能皮从能皮聲符合造字結構，但羆字通行已久，故尚書經文當作羆。又寫本「朱虎熊羆」或作「朱虎暨熊羆」者，是以朱虎、熊羆爲二臣名而加連詞暨，以下文「讓于夔、龍」例之，凡以獸名爲人名者，不用連詞「暨」，故當以無「暨」字爲是。而抄寫者以上文「讓于殳斨暨伯與」例之，誤加「暨」字。

【詁】史記集解引馬融曰：「上謂原，下謂隰。虞，掌山澤之官也。」按「上下」謂山原沼澤之地。五帝本紀作「讓于諸臣朱虎、熊羆。舜曰：『往矣，汝諧。』遂以朱虎、熊羆爲佐」。按：此史遷用今文尚書説釋「汝諧」，義長可從。言舜問誰可理順我山原沼澤草木鳥獸牧養漁獵之事，皆謂伯益可任，舜説是，伯益你作我掌管林牧業之官；伯益讓于朱虎、熊羆二臣，舜説伯益可往任職，朱虎、熊羆你們二人作伯益的助手。

帝曰：「咨四岳，有能典朕三禮？」僉曰：「伯夷。」帝曰：「俞！咨伯，汝作秩宗，夙夜惟寅，直哉惟清。」伯拜稽首，讓于夔、龍。帝曰：「俞！往欽哉！」

【校】敦煌本釋文秩作祑，「汝作秩宗」作「汝祑宗」，夙作𣦼。内野本「汝作秩宗」作「女秩宗」。天正本伯作伯夷。按：段氏撰異云：「白虎通王者不臣篇：『先王老臣不名，親與先王勠力共治國，同功於天下，故尊而不名也。尚書曰「咨爾伯」，不言名也。』孫氏詒穀志祖曰：『按舜帝之命官，於伯夷獨曰「俞，咨伯」，而不名，疑白虎通所云乃古書説相傳如此。』玉裁按：蓋今文尚書説也。五帝本紀『嗟伯夷』，豈太史公以意補夷字與。」是班固所見尚書作「咨爾伯」，與史遷所引亦不同，皆漢代異文。説文禾部云：「秩，積皃，从禾，失聲。詩曰：『稽之秩秩。』」段注云：「積之必有次敘成文理，是曰秩，引伸之義也。」今按：睡虎地秦簡有秩字，尚書經文當以作秩爲正。寫本秩作祑者，集韻質韻云：「祑，祭有次也。」此祑字未見先秦古文。蓋隸書秩譌作祑，六朝以祑爲秩之别字。顧氏隸辨偏旁五百部云：「禾，穎或作潁，稟或作禀，稷或作禝，皆譌從示。」魏王悦墓誌秩字作祑，即其例。説文夕部云：「𡖍，早敬也，从丮夕，持事雖夕不休，早敬者也。」段注云：「召南毛傳曰：『夙，早也。』隸變作夙。」今按：殷虚書契後編卷下二頁二片作𡖍，西周金文利簋作𡖍，毛公鼎作𦙶，夕即月本字，𡖍象人在月下執事之形，引伸爲早義。唐玄度九經字樣雜辨部云：「𣨙夙，音肅，早敬也。从丮，丮音戟，持事也，雖夕不休。上説文，下隸省。」漢隸又作殂，鄭季宣碑：「殂夜在公。」洪氏隸續云：「書夙作殂。」寫本作殂與此同。小篆結體本甲金文，爲正體。寫本作殂從俗書，不足取。

【詁】有與或通。劉淇助字辨略云：「或，猶云誰也，不定其誰何，故云或也。」按：或爲無定代詞，謂誰人。説文支部云：「敟，主也，从支，典聲。」今按：先秦古文字無敟字，敟即典之孳乳，甲骨文金文皆有典字而無敟，典从収，與敟从支同，故典字本有主持之義。史記集解引馬融曰：「三禮：天神、地祇、人鬼之禮也。」又引鄭玄曰：「三禮：天事、地事、人事之禮也。」秩宗，主次秩尊卑。」爾雅釋詁云：「欽、寅，敬也。」按：敬謂敬謹職責。廣雅釋詁云：「直，正也。」按：正謂禮節肅正無邪。王氏釋詞云：「惟，猶與也。」按：「直哉惟清」順言即「直惟清哉」，謂禮節肅正與禮物豐潔。言舜問四岳，誰能主持我朝天神、地神、人鬼祭祀禮儀，皆謂伯夷可任；舜然其推薦，謂伯夷你作秩宗之官，早晚敬謹其職責，做到禮節肅正與祭物豐潔，伯夷讓于夔、龍二臣，舜説不必謙讓，前往敬執其職事。

帝曰：「夔，命汝典樂，教胄子，直而温，寬而栗，剛而無虐，簡而無傲。詩言志，歌永言，聲依永，律和聲，八音克諧，無相奪倫，神人以和。」夔曰：「於予擊石拊石，百獸率舞。」

【校】敦煌本釋文胄作冑，剛作但，簡作柬，歌作哥。内野本胄作冑，剛作但，歌作哥，永作詠。古文訓胄作育，剛作但，相作眛，奪作敚，石作后，拊作攺。按：段氏撰異云：「古文尚書作育子。」説文𠫓部云：『育，養子使從善也，从𠫓，肉聲。虞書曰：『教育子。』』此引今文尚書也。」今按：「胄子」之胄下从肉，甲胄之胄下从冃，冃音冒，古寫本譌从冃爲从日，是唐人手寫俗字，不可取。説文刀部云：「剛，彊斷也，从刀，岡聲。但，古文剛如此。」今按：西周金文作剛，戰國古璽文作佀，是佀爲後出異體，尚書經文當以作剛爲正。說文柬部云：「柬，分別簡之也，从束八，八，分別也。」段注云：「釋詁曰：『柬，擇也。』凡言簡練、簡擇、簡少者，皆借簡爲柬也。」今按：兩周金文王來奠新邑鼎、命瓜君壺分別有柬字，是簡練本字爲柬。而簡字始見于戰國石鼓文，是尚書堯典作簡者，用假借字。說文可部云：「哥，聲也，从二可，古文以爲歌字。」又欠部云：「歌，詠也，从欠，哥聲。」今按：東周金文余義鐘及古璽文歌作訶，睡虎地秦簡作歌，後世通行，尚書文當以作歌爲正。段氏撰異云：「漢書藝文志：『書曰：詩言志，哥詠言。』玉裁按古人引書多作詠。釋文曰：『永，徐音詠，又如字。』五帝本紀：『歌長言。』則其字亦作永，與班異。」今按：永者長也，初文作永，孳乳爲咏，見西周金文咏尊，咏之異體作詠，見說文言部，故尚書經文當以作永爲是。說文目部云：「相，省視也，从目木。」今按：殷虛書契前編卷五第二十五頁五片作相，而卷七第三十七頁一片作杲，目在木之上；殷虛文字乙編四〇五七片作查，目在木下。兩周金文及古陶文、楚帛書、包山楚簡、睡虎地秦簡皆作相，與說文篆文同，後世通行。先秦古璽文亦多作相，而又或作眛，漢印文字徵目部訢相光印亦作眛，可見眛即相字別構。尚書經文當以作相爲正。古文訓作眛从未，當即眛之形譌，不足取。說文攴部云：「敚，彊取也，周書曰：『敚攘矯虔。』从攴，兑聲。」段注云：「此是争敚正字，後人假奪爲敚，奪行而敚廢矣。今尚書作奪，此唐天寶衛包所改。」今按：金文屬羌鐘、古陶文皆有敚字，是說文所引周書呂刑經文奪作敚者，爲古本字。說文石部云：「石，山石也，在厂之下口象形。」今按：殷虛文字乙編四六九三片作石，兩周金文鐘伯鼎、鄭子石鼎及侯馬盟書、詛楚文、睡虎地秦簡亦皆作石，是石爲正體。集韻昔韻云：「石，古作后。」汗簡石部部首字亦作后。考戰國曾侯乙墓竹簡與包山楚簡、郭店楚簡石字作后，是后爲後出異體。尚書經文當以作石爲正。說文手部云：「拊，揗也，从手，付聲。」段注云：「揗者，摩也，古作拊揗，今作撫循，古今字也。堯典曰：『擊石拊石。』拊輕擊重，故分言之。」又手部云：「撫，安也，从手，無聲。一曰揗也。㢟，古文撫，从亡辵。」段注云：「揗者，摩也。拊亦訓揗，故撫拊或通用。」又支部云：「攺，撫也，从攴，亡聲，讀與撫同。」今按：汗簡手部録尚書撫作拊，古文四聲韻虞韻引尚書撫作攺，魏三體石經皋陶謨撫作攺，可見拊、撫、攺三字古同音而通用。以攺爲古文者，後人之肊説。尚書經文當以作拊爲正。

【詁】五帝本紀作「教稺子」，是今文尚書作「教育子」，故以稺釋育，詩邶風谷風鄭箋云：「育，稺也。」史記集解引鄭玄曰：「稺子，國子也。」又陸氏釋文引馬融曰：「胄，長也，教長天下之子弟。」按：稺子當不限于貴族之國子，馬説義長。王氏述聞云：「教胄子，説文引作教育子。引之謹按：育子，稺子也。凡未冠者通謂之稺子，稺子即育子。史公以稺代育，蓋有所受之也。育、胄古聲相近，作胄者，假借字耳。」按：胄即胤胄之胄，「胄子」亦謂稺子，育、胄音近義通，胄不當爲假借字。言帝舜謂其臣夔説：命你爲主管音樂之官，教化幼稺之子。史記集解引馬融曰：「正直而色温和，寬大而敬謹戰栗也。」孔傳云：「寬宏而能莊栗。」此引伸馬説。剛謂剛毅，虐謂殘暴，簡謂簡約，傲謂傲慢。言教化稺子要使其性情正直而温和，寬宏而謹嚴，剛毅而不殘暴，簡約而不傲慢，所謂四德教育。五帝本紀志作意，用訓詁字。史記集解引鄭玄曰：「聲中律乃爲和也。」按聲謂五聲宫商角徵羽，律謂六律六吕。俞氏平議云：「謂詩所以言其志，歌所以詠其言也。依其所詠以定五聲，是謂聲依詠。又患其不和也，而以六律六吕和之，是謂律和聲。古文尚書作永者，即詠之叚字也。」言詩以表達意志，歌以詠唱意志，歌聲要依符五聲，又要合乎聲律。此教稺子使知音樂功用。八音謂金石絲竹匏土革木。説文奞部云：「奪，手持隹失之也，从又奞。」引伸爲凡失之義。隸變作奪。言八音能和諧，不相失其倫理，則神與人亦可因之以和。陸氏釋文云：「於，如字。或音烏而絶句者，非。」按：王氏釋詞云：「於，語助也。」引堯典此句爲例。是此「於」字不當釋爲感歎詞。史記集解引鄭玄曰：「石，磬也。」爾雅釋詁云：「率，循也。」言夔回答説：我今能達到重擊輕擊石磬，百獸會循其音樂而舞。此蓋謙言尚難達到神人以和，而會努力達到舜命要求。

帝曰：「龍，朕堲讒説殄行，震驚朕師。命汝作納言，夙夜出納朕命，惟允。」

【校】許氏説文以堲爲垐字之古文，土部云：「垐，以土增大道上，从土，次聲。堲，古文垐，从土即。虞書曰：『龍，朕堲讒説殄行。』堲，疾惡也。」段注云：「古次、即同在十五部，而次古讀如漆，故即聲後改爲次聲，而唐書假堲爲疾也。今音疾資切。此釋經以説叚借，謂堲即疾之叚借。」今按：甲骨文與西周金文有次、即二字，是垐亦作堲，堲當爲垐之異體，許書以堲爲古文垐，不可信。

【詁】五帝本紀堲作「畏忌」，行作僞，震作振，師作衆。按：「畏忌」與「疾惡」義近。僞與爲通，禮記檀弓鄭注云：「爲，猶行也。」震與振通，爾雅釋詁云：「震，動也。」「師，衆也。」「允，信也。」孔傳云：「納言，喉舌之官，聽下言納於上，受上言宣於下，必以信。」殄當讀爲餮，説文食部作飻，云：「貪也。」言舜謂其臣龍説：我忌恨讒言貪行之人，可能影響動摇我衆民之心，命你做納言之官，早晚宣布我令，做到信實無誤。

帝曰：「咨汝二十有二人，欽哉！惟時亮天功。」三載考績，三考黜陟幽明，庶績咸熙。分北三苗。

【校】「分北三苗」，三國吴虞翻謂「北」爲古「别」字。按：三國志吴書虞翻傳裴注引翻别傳曰：「（翻）又奏鄭玄解尚書違失事目：『分北三苗，北，古别字，又訓北，言北猶别也。若此之類，誠可怪也。』」段氏撰異云：「尚書：『分北三苗。』鄭君注曰：『三苗爲西裔諸侯者，猶爲惡，乃復分北流之，北猶别也。』古北、背同音通用。韋昭吴語注曰：『北，古之背字。』許君云：『八，别也，象分别相背之形。』又云：『八，猶背也。』與鄭注『北猶别也』正互相發明。

分別之乃相僢背，其義相足，故許不云『八，背也』，而云『猶背也』；鄭不云『北，別也』，而云『猶別也』。凡古訓詁之言猶者視此矣。虞翻不知堯典經文自作北字，鄭注是古義，輒欲改爲𠔁字而譏鄭，非也。說文八部又曰：『𠔁，分也，从重八，八，別也，亦聲。孝經說曰：故上下有別。』虞蓋因北字篆作𠔁，疑爲𠔁字之誤，不知北可訓別，無煩改字。且𠔁別同義同音而異字，許君未嘗以𠔁爲古文『別』字，繫諸冎部別字後也。玉篇、汗簡皆云『𠔁，古文別』，誤由仲翔耳。」今按：段氏注說文八部𠔁字更云：「此即今之兆字也。」對段氏此說，徐灝說文解字注箋、王紹蘭說文段注訂補、徐承慶說文解字注匡謬等力辯其妄，朱駿聲說文通訓定聲直改說文引孝經說曰「故上下有別」爲「故上下有𠔁」。今證諸殷虛甲骨刻辭有𠔁字，自爲一字，與卜兆之兆字迥異，則虞仲翔釋「分北三苗」之北爲𠔁，即「別」字古文，其說可從。

【詁】史記集解引馬融曰：「稷、契、皋陶皆居官久有成功，但述而美之，無所復勑。禹及垂已下皆初命，凡六人，與上十二牧、四岳，凡二十二人。」五帝本紀欽作敬，用訓詁字，爾雅釋詁云：「欽，敬也。」廣雅釋詁云：「時，善也。」爾雅釋詁云：「亮，右也。」「天，君也。」小爾雅廣詁云：「功，事也。」按：「時亮天功」謂善助君主治理國事。言帝舜謂二十二名重臣説，你們二十二人，要各敬其職，善助你君治理國事。五帝本紀載作歲，庶作衆，績作功，熙作興，皆用訓詁字。按：爾雅釋天云：「載，歲也。」又釋詁云：「庶，衆也。」「績，功也。」「熙，興也。」說文黑部云：「黜，貶下也，从黑，出聲。」自部云：「陟，登也，从自步。」段注云：「釋詁曰：『陟，陞也。』陞者，升之俗字。」小爾雅廣詁云：「幽，冥也。」按：「幽明」謂昏庸與賢明。言諸臣三年考核政績一次，經過三次考核，貶其昏庸，升其賢明。史記集解引鄭玄曰：「三苗爲西裔諸侯，猶爲惡，乃復分析流之，謂分北西裔之三苗也。北，猶別也。」今按：「分北三苗」與上「黜陟幽明」相對爲文，謂三苗也經過三次考核，分其幽明區別對待，分別惡者更遠流放。

舜生三十徵，庸三十，在位五十載，陟方乃死。

【校】段氏撰異云：「三十在位，今文尚書作二十。鄭君用今文注古文，讀三十爲二十，可考而知也。五帝本紀曰：『舜年三十，堯舉之。』此生三十而徵庸也。『年五十攝行天子事。』此徵庸二十而在位也。『年五十八堯崩。』此所謂二十有八載放勛乃殂落也。『年六十一代堯踐帝位。』此三年闕密之後乃踐帝位也。『踐帝位三十九年南巡狩，崩於蒼梧之野。』此在位五十載陟方乃死也。司馬子長據今文尚書爲史記，此今文尚書之一證也。」今按：據史記紀年，舜享年百歲，此今文説。而據古文説舜年壽一百一十歲。今文説義長。

【詁】説文壬部云：「徵，召也。」又用部云：「庸，用也，从用庚，庚，更事也。」今按：庸字从用，故其義爲用。説文𨸏部云：「陟，登也，从𨸏步。」段注云：「謂緣𨸏而步也。」按：陟之本義爲登行陵𨸏，引伸之義爲步行。禮記表記鄭玄注云：「方，四方也。」是「陟方」者，謂巡行四方。言舜生年三十被帝堯召來，試用攝政二十年，在帝位五十年，百歲時猶巡行四方考察，乃老死于途中。此總結一生辛勞盡瘁國事而死。

尚書校詁卷二

虞夏書二

皋陶謨【解題】史記夏本紀云：「皋陶作士以理民。帝舜朝，禹、伯夷、皋陶相與語帝前，皋陶述其謀。」此篇以皋陶述論治國方略爲主，因以名篇。僞古文尚書分「帝曰來禹，汝亦昌言」以下爲益稷，當從今文尚書合爲一篇。

曰若稽古，皋陶曰：「允迪厥德，謨明弼諧。」禹曰：「俞！如何？」皋陶曰：「都！慎厥身，修思永。惇敘九族，庶明勵翼，邇可遠在兹。」禹拜昌言曰：「俞！」

【校】足利、天正本勵作励。古文訓謨作謩，弼作𢐀，翼作翊。按：說文言部云：「謨，議謀也，从言，莫聲。虞書曰：『咎繇謨。』嗼，古文謨，从口。」段注云：「釋詁曰：『謨，謀也。』許於雙聲釋爲議謀。嗼蓋壁中尚書古文如此作也。上文言咎繇謨者，孔安國以隸寫之作謨也。」汗簡口部引尚書作嗼。古文四聲韻摸韻引尚書作嗼，引古文作謩。今按：漢隸楊著碑「綱紀典謩」，謨作謩。玉篇言部云：「謩，同謨。」蓋本漢隸。嗼亦不見于先秦古文，尚書經文當作謨。說文弜部云：「弼，輔也，从弜，丙聲。𢐀，弼或如此。」段注云：「弗者，矯也，故从弗，弗亦聲。」今按：汗簡弓部、古文四聲韻質韻引尚書弼作𢐀，與說文或體同。戰國文字曾侯乙墓簡作弼，而包山楚簡作弼又作𢐀，是𢐀確爲弼之異體，故尚書當以作弼爲正。古寫本勵作励者，爲勵之俗字。宋元以來俗字譜云：「勵，列女傳、通俗小説作励。」今按：漢隸建平郫縣碑萬字作万，故勵可類推作励。尚書當以作勵爲正。説文羽部云：「翊，飛皃，从羽，立聲。」日部云：「昱，明日也，从日，立聲。」又飛部云：「𩙫，翄也，从飛異聲。翼，篆文𩙫从羽。」今按：翊字殷虚文字甲編一九四二片作翊，與説文篆文作翊同。昱字殷虚文字甲編六八七片作𣆪，从日羽聲；西周金文盂鼎作𦒻，从𣆪立聲，説文篆文省形作昱，是翊與昱爲古今字。而翼字不見於甲骨文，東周金文秦公鐘作𩙫，與説文小篆同；中山王壺作翼，與説文篆文作翼同，翼實爲大篆古文。蓋翌、昱、翼爲古今字而分用爲翌飛、昱日、翼輔三字，故古書通用。尚書經文「勵翼」與上「弼諧」相對，是翼訓輔義，故尚書經文作翼亦可。

【詁】爾雅釋詁云：「允，誠也。」「迪，進也。」「謨，謀也。」「諧、協，和也。」「弼、輔，俌也。」郭注云：「俌猶輔也。」言考其古事，臯陶説，誠能進用其賢德之人，則謀臣明達，輔臣協力。史記夏本紀釋此文俞作然，都作於，厥作其，永作長，惇作敦，敘作序，勵作高，昌作美言，皆用訓詁字。按：於音烏，歎詞。爾雅釋詁云：「敦，勉也。」周禮天官宮伯鄭注云：「敘，才等也。」「九族」即同姓之人，「惇敘九族」謂勉力以才能高下重用九族同姓之人。庶謂異姓之人，「庶明」即異姓賢明之人。勵通厲。呂氏春秋恃君篇高誘注云：「厲，高也。」是「庶明勵翼」謂異姓賢明之人亦可使爲高輔重臣，即親疏並用。説文日部云：「昌，美言也。」又爾雅釋詁云：「昌，當也。」言禹同意臯陶之言而復問其詳，臯陶感歎説，謹慎其自身，修練其慮事長遠，勉力以才能重用同姓之人，異姓賢明亦可爲重輔，由近致遠，則親族、賢臣、遠民皆團結在此，禹拜服臯陶之言美善精當。

臯陶曰：「都！在知人，在安民。」禹曰：「吁！咸若時，惟帝其難之。知人則哲，

能官人。安民則惠，黎民懷之。能哲而惠，何憂乎驩兜？何遷乎有苗？何畏乎巧言令色孔壬？」

【校】内野、足利、天正本遷作䙴。古文訓難作雝，則作劃，遷作䙴，孔作孔。按：説文鳥部云：「鷬，鷬鳥也，从鳥，堇聲。難，鷬或从隹。雝，古文鷬。」段注云：「今爲難易字，而本義隱矣。」今按：金文歸父盤、中山王鼎與楚帛書、睡虎地秦簡及説文或體皆作難，當以難爲正字。古文訓作雝者，當即雝之譌。但雝不見於先秦古文，亦不足取。説文刀部云：「則，等畫物也，从刀从貝，貝，古之物貨也。劃，古文則。鼎，籀文則，从鼎。」段注云：「等畫物者，定其差等而各爲介畫也，今俗云科則是也。介畫之，故从刀。引申之爲法則，假借之爲語詞。物貨有貴賤之差，故从刀介畫之。重貝者，定其等差之意。鼎部曰：『籀文以鼎爲貝。』故則作鼎。」今按：金文則字多从鼎。汗簡刀部引尚書則作劃、鼎，與説文所引古文、籀文同。戰國古文行氣玉銘、睡虎地秦簡作則，爲説文小篆所本，是後世通行正體，尚書經文當作則。説文舁部云：「䙴，升高也，从舁，囟聲。䙴，䙴或从卩。」段注云：「升之言登也。此與辵部遷音義同。囟音信，䙴音遷，合音也。卩謂所登之階級也。春秋經曰：『衛䙴於帝丘。』」汗簡卩部引尚書遷作䙴。今按：䙴、䙴、遷皆古今字。戰國古文字侯馬盟書作䙴，與説文篆文同；睡虎地秦簡作䙴，與説文或體同；遷爲䙴之孳乳，後世通行，尚書經文作遷可用。説文子部云：「孔，通也，嘉美之也，从乙子，乙，請子之候鳥也，乙至而得子，嘉美之也。故古人名嘉字子孔。」段注云：「通者，達也。孔訓通，故俗作空穴字多作孔，其實空者竅也，作孔爲假借。凡言孔者，皆所以嘉美之，毛傳曰『孔，甚也』，是其義。」今按：兩周金文虢季子白盤、沇兒鐘及石鼓文、睡虎地秦簡皆作孔，與説文篆文同，是爲正體。漢隸孔作孔。衡立碑：「儀問孔芬。」顧氏隸辨云：「張壽碑『有孔甫之風』，孔亦作孔。」是古文訓孔作孙者，以隸作古，不足取。

【詁】爾雅釋詁云：「咸，皆也。」「時，是也。」「懷，思也。」「惠，愛也。」「令，善也。」「壬，佞也。」又釋言云：「哲，智也。」「孔，甚也。」王氏釋詞云：「惟，發語詞也。書皋陶謨曰：『惟帝其難之。』字或作唯。家大人曰：亦作雖。」按：雖从唯聲，故通用。史記能作而，古聲相近，故義亦相通。有苗即堯典之三苗，説見前。言皋陶感歎説：治國之要在知人善任，在安定民心；禹聽了感慨説：都能如此，雖帝堯也難；能知人則明智，就能任人，能安民是有愛心，衆民就會懷念他；能明智而受人愛戴，何患驩兜，何遷有苗，何懼巧言善色甚佞之人。謂有萬民愛戴就不怕如驩兜、有苗、佞臣等少數壞人存在。

皋陶曰：「都！亦行有九德，亦言其人有德，乃言曰：載采采。」禹曰：「何？」皋陶曰：「寬而栗，柔而立，愿而恭，亂而敬，擾而毅，直而温，簡而廉，剛而塞，彊而義，彰厥有常吉哉！

【校】唐石經作「其有德」，無人字。内野本義作誼，常作⿱尚心。足利、天正本彊作疆，常作⿱尚心。古文訓愿作原，毅作忍，彊作⿰弓男，義作誼，常作⿱尚心。按：段氏撰異云：「今各本『有德』之上有『人』字，非也。考唐石經每行十字，獨此行『其有德，乃言曰，載采采』九字。諦視則『有德』二字初刻本是三字，『人』字居首，波撇尚可辨。然則『亦言其人有德』，唐時有此本。唐元度覆定石經，乃删『人』字重刻。今注疏本則沿襲别本也。夏本紀云『亦言其有德』，則今文尚書亦無『人』字也。」説文心部云：「愿，謹也，从心，原聲。」按：論語陽貨篇云：「鄉原，德之賊也。」朱熹集注云：「原，與愿同。荀子『原慤』，注：『讀作愿。』是也。」是愿通假作原，古文訓以借作古，不足取。説文殳部云：「毅，妄怒也，一曰毅，有决也，从殳，豙聲。」又心部云：「忍，怒也，从心，刀聲，讀若顡。」段注云：「从心刀，謂心中含怒如懷刃也。」汗簡心部引尚書毅作忍。鄭珍箋正云：「顡、毅同音，僞本因以忍作毅。古文假借同聲，或有所本。」按：古陶文多見忍字。日本空海編篆隸萬象名義心部云：「忍，魚既反，怒，毅。」是毅作忍者，同音近義假借，尚書經文當作毅。通志堂經解本古文訓作忍从刃，即忍之譌。說文弓部云：「彊，弓有力也，从弓，畺聲。」又力部云：「勥，迫也，从力，强聲。勥，古文从彊。」段注云：「勥與彊義別。彊者，有力；勥者，以力相迫也。凡云勉勥者，當用此字。今則用强、彊而勥、勥廢矣。」今按：西周金文頌簋及戰國古文有彊字，勥、勥始見包山楚簡，當即彊字異體，尚書經文當以作彊爲正。漢隸馮緄碑：「誅疾彊豪。」是彊通作疆。寫本彊作疆者，是用通假字，不足取。說文言部云：「誼，人所宜也，从言宜，宜亦聲也。」段注云：「誼、義古今字，周時作誼，漢時作義，皆今之仁義字也。其威儀字，則周時作義，漢時作儀。云誼者人所宜，則許謂誼爲仁義字。今俗分别爲恩誼字，乃野説也。中庸云『仁者人也，義者宜也』，是古訓也。」是義、誼古通用。汗簡心部、古文四聲韻陽韻引尚書常作𢙣。玉篇心部云：「𢙣，古常字。」集韻陽韻云：「𢙣，人行五德也。通作常。」按：說文無𢙣字，先秦古文字亦未見，其字必不古，尚書經文當以作常爲正。

【詁】周秉鈞尚書易解云：「亦，當讀爲迹，動詞，猶檢驗也。墨子尚賢中：『聖人聽其言，迹其行。』楚辭惜誦：『言與行其可迹兮。』此迹行、迹言連文之證。論衡説此二語曰：『以九德檢其行，以事效考其言。』然則亦字訓檢驗，漢儒之舊説也。」史記五帝本紀「載采采」作「始事事」。按載與哉通，爾雅釋詁云：「哉，始也。」又云：「采，事也。」按：「事事」謂從事其職事。言考驗行爲言論符合九德之人，則可使開始從事其職事，「九德」即下文「寬而栗」至「彊而義」九種性情品德。王氏述聞云：「義，善也，謂性發彊而又良善也。正義曰：『九德上下相對，必兼而有之，乃爲一德。寬宏者失於緩慢，故性寬宏而能莊栗，及成一德，九者皆然也。』然則彊與義亦是上下相對。」是「寬而栗」謂性情寬宏而又莊嚴，「柔而立」謂和柔而又獨立。國語魯語韋注云：「謙爲恭。」是「愿而恭」謂謹慎而又謙遜。爾雅釋詁云：「亂，治也。」是「亂而敬」謂能治事而又敬業。五帝本紀擾作馴。按：馴猶順，是「擾而毅」謂平順而又果毅。「直而温」謂正直而又温和。爾雅釋詁云：「簡，大也。」是「簡而廉」謂大度而又廉潔。塞與寒通。説文心部：「寒，實也。」是「剛而塞」謂剛果而又篤實。「彊而義」謂彊勇而又善良。五帝本紀彰作章，章爲本字，明也。説文士部：「吉，善也，从士口。」言任人當明其常善之德，常善之德即九德。

「日宣三德，夙夜浚明有家。日嚴祗敬六德，亮采有邦。翕受敷施，九德咸事，俊乂在官，百僚師師，百工惟時。撫于五辰，庶績其凝。

【校】内野、足利、天正本施作㐌。古文訓家作冡，施作㐌，凝作冰。按：説文宀部云：「家，居也，从宀，豭省聲。冡，古文家。」段注云：「竊謂此篆本義乃豕之居也，引申假借以爲人之居，字義之轉移多如此。家篆當入豕部。」今按：段説是。甲骨文金文家字皆从宀从豕。胡小石説文古文考云：「古文从𡩁近彖，彖爲修豪獸，一曰河内名豕。汗簡引作𡨦，則从豕怒毛豎之豕矣。」説文古文未見先秦古文字，尚書經文當以作家爲正。集韻支韻云：「施，説文：『旗皃，齊欒施字子旗。知施者旗也。』一曰設也。古作㐌。」古文四聲韻支韻録王存乂切韻施作㐌、㐌，寫本作㐌者，蓋即㐌之省。戰國古文字睡虎地秦簡作施，與説文篆文同，是爲正體。尚書經文當作施。説文仌部云：「冰，水堅也，从水仌。凝，俗冰，从疑。」段注云：「釋器：『冰，脂也。』孫本冰作凝。按：此可證詩『膚如凝脂』，本作冰脂。以冰代仌，乃別製凝字。經典凡凝字皆冰之變也。凝以雙聲爲聲。」又漢碑亦作冰，夏堪碑：「摻絜冰雪。」張參五經文字云：「冰，古凝字，經典相承以爲冰凍字。説文冰凍之冰本作仌，後人以冰代仌，今俗別作氷，非是。」金文陳逆簋冰作水，實一字。于省吾雙劍誃諸子新證云：「晏子春秋内篇諫下第四：『當臘冰月之間而寒。』按：下第十三亦有『冰月服之』之語。陳逆簠『冰月丁亥』，吴式芬謂冰月即十一月也。」蓋農曆十一月爲結冰之月，故名冰月，冰即今凝字。但凝字通行已久，尚書經文作凝亦可。

【詁】爾雅釋言云：「宣，徇也。」蔡傳云：「三德六德者，九德之中有其三、有其六也。」蓋具備「九德」實難，故有「三德」即可治家，有「六德」則可治國，謂用人不必求全責備。五帝本紀浚作翊，敷作普。按：翊與翼通。爾雅釋詁云：「翼，敬也。」揚雄方言云：「浚，敬也。」詁義正同。孫氏注疏云：「明與孟通，釋詁云：『孟，勉也。』」王氏釋詞云：「有，語助也。一字不成詞。則加有字以配之，故邦曰有邦，家曰有家。」爾雅釋詁云：「祇，敬也。」「亮，信也。」「采，事也。」「翕，合也。」按：嚴謂嚴肅，「祇敬」謂勤敬，「翕受」謂同授，「敷施」謂遍用。言每日能遵循三德，早晚敬勉家事者，與每日能嚴敬六德，誠信從事國政者，當一同授職，普遍任用。説文吏部云：「事，職也。」乂當讀爲嬖，説文辟部云：「嬖，治也。」按：「俊乂」謂才俊治事之人。俞氏平議云：「廣雅釋訓曰：『師師，衆也。』『百僚師師』乃衆盛之貌，猶詩言『濟濟多士』也。」小爾雅廣言云：「工，官也。」廣雅釋詁云：「時，善也。」説文手部云：「撫，一曰循也。」王氏釋詞云：「于，猶如也。」夏小正傳云：「辰也者，星也。」是「五辰」謂木火土金水五行星。五星運行有序，以喻百官馴服其位。爾雅釋詁云：「績，事也。」禮記樂記鄭注云：「凝，成也。」言百僚濟濟，百官乃善，朝政運行如五星有序，則國家衆事皆成。

「無教逸欲，有邦兢兢業業，一日二日萬幾。無曠庶官，天工人其代之。」

【校】古文訓兢作兢，幾作兂。按：説文兄部云：「兢，競也，从二兄，二兄，競意，从丰聲，讀若矜。一曰兢，敬也。」段注云：「競者，彊語也。丰讀若介，此取雙聲也。二丰皆聲也。漢時矜讀如今韻矣。」汗簡兄部引尚書兢作兢，云：「説文通爲小篆。」鄭氏箋正云：「此兢字别無古文，兢即是古，何小篆之有？」今按：西周金文鬲比盨正作兢，可證鄭説之確。漢隸省變作競，見華山亭碑。尚書經文當作競。説文丝部云：「幾，微也，殆也，从丝、从戍，戍，兵守也，丝而兵守者危也。」段注云：「歺部曰：『殆，危也。』危與微二義相承，故兩言之。今人分微義爲上聲，危義爲平聲。」按：西周金文茓伯簋及戰國古文郭店楚簡、睡虎地秦簡、詛楚文皆作幾，與説文正篆同。汗簡丝部引義雲章幾作𢆶。蓋戍省戈存人爲𢆶，是以俗作古，不足取。尚書經文當作幾。

【詁】漢書王嘉傳引尚書教作敖，以作敖義長，蓋形近譌作教。説文放部云：「敖，出游也，从出放。」段注云：「从放，取放浪之意。」逸與佚通，揚雄方言云：「佚，淫也。」書疏引馬融曰：「一日二日，猶日日也。」幾，王嘉傳引作機。按先秦古文字有幾無機，是機爲幾之孳乳，萬幾即萬機，謂萬端政務。言爲君不要放縱淫逸嗜欲，對國事要兢兢業業，日理萬機。論衡藝增篇云：「尚書曰：『無曠庶官。』曠，空；庶，衆也。毋空衆官，寘非其人，與空無異，故言空也。」是「無曠庶官」者，謂置官要得人。先秦古文字有工無功，是工、功古今字。小爾雅釋詁云：「功，事也。」是「天工」者，上天所命之事。王氏釋詞云：「其，猶將也。」引此文「人其代之」爲例。言爲君不要虛設衆官，要重在得人，因天命之事，靠人將代天而治之。此説爲君置官得人之重要。

「天敘有典，勑我五典五惇哉！天秩有禮，自我五禮有庸哉！同寅協恭和衷哉！天命有德，五服五章哉！天討有罪，五刑五用哉！政事懋哉懋哉！

【校】内野等諸寫本「有庸」作「五庸」。足利、天正本勑作勅。古文訓勑作敕。按：陸氏釋文云：「有典，馬本作五典。有庸，馬本作五庸。」馬即馬融。下既言「五典」，又言「五惇」，上當避「五」字，且「有典」與下「有禮」、「有德」、「有罪」對文，故以作「有典」爲是。又按：孔氏正義云：「上言五惇，此言五庸者。」是孔氏所據本亦作「五庸」，與馬融尚書傳本同。且「五庸」與上下文「五惇」、「五章」、「五用」對文，故經文以作「五庸」爲是。說文攴部云：「敕，誡也，一曰臿地曰敕，從攴束。」段注云：「言部曰：『誡，敕也。』二字互訓。後人用勑爲敕，力部：『勑，勞也，洛代切。』又或从力作勅。臿者今之插字，漢人祇作臿。攴而收束之，二義皆於此會意。」今按：東周金文秦公簋、陳猷釜敕皆作敹，从攴从柬。柬字从束，說文篆文敕字从束即从柬之省。且秦漢以前文字未見敕作勅者，故尚書經文當以作敕爲正。敕、勑相混，蓋自漢隸。史晨後碑：「又勑瀆井復民。」顧氏隸辨云：「玉篇：『敕，今作勅。』誡敕之敕，說文从攴从束。擊馬之敕，乃從束，本是兩字。後人譌敕爲敕，又譌束爲來，輾轉相譌，遂以勞勑之勑爲敕。書皋陶謨『勑我五典五惇哉』、益稷『勑天之命』、康誥『惟民其勑懋和』、多士『勑殷命終于帝』，敕皆作勑者，從石經之文也。」顧說可參。

【詁】爾雅釋詁云：「敘，緒也。」「典，常也。」「惇，厚也。」按：「有典」即典，有爲語助詞，「五典」謂五種倫常。白虎通性情篇云：「五常者何？謂仁、義、禮、智、信也。」言上天緒論人性倫常有五，告誡五常都要惇厚。廣雅釋言云：「秩，序也。」按：序與敘通，上文言敘，下文言秩，是秩與敘互文同義，秩亦緒論制定之義。「有禮」，即禮，有爲語助詞。書疏引鄭玄曰：「五禮：天子也，諸侯也，卿大夫也，士也，庶民也。」是「五禮」謂五等之禮儀。爾雅釋詁云：「遵，自也。」「庸，常也。」「寅，敬也。」言上天緒論制定人倫禮儀，要遵從五等禮儀常規，同心敬業，協力恭職，和衷共濟。公羊傳莊公元年云：「命者何？加我服也。」是命謂加服。「有德」即德，有爲語助詞。廣雅釋詁云：「德，得也。」「天命有德」謂上天命加應得之服。尚書大傳云：「天子衣服，其文華蟲、作繪、宗彝、藻火、山龍；諸侯：作繪、宗彝、璪火、山龍；子男：宗彝、璪火、山龍；大夫：璪火、山龍；士：山龍。」是「五服」即五等衣服。禮記坊記鄭玄注云：「章，明也。」是章即章明，「五服五章」謂用五服紋飾不同分明其職位等級。言上天命穿應得之服飾，天子、諸侯、子男、大夫、士之五等衣服用紋飾分明其職位級別。説文言部云：「討，治也，从言寸。」按：有罪即罪，謂罪犯。吕刑以墨、劓、剕、宫、大辟爲五刑。按：墨者刻面填墨，劓者割鼻，剕者斷足，宫者割勢，大辟者死罪。言上天命治罪犯，犯五刑之罪則分别五罪施用刑法。説文心部云：「懋，勉也，从心，楙聲。」懋亦通作茂，爾雅釋詁云：「茂，勉也。」郭注云：「書曰：『茂哉茂哉。』」言對政事要勤勉。此句總結上文之意。

「天聰明，自我民聰明。天明畏，自我民明威。達于上下，敬哉有土！」

【校】内野、足利、天正本及古文訓威皆作畏。按：陸氏釋文云：「明畏，下如字，徐音威，馬本作威。」王應麟困學紀聞云：「古文『天明畏，自我民明畏』，今文下畏字作威，蓋衛包所改，當從古。」阮氏校勘記云：「威，古本作畏。山井鼎曰：『古字通用。』按：王所云古文，即宋次道家本也，多不足據。」今按：周禮鄉大夫鄭注云：「書曰：『天明威，自我民明威。』」是馬融、鄭玄真古文本尚書上下文皆作「威」字，當從馬、鄭。

【詁】廣雅釋詁云：「聰，聽也。」管子宙合篇云：「見察謂之明。」是「聰明」即聽察，「天聰明」謂上天聽審明察人間爲君之行。爾雅釋詁云：「由、從，自也。」是自與從與由同義，「自我民聰明」謂上天從我之民情聽察其君主之行善否。「明畏」當作「明威」。國語晉語韋昭注云：「明，顯也。」是「天明威，自我民明威」，謂上天要對人君顯示威罰，則由我之下民對其君顯示威罰，擁善棄惡。吕氏春秋重己篇高誘注：「達，通也。」按：上謂上天，下謂下民，「達于上下」謂天意民情相通。詩周頌閔予小子毛傳云：「敬，慎也。」土謂國土，「有土」即封有國土之人君。言上天考察人君之行，從我之民情考察，上天顯示威罰，由我民對其君顯示威罰，天意民情相通，有國土之人君要謹慎。

皋陶曰：「朕言惠可底行。」禹曰：「俞，乃言底可績。」皋陶曰：「予未有知，思曰贊贊襄哉！」

【校】唐石經下底字作厎，贊作賛。内野、天正本上底字作厎，贊作賛。八行本上底字作厎，贊作賛。古文訓贊作賛。按：説文厂部云：「厎，柔石也，从厂，氐聲。砥，厎或从石。」段注云：「柔石，石之精細者。厎者，砥之正字。後人乃謂砥爲正字，厎與砥異用，强爲分别之過也。厎之引申之義爲致也，至也，平也。此字从氐聲，俗从氏，誤也。五經文字：『石刻譌作氐，少一畫，不可從。』厎與底争首筆之有無，末筆則從同也。厎與底音義均别。」今按：兩周金文从广與从厂或不别，如西周金文宰屖父簋底字作厎从厂，而毛公鼎庶字从厂作庻。蓋厎與底初文皆作氐，秦文字始孳乳氐爲厎厲字，孳乳氐爲底下字，如詛楚文底下字作底，秦篆分厎、底爲二字。故尚書經文當以作厎爲正。段氏撰異云：「正義云：『曰者，謂我上之所言也。』是此字音越，唐石經正作曰。今俗本作日，讀人實反，誤也。」按：蔡傳謂「思曰之曰當作日，惟思日贊助於帝」，即從俗本，不足取。説文貝部云：「贊，見也，从貝从兟。」段注云：「此以疊韻爲訓，疑當作所以見也，謂彼此相見必資贊者。周禮大宰注曰：『贊，助也。』是則凡行禮必有贊，非獨相見也。鉉曰：『兟，音詵，進也。』鍇曰：『進見以貝爲禮也。』」考戰國秦國陶文與璽文作賛从扶不从兟，甲骨文已有扶字，而兟字始見于戰國古文侯馬盟書，似賛爲贊字古文。且漢隸亦作賛，馬江碑「賛業聖典」作賛即其例。是唐石經作賛用古文。但贊字後世通行已久，故尚書經文當以作贊爲正。

【詁】史記夏本紀譯經文「朕言惠可底行」爲「吾言厎可行乎」，是惠爲語助無義。左傳襄公二十六年：「寺人惠牆伊戾。」服虔注云：「惠，發聲。」此亦惠爲語助詞之例。舜典釋文引馬融尚書傳云：「厎，定也。」爾雅釋詁云：「績，成也。」言皋陶問禹說，我上所言能一定實行嗎？禹回答是的，依你所言一定能成功。玉篇言部云：「知，識也。」曰與通通。爾雅釋言云：「通，述也。」左傳定公十五年杜預注云：「襄，成也。」按：「思曰贊贊襄哉」，謂思述助心而助成帝功。言皋陶對禹謙言說，我無有卓識，上所言不過想表述助帝之心而要助成舜帝功業。

帝曰：「來，禹！汝亦昌言。」禹拜曰：「都！帝，予何言？予思日孜孜。」皋陶曰：「吁！如何？」禹曰：「洪水滔天，浩浩懷山襄陵，下民昏墊。予乘四載，隨山刊木，暨益奏庶鮮食。予決九川，距四海，濬畎澮距川。暨稷播，奏庶艱食鮮食。懋遷有無化居，烝民乃粒，萬邦作乂。」皋陶曰：「俞！師汝昌言。」

【校】內野本刊作栞。足利、天正本思作臾，刊作栞。古文訓孜作孳，刊作栞，鮮作鱻，距作岠，化作倪，烝作丞，粒作飧。按：說文思部云：「思，睿也，从心从囟。」段注云：「谷部曰『睿，深通川也』，引『睿畎澮岠川』。引申之凡深通皆曰睿，思與睿雙聲。」今按：古陶文、古璽文思或作胃，心變作廿。汗簡囟部引碧落文諝作畀，寫本又譌作臾，則無義可說。尚書經文當以作思爲正。說文攴部云：「孜，孜孜，汲汲也，从攴，子聲。周書曰：孜孜無怠。」段注云：「廣雅：『孜孜、汲汲，劇也。』按：汲汲與彶彶同，急行也。史記周本紀字作孳孳。許作孜，史記作孳，蓋亦古文、今文之異也。」今按：孜爲孜孜本字，見于古陶文。孳爲孳乳本字，見于西周金文㝬鐘。是古文尚書作孜用本字，今文作孳爲通用字，故尚書經文當以作孜爲正。說文木部云：「栞，槎識也，从木㚇，闕。夏書曰：『隨山栞木。』讀若刊。栞，篆文从幵。」段注云：「槎，衺斫也。槎識者，衺斫以爲表志也。蓋壁中古文作栞，今文尚書作栞，則未知何改爲刊也。此云闕者，謂夭形不可識，無由知其形聲抑會意也。夏書謂禹貢也。」今按：說文刀部云：「刊，剟也，从刀，干聲。」刊木即剟木開路，尚書正用此義。且戰國古文字睡虎地秦簡有刊字，當即栞木本字，栞从幵聲，幵从干聲，栞乃後出刊字異體，桒又栞之俗字。是今文尚書作栞用後起字，古文作桒則用俗字，故尚書經文當以作刊爲正。說文魚部云：「鱻，新魚精也，从三魚，不變魚也。」段注云：「云精者，即今之鯖字。廣韻云：『煮魚煎食曰五侯鯖。』謂以新魚爲肴也。凡鮮明、鮮新字皆當作鱻。」又魚部云：「鮮，鮮魚也，出貉國，从魚善省聲。」段注云：「此乃魚名，經傳乃假爲新鱻字，又假爲尟少字，而本義廢矣。」徐灝段注箋云：「魚與羊皆味之最鮮美者，貉國之魚蓋亦以味得名，竊恐魚名非其本義也。」王筠說文釋例亦云：「史記陸賈傳之『數見不鮮』，未必爲鱻之借字。鮮似會意字也。」今按：徐、王之說當是，鮮即新鮮本字，西周金文散盤、畢鮮簋作⿱羊魚，東周金文好蚉壺及石鼓文、古璽文、睡虎地秦簡皆作鮮。鱻字亦見西周金文公貿鼎，當爲鮮之異體，從三魚取多而鮮美之義，許氏釋爲二字，必不然。而汗簡魚部、古文四聲韻仙韻引尚書鮮作鱻，皆泥許說之過。說文止部云：「歫，止也，从止，巨聲。一曰槍也。一曰超歫。」段注云：「許無拒字，歫即拒也。此與彼相抵爲拒，相抵則止也。書傳云：『歫，至也。』至則止矣。其義一也。漢石經論語『其不可者距之』，字作距，許歫與距義別。木部曰：『槍，歫也。』兩字互訓。槍者，謂牴觸也。」足部云：「距，雞距也，从足，巨聲。」段注云：「鳥距如人與獸之爪。此距與止部之歫異義，他家多以距爲歫。」今按：歫字見古陶文及睡虎地秦簡，距字見戰國古文字銅戈，是歫、距皆先秦古文，故尚書經文作歫作距皆爲正字。說文鬼部云：「䰐，鬼變也，从鬼，化聲。」段注云：「鬼之變匕也。」匕部云：「匕，變也，从到人。」段注云：「凡變匕當作匕，教化當作化，許氏之字指也，今變化字盡作化，化行而匕廢矣。到者今之倒字，人而倒，變化之意也。」汗簡鬼部引義雲章化作䰐。今按：化字見甲骨續存及金文中子化盤，而䰐字不見于先秦古文，蓋即化後出孳乳字。尚書經文當以作化爲正。說文火部云：「烝，火气上行也，从火，丞聲。」段注云：「引申之則進也，又引申之則衆也。」今按：西周金文段簋烝字作𧯠，从米从豆，象豆盛米粒，从米，故有衆義。秦篆作烝，當爲後造異體，尚書經文即用此烝字。而烝作丞者，蓋古通用。烝从丞聲，古音同。錢大昕金石文跋尾云：「唐于德方碑『烝相高門』，烝即丞字。」是烝可作丞。説文米部云：「粒，糂也，从米，立聲。䭇，古文从食。」段注云：「此當作米粒也，玉篇、廣韻粒下皆云米粒，可證。」汗簡食部、古文四聲韻緝韻引尚書粒作䭇，與説文古文同。但粒字本義爲米粒，則當以从米之粒爲正體。食與米義通，故亦作䭇。許云古文無證，蓋即粒之異體俗字。尚書經文當以作粒爲正。

【詁】晚出僞孔傳本古文尚書于「帝曰來禹汝亦昌言」以下分篇爲益稷。爾雅釋詁云：「昌、應，當也。」是「昌言」爲當言，即精當之言。言帝舜召呼禹説：你也述其精當之論。蔡傳云：「孜孜，勉力不怠之謂。」言禹拜歎説：我能説什么，我只想每天努力工作。爾雅釋詁云：「洪，大也。」説文水部云：「滔，水漫漫大皃，从水，舀聲。」按：「洪水滔天」謂大水漫天遍地。「浩浩」謂大水。「懷山襄陵」即包山上陵。書疏引鄭玄曰：「昏，没也。墊，陷也。禹言洪水之時，人有没溺之害。」按：昏與泯通。爾雅釋詁云：「泯，盡也。」詩疏引李巡注云：「没之盡也。」是泯謂淹没之盡。説文土部云：「墊，下也，从土，執聲。春秋傳曰：『墊隘。』」是墊即下陷、下溺，「昏墊」謂淹没沈溺水中。言臯陶問禹孜孜所想何事，禹言當洪水漫天遍地泛濫之時，浩浩大水包山上陵，下民淹没沈溺水中。史記夏本紀釋「予乘四載」云：「予陸行乘車，水行乘舟，泥行乘橇，山行乘檋。」按：説文車部云：「載，乘也。」禹言我治水乘用四種可乘工具。橇爲船形木板底鞋，踩泥不陷。檋音橋，爲山行木底鞋，底安短木錐，上山後高，下山前高，山行省力。説文辵部云：「隨，从也。」段注云：「行可委曲從迹謂之委隨。」益，伯益，主管山林鳥獸之官。釋文引馬融曰：「鮮，生也。」僞孔傳云：「鳥獸新殺曰鮮。」詩思文疏引鄭玄曰：「奏爲授，授即予也。」禹言從山林砍木開路，與伯益教授衆民狩獵鳥獸新鮮肉食。說文水部云：「決，下流也。」段注云：「下謂自上下下之下。」是決即疏導河水之義。九川，謂九州之河。廣雅釋詁云：「距，至也。」四海，謂四方河水流入之海。禹言我疏導九州之河流至于海。史記集解引鄭玄曰：「甽澮，田間溝也。」稷，謂后稷，主管耕種百穀之官。艱，釋文引馬融作根云：「根生之食謂百穀。」今按：甲骨文金文及說文古文艱字作囏从喜。民間猶謂耐用穀物爲艱食，以其可久儲耐用，爲人所喜，故艱字古文从喜，今則又稱爲主食。而鮮食謂肉類蔬菜，以其不易久藏，故與艱食相對而言，今則多稱爲副食。言疏濬田間溝渠引水至河以防雨澇，與后稷教授衆民播種百穀及蔬菜。蓋上「鮮食」謂肉類，此「鮮食」謂蔬菜，肉類多獵自山林，蔬菜多種于川地，其義不複。懋當讀爲貿。說文貝部云：「貿，易財也。」是懋遷即貿易遷徙，史記夏本紀說爲「調有餘補不足」。化即變化，居即居積，化居謂變易囤積之物以濟衆民。上「懋遷」謂異地互通有無，此「化居」謂當地互通有無。爾雅釋詁云：「烝，衆也。」又釋言云：「乂，治也。」王氏述聞云：「粒當讀爲周頌思文『立我烝民』之立，立者成也定也，史記夏本紀作『衆民乃定』也。家大人曰：魯頌駉篇毛傳曰：『作，始也。』作之言乍也，乍亦始也。」「萬邦」謂衆諸侯國。言衆民生活于是得以安定，衆諸侯國始得以治理。史記夏本紀釋「俞，師汝昌言」爲「然此而美也」。按：師通斯，汝通而。爾雅釋詁云：「俞，然也。」「斯，此也。」小爾雅廣詁云：「而，汝也。」是史記用訓詁字。言皋陶聽禹言贊許道：說得對，此乃你的美言高見。

禹曰：「都！帝，慎乃在位。」帝曰：「俞！」禹曰：「安汝止，惟幾惟康。其弼直，惟動丕應。徯志以昭受上帝，天其申命用休。」

【校】史記夏本紀直作德。古文訓康作庚。按：說文禾部云：「穅，穀之皮也，从禾米，庚聲。康，穅或省作。」段注云：「穅之言空也，空其中以含米。凡康寧、康樂皆本義空中之引伸。今字分別，乃以本義从禾，引伸義不從禾。」今按：以甲金文相校，康字下不从米。羅氏增訂殷虚書契考釋云：「穀皮非米，以∷象其碎屑之形，今隸作康，尚得古文遺意矣。」其説近是。穅字不見于先秦古文，乃後出康字孳乳異體。尚書經文當以作康爲正。史記夏本紀直作德。按：道德之德正字爲悳，與德字本義異。直爲悳字之同聲假借字。史記作德，正字即悳。

【詁】史記夏本紀弼作輔，徯作清，受作待，申作重，皆用訓詁字。按：爾雅釋詁云：「惟，思也。」「幾，殆也。」「弼，輔也。」「申，重也。」「休，美也。」徯作清者，段氏撰異云：「此今文尚書也。清與徯，於音韻支與清通轉也。」是今文作清用本字，古文作徯用借字，「清志」謂清明心志。受作待者，待之言得，廣雅釋詁云：「受，得也。」是「昭受上帝」謂顯得上天佑助。言禹謂帝舜：謹慎其在天子之位，安静你容止行爲，居安思危，其輔臣用有德者，則君動臣應無間，能清明心志而顯得上天之助，則上天將鄭重命你爲美善之君。

帝曰：「吁！臣哉鄰哉！鄰哉臣哉！」禹曰：「俞！」

【校】内野、足利、天正本鄰作厸。古文訓亦作厸。按：説文邑部云：「鄰，五家爲鄰，从邑，粦聲。」段注云：「引伸爲凡親密之偁。」汗簡亥部、古文四聲韻真韻引尚書鄰作厸。玉篇厶部云：「厸，古鄰字。」漢孫根碑：「至于東吅大虐戕仁。」顧氏隸辨云：「書益稷：『臣哉鄰哉，鄰哉臣哉。』古文尚書作『厸哉』。又衡立碑：『宜享難老彭祖爲吅。』鄰亦作吅。」今按：厸爲吅之隸變。吅亦作∞，古文四聲韻真韻引古老子鄰作∞。中山王鼎：「𠳵邦難親。」張政烺釋𠳵爲鄰，謂∞即古文鄰。蓋吅从二口，口即圍之初文，象院落四周圍墻，吅即院落相鄰，故爲鄰字。但戰國古文睡虎地秦簡作鄰，與説文篆文同，後世通行，故尚書經文當作鄰。

【詁】書疏引鄭玄曰：「臣哉，汝當爲我鄰哉；鄰哉，汝當爲我臣哉。反復言此，欲其志心入禹。」按：左傳昭公十二年杜注云：「鄰，猶親也。」是以鄰喻親近。此總論君臣關係親近之義，爲下文詳説張本。言君臣當如親鄰，密不可分，志同道合，相輔相成，即明君當有賢臣相輔，賢臣當遇明君重用，如此遇合國乃治。

帝曰：「臣作朕股肱耳目。予欲左右有民，汝翼。予欲宣力四方，汝爲。予欲觀古人之象，日、月、星辰、山、龍、華蟲作會，宗彝、藻、火、粉米、黼、黻絺繡，以五采彰施于五色作服，汝明。予欲聞六律五聲八音，在治忽，以出納五言，汝聽。予違汝弼，汝無面從，退有後言。欽四鄰，庶頑讒説，若不在時，侯以明之，撻以記之，書用識哉，欲並生哉！工以納言，時而颺之，格則承之庸之，否則威之。」

【校】內野本忽作曶。古文訓肱作厷，會作佮，藻作璪，粉作黺，米作粎，忽作曶，侯作矦，撻作遾，識作戠。按：説文又部云：「厷，臂上也，从又，从古文厷。厶，古文厷，象形。肱，左或从肉。」段注云：「小篆以厶太古，故加又。厶象曲肱。」顧氏隸辨云：「龐厷神道：『漢故涪陵太守昌陽龐厷。』按：即肱字，説文本作厷，或从肉。書益稷：『臣作朕股肱耳目。』古文尚書作厷。」但肱通行既久，尚書經文當作肱。陸氏釋文云：「會，馬、鄭作繪，胡對反。」是東漢馬融、鄭玄本古文尚書作繪，繪爲本字，許氏説文引皋陶謨作繪可證。會爲會合本字，與繪義異。會字古文作佮，見于甲金文，説文古文亦作佮，古文訓本之，皆古文。説文玉部云：「璪，玉飾，如水藻之文，从玉，喿聲。虞書曰：『璪火粉米』」段注云：「謂彫飾玉之文。璪藻疊韻。虞書璪字，衣之文也，當从衣，而从玉者，假借也。衣文、玉文皆如水藻，聲義皆同，故相假借，非衣上爲玉文也。」今按：玉篇衣部云：「𧝓，千到切，衣也。」而説文無𧝓字，段氏假借之説不可從。尚書經文作璪、藻均可。説文黹部云：「黺，衮衣山龍華蟲黺畫粉也，从黹，分聲。衛宏説。」段注云：「衛宏，治古文尚書者。」汗簡黹部引尚書粉作黺。又説文糸部云：「䋛，繡文如聚細米也，从糸米，米亦聲。」段注云：「今皋陶謨作粉米，許所見壁中古文作黺䋛。」汗簡黹部引尚書米作𪓌，注云：「亦作䋛。」而集韻薺韻云：「䋛，古作𪓌。」今按：陸氏尚書音義云：「粉米，説文作黺𪓌。徐本作䋛，音米。」是陸氏所見唐初説文有𪓌字。又黄公紹韻會舉要八薺云：「䋛，説文或作𪓌，引書『藻火黺𪓌』。今文尚書『藻火粉米』。」以説文黺字例之，是黹部正篆當有𪓌字，而𪓌下異體作䋛。故尚書經文作米、𪓌、䋛三字均可。說文心部云：「忽，忘也，从心，勿聲。」段注云：「古多假曶爲之。」又曰部云：「曶，出气詞也，从曰，象气出形。曶，籀文曶。」今按：東周金文中山王鼎有忽字。西周金文克鼎、曶尊有曶字，从曰勿聲；而舀鼎、師害簋作曶从口，與説文籀文同。是忽、曶爲各有本義之二字，尚書經文當作忽。而古文訓作曶者，以借字作古。説文矢部云：「侯，春饗所射侯也，从人，从厂，象張布，矢在其下。医，古文侯。」段注云：「饗者，鄉人飲酒也。春饗所射侯，謂天子諸侯養老先行大射禮之侯也。鄭云：侯制上廣下狹，蓋取象於人，張臂八尺，張足六尺，是取象率焉。侯凡用布三十六丈。侯之張布如厓巖之狀，故从厂。象矢集之也。」今按：魏三體石經侯作医，與説文古文同。而殷虚文字甲編二二九二、乙編九四八，金文保卣、中山王壺等作医，可證医爲古文。詛楚文作矦，爲小篆所本。楷書作侯，後世通行，尚書經文當作侯。説文手部云：「撻，鄉飲酒罰不敬，撻其背，从手，達聲。遽，古文撻。周書曰：『遽以記之。』」段注云：「撻，扑也。从虍者，言有威也。周當作虞，此皋陶謨文，壁中古文作遽也。」今按：説文虍部云：「虍，虎文也，象形。」甲骨文及古陶文皆有虍字，象虎頭形，是虎字初文。遽從虍，即从虎之義，故段氏云然。但先秦古文字未見遽字，而撻字通行，故尚書經文仍當作撻。説文言部云：「識，常也，一曰知也。从言，戠聲。」段注云：「常當爲意，字之誤也。草書常、意相似，六朝以草寫書，迨草變真，譌誤往往如此。意者志也，志者，心所之也。意與志、志與識古皆通用。心之所存謂之意，所謂知識者此也。矢部云：『知，識詞也。』按：凡知識、記識、標識，今人分入去二聲，古無入去分別，三者實一義也。」今按：西周金文何尊識作戠从音，格伯簋作戠从言，此古文音與言相通之證。睡虎地秦簡作識，爲説文篆文所本。後世通行，尚書經文當作識。

【詁】書疏引鄭玄曰：「動作視聽，皆由臣也。」按：説文肉部云：「股，髀也，从肉，殳聲。」段注云：「骨部曰：『髀，股外也。』言股則統髀，故曰髀也。」今按：「股肱」本義爲足以上與手以上，引伸之義爲手足，「股肱耳目」謂臣爲君之手足耳目，由臣助君之動作視聽。爾雅釋詁云：「左、右，導也。」郭注云：「皆謂教導之。」「有民」即民，有爲詞助無義。史記夏本紀翼作輔，用訓詁字。國語楚語韋昭注云：「翼，輔也。」言帝舜謂禹：爲臣當作我手足耳目，助其動作視聽；我要教導下民，你當輔佐我。左傳昭公二十七年杜注云：「宣，用也。」王氏述聞云：「爲，讀如相爲之爲，爲，助也。大雅鳧鷖篇『福禄來爲』，鄭箋云：『爲，猶助也。』」舜言我要用力治理四方，你當助我。左傳昭公五年杜注云：「觀，示也。」象，圖象。蔡傳云：「華蟲，雉也，取其文也。」書疏引鄭玄曰：「會，讀爲繪。」粉米，白米也。絺，讀爲黹，黹，紩也。」按：説文糸部云：「紩，縫也。」楊氏覈詁云：「高晉生云：作會與作服相對爲義，會當讀爲旝，旝旗也。旝者，殆旌旗之總名也。」尊彝，謂鐘鼎也。黼，釋器：『斧謂之黼。』孫炎謂黼文如斧，是也。黻，僞孔傳謂如兩己相背，按兩己疑兩弓之譌，故畫弜者謂之黻，與畫斧者謂黼，義正相應也。」帝舜言我要顯示古人旌旗畫有日、月、星辰、山、龍、雉鳥六種圖象，衣服縫繡鐘鼎、水草、火紋、白米、斧紋、弜紋圖象，用五色彩線彰顯繡爲五色，以旌旗服飾圖案分別天子、諸侯、公卿、大夫、士尊下等級，你當明此制度。漢書律曆志云：「律十有二，陽六爲律，陰六爲吕。」白虎通禮樂篇釋尚書此文云：「五聲者，宮商角徵羽。土謂宮，金謂商，木謂角，火謂徵，水謂羽。八音者何謂也？樂記曰：『土曰塤，竹曰管，皮曰鼓，匏曰笙，絲曰弦，石曰磬，金曰鐘，木曰柷梧。此謂八音也。』」爾雅釋詁云：「在，察也。」王氏述聞云：「忽，讀爲滑。周語『滑夫二川之神』，韋昭注曰：『滑，亂也。』『在治忽』，謂察治亂也。滑、忽古同聲，故字亦相通，史記夏本紀正作滑。」説文出部云：「出，進也，象屮木益兹上出達也。」是「出納」即采納之義。方孝岳尚書今語云：「五言，即王制所云『五方言語』，王制本刺取尚書而成也。」帝舜言我要聽審六種樂律、五種樂聲、八類器樂之聲，從音聲哀樂考察治亂，采納五方善言，你當助我聽取。説文辵部云：「違，離也。」説文弜部云：「弼，輔也。粤，弼或如此。」段注云：「弗者，矯也，故从弗，弗亦聲。」是弼謂矯正。從當讀爲慫，有當讀爲又。史記夏本紀説爲「女無面諛，退而謗予」。帝舜言我如背離正道，你當匡正我之過失，不要上朝當面阿諛慫恿，退朝又在背後誹謗我。「欽四鄰」，夏本紀説爲「敬四輔臣」。尚書大傳曰：「古之天子必有四鄰，前曰疑，後曰丞，左曰輔，右曰弼。」是四鄰謂四近身輔政大臣。爾雅釋詁云：「咸，皆也。」「在，察也。」「時，是也。」並與并通。廣雅釋詁云：「頑，愚也。」「并，同也。」説、悦古今字，説謂取悦媚君之臣。夏本紀釋侯爲君。按：爾雅釋詁云：「侯，君也。」廣雅釋詁云：「明，發也。」是明即發落，「侯以明之」謂以君主身份發落惡人，即代君懲惡之意。孫詒讓尚書駢枝云：「記當讀爲誋，説文：『誋，誡也。』」又説文生部云：「生，進也，象屮木生出土上。」是生謂長進，「欲并生」謂要使受罰惡人同能長進自新。帝舜言我敬重禹等輔政大臣，衆頑愚、讒言、媚君之人，如我不能察覺這些人，你們應察清，代表我以君主身份發落衆頑貪讒言媚悦之人，有的人鞭撻警誡之，有的人書面記其過失，要他們同能上進。小爾雅廣言云：「工，官也。」爾雅釋詁云：「時，是也。」説文風部云：「颺，風所飛揚也。」手部云：「揚，飛舉也。敭，古文揚。」按：先秦古文字無颺字，是揚、颺古今字，尚書經文當作揚，揚謂表揚舉用，即采用。孟子離婁上：「惟大人能格君心之非。」趙岐注云：「格，正也。」承當讀爲烝，爾雅釋詁云：「烝，進也。」庸从用，義爲用。廣雅釋詁云：「否，隔也。」是否謂蔽賢不用。潛夫論德化篇云：「威者，所以治也。」是威謂治。帝舜言官職爲納言之臣者，責在聽取民言，是者要表揚采用，能正君失者則進荐重用之，如蔽賢忌能不用，則要治言官之罪。

禹曰：「俞哉！ 帝，光天之下，至于海隅蒼生，萬邦黎獻，共惟帝臣。 惟帝時舉，敷納以言，明庶以功，車服以庸。 誰敢不讓，敢不敬應！ 帝不時敷，同日奏罔功。

【校】内野、天正本蒼作峜，庶作試。 古文訓隅作嵎。 按：説文阜部云：「隅，陬也，从阜，禺聲。」段注云：「廣雅曰：『陬，角也。』今人謂角爲隅。 亦作嵎。」又山部云：「嵎，封嵎之山也，在吴楚之間，汪芒之國。 从山，禺聲。」是隅爲海隅本字，戰國睡虎地秦簡有隅字，尚書經文當以作隅爲正。 而嵎本山名，隅作嵎者，以借字作古。 説文艸部云：「蒼，艸色也，从艸，倉聲。」按：古陶文作蒼，與説文篆文同。 且甲骨文金文倉字作倉，是蒼爲正體，尚書經文當作蒼。古璽文蒼作䒧，即蒼字之變。 古文四聲韻唐韻引古尚書蒼作岺，與古寫本、古文訓諸體類似，皆不足取。 阮氏校勘記云：「『明庶以功』，庶古本作試。 按正義作庶。 又僖二十七年左傳引夏書曰：『明試以功。』疏云：『此古文虞書益稷之篇。』按王符潛夫論引亦作試，正與左氏合。」今按：説文言部云：「試，用也，从言，式聲。 虞書曰：『明試以功。』」是許慎所見古文尚書作試。 以文義推求，當以作試爲本字，庶爲音近借字。

【詁】光當讀爲廣，「光天之下」猶言廣天之下。 爾雅釋地云：「齊有海隅。」郭注云：「海濱廣斥。」是海隅謂海濱廣大之地。「蒼生」與下「黎獻」對文，蒼生謂百姓。 爾雅釋詁云：「黎，衆也。」王氏述聞云：「大誥『民獻有十夫』，傳訓獻爲賢。 大傳作『民儀有十夫』。 廣雅曰：『儀，賢也。』蓋今文尚書説也。 古聲儀與獻通。」是「黎獻」謂衆民之賢者。 爾雅釋詁云：「庸，勞也。」是「車服以庸」謂用車馬衣服等級封爵慰勞獎勵。 應，應順。「時敷」與「日奏」相對爲義。「時敷」謂時時布明善惡。 説文云：「奏，進也。」「日奏」謂日日進用。 爾雅釋言云：「罔，無也。」言禹謂帝舜：

廣天之下，直至海濱生民，諸侯萬國衆民之賢俊，同爲帝之臣民，爲帝選賢舉用，以其言論當否決定采納，以其功勞大小明亮進用，以不同車馬衣服等級封爵慰勞獎勵，如此誰敢不謙讓賢能，誰敢不敬順帝命，如帝不時時布明善惡而相同對待，雖日日進用其人，而治國將徒勞無功。

「無若丹朱傲，惟慢遊是好，敖虐是作，罔晝夜頟頟。罔水行舟，朋淫于家，用殄厥世。予創若時。娶於塗山。辛壬癸甲，啓呱呱而泣，予弗子，惟荒度土功。弼成五服，至于五千。州十有二師，外薄四海，咸建五長，各迪有功。苗頑弗即工，帝其念哉！」帝曰：「迪朕德，時乃功，惟敘。臯陶方祗厥敘，方施象刑，惟明。」

【校】天正本頟作額。古文訓朋作堋，創作剏，塗作嵞，弼作𠨘。按：史記夏本紀在「無若丹朱傲」上有「帝曰」二字，又在「予創若時」下有「禹曰」二字，是漢代今文尚書如此，文義甚爲分明，今本無者，僞古文尚書脱之。説文夰部云：「奡，嫚也，从百从夰，夰亦聲。虞書曰：『若丹朱奡。』論語：『奡盪舟。』」段注云：「嫚，侮傷也；傲者，倨也。奡與傲音義皆同。」今按：敖、傲古今字，東周金文真敖簋及古陶文皆有敖字。戰國古文字夾逌石刻有奡字，是奡、敖皆古文，傲乃後出字。段氏撰異云：「傲字蓋本作敖，衛包乃改作傲也，『敖虐』正承此，不當有二字。」説文頁部云：「頟，顙也，从頁，各聲。」段注云：「今隸作額。」今按：汗簡頁部引尚書作頟。漢碑唐扶頌作頟，與説文篆文同。釋空海萬象名義頁部頟字下異體作額，是原本玉篇尊説文以頟爲正體。而北宋重編玉篇以額爲正體，以頟爲額之異體。實則額爲頟字聲符繁化異體。雖然額通行已久，但尚書經文當以作頟爲正。説文土部云：「堋，喪葬下土也，从土，朋聲。春秋傳曰：『朝而堋。』禮謂之封，周官謂之窆。虞書曰：『堋淫于家。』亦如是。」段注云：「謂葬時下棺於壙中也，是名曰堋。此偁皋陶謨，説假借也。謂假堋爲朋。孔安國以今文字讀之，定爲朋字。朋淫，即羣居終日，言不及義，恒舞于宮，酣歌于室，徇于貨色也。」今按：甲骨文金文有朋字，尚書經文當作朋。古文訓據説文引古文尚書作堋，是不明堋乃假借字。説文刅部云：「刅，傷也。从刃从一。創，或从刀，倉聲。」今按：西周金文刅壺、刅觶作刅，與説文篆文同，是古本字。創爲後出異體。先秦古璽文創作刱从仺，仺即蒼之變，是古文訓創作刱有所本，但後世以創通行，故尚書經文當作創。説文屾部云：「嵞，會稽山也。一曰九江當涂也，民俗以辛壬癸甲之日嫁娶。从屾，余聲。虞書曰：『予娶嵞山。』」段注云：「嵞、塗古今字。」古文四聲韻摸韻引尚書作嵞。但嵞、塗皆不見于先秦古文字，蓋古祇作涂。説文水部云：「涂，水出益州牧靡南山，西北入澠。从水余聲。」而甲骨文涂爲地名，不爲水名，是水名乃後起義。塗即涂之孳乳，尚書經文作塗亦可。説文卩部云：「㔰，輔信也，从卩，比聲。虞書曰：『㔰成五服。』」段注云：「相輔之信也，信者卩也，从比，故以輔釋之。當云從卩比，比亦聲。今尚書皋陶謨作弼。」玉篇卩部云：「㔰，輔信也，今作弼。」今按：兩周金文毛公鼎、者沪鐘及戰國楚帛書作弼，與説文篆文作弼同。魏三體石經皋陶謨弼作㢸，與説文古文弼作㢸同。蓋説文㔰即弼字後出異體，故先秦古文未有㔰字。尚書經文當作弼。

【詁】王氏釋詞云：「無，勿也。」丹朱，帝堯之不肖子，故堯不用，而傳帝位于舜。廣雅釋詁云：「敖，戲也。」按：戲謂嬉戲不正。謂教育其子不要象丹朱嬉戲不正。王氏釋詞云：「惟，獨也。或作唯。」「惟慢遊是好，敖虐是作」，順句即惟好慢遊，惟作敖虐，「是」爲句中助詞，助賓語倒置于前。説文心部云：「慢，惰也，从心，曼聲。」是「慢遊」謂懶惰遊樂。敖與虐同義。廣雅釋詁云：「敖，戲也。」虐當讀爲謔，爾雅釋詁云：「謔，戲謔也。」郭注云：「謂調戲也。」是「敖虐」謂調笑戲謔。朱彬經傳考證云：「『罔晝夜頟頟』，言無晝夜皆頟頟，詩所謂『式號式呼，俾晝作夜』，即指慢遊傲謔而言。」皮錫瑞今文尚書考證云：「潛夫論斷訟篇云：『晝夜鄂鄂，慢遊是好。』是今文作鄂鄂。」今按：鄂當讀爲咢。説文吅部云：「吅，驚嘑也，从二口，讀若讙。」「咢，譁訟也。」是咢咢爲讙譁呼號之義，本字爲咢，鄂、頟皆假借字。言帝舜謂禹等執政大臣，教育其子不要象丹朱一樣嬉戲不正，丹朱唯獨貪好懶惰遊樂，作調笑戲謔無聊之事，不分書夜喧譁呼鬧。書疏引鄭玄曰：「丹朱見洪水時人乘舟，今水已治，猶居舟中，頟頟使推行之。」是謂丹朱横行無道。「朋淫于家」即妻妾成羣淫亂于家，亦謂無道。爾雅釋詁云：「殄，絶也。」釋言云：「厥，其也。」周禮秋官大行人鄭注云：「父死子立曰世。」按：「用殄厥世」謂因此斷絶其世襲帝位。爾雅釋詁云：「予，我也。」「時，是也。」按：予者帝舜自謂，「予創若時」謂我悲傷先帝堯之子丹朱如此不肖。舜言丹朱在國横行無道，在家淫亂無度，因此斷其世襲帝位，我悲傷丹朱如此不肖。以下爲禹之答辭。夏本紀「娶于塗山」上有「禹曰」二字，有者是，僞傳脱之。書疏引鄭玄曰：「登用之年，始娶于塗山氏，三宿而爲帝治水。」是禹在家辛日娶妻，過三宿至甲日即往治水。説文口部云：「呱，小兒嗁聲，从口，瓜聲。詩曰：『后稷呱矣。』」禮記中庸云：「子庶民也。」鄭玄注云：「子，猶愛也。」是「弗子」謂治水無愛子之暇。荒當讀爲巟。説文川部云：「巟，水廣也，从川，亡聲。」段注云：「引申爲凡廣大之稱。周頌『大王荒之』，傳曰：『荒，大也。』凡此皆假荒爲巟也，荒行而巟廢也。」爾雅釋詁云：「度，謀也。」「功，成也。」禹言啟生呱呱而啼之時，我治水無愛子之暇，惟獨大謀治水分土完成。爾雅釋詁云：「采、服，事也。」是服謂采地。五服，禹貢謂甸服、侯服、綏服、要服、荒服。甸服在王畿千里之内，下各距千里，是王畿至荒服五千里，全國東西萬里，南北萬里，釋文引馬融曰「面五千里，爲方萬里」，是其義。書疏引鄭玄曰：「師，長也。」謂全國十又二州皆設置州長。廣雅釋詁云：「薄，至也。」爾雅釋地云：「九夷、八狄、七戎、六蠻，謂之四海。」郭注云：「九夷在東，八狄在北，七戎在西，六蠻在南，次四荒者。」是「四海」謂十二州五服外之邊遠少數民族地區。「五長」謂五國之長。禮記王制云：「五國以爲屬，屬有長。」是四海之内五國設一長。爾雅釋詁云：「迪，道也。」道即導。「各迪有功」謂由五長各自領導五國而有功績。小爾雅廣言云：「工，官也。」即者，即就順從。說文心部云：「念，常思也。」禹言我當年娶妻于塗山氏，婚後三日即去治水，啟生呱呱而哭之時，我治水無暇愛撫其子，唯獨大力謀慮治水分土之成，故能助帝完成五服分土，王畿至于四境有五千里之廣，十二州皆設諸侯之長，外至四海邊遠地區，皆建五國之長，各領導五國已有功績，今唯獨苗民頑凶不服從五長之官統管，帝應當常思慮這件事。夏本紀迪作道，乃作女。按：道謂教導，女即汝。爾雅釋詁云：「時，是也。」「業，敘也。」按：是謂于是，業謂德業。薛綜注東京賦曰：「惟，有也。」是「惟敘」謂有德業。帝舜言用我德治教導下民，于是你禹治水分土之事已有德業。夏本紀釋「皋陶方祗厥敘」爲皋陶「于是敬禹之德」。按：爾雅釋詁云：「祗，敬也。」方當讀爲旁，廣雅釋詁云：「旁，廣也。」是「方施」猶言廣行。象刑，刻畫刑罰圖象警戒犯法，以示德教。爾雅釋詁云：「明，成也。」按：惟猶有，「惟明」謂法治有成就。言皋陶亦于是敬禹德業而理順民情，廣爲施行象刑教民，而法治有成。謂禹與皋陶同遵舜德教與法治皆獲成功，何患苗頑不服。

夔曰戛擊鳴球，搏拊琴瑟以詠。祖考來格，虞賓在位，羣后德讓。下管鼗鼓，合止柷敔，笙鏞以間，鳥獸蹌蹌，簫韶九成，鳳皇來儀。夔曰：「於予擊石拊石，百獸率舞，庶尹允諧。」

【校】敦煌本鏞作庸。內野、天正本戛作戞。古文訓蹌作牄，簫作箾，韶作磬，鳳作朋，儀作羛。蔡傳本皇作凰。按：說文戈部云：「戛，戟也，从戈百，讀若棘。」段注云：「皋陶謨『戛擊鳴球』，明堂位作揩擊，此謂戛同扴，六書中之假借。疑本作讀若孑。」今按：諸寫本作戞者，戛之俗字。正字通戈部云：「戛俗作戞。」蓋通行已久，阮刻尚書戛作戞，用俗體。說文金部云：「鏞，大鐘謂之鏞，从金，庸聲。」段注云：「商頌字作庸，古文假借。」是敦煌寫本作庸者，用古文假借字。尚書經文當以作鏞爲正。說文倉部云：「牄，鳥獸來食聲也，从倉，爿聲。虞書曰：『鳥獸牄牄。』」段注云：「牄蓋壁中古文如此，孔安國以今文字讀之易爲蹌蹌。鄭云：『飛鳥走獸蹌蹌然而舞。』僞孔說本之。許則徑從牄字，說爲鳥獸來食聲，與鄭異。鄭易字，許不易字也。鳥獸來食，故从倉。」是作牄者，壁中古文。論其本字，當作蹌，說文足部云：「蹌，動也，从足，倉聲。」故尚書經文當以作蹌爲宜。說文竹部云：「箾，以竿擊人也，从竹，削聲。虞舜樂曰箾韶。」段注云：「音部引書『簫韶九成』，知皋陶謨字作簫，此云箾韶，蓋據左傳。左云『見舞韶箾者』，此作箾韶，見書與左一也。孔疏云：『箾即簫字。』釋文：『箾音簫。』」今按：作箾者，假借字，本字固當爲簫。尚書經文當以作簫爲正。說文音部云：「韶，虞舜樂也。書曰：『簫韶九成，鳳皇來儀。』从音，召聲。」段注云：「或作招，周禮作磬，皆假借。」今按：磬本韶字籀文，周禮又假借爲韶。大司樂鄭玄注云：「大磬，舜樂也。言其德能紹堯之道也。」此以假借作古，尚書經文當作韶。說文鳥部云：「鳳，神鳥也，从鳥，凡聲。朋，古文鳳，象形。鳳飛羣鳥從以萬數，故以爲朋黨字。鵬，亦古文鳳。」段注云：「此說假借也。朋本神鳥，以爲朋黨字。既象其形矣，又加鳥旁。蓋朋者最初古文，鵬者踵爲之者也。」今按：說文古文隸變作朋。甲骨文鳳字有二形，一爲純象形字，上有鳥冠，下與說文古文略同，蓋說文古文所從出。二爲形聲字，即象形加凡聲，爲說文小篆所從出。鳳字通行既久，仍當以爲正體。蔡沈書集傳皇作凰者，乃鳳皇之後起俗字。鳳本从凡聲，俗字亦作从几，故皇則類化作凰。漢隸麒麟鳳凰碑作凰，顧氏隸辨云：「廣韻：『凰本作皇。』書益稷『鳳凰來儀』，古文尚書作皇。」按：史記夏本紀作皇。尚書古寫本敦煌本、內野本、天正本、足利本亦作皇，與唐石經作皇同，是尚書經文當以作皇爲正。說文人部云：「儀，度也，从人，義聲。」今按：西周金文牆盤、虢叔鐘及東周金文秦公鎛儀皆作義，是義、儀古今字，尚書經文作儀亦可。玉篇立部云：「⿰立義，魚奇切，古儀字。」蓋立者，站立之人形，人者亦立人形，故从立與从人義通，故造⿰立義字。此本奇字，不足取。

【詁】夔，舜之樂官。史記夏本紀説「夔曰」爲「於是夔行樂」，是釋曰爲粤。爾雅釋詁云：「粤、爰，曰也。」又曰：「爰、粤，於也。」是曰猶於是。「夔曰」至「鳳皇來儀」爲史官記述夔行樂之事，上文堯典與此下文皆有「夔曰予擊石拊石，百獸率舞」，是此爲史官記述。蓋史遷所見今文尚書本作「曰夔」，僞孔本變亂爲「夔曰」。書疏引鄭玄曰：「戛，櫟也。戛擊鳴球三者，皆總下樂，櫟擊此四器也。鳴球即玉磬也。搏拊以韋爲之，裝之以糠，所以節樂。云『以詠』者，謂歌詩也。」按：爾雅釋樂云：「所以鼓敔謂之籈。」郭注云：「以木長一尺櫟之，籈者其名。」是戛爲用以輕擊玉磬之木杵。説文玉部云：「球，玉也。」段注云：「鉉本『玉磬也』，非。按：磬以球爲之，故名球，非球之本訓爲玉磬。」釋名釋樂器云：「搏拊，以韋盛糠，如鼓，以手拊拍之也。」搏拊、琴、瑟皆用爲名動詞，謂手拍搏拊、鼓彈琴瑟。言夔于是指揮樂舞，敲擊玉磬，手拍搏拊，鼓彈琴瑟，演唱詩歌。爾雅釋詁云：「格，至也。」周禮大司樂疏引鄭玄曰：「祖考來格者，謂祖考之神來至也。虞賓在位者，謂舜以爲賓，即二王後丹朱也。」白虎通王者不臣篇云：「尚書曰『虞賓在位』，不臣丹朱也。」是虞賓者，謂虞舜帝對先王堯子丹朱等以客禮待，不以臣禮待，表尊先王之意。爾雅釋詁云：「后，君也。」説文彳部云：「德，升也。」段注云：「升當作登。」按：「羣后」謂衆公卿諸侯等臣，「德讓」謂登位互相揖讓。言舉樂之際，祖神來享，貴賓就位，羣臣登位揖讓。周禮疏又引鄭玄曰：「『下管鼗鼓』以下謂舜廟堂下之樂，故言下。『合止柷敔』者，合樂用柷敔。柷狀如漆桶，中有椎，摇之以節樂。合之者，投椎於其中而撞之。敔狀如伏虎，背有刻，以物櫟之，所以止樂。」是下謂堂下，管謂竹樂，鼗謂小鼓，鼓謂大鼓。言堂下管樂鼓樂齊奏，合樂止樂則用柷敔。説文金部云：「鏞，大鐘謂之鏞。」爾雅釋詁云：「間，代也。」周禮疏引鄭玄曰：「以間者，堂上堂下間代而作。」謂堂上音樂與堂下音樂按律互相合奏。陸氏釋文引馬融曰：「鳥獸，筍簴也。」是古有不以爲真鳥獸者。蓋古俗民間人扮鳥獸樂舞齊作，而朝堂君臣不扮舞，而由樂者扮鳥獸隨樂而舞娱樂。後世或誤此爲馴鳥獸而舞當不然。周禮疏引鄭玄曰：「簫韶，舜所制樂。樂備作謂之九。成猶終也。每曲一終，必變更奏。」按：九爲數之極，非實數，「簫韶九成」謂樂曲變換極多。儀當讀爲娑。説文女部云：「娑，舞也，从女，沙聲。詩曰：『市也婆娑。』」段注云：「爾雅曰：『婆娑，舞也。』爾雅音義不爲婆字作音，蓋陸所據爾雅固作娑娑。鄭志：『張逸曰：犧讀爲沙，沙，鳳皇也。答曰：刻畫鳳皇之象于尊，其形娑娑然。』按：今經傳娑娑字皆改作婆娑，恐尚非古也。」今按：儀、犧、娑古音相近，故通用。來謂出來，即出場表演。「鳳皇來儀」謂扮演鳳皇者于是婆娑而舞。「於予擊石拊石，百獸率舞」已見堯典文，詳前注。爾雅釋詁云：「庶，衆也。」「尹，正也。」「正，長也。」「允，信也。」「諧，和也。」按：「庶尹」謂百官，夏本紀釋作百官可證。言當堂上笙樂與鐘樂相和合奏之時，扮演鳥獸者舞隊隨樂蹌蹌而舞；而當簫韶之樂九變高潮之時，扮演神鳥鳳皇者出來娑娑而舞。夔感歎説，我重擊石磬發出大聲，輕擊石磬發出小聲，百獸相隨音聲而舞，感動百官誠信和諧相處。

帝庸作歌，曰：「勑天之命，惟時惟幾。」乃歌曰：「股肱喜哉！元首起哉！百工熙哉！」皋陶拜手稽首颺言曰：「念哉！率作興事，慎乃憲，欽哉！屢省乃成，欽哉！」乃賡載歌曰：「元首明哉！股肱良哉！庶事康哉！」又歌曰：「元首叢脞哉！股肱惰哉！萬事墮哉！」帝拜曰：「俞！往欽哉！」

【校】敦煌本起作迉，屢作婁，墮作隳。足利、天正本起作迉。古文訓喜作歖，起作迉，屢作婁，惰作憜。按：説文喜部云：「喜，樂也，从壴，从口。歖，古文喜，从欠，與歡同。」段注云：「樂者，五聲八音總名。古音樂與喜樂無二字，亦無二音。壴象陳樂立而上見。从口者，笑下曰：『喜也。』聞樂則笑，故从壴从口會意。蓋古文作歖，轉寫誤耳。」今按：甲骨文金文及古陶文、侯馬盟書、睡虎地秦簡皆作喜不从欠，可證說文古文非古。又段氏謂古文當作歖，亦臆說。說文走部云：「起，能立也，从走，巳聲。迡，古文起，从辵。」段注云：「起本發步之偁，引申之訓爲立，又引伸之爲凡始事、凡興作之偁。五經文字云『从辰巳之巳』，是。字鑑从戊己之己，非也。」今按：古陶文、古璽文及睡虎地秦簡字皆作起从走，與說文篆文同，是以作起爲正體。汗簡辵部、古文四聲韻止韻引尚書作迡。鄭氏汗簡箋正云：「古本从巳，此誤爲己。」尚書經文當以作起爲正。說文女部云：「婁，空也，从毋，从中女，婁空之意也。」今按：戰國古文字睡虎地秦簡作婁，爲說文篆文所本。屢字不見于先秦古文字，是後出之加尸俗字。蓋漢碑多作屢，漢書多作婁，是漢代已通用。尚書古寫本作婁，唐石經作屢，改爲今通行字，故尚書經文作屢亦可。說文心部云：「憜，不敬也，从心，𡐦省聲。惰，憜或省𠂤。媠，古文。」段注云：「今書皆作惰。𡐦者，篆文隓字。」又玉篇心部云：「憜，怠也，易也。惰，同上。㥲，古文。」按：先秦古璽文作憜，與說文篆文同，惰即憜之省形，後世通行，故尚書經文當作惰。㥲字不見于先秦古文，不足取。說文阜部云：「隓，敗城阜曰隓，从阜，𡋯聲。𡐦，篆文。」段注云：「許書無𡋯字，蓋或古有此文，或絫左爲聲，皆未可知。小篆隓作𡐦，隸變作墮，俗作隳，用墮爲堋落之義，用隳爲傾壞之義，習非成是，積習難反也。虞書曰：『萬事墮哉。』墮本敗城阜之偁，故其字从阜。引伸爲凡阤壞之偁。」今按：戰國古文包山楚簡與郭店楚簡作墮，是當以墮爲正，隳爲俗，尚書經文當作墮。日本尚書古寫本足利本無「帝拜」二字，天正本初無「拜」字，後添補。考史記夏本紀有「帝拜」二字，與孔氏正義、唐石經同，故當以有者爲是。

【詁】庸从用，故當讀爲用，用猶以，言帝舜以「庶尹允諧」進而歌詩告誡。勑當作敕，說文攴部云：「敕，誡也，从攴束。」从攴收束，故有誡慎之義。廣雅釋言云：「敕，慎也。」爾雅釋詁云：「惟，思也。」「幾，危也。」按：廣雅釋詁云：「時，善也。」善即安善，「惟時惟幾」謂思安思危，即居安思危之意。言當謹慎敬從天命，居安思危。尚書大傳云：「元首，君也；股肱，臣也。」王氏述聞云：「家大人曰：喜也、起也、熙也，皆興也，故下文皋陶曰『率作興事』也。學記：『不興其藝，不能樂學。』鄭注曰：『興之言喜也，歆也。』正義引爾雅『歆、喜，興也』，今爾雅作『廞、熙，興也』，是喜與熙皆有興起之義。」按，「百工」與下文「庶事」、「萬事」相對爲文，則工讀爲功，小爾雅廣詁云：「功，事也。」言帝舜歌唱道：大臣振作，君王奮發，則百事振興。蔡傳云：「拜手稽首者，首至手，又至地也。率，總率也。」颺，夏本紀作揚，爲正體，謂稱揚。爾雅釋詁云：「憲，法也。」「省，察也。」又釋言云：「作，爲也。」「婁，亟也。」婁即屢古本字。言皋陶手頭下拜稱揚帝舜上言及歌説：帝當思量，統爲待興百事，應謹慎你之法度，多檢察你欲成之事，事事認真。此誡君之言。蓋舜之歌以臣賢爲首要，皋陶認爲當以君賢爲首要，故續舜歌如下文。爾雅釋詁云：「賡，續也。」淮南子天文篇高誘注云：「康，盛也。」書疏引鄭玄曰：「載，始也。」是鄭讀載爲才。言皋陶乃接續舜始歌重新歌唱道：君王賢明，大臣賢良，則衆事興盛。釋文引馬融曰：「叢，總也；脞，小也。」書疏引鄭玄曰：「叢脞，總聚小小之事以亂大政。」今按：叢脞，雙聲聯綿字，細小之義。言皋陶又歌道：如君王因小而失大，則大臣殆惰無爲，國家萬事敗壞。此從反面誡君。於是帝舜拜謝禹、皋陶諸臣道：都説得對，我們君臣皆去各敬其職。

尚書校詁卷三

虞夏書三

禹貢

【解題】楊氏覈詁云：「貢，廣雅：『稅也。』方言：『獻也。』按此貢字統篇貢與賦二者言之。此篇紀禹平治水土，制定貢賦之事，故曰禹貢。」按：王國維古史新證總論以爲「尚書中禹貢文字稍平易簡潔，或係後世重編，然至少亦必爲周初人所作」。辛樹幟禹貢新解認爲「是西周政治經濟的產物」。實古代中國早期政治與經濟區劃歷史文獻。

禹敷土，隨山刊木，奠高山大川。

【校】敦煌本土作圡，隨作隨。内野、天正本隨亦作隨。按：甲骨文與西周金文土字皆象地上土塊形。東周金文及古陶文、包山楚簡、睡虎地秦簡作土，與說文篆文同。漢隸衡方碑、白石神君碑土字作圡。顧氏隸辨云：「土本無點，諸碑土或作圡，故加點以別之。」至晉代書家王羲之等襲漢隸加大一點，而抄胥仿書譌作圡。尚書經文當作土。又按：隨字本从辵隋聲，睡虎地秦簡作遀从隋聲可證。而漢隸陳球後碑、高彪碑、嚴訢碑省形作随，六朝碑文亦常作随，是尚書古寫本隨作随者，承用漢魏六朝減筆字。尚書經文當以作隨爲正。

【詁】史記集解引馬融曰：「敷，分也。」謂禹分治九州水土。說文辵部云：「隨，从也，从辵隋聲。」段注云：「行可委曲從迹謂之委隨。」史記夏本紀「隨山」作「行山」，是「隨山」者，謂順從山勢踏察行道。「刊木」者，古代山林樹木茂密，砍除樹木，方可開出道路，故曰刊木。史記集解引尚書大傳云：「高山大川，五嶽四瀆之屬。」今大傳無此文。五嶽謂岱山、霍山、華山、恒山、嵩山；四瀆謂長江、淮河、黄河、濟水。周禮天官職幣鄭注云：「奠，定也。」按：「奠高山大川」謂以高山大河確定九州境界，不限于五嶽四瀆。言禹分治九州水土，隨從山勢察看伐木開通道路，確定名山大河以爲九州境界。

冀州。既載壺口，治梁及岐。既修太原，至于岳陽。覃懷厎績，至于衡漳。厥土惟白壤，厥賦惟上上錯，厥田惟中中。恒衛既從，大陸既作。島夷皮服。夾右碣石，入于河。

【校】漢石經島作鳥。敦煌本作島。八行本岐作⿱枝土，皮作⿱⺮皮。古文訓岐作⿱枝山，漳作章，皮作⿱⺮皮。按：說文邑部云：「郂，周文王所封，在右扶風美陽中水鄉。从邑，支聲。岐，郂或从山，支聲，因岐山以名之也。⿱枝山，古文郂，从枝，从山。」段注云：「經典有岐無郂，惟漢地理志曰：『大王徙郂。』岐專行而郂廢矣。薛綜注西京賦引説文：『岐山在長安西美陽縣界，山有兩岐，因以名焉。』此説文山部原文也。山有兩岐，當作山有兩枝，山有兩枝，故名曰岐山。疑後人移入於此而刪改之。學者讀此可以刪邑部之岐專入山部矣。古文郂，當作古文岐，此亦淺人改山部之文入此部耳。」今按：段説是，汗簡山部引尚書作⿱枝山，可以爲證。寫本或作⿱枝土从土者，俗字，未見所出。尚書經文當作岐。説文水部云：「漳，水名，从水章聲。濁漳出上黨長子鹿谷山，東入清漳。清漳出沾山大要谷，北入河。」段注云：「今濁漳水入河南林縣界，合于清漳，禹貢所謂衡漳也。」按：殷周金文已有章字，而先秦古文未見漳字，是章、漳古今字。古文訓漳作章者，漢書地理志引作衡章，顏師古注云：「謂章水橫流而入河也，言禹於覃懷致功以至衡章也。」王先謙漢書補注引錢坫曰：「章字同漳，漳水過鄴縣以下稱衡漳。」是古文訓漳作章者，據漢書作章用古字。史記夏本紀與漢石經島作鳥，是今文尚書作鳥之證。釋文引馬融曰：「鳥夷，北夷國。」史記集解引鄭玄曰：「鳥夷，東方之民，搏食鳥獸者。」是馬、鄭古文尚書亦作鳥。今本作島者，僞孔鳥讀島。尚書經文當作鳥。說文皮部云：「皮，剥取獸革者謂之皮。𥫶，古文皮。㞺，籀文皮。」段注云：「从竹者，蓋用竹以離之。」汗簡竹部引尚書作𥫶，與說文古文同。又寸部引說文作芨，此有小譌。金文叔皮父簋及石鼓文作㞺，好盗壺及古幣文作芨，前與說文籀文同，後譌變爲說文古文𥫶與汗簡之芨。所从口與廿果爲何物？竊以爲口即柔皮所用擦石，廿是石有穿栓，以便手握持。故皮字本義爲手握擦石去毛治革之形。今民間屠宰者手握擦石去毛垢而皮現，可證皮字本義。睡虎地秦簡與漢隸作皮，後世通行，尚書經文當作皮。

【詁】爾雅釋地云：「兩河間曰冀州。」郭注云：「自東河至西河。」東河謂黃河曾自河南向北流經山東一段，西河謂黃河自北向南流經山西、陝西一段，地域包括山西河東、河南黃河以北、河北東南、山東西北一帶。相傳堯舜都邑在冀州，故首敘。載當讀爲哉，爾雅釋詁云：「哉，始也。」載、哉本字爲才，載、哉皆从才聲。釋文引馬融曰：「壺口，山名。」史記集解引鄭玄曰：「地理志壺口在河東北縣之東南，梁山在左馮翊夏陽，岐山在右扶風美陽。」按：壺口山在今山西吉縣，梁山在今陝西韓城縣，岐山在今陝西岐山縣。言禹分九州，首爲冀州，已始治壺口一帶水土，又治梁山與岐山一帶。廣雅釋詁云：「修，治也。」爾雅釋地云：「大野曰平，廣平曰原。」今按：古無太字，太原即大原，後以爲郡名。詩召南殷其雷毛傳云：「山南曰陽。」詩唐風譜疏引鄭玄曰：「岳陽縣，太岳之南。」于地理志，太原今以爲郡名。太岳在河東故縣彘東，名霍太山。」言已治理太原一帶，又治理至太岳山之南。書疏引鄭玄曰：「懷縣屬河内。」

衡漳者，漳水横流入河。」按：衡與横通，「衡漳」謂横流泛濫之漳水，與覃懷相對爲文。説文覃訓長味，从旱从鹹省，古文从鹵，是「覃懷」謂黄河泛濫鹹鹵之地。懷縣在今河南武陟縣一帶。爾雅釋言云：「厎，致也。」又釋詁云：「績，功也。」按：「厎績」猶今言成功。言河水泛濫鹹鹵的懷縣一帶治理成功，就又治理泛濫横流的漳水。厥，史記皆作其，用訓詁字。説文土部云：「壤，柔土地，从土，襄聲。」段注云：「壤異乎堅土，言人功則凡土皆得而壤之。」是壤者耕種之土。玉篇心部云：「惟，爲也。」廣雅釋詁云：「賦，税也。」僞孔傳云：「上上，第一；錯，雜，雜出第二之賦。」田之高下肥瘠，九州之中爲第五。」言冀州土壤爲白軟土，賦税爲第一等，亦雜有第二等，田地爲第五等。書疏引鄭玄曰：「恒水出恒山，衛水在靈壽，大陸澤在鉅鹿北。」禮記孔子閒居鄭注云：「從，順也。」周禮稻人鄭注云：「作，猶治也。」言恒水、衛水已順導入河，大陸澤亦已得到治理。西周金文鄦子蒷夷鼎夷字作⿱夷土从土，戰國古文包山楚簡、侯馬盟書、古璽文夷字亦或作⿱夷土从土，是夷謂地域，非謂夷民，「島夷」本謂海島地域。禹貢述貢物皆指地域特産，而非指何民所産。凡禹貢下文「嵎夷」、「萊夷」、「淮夷」、「島夷」、「和夷」之夷皆謂地域，而不當釋爲夷民。楊氏覈詁云：「夾之言達也。詩大明『使不挾四方』，韓詩作浹。毛傳：『挾，達也。』釋名：『挾，夾也。』則夾亦可訓達也。蓋碣石爲東大山，河入海地，當在碣石之右，故謂之『右碣石』。」言東方沿海地區進貢皮服，達碣石山之右入黄河運往帝都。

濟河惟兖州。九河既道，雷夏既澤，灉、沮會同。桑土既蠶，是降丘宅土。厥土黑墳，厥草惟繇，厥木惟條。厥田惟中下，厥賦貞，作十有三載乃同。厥貢漆絲，厥篚織文。浮于濟、漯，達于河。

【校】敦煌本兖作沇，織作戠。古文訓濟作泲，兖作沿，篚作棐，織作⿹戈糸。按：説文水部云：「泲，沇也，東入于海。从水，𠂢聲。」段注云：「四瀆之泲字如此作，而尚書、周禮、春秋三傳、爾雅、史記、風俗通、釋名皆作濟。惟地理志引禹貢作泲。班志，許書僅存古字耳。」汗簡水部引尚書作泲，而注作沛，誤。今按：據許氏説文以泲爲四瀆之濟正字，但泲字不見于先秦古文字，而濟字見于石鼓文、中山王壺等。似尚書經文當以作濟爲正。説文水部云：「沇，沇水，出河東東垣王屋山，東爲泲，从水，允聲。沿，古文沇。」段注云：「尚書某氏傳曰：『泉源爲沇，流去爲濟。』按：泉出沮洳曰沇，引伸爲沇州。小篆作沇，隸變作兖，此同義而古今異形也。」汗簡水部引尚書別出沿字。鄭氏箋正云：「薛本沇水作沇，兖州與沿流作沿。沇州字古本同作沇，説文口部㕣下見其説，故僞書于兖州用沇之古文。此當注沿亦兖字。」今按：沇字見于東周金文沇兒鐘而先秦古文未見沿字。且沇字作兖通行已久，尚書經文當作兖。説文匚部云：「匪，器似竹筐，从匚，非聲。逸周書曰：『實玄黄于匪。』」又竹部云：「篚，車笭也，从竹匪聲。」按：許氏説文以匪爲筐篚本字，以篚爲車笭，其説必不古。匪、篚古今字，猶匡、筐古今字。篚字見于戰國金文中山王壺，是篚亦古文，尚書經文作篚亦是。漢書地理志引禹貢作棐。説文木部云：「棐，輔也，从木，非聲。」是漢書作棐用假借字，古文訓據之作棐，是以借字作古，不足取。東周金文齊叔夷鎛之𢦏字，孫詒讓古籀拾遺上卷云：「此當爲織字之省。」鄂君舟節織字亦作𢦏，可證孫説不誤，𢦏即織字省形異體。睡虎地秦簡作織，爲説文篆文所本，故尚書經文當作織。

【詁】爾雅釋地云：「濟、河間曰兖州。」郭注云：「自河東至濟。」按：河謂古黄河。濟謂濟水，發源于河南濟源縣，流經山東入黄河。楊氏詞詮云：「惟，不完全内動詞，是也，爲也。」言濟水與黄河之間是兖州。地域在今河北、河南、山東境内。爾雅釋水云：「九河：徒駭、太史、馬頰、覆鬴、胡蘇、簡、絜、鉤盤、鬲津。九河皆禹所名也。」王氏述聞云：「道，通也。法言問道篇曰：『道也者，通也。』字亦作導。周語：『爲川者決之使導。』韋昭注亦曰：『導，通也。』鄭注『九河既道』曰：『雍塞，故通利之。』」史記集解引鄭玄曰：「雍水、沮水相觸而合入此澤中。」地理志曰：「雷澤在濟陰城陽縣西北。」言兗州境内黃河九條支流已經疏通，雷夏澤亦已治理復原，雍、沮二水會合入澤中，河澤沿岸桑田已經養蠶。「是降丘宅土」，史記夏本紀釋爲「於是民得下丘居土」，釋是爲於是，降爲下，宅爲居，皆用訓詁字。楊氏詞詮云：「是，連詞，於是也。」引禹貢此文爲例。爾雅釋詁云：「降，下，落也。」是降、下同義。又釋言云：「宅，居也。」言於是受水害之民遷下丘陵居住在平地。釋文引馬融曰：「墳，有膏肥也。」孫氏注疏云：「墳，肥聲之轉，故漢地理志『壤墳』，應劭讀墳爲肥。」王氏釋詞云：「惟，句中助語。」是「惟繇」謂茂盛。詩唐風椒聊毛傳云：「條，長也。」按，長謂長茂。言兗州其土質黑肥，宜于生長，故其草則茂盛，其木則枝茂。僞孔傳云：「中下，田第六。」史記集解引鄭玄曰：「貞，正也。治此州正作不休，十三年乃有賦與八州同，言功難。其賦中下。」按：禹貢全文述田與等次用「上中下」三字，此作「貞」字不類文例，「貞」字必有譌誤。竊疑「貞」爲「中下」二字黏合。考戰國文字古陶文、古璽文中字作𠁩，「𠁩下」黏合爲𠦂，與貞字形似，故傳抄「厥賦中下」爲「厥賦貞」而與文例相背不通。周禮地官稻人鄭注云：「作，猶治也。」史記河渠書引夏書云：「禹抑鴻水十三年，過家不入門。」是「十三年」爲禹治水分土之年數。「同」謂賦與田等次相同，皆爲第六等。言兗州其田是第六等，其賦亦第六等，因九河、雷夏、灉沮衆多河流水澤工程艱巨，故雖土質黑肥宜于生長，而治理十三年乃能使其賦與田等次相同。禮記玉藻鄭注云：「織，染絲織之。」按：文即文采，「織文」謂染絲織成文錦采緞。蔡傳云：「舟行水曰浮。」漯水爲黃河枝流。言兗州進貢特産樹漆蠶絲，與其盛筐織錦采緞，船運浮行于濟水、漯水，先達黃河再運往帝都。

海岱惟青州。嵎夷既略，濰淄其道。厥土白墳，海濱廣斥。厥田惟上下，厥賦中上。厥貢鹽、絺，海物惟錯。岱畎絲枲，鉛松怪石。萊夷作牧，厥篚檿絲。浮于汶，達于濟。

【校】唐石經鉛作鈆。敦煌本松作枀，檿作畣。岩崎本濰作淮，檿作貪。内野本松作⿱容木。晁刻古文尚書略作䂮，松作⿱容木。古文訓略作䂮，濰作惟，松作⿱容木，檿作畣。按：説文田部云：「略，經略土地也，从田，各聲。」又刀部云：「⿰咢刂，刀劍刃也，从刀，咢聲。䂮，籀文⿰咢刂，从㓞各。」段注云：「各聲與咢聲同部。釋詁：『剡、䂮，利也。』陸德明本作䂮，顔籀、孔沖遠引作略。周頌：『有略其耜。』毛云：『略，利也。』張揖古今字詁云：『略，古作䂮。』以説文折衷之，䂮者古字，⿰咢刂者今字，略者假借字。」今按：顔籀即顔師古，所撰匡謬正俗卷六「略刃」條引爾雅作「剡、略，利也」，是古本爾雅不作䂮。考先秦古文無⿰咢刂、䂮二字，而東周詛楚文有略字，是略爲古本字，尚書經文當作略。古文訓作䂮者，是以借字作古。説文水部云：「濰，濰水，出琅邪箕屋山，東入海。徐州浸。夏書曰：『濰淄其道。』从水，維聲。」段注云：「地理志述禹貢作維，今版本作惟，誤。作淮，則轉寫之誤。蓋班从今文尚書作維，許从古文尚書作濰。今山東土語與淮同音，故竟作淮字。」是寫本作淮，古文訓作惟，皆誤字，不可取。説文金部云：「鉛，青金也，从金，㕣聲。」按：鉛字本不作鈆，而漢隸張納碑陰鉛字作鈆。玉篇金部云：「鉛，亦作鈆。」是鉛作鈆者漢隸異體，唐石經作鈆用漢隸俗字，不足取。尚書經文當以作鉛爲正。説文木部云：「松，松木也，从木，公聲。⿱容木，松或从容。」段注云：「容聲也，此如頌、額同字。」汗簡木部、古文四聲韻鍾韻引尚書並作⿱宀松。按：先秦古文字未見松字作⿱容木从容聲者，而戰國古文字鄂君启舟節及古幣文、古璽文作松从公聲，是松爲正字。汗簡作⿱宀松从容，容乃容字古異體，故尚書經文當以作松爲正。説文木部云：「檿，山桑也，从木，厭聲。詩曰：『其檿其柘。』」段注云：「釋木曰：『檿桑，山桑。』大雅毛傳曰：『檿，山桑也。』禹貢『檿絲』，史記檿作畣，同音假借字也。」汗簡西部引尚書檿作畣，是亦以假借作古。寫本或作畣，又或作貪者，皆畣字之譌，不足取。

【詁】史記集解引鄭玄曰：「東自海，西至岱。東嶽曰岱。」按：海謂渤海，岱謂東嶽泰山。言東自海濱，西至泰山之間是青州。史記集解引馬融曰：「嵎夷，地名。用功少曰略。」按：王氏述聞云：「説文：『略，經略土地也。』廣雅曰：『略，治也。』言嵎夷之地既治也。馬融曰『用功少曰略』，失之。」史記集解引鄭玄曰：「濰、淄，兩水名。地理志曰：濰水出琅邪箕屋山，淄水出泰山萊蕪縣原山。」是兩水皆在今山東。王氏釋詞云：「其，猶乃也。禹貢曰：『嵎夷既略，濰淄其道。』又曰：『淮沂其乂，蒙羽其藝。』其與乃同意。」言嵎夷之地既已治理，濰、淄二水乃得疏導，其州土質屬色白土壤，海濱廣爲鹹鹵之地。僞孔傳云：「田第三，賦第四。錯，雜，非一種。」説文糸部云：「絺，細葛也，从糸，希聲。」段注云：「葛者，絺綌艸也，其緝績之一如麻枲，其所成之布，細者曰絺，粗者曰綌。」史記集解引鄭玄曰：「海物，海魚也。魚種類尤雜。」言其州田地是第三等，賦稅是第四等，其貢品是海鹽、細葛布，及海産魚蝦雜類。廣雅釋山云：「畎，谷也。」今按：説文く部云：「く，水小流也。甽，古文く，从田川。畎，篆文く，从田，犬聲。」釋名釋山云：「山下根之受霤處曰甽。甽，吮也，吮得山之肥潤也。」蓋畎本田壟水溝，與山澗谷水相類，故畎有谷義。爾雅釋草云：「枲，麻。」説文心部云：「怪，異也。」按：「怪石」謂奇異美石。言泰山山谷出産絲、麻、鉛、松木、美石，也爲進貢之物。胡渭禹貢錐指云：「今萊州、登州二府，皆禹貢萊夷之地。」史記夏本紀説「作牧」爲「爲牧」，是作、爲同義。言萊夷爲放牧地區，牧養畜産也是貢物。爾雅釋木云：「檿桑，山桑。」按：檿桑即柞樹，葉可飼蠶。言萊夷所産柞絲綢盛于筐篚進貢。史記集解引鄭玄曰：「地理志：汶水出泰山萊蕪縣原山，西南入濟。」言進貢之舟浮行汶水達于濟水，再進入黄河運往帝京。

海岱及淮惟徐州。淮沂其乂，蒙羽其藝；大野既豬，東原厎平。厥土赤埴墳，草木漸包。厥田惟上中，厥賦中中。厥貢惟土五色，羽畎夏翟，嶧陽孤桐，泗濱浮磬，淮夷蠙

珠暨魚，厥篚玄纖縞。浮于淮泗，達于河。

【校】唐石經纖作纎。敦煌本野作埜，豬作猪，翟作狄。岩崎本埴作戠，包作苞，纖作𢧿。古文訓野作壄，豬作豝，埴作戠，漸作蔪，包作苞，翟作狄，桐作桌，蠙作玭。纖作鐵，河作滿。按：說文里部云：「野，郊外也，从里，予聲。壄，古文野，从里省，从林。」段注云：「亦作埜。」今按：說文古文當云从野省，从林，此蓋有誤。甲骨文、金文及古璽文野作埜，古文當以此爲正。睡虎地秦簡作壄，从埜予聲，與說文古文同。古陶文作野，爲說文篆文所本，後世通行。尚書經文作野亦可。豬者，史記夏本紀引禹貢作都。說文邑部云：「都，有先君之舊宗廟曰都，从邑者聲。周禮：『距國五百里爲都。』」今按：兩周金文㝬鐘、中都戈及古陶文、睡虎地秦簡皆作都，與說文篆文同，是都字正體，尚書經文當作都。寫本作猪者，乃豬俗字。汗簡辵部引尚書原作邍。按：說文辵部云：「邍，高平曰邍，人所登，从辵备彔，闕。」段注云：「邍字後人以水泉本之原代之。惟見周禮。當作从辵，从略省，从彔。人所登也，故从辵。略者，土地可經略也。彔者，土地如刻木彔彔然，蓋从三字會意。」今按：丁山說文闕義考根據金文史敖簋等謂字當从夂、从田，彖聲，彖，古遯字。分析字形似較有理，是邍非平原本字。竊以爲原即平原本字，西周金文𤲕伯原鼎、散盤、克鼎皆作原。尚書經文當以作原爲正。說文土部云：「埴，黏土也，从土，直聲。」段注云：「禹貢埴字，鄭本作戠而讀爲熾。晉書成公綏天地賦云：『海岱赤埴。』何超音義：『埴，尺志反。』此又戠之加土旁者也。戠、埴、𡊺皆埴之異字。」按：古文四聲韻職韻引籀韻埴作戠、埴二形，皆古異體字。尚書經文當以作埴爲正。說文艸部云：「蔪，艸相蔪苞也，从艸，斬聲。書曰：『艸木蔪苞。』𧁖，蔪或从槧。」段注云：「蔪苞即今禹貢之漸包。釋文曰：『漸本又作蔪，字林才冉反，艸之相包裹也。包或作苞，叢生也。馬云：『相苞裹也。』』按：叢生之義字作苞者是。」今按：史記夏本紀引禹貢作「漸包」，是今文尚書如此，乃用假借字，而說文引禹貢作「蔪苞」，是古文尚書用本字。說文羽部云：「翟，山雉也，尾長，从羽、从隹。」段注云：「邶風：『右手秉翟。』毛曰：『翟，翟羽也。』按：翟羽，經傳多假狄爲之。狄人字，經傳多假翟爲之。」按：史記夏本紀、漢書地理志引禹貢並作「羽畎夏狄」，此翟通作狄。故寫本及古文訓作狄者，用假借字。尚書經文當以作翟爲正。汗簡木部引尚書桐作⿱冋木，下形上聲，與篆文不同。兩周金文翏生盨、宜桐盂皆作⿱木同，上形下聲，與篆文亦不同。而古陶文與古璽文作桐，爲説文篆文所本，後世通行。尚書經文當作桐。説文玉部云：「玭，珠也，从玉，比聲。宋宏曰：『淮水中出玭珠，玭，珠之有聲者。』蠙，夏書玭字从虫賓。」段注云：「此宋宏説伏生尚書語也。當作『玭蚌之有聲者』六字，玭本是蚌名，以爲珠名。古文夏書玭字如此作，从虫賓聲。玭字蓋亦古文，故伏生尚書作玭，夏本紀、地理志從之。非伏生依小篆，乃其壁藏本固爾也。」按：今本史記、漢書引禹貢並作蠙，蓋後人依古文尚書而改。説文糸部云：「纖，細也，从糸，韱聲。」汗簡戈部引尚書纖作韱，用省借字。太玄斂次二「墨斂韱韱」，范望注云：「韱韱，小也。」漢隸韱變作⿹𢦏韭，或作⿹𢦏韭，是唐石經作纖，寫本或作⿹𢦏韭，皆從漢隸。按：先秦古文字未見纖字。但纖字从韱，睡虎地秦簡有韱字，是纖字偏旁當作韱，故尚書經文當以作纖爲正。説文水部云：「菏，菏水，在山陽湖陵南。禹貢：『浮于淮、泗，達于菏。』从水，苛聲。」段注云：「古尚書、史記、漢書、水經注皆作菏，或是假借，或是字誤，不可定。至若今史記、漢書、俗本尚書作『浮于淮、泗，達于河』，皆誤字也。」今按：胡渭禹貢錐指云：「酈道元泗水注引此文云：菏水在南，水經濟水篇言菏水過湖陵縣南，東入泗，皆確證。不獨許慎作菏也。」是古本尚書作菏爲本字，俗本寫作黄河之河者誤字。

【詁】爾雅釋地云：「濟東曰徐州。」郭注云：「自濟東至海。」按：海謂黄海。言東至黄海，北至泰山，南至淮河之間是徐州。周禮職方氏疏引鄭玄曰：「淮、沂，二水名。地理志：沂水出今泰山蓋縣。」王氏釋詞云：「其，猶乃也。」引此文「其乂」爲例。史記夏本紀乂作治，用訓詁字。説文辟部云：「⿱辟乂，治也，从辟乂聲。」今按：乂、⿱辟乂古今字，禹貢作乂用古文。史記集解引鄭玄曰：「蒙、羽，二山名。」漢書地理志云：「泰山蒙陰，禹貢蒙山在西南。東海祝其，禹貢羽山在南。」按：羽山在今江蘇贛榆縣西南。說文丮部云：「埶，穜也，从丮坴，丮，持穜之。」段注云：「唐人樹埶字作蓺，六埶字作藝，說見經典釋文。然蓺、藝字皆不見於說文。」今按：甲骨文與西周金文及東周石鼓文作埶，雙手持木栽種于土之意，與說文篆文有異，是埶之古文。蓺、藝皆埶之孳乳今字。漢書地理志引禹貢作蓺，史記夏本紀作藝，皆後起字。今尚書經文作藝，蓋唐代衛包所改。言淮、沂二水乃已治理，蒙、羽二山乃已種植。史記集解引鄭玄曰：「大野在山陽鉅野北，名鉅野澤。東原，地名，今東平郡即東原。」釋文引馬融曰：「水所停止深者曰豬。」按：大徐說文新附作瀦，乃後出字。爾雅釋言云：「厎，致也。」言大野澤已治理蓄水，東原土地也已平整耕種。漸本作蔪，草木叢生。包本作苞。爾雅釋言云：「苞，稹也。」郭注云：「今人呼物叢者爲稹。」是「蔪苞」謂茂密叢生。言其土質屬紅粘土壤，草木茂密覆蓋地面。孔傳云：「田第二，賦第五。」言其田地是第二等，賦税是第五等。釋名釋地云：「徐州貢土五色，色有青、黄、赤、白、黑也。」韓詩外傳云：「將封諸侯，各取方土，苴以白茅，以爲社。」按：據逸周書作雒解云：「諸侯受命于周，乃建大社于國中。鑿取其方一面之土，以爲土封。」按：帝京建築祭壇，于東南西北四邊與中央分築青赤白黑與黄五色土，諸侯受封，以其封國方位取其一色之土，就國築壇，以示受土封國。是進貢五色土者，供應帝京築壇之用。周禮天官疏引鄭玄曰：「羽山之谷，貢夏翟之羽。」夏，五色羽，夏翟即有五色羽之山雉，羽作旌旄之飾。言其貢品有封諸侯所用五色土，羽山山谷夏翟之五色羽毛。說文山部云：「嶧，葛嶧山，在東海下邳。」史記集解引鄭玄曰：「地理志：嶧山在下邳。今下邳西葛嶧山也。」按：下邳在今江蘇境内。山南曰陽。孤本義孤子，引伸之義爲獨特。水經注云：「泗水東南過吕縣南，水上有石梁，故曰吕梁。」晉太康地記曰：「水出磬石，書所謂『泗濱浮磬』也。」泗水源出今山東泗水縣，下流入淮。浮磬，謂水中所出磬石。孫氏注疏引鄭玄曰：「蠙珠，珠名。」淮夷，淮水上之夷民，獻此蠙珠與美魚也。」陸氏釋文引馬融曰：「淮夷，二水名。」今按：「淮夷」與上「羽畎」、「嶧陽」、「泗濱」相對爲文，前三者皆爲地名，則「淮夷」不當爲「淮水上之夷民」。「淮夷」謂淮河水域，即淮水之濱。詳前「島夷」注。言其貢品還有嶧山之南特生作琴瑟桐木，泗水之濱水中所産磬石，淮水之濱所産蠙珠與魚類。史記集解引鄭玄曰：「纖，細也。祭服之材尚細。」玄者，黑色帶赤。廣雅釋器云：「縞，練也。」按：纖謂細繒所織綢，縞謂白繒所織絹。言其篚所盛貢品爲細綢與白絹，運送貢品之舟浮行淮、泗二水，到達與濟水相通的菏澤，再由濟到達黄河運往帝京。

淮海惟揚州。彭蠡既豬，陽鳥攸居。三江既入，震澤厎定。篠簜既敷，厥草惟夭，厥木惟喬。厥土惟塗泥，厥田惟下下，厥賦下上上錯。厥貢惟金三品，瑶、琨、篠簜，齒、革、羽、毛惟木。島夷卉服。厥篚織貝，厥包橘、柚，錫貢。沿于江海，達于淮泗。

【校】敦煌本泥作埿。岩崎、天正、八行本揚作楊。古文訓篠作筱，簜作簜，喬作簥，塗作徒，泥作屋，琨作瓂，毛作旄。按：揚州之揚，漢隸本作楊。曹全碑：「究豫荆楊。」是其例。段氏撰異云：「今人多作揚，从扌。考廣雅云：『楊，揚也。』毛詩王風揚之水釋文云：『或作楊。』然則毛傳『楊，激揚也』，正廣雅之所本。而郭忠恕佩觿曰：『楊，柳也，亦州名。』郭所據書、禮故作楊，後人因江南其氣燥勁，厥性輕揚之云，改爲揚州，不知古人字多假借，所重惟音，則州名當依古从木也。唐石經作揚，未可爲是。」今按：段説是，漢人固作楊。説文竹部云：「筱，箭屬，小竹也，从竹，攸聲。」段注云：「釋草曰：『篠，箭。』周禮注曰：『箭，篠也。』二京賦解曰：『篠，箭竹也。』此云箭屬，小異。今字作篠。」今按：漢書地理志引禹貢作篠。玉篇竹部云：「筱，先鳥切，筱箭也，小竹也。篠，同上。」篠字見於爾雅、漢書、玉篇等，是漢魏六朝前已有篠字。汗簡竹部引尚書篠作筱，从説文篆文，筱、篠古今字。尚書經文作篠亦可。説文竹部云：「簜，大竹也，从竹，湯聲。夏書曰：『瑶琨筱簜。』簜可爲榦，筱可爲矢。」段注云：「榦，弓榦也。弓人曰：『凡取榦之道七，竹爲下。』筱、簜之用不止於此，而此爲最宜。」按：戰國古璽文有簜字，是簜爲正體。陸氏禹貢釋文云：「簜，徒黨反。或作⿱竹昜，他莽反。」陸氏意謂或作⿱竹昜者，音近相借。説文竹部云：「⿱竹昜，大竹筩也，从竹，昜聲。」段注云：「笙簫之屬而謂之⿱竹昜者，大之也。」是⿱竹昜與簜義别，故爲假借。汗簡竹部引尚書簜作⿱竹昜，與古文訓同，皆以借字作古。尚書經文當作簜。汗簡竹部引尚書喬作簥。鄭珍箋正云：「説文無簥，蓋爾雅『大管謂之喬』俗字。疏引李巡云：『聲高大故曰喬，喬，高也。』御覽引舍人注同。知古止作喬，从竹因大管之義後增，郭注本用之。」今按：史記夏本紀、漢書地理志引禹貢並作喬，是尚書經文當以作喬爲正。爾雅釋樂「大管謂之簥」，疏引李巡注、御覽引舍人注皆作簥，是簥與喬不同字，鄭氏箋正混爲一字。汗簡、古文訓作簥不可取。説文水部云：「涂，涂水，出益州牧靡南山，西北入澠。从水，余聲。」段注云：「古道塗、塗塈字皆作涂。」説文新附云：「塗，泥也，从土，涂聲。同都切。」鄭珍説文新附考云：「古塗、途字並止作涂。至高眹修周公禮殿記始見塗字，楊厥碑又寫途作⿺辶塗，皆漢末隸體所加。」知同謹按：蓋實言之曰泥涂，以泥涂傅於他物亦曰涂。俗以泥涂字加土作塗，道涂字从辵作途。許君水部涂下少泥涂、道涂兩義。」今按：墨子書涂亦作⿰土余，節葬篇云：「今王公大人之爲葬埋，必捶⿰土余。」畢沅校注云：「⿰土余，當爲涂，言築涂使堅。」是涂之異體作⿰土余，从土，涂省，不省即爲塗。古文四聲韻摸韻引王存乂切韻徒作⿰土余，是塗、徒通之例。而説文辵部徒字从辵，土聲，義爲步行，與塗泥義别。古文訓塗作徒者，以假借字作古。泥作⿸尼土者，例見漢碑。漢費鳳别碑「埿而不緇」，泥作埿。玉篇土部云：「埿，如兮切，埿塗也。」集韻齊韻云：「埿，塗也，或作⿸尼土，通作泥。」戰國古文字有泥字，而先秦古文字未見泥作埿、⿸尼土者。蓋埿爲泥之異體，⿸尼土爲埿之省形，猶塗爲涂之異體，⿰土余爲塗之省形。古文訓泥作⿸尼土，是以異體字作古。尚書經文當以作泥爲正。説文玉部云：「琨，石之美者，从玉，昆聲。夏書曰：『楊州貢瑶琨。』瑻，琨或从貫。」段注云：「馬融尚書、漢地理志皆作瓘。貫聲與昆聲合韻最近，而又雙聲，如昆夷亦爲串夷。韋昭瓘音貫。」今按：史記夏本紀引尚書作琨，是今文尚書作琨。馬融本作瓘是古文尚書作瓘。當從今文尚書作琨。段氏撰異云：「孔傳：『旄，旄牛尾。』衛包妄改經併傳上一字作毛，至開寶中依衛包改釋文，移『旄音毛』於『犀，細兮反』之下，殊不知經文作毛則何由訓爲旄牛尾乎？」今按：史記夏本紀引禹貢作「貢羽、旄、齒、革」，是今文尚書作旄用本字。而漢書地理志作毛。朱駿聲説文通訓定聲云：「毛，假借爲氂。禹貢：『齒革羽毛。』傳：『毛，旄牛尾。』」是古文尚書作毛，即旄之假借字。段氏謂衛包改爲毛非確論。段氏撰異云：「『惟木』二字，紀、志皆無。此今文尚書也。」今按：考内野、足利、天正諸寫本與唐石經、古文訓等古文尚書皆有「惟木」二字，是古文有。而史記爲今文，夏本紀據今文無「惟木」二字，漢書地理志因之，故知今文尚書無「惟木」二字。

【詁】爾雅釋地云：「江南曰揚州。」郭注云：「自江南至海。」公羊傳莊公十年疏引鄭玄曰：「揚州界，自淮而南，至海以東也。」按：海謂東海。言自淮河至東海之間是揚州。蔡傳云：「彭蠡，所謂鄱陽湖也。」史記集解引鄭玄曰：「南方謂都爲豬。陽鳥，鴻雁之屬，隨陽氣南北。」按：王氏釋詞云：「攸，猶用也。言陽鳥之地，用是安居也。」林之奇尚書全解曰：「『此篇所敘治水，詳見于九州之下者，莫非地名。古地名取諸鳥獸，如虎牢、犬邱之類多矣，安知陽鳥之非地名乎？』按：林説是也。」今按：水聚成澤曰豬。言彭蠡已治理成澤湖，陽鳥洪水泛濫地區因此得以安居。三江者，陸氏釋文云：「韋昭云：『謂吳松江、錢唐江、浦陽江也。』吳地記云：『松江東行七十里得三江口，東北入海爲婁江，東南入海爲東江，并松江爲三江。』震澤，吳都太湖。」是三江爲從長江分流入海的三條河水。爾雅釋言云：「厎，致也。」言三江之水已流入海中，故太湖水量調濟得以穩定。蓋三江不入海則太湖氾溢。爾雅釋草云：「篠，竹箭。」又云：「簜，竹。」書疏引孫炎爾雅注云：「竹闊節者簜。」是篠謂小竹，簜謂大竹。敷，遍布。釋文引馬融曰：

「夭，長也。」爾雅釋詁云：「喬，高也。」言彭蠡澤、震澤已得到治理，故小竹大竹已遍地生長，其草類長茂，樹木高大。史記集解引馬融曰：「塗泥，漸洳也。」顔師古漢書地理志注云：「塗泥，瀸洳濕也。」按：漸本字爲瀸。説文水部云：「瀸，漬也。」爾雅釋水云：「泉一見一否爲瀸。」是水時現時否爲瀸，塗泥謂土潮濕潤水如泥。言其州土地潮濕如泥。孔傳云：「田第九。賦第七，雜出第六。」言其州田地是第九等，賦税是第七等，也雜有第六等。詩泮水疏引鄭玄曰：「金三品者，銅三色也。銅爲金也，三色者，蓋青白赤也。」銅實指黄銅。孔傳云：「瑤、琨，皆美玉。齒，象牙。革，犀皮。羽，鳥羽。毛，旄牛尾。木，楩、梓、豫章。」王氏釋詞云：「惟，猶與也，及也。」引禹貢「惟木」句爲例。言其州貢物是黄白赤色三種銅，瑤琨美玉，象牙，犀牛皮，鳥類美羽，旄牛尾，及木材。島夷，謂水島之地。揚雄方言云：「卉，草也，東越、揚州之間曰卉。」按：「卉服」謂草編蓑衣，避雨之服。言其貢物還有水島地域特産草編蓑衣。史記集解引鄭玄曰：「貝，錦名也。詩云：『成是貝錦。』凡織者，先染其絲，織之即成矣。」言其珍貴貢品貝錦盛于筐篚，橘、柚易爛，故要包裹。黄式三尚書啓蒙云：「錫，亦貢也。」按：爾雅釋詁云：「貢、錫，賜也。」是錫與貢同義，「錫貢」謂貢獻之物，即自「金三品」至「橘柚」所有貢物。言貢船沿長江、東海到達淮河、泗水，再運往帝都。

荆及衡陽惟荆州。江漢朝宗于海，九江孔殷。沱潛既道，雲土夢作乂。厥土惟塗泥，厥田惟下中，厥賦上下。厥貢羽毛齒革，惟金三品，杶榦栝柏，礪砥砮丹，惟箘簵楛。三邦底貢厥名，包匭菁茅，厥篚玄纁璣組，九江納錫大龜。浮于江沱潛漢，逾于洛，至于南河。

【校】敦煌本沱作沲，洛作洜。岩崎本沱作池，杶作杔，榦作幹，礪作砅，箘作菌。足利本礪作砅。古文訓荆作菿，灊作涔，雲作云，杶作杻，栝作梧，礪作砅，箘作簵，楛作枯，匭作匬，逾作俞，洛作洜。按：説文艸部云：「荆，楚木也，从艸，刑聲。菿，古文荆。」而西周金文牆盤省作刱，古陶文與古璽文作荆从艸，爲説文篆文所本。汗簡艸部引尚書荆作菿，與説文古文同，但與先秦古文不合，不足取。尚書經文當以作荆爲正。説文水部云：「沱，江別流也，出岷山東，別爲沱。从水，它聲。臣鉉等曰：沱沼之沱，通用此字，今別作池，非是。」段氏補池篆而注云：「考初學記引説文：『池者，陂也。从水，也聲。』依阜部陂下『一曰池也』，衣部『褫讀若池』覈之，則池與陂爲轉注，徐堅所據不誤。逮其後説文佚此，而淺人謂沱、池無二。」是寫本沱作池者，依二字通用不別之説。而證諸金文，沱、池確爲一字。容庚金文編它字下云：「它，與也爲一字，形狀相似，誤析爲二，後人別構音讀。然从也之迆、敁、馳、阤、杝、施六字，仍讀它音。而沱字今經典皆作池可證。徐鉉曰：『沱沼之沱，今別作池，非是。』蓋不知也即它也。説文『也，女陰也』，望文生訓，形意俱乖，昔人蓋嘗疑之。」按：它即古蛇字，純體象形。又寫本沱作沲者，文選郭璞江賦：「疏之以沲汜。」李善注云：「尚書曰：『沲灊既導。』孔安國曰：『沲，江別名也。』」是李善所見唐初尚書禹貢及僞孔傳沱作沲，爲古寫本所依據。但兩周金文静簋，禹邗王壺及睡虎地秦簡皆作沱，是以沱爲正體。故尚書經文當作沱。史記夏本紀引禹貢灊作涔。南朝宋裴駰史記集解引鄭玄尚書注云：「水出江爲沱，漢爲涔。」司馬貞索隱云：「涔，亦作灊。」集解又引僞孔傳云：「沱，江別名。涔，水名。」是漢魏六朝時禹貢灊猶作涔，至唐代改作灊。但説文水部云：「涔，漬也，从水，岑聲。一曰涔陽渚在郢。」是涔非灊水本字。又水部云：「灊，涉水也，一曰藏也，从水，朁聲。一曰漢爲灊。」段注云：「舊説云：禹貢灊水也。」按：爾雅釋水云：「水自漢出爲灊。」郭注云：「書曰：沱灊既道。」是灊爲禹貢灊水本字。先秦古文有灊字而無涔字，尚書禹貢本字當作灊，作涔者，假借字。説文雨部云：「雲，山川气也，从雨，云象回轉之形。云，古文省雨。」段注云：「古文上無雨，非省也。古多假云爲曰，如詩云即詩曰也。」陸氏禹貢釋文云：「雲，徐本作云。」按：殷虛書契前編卷六第四十三頁四片、卷七第四十三頁二片雲皆作云，與說文古文同，字形亦如段說。古陶文及睡虎地秦簡云作雲从雨，與說文篆文同，是雲亦古字，故尚書經文作雲亦可。說文木部云：「杶，杶木也，从木，屯聲。夏書曰：『杶榦栝柏。』杻，古文杶。」段注云：「依汗簡所載近是，即屯字側書之耳。集韻徑作杻，非也。」按：汗簡木部引尚書杶作杻者，篆體屯譌作篆體丑。古文四聲韻諄韻引尚書杶字篆體不譌，可證汗簡之非。岩崎本寫杶作杔从毛，毛亦屯之寫譌。尚書經文當作杶。說文木部云：「榦，築牆耑木也，从木，倝聲。一曰本也。」段注云：「榦，俗作幹。」按：漢碑作幹，以干爲聲，後世相沿。睡虎地秦簡作榦，與說文篆文同。尚書經文當以作榦爲正。說文木部云：「檜，柏葉松身，从木，會聲。」段注云：「禹貢作桰。」集韻泰韻云：「檜，木名，說文：『柏葉松身。』或作栝。」按：檜、桰、栝在說文木部爲義不相同之三字，因檜、桰雙聲音近，故禹貢假借作桰。而禹貢又作栝者，蓋隸變凡昏旁字省作从舌，遂以栝、桰、檜爲一字。考工記疏引鄭玄尚書注云：「柏葉松身曰栝。」此作栝者爲檜之誤字，鄭注原不當作栝。戰國古文仰天湖楚簡有檜字，而先秦古文未見桰、栝二字，故尚書經文當以作檜爲本字。說文水部云：「砅，履石渡水也，从水石。詩曰：『深則砅。』濿，砅或从厲。」按：此蓋有誤。詩邶風匏有苦葉云：「深則厲，淺則揭。」毛傳云：「以衣涉水爲厲，謂由帶以上也。揭，褰衣也。」今北方謂踩石過水之石爲砅石，與說文合；又謂水深過腹則雙手撥水而渡爲厲，本字作濿，音烈。蓋砅、濿本說文水部音同義異相鄰之二字，本云：「砅，履石渡水也，从水石。」「濿，以衣涉水，謂由帶以上也，从水，厲聲。詩曰：『深則濿。』」後世傳鈔說文者誤以砅、濿爲一字，合二爲一，則說文、毛傳皆不可通。說詳拙稿詩經通詁。又按：殷虛書契前編卷二、卷五有澫字，當即濿字之初文。羅振玉謂即許書之砅字，或作濿，此過信今本說文之誤。而今本禹貢作礪，漢書地理志引禹貢作厲，厲、礪古今字。西周金文五祀衛鼎、散伯簋作厲，是古本字，尚書禹貢作礪，用今字。說文有厲無礪，新附收礪，云：「礪，磨也，从石，厲聲。」經典通用厲。」鄭珍説文新附考云：「按：説文厎訓柔石，厲訓旱石，旱猶悍也，並磨石也。詩『取厲取碫』是磨石，因而磨之即曰厎厲，俗乃加石。」説文竹部云：「箘，箘簬，竹也，从竹，囷聲。一曰簙棊也。」段注云：「箘簬二字一竹名，吴都賦之射筒也。招魂：『崑蔽象棊。』王曰：『崑或言箟簬，今之箭囊也。』箟即箘之異體。箭囊即射筒之異詞。」汗簡竹部引尚書箘作箟。按：玉篇竹部云：「箘，奇隕切，竹名。説文曰：『箘簬也。一曰博棊也。』又音囷桂也。箟，亦同上。楚辭音古魂切。」説文及先秦古文字不見箟字。宋玉招魂雖有箟字，但招魂爲漢代作品，故箟爲漢後異體。古文訓作箟者，以後出異體作古。尚書經文當以作箘爲正。説文竹部云：「簬，箘簬也，从竹，路聲。夏書曰：『惟箘簬枯。』簵，古文簬，从輅。」段注云：「當作簬，或从輅，轉寫之誤也。若古文四聲韻云『簵，古文』，即取諸誤本説文也。」按：西周金文史懋壺已有路字。輅字始見於東周古璽文，且古代經典輅多作路，是先有路字、簬字，簵不得爲古文，段氏不以簵爲古文，而以爲簬之異體，是。尚書經文當以作簬爲正字，今本尚書作簵者，後出異體。説文木部云：「枯，槁也，从木，古聲。夏書曰『唯箘輅枯』，木名也。」段注云：「今尚書作『惟箘輅楛』。按惟作唯，轉寫誤也。輅當依竹部引書作簬。楛作枯，則許所據古文尚書如是。竹部引書作楛，非也。」按：史記夏本紀引禹貢作「惟箘簬楛」，蓋今文尚書作楛。説文木部云：「楛，楛木也，从木，苦聲。詩曰：『榛楛濟濟。』」段注云：「禹貢『惟箘簬楛』，楛不與上文『杶榦栝』相爲伍，楛之用蓋與箘簬同也。」今按：枯、楛同爲木名，音同義同，是古今字。先秦古璽文、睡虎地秦簡有枯字，是枯爲古字之證。今尚書作楛者，用今字。説文竹部云：「簋，黍稷方器也，从竹皿皀。𠤳，古文簋，从匚飢。匭，古文簋，从匚軌。朹，亦古文簋。」又殳部云：「毁，揉屈也，从殳皀，皀，古叀字，廄字从此。」按：自錢坫十六長樂堂古彝器款識始釋毁爲簋，經黄紹箕、容庚、戴家祥等詳説，李孝定于甲骨文字集釋毁字下總彙其説云：「契文从皀，象食器之形，从殳象手持匕柶，所以報之者也。皀爲毁之初文，毁則合體象形，簋則爲增體象形字。蓋从竹言其質，从皿舉其類，是皆文字孳乳繁變之通例也。」西周金文多作毀，而霝簋作飤，从匕，匕音比，今之飯匙，是飤从匕从食會意。可證説文古文一體作𠥘之誤。蓋毀爲古文，簋爲後起字，説文古文𠥘、匭、朹又皆毀、簋後出異體。唐石經作匭，古文訓作𠥘，皆不足取。尚書經文當作毀或簋。説文辵部云：「逾，越進也，从辵，俞聲。周書曰：『無敢昏逾。』」段注云：「越進，有所超越而進也。」按：逾越初字當爲俞。説文舟部云：「俞，空中木爲舟也，从亼，从舟从巜，巜，水也。」段注云：「空中木者，舟之始。其始見本空之木用爲舟，其後因刳木以爲舟。中孚傳曰：『利涉大川，乘木舟虛也。』」今按：金文齊鎛俞作介，省舟；魯伯俞父盤作俞。高鴻縉字例二篇釋云：「介讀爲渝，即俞字之初文也，全象獨木舟在水上之形，東南亞島民至今猶用之，後加舟爲意符作俞。説文就小篆立言，説字意是，説構造非。」木舟利涉大川，故義爲逾越，是俞爲逾之古本字。但戰國古文字鄂君舟節、包山楚簡、郭店楚簡已有逾字，是逾亦古文，故尚書經文作逾亦可。説文水部云：「洛，洛水，出左馮翊歸德北夷界中，東南入渭。从水，各聲。」按：汗簡水部、古文四聲韻鐸韻引尚書洛作条。考殷虛文字甲編三四六片洛作条，是作条爲古形。但周原甲骨文二七片作洛，兩周金文永盂、秦王政上郡戈及古陶文亦作洛，與説文篆文同，且後世通行，故「入渭」之洛水，字形當以作洛爲正。而尚書禹貢「逾于洛」之洛當作雒。史記夏本紀引禹貢作雒，是今文尚書本作雒。段氏撰異云：「凡禹貢雒字，今本皆改爲洛，此衛包所爲也。」今按：雒水在河南省，洛水在陝西省，不得相混。雒字西周金文周雒盨作鵅从鳥，説文篆文作雒从隹，从隹猶从鳥，後世通行，是尚書禹貢當作雒。

【詁】爾雅釋地云：「漢南曰荆州。」郭注云：「自漢南至衡山之陽。」釋名釋州國云：「荆州，取名於荆山也。」荆山在今湖北南漳縣，衡山在今湖南衡山縣。山南曰陽。言漢水以南，荆山至衡山之南是荆州。説文水部云：「漳，水朝宗于海，从水朝省。」按：西周金文利簋作朝，鄘伯馭簋與東周金文十年陳侯午錞及古陶文作淖，是朝、淖同字異體。書疏引鄭玄曰：「江水、漢水，其流遄疾，又合爲一，若赴海也，猶諸侯之同心尊天子而朝事之。」地理志：「九江在尋陽南，皆東合爲大江。」殷猶多也。大江從山谿所出，其孔衆多，言治之難也。」鄭氏釋孔爲孔穴，殷爲衆多，似有附會。爾雅釋言云：「孔，甚也。」「殷，中也。」中者正也。蔡傳云：「九江，即今之洞庭也。今沅水、漸水、元水、辰水、敍水、西水、澧水、資水、湘水，皆合於洞庭，意以是名九江也。殷，正也。九江水道甚得其正也。」言長江、漢水會合，象諸侯朝見天子一樣奔向大海，九江之水流入洞庭湖，水道治理甚正規。沱、潛二水爲湖北境内長江、漢水枝流，沱在今枝江縣，潛在今潛江縣。史記夏本紀引禹貢作「雲夢土」。此今文尚書。作「雲土夢」者，古文尚書。蓋古文家以雲夢爲雲澤、夢澤，「雲土夢」即雲澤土、夢澤土，省下「土」字，此所以不同。覈其實，當從今文作「雲夢土」。王氏述聞云：「家大人曰：魯頌駉篇毛傳曰：『作，始也。』作之言乍也，乍亦始也。禹貢『沱潛既道，雲夢土作乂』，作與既相對成文，言雲夢之土始乂也。」蓋雲夢爲荆州沼澤，區域廣大，亦澤亦陸，陸地治理可耕種。言沱水、潛水已治理流入河道，雲夢澤土地也始得治理耕種。孔傳云：「田第八，賦第三。」言其州土質濕潤如泥，田地是第八等，賦税是第三等。杶字説文或作櫄。郭璞注山海經中山經云：「櫄木似樗樹，材中車轅。」書疏引鄭玄曰：「榦，柘榦。柏葉松身曰栝。礪，磨刀石也，精者曰砥。」柘即桑木，柔可爲弓。説文石部云：「砮，砮石，可以爲矢鏃。」矢鏃即箭頭。又丹部云：「丹，巴越之赤石也。」段注云：「巴郡、南越皆出丹沙。」丹沙亦名朱砂，可爲染料，又可入藥。廣雅釋草云：「箘、簬，箭也。」郭璞注山海經西山經云：「楛，木，可以爲箭。」是三物皆作箭矢用材，强勁可爲箭杆。言其州貢品有鳥羽、旄牛尾、象牙、犀牛皮及黄銅、白銅、紅銅，還有杶、榦、栝、柏等木材，粗磨刀石礪，細磨刀石砥，砮石、丹沙及箭竹箘、簬，箭木楛。「三邦底貢厥名」，史記夏本紀作「三國致貢其名」，邦作國，底作致，厥作其，皆訓詁字。名謂名産。三國無考，書疏引鄭玄説爲「近澤之國」，是鄭氏讀三爲三九之三，三國謂雲夢澤一帶諸國。史記集解引鄭玄曰：「匭，纏結也。菁茅，茅有毛刺者，給宗廟縮酒，重之，故包裹又纏結也。」蓋鄭氏讀匭爲糾，糾繚即纏結。縮酒，謂用菁茅過濾酒滓。王氏述聞云：「玄也，纁也，組也，皆女紅所爲也。璣則珍寶之屬，厠於玄纁組之間殊爲不倫。竊疑璣當讀爲暨，暨者與也，及也。『厥篚玄纁暨組』者，厥篚所貢則有玄纁及組也。」按：説文玄部云：「玄，黑而有赤色者爲玄。」是玄謂深紅色。又糸部云：「纁，淺絳也。」是纁謂淺紅色。又糸部云：「組，綬屬也，其小者以冠纓。」是組謂冠帶之類。釋文引馬融曰：「納，入也。」爾雅釋詁云：「貢，錫，賜也。」是「納錫」猶言進貢。大龜者，祭祀所用元龜。言雲夢澤諸國進貢其名産，有包裹而且繚束之菁茅，其筐篚則盛深紅淺紅色絲綢及所織冠帶之類，九江地區則進貢元龜。楊氏覈詁云：「雒，今本作洛，雒、洛二水不同，古文本作雒。雒自南來注河，適當冀州之南，故謂河曰南河也。」

言貢船流經長江、沱水、潛水至漢水，改越陸路至雒水，再到黃河而往帝都。

荆河惟豫州。伊、洛、瀍、澗，既入于河，滎波既豬，導菏澤，被孟豬。厥土惟壤，下土墳壚。厥田惟中上，厥賦錯上中。厥貢漆枲絺紵，厥篚纖纊，錫貢磬錯。浮于洛，達于河。

【校】敦煌本孟作盟。九條本瀍作湹，孟作明。古文訓瀍作湹，波作皤，孟作盟。唐石經「河」上脱「達于」二字。

按：江聲尚書集注音疏云：「廛，直然反，俗加水，非。説文水部無有，惟淮南本經訓云『導廛澗』，則廛水之廛不从水。」段氏撰異從江説而詳考古本作廛。瀍字見于玉篇水部，或漢魏以來後出字。而瀍作湹者，乃六朝隋唐俗字。魏元颺妻王氏墓誌瀍作湹，唐張敬詵墓誌作湹，日本國釋空海所撰萬象名義瀍作湹，皆其例，此省形之俗體。古文訓作湹，亦承用六朝俗體。段氏撰異云：「考熒澤字古从火，不从水。衛包庸妄改熒作滎，所當訂正者也。播，古文尚書、今文尚書並同，惟僞孔古文尚書本作波。釋文曰：『波，馬本作播。』正義曰：馬、鄭、王本皆作熒播，謂此澤名熒播。藝文類聚作播而誤嶓。」今按：漢碑滎陽作熒陽，从火。如韓敕後碑「河南熒陽」、劉寬碑陰「河南熒陽」、鄭烈碑「熒陽將封人也」等，字皆从火。是漢代始作熒陽。但先秦古陶文作𤇾陽，𤇾亦作滎，是滎爲滎陽正字，熒爲通用字。蓋滎陽邑在滎澤之陽，故名。尚書經文當作滎。又按：孔傳云「滎澤，波水，已成過豬」，是以波爲水名。今按：波當讀爲潘，說文水部云：「潘，一曰潘水，在河南滎陽。」段注云：「許作潘，謂潘其正字，播其假借字也。」是播、波皆假借字，本字當爲潘。先秦古璽文有潘字，是其古本字。尚書經文當以潘爲正字。段氏撰異云：「周禮職方氏作望諸，爾雅釋地作孟諸。古文尚書作孟豬。今文尚書則作明都，夏本紀及水經作明都是也。班治今文尚書者也，而地理志述禹貢作盟豬，梁國下又作盟諸。蓋明、盟、孟、望古音皆讀如芒，在第十部。諸、豬、都古音皆在今之九魚，在第五部，皆同音通用，古有不拘，非可以今古文截然分別之例例之也。」按：史記夏本紀用今文尚書故作「明都」。今本尚書作「孟豬」，爲古文尚書。史記夏本紀及日本尚書古寫本皆作「浮于洛，達于河」，唐石經「河」上無「達于」二字，誤，今當補。

【詁】爾雅釋地云：「河南曰豫州。」郭注云：「自南河至漢。」按：荆謂荆山，南河即河南，謂黃河以南。言南自荆山、漢水，北至黃河之間是豫州。伊、洛、瀍、澗，豫州境内四水名。伊水源出今河南盧氏縣。洛水本作雒水，魏曹丕改爲洛水。瀍水出今河南孟津縣，澗水出今河南澠池縣。書疏引鄭玄曰：「滎澤，今塞爲平地，滎陽民猶謂其處爲滎澤，在其縣東。」是漢代時滎澤已淤塞不存。言伊、洛、瀍、澗四水已治理流入黃河，滎澤、潘水也已治理不溢。國語周語云：「爲川者，决之使導。」韋昭注云：「導，通也。」司馬貞史記索隱云：「菏澤，在濟陰定陶縣東。」今縣名如故。被，當讀爲陂。說文𨸏部云：「陂，阪也，一曰池也。」是陂爲堤防之義。孟豬澤在今河南商丘東北。言又疏通了菏澤出入水道，修築了孟豬澤堤防。說文土部云：「壤，柔土也。」「壚，黑剛土也，从土，盧聲。」釋名釋地云：「土黑曰盧，盧然解散也。」史記集解引馬融曰：「豫州地有三等，下者墳壚也。」辛樹幟禹貢新解禹貢所述土壤之解釋云：「豫爲今之河南，平原多爲石灰性沖積土，或即所謂壤，屬由黄河沖積之次生黄土。墳指黏質邱陵土壤。壚，或指分佈於河南低地石灰性沖積土層之深灰黏土與石灰結核，結核多者連接成層。」孔傳云：「田第四，賦第二，又雜出第一。」言其州平原土質屬次生黄土，下等土質中邱陵地帶屬黏性土壤，低地屬深灰色黏土；其田地是第四等，賦税是第二等，又雜出第一等。說文糸部云：「紵，檾屬，細者爲絟，布白而細曰紵。」是紵即紵麻，絲白而細。又糸部云：「纊，絮也。」段注云：「玉藻：『纊爲繭。』注曰：『纊，今之新綿也。』」是纊謂絲綿。說文石部云：「磬，樂石也。」按：甲骨文磬字象手持錘擊石。蓋磬本擊而發聲之玉石，因治成樂器曰磬。故此文磬謂磬玉，即治磬之玉石。爾雅釋詁云：「貢、錫，賜也。」按：「錫貢」猶言納貢，即進貢。楊氏覈詁云：「錯與磬爲二物。說文：『錯，金涂也。』蓋謂錯鑢，所以錯銅鐵也。」是錯謂金錯。言其州貢品有漆、麻、細葛、紵麻，還有盛於筐中之細綢絲綿，與進貢之磬玉金錯，貢船流經雒水，進入黄河。

華陽黑水惟梁州。岷嶓既藝，沱潛既道，蔡蒙旅平，和夷厎績。厥土青黎，厥田惟下上，厥賦下中三錯。厥貢璆鐵銀鏤砮磬，熊羆狐貍織皮。西傾因桓是來，浮于潛，逾于沔，入于渭，亂于河。

【校】唐石經岷作崏。九條本黎作棃，傾作頃。内野本桓作洹。古文訓岷作汶，黎作驪，貍作猍，沔作湎。按：說文山部云：「嵍，嵍山也，在蜀湔氏西徼外，从山，敄聲。」段注云：「禹貢『岷山道江』，夏本紀作汶山。封禪書曰：

『瀆山，蜀之汶山也。』地理志：『蜀郡湔氐道，禹貢崏山在西徼外，江水所出。』郡國志同。按：此篆省作崏，隸變作汶，俗作㟩，作岷。」今按：史記夏本紀述禹貢作「汶嶓既蓺」，岷作汶，此假借，非隸變。岷、汶古音明母雙聲，真、文旁轉，音相近而岷假作汶，汶之本義自爲水名。而唐石經作岻，又崏之省。龍龕手鏡山部云：「岻，俗；岷，正。」手鏡多録唐人寫本，岻蓋唐代通行字。考先秦古文字有民字而無敃，竊以爲岷山字當以作岷爲正，漢碑有岷無岻可證。說文馬部云：「驪，馬深黑色，从馬，麗聲。」段注云：「魯頌傳云：『純黑曰驪。』按引伸爲凡黑之偁，亦假黎、棃爲之。」按：史記夏本紀述禹貢作「其土青驪」，故青黎當以驪爲本字。但黎通行已久，故尚書經文作黎亦可。寫本黎亦作蔾者，亦通用字。漢隸堯廟碑「爲蔾元來福」，城垻碑「藜首」，黎作蔾、藜，皆其例證。汗簡犬部引尚書貍作猍而篆文寫譌。古文四聲韻之韻引尚書貍作猍，又引王存乂切韻狸作猍。按：狸即貍之異體字。鄭珍汗簡箋正云：「篇韻並𧳜正猍别。古有𧳜名，作猍即俗。且貍、𧳜異音，僞本以𧳜作貍，非也。自汗簡信之，集韻已後乃合𧳜猍于貍矣。」集韻之韻云：「貍狸𧳜猍，說文『伏獸，似貙』。或作狸、𧳜、猍。」揚雄方言云：「貔，陳楚江淮之間謂之𧳜，關西謂之狸。」郭璞注：「𧳜，音來。」今按：先秦古文未見𧳜字。古音貍音如𧳜，同來母之部，𧳜蓋方俗後造貍之異體，古陶文、睡虎地秦簡作貍，與說文篆文同，故尚書禹貢當以作貍爲正。說文匕部云：「頃，頭不正也，从匕頁。」段注云：「引伸爲凡傾仄不正之偁。今則傾行而頃廢，專爲俄頃、頃畝之用矣。頁者頭也，匕其頭，是不正也，義主於不正，故入匕部，不入頁部。」又人部云：「傾，仄也，从人頃，頃亦聲。」段注云：「古多用頃爲之。」按：傾蓋頃之後起異體，說文分歸兩部，殊爲無謂。詩周南卷耳「不盈頃筐」，先秦陶文「咸邑如頃」，用頃字。自漢代俄頃、傾側分用，袁良碑「頃者連遇運害，」唐公房碑「頃無所進」，專用頃字；郙閣頌「□救傾兮」，魏孔羡碑「寢廟斯傾」，專用傾字，是其例。史記夏本紀述禹貢作「西傾因桓是來」，此漢人用字之意。漢書多用古字，故地理志述禹貢作「西頃因桓是倈」，此史、漢用字之不同。是禹貢作「西傾」，乃漢代通用字。史記夏本紀述禹貢「西傾因桓」作桓，是今文尚書作桓爲正字。而古寫本桓作洹者，不知所出，蓋因水名而妄加水旁。説文水部云：「沔，沔水，出武都沮縣東狼谷，東南入江。」又云：「湎，湛於酒也。周書曰：『罔敢湎于酒。』」而沔作湎者，湎通作沔。然沔者水名，自有本字，其字見于東周古文字石鼓文，以湎代沔，殊爲無謂，此泥古之非。尚書經文當作沔。

【詁】詩召南殷其雷毛傳云：「山南曰陽。」按：「華陽」謂華山之南。水經沔水注云：「(黑水)出北山，南流入漢，諸葛亮牋云：『朝發南鄭，暮宿黑水，四五十里。』」又史記正義引括地志云：「黑水，源出梁州城固縣西北太山。」按：城固縣在今陝西漢中市；太山亦名太白山，爲漢中西北秦嶺之高峰名山。此文「華陽黑水」，陽兼華山、黑水而言，即華山之陽與黑水之陽，謂華山之南與黑水之南。黑水出秦嶺太白山，南流入漢水。華山在東，太白山黑水在西，故東自華山西至黑水爲梁州與雍州分界，北爲雍州，南爲梁州。蓋梁州西南境界禹時荒遠，故不明記。言華山之南與黑水之南是梁州。史記集解引鄭玄曰：「地理志：岷山在蜀郡湔氏道，嶓冢山在漢陽西。」按：岷山在今四川北部，嶓冢山在今陝西寧强縣西北。説文丮部云：「埶，種也，从丮坴，丮，持種也。」段注云：「唐人樹埶字作蓺，六埶字作藝，然蓺、藝皆不見於説文。」按：埶、蓺、藝乃古今字。言岷山、嶓冢山已治理種植，沱、潛二水已治理疏通。蔡、蒙，二山名。胡渭禹貢錐指以蔡爲峨眉山，近是。蒙山在四川雅安縣北。王氏述聞云：「家大人曰：余謂旅者道也。爾雅：『路、旅，途也。』郭璞曰：『途即道也。』『蔡蒙旅平』者，言二山之道已平治也，表治功之成。」水經注桓水注云：「尚書禹貢：『和夷厎績。』鄭玄曰：『和上，夷所居之地也。和讀曰桓。』」楊守敬注疏云：「和上，林之奇尚書全解引鄭氏作和川，夷所居之地。」漢書酷吏傳顔注引如淳曰：『陳、宋之俗，言桓聲如和同。』」今按：「和夷」猶言和地，謂和川地區。詳上「島夷」注。爾雅釋言云：「厎，致也。」「績，功也。」按：「厎績」謂得到成功。言蔡山、蒙山險道已修平，和川地區治理已得到成功。釋名釋地云：「土青曰黎，似藜草色也。」是「青黎」即青黑色。孔傳云：「田第七，賦第八雜第七第九三等。」言其州土色青黑，田地第七等，賦税第八等，又雜出第七第九共爲三等。璆，釋文引馬融本作鏐。爾雅釋器云：「黄金謂之璗，其美者謂之鏐。」郭注云：「鏐，即紫磨金。」説文金部云：「鏤，剛鐵，可以刻鏤。」又石部云：「砮，砮石，可以爲矢鏃。」又熊部云：「羆，如熊，黄白文。」又豸部云：「貍，伏獸，似貙。」段注云：「即俗所謂野貓。」孔傳云：「貢四獸之皮，織，金罽。」蔡傳伸之云：「織皮者，四獸之皮，製之可以爲裘，其毳毛，織之可以爲罽也。」按：罽本字爲⿰糸罽。説文糸部云：「⿰糸罽，西胡毳布也，从糸，罽聲。」段注云：「毳者，獸細毛也，用織爲布是曰⿰糸罽。亦叚罽爲之。」西胡謂西域。⿰糸罽謂毛褐，爲西部特産布料。桓謂桓水。史記正義引括地志云：「西傾山，在洮州臨洮縣西南三百三十六里。」在臨洮西南，亦即四川西北部，楊氏覈詁謂「即松潘縣屬夷地」，近是。「是」當讀爲氏。説文氏部云：「氏，巴蜀名山岸脅之自旁箸欲落墮者曰氏，氏崩聲聞數百里。楊雄賦：『響若氏隤。』」巴蜀河谷山崖陡峭，或于山崖開鑿行道若廊，「桓氏」謂桓水河谷山崖行道。李長傳禹貢釋地謂「此句當改爲：浮于潛，入于沔，逾于渭，亂于河」。蓋從沔至渭，須經褒斜谷道，故曰「逾于渭」。爾雅釋水云：「正絶流曰亂。」郭注云：「直横渡也。」言其州貢品有紫磨金、鐵、銀、剛鐵、砮石、玉磬和熊、羆、狐、野貓之細毛所織褐布與皮貨，從西傾山谷、桓水河谷崖道運來，上船流經潛水，進入沔水，越褒斜谷道到達渭水，再横渡黄河運往帝京。

黑水西河惟雍州。弱水既西，涇屬渭汭，漆沮既從，灃水攸同。荆岐既旅，終南惇物，至于鳥鼠。原隰厎績，至于豬野。三危既宅，三苗丕敘。厥土惟黄壤，厥田惟上上，厥賦中下，厥貢惟球琳琅玕。浮于積石，至于龍門西河，會于渭汭。織皮崐崘析支渠搜，西戎即敘。

【校】敦煌本琳作玲。九條本灃作豊，隰作漯，琳作玲、玲，崐崘作昆侖。足利本灃作澧，隰作隰。古文訓物作勿，隰作隰，球作璆，琳作玲，玕作珵。陸氏釋文云：「弱，本或作溺。」按：説文水部云：「溺，溺水，自張掖删丹西至酒泉合黎，餘波入于流沙。从水弱聲。桑欽所説。」今按：史記夏本紀、漢書地理志引禹貢皆作弱水，是今文尚書用古本字作弱，古文尚書作溺用孳乳字，許氏説文本之作溺水。蓋弱水得名于水勢柔弱入于流沙，故當以作弱爲正。先秦古陶文、睡虎地秦簡有弱字，而溺不見于先秦古文，可證溺爲後出字。説文有灃無澧。寫本灃作澧者，豐、豊二字古文字同形，象豆中有玉玨爲禮物之形，李孝定甲骨文字集釋以爲一字，其説當是。而漢碑豐直作豊，灃直作澧。孔宙碑「豊年多黍」，豊即豐；周憬功勳銘「澧隆鬱浥」，澧即灃。漢熹平石經當亦如此灃作澧，故尚書經文依古寫本灃作澧亦可。説文勿部云：「勿，州里所建旗，象其柄，有三游，雜帛，幅半異，所以趣民，故遽稱勿勿。㫃，勿或从㫃。」段注云：「經傳多作物，而假借勿爲毋字。經傳多作物，蓋㫃之訛也。」説文牛部云：「物，萬物也，牛爲大物，天地之數起於牽牛，故从牛，勿聲。」按：許書釋物字之義甚牽强。甲骨文有勿、物二字，勿爲事物本字初文，孳乳爲物字，物爲雜色牛之名，取義於雜色帛爲勿。詩小雅無羊：「三十維物，爾牲則具。」毛傳云：「異毛色者三十也。」「異毛色」釋物，是物字本義爲雜色牛。後世通用物字，故尚書經文當作物。説文𨸏部云：「隰，阪下溼也，从𨸏，㬎聲。」段注云：「釋丘曰：『下溼曰隰。』又曰：『陂者曰阪，下者曰隰。』蓋上隰指平地言之，下隰指阪言之。阪形固高，而其四旁㝠溼處亦謂之隰。許用後説者，以其字从阜也。」而隰與濕通，濕漢隸譌作漯，故寫本隰亦作漯。漢碑郙閣頌：「醳散關之嶃漯。」顧氏隸辨云：「廣川書跋云『漯當作濕』是也。説文濕从㬎，㬎从日从絲，累即㬎之省而譌日爲田耳。如顯亦从㬎，綏民校尉熊君碑顯皆爲顯，與濕之爲漯正同。」是隰或作漯者，漢隸書法之誤。而古文訓隰作隰者，原本玉篇阜部云：「𨺅，字書：亦隰字也。」集韻緝韻云：「隰，或作濕、隰，古作餾。」按：濕者隰之借，隰者隰之譌，餾者六朝改換聲符之俗字，非古字。尚書禹貢當以作隰爲正。説文玉部云：「球，玉也，从玉，求聲。璆，球或从翏。」段注云：「求、翏古聲同三部。」史記夏本紀引禹貢作璆，用異體。漢書地理志引禹貢作球，用正體。尚書經文當以作球爲正。段氏撰異云：「詩韓奕鄭箋引書『黑水西河，其貢璆、琳、琅玕』。釋文曰：『琳，字又作玪，音林。』按釋文此條當云：『琳，音林，字又作玪，音鈐。』鄭注尚書云：『璆，美玉；玪，美石。』蓋孔本作琳，鄭本作玪。玪與琳異字，音雖同部，義則異物也。説文玉部曰：『玪塾，石之次玉者。』合二字成文，其單用玪字者，古文尚書。」按：史記夏本紀、漢書地理志引禹貢作琳，是今文尚書作琳用假借字，琳之本義説文釋爲美玉，與玪字義異。而寫本玪作玲者，即玪之誤字。故尚書經文當作琳。説文玉部云：「玕，琅玕也，从玉，干聲。禹貢：『雍州璆琳琅玕。』𤥍，古文玕，从玉旱。」段注云：「蓋壁中尚書作𤥍。干聲、旱聲一也。」汗簡玉部引尚書玕作𤥍，與説文古文同。今按：史記夏本紀、漢書地理志引禹貢皆作玕。玕从干聲，干字見于甲骨文與西周金文。𤥍从旱聲，旱字甲金文未見，可證玕爲古本字，𤥍爲後出異體字，故尚書禹貢當以作玕爲正。史記夏本紀述禹貢「崐崘」作「昆侖」。漢書地理志述禹貢作昆崘。按：説文無崐、崘二字，大徐本列于新附。鄭珍説文新附考云：「漢書古本皆作昆侖，不从山。」今按：昆侖以疊韻聯緜字爲山名，無關意符。蓋古本作昆侖，後加山旁爲區別字。尚書禹貢當以作昆侖爲正。蘇軾東坡書傳以青徐揚三州貢「織皮」文例之，校此「織皮」云：「當在『厥貢惟球琳琅玕』之下，『浮于積石』之上，簡編脱誤，不可不正。」清人鄧廷楨雙硯齋筆記云：「以韻語讀之，亦可以證蘇説之是。」文繁不録。

【詁】爾雅釋地云：「河西曰雍州。」郭注云：「自西河至黑水。」按：河西謂冀州境黄河以西，即今山西黄河以西，因在冀州西境，故亦曰西河。黑水與梁州黑水同，發源於陝西漢中市城固縣北之秦嶺太白山，爲雍、梁二州之界河。言秦嶺黑水之北、龍門黄河以西是雍州。弱水，説文作溺水，水部云：「溺，溺水，自張掖刪丹西至酒泉合黎，餘波入于流沙。」按：刪丹即今甘肅山丹縣。徐松西域水道記云：「溺水，今謂之黑河，又曰張掖河。」按：西謂西流，溺水在河西走廊之烏鞘嶺之西，故不得東流而西流。釋文引馬融曰：「屬，入也。」史記集解引鄭玄曰：「涇水、渭水發源皆幾二千里，然而涇小渭大，屬于渭而流于河。」涇水源出今陝西涇陽縣，東南流至陽陵入渭水。渭水發源于今甘肅渭源縣鳥鼠山，東流至陝西華陰縣東北入黄河。説文水部云：「汭，水相入皃，从水内，内亦聲。」「渭汭」即涇水流入渭水處。沮，説文作⿰氵虘，水部云：「⿰氵虘，⿰氵虘水，出北地直路西，東入洛，从水，虘聲。」按：漆、沮爲二水名，皆流入洛水。灃水源出今陝西鄠縣東南，流至咸陽入渭水。王氏釋詞云：「禹貢多以既、攸二字相對爲文，攸，猶用也，與他處攸訓爲所者不同。」引「豐水攸同」爲例。説文云：「同，合會也。」言弱水治理已經西流，涇水疏導流入渭水，漆、沮二水已會合洛水流入渭水，灃水亦疏導同入渭水。荆、岐，二山名，荆山在今陝西富平縣西南，岐山在今陝西岐山縣東北。旅者道也，謂二山已開通道路。漢書地理志云：「右扶風武功太一山，古文以爲終南。」「垂山，古文以爲惇物。」終南山，今謂秦嶺。終南、惇物二山皆在陝西武功縣南。鳥鼠山，在今甘肅渭源縣西南。言荆山、岐山已開通道路，終南山、惇物山直至鳥鼠山都已治理開通。爾雅釋地云：「下溼曰隰，廣平曰原。」書疏引鄭玄曰：「詩云『度其隰原』，即此原隰是也。原隰，豳地。從此致功，西至豬野之澤也。」按：豳地在今陝西邠縣一帶。豬野澤在今甘肅民勤縣。史記集解引馬融曰：「幽州，北裔也。崇山，南裔也。三危，西裔也。」按：三危山在今甘肅敦煌一帶。書堯典云：「竄三苗于三危。」是三苗即流放三危山地區之三苗。王氏釋詞云：「丕，乃承上之詞，猶言三苗乃敘也。」爾雅釋詁云：「敘，緒也。」按「丕敘」即乃緒，謂治理乃有端緒秩序。言豳原治理取得功效，直至豬野澤亦得到治理，三危山地區亦可居住，三苗治理則有秩敘。孔傳云：「田第一，賦第六。」言其州土質是黄土，其田地是第一等，賦税是第六等，其貢品是球、琳、琅玕、織皮。漢書地理志云：「金城郡河關，積石山在西南羌中。」今按：金城即甘肅蘭州，河關縣屬金城郡。龍門山在今陝西韓城縣東北。書疏引鄭玄曰：「居此昆侖、析支、渠搜三山之野者，皆西戎也。」別有崐崘之山，非河所出者也。」析支山在今青海西寧西南。渠搜山在朔方，今内蒙古境内。爾雅釋詁云：「即，尼也。」「尼，定也。」按：敘謂順敘，「即敘」猶言安定順服。言運送貢品之船從黄河流經積石山，一直到達龍門黄河西岸，與從渭水來的貢船會合于渭水之濱進入黄河運往帝都。居住昆侖、析支、渠搜三地邊遠西戎民族也都安定順服。

導岍及岐，至于荆山，逾于河；壺口雷首，至于太岳；厎柱析城，至于王屋；太行恒山，至于碣石，入于海。西傾朱圉鳥鼠，至于太華；熊耳外方桐柏，至于陪尾。導嶓冢，至于荆山，内方至于大别。岷山之陽，至于衡山。過九江，至于敷淺原。

【校】陸氏釋文云：「岍，字又作汧，馬本作開。」敦煌、九條本厎作底，陪作倍。古文訓導作衜，圉作圄，陪作倍。按：説文辵部云：「道，所行道也，从辵首。一達謂之道。𩠐，古文道，从首寸。」段注云：「毛傳每云：『行，道也。』道者人所行，故亦謂之行。道之引申爲道理，亦爲引道。首者，行所達也。首亦聲。」今按：金文貉子卣道作衜，散盤作衟，又作衜，石鼓文亦作衜，侯馬盟書、詛楚文作道，从辵與从行同義，故導、道爲一字。説文古文即衜之省。古書導、道所以通作，以其本爲一字。史記夏本紀、漢書地理志述禹貢皆作道，是一字之證。説文水部云：「汧，汧水，出右扶風汧縣西北，入渭。从水，幵聲。」段注云：「前志汧下曰：『吴山在西，古文以爲汧山，雍州山。』」按：汧爲汧山正字，山因水得名，東周石鼓文、古陶文皆有汧字，而先秦古文字未見岍字，是岍爲後出字而通行。汧又作開者，開从幵聲，古同聲而通用，是開乃假借字。厎柱之厎，史記夏本紀述禹貢作砥，漢書地理志述禹貢作底，説文厂部厎、砥同字，本無異議。然古書氐、底常通用不分，敦煌寫本尚書禹貢厎柱作底字，以底字義長。説文广部云：「底，山居也，一曰下也，从广，氐聲。」按：居當作凥。几部云：「凥，處也，从尸得几而止。」又云：「処，止也，得几而止，从几从夂。處，処或从虍聲。」是底字本義爲山止處，厎柱即河水中流有山止處如柱之義。蓋底、厎同字，金文从广、从厂時有不分，如班簋廣字作廣，宰屖父簋底作厎，而折觥厈字作庠，長由盉𠀉作应，皆广、厂通作之證。蓋説文厎本底之異體，砥爲砥礪專字，因礪之古字爲厲，遂連類砥亦作厎，而合厎、砥爲一字。徐灝説文解字注箋云：「砥礪字自當以砥爲正。」其説是。説文幸部云：「圉，囹圉，所以拘罪人，从囗幸。一曰圉，垂也。一曰圉人，掌馬者。」段注云：「幸爲罪人，囗爲拘之，故其字作圉。他書作囹圄者，同音相叚也。圄者，守之也，其義別。」今按：甲骨文圉字有圉、圉二體，圉爲圉之省。从囗从執者，囗即古圍字，以表牢獄；執即執捕罪人之義，是圉字本義爲拘捕罪人入牢獄。垂也，掌馬也，皆其引伸義。甲骨金文皆不見囹圄字，尚書經文當以作圉爲正。陪作倍者，段氏撰異云：「地理志作倍。顔師古云：『讀曰陪。』按師古讀從尚書也。江夏郡安陸下云：『横尾山在東北，古文以爲陪尾山。』是則漢名横尾，尚書名陪尾也，夏本記作負尾，負聲、音聲古音同在第一之咍部。古字多以負爲倍，亦以倍爲負。」蓋其山形横亘如尾，故稱横尾；又如重土增尾，故又稱陪尾。説文阜部云：「陪，重土也。」重者增也，是其山名之義。尚書禹貢當以作陪爲正。

【詁】導與道古爲一字，而許氏説文分爲二字歸入二部。説文寸部云：「導，導引也，从寸，道聲。」此謂開通道路。史記夏本紀引禹貢岍作汧，爲本字，後世汧山字改用岍字，乃後出俗字。岍山在今陝西隴縣西南。岐山在今陝西岐山縣。荆山在今陝西大荔縣，黄河西岸。言開通岍山及岐山道路，直至荆山，越過黄河。壺口，山名，在今山西吉縣。漢書地理志云：「河東郡蒲阪，雷首山在南。」雷首山在今山西永濟縣南。史記正義引括地志云：「太嶽，霍山也。」太嶽山在今山西霍縣東。言開通壺口山至雷首山道路，直至太嶽山。厎柱，山名，亦名三門山，在今山西平陸縣東黄河中。水經河水注云：「昔禹治洪水，山陵當水者鑿之，故破山以通河。河水分流，包山而過，山在水中若柱然，故曰厎柱也，亦謂之三門矣。」三門後世亦謂之三門峽，南與河南陝縣接境。漢書地理志云：「河東郡濩澤，禹貢析城山在西南。垣縣，禹貢王屋山在東北。」按：濩澤縣即今山西陽城縣。王屋山在今山西垣曲縣，山有三重，形狀似屋，故名。言又開通厎柱山、析城山直至王屋山道路。漢書地理志云：「河内郡山陽，東太行山在西北。」太行山在今河南、河北交界處。恒山，即北嶽，在今河北曲陽縣。碣石山，在今河北昌黎、撫寧二縣交界處。言開通太行山、恒山至于碣石山的道路，從這裏可進入渤海。漢書地理志云：「天水郡冀，禹貢朱圉山在縣南。隴西郡首陽，禹貢鳥鼠同穴山在西南。京兆郡華陰，太華山在南。」按：冀縣即今甘肅甘谷縣，首陽即今甘肅渭源縣，太華山即西嶽華山，在今陝西華陰縣南。言開通西傾山、朱圉山、鳥鼠山，直至太華山道路。漢書地理志云：「弘農郡盧氏，熊耳山在東。潁川郡崈高縣，武帝置，以奉太室山，是爲中嶽。有太室少室山廟，古文以崇高爲外方山也。南陽郡平氏，禹貢桐柏大復山在東南。」按：熊耳山在今河南盧氏縣，外方山即中嶽嵩山，在今河南登封縣。桐柏山在今河南桐柏縣西。陪尾，山名，在今湖北安陸縣。言又開通熊耳山、外方山、桐柏山，直至陪尾山道路。漢書地理志云：「南郡臨沮，禹貢南條荆山在東北。」按：此荆山爲南荆山，在今湖北南漳縣西。漢書地理志云：「江夏郡竟陵，章山在東，古文以爲内方山。六安國安豐，禹貢大别山在西南。」按：内方山在今湖北鍾祥縣，大别山在今河南、湖北、安徽三省之間。漢書地理志云：「豫章郡歷陵，傅昜山、傅昜川在南，古文以爲傅淺原。」胡渭禹貢錐指以爲敷淺原在江西廬山東南之麓。陳澧東塾讀書記云：「衡山在江之南，自衡山過九江則至江北矣，敷淺原當在江北，安能在豫章郡境乎？」陳説有理。今按：傅淺猶言附近，原謂平原，「傅淺原」謂江北九江附近平原。言開通嶓冢山直至南荆山，又開通内方山直至大别山，再開通岷山之南到達衡山，過九江到達敷淺原。

導弱水，至于合黎，餘波入于流沙。導黑水，至于三危，入于南海。導河積石，至于龍門，南至于華陰，東至于厎柱，又東至于孟津。東過洛汭，至于大伾。北過降水，至于大陸。又北播爲九河，同爲逆河，入于海。

【校】九條本陰作侌。古文訓陰作侌，津作𦨈，伾作岯。按：説文自部云：「陰，闇也，水之南，山之北也，从自侌聲。」段注云：「自漢以後通用此爲霒字。」又雲部云：「霒，雲覆日也，从雲，今聲。侌，古文霒省。」西周金文敔簋陰作⿰阝酓，从阜，酓聲，酓从今聲。東周金文㠱伯盨作阾，即⿰阝酓之省。又上官鼎作⿰阝金，从自金聲。古陶文、古璽文亦作⿰阝金，徐中舒金與銅得名之由來謂金从今聲，是作⿰阝金與作阾同。睡虎地秦簡作⿰阝金又作陰，石鼓文亦作陰，是陰爲阾、⿰阝金異體，後世通行。山南爲陽，山北爲陰，故華陰字當以作陰爲正。説文篆文霒與古文侌皆不見于先秦古文字，不足取。説文水部云：「津，水渡也，从水，⿱聿彡聲，𦨈，古文津，从舟淮。」段注云：「隸省作津。當是从舟、从水，進省聲。」按：金文翏生盨津作⿱隹舟，與説文古文義同。戰國古璽文與古陶文作津，後世通行，尚書經文當作津。陸氏釋文云：「伾，本又作岯，音丕，又皮鄙反。郭撫梅反，字或作⿰阝丕。」按：本字當作坏。説文土部云：「坏，丘一成者也，一曰瓦未燒，从土，不聲。」段注云：「水經注曰：『河水又東逕成皋大伾山下。爾雅：「山一成謂之伾。」許慎、吕忱等並以爲「丘一成也」，孔安國以爲「再成曰伾」。』據此，是俗以孔傳改易許書，今本非善長所見也。」今按：宋本爾雅釋山：「山一成，坯。」坯爲坏之異體。史記夏本紀述禹貢作邳，蓋⿰阝丕之寫訛，考西周金文競卣坏作⿰享不，从享不聲，享即古郭字。古城郭土築，故从享與从土同義。東周金文秦公簋坏作⿰石土，高田忠周古籀篇謂「此字土下有范覆，非筆畫」，是作社，社與坏同。蓋大伾山正字作坏，異體作坯、岯、⿰阝丕，皆音土坏之坏；而作伾者，假借字，説文人部「伾，有力也」，是本義爲人有力。史記夏本紀、漢書地理志述禹貢降水俱不作洚，陸氏釋文亦不作洚，作洚者蓋字之誤。阮氏校勘記云：「降，蔡氏作洚。按：此與大禹謨『降水』字同義異。説文：『洚，水不遵道，一曰下也。』然則禹謨降字可作洚，此降字必不可作洚也。唐石經、宋臨安石經亦俱作降，知自古無作洚者。」是禹貢當以作降爲正。

【詁】漢書地理志引禹貢黎作藜，乃通用字。書疏引鄭玄曰：「合黎，山名。」史記索隱引水經云：「合黎山在酒泉會水縣東北。」史記集解引鄭玄曰：「地理志：『流沙在居延縣西北，名居延澤。』地記曰：『弱水西流，入合黎山腹，餘波入于流沙，通于南海。三危山在鳥鼠之西南。』」按：會水縣在今甘肅高臺縣西北。此黑水即張掖河。史記正義引括地志云：「三危山在沙州敦煌縣東南四十里。」是黑水、三危皆今甘肅河西之山水。説文水部云：「海，天池也，以納百川者，从水，每聲。」竊以爲此「南海」非今所謂南海，乃莊子逍遥遊「南海者，天池也」一類。蓋居延澤名西海，故三危山以南之澤名南海，後移沙堙埋，不知所名。言疏導張掖弱水至于酒泉合黎山，下游餘波流入居延澤；疏導張掖黑水至于三危山，下游餘波流入山南之大澤南海。爾雅釋地云：「河出崑崙虚。」郭注云：「虚，山下基也。」山之北曰陰，華陰，謂西嶽華山北麓，在今陜西華陰縣。言疏導黄河始于積石山，一直至于龍門山，再向南至于華山北面，然後向東至于砥柱三門山。孟津，史記夏本紀、漢書地理志引禹貢作盟津。史記正義引括地志云：「盟津，周武王伐紂，與八百諸侯會盟津，亦曰孟津。」是今文尚書作盟，用本字，古文尚書作孟，爲通用字，地在今河南孟津縣南。言又向東疏導黄河至孟津渡口。説文水部云：「汭，水相入皃，从水内，内亦聲。」段注云：「水相入皃者，汭之本義也。尚書雒汭，某氏釋爲『洛入河處』。」按：洛汭古作雒汭，某氏釋指僞孔傳。水經注云：「洛水於鞏縣東逕洛汭，入于河，謂之洛口矣。」言又向東經過雒水入黄河水口雒汭，直疏導至大伾山。史記正義引括地志云：「降水，源出潞州屯留縣西南方，東北流冀州入海。」今人或以爲即漳水上游，出山西屯留，至河北肥鄉、曲周間入黄河。爾雅釋地云：「晉有大陸。」郭注云：「今鉅鹿北廣河澤是也。」按：此古澤，在今河北鉅鹿縣北。言又向北經過降水，至于大陸澤。詩般正義引鄭玄曰：「播，散也。」又史記集解引鄭玄曰：「下尾合，名曰逆河，言相逆受也。」史記正義云：「播，布也。河至冀州分布爲九河，下至滄州，更同合爲一大河，名曰逆河，而夾右碣石入于渤海也。」按：逆與迎同義。方言云：「自關而東曰逆，自關而西曰迎。」蓋名逆河者，謂迎受九河爲一而入海。言黄河又向北流，在冀北境分布爲九條河，至滄州又同合爲一水名逆河，而流入大海。

嶓冢導漾，東流爲漢。又東爲滄浪之水，過三澨，至于大別，南入于江。東匯澤爲彭蠡，東爲北江，入于海。

【校】敦煌本冢作冢，匯作滙。九條本匯作滙。古文訓漾作瀁。按：説文勹部云：「冢，高墳也，从勹，豖聲。」段注云：「釋山云：『山頂曰冢。』鄭注冢人云：『冢，封土爲丘壟，象冢而爲之。』引伸之凡高大曰冢。」今按：西周金文昌壺及戰國侯馬盟書作冢，與説文篆文同，是爲正體；睡虎地秦簡作冢从豕，漢隸或因之，史晨後碑作冢从豕，是爲變體，實不足取，尚書禹貢當以作冢爲正。阮刻本尚書禹貢作冢尤謬，亦當正。説文水部云：「漾，漾水，出隴西豲道，東至武都爲漢。从水，羕聲。瀁，古文从養。」段注云：「漾者小篆，瀁者壁中古文如是。今尚書作漾者，漢人以篆文改古文也。」按：漾字从羕，羕字从永不從水。東周金文曾姬無卹壺作漾，可證从永爲正。史記夏本紀引禹貢作瀁，而瀁字不見于先秦古文，或後出異體。尚書禹貢當以作漾爲正。説文匚部云：「匯，器也，从匚，淮聲。」段注云：「謂有器名匯也。匯之言圍也。大澤外必有陂圍之，如器之圍物。古人説淮水曰：淮，圍也。匯从淮，則亦圍也。尚書『東匯澤爲彭蠡』，謂東有圍受衆水之彭蠡，非謂漢水回而成澤也。東爲北江，謂漢水合江，又東合彭蠡爲北江也。」寫本匯或作[辶淮]、進者，蓋隸書辶與匚形相近，故匚譌作辶，淮又譌作雍，譌而又譌，則無形可說。尚書經文當以作匯爲正。

【詁】説文水部云：「漾，漾水，出隴西豲道，東至武都爲漢。」又云：「漢，漾也，東爲滄浪水。」按：漢代豲道縣在今甘肅天水南，嶓冢山在其境，漾水所出，爲漢水上游，名西漢水，經武都向東流，至沔縣名沔水，亦名漢沔，流至漢中名漢水。王氏釋詞云：「爲，猶謂也。」黄氏箋識云：「爲即謂之借，謂又曰之借。」言自嶓冢山開始疏導漾水，漾水東流至漢中名曰漢水。史記集解引鄭玄曰：「地理志：『漾水至武都爲漢，至江夏謂之夏水。』」水經夏水注引劉澄之永出山川記云：「夏水，古文以爲滄浪水，漁父所歌也。」按：漾水至武都爲漢者，即西漢水。漢代江夏郡在今湖北雲夢縣一帶，爲漢水下游地區。言漢水又東流至江夏，名曰滄浪水。水經注引馬融曰：「三澨，水名也。」史記索隱云：「今竟陵有三參水，俗云是三澨水。參音去聲。」按：三澨水源出湖北京山縣，流至漢川縣入漢水。言漢水過納三澨水，到達大別山，南流入長江。水經沔水注引鄭玄曰：「匯，回也。漢與江鬬，轉東成其澤矣。」按：匯猶會，「匯澤」謂江水與衆水會聚成澤。言江水向東，與衆水會聚成澤爲彭蠡，即鄱陽湖。楊守敬禹貢本義云：「江、漢同流，特以漢在江北，故以北江係于『導漾』之下，其不復稱漢而稱北江者，江終大于漢，于同流之中略分名實耳。」是北江爲江水會合漢水東流之名。言漢水入江東流名曰北江，入于東海。

岷山導江，東別爲沱。又東至于澧。過九江，至于東陵。東迆北會于匯。東爲中江，入于海。

【校】敦煌本，九條本澧作醴，迆作迤。古文訓「于匯」作「爲匯」。按：説文水部云：「澧，澧水，出南陽雉衡山，東入汝。从水，豊聲。」段注云：「澧水，非入洞庭之澧水。入洞庭之水，水經別爲篇，其字本作醴。禹貢『江又東至于醴』，衛包始改爲澧。夏本紀、地理志皆作醴。」是寫本作醴者，從史漢。今本作澧者，爲本字。說文辵部云：「迆，衺行也，从辵，也聲。夏書曰：『東迆北會于匯。』」按：說文辵部衺行與逶迆同字作迆，是迆爲正體，戰國古文字郭店楚簡有迆字，爲其明證。玉篇辵部以逶迆、逶迤爲兩字，蓋漢碑迆或作迤，如逢盛碑。而顧氏隸辨以迤爲逶迆專字，誤矣，唐人書法迆多作迤。但唐石經禹貢作迆，仍用正字。蔡傳本迆作迤，則用俗字。「于匯」作「爲匯」者，于、爲古通用。王氏釋詞云：「于，猶爲也。儀禮士冠禮曰：『宜之于假。』鄭注曰：『于，猶爲也。』聘禮記曰：『賄在聘于賄。』注曰：『于，讀曰爲。』」按：黄侃手批此條曰：「此于即爲之借。」是于、爲古通用。但史記夏本紀、漢書地理志引禹貢皆作于，是今文尚書作于，故禹貢當以作于字爲正。

【詁】說文水部云：「沱，江別流也，出岷山東，別爲沱，从水它聲。」又詩召南江有汜云：「江有沱，之子歸。」毛傳云：「沱，江之別者。」是凡从江水別流而復歸江水者謂之沱。此沱指在巴蜀境内江水之枝流。蔡傳云：「沱，江之別，流於梁者也。」其說是。言自岷山疏導江水，江水東流分出枝流名爲沱。據說文澧水出南陽雉縣衡山東入汝水，而汝水又東入淮，是禹貢此澧水在今河南、湖北境，水經注云「澧水出自桐柏山，與淮同源而別流西注」，是。東陵，王鳴盛尚書後案謂在今湖北黄梅，當從。言江水又東流至于澧水而會合之，又經過九江而至于東陵。迆即邪曲而行，「东迆北」謂東流而邪曲北行。匯即匯澤彭蠡。楊守敬禹貢本義云：「中江者，即毗陵入海之江。中者，正也，大也。不必爲中心之中。」是「中江」猶言大江。言江水向東邪曲北流，會合于匯澤彭蠡，再東流則名曰中江即大江，入于大海。

導沇水，東流爲濟，入于河。溢爲滎，東出于陶丘北。又東至于菏，又東北會于汶，

又北東入于海。

【校】九條本溢作泆，滎作熒。天正本溢作泆，滎作榮。古文訓溢作泆，陶作匋。按：説文水部云：「泆，水所蕩泆也，从水，失聲。」段注云：「蕩泆者，動盪奔突而出。禹貢：『道沇水，入于河，泆爲熒。』本作泆，史記、水經注皆作泆。惟漢地理志作軼。軼，車相出也，正與泆義同。凡言淫泆者，皆謂太過，其引伸之義也。衛包改禹貢之泆爲溢，淺人以滿釋之，固可歎矣。」今按：段説可商。益，溢古今字，甲骨文金文益皆象水溢出于皿。皿者器也，河槽容水亦如器，水流河槽溢出，正用益字之義。益字後世多用溢。史、漢引禹貢作泆作軼，但先秦古文字未見此二字，可見不爲古字，故禹貢作溢亦可。滎本當作滎从水，見戰國古陶文，熒字不見于先秦古文字，故滎或作熒者，用借音字。説文阜部云：「陶，再成丘也，在濟陰。从阜，匋聲。夏書曰：『東至于陶丘。』陶丘有堯城，堯嘗所居，故堯號陶唐氏。」段注云：「釋丘曰：『一成爲敦丘，再成爲陶丘。』禹貢曰：『東出于陶丘北。』地理志曰：『濟陰郡定陶縣，禹貢陶丘在西南。』按：定陶故城在今山東曹州府定陶縣西南，古陶丘在焉。謂堯始居於陶丘，後爲唐侯，故爲陶唐氏也。」汗簡勹部引尚書陶作匋。但匋字本義説文缶部釋爲「瓦器也」，是匋與陶字義異。且西周金文有匋、陶二字，是皆爲古字，故尚書禹貢當以作陶字爲正。

【詁】水經濟水篇云：「濟水出河东垣縣東王屋山，爲沇水；又東至温縣西北，爲濟水。」按：沇水爲濟水上游，源出山西、河南交界王屋山，至河南武陟縣入黄河。言疏導沇水上游，沇水向東流名爲濟水，再流入黄河。廣雅釋詁云：「溢，出也。」滎即滎澤，在今河南鄭州西北，漢代時已淤爲平地。言河水至滎陽泛溢爲滎澤，從滎澤向東流過定陶之北，再向東流至于菏澤。水經注云：「桑欽曰：汶水出泰山萊蕪縣西南，入濟。」言河水又向東北流，與汶水會合；又向北流，然後折向東流，流入大海。

導淮自桐柏，東會于泗沂，東入于海。導渭自鳥鼠同穴，東會于灃，又東會于涇；又東過漆沮，入于河。導洛自熊耳，東北會于澗瀍；又東會于伊，又東北入于河。

【詁】漢書地理志云：「南陽郡平氏，禹貢桐柏大復山在東南，淮水所出，東南至淮浦入海。」按：平氏縣故城在今河南桐柏縣西北。蔡傳云：「小水合大水謂之入，大水合小水謂之過，二水勢相均相入謂之會。天下之水莫大于河，故于河不言會。此禹貢立言之法也。」孔疏引漢書地理志云：「沂水出泰山蓋縣南，至下邳入泗；泗水出濟陰乘氏縣，至臨淮睢陵縣入淮。」按：漢蓋縣在今山東沂水縣西北，乘氏縣在今山東鉅野縣西南，睢陵縣在今江蘇睢寧縣。言疏導淮河自桐柏山開始，淮河東流會合泗、沂二水，然後向東流入大海。古代淮河徑流入海，與今入江水不同。漢書地理志云：「隴西郡首陽，禹貢鳥鼠同穴山在西南，渭水所出，東至船司空入河。」按：漢代首陽縣即今甘肅渭源縣，鳥鼠同穴山即鳥鼠山。船司空在今陝西華陰縣北，渭入河處。史記正義引括地志云：「雍州鄠縣終南山，灃水出焉，北入渭。」又云：「涇水出原州百泉縣西南笄頭山涇谷，東南流入渭也。」按：終南山即秦嶺。百泉縣在今甘肅平涼縣西北。漆、沮，二水名，見前注。言疏導渭水自鳥鼠同穴山開始，向東流會合灃水，又向東會合涇水，又東過合漆、沮二水，然後流入黄河。史記夏本紀引禹貢洛作雒，用古本字。漢書地理志云：「弘農郡上雒，禹貢雒水出冢嶺山，東北至鞏入河。」按：上雒即今陝西洛南縣，澗水與瀍水皆在河南洛陽合于雒水。伊水發源于今河南盧氏縣東熊耳山，至洛陽南入雒水。言疏導雒水自熊耳山開始，向東北流會合澗、瀍二水，又向東流會合伊水，又向東北流入黄河。

九州攸同，四隩既宅，九山刊旅，九川滌源，九澤既陂，四海會同。六府孔修，庶土交正，厎慎財賦，咸則三壤，成賦中邦。錫土姓。祗台德先，不距朕行。

【校】九條本隩作奥，源作原，邦作邫。天正本台作治。古文訓源作原。按：説文土部云：「墺，四方之土可定居者也，从土，奥聲。𡋾，古文墺。」段注云：「禹貢：『四墺既宅。』今作隩者，衛包改也。於六切。音轉多讀於報切。」今按：玉篇土部引夏書作「四墺既宅」，與説文小篆同。汗簡土部引尚書作𡋾，與説文古文同。史記夏本紀、漢書地理志引禹貢皆作奥，是今文尚書作奥。説文宀部云：「奥，宛也，室之西南隅，从宀，𢍏聲。」段注云：「宛、奥雙聲。宛者，委曲也。室之西南隅，宛然深藏，室之尊處也。廾部𢍏讀若書卷，則奥宜讀若怨，而古音不尔者，取雙聲爲聲也。」竊以爲奥即禹貢「四奥」本字，本義爲室之隅，引伸爲可居室之地，「四奥」即四方可居室之地，「四奥既宅」謂四方可居室之地皆已居住。墺、隩皆奥之孳乳，其義皆取于奥。源作原者，史記夏本紀、漢書地理志述禹貢並作原，是今文尚書作原，用古本字。兩周金文及古陶文、睡虎地秦簡皆作原，而源不見於先秦古文字，可證原、源古今字。原字下本从水，隸變水爲小，故又加意符水旁作源。寫本邦作邫者，改偏旁丰爲圭。圭本古文封字，从㞢从土，隸變爲圭，與珪之古文圭字不别。蓋古邦、封通用，書序云「邦康叔」、「邦諸侯」，邦即封字。而隸變或作邫，則又與古上邽縣之邽不别。此隸書變亂文字之例，故仍當以作邦爲正。寫本台或作治者，蓋治爲怡之譌，台本怡之古字。説文口部云：「台，説也，从口，㠯聲。」段注云：「台説者，今之怡悦字。説文怡訓和，無悦字。禹貢：『祗台德先。』鄭注：『敬悦天子之德既先。』」蓋讀禹貢者台傍注怡，而怡與治形近，傳抄者以爲治而鈔入正文，以此致誤。尚書經文當以作台爲正。

【詁】禹貢九州，謂上文所述冀、兖、青、徐、揚、荆、豫、梁、雍州，與爾雅釋地所述九州有異。王氏釋詞云：「廣雅曰：『由、以，用也。』由、以、用一聲之轉，而語詞之用亦然。字或作猶，或作攸，其義一也。禹貢多以既、攸二字相對爲文，攸猶用也，與它處攸訓爲所者不同。曰『漆沮既從，豐水攸同』；曰『九州攸同，四隩既宅』，義並同也。」爾雅釋言云：「宅，居也。」言九州由此統一，四方可居之地由此已經居住。王氏述聞云：「家大人曰，余謂旅者道也。『九山栞旅』者，栞，除也，言九州名山皆已栞除成道也。」按：栞謂斫除樹木開出道路。滌本字當作條，條从攸聲，西周金文毛公鼎攸作攸，从人攴水會意，即人引導水流之義，是禹貢「滌源」者，引導河源之水。説文自部云：「陂，阪也，一曰池也。」言九州名川皆已疏導河源之水，九州名澤皆已築堤修障。爾雅釋地云：「九夷、八狄、七戎、六蠻，謂之四海。」郭注云：「九夷在東，八狄在北，七戎在西，六蠻在南。」國語周語云：「合通四海。」韋昭注云：「使之同軌也。」言四海邊疆進貢道路同通京城。禮記曲禮云：「天子之六府，曰司土、司木、司水、司草、司器、司貨，典司六職。」鄭注云：「府，主藏六物之税者。此殷時制也。」爾雅釋言云：「孔，甚也。」廣雅釋詁云：「修，治也。」史記集解引鄭玄曰：「衆土美惡及高下得其正矣，亦致其貢篚，慎奉其財物之税，皆法定制而入之也。」按：小爾雅廣言云：「交，俱也。」正當讀爲征。廣雅釋詁云：「征，税也。」是「庶土交正」謂衆土俱征賦税。楊氏覈詁云：「厎，堯典馬注：『定也。』慎，疑當讀爲順，古順、慎通。釋詁：『順，敘也。』然則厎慎，猶言定敘也。」是「厎慎」謂制定等次。爾雅釋詁云：「咸，皆也。」説文刀部云：「則，等畫物也，从刀貝，貝，古之物貨也。」段注云：「等畫物者，定其差等而各爲介畫也。」史記集解引鄭玄曰：「三壤，上中下各三等也。」言六府税制甚有條理，各地俱已征税，按規定等次進貢財物，皆畫分上中下三壤九等田地定賦。爾雅釋詁云：「錫，賜也。」蔡傳云：「錫土姓者，言錫之土以立國，錫之姓以立宗。」言天子賜封土以立國，賜姓氏立宗廟，國謂公侯伯子男之國。于省吾尚書新證云：「詩『亦祇亦異』，傳『祇，適也』，是『祇以』爲周人語例。晚周『以』每作『台』，金文習見。『祗台德先』者，適以德化爲先也。」按：爾雅釋宮云：「行，道也。」行謂治道。此述帝堯之言，謂應以德化爲先，不要違背我之治道。

五百里甸服，百里賦納總，二百里納銍，三百里納秸服，四百里粟，五百里米。五百里侯服，百里采，二百里男邦，三百里諸侯。五百里綏服，三百里揆文教，二百里奮武衛。五百里要服，三百里夷，二百里蔡。五百里荒服，三百里蠻，二百里流。

【校】敦煌本綏作娞。古文訓秸作戛，綏作娞。按：説文無秸字。陸氏釋文云：「秸，本或作稭。工八反。」説文禾部云：「稭，禾稾去其皮，祭天以爲席也。从禾，皆聲。」段注云：「禮器曰『莞簟之安而稾鞂之設』，鄭注『穗去實曰鞂』，引禹貢『三百里納鞂服』。禹貢釋文：『秸本或作稭。』然則稭、秸、鞂三形同。」又撰異云：「秸从禾吉聲，鞂从禾革聲，地理志作『三百里内戛服』，異字而同物也。革聲在古音第一部，吉聲在第十二部，皆聲、戛聲在第十五部，異部而雙聲。」今按：秸字見于戰國古陶文，而先秦古文未見稭、鞂字，是當以作秸爲正，稭、鞂皆後起異體，而戛爲同聲假借字，是古文訓作戛者，以借字作古。説文無娞字，汗簡女部引尚書綏作娞。玉篇女部云：「娞，乃罪切，又思惟切，尚書爲古文綏。」蓋娞本妥之後起俗字。説文遺收妥字，段氏補於女部，云：「妥，安也，从爪女，妥與安同意。」注云：「釋詁曰：『妥、安，止也。』又曰：『妥、安，坐也。』此二條略同。竊謂爾雅妥、安、坐、止四字互訓。知妥與安同意者，安女居於室，妥女近於手，故从之會意，綏以爲聲。」今按：甲骨金文妥、綏同字。商代子妥鼎作妥，甲骨文作妥，見殷虚書契前編卷五第十九頁第一片。戰國古文字包山楚簡、古璽文妥作綏，是妥、綏古今字，故尚書經文作綏亦可，娞不見于先秦古文字，是後出俗字，不足取。

【詁】説文田部云：「甸，天子五百里内田，从勹田。」按：西周金文盂鼎甸作田，克鐘甸作佃，是古甸、佃一字，義謂治天子之田。包山楚簡、睡虎地秦簡作甸，爲説文篆文所本，从勹即从人之變。爾雅釋詁云：「服，事也。」史記夏本紀説禹貢云：「令天子之國以外，五百里甸服。」胡渭禹貢錐指云：「五千里之内皆供王事，故通謂之服，而甸服則主爲天子治田出穀者也。」言天子京畿以外之五百里治田事納穀者爲甸服。説文糸部云：「總，聚束也，从糸，悤聲。」段注云：「謂聚而縛之也。悤有散意，糸以束之。禹貢之總，禾束也。引伸之爲凡兼綜之偁。」説文金部云：「銍，穫禾短鐮也，从金，至聲。」段注云：「銍所以穫也。禹貢『二百里納銍』，某氏曰『銍艾謂禾穗』，亦謂所穫之穗爲銍。」陸氏釋文引馬融曰：「秸，去其穎。」説文禾部云：「穎，禾末也，从禾，頃聲。」段注云：「穎之言莖也，頸也，近於穗乃貫於穗者皆是也。禹貢鄭注曰：『百里賦入總，謂入刈禾也；二百里銍，銍，斷去稿也；三百里秸，秸又去穎也。四百里入粟，五百里入米者，遠彌輕也。』」言甸服五百里中，百里之賦納帶稈禾穗，二百里納去稈之禾穗，三百里納去稈與穎之禾穗，四百里納未舂皮之禾粟，五百里納舂皮之米，以愈遠賦愈輕便。侯服，封土家國之服，即大夫有家，諸侯有國之服。史記集解引馬融曰：「采，事也，各受王事也。」按：采，古亦作寀。爾雅釋詁云：「寀，官也。」郭璞注云：「官地爲寀。」顔師古注漢書刑法志引爾雅釋詁作采，是卿大夫寀地本作采之證，采地對朝廷有供奉義務，故采又有事義，爾雅釋詁又云：「采，事也。」馬融釋采正用此義。史記夏本紀引禹貢「男邦」作「任國」。孫星衍曰：「大戴禮本命篇云：『男者，任也。男子者，任天地之道。』男、任聲相近，經典多通。」言甸服以外五百里爲侯服，其中近在百里者爲卿大夫封地，各受命王事；近在二百里者爲受封男邦小國，近在三百里者爲諸侯大國，小大各有義務。爾雅釋詁云：「綏，安也。」孔傳云：「服，安服王者之政教。」爾雅釋言云：「揆，度也。」「揆文教」，謂推行王朝文教政策。奮，奮發；武，練武；衛，藩衛。「奮武衛」，謂發動民衆練武作王朝藩衛。言侯服外五百里爲用文武安邦之綏服，其中近三百里以推行文化教育爲主，另外二百里以發動民眾練武作王朝藩衛爲主。要當讀爲「幽州」之幽。詩七月「四月秀葽」，大戴禮記夏小正篇引詩「秀葽」作「秀幽」，幽、要古同聲，故幽通作要，是「要服」即幽服，謂邊遠行政地區。陸氏釋文引馬融曰：「夷，易也。」按：易者，移也，謂移民。又史記集解引馬融曰：「蔡，法也，受王者刑法而已。」按：蔡字説文作𣏂。段氏説文米部𣏂字注云：「𣏂本謂散米，引伸之凡放散皆曰𣏂，字譌作蔡耳。」是蔡者，流放犯人也。言綏服外五百里爲邊遠行政管理地區之要服，其中近三百里爲内地移民居住地區，另外二百里爲流放犯人居住地區。史記集解引馬融曰：「政教荒忽，因其故俗而治之。流行無城郭常居。」按：荒謂荒遠，蠻謂邊遠蠻夷之族，流謂流行不羈。言要服外五百里爲邊遠隨俗之荒服，其中近三百里蠻族任其貢否，另外二百里任其自流，來去自由。

東漸于海，西被于流沙，朔南暨，聲教訖于四海。禹錫玄圭，告厥成功。

【校】敦煌、九條本朔作玥。古文訓圭作珪。按：説文月部云：「朔，月一日始蘇也，从月，屰聲。」段注云：「朔、蘇疊韻。日部云：『晦者，月盡也。』盡而蘇矣，引伸爲凡始之偁。北方曰朔方，亦始之義也，朔方始萬物者也。」今按：戰國文字古璽文與梁十九年鼎及睡虎地秦簡作朔，與説文篆文同，是爲正體。漢隸變作玥，如孔龢碑「丙子玥」，華山廟碑「奄有河玥」，玥即朔。是寫本朔作玥者，遵漢隸。尚書經文當以作朔爲正。説文土部云：「圭，瑞玉也，上圜下方。从重土。珪，古文圭，从王。」段注云：「古文从玉，謂頒玉以命諸侯，守此土田培敦也。小篆重土而省玉，蓋李斯之失與。今經典中圭、珪錯見。」今按：西周金文師遽方彝、五年琱生簋等皆作圭，戰國文字詛楚文及古陶文亦作圭，而郭店楚簡作珪，是圭爲古文，珪爲後造加旁字，許書及段注皆顛倒矣。今尚書經文作圭，是爲古本字，不可易。

【詁】說文水部云：「漸，漸水，出丹陽黟南蠻中，東入海。从水，斬聲。」段注云：「走部有趣字，訓進，今則皆用漸字，而趣廢矣。」按：廣雅釋詁云：「漸，進也。」進即進入之義。古陶文有漸字，是爲古文字，而先秦古文未見趣字，故尚書經文當以作漸爲正。玉篇衣部：「被，及也。」及謂及至。史記集解與書疏引鄭玄曰：「朔，北方也。南北不言所至，容踰之。」爾雅釋訓云：「暨，不及也。」按：釋詁云：「及、暨，與也。」是暨和及同義，而又云「不及」者，此乃相反相成爲義，「不及」猶言不至。「朔南暨」謂北南邊境難至，即極遠之義。說文言部云：「訖，止也，从言，气聲。」按：止之言至。爾雅釋地云：「九夷、八狄、七戎、六蠻，謂之四海。」是「四海」謂四方邊遠之地。聲謂聲威，教謂教化，「聲教」即聲威教化。言禹治理九州，疆域東方進入大海，西方至于沙漠，北境、南境雖邊遠難至，而帝堯聲威教化至于四海。史記夏本紀述禹貢作「於是帝錫禹玄圭，以告成功于天下」。史記正義云：「帝，堯也。玄，水色。以禹理水功成，故錫玄圭以表顯之。」按：錫，賜予；玄圭，玄色瑞玉。言帝堯賜禹玄圭，以告天下禹治九州成功。

虞夏書四

甘誓

【解題】史記夏本紀云：「有扈氏不服，啟伐之，大戰於甘。將戰，作甘誓。」而墨子明鬼篇引此文作禹誓。莊子人間世篇云：「禹攻有扈，國爲虛厲。」凡此則又以甘誓爲禹事。蓋啟奉其父禹命伐有扈，故並通。楊氏覈詁引王國維云：「王師謂緣卜辭地名中有甘有雇，甘疑即春秋甘召公所封之邑，雇疑即諸侯會于扈之扈，地當在周、鄭間。蓋卜辭所見地名，大都在東方故也。」王說備考。

大戰于甘，乃召六卿。王曰：「嗟！六事之人，予誓告汝：有扈氏威侮五行，怠棄

三正，天用勦絶其命，今予惟恭行天之罰。左不攻于左，汝不恭命。右不攻于右，汝不恭命。御非其馬之正，汝不恭命。用命，賞于祖；弗用命，戮于社，予則孥戮汝。」

【校】敦煌本誓作斳，戰作弆，孥作伇。内野本誓作斷，戰作屵，御作馭。古文訓誓作斳，戰作弆，扈作岵，侮作㑄，御作馭，孥作伇。按：説文言部云：「誓，約束也，从言，折聲。」段注云：「凡自表不食言之辭皆曰誓，亦約束之意也。」唐顔師古匡謬正俗卷二引尚書湯誓云：「斳，古誓字。」又汗簡止部，古文四聲韻祭韻引尚書誓亦作斳。集韻祭韻亦云：「誓，古作斳。」而西周金文散盤誓作訢，从言从斤从屮，屮者𡳿之初文，用斤斷艸爲折，折爲誓字聲符。蓋𡳿譌作止，言譌作缶，則誓譌作斳，正字仍當作誓。古文四聲韻線韻引古老子戰作弆。寫本又作屵者，亦弆之變。蓋此字當以敦煌古寫本作弆爲正，从止从幵，幵即幵字，从重干。説文干部云：「干，犯也，从一，从反入。」段注云：「犯，侵也。毛詩干旄，干旌，假爲竿字。反入者，上犯之意。」又幵部云：「幵，平也，象二干對構，上平也。」段注云：「幵从二干，古音仍讀如干，干、幵同音。」按：説文分干，幵爲二部，且幵部僅一幵字，實爲無謂。干字金文豦盤、毛公鼎皆不从一，而从圓點，郭沫若金文叢考釋干鹵因謂「古干字乃圓盾之象形也，盾下有蹲，盾上乃羽飾也，非洲朱盧族之土人所用之盾正作此形」。蓋干本戰鬥防禦兵器，幵爲干之重文，説文釋犯、釋平，皆引伸之義。弆字从止，从幵，即止幵爲弆，義謂用戰止戰爲戰，此古代反戰思想釋字之例。如武字从止，从戈，本爲人持戈而行威武之義，而説文戈部云：「武，楚莊王曰：夫武定功戢兵，故止戈爲武。」後世戰字改造爲弆者，正仿止戈爲武之義。而老子書戰字作弆者，老子本反戰思想之代表者。雖然如此，但東周金文䛇蚉壺及睡虎地秦簡作戰與説文篆文同，而先秦古文字未見作弆者，故尚書經文當以作戰爲正。説文邑部云：「扈，夏后同姓所封，戰於甘者，在鄠，有扈谷甘亭。从邑，户聲。岵，古文扈，从山马。」段注云：「此未詳其右所從也。鍇曰：『從辰巳之巳。』竊謂當從户，而轉寫失之。」按：汗簡山部引説文扈作屶，此寫譌。古文四聲韻姥韻引説文作岊，右旁爲古户字之譌。甲骨文户字作日，見殷虚書契後編卷下第三十六頁三片。是説文古文本作岵，从山，户聲，段説是。但先秦古文字未見扈作岵者，故尚書經文仍當以作扈爲正。汗簡人部引尚書侮作㑄。説文人部云：「侮，傷也，从人，每聲。㑄，古文从母。」段注云：「鍇曰：『傷，慢易字也。』小雅常棣假務爲侮。母聲，猶每聲也，漢書五行志：『慢㑄之心生。』」今按：殷契粹編一三一八片作𢼂，即㑄字。中山王鼎亦作㑄，是侮字古文作㑄無疑，而後世侮字通行，故尚書經文仍當作侮。説文刀部云：「剿，絶也，从刀，喿聲。」夏書曰：『天用剿絶其命。』」按：玉篇刀部云：「剿，絶也。劋，同上。」是剿之異體作劋从刀，而唐石經作勦从力者，誤字。説文力部云：「勦，勞也。」是勦無絶義。尚書經文當以作剿、劋爲正。史記夏本紀引禹貢作「今予維共行天之罰」，是今文尚書作共用本字，唐石經作恭者，依衛包誤改。凡下文「恭命」之恭，亦以作共爲正。説文彳部云：「御，使馬也，从彳卸。馭，古文御，从又馬。」段注云：「周禮六藝，四曰五馭。太宰注曰：『凡言馭者，所以毆之内之於善。』此引伸之義也。」按：甲骨文御字多見，殷契粹編一九零片作卬，从卩从丨，丨爲御馬之鞭，會意人持鞭御馬。殷契粹編一一九片作駇，从攴从馬，執鞭毆馬之義。古陶文、睡虎地秦簡作御，與説文篆文同。説文古文作馭，與駇同義。是馭本御之異體，皆古文。今尚書經文作御，是爲正體，不必改易。説文女部云：「奴，奴婢皆古罪人。周禮曰：『其奴男子入于罪隸，女子入于舂稾。』从女又。𠈋，古文奴。」段注云：「鄭司農云：『今之爲奴婢，古之罪人也。』故書曰：『予則奴戮汝。』男女皆在焉，故从女又，所以持事也，會意。」顔氏匡謬正俗卷二釋尚書云：「孥戮者，或以爲奴，或加刑戮，無有所赦耳。此非孥子之孥。」是今本尚書甘誓作孥者，爲奴之假借字。又按：西周金文奴甗作奴，與説文篆文同，是爲正體，東周金文高奴權奴字作奴，从叉。説文又部云：「叉，手指相錯也，从又一，象叉之形。」段注云：「象指間有物也。」蓋从又者，正奴隸操持勞作之義，詞義更顯。又按：古陶文奴或作伖，與説文古文同，是伖實奴之古異體字，但不通行，故尚書經文當以作奴爲正。

【詁】史記集解引馬融曰：「甘，有扈氏南郊地名。」又釋文引馬融曰：「甘，水名，今在鄠縣西。」是甘之地名由甘水得名，其地在今陝西鄠縣境内。釋文引馬融曰：「軍旅曰誓，會同曰誥。」誓謂誓辭，甘誓即將戰于甘之動員令。詩棫樸疏引鄭玄曰：「六卿者，六軍之將。」按：天子六軍，主將名卿。言夏帝啟率六軍伐有扈國，將大戰于甘，乃召集六軍將士誓師。書疏引鄭玄曰：「變六卿言六事者，言軍吏以下及士卒也。」按：「六事」猶言「六卿」。甲骨文金文史與事爲一字，古執政大臣稱吏亦稱事。王國維釋史云：「古之六卿，書甘誓謂之六事，此皆大官之稱事。」此「六事」謂六軍將士。王氏述聞云：「威，疑當作烕。烕者，蔑之假借也。蔑，輕也，『蔑侮五行』，言輕慢五行也。」史記集解引鄭玄曰：「五行，四時盛德所行之政也。三正，天地人之正道。」按：爾雅釋宫云：「行，道也。」「五行」、「三正」指天道人道，即自然界與人類社會所有正道。説文心部云：「怠，慢也，从心，台聲。」爾雅釋言云：「棄，忘也。」是「怠棄」與上句「烕侮」義近，即輕視之義。勦當作剿，剿與絶同義，是「剿絶」爲同義複詞。楊氏覈詁云：「今，白虎通作命。吉金文命字多作令，今、令形近而誤。」其説可從。爾雅釋詁云：「予，我也。」楊氏詞詮云：「惟，句中助詞，無義。」恭當作共。説文共部云：「共，同也，从廿廾。」段注云：「廿，二十並也。二十人皆竦手是爲同也。」言六軍將士，我誓告你們，有扈氏輕慢天道人道，上天因此要斷絶其國家命運，令我君臣共同執行上天對有扈之威罰。史記集解引鄭玄曰：「左，車左；右，車右。」按：古代車戰之法，一車甲士三人，一居左執弓以射，一居右持戟以刺，一居中御馬馳騁。爾雅釋詁云：「攻，善也。」恭本作共。詩大雅韓奕毛傳云：「共，執也。」按：「共命」謂執行天命。史記夏本記正作政。按：説文攴部云：「政，正也，从攴正，正亦聲。」是此正謂御馬之正術。言車左不善于射，車右不善于刺，車御非其御馬之正術，皆爲失職，當以你不執行天命論處。墨子明鬼篇云：「昔者虞夏、商、周三代之聖王，其始建國營都日，必擇國之正壇，置以爲宗廟；必擇木之修茂者，立以爲菆位。」王念孫讀書雜志云：「菆與叢同，位當爲社字之誤也。」周禮小宗伯云：「建國之神位，右社稷，左宗廟。」是祖即宗廟神主，社即社稷神主，謂戰畢將論賞罰于宗廟社稷。後儒或謂天子軍行車載廟主社主之位論賞罰于前，史無確證。王氏釋詞云：「則者，承上起下之詞。廣雅曰：『則，即也。』」則與即古同聲而通用。孥，當讀爲奴。史記夏本紀作帑，亦奴之假借字。言執行命令勇戰者，將在祖廟神主前受嘉賞；不勇戰逃陣者，將在社稷神主前受刑戮，我即會降你爲奴隸，即會殺戮你性命。

尚書校詁卷四

商書一

湯誓【解題】史記殷本紀云：「契長而佐禹治水有功，封於商，賜姓子氏。」書疏引鄭玄曰：「契始封商，湯遂以商爲天下之號。」楊氏覈詁云：「王師謂古之宋國，寔名商邱。邱者，虚也。宋之稱商邱，猶洹水南之稱殷虚。是商在宋地。杜預春秋釋地云：『宋、商、商邱，三名一地。』其説是也。」殷本紀又云：「自契至湯八遷。湯始居亳，從先王居。」正義引括地志云：「河南偃師爲西亳，帝嚳及湯所都。盤庚亦徙都之。」漢書地理志云：「河南郡偃師尸鄉，殷湯所都。」史記正義引括地志云：「亳邑故城在洛州偃師縣西十四里，本帝嚳之墟，商湯之都也。」是至成湯十四代八遷，國都在今河南偃師縣。而成湯者，史記殷本紀云：「主癸卒，子天乙立，是爲成湯。」集解引謚法曰：「除虐去殘曰湯。」司馬貞索隱云：「湯名履，又稱天乙。」按：湯爲謚號。從契至湯凡十四代。夏桀暴虐，諸侯歸湯，湯遂伐滅夏桀而代立。湯誓爲湯告民伐桀之詞，因以名篇。

王曰：「格爾衆庶，悉聽朕言。非台小子，敢行稱亂，有夏多罪，天命殛之。今爾有

衆，汝曰：『我后不恤我衆，舍我穡事，而割正夏。』予惟聞汝衆言，夏氏有罪，予畏上帝，不敢不正。

【校】九條本稱作爯，穡作嗇。内野、足利本稱作爯。古文訓悉作恖，稱作爯。按：説文釆部云：「悉，詳盡也，从心釆。恖，古文悉。」段注云：「此亦會意，从心囧，囧者，窻牖麗廔，闓明也。」按：戰國詛楚文、古璽文、睡虎地秦簡皆作悉，與説文篆文同，而所謂古文未見先秦古文字，是尚書經文當以作悉爲正。汗簡心部引尚書悉作息，二字古音心母同紐，質職對轉，是音近假借作息，有本字而假借，亦作古之一法，不足取。説文冓部云：「爯，并舉也，从爪，冓省。」段注云：「冓爲二。爪者，手也，一手舉二，故曰并舉。凡手舉字當作爯，凡偁揚當作偁，凡銓衡當作稱，今字通用稱。」是尚書經文當以作爯爲本字，今本作稱者爲假借字。今按：鐵雲藏龜一百零二片、殷虚書契前編卷五第二十一頁五片等作爯，金文爯簋、衛盉等亦作爯，與説文正篆同。甲金文亦或作⿱又冉，从又與从爪義同。汗簡爪部、古文四聲韻蒸韻引尚書稱亦作爯，皆用本字。説文禾部云：「穡，穀可收曰穡，从禾，嗇聲。」段注云：「毛傳曰：『斂之曰穡。』許不云斂之云可收者，許主謂在野成熟。不言禾言穀者，晐百穀言之，不獨謂禾也。古多叚嗇爲穡。此舉形聲包會意。」今按：嗇、穡古今字。説文嗇部云：「嗇，愛濇也，从來亩，來者亩而藏之，故田夫謂之嗇夫。⿱來田，古文嗇，从田。」甲骨文殷契佚存七七二片作嗇，从來；殷虚文字乙編四六一五片作⿱秝㐭，从秝；殷虚書契前編卷四第四十一頁三片作⿱秝田，从秝从田。西周金文牆盤作⿱秝田，與甲骨文同，亦與説文同。來即麥，从來與从禾義同。羅振玉增訂殷虚書契考釋謂「嗇、穡乃一字」，其説是。古文四聲韻職韻引南嶽碑穡作嗇，亦爲同字一證。王氏述聞云：「據傳所釋經文，『正』下似無夏字。史記殷本紀『舍我嗇事而割政』，是其證矣。正義曰：『舍廢我稼穡之事，奪我農功之業而爲割剥之政於夏邑。』則唐初本已有夏字，此即涉下文『率割夏邑』而誤衍耳。」

【詁】湯伐桀前未爲王，經文「王曰」者，史官追記之詞。爾雅釋言云：「格，來也。」又釋詁云：「朕，我也。」「話，言也。」按：此「言」謂訓話。言來啊你們諸位，詳盡聽我訓話。説文口部云：「台，説也，从口㠯聲。」段注云：「台説者，今之怡悦字。湯誓『如台』，殷本紀作奈何。釋詁台、予同訓我，此以雙聲爲用。何、予、台雙聲也。」按：上古人稱代詞多無本字，台亦借用字，音怡。「有夏」即夏，有爲助詞，詳王氏釋詞。爾雅釋言云：「殛，誅也。」按：殛謂誅殺。言不是我小子敢以臣犯上進行作亂，夏桀犯有很多罪行，天帝命令我誅滅他。「有衆」即衆，有爲助詞。爾雅釋詁云：「后，君也。」按：「我后」即我君，「衆庶」謂湯爲「我君」。爾雅釋詁云：「恤，憂也。」「廢，舍也。」按：憂謂憂愁，舍謂荒廢。楊氏覈詁云：「割，廣雅『害也』。害，詩傳『何也』。大誥『天降割于我家』，割乃害之假。害正者，何征也，古正、征通用。」言今你們衆人不理解此事，故你們會説：我君不憂愁我們衆人之事，荒廢我們農忙收穫而何要征伐夏國？惟，當讀爲雖，惟、雖古字通，説詳王氏釋詞。夏氏，謂夏桀。正當讀爲征。言我雖聞知你們衆人之言，但夏桀有罪，我畏懼上帝有令，不敢不征。

「今汝其曰：『夏罪其如台？』夏王率遏衆力，率割夏邑。有衆率怠弗協，曰：『時日曷喪？予及汝皆亡！』夏德若兹，今朕必往。

【校】九條本與古文訓曷作害。按：段氏撰異云：「割，殷本紀作奪，此今文尚書也。」説文曰部云：「曷，何也，从曰，匃聲。」段注云：「雙聲也。詩有言曷者，如『曷不肅雝』，箋云：『曷，何也。』有言害者，如『害澣害不』，傳云：『害，何也。』害者，曷之假借字，詩、書多以害爲曷。」今按：孟子梁惠王篇引湯誓云：「時日害喪？予及女偕亡。」是古寫本及古文訓作害者，據孟子引書。魏三體石經多方作曷，是古文尚書作曷，則作害者，今文尚書。故尚書經文作害作曷均可。

【詁】王氏釋詞云：「其，猶乃也。湯誓曰：『今女其曰：夏罪其如台？』言今女乃曰：夏罪其如何？」按：「其如台」，其加重疑問謂究竟如何。王氏釋詞云：「家大人曰：率，語助也。書湯誓曰：『夏王率遏衆力，率割夏邑，有衆率怠弗協。』以上諸率字，皆語助耳。」按：遏讀爲竭。説文立部云：「竭，負舉也，从立曷聲。」段注云：「凡手不能舉者，負而舉之。」引伸爲盡力。説文刀部云：「割，剥也，从刀，害聲。」段注云：「割謂殘破之。」按：殷本紀割作奪，用殘奪之義。俞氏平議云：「怠讀爲殆，古怠與殆通。故其民率危殆而弗協也。」爾雅釋詁云：「時，是也。」詩柏舟傳云：「日，君象也。」「時日」即此日，猶今言這個太陽。王氏釋詞云：「家大人曰：爾雅曰：『曷，盍也。』郭注曰：『盍，何不也。』書湯誓曰：『時日曷喪！』曷謂何不也。説者訓爲何，失之。」爾雅釋詁云：「故，今也。」王氏述聞云：「湯誓曰『夏德若兹，今朕必往』，言故朕必往也。」言今你們則會説：夏王桀之罪究意如何？要知道夏桀已竭盡使用民力，殘酷剥奪夏邑財物，衆民處于危險絶境，不願再與夏桀共處，他們怨恨説：這個太陽何不喪亡，我們願與你一同消亡！夏桀之德衰敗如此，故我一定要去征伐。

「爾尚輔予一人，致天之罰，予其大賚汝。爾無不信，朕不食言。爾不從誓言，予則孥戮汝，罔有攸赦。」

【校】九條本賚作賫。古文訓信作㐰。按：説文貝部云：「賚，賜也，从貝，來聲。周書曰：賚尒秬鬯。」段注云：「釋詁：『賚，賜也。』又曰：『賚，予也。』大雅傳云：『釐，賜也。』釐者，賚之假借也。文侯之命文，今尒作爾。」今按：賚、釐古音同屬來母之部，讀音相近，故古書通用。寫本賚作賚者，爲六朝俗字，魏傅母王遺女墓誌賚作賚，魏皇甫驎墓誌作賕，則又賚之變。尚書經文當以作賚爲正。說文言部云：「信，誠也，从人言。仙，古文，信省也。」今按：西周金文㝬叔鼎信作仙，與說文古文同。古陶文、睡虎地秦簡作信，與說文篆文同，爲後世通行體。尚書經文當以作信爲正。

【詁】說文八部云：「尚，庶幾也。」按：尚與當古同聲而通用，猶言應當。夏本紀輔作及。按：說文又部云：「及，逮也，从又人。」又人即以手助人，是及與輔義同，史公用訓詁字。廣雅釋詁云：「輔，助也。」白虎通號篇云：「尚書王或稱一人。王者自謂一人者，謙也。欲言己材能當一人耳。」按：「予一人」，亦作「余一人」，猶今言我這個人。致从攴至，至亦聲，本義爲使達到。王氏釋詞云：「其，猶將也。」引湯誓「予其大賚汝」句爲例。言你們應當輔佐我這個人，使實現上天對夏王桀的懲罰，我將會重賞你們。無與毋通。王氏釋詞云：「無、毋，勿也。常語也。」爾雅釋詁云：「朕，我也。」「食，詐，僞也。」按：食者吞食，「食言」即吞食前言，謂言而無信。言你們不要不信我言，我不會言而無信。孥，殷本紀作帑。孥、帑皆當讀爲奴。顔師古匡謬正俗云：「商書湯誓云『予則孥戮汝』，『孥戮』者，或以爲奴，或加刑戮，無有所赦耳。」參見前甘誓注。爾雅釋言云：「罔，無也。」「攸，所也。」言你們不聽從誓言，我即會降你爲奴隸，或即殺戮你，絕不會有所赦免。

商書二

盤庚上

【解題】史記殷本紀云：「帝盤庚崩，弟小辛立，殷復衰，百姓思盤庚，迺作盤庚三篇。」

王國維說殷云：「書疏引汲冢古文云『盤庚自奄遷於殷』，束晳以漢書項羽傳之洹水南殷虛釋之。今龜甲獸骨出土皆在此地，蓋即盤庚以來殷之舊都。」今按：司馬遷以盤庚三篇作于帝小辛時，或有所本，當從之。殷虛在今河南安陽，已爲現代考古所證實。盤庚或本分三篇，伏生本及漢石經合爲一篇，蓋爲行文方便耳。

盤庚遷于殷，民不適有居。率籲衆戚，出矢言。曰：「我王來，既爰宅于茲，重我民無盡劉。不能胥匡以生，卜稽曰其如台？先王有服，恪謹天命，茲猶不常寧，不常厥邑，于今五邦。今不承于古，罔知天之斷命，矧曰其克從先王之烈！若顛木之有由蘖，天其永我命于茲新邑，紹復先王之大業，厎綏四方。」

【校】陸氏釋文云：「盤，本又作般。」岩崎、元亨本恪作忞，斷作㫁，蘖作梓。唐石經戚作慼。古文訓盤作鎜，恪作忞，斷作刣，由作甹，紹作綤，業作㸁。按：說文木部云：「槃，承槃也，从木，般聲。鎜，古文，从金。盤，籀文，从皿。」段注云：「承槃者，承水器也。蓋古以金，後乃以木。今字皆作盤。」今按：甲骨文槃初字作般。殷虛書契後編卷上二十六頁一片般作𢼄。凡象高圈足之槃，上象其槃，下象圈足；从攴與从殳同，象以手相持。因凡與舟字相似，故漸譌爲从舟，金文兮甲盤、匽公匜作䑣，从舟即其例。而虢季子白盤、沇兒鐘作盤，从皿；伯侯父盤作鎜，从金。蓋古字作般，孳乳爲槃、鎜、盤。漢石經作般，是今文尚書作般，用古字。而魏三體石經君奭作盤，是古文尚書作盤，用後出通行體。說文釋籲字引商書作「率籲衆戚」，是古不作慼。說文心部云：「愙，敬也，从心，客聲。春秋傳曰：『以陳備三愙。』」段注云：「今字作恪。引此者，以證从心客會意也。古春秋左氏說：周家封黃帝、堯、舜之後謂之三恪。」今按：汗簡心部引尚書恪作悆。先秦古璽恪亦作悆，而漢印作恪，移偏旁於側，漢碑亦然，是恪爲古字，悆乃後出異體。徐鉉説文心部悆字注云「今俗作恪」，非是。尚書經文當以作恪爲正。説文斤部云：「斷，截也，从斤𢇍；𢇍，古文絶。㡭，古文斷，从皀；皀，古文叀字。周書曰：『㡭㡭猗，無它技。』㓷，亦古文斷。」段注云：「所引秦誓文，許所據壁中古文也。」今按：漢代隸書作斷。戰國古文字包山楚簡斷字作𠜶，从刀叀，叀象絲束，會意以刀截絲。而郭店楚簡作𠜶，从刃叀，从刃與从刀同義。是説文古文作㓷作㡭，皆𠜶之寫譌。睡虎地秦簡作斷，後世通行，故尚書經文當作斷。説文马部云：「甹，木生條也，从马，由聲。商書曰：『若顛木之有甹枿。』古文言由枿。」段注云：「條者，小枝也。盤庚上篇文，今書作由蘖。許木部作『甹欁』，枿即欁，蘖之異體也。下云古文言由枿，則作甹者伏生、歐陽、夏侯之書也。許於書偁孔氏而不廢伏生。古文謂孔氏壁中書也。伏作甹爲正字，孔作由爲假借字。」今按：説文从由之字二十有餘，而今本無由字，蓋佚之，説詳王國維觀堂集林卷六釋由。由字本有生義，凡从由之字多有抽生之義，甹即由之孳乳，非假借，段説待考。説文木部云：「欁，伐木餘也，从木，獻聲。商書曰：『若顛木之有甹欁。』櫱，欁或从木，辥聲。棒，亦古文欁。」段注云：「枿者，亦櫱之異文。盤庚上文，今作『由櫱』，本又作枿。古文四聲韻作棒。」今按：經書通用櫱字，隸書作蘖，从漢隸。寫本作棒，乃棒之譌。尚書經文作蘖亦可。説文糸部云：「紹，繼也，从糸，召聲。一曰紹，緊糾也。𦃃，古文紹，从卩。」段注云：「緊者，纏絲急也；糾者，三合繩也。古文今本譌，依玉篇、廣韻、汗簡改正。」今按：汗簡糸部引説文作𦃃，从卩；魏三體石經無逸作𢆶，从幺與从糸同義，皆可證今大徐説文古文从邵之誤。而殷虚書契前編卷五第三十六頁七片紹字作㓜，是爲初文。金文畬志簋作𦃃，从卩，亦説文古文从卩之證。而先秦古陶文作𦃃，與説文古文同；古璽文作紹，與説文篆文同，且後世通行，尚書經文當作紹。故古文訓从邵作𦃃不足取。説文丵部云：「業，大版也，所以飾縣鐘鼓，捷業如鋸齒，以白畫之，象其鉏鋙相承也。从丵从巾，巾象版。」段注云：「俗作牒。」集韻業韻云：「業，或作牒。」今按：東周金文鄦王職劍作業，與説文篆文同，是爲正體，故尚書經文當以作業爲正。

【詁】爾雅釋詁云：「遷，徙也。」「適，往也。」説文几部云：「凥，処也，从尸几，尸得几而止也。」段注云：「尸即人也，引申之爲凡居処之字。居行而凥廢。」按：処或作處。「有居」即居，有爲助詞，猶言其處，謂殷邑。湯本居奄，在今山東曲阜。言盤庚將遷徙于殷邑，臣民不願遷往其處。王氏釋詞云：「率，用也。」盤庚曰：『率籲衆戚，出矢言。』率，用也。籲，呼也。戚，貴戚也。矢，誓也。言民不肯遷，盤庚用呼衆貴戚之臣，出誓言以曉喻之也。誓言，猶誥言也。爾雅：『誥、誓，謹也。』郭注曰『皆所以約敕謹戒衆』，是也。」按：王氏讀矢爲誓，當從之。言臣民不肯遷徙，盤庚因呼喚衆貴戚之臣出來，誥戒曉喻以理。「我王」謂盤庚，史官紀事筆法。爾雅釋詁云：「爰，曰也。」「劉，殺也。」按：「盡劉」猶言全都困死。又釋言云：「宅，居也。」言我盤庚所以從奄邑遷來就居于此殷邑，是重視我臣民生存，不要全都困死于舊地。爾雅釋詁云：「胥，相也。」左傳成公十六年云：「匡救其災。」杜注云：「匡亦救也。」王國維曰：「卜稽，稽本作乩，龜甲文中屢見『王𡆣曰』之文，𡆣即占之奇文，亦即乩之初字也。」見尚書講授記。按：「卜稽」謂卜龜稽考其吉凶。「如台」，猶言如何，台、何雙聲通用。言在舊邑不能相救而生存，故卜龜稽考遷殷之吉凶，由卜龜之辭示其如何。爾雅釋詁云：「服，事也。」「恪，敬也。」「猷，謀也。」「寧，安也。」王氏釋詞云：「茲，猶斯也。」按：斯猶則。説文邑部云：「邦，國也。」楊樹達積微居讀書記云：「五邦，中丁遷囂，河亶甲遷相，祖乙遷耿，耿圮遷庇，南庚遷奄，五也。」按：「五邦」，謂五處國都。言先王有事，敬謹天命，則謀不常安居，不常守其都邑，至今已五遷國都。爾雅釋詁云：「古，故也。」「從，重也。」「烈，業也。」又釋言云：「矧，況也。」「克，能也。」按：王氏釋詞云：「吕氏春秋音初篇注曰：『之，其也。』」是「天之斷命」即天其斷命，謂上天將斷商命。言今不繼承于先王遷都故事，是不知上天將斷絶我商家命運，何其能重振先王之事業？「顛木」，枯倒之樹木；「由蘖」，枯倒之木更生新枝。馬融注堯典云：「厎，定也。」爾雅釋詁云：「綏，安也。」「厎綏」，猶言安定。言由舊都遷往新都，猶如已枯倒之樹木又生出新枝，如此上天將長保我國命運于此新邑，使繼承復興先王之大業，以安定天下四方。

盤庚斆于民，由乃在位，以常舊服，正法度。曰：「無或敢伏小人之攸箴。」王命衆悉至于庭。

【校】岩崎、元亨本斆作學。内野、足利、天正本庭上有朝字。古文訓庭作廷。按：説文教部云：「斆，覺悟也，从教冂；冂，尚矇也，臼聲。學，篆文斆省。」段注云：「斆、學疊韻。學記曰：『學然後知不足，知不足然後能自反也。』按知不足所謂覺悟也。冂下曰覆也。尚童矇，故教而覺之，此説从冂之意。詳古之製字，作斆从教，主於覺人。秦以來去攵作學，主於自覺。後人分别斆，胡孝反；學，胡覺反。」今按：甲骨續存卷下一二七片作𦥑，又二五六片作斈。而鐵雲藏龜一五七頁四片作𦥯。初文从乂从冂，乂者治也，冂者蒙也，治蒙爲學。或从爻，與从乂同義。又或从臼，臼象雙手，與从攴同義，教導之義。西周金文盂鼎作學，沈子簋作斆，皆繁化，尤見斆爲後出異體字。今學與斆音義皆分，古不如是。説文㢟部云：「廷，朝中也，从㢟，壬聲。」段注云：「朝中者，中於朝也。古外朝、治朝、燕朝，皆不屋，在廷，故雨霑服失容則廢。」又广部云：「庭，宫中也，从广，廷聲。」段注云：「此當曰中宫，俗倒之耳。中宫，宫之中。㢟部曰：『廷，朝中也。』朝不屋，故不从广。宫者，室也，室之中曰庭。凡經有堂下爲庭者，正當作廷，爲義相近。」今按：兩周金文有廷無庭。廷毛公鼎作𢌳，从人、从土、从乚會意，乚指堂下不屋朝見之所，是廷之本義爲人臣立于堂下朝見之地。而何尊字形作㘶，从三人，即謂衆人臣立于朝廷。又秦公簋作𡋪，从𢌳、从三，亦衆人臣立于朝廷之義。蓋古文但作廷，後加广作庭而義無異，是庭爲後出異體字，先秦古文無庭可證。故尚書當以作廷爲正。

【詁】玉篇攴部云：「斆，教也。」按：斆字从教，故其義爲教。民，與上文民同義，謂臣民。楊氏詞詮云：「乃，對稱人稱代詞，爾也，汝也。」按：「在位」謂在職之臣。爾雅釋詁云：「法，常也。」「服，事也。」「督，正也。」按：常謂效法，正謂督正。言盤庚教導臣民，要由你在位之臣以爲表率效法先王遷都故事，督正遷都法紀。王氏釋詞云：「或，猶有也。」按：有謂有人，指代上文在位之臣。廣雅釋詁云：「伏，藏也。」「小人」，謂庶民百姓。説文竹部云：「箴，綴衣箴也，从竹咸聲。」段注云：「引申之義爲箴規。古箴、鍼通用。」按：今字作針。箴謂規諫，釋文引馬融曰：「箴，諫也。」蔡傳云：「盤庚教民必自在位始，曰使在位之臣，無或敢伏小人之所箴規焉耳。蓋小民患瀉鹵墊隘，有欲遷而以言箴規其上者，汝毋得遏絶而使不得自達也。」衆，謂衆在位之臣。爾雅釋詁云：「悉，盡也。」言盤庚謂衆臣説，不要有人敢隱藏小民之所規諫遷都之言不報，並命令衆臣民，全都來到朝廷，以徵詢下情。

王若曰：「格汝衆，予告汝訓汝，猷黜乃心，無傲從康。古我先王，亦惟圖任舊人共政。王播告之，修不匿厥指，王用丕欽。罔有逸言，民用丕變。今汝聒聒，起信險膚，予弗知乃所訟。

【校】岩崎本聒作舙。元亨本聒作懖。古文訓播作譒，聒作聵，險作譣。按：説文言部云：「譒，敷也，从言，番聲。商書曰：『王譒告之。』」段注云：「手部：『播，一曰布也。』此與音義同。盤庚上篇文，今尚書作播。」又手部云：「播，種也，从手，番聲。一曰布也。敽，古文。」今按：古文有播無譒。西周金文師旂簋播作敽从釆，釆象獸足印，番本獸足布田，會意，故有布意。戰國古文信陽楚簡作敽，與説文古文同；睡虎地秦簡作播，與説文篆文同，後世通行。

譒當爲後出異體。尚書當以作播爲正。說文心部云：「懖，拒善自用之意也，从心，銛聲。商書曰：『今女懖懖。』𦗢，古文从耳。」段注云：「拒字各本無，依尚書音義所引補。許書無拒，拒即今拒字。盤庚上篇文，其字皆作懖，未嘗作聒也。衛包因鄭云懖讀如聒耳之聒，竟改經文作聒聒，開成石經從之。蓋壁中文作𦗢，孔安國易从耳爲从心，蓋由伏生尚書如是。」汗簡耳部引尚書作𦗢。古文四聲韻末韻引尚書作𦗢，蓋有譌誤。古寫本亦誤。經文當以作懖爲正字。說文阜部有險字，亦見于戰國古文睡虎地秦簡。而目部無瞼字，新附有瞼字，云：「目上下瞼也，从目，僉聲。居奄切。」鄭珍新附考云：「按：瞼非古語，王叔和脈經『脾之候在瞼』，始見其文。衆經音義凡四引字略云：『瞼，眼外皮也。』字略不知誰作，殆不出晉宋已前，是漢以後俗字。」李遇孫隸古定釋文云：「瞼與險字義迴別，此必傳寫之誤。蓋篆體險作瞼，與目旁相似耳。」按：李說或然，是古文訓險作瞼者，以誤字作古。尚書經文當以作險爲正。

【詁】爾雅釋言云：「格，來也。」又釋詁云：「訓，道也。」按：古道、導同字。告謂告戒，訓謂訓導。猷與猶同。王氏釋詞云：「禮記檀弓注曰：『猶，尚也。』」按：尚與當古同聲，謂應當。說文黑部云：「黜，貶下也，从黑，出聲。」按：玉篇云：「黜，貶也，放也。」「黜乃心」，謂放下你們之私心。爾雅釋詁云：「使，從也。」「康，安也。」按：從當讀爲縱，「從康」謂追求安樂。言盤庚于是說，來吧你們衆臣，我要告戒教導你們，應當放下你們私心，不要傲上不馴，追求在舊地安樂。呂氏春秋長見篇高誘注云：「古，昔也。」揚雄方言云：「惟，思也。」爾雅釋詁云：「圖，謀也。」按：「惟圖」猶言思慮。「舊人」謂長久在位的幹練老臣。共與拱通。爾雅釋詁云：「拱，執也。」按：「共政」猶言執政。言往昔我之先王，也思慮任用老成之臣執政。廣雅釋詁云：「播，布也。」「匿，隱也。」修讀楚辭離騷「前修」之修，謂賢臣。指當讀爲恉。說文心部云：「恉，意也。」爾雅釋詁云：「丕，大也。」按：「丕欽」猶言大敬。言先王宣告其國策，老臣不隱匿己意不講，先王因此大敬他們。爾雅釋言云：「逸，過也。」丕當讀爲不，古不、丕同字。言先王之臣無過差之言，民衆因此不隨變其意。釋文引馬融曰：「聒聒，拒善言自用之意。」信當讀爲申，謂申述。廣雅釋詁云：「險，衺也。」楊氏覈詁云：「膚，疑假爲戲。戲、膚並从虍聲，古烏虖一作於戲，戲之通作膚，猶戲之通作虖也。」廣雅：「戲，衺也。」險戲雙聲連語。」按：「險膚」猶言邪僻。說文言部云：「訟，争也，从言，公聲。」段注云：「公言之也。」此形聲包會意。」言今你們拒聽善言而剛愎自用，興起申述邪僻意見之風，我不明你們所争意圖。

「非予自荒兹德，惟汝含德，不愓予一人。予若觀火，予亦拙謀，作乃逸。若網在綱，有條而不紊。若農服田力穡，乃亦有秋。

【校】岩崎、内野本愓作悬，拙作炪。元亨本農作莀。古文訓愓作悬，拙作炪。按：段氏撰異云：「白虎通號篇：『尚書曰：不施予一人。』玉裁按：即般庚『不愓予一人』也。古文尚書作愓，今文尚書作施，施與愓同在歌支一類。」是今文用借字，古文用本字。汗簡心部、古文四聲韻錫韻引尚書愓作悬。今按：金文蔡侯尊及侯馬盟書作愓，而禺邗王壺及包山楚簡作悬，是悬乃愓之異體。說文火部云：「炪，火光也，从火，出聲。商書曰：『予亦炪謀。』讀若巧拙之拙。」段注云：「類篇作『火不光』。集韻六術曰：『炪爩，煙皃。』又九迄曰：『炪爩，煙出也。』煙盛則光微。盤庚上文，壁中古文假炪爲拙也。今尚書作拙者，蓋孔安國以今字讀之也。」汗簡出部引尚書拙作炪。鄭珍箋正云：「薛本盤庚『予亦拙謀』作炪，是采説文炪下所引書作之。而周官『心勞日拙』作炪，蓋當時有譌火旁作矢者，僞本用爲古文，非也。」尚書經文當以作拙爲正。說文晨部云：「農，耕也，从晨，囟聲。𨐌，籀文農，從林。莀，亦古文農。」段注云：「庶人明而動，晦而休，故从晨。鍇曰：『當从凶，乃得聲。』玉裁按：此囟聲之誤，囟者，明也。小徐从艸，大徐从林。夏竦曰：莀見古尚書。」今按：殷虚書契前編卷五第四十七頁五片、六片農皆作𨐌，从林；後編卷上第十三頁二片作莀，是甲骨文與二徐説文古文合。而金文牆盤作𦳝，與甲文同。沙其鐘作農从田，可證説文籒文與篆文从囟皆从田之譌。蓋上古社會農林牧業不分，故其字或从艸林，或从田。漢碑隸書作農，爲後世通行。故尚書經文以作農爲宜。玉篇以莀爲古農字，正合古體。

【詁】説文艸部云：「荒，蕪也，一曰艸奄地也。」按：本義爲田草荒蕪掩地，引伸之義爲荒廢。説文口部云：「含，嗛也，从口，今聲。」按：含謂口含，口含物則物失，故「含德」猶言失德。史記殷本紀釋含爲舍，是亦用失義。説文心部云：「惕，敬也，从心，易聲。」爾雅釋訓云：「惕惕，愛也。」按：愛即敬義之引伸。古代天子自稱「予一人」，此盤庚自謂。言盤庚謂衆臣説，不是我荒廢先王遷徙圖存之德，而是因爲你們失已祖隨先王遷徙之德，故不尊敬愛護我天子。爾雅釋言云：「作，造，爲也。」「逸，過也。」按：「作乃逸」，謂造成你們過失。言我視你們不肯遷都心意明如觀火，而我也拙于謀劃，造成你們的過失。説文糸部云：「紊，亂也，从糸，文聲。商書曰：『有條而不紊。』」按：網喻臣下，綱喻君上，臣下當順從君上，猶如網在其綱，有條理而不亂。爾雅釋詁云：「服，事也。」又釋言云：「肆，力也。」按：「服田」猶言種田，「力穡」謂盡力耕種。亦當讀爲奕。説文大部云：「奕，大也，从大，亦聲。詩曰：『奕奕梁山。』」説文禾部云：「秋，禾穀孰也。」段注云：「言禾復言穀者，晐百穀也。禮記曰：『西方者秋，秋之爲言揫也。』」按：「亦有秋」，謂大有禾穀收成。言爲臣事君當如網順綱領，有條而不紊；遷都猶如農夫種田，力耕則大有收成，造福後代。

「汝克黜乃心，施實德于民，至于婚友，丕乃敢大言汝有積德。乃不畏戎毒于遠邇，惰農自安，不昬作勞，不服田畝，越其罔有黍稷。

【校】唐石經畝作畆。岩崎本婚作娓，畝作晦，黍作乘。古文訓畝作晦。按：説文女部云：「婚，婦家也，从女从昏，昏亦聲。」今按：先秦詛楚文作婚，與説文篆文同，爲後世通行正體。漢碑或作婚从民，後人因在説文昏字下加注「一曰民聲」四字，故造俗字者婚寫作㛰，不足取。説文田部云：「畮，六尺爲步，步百爲畮。秦田二百四十步爲畮。从田，每聲。畝，畮或从十久。」段注云：「秦孝公之制也，商鞅開阡陌封疆，則鄧展曰：古百步爲畮，漢時二百四十步爲畮。按漢因秦制也。十者，阡陌之制，久聲也，每、久古音皆在一部。今惟周禮作畮。五經文字曰：『經典相承作畆。』干禄字書曰：『畆通，畝正。』」今按：西周金文賢簋、兮甲盤皆作畮，是畮爲古本字。戰國古璽文作畂从又田，會意手治田畝，睡虎地秦簡作畝，與説文或體同，後世多用畝少用畮。漢隸孔宙碑作畝，俗省形作畆，是唐石經畝作畆者，乃用俗字，不足取。尚書經文當作畝。説文黍部云：「黍，禾屬而黏者也。以大暑而種，故謂之黍。从禾，雨省聲。孔子曰：『黍可爲酒，故从禾入水也。』」今按：甲骨文金文及古璽文黍字皆从禾从水，漢碑或變水爲米，如孔宙碑、修華嶽碑等皆如此，是古寫本作黍者，以漢隸爲古文，不足取。尚書經文當以作黍爲正。

【詁】爾雅釋言云：「克，能也。」施，本字爲攺。説文攴部云：「攺，敷也，从攴，也聲。」段注云：「今字作施，施行而攺廢矣。施，旗旖施也。經傳多假借。」按：「施實德」，謂布施實惠之德。王氏釋詞云：「于，猶如也。」黄氏箋識云：「此于即如之借。」釋詞又云：「玉篇曰：『不，詞也。』經傳所用或作丕。有承上文者，盤庚曰『丕乃敢大言汝有積德』，丕乃，猶言於是也。」言你等羣臣能放下你們違上之心遷都，布施實惠之德于民，愛民至如婚姻親情友朋，于是才敢大言你有積德。王氏釋詞云：「乃，猶若也。」爾雅釋詁云：「戎，大也。」廣雅釋詁云：「惰，懶也。」書疏引鄭玄曰：「昏，讀爲敃，敃，勉也。」按：爾雅釋詁云：「昏、敃，強也。」是昏與敃通，強謂勉力。王氏釋詞云：「其，猶乃也。盤庚云『越其罔有黍稷』，越其，猶云爰乃也。」言如不怕大害于遠近，而像懶惰農夫自求安逸，不勉力勞動，不種田地，于是就無有黍稷收穫。謂如此于民是無德而非積德。

「汝不和吉言于百姓，惟汝自生毒，乃敗禍姦宄，以自災于厥身。乃既先惡于民，乃奉其恫，汝悔身何及？相時憸民，猶胥顧于箴言，其發有逸口，矧予制乃短長之命？汝曷弗告朕，而胥動以浮言，恐沈于衆？若火之燎于原，不可嚮邇，其猶可撲滅？則惟汝衆自作弗靖，非予有咎。

【校】敦煌本憸作𢙱，燎作尞。岩崎本恫作侗，嚮作向。元亨本恫作侗。八行本憸作恖。古文訓敗作退，恫作侗，憸作𢙱，燎作尞，嚮作宣。按：說文辵部云：「退，斁也，从辵，貝聲。周書曰：『我興受其退。』」段注云：「攴部曰：『斁，毀也。』退與敗音義同。微子文，云周書者，蓋許所據不系於商書也。」又攴部云：「敗，毀也，从攴貝，賊敗皆从貝。贁，籀文敗，从賏。」段注云：「古者貨貝，故从貝會意。」今按：殷虛書契前編卷三第二十七頁五片作敗，與篆文同。金文師旋簋、南疆鉦作贁，與說文籀文同。退字不見于先秦古文字，古文訓作退不足取。尚書經文當以作敗爲正。說文心部云：「恫，痛也，从心，同聲。一曰呻吟也。」又人部云：「侗，大皃，从人，同聲。詩曰：『神罔時侗。』」段注云：「大雅思齊文，今本作恫，傳曰：『恫，痛也。』按：痛者，恫之本義，許所據本作侗，偁之以見毛詩假侗爲恫也。」是古寫本與古文訓恫作侗者，以假借作古，尚書經文當以作恫爲正。說文心部云：「𢙱，疾利口也，从心从册。詩曰：『相時𢙱民。』」段注云：「疾，惡也，謂疾惡利口之人也。般庚『相時𢙱民，猶胥顧于箴言』，謂惟憎惡利口之人，尚能相與稍顧清議。詩無此語。尚書般庚上曰：『相時憸民。』集韻引說文作商書『相時𢙱民』，豈丁度等所見不誤與。立政兩言憸人，釋文曰：『憸本又作𢙱。』是則當爲一字矣。」汗簡心部引尚書儉作𢙱，儉乃憸之誤。古文四聲韻鹽韻引尚書憸作𢙱，不誤。段氏以憸、𢙱爲一字，可從。因先秦古文字未見憸、𢙱二字，無從比較何爲正字。隸釋引漢石經𢜙作散，是今文尚書作散，許氏所見古文尚書作𢜙，故引入説文。説文火部云：「𡗗，柴祭天也，从火眘。眘，古文慎字，祭天所以慎也。」段注云：「示部祡下曰：『燒柴尞祭天也。』」火部又云：「燎，放火也，从火，尞聲。」段注云：「此與尞義别。盤庚曰：『若火之燎于原。』」今按：𡗗，漢隸變作尞。甲骨文金文皆不从眘。殷虚書契後編卷上二十四頁七片作𤆍。羅振玉增訂殷虚書契考釋云：「此字實从木在火上，木旁諸點象火燄上騰之狀。許君云从眘者非也。漢韓勑碑陰遼作遺，史晨後碑作遺，是隸書尚存古文遺意矣。」按羅説是。蓋尞、燎古今字，許氏分爲兩字，亦非。漢書禮樂志云：「雷電尞。」顔師古注云：「尞，古燎字。」其説是。尚書經文作燎亦可。向背字，甲骨文、金文及古陶文、古幣文皆作向，是向爲古本字。古文又用鄉字爲向，故後又造俗字嚮。而汗簡宀部、古文四聲韻養韻引尚書嚮作宣。今按：集韻養韻云：「嚮，説文：『聲也。』古作𡨋。」蓋𡨋从宂，皀聲，皀音香。宂當爲向字之譌變。向从宀、从口，篆文口與心字形近，故向譌爲宂。而皀又譌作旦，則𡨋譌作宣，形不可說。故尚書經文當以作向爲正，今本作嚮用俗字。

【詁】俞氏平議云：「和當讀爲宣。禹貢篇『和夷』，鄭注曰『和讀曰桓』，桓與宣並从亘聲，古亦通用。」説文中部云：「毒，厚也，害人之艸往往而生，从中毒聲。」段注云：「往往猶歷歷也，其生蕃多則其害尤厚，故字从中，引伸爲凡厚之謂。」按：「吉言」承前「卜稽」，謂卜稽遷都吉兆之辭。毒謂凶害，遷都則吉，不遷則凶，故反對遷都之臣是自生凶害。言你們衆臣不宣傳遷都吉言于百姓，是你們自生凶害，乃致敗禍姦宄之事横生，而自招災害于其身。説文心部云：「惡，過也，从心，亞聲。」段注云：「人有過曰惡，有過而憎之亦曰惡。」按：「先惡于民」，惡讀去聲，謂先使民憎惡。爾雅釋言云：「恫，痛也。」按：「奉其恫」，謂承受内心痛苦。身謂自身。言你對百姓不宣傳遷都吉言，你已先使民衆憎惡，于是要承受内心痛苦，你後悔自何能及？爾雅釋詁云：「相，視也。」「時，是也。」「胥，皆也。」憸當讀爲散，今文尚書作散，分散古字作㪔从林，林即古麻字，説文云「林之爲言微也」，是散有小義。「散民」猶言小民。爾雅釋言云：「逸，過也。」按：過即過失，口即口語，「逸口」謂過失之言。制謂制定。王氏釋詞云：「乃，猶是也。」按：是猶此也。「短長」是古成語，猶言權變，戰國策一書本名短長書，即取權變策謀之義。命、令古金文爲一字。「制乃短長之命」謂制定此權變遷都之政令。沈亦作湛。説文水部云：「湛，没也，从水，甚聲。」段注云：「湛、沈古今字。」按：當云沈、湛古今字，沈字甲骨文多見，象牛、羊沈没水中，而湛始見西周金文。沈没之義引伸爲陷害，「恐沈于衆」，謂威脅陷害于民衆。爾雅釋詁云：「邇，近也。」楊氏詞詮云：「其，反詰副詞，豈也。」其、豈音近，故二字互通。」引「其猶可撲滅」句爲例。王氏述聞云：「家大人曰：靖，善也，言是汝自作不善所致也。不善即上文所云『先惡于民』也。廣雅曰：『竫，善也。』」詩小雅伐木毛傳云：「咎，過也。」按：過謂過失。言視此百姓小民，尚皆顧及于箴規之言，畏其口發過失之言，况我制定其短長國策遷都之政令能不慎重？你們何不告下民我欲遷都真情，而皆以虛言妄説，威脅陷害衆民于不義，使其反對遷都；民情如火之燎原，不可向近，豈可撲滅？此則你們衆臣自作不善所致，不是我有過失。

「遲任有言曰：『人惟求舊，器非求舊，惟新。』古我先王暨乃祖乃父，胥及逸勤，予敢動用非罰？世選爾勞，予不掩爾善。兹予大享于先王，爾祖其從與享之。作福作災，予亦不敢動用非德。

【校】唐石經遲作遅。敦煌、岩崎本遲作迡。古文訓遲作迡，勞作憥。按：説文辵部云：「遲，徐行也，从辵，犀聲。詩曰：『行道遲遲。』迡，遲或从尸。遅，籀文遲，从屖。」段注云：「按此字疑後人因揚雄傳而增也。甘泉賦曰：

『靈遲遟兮。』説者皆云上音棲，下音遲。遟即遲字也。然文選作迟迡，與漢書異。玉篇、汗簡亦皆作迡，集韻引尚書迡任，又未必真壁中古文也。五經文字曰：『今从籀文。』謂唐人經典用遲不用遲也。」今按：甲骨文作徲、徲二形，从辵與从彳義同，是玉篇、汗簡、集韻等作迡，即徲之變。西周金文伯遲父鼎、仲𠭯父簋作遲，與説文籀文同，唐石經作遲，亦爲正體。包山楚簡、郭店楚簡及望山楚簡作遟，與説文篆文或體同，當即迡之變。蓋戰國楚文字作遟，秦文字作遲，遲雖與古文異構，而後世通行，尚書經文作遲用通行體。説文力部云：「勞，劇也，从力，熒省，熒火燒冖，用力者勞。𤇾，古文勞从悉。」今按：戰國古文字睡虎地秦簡作勞从力，與説文篆文同，後世通行。𤇾不見於先秦古文字，不足取。

【詁】書疏引鄭玄曰：「遲任，古之賢史。」「人惟求舊，器非求舊，惟新」，漢石經作「人維舊，器非救舊，維新」。按：漢石經用今文尚書。求與救通，堯典「旁求」，説文引作「旁救」，是求假借作救之證。今文尚書作「人維舊」無求字者，是探下文省求字，古文尚書不省。器舊，喻故都；器新，喻殷邑。言古之賢史遲任曾有言説道，人要求用老成幹練者，而器具不求用舊朽者，要求用新製者。爾雅釋詁云：「暨，與也。」「胥，相也。」逸當讀爲勩。爾雅釋詁云：「勩，勞也。」又云：「勤，勞也。」按：「逸勤」謂有勞于天下。國語晉語韋昭注云：「動，行也。」「非罰」謂不適當之處罰。俞氏平議云：「選當讀纂，爾雅釋詁云：『纂，繼也。』『世纂爾勞』者，世繼爾勞也。」言昔我先王成湯與你們的祖父、父親共同有勞于天下，我怎敢行用不適當處罰于你們；應世代繼承你家勤勞于天下傳統，我不會掩蓋你們美善。廣雅釋言云：「兹，今也。」周禮疏引鄭玄曰：「大享，謂烝嘗也。」按：爾雅釋詁云：「烝、嘗，祭也。」又云：「享，獻也。」是「大享」猶言大祭，「享之」謂受祭獻。「非德」對上「非罰」，謂不合德行之賞。言今我要舉行大祭于先王，你們的祖先也將從同受祭。對于你們，作福善之事者賞之，作災禍之事者罰之，我也不敢行用不合德行之賞。

「予告汝于難，若射之有志。汝無侮老成人，無弱孤有幼。各長于厥居，勉出乃力，聽予一人之作猷。」

【校】隸釋引漢石經作「女毋翕侮成人」、「無弱」作「毋流」。唐石經作「汝無老侮成人」。敦煌、岩崎本作「女亡老侮成人」。古文訓射作䠶。今按：段氏撰異云：「古文尚書作『無老侮成人，無弱孤有幼』。鄭注：『老、弱，皆輕忽之意也。』僞孔傳與鄭注本同。孔傳『老成人』三字爲經文『老侮』張本，非孔作『侮老成人』也。唐石經作『老侮』不誤。今版本作『侮老』，因『老成人』三字口習既孰，又誤會孔傳，故倒亂之。漢書趙充國傳曰：『時充國年七十餘，上老之。』此『老侮』之解也。臧氏鏞堂曰：『左氏傳：「宋華閱卒，華臣弱皋比之室。」杜注：「弱，侵易之。」』此『弱孤有幼』之解也。」隸釋石經尚書殘碑『有志，女毋翕侮成人，毋流』，此今文尚書也。無作毋，老作翕，弱作流，翕侮猶狎侮也，翕蓋狎之假借字。」據段氏此說，又證諸敦煌、岩崎等古寫本，則唐石經是。說文矢部云：「䠶，弓弩發於身而中於遠也，从矢，从身。射，篆文䠶，从寸；寸，法度也，亦手也。」段注云：「射者小篆，則䠶者古文。何不以射入寸部而以䠶傳見也，爲其事重矢也。射必依法度，故从寸。寸同又，射必用手。」今按：殷虛書契菁華第七頁第一片䠶字作⿰弓矢，象矢注于弓，甲文皆如此，早期金文射女盤亦同。而令鼎、靜簋及石鼓文作⿰矢又，从又，象手持矢注弓之形。自小篆譌弓爲身，漢隸仍之，而後世通行射、䠶二體。今本尚書作射者，本唐石經。古文訓作䠶者，本說文篆文。

【詁】楊氏詞詮云：「于，介詞，用同以。」引此文「予告汝于難」爲例。廣雅釋詁云：「志，識也。」按：志、識音義同，故標志亦作標識。言我以遷都之難告訴你們，如射之有標識，雖難不射中標識不休。書疏引鄭玄曰：「老、弱，皆輕忽之意也。」王鳴盛尚書後案云：「老與弱對，侮與孤對，成人與有幼對，經意謂無老侮其成人者，無弱孤其有幼者，不可以大雅蕩篇『老成人』説此經，鄭注是。」按：老侮、弱孤皆用爲動詞，「老侮成人」謂如輕侮老年人一樣而輕侮成人，「弱孤有幼」謂如小視孤寡之人一樣而小視有幼。「成人」，謂成年之人；「有幼」，有爲助詞，謂青少年之人。蓋成年人與青少年主張遷都，而大臣以其資淺輕視他們。爾雅釋言云：「宅，居也。」按：堯典云「使宅百揆」，是此居謂居官。爾雅釋言云：「作，爲也。」又釋詁云：「猷，謀也。」按：「作猷」謂所爲謀略。言你們衆臣不要如輕侮老年人一樣輕侮成年之人，不要如小視孤寡之人一樣小視青少年之人，他們各有優點。各位要從長遠考慮其居官任職，爲國家勉力付出其力量，聽從我一人所爲謀略。

「無有遠邇，用罪伐厥死，用德彰厥善。邦之臧，惟汝衆；邦之不臧，惟予一人有佚罰。凡爾衆，其惟致告：自今至于後日，各恭爾事，齊乃位，度乃口，罰及爾身，弗可悔。」

【校】隸釋引漢石經尚書盤庚恭作共，「度乃口」，「乃」作「爾」。按：段氏撰異云：「共，孔訓奉，與甘誓、牧誓同。衛包改古應改爲供字，則猶不失字誼。而妄改爲恭，恭不訓奉也。石經正作共，然則今文尚書與古文尚書同也。」漢石經尚書殘碑「度乃口」作「度爾口」，按此今文尚書。説文乃部云：「乃，曳詞之難也，象氣之出難也。」段注云：「乃、汝一語之轉，故乃又訓爲汝也。」又説文㸚部云：「爾，麗爾，猶靡麗也。」段注云：「以其與汝雙聲，假爲爾汝字。」今按：人稱代詞皆假借爲之，乃、爾、汝以音近通用爲第二人稱代詞。尚書今文作爾，古文作乃，字異而義同。

【詁】爾雅釋詁云：「邇，近也。」按：遠謂諸侯，邇謂近臣。王氏釋詞云：「用，詞之爲也，用、爲一聲之轉。」廣雅釋詁云：「伐，殺也。」按：「用罪」即「用死罪」，因下「死」字而省略，謂爲死罪之行；「用德」即「用善德」，因下「善」字而省略，謂爲善德之行。言對于衆臣，無有遠近親疏之分，犯死罪誅殺其死罪，爲善德表彰其善德。王氏釋詞云：

「之，猶若也。」引此文「邦之臧」、「邦之不臧」爲例。爾雅釋詁云：「臧，善也。」佚同逸，爾雅釋言云：「逸，過也。」國語周語韋昭注云：「罰，猶罪也。」按：「佚罰」謂罪過。言衆臣只要聽從我謀，國事如善，是你們衆臣之功；國事如不善，是我一人有罪過。楊氏覈詁云：「致，字本作指。微子：『今爾無指告。』廣雅『指、告，語也。』」按：「致告」猶言語告。廣雅釋言云：「齊，整也。」按：整謂端正。孫氏注疏云：「度，説文作敗，云：『敗，閉也。』此省文，言杜塞其口。」吕氏春秋用民篇高誘注云：「可，用也。」按：「弗可」即不用。言所有你們衆臣，現在要告語你們，從今以後，要各自供執其事，端正你爲臣之職位，杜塞你虚言之口，否則罪及你身，不用後悔。

盤庚中

盤庚作，惟涉河以民遷。乃話民之弗率，誕告用亶。其有衆咸造，勿褻在王庭。盤庚乃登進厥民，曰：「明聽朕言，無荒失朕命。嗚呼！古我前后，罔不惟民之承保，后胥感鮮，以不浮于天。

【校】釋文云：「亶，馬本作單，音同。」隸釋引漢石經感作高。敦煌本感作戚。古文訓話作舙。按：説文言部云：「話，會合善言也，从言，昏聲。傳曰：『告之話言。』譮，籀文話，从言會。」段注云：「話、會疊韻。此當作春秋傳曰『著之話言』，見文六年左氏傳。」今按：玉篇舌部云：「舙，胡快切，古文話。」古文四聲韻夬韻引籀韻話作舙。話字本从昏聲，與口舌之舌無涉，漢隸變昏爲舌，玉篇入舌部，殊不類；又云舙爲古文，不知何所據。蓋必後造俗字，不可取。戰國古文字郭店楚簡作話，爲漢隸作話所本，後世通行，故尚書經文作話亦可。馬融本古文尚書作單，則作亶者當爲今文尚書，音同而通用。段氏撰異云：「釋元應衆經音義卷十五媟嬻條下引尚書『咸造忽媟』。」玉裁按：忽者字之誤，褻本作媟，褻蓋衛包所改也。戚，衛包改作慼，今更正。石經尚書殘碑『民之承保后胥高』，按此今文尚書也，戚作高，黄氏伯思東觀餘論亦載『保后胥高』。」今按：魏三體石經文公戚作𨗨。王國維魏石經殘字考云：「書盤庚」『保后胥戚』，漢石經作『保后胥高』。疑古本作𨗨，今文家讀爲高，古文家讀爲戚耳。古音戚在幽部，高在宵部，二部合音最近，故此字以高爲聲。」蓋今文家讀爲高者，實𨗨之省，而高又戚之假借字。西周金文戚姬簋有戚字，而戰國古文郭店楚簡作慼，是慼亦古文，故尚書經文作慼亦可。

【詁】説文人部云：「作，起也，从人乍聲。」按：周易乾卦云：「聖人作，萬物覩。」釋文引鄭玄曰：「作，起也。」「盤庚作」，此史官記事之辭，言賢君盤庚興起。爾雅釋詁云：「惟，謀也。」涉，渡水。河，黄河。奄在河之南，殷在河之北，故遷都要渡黄河。楊氏詞詮云：「以，介詞，表率領之義。」言謀劃渡河率臣民遷都。王氏釋詞云：「乃，猶於是也。」話當讀爲佸。説文人部云：「佸，會也。」爾雅釋詁云：「率，循也。」王氏釋詞云：「誕，發語詞也。書多方曰：『誕作民主。』説者用爾雅『誕，大』之訓，則詰籥爲病矣。」爾雅釋詁云：「亶，誠也。」按：「告以亶」，謂以誠相告。言于是會集臣民之不順從遷都者，以誠心告戒。「有衆」即衆，有爲助詞。儀禮士喪禮鄭注云：「造，至也。」按：「咸造」，皆至。孫氏注疏云：「褻者，韋昭注國語云：『近也。』言未近在王廷。」蓋臣民與君尚有隔閡，故雖至而不進王庭。爾雅釋詁云：「登，升也。」言衆臣民皆至，但未走近到朝廷，盤庚乃登坐君位，讓其臣民來進朝廷。王氏述聞云：「家大人曰：爾雅：『孟，勉也。』孟與明古同聲而通用。盤庚曰『明聽朕言，無荒失朕命』，言當勉從朕言，無荒失也。」按：朱氏説文通訓定聲云：「荒，假借爲忘。」失當讀爲佚。説文人部云：「佚，一曰忽也。」是「荒失」猶言忽視。言應當勉力聽從我言，不要忽視我遷都命令。爾雅釋詁云：「后，君也。」「惟，謀也。」按：「承保」連文，亦見雒誥。承與時古通用，廣雅釋詁云：「時，善也。」詩唐風山有樞毛傳云：「保，安也。」是「承保」猶言善保，謂善保其民。爾雅釋詁云：「胥，皆也。」「鮮，善也。」按：慼，憂思。「后胥慼鮮」謂君主皆憂思民生之善保。小爾雅廣言云：「浮，罰也。」朱駿聲注云：「浮即借爲罰。」言昔我歷代先君，無不思慮民衆之善保，正因君主皆憂思民衆之善保，因此不受罰于天。

「時殷降大虐，先王不懷厥攸作，視民利用遷。汝曷弗念我古后之聞？承汝俾汝，惟喜康共，非汝有咎，比于罰。予若籲懷兹新邑，亦惟汝故，以丕從厥志。

【校】岩崎本虐作害，古文訓念作忎。按：古寫本虐字作害者，説文虍部虐字古文下从口，蓋形近寫譌作害，不可取。而念作忎者，蓋遵漢隸而誤。漢隸韓勑碑變作念，亼又譌變爲亖，則念字作忎。是忎乃念之俗字，古文訓以俗字作古文。而説文心部念字从今聲。西周金文段簋、毛公鼎與東周金文者沪鐘及古璽文皆作念从今，與説文篆文同，是尚書經文當以作念爲正。

【詁】爾雅釋言云：「殷，中也。」按：中者正也，適也。慧琳一切經音義卷二十三引玉篇曰：「虐，災也。」「時殷降大虐」，言先王當時適逢天降大災。爾雅釋詁云：「懷，安也。」言先王不安于原來所作之都邑，看到遷都于民有利而遷徙。廣雅釋詁云：「聞，智也。」按：聞謂遷都之智謀。古承與時通，時者善也，見廣雅釋詁。「承汝」猶言善汝，即愛護你們。説文人部云：「俾，益也。」按：「俾汝」猶言益汝，即對你們有利益。俞氏平議云：「廣雅釋詁云：『拱，固也。』共、拱古通用。『惟喜康共』者，惟喜安固也。」詩小雅北山篇鄭玄箋云：「咎，罪過也。」説文比部云：「比，密也。」段注云：「其本義謂相親密也，餘義及也，次也。」是「比于罰」謂及于刑罰。言你們何不念我先王遷都智謀，今我遷都是爲了愛護你們，對你們有利益，樂居安固之地，不是你們有罪過而及于懲罰。俞氏平議云：「小爾雅廣詁：『若，女也。』說文頁部：『籲，呼也。』『予若籲』者，予女呼也，猶言予呼女也。」爾雅釋詁云：「懷，至也。」「茲，此也。」玉篇心部云：「惟，爲也。」丕與不古爲一字，「丕從厥志」者，謂不順從你們臣民不肯遷都意志。言今我呼籲你們要來至此新遷之都邑，也正因爲對你們有利益的緣故，因而不順從你們不肯遷都意志。

「今予將試以汝遷，安定厥邦。汝不憂朕心之攸困，乃咸大不宣乃心，欽念以忱，動予一人。爾惟自鞠自苦，若乘舟，汝弗濟，臭厥載。爾忱不屬，惟胥以沈。不其或稽，自怒曷瘳？汝不謀長，以思乃災，汝誕勸憂。今其有今罔後，汝何生在上？

【校】隸釋引漢石經邦作國，稽作迪，怒作怨，誕作永。敦煌、岩崎、足利、天正本怒作忞。按：段氏撰異云：「石經尚書殘碑『試以爾遷，安定厥國，今女不』，按此今文尚書也。女作爾、邦作國，多『今』字。凡漢人不以諱改經字，故知古文尚書多作邦，今文多作國，各依其壁藏之本也。」又云：「石經尚書殘碑『其或迪自怨』，此今文尚書也，稽作迪，怒作怨。」又云：「『永勸憂』，此今文尚書也，誕作永。按誕从延聲，延、永雙聲，皆訓長也。」今按：說文心部云：「怨，恚也，从心，夗聲。」「怒，恚也，从心，奴聲。」怒作怨者，蓋以同義字相借。而寫本怒作忞者，金文好姿壺怒作忞，魏三體石經無逸怒亦作忞，此从奴省聲。而恕字說文古文作忞者，此从女聲，是改換聲符。怒與恕古文一字，商承祚說文中之古文考云：「恕、怒聲近，故一字兩用。」但戰國文字睡虎地秦簡作怒，與說文篆文同，後世通行，故尚書經文當以作怒爲正。

【詁】爾雅釋言云：「試、式，用也。」按：試與式通。黃侃經傳釋詞箋識云：「式亦尚之借。」是「將試」猶今言將要。言今我將要率領你們而遷都，以安定其國家。説文木部云：「困，故廬也，从木在囗中。」段注云：「困之本義爲止而不過，引伸之爲極盡。凡言困苦，極盡之義也。」按：「攸困」謂所困苦。爾雅釋詁云：「咸，皆也。」説文宀部云：「宣，天子宣室也，从宀，亘聲。」段注云：「引伸爲布也，明也。」按：「宣乃心」，猶言布明你内心。説文心部云：「忱，誠也，从心冘聲。」動當讀爲慟。朱氏説文通訓定聲謂恫、慟一字。今按：恫从同，蓋本義爲同情之痛，用爲凡痛之義。「動予一人」，謂同情我一人。言你們不憂愁我心之所困苦，皆太不布明你們内心本意，謹念用誠心同情我一人。此責衆臣無開誠布公之心。鞠當作鞫。爾雅釋言云：「鞫，窮也。」按：「自鞫」謂自尋窮困。「自苦」謂自尋痛苦。爾雅釋言云：「濟，渡也。」臭當讀爲殠。説文歺部云：「殠，腐气也，从歺，臭聲。」段注云：「廣韻曰：『腐，臭也。』」按：今字用臭而殠廢矣。」按：殠謂腐朽。言你們不肯遷都是自尋窮困和痛苦，如乘載舟船，你不渡過去，將會腐朽其所載物。釋文引馬融曰：「屬，獨也。」按：説文犬部云：「獨，犬相得而鬥也，从犬，蜀聲。」段注云：「犬好鬥，好鬥則獨而不羣，引伸假借之爲專壹之偁。」是本字爲獨，屬亦从蜀聲，故獨假借爲屬，「不屬」猶言不專一。廣雅釋詁云：「沈，没也。」王氏釋詞云：「或，猶有也，故盤庚『不其或稽』，不其有稽也。」漢石經稽作迪，迪者進也。説文疒部云：「瘳，疾瘉也。」言你們遷都之誠意不專一，如渡河相與沈没水中，是由于自己没有進渡決心所致，自怨有何好處？爾雅釋詁云：「誕，大也。」楊氏覈詁云：「勸，疑當讀爲懽。爾雅：『懽懽，憂無告也。』」按：「勸憂」猶言憂。言你們不謀求長遠而思慮其災害，故你們有大憂患。爾雅釋詁云：「故，今也。」按：「今其」猶言故將。吕氏春秋長見篇高誘注云：「後，來也。」按：「有今罔後」謂有今無將來。爾雅釋詁云：「在，存也。」蔡邕獨斷云：「上者，尊位所在也。」言衆臣不謀長遠生計，故將有今日無將來，你們何得生存于尊位。

「今予命汝一，無起穢以自臭，恐人倚乃身，迂乃心。予迓續乃命于天，予豈汝威？

用奉畜汝衆。予念我先神后之勞爾先，予丕克羞爾，用懷爾然。

【校】漢石經無作毋，丕作不。敦煌本迓作卸。元亨本迓作御。古文訓穢作噦，迓作御。按：無、丕，漢石經作毋、不，此今文尚書所用字。古毋與無通，不與丕爲一字，故可通作。説文無穢字，蓋穢爲薉之俗字。説文艸部云：「薉，蕪也，从艸，歲聲。」朱氏通訓定聲云：「字亦作穢。假借爲饖。書盤庚：『無起穢以自臭。』」今按：食部云：「饖，飯傷熱也，从食，歲聲。」通訓定聲云：「廣雅釋器：『饖，臭也。』蒼頡篇：『饖，食臭敗也。』按：蘇俗所謂餿，凡傷熱則餿。」蓋漢人通用穢字，桐柏廟碑「疏穢濟遠」，魯峻碑「佞穢者遠」等皆作穢，故尚書經文作穢。古文訓作噦，不足取。段氏撰異云：「玉篇足部：『踦，居綺、丘奇二切。「恐人踦乃身，迂乃心」，踦，曲；迂，避也。』玉裁按：此引尚書倚作踦，僻作避，當是顧野王本與唐初本不同也。説文：『踦，戾足也。』廣韻五支曰：『踦，脚跛也。』則踦有曲訓，而倚訓曲殊牽強，似顧本爲善。」顏氏匡謬正俗卷二云：「商書盤庚云：『予御續乃命於天。』詩鵲巢云：『百兩御之。』訓解亦皆爲迎，徐氏並作音訝。」段氏撰異云：「此唐初本作御之證。唐石經已下作迓者，衛包改也。釋文云『迓，五駕反』者，開寶閒改也。訓迎之字本作訝，其作迓者，又訝之別體，説文所無也。凡各書用字有例，如古文尚書字皆作御，此其大例也。」今按：説文彳部云：「御，使馬也，从彳卸。馭，古文御，从又馬。」段注云：「按：卸亦聲。馭惟見周禮。」考先秦古文字無訝、迓二字而有御字，是尚書經文當以作御爲正。御从卸聲，是敦煌寫本作卸者，即御之省形借字。

【詁】劉淇助字辨略云：「一，專一，猶言誠也，實也。誠非虚假，故訓爲決定辭也。」穢謂污穢之氣，喻浮言。孫星衍謂臭同齅，倚同掎。按：説文鼻部云：「齅，以鼻就臭也，从鼻臭，臭亦聲。讀若畜牲之畜。」又手部云：「掎，偏引也，从手，奇聲。」按：掎謂牽引樹頭使樹倒向預定方向，「倚乃身」謂被人牽着鼻子走。言今我命你們一心决定遷都，不要什麽地方颳起穢氣浮言就用鼻子去嗅，怕的是被人牽着鼻子走入邪道，心迷僻境走不出來。迓本字爲御，説文訓爲「使馬」，是御有使義，「御續乃命于天」，謂祈使上天繼續你們命運。説文収部云：「奉，承也，受也。」廣雅釋詁云：「畜，養也。」按：「奉畜」謂受天命保養。言讓你們一心遷都，是我爲祈使上天延續你們命運，我豈是威虐你們，是承受天命保養你們。説文示部云：「神，天神引出萬物者也，从示，申聲。」按：「先神后」，謂已故神武配天之君，即成湯。「爾先」，謂衆臣祖先助成湯平治天下者。漢石經丕作不，是今文尚書作不。爾雅釋詁云：「羞，進也。」按：進即進取，「羞爾」謂使你們立志進取。説文心部云：「懷，念思也，从心，褱聲。」按：懷从褱，褱从衣，是懷抱本字，故懷字本義猶今言關懷。廣雅釋詁云：「然，成也。」言我念我已故神武君王成湯有勞你們有功祖先平治天下之事，我就感到造成你們不肯遷都，是我不能使你們進取而關懷你們所造成。

「失于政，陳于兹，高后丕乃崇降罪疾，曰：『曷虐朕民？』汝萬民乃不生生，暨予一人猷同心，先后丕降與汝罪疾，曰：『曷不暨朕幼孫有比？』故有爽德，自上其罰汝，汝罔能迪。

【校】漢石經崇作知。古文訓幼作紉。按：漢石經崇作知者，是今文尚書作知。崇字古音牀紐東部，知字端紐支部，牀、端鄰紐，東、支旁對轉，古音崇、知音近，故崇通作知，而經文本字仍當爲崇。説文幺部云：「幼，少也，从幺力。」段注云：「釋言曰：『幼，稚也。』幺亦聲。」今按：殷虚書契後編卷下三十五頁一片幼字作⿱力幺，从力幺會意。幺者，糸之初文。説文糸部云：「糸，細絲也，象束絲之形，讀若硯。幺，古文糸。」蓋力細弱爲幼，用爲幼稚義。金文禹鼎作幼，與説文篆文同。又按：龍龕手鏡糸部云：「幻，舊藏音幼，在經音義。」又字彙補糸部云：「幻，幼字之譌，見佛藏。」竊疑幻乃幼字之譌，幼即幼字繁化俗字，不足取。尚書經文當以作幼爲正。

【詁】「失于政」謂不遷都是國家政治之失誤。陳與塵通。爾雅釋詁云：「塵，久也。」「高后」猶言高祖，謂成湯。王氏釋詞云：「丕乃，猶言於是也。」引此文「丕乃崇降罪疾」爲例。爾雅釋詁云：「崇，重也。」按：重讀重輕之重。「罪疾」猶言罪過。言不遷都是國家政治之失誤，久留于此，在天之高后成湯于是要重降罪過，下問爲何虐害我民。陸氏莊子大宗師釋文引崔譔云：「常營其生爲生生。」按：「生生」猶言自謀生路。爾雅釋詁云：「曁，與也。」「猷，謀也。」王氏釋詞云：「丕，乃承上之詞，盤庚『先后丕降與女罪疾』，猶言乃降與女罪疾。」孫氏注疏云：「幼孫，盤庚自謂，陽甲爲長，故曰幼也。」「有比」即比，有爲助詞。説文比部云：「比，密也。」段注云：「本義謂親密也。」是「有比」謂親密。言你們萬民乃不自求生路，與我一人謀求同心遷都，先君乃降及你們罪過，下問何不與我幼孫盤庚親密。爾雅釋言云：「爽，差也。」按：「爽德」猶言失德。孫氏注疏云：「迪者，馬氏注多方迪作攸。攸同悠，説文云：『悠，長也。』」言所以你們如有失德，先君在天之靈將降刑罰，你們不能長久生存。

「古我先后，既勞乃祖乃父，汝共作我畜民。汝有戕則在乃心。我先后綏乃祖乃父，乃祖乃父，乃斷棄汝，不救乃死。」

【校】漢石經戕作近。按：説文戈部云：「戕，槍也，它國臣來弑君曰戕。从戈，爿聲。」段注云：「槍者，歫也，歫謂相抵爲害。」今按：殷契粹編一二一九片作戕，與篆文同。漢石經戕作近者，字形相似而譌。蓋古文尚書作戕，今文尚書作斨。説文斤部云：「斨，方銎斧也，从斤，爿聲。」是戕、斨音同義近。斨與近形似，故斨譌作近。尚書經文仍當作戕。

【詁】爾雅釋詁云：「古，故也。」説文共部云：「共，同也，从廿廾。」段注云：「廿，二十并也，二十人皆竦手是爲同也。」古畜與好音近，故畜假借爲好。孟子梁惠王下篇云「畜君者，好君也」，是其例。爾雅釋詁云：「在，察也。」言從前我先君已勞你祖你父共同治國，所以你們應同他們一樣作我好臣；今你們有破壞遷都之意，則我已洞察你心。爾雅釋詁云：「綏、柔，安也。」按：綏謂懷柔安撫，即以衆臣不肯遷都罪過告知祖、父神靈，使其心安，不反對刑罰其子孫。説文棄字亦作弃，云：「捐也。」按：「斷棄」謂斷絶放棄祖孫關係。言不僅我先君會以你們不遷都罪過安撫你祖你父不反對刑罰，你祖你父亦會斷棄你們祖孫關係，不救你們死罪。

「兹予有亂政同位，具乃貝玉。乃祖乃父丕乃告我高后曰：『作丕刑于朕孫！』迪高后丕乃崇降弗祥。

【校】隸釋引漢石經「崇降弗祥」作「興降不永」。唐石經「乃父」作「先父」，「孫」作「子孫」。敦煌、岩崎、元亨本亦作「先父」，足利、天正、八行本亦作「子孫」。按：段氏撰異云：「釋文曰：『我高后，本又作乃祖乃父。』玉裁按：別本是也。當『乃祖乃父丕乃告』句絶，『乃祖乃父曰作丕刑于朕孫』句絶，『迪高后丕乃崇降弗詳』句絶。唐石經朕孫作朕子孫，多子字，足利古本亦有子。王氏鳳喈曰：『玩傳作大刑于我子孫，似本有子字，後人傳寫誤脱也。』玉裁按：傳多增字，足利古本往往據以增經正文，不必因上文『乃祖乃父』而必兼舉子孫也。古人文字不拘，言『朕孫』者出『乃祖』口中，自可統『乃父』在内。」馮登府漢石經考異云：「崇、興音義通。文選東京賦：『進明德而崇業。』薛注：『崇猶興也。』説文興從舁從同，聲亦相協，太玄經『風動雷興，從其高崇』，可證興與崇協，故今文作興，正以見古音如此耳。古永、羕同字，詩『江之永矣』，韓詩作羕，从永从羊聲，祥亦從羊聲，且古字祥並省作羊，此永、祥之由異也。」今按：永古音讀如羊，祥亦讀如羊，故通用。

【詁】爾雅釋詁云：「兹，此也。」「亂，治也。」孔傳云：「此我有治政之臣同位於父祖。」按：「亂政」謂治理政事衆臣，「同位」謂職位之重等同其父祖，責其重用同父祖而背父祖盡忠之德。或釋「亂政同位」爲亂政之臣在位，殊非古義。說文収部云：「具，共置也，从廾貝省，古以貝爲貨。」段注云：「共、供古今字，當從人部作供。」按：具从雙手，故有聚斂之義。孫星衍曰：「古者貨貝而寶龜，周而有泉，至秦廢貝行錢。」按：王氏釋詞云：「乃，猶其也。」「具乃貝玉」謂聚斂其錢幣寶玉。告，猶今言告狀，謂乃祖乃父以其子孫貪具貝玉罪狀上告于先王成湯。爾雅釋詁云：「丕，大也。」「刑，法也。」言而今我有治理政事之臣位重等同其先祖先父，但背父祖盡忠之德而聚斂錢財，故其父祖以貪行罪狀上告于我先王成湯，請求用大刑法懲罰其子孫。迪當讀爲由。王氏釋詞云：「由或作攸，攸猶用也。」「丕乃，猶言于是也。」爾雅釋詁云：「崇，重也。」「弗祥」，漢石經作「不永」，不永即不長，謂死亡，與上文「不救乃死」相承爲義。言據你祖父請求，因此我高祖于是將重降你們死罪。

「嗚呼！今予告汝不易，永敬大恤。無胥絶遠，汝分猷念以相從，各設中于乃心。乃有不吉不迪，顛越不恭，暫遇姦宄，我乃劓殄滅之，無遺育，無俾易種于兹新邑。往哉生生！今予將試以汝遷，永建乃家。」

【校】隸釋引漢石經嗚呼作於戲，分作比，猷作猶，設作翕。敦煌、元亨本劓作劓，岩崎本作劓。古文訓顛作顚，越作戉，劓作劓。按：馮氏漢石經考異云：「古文爲烏呼，今文爲於戲。」伏生大傳作於戲，此今文之證，與石經合。唐石經始加口作嗚，當是從衛包所改。分、比以形近而譌。金氏履祥曰：比字義長。江氏聲云：女比附其謀猶念慮以相從於遷所，各合中正于女心也。說文有猶無猷，是爲古今字。設，翕聲之誤也。江氏聲云：翕，合也。」今按：漢石經分作比，設作翕，是今文正字；古文作分爲譌字，作設用假借字，當從今文。說文頁部云：「顛，頂也。从頁，真聲。」今按：戰國古陶文與古璽文作顛从頁，是爲正體，尚書經文當以此爲正。而廣韻先韻云：「顛，同顛。」又唐圭峰禪師碑顛作顛，是顛爲顛之俗字，古文訓以俗字作古文。說文戉部云：「戉，大斧也，从戈，乚聲。」段注云：「俗多金旁作鉞。」又走部云：「越，度也，从走，戉聲。」今按：戉與越音同義異。蓋越字晚出，古止作戉，故金文者沪鐘越作戉，是戉爲越之初文。但先秦古陶文作越，是越亦古文，且後世通行，故尚書經文當以作越爲正。說文刀部云：「劓，刖鼻也，从刀，臬聲。易曰：『天且劓。』劓，劓或从鼻。」段注云：「刖，絶也。周禮注曰：『截鼻。』臬，法也，形聲包會意。刀鼻會意，今經典如此作劓。」今按：殷虚文字乙編三二九片作劓，辛鼎亦作劓，是甲金文與說文正篆同。而古陶文作劓，與說文或體同。是劓雖後出，但亦古文，經典通用，故尚書經文當作劓。

【詁】書疏引鄭玄曰：「我所以告汝者不變易，言必行之。」爾雅釋詁云：「永，長也。」「恤，憂也。」言今我告訴你們，遷都之事不會變易，要長警大憂患發生，不遷都就是大憂。爾雅釋詁云：「胥，相也。」「猷，謀也。」分當從今文作比。說文比部云：「比，密也。」按：謂親密。設當從今文作翕。爾雅釋詁云：「翕，合也。」王氏述聞云：「廣雅曰：『設，合也。』『各設中于乃心』者，各於汝心求合中正之道也。」按：今文作翕，古文作設，字異而義同。言君臣不要相互疏遠，你們與我親密謀慮而相從遷都，各從你內心求合中正之道。王氏釋詞云：「乃，猶若也。」說文口部云：「吉，善也，从士口。」爾雅釋詁云：「迪，道也。」孔傳云：「顛，隕；越，墜也。」按：「顛越」蓋古成語，謂墮落違法。王氏述聞云：「暫讀曰漸，漸，詐欺也。遇讀『隅睉智故』之隅，字或作偶，人邪謂之偶睉。」是「暫遇姦宄」謂欺詐姦邪之人。

爾雅釋詁云：「殄，絶也。」按：「劓殄」謂斷絶。王氏述聞云：「育讀爲胄。堯典『教胄子』，説文引作『教育子』。周官釋文曰：『育音胄。』是古育、胄同聲而通用。説文曰：『胄，胤也。』『無遺育』即無遺胄。」爾雅釋詁云：「俾，使也。」易當讀爲施，音移，謂遷移。言若有不爲善良，不走正道，墮落違法，欺詐姦邪者，我則斷絶滅族，不使敗種遷移于這新邑。「生生」謂自營生存。爾雅釋言云：「試、式，用也。」廣雅釋詁云：「建，立也。」言要前往營求生存，今我將因要生存率領你們遷都，從長遠建立你們家園。

盤庚下

盤庚既遷，奠厥攸居，乃正厥位，綏爰有衆，曰：「無戲怠，懋建大命。今予其敷心腹腎腸，歷告爾百姓于朕志。罔罪爾衆，爾無共怒，協比讒言予一人。

【校】隸釋引漢石經「無戲怠」作「女罔台」，懋作勖，予作我。按：段氏撰異云：「此今文尚書也。古罔、無通，台、怠通，懋、勖通，勖古音同懋。文選左太沖魏都賦曰：『優賢箸於揚歷。』張載注曰：『尚書盤庚曰：「優賢揚歷。」歷，試也。』按：左時未經永嘉之亂，夏侯、歐陽等書無恙也。漢咸陽令唐扶頌『優賢颺歷』，此用今文尚書也。」今按：王國維曰：「古文尚書作『今予其敷心腹腎腸，歷告爾百姓于朕志』，是也。蓋優賢揚三字，即腹腎腸三字之誤也。」見尚書講授記。是此文句讀仍當從古文尚書。

【詁】説文丌部曰：「奠，置祭也，从酋，酋，酒也，丌，其下也。」段注云：「引伸爲奠高山大川之奠，定也。」爾雅釋詁云：「綏，安也。」「爰，曰也。」「有衆」，有爲助詞，謂衆臣民。言盤庚已率領臣民遷徙到新邑，定其所居，正君臣上下之位，安撫臣民之情。爾雅釋詁云：「戲，謔也。」「命，告也。」按：「大命」猶言大令，謂治國誥令。言今新遷不可戲謔懈怠，要勉力建立治國誥令。敷本作尃。説文寸部云：「尃，布也，从寸，甫聲。」按：「敷心腹腎腸」，猶言掏心挖肺，謂全盤托出心裏話。爾雅釋詁云：「歷，數也。」按：「歷告」謂盡數相告。楊氏詞詮云：「于，介詞，用同以。」引盤庚「歷告爾百姓于朕志」與下文「今我既羞告爾于朕志」爲例。言今我將心裏話全掏出來，把我心意盡告你們臣民。爾雅釋詁云：「協，和也。」廣雅釋詁云：「比，近也。」按：「協比」猶言和附，即附和。言我不罪責你們臣民，你們也不要共同怨怒我，不要附和姦人讒言誹謗我一人。

「古我先王，將多于前功，適于山，用降我凶，德嘉績于朕邦。今我民用蕩析離居，罔有定極，爾謂朕曷震動萬民以遷？

【校】隸釋引漢石經嘉作綏，「爾謂」作「今爾惠」，震作柢。東觀餘論引漢石經震作祗。敦煌、岩崎、古文訓本謂作胃。按：馮登府漢石經考異云：「綏、嘉聲之近。嘉，古音如哥，詩東山、破斧、節南山相協可證。震與振通，書『震驚朕師』，史記作振。振又與祇通，皋陶謨『日嚴祗敬六德』，史記夏本紀作振。故祇亦得通震也。」今按：上文既曰「今我民」，下不當複用今字。蓋爾字篆文上象今字，故誤析爲今爾二字。又惠當爲胃之譌，古謂通作胃，胃、惠古字形近而譌。而謂作胃者，省形存聲而借，不足取。戰國古文字石鼓文、睡虎地秦簡皆有謂字，尚書經文當作謂。

【詁】爾雅釋詁云：「古，故也。」廣雅釋詁云：「將，欲也。」説文夕部云：「多，緟也，从緟夕。」段注云：「緟者，增益也，故爲多。多者勝少者，故引伸爲勝之偁。」按：「將多于前功」，謂欲勝于前功。爾雅釋詁云：「適，往也。」按：「適于山」，謂遷往于山丘高地，以避平地水患。言從前我先王成湯欲光大前代祖上功業，將民遷往山丘高地以避水患。楊氏覈詁云：「降，字亦作𩂣，廣雅：『減也。』」按：說文凶部云：「凶，惡也，象地穿交陷其中也。」是「降凶」猶言減少凶災。德當讀爲得。說文彳部云：「德，升也，从彳㥁聲。」段注云：「升當作登。德訓登者，登讀言得。」爾雅釋詁云：「嘉，美也。」「功，績，成也。」按：「嘉績」猶言美大成功。言先王用遷徙減少我民凶災，在我國取得過大成功。蕩，動蕩之義，本字說文作盪。廣雅釋詁云：「析，分也。」「極，止也。」按：「蕩析」猶言動蕩分散，「離居」猶言失所。「定極」猶言定止，謂固定居址。言今我民因不遷遭水害動蕩分散，流離失所，無有固定居址，你們却說我何故震動萬民而遷徙。

「肆上帝將復我高祖之德，亂越我家。朕及篤敬，恭承民命，用永地于新邑。肆予沖人，非廢厥謀，弔由靈各，非敢違卜，用宏茲賁。

【校】敦煌、岩崎、元亨本篤作竺，靈作霛，違作韋。古文訓篤作竺，靈作霛。按：說文二部云：「竺，厚也，从二，竹聲。」段注云：「爾雅、毛傳皆曰：『篤，厚也。』今經典絶少作竺者，假借之字行而真字廢矣。篤，馬行鈍遲也，聲同而義略相近，故假借之字專行焉。从二，加厚之意。」今按：戰國古文仰天湖楚簡、郭店楚簡、侯馬盟書有竺字，而睡虎地秦簡有篤字，是竺、篤皆先秦古文字。因篤亦从竹聲，故同音假借。是諸寫本及古文訓篤作竺者，用古本字。段氏撰異云：「共，傳訓奉，衛包妄改爲恭字，陳鄂又删釋文共音恭之語，而古義蕩然矣。」說文玉部云：「靈，巫也，以玉事神，从玉，霝聲。靈，靈或从巫。」今按：殷虛文字乙編九七一片靈字作霝。金文𤼈鐘、曾中大父簋亦作霝，與甲骨文同。而先秦古陶文、詛楚文作靈、與說文篆文同。古文四聲韻青韻引尚書靈作霝，又引崔希裕纂古作霛。蓋靈字古文止作霝，後吅譌作㗊，則霛爲霝之譌。故靈爲正體，經典通用異體靈。說文韋部云：「韋，相背也，从舛，囗聲。」

段注云：「今字違行而韋之本義廢矣。酒誥：『薄韋農父。』馬曰：『韋，違也。』據羣經音辨，則古文尚書當如是。」今按：殷虛文字甲編二三二五八片作韋，从舛从口，舛象兩足相背，口象方圍，是韋之本義爲背離家園而去，用爲背離義，故韋爲違之古文。說文辵部云：「違，離也，从辵，韋聲。」今按：先秦古文無違字，是後起之字而通行。

【詁】爾雅釋詁云：「肆，今也。」「亂，治也。」越與粵通，粵从于，故與于義同。爾雅釋詁云：「粵，于也。」言今上帝將復興我高祖成湯德政，治理于我們國家。說文又部云：「及，逮也，从又人。」段注云：「辵部曰：『逮，及也。』及前人也。」按：及猶今言追趕。「篤敬」，謂先王成湯篤厚愛民之德。孫氏注疏云：「承，同抍，謂拯也。」爾雅釋詁云：「永，長也。」言我追遵先王篤厚愛民之德，奉天意拯救民命于水火，以長久居止于新邑。漢書翟義傳顏師古注云：「沖，稚也。」按：沖即童之假借字。「沖人」，盤庚自謂。楊氏覈詁云：「弔，古淑字。」按：金文淑字與弔字形近，故常誤作弔。爾雅釋詁云：「淑，善也。」靈謂龜卜之靈善。各，古洛字，經典通用格字。方言云：「洛，來也。」爾雅釋詁云：「宏，大也。」廣雅釋詁云：「賁，美也。」言今我年稚爲君之人，不是要廢棄你們之謀不用，而是遷都之善由龜卜之靈來決定，故我不敢違背龜卜之意旨而遷徙，以宏大先王功業于此美地。

「嗚呼！　邦伯師長，百執事之人，尚皆隱哉！　予其懋簡相爾，念敬我衆。　朕不肩好貨，敢恭生生，鞠人謀人之保居，敘欽！　今我既羞告爾于朕志，若否，罔有弗欽。　無總于貨寶，生生自庸，式敷民德，永肩一心。」

【校】隸釋引漢石經隱作乘，懋作勖，簡作蕳。敦煌、岩崎本寶作珤，足利、天正本作宝。古文訓隱作㥯，寶作珤。按：楊氏覈詁云：「隱，漢石經作乘。隱，廣雅：『安也。』」按：說文：『𤔌，所依據也，讀與隱同。』又按：說文：『乘，古文作兗，从几。』隱、馮、乘三字並同誼也。懋，漢石經作勖，皆謂勉也。」馮氏漢石經考異云：簡，石經作蕑。「蕑是隸變。論語『簡在帝心』，石經亦作蕑。漢桐柏廟碑『蕑略不敬』，鄭固碑『德能蕑乎聖心』，皆以蕑爲簡也。漢碑從竹字多變從艸。」今按：戰國古文石鼓文、睡虎地秦簡皆作簡从竹，尚書經文當以作簡爲正。說文宀部云：「寶，珍也，从宀玉貝，缶聲。寚，古文寶，省貝。」段注云：「玉與貝在屋下，會意。」廣韻晧韻云：「珤，寶古文。」今按：殷虛書契後編卷下十頁三片寶作𡧖，从宀貝玉。殷契粹編一四八九片作寶，从宀珏貝，从珏與从玉義同。殷代戍嗣子鼎作寶，从缶聲。兩周金文庚嬴卣、毛公鼎、秦公簋作寶，皆與說文篆文同。而殷代宰甾簋，兩周嬴氏鼎、番君鬲皆作寚，與說文古文義同。是殷周古文寶字無作珤者，廣韻之珤字與宝字相同，蓋隋唐所見省俗之字。尚書經文當以作寶爲正。

【詁】爾雅釋詁云：「伯，長也。」按：禮記王制云：「千里之外設方伯。」鄭玄注云：「長因賢侯爲之。殷之州長曰伯，虞、夏及周皆曰牧。」是「邦伯」謂一方諸侯之長。爾雅釋詁云：「師，衆也。」按：「師長」猶言衆長，謂公卿。「百執事」謂百官。尚與當古同聲而通用，謂應當。爾雅釋言云：「隱，占也。」郭璞注云：「隱度。」按：管子禁藏篇云：「下觀不及者以自隱也。」尹知章注云：「隱，度也，度己有不及之事當效之也。」言諸侯伯長、公卿大臣及百官之人，應當皆能審度檢點自己。說文心部云：「懋，勉也。」周禮地官遂大夫「正歲簡稼器」鄭注云：「簡，猶閲也。」說文目部云：「相，省視也，从目木。」按：「簡相」猶言考察。「念敬」猶言關心愛護。言我將要勉力考察你們衆臣關愛我民情況。爾雅釋詁云：「肩，勝也。」按：肩本義肩胛，引伸義爲勝任，爲任用。「好貨」謂貪好錢財。廣雅釋詁云：「敢，勇也。」段氏撰異恭本作共。按：共、供古今字，供謂供奉。「生生」謂自力營生。言我不任用貪財好貨之人，而勇于任用奉行自力營生之人。書疏引鄭玄曰：「鞠，養也。言能謀養人，安其居者，我則次敘而敬之。」按：詩南山有臺傳云：「保，安也。」楊氏覈詁云：「敘从余聲，當讀爲余。『余欽』猶文侯之命言『予嘉』也。吉金文予並作余。」言能保養人民，謀求人民之安居者，我則敬重之。爾雅釋詁云：「羞，進也。」「若，善也。」按：「若否」當句絶，猶今言同意與否。言今我已以遷都謀求發展意志進告你們，不論同意與否，不能有不奉行者。說文糸部云：「總，聚束也，从糸悤聲。」段注云：「謂聚而縛之也。悤有散意，糸以束之。」說文用部云：「庸，用也，从用庚，庚，更事也。易曰：『先庚三日。』」段注云：「『先庚三日』者，先事而圖更也。」爾雅釋言云：「式，用也。」敷，布施。爾雅釋詁云：「肩，克也。」釋言云：「克，能也。」言不要聚斂錢財實物，要自營更生，以布施恩德于民，永能與我一心爲民。

商書三

高宗肜日【解題】史記殷本紀云：「帝武丁崩，子帝祖庚立。祖己嘉武丁之以祥雉爲德，立其廟爲高宗，遂作高宗肜日及訓。」王國維高宗肜日說云：「史遷以此篇爲武丁之事作于祖庚之朝。惟金仁山尚書表注始疑此篇爲祖庚之時繹于高宗之廟而作，余謂金氏說是也。以殷虚卜辭證之，如云『王賓，肜日』，謂所祭之人而非主祭之人。」按王氏說是。此篇記祖庚肜祭高宗武丁之廟而祖己訓戒其王之事。

高宗肜日，越有雊雉。祖己曰：「惟先格王，正厥事。」乃訓于王，曰：「惟天監下民，典厥義。降年有永有不永，非天夭民，民中絶命。民有不若德，不聽罪。天既孚命，正厥德，乃曰：其如台？嗚呼！王司敬民，罔非天胤，典祀無豐于昵。」

【校】隸釋引漢石經孚作付。敦煌、岩崎本「天監下民」無民字，昵作尼。唐石經胤作肩。古文訓雉作鵗，監作鑒，昵作尼。按：説文舟部云：「彤，船行也，从舟，彡聲。」段注云：「夏曰復胙，商曰肜，周曰繹，即此字，取舟行延長之意也，其音以戎切，其字毛詩箋作融。」今按：殷虚書契前編卷一第二頁二片作彡。彤隸變作肜。是古本字作彡，後出孳乳字作彤，作融者乃假借字。説文隹部云：「雉，从隹，矢聲。䧅，古文雉，从弟。」段注云：「雉，古音同夷。周禮雉氏，故書作夷氏。䧅，弟聲。」今按：殷虚書契前編卷七第二十三頁二片作雉，後編卷下第六頁四片作⿰夷隹，是从矢、从夷皆聲符。石鼓文作雉。説文古文从弟者，蓋即夷之譌變，夷與弟古文相近。是古文訓雉作䧅者，實雉異體⿰夷隹之譌字，尚書經文當以作雉爲正。説文金部云：「鑑，大盆也，从金，監聲。一曰鑑諸，可以取明水於月。」段注云：「盆者，盎也。鑑諸，當作鑑方諸也，轉寫奪字耳。鑑亦假監爲之。尚書監字多有同鑑者。」今按：殷契佚存九三二片監字作監，象人臨盆皿俯視之形。金文頌鼎作監，象人臨水盆用目俯視。蓋監即鑑字初文，爲鑑鏡古字。後監用爲監視字，而鑑爲鑑鏡字，實一字。戰國古文字包山楚簡、智君子鑑有鑑字，是戰國始有此字。古文訓監作鑒者，是以後起字作古字。尚書經文當以作監爲正。史記殷本紀孚作付，漢石經亦作付，是今文尚書作付，作孚者古文尚書。唐石經胤作𦙍，乃俗字，兩周金文作胤，是爲正體。昵作尼者，段氏撰異云：「羣經音辨云：『尼，近也，乃礼切。書：「祀無豐于尼。」又女乙切。』玉裁按：尚書本作尼，衛包改作昵，開寶間改釋文之尼爲昵，賈氏據未改之釋文爲此條。」戰國古陶文有尼字，而先秦古文字未見昵字，是尚書當以作尼爲正。

【詁】爾雅釋天云：「繹，又祭也。周曰繹，商曰肜，夏曰復胙。」郭璞注云：「祭之明日尋繹復祭。」殷本紀云：「帝武丁祭成湯，明日，有飛雉登鼎耳而呴，武丁懼。祖己曰：『王勿憂，先修政事。』祖己乃訓王曰。」按：「帝武丁祭成湯」，應爲帝祖庚祭高宗武丁。王氏釋詞云：「爾雅曰：『粵，曰也。』曰亦作聿，聿、越聲相近。書高宗肜日曰：『越有雊雉。』言聿有雊雉也。聿亦于是也。」呴，説文作雊，隹部云：「雊，雄雉鳴也。雷始動，雉乃鳴而句其頸。从隹句，句亦聲。」段注云：「句音鉤，曲也。句其頸，故字从句。」言帝祖庚祭高宗新廟，明日又祭，于是有雄雉飛來落登鼎耳而鳴之怪異。祖己，殷王祖庚之賢臣。方言云：「格，正也。」按：正謂端正。言祖己謂王說：先正王頻繁祭祀之心，再正其祭祀之事。監，明視，猶今言關照。爾雅釋詁云：「典，常也。」義當讀爲宜，禮記中庸云：「義者，宜也。」釋名釋喪制云：「少壯而死曰夭。」「民中絶命」，史記殷本紀作「中絶其命」，當以無民字爲是。中謂中年之壽，蓋有所指。孫氏注疏云：「殷自陽甲以來，兄弟相及，皆不永年，竹書紀年陽甲四年，小辛三年，小乙十年，惟盤庚二十八年，則此云『降年有永有不永』者，似指兄弟相及。不敢斥言前王，故泛推天命人事也。」言上天關照下民，常使其生存適宜，但上天降賜年壽有長有短，非上天夭折民，而是民自身使中年絶命。爾雅釋詁云：「若，善也。」廣雅釋詁云：「聽，從也。」漢石經孚作付，是今文尚書作付用本字，付予之義。「如台」，台音怡，史記殷本紀作奈何，用訓詁詞。言民有不善之德，不聽從天命之罪，故上天付予中年壽命以正其德行，你說對上天將奈何。殷本紀司作嗣，胤作繼，典作常，皆用訓詁字。按：司即嗣之省借。爾雅釋詁云：「嗣，繼也。」說文肉部云：「胤，子孫相承續也。」是「天胤」猶言「天子」，謂繼天行道之天子。爾雅釋詁云：「典，常也。」「即，尼也。」郭注云：「尼者，近也。」釋文引馬融曰：「尼，考也，謂禰廟也。」按：禰廟謂帝祖庚父考高宗新近之廟。言王者嗣位恭敬民事，無非是繼天行道之天子職事，應正常祭祀先王諸廟而不特豐盛祭于父考新近之廟。

商書四

西伯戡黎【解題】

史記殷本紀云：「西伯歸，乃陰修德行善，諸侯多叛紂而往歸西伯。及西伯伐飢國，滅之。紂之臣祖伊聞之而咎周，恐，奔告紂曰。」曰下即誥辭。集解引徐廣曰：「飢，一作阢，又作耆。」正義云：「即黎國也。鄒誕生云本或作黎。」是此篇之作在西伯脱羑里而歸伐黎之時。

西伯既戡黎，祖伊恐，奔告于王，曰：「天子！天既訖我殷命，格人元龜，罔敢知吉。非先王不相我後人，惟王淫戲用自絶。

【校】敦煌、岩崎、元亨本黎作𨞛。天正、八行本無「天子」二字。古文訓戡作𢦟，黎作𨞛，奔作𡕝。按：説文戈部云：「𢦟，殺也，从戈，今聲。商書曰：『西伯既𢦟黎。』」段注云：「今作勘黎，許所據作𢦟黎。爾雅曰：『堪，勝也。』郭注引書『西伯堪黎』，蓋訓勝，則堪爲正字。或假𢦟，或假戡，皆以同音爲之也。」今按：説文土部云：「堪，地突也，从土，甚聲。」段注云：「地之突出者爲堪。堪言地高處無不勝任也。引伸之，凡勝任皆曰堪，古假𢧐戡爲之。」汗簡戈部引尚書龕作𢦟。鄭珍箋正云：「經典凡堪任、堪勝、堪定之義通作堪，閒作戡、龕。考以形義，戡，刺也；𢦟，殺也，兩文爲近。説文𢦟下引書『𢦟黎』，似引以證『𢦟勝』義，薛本依采，即通以易他堪字，是也。」段注牽强，鄭説爲長，當以𢦟，戡爲堪勝本字，堪、龕皆假借字。説文邑部云：「𨞛，殷諸侯國，在上黨東北。从邑，𥝢聲，𥝢，古文利。商書：『西伯戡𨞛。』」段注云：「今文尚書作耆，尚書大傳『文王受命五年伐耆』，周本紀『明年敗耆國』是也。或作阢，或作飢，皆假借字也。許所據古文尚書作𨞛。戈部作黎，蓋俗改也。」又邑部云：「𨚔，地名，从邑，几聲。」段注云：「『西伯𢧐𨞛』，周本紀作耆。徐廣曰：『一作阢。』阢蓋即𨚔字。」今按：先秦古璽文作𨚔，與説文篆文同。蓋𨚔爲𨞛之古本字，阢即𨚔之異體。説文夭部云：「奔，走也，从夭，卉聲。與歪同意，俱从夭。」今按：歪隷變作走。甲骨文夭字象人擺臂奔走。金文盂鼎奔作𡗥，从歪从𣥠，𣥠表雙足，是雙足奔走之意。先秦古文字包山楚簡有𡕝字。玉篇牛部云：

「犇，補門切，牛驚。」是犇之本義非奔走，奔走正字即奔。古文訓作犇，不足取。古寫本經文或無「天子」二字。考史記殷本紀祖伊告紂曰無「天子」二字，似當以無爲是，有則與「告于王」之王義複，于文亦俗甚。

【詁】書疏引鄭玄曰：「西伯，周文王也。時國于岐，封爲雍州伯也，南兼梁、荆，故曰西伯。」按：説文邑部云：「郂，周文王所封，在右扶風美陽中水鄉。岐，郂或从山，因岐山以名之也。」今按：西伯之邑地史稱周原，在今陝西岐山、扶風縣之間，是古公亶父自邠遷岐至文王徙豐以前周之故邑。殷本紀云：「紂之臣祖伊。」按：當是祖己之後人，紂時賢臣。爾雅釋詁云：「勝、戡，克也。」「恐，懼也。」言西伯已戰勝黎國，殷賢臣祖伊恐懼，奔走告于紂王。爾雅釋詁云：「訖，止也。」既與其音近。王氏釋詞云：「其，猶將也。」格，史記殷本紀作假，爾雅釋詁云：「假，大也。」史記集解引馬融曰：「元龜，大龜也。」按：「格人元龜」，謂能預見卜知吉凶之大人與大龜。爾雅釋詁云：「相、助，勴也。」是相與助同義。戲，史記殷本紀作虐。按：虐爲本字。説文虍部云：「虐，殘也。」「淫戲」謂淫蕩殘暴。王氏釋詞云：「用，詞之以也。一切經音義引蒼頡篇曰：『用，以也。』以、用一聲之轉。」言祖伊謂紂王説，上天將終止我殷朝命運，大人元龜不能知其吉凶，非先王不助我們後人，是王淫蕩殘暴而自絶于天命。

「故天棄我，不有康食，不虞天性，不迪率典。今我民罔弗欲喪，曰：『天曷不降威？』大命不摯，今王其如台？」

【校】唐石經棄作弃，命下旁添胡字。敦煌、元亨本摯作墊。八行本虞作度。古文訓摯作墊。按：段氏説文解字注棄字下云：「字隸變作棄，中體似世，唐人諱世，故開成石經及凡碑板皆作弃。」今按：殷周古文作棄，戰國古文多省形作弃。尚書用棄、弃均可。古寫本虞作度者，因僞孔傳釋虞爲度而抄誤。史記殷本紀作虞，是本當作虞。陸氏釋文云：「摯，音至，本又作𡠗。」説文女部云：「𡠗，至也，从女，執聲。周書曰：『大命不𡠗。』讀若摯，同。一曰虞書『雉𡠗』。」按：周書當作商書，字之誤。虞書謂堯典，「雉𡠗」本作雉贄。戰國古文字睡虎地秦簡作摯，與説文篆文同。蓋摯字本義爲用手執至，故有至義，而異體作墊。段氏説文鷙字注云：「士喪禮注云：『輖，墊也。』考工記注云：『摯，輖也。』然則墊即摯字，摯之或體也。」墊正執至之義，亦用爲至義。史記殷本紀引尚書摯作至，即用訓詁字。是尚書經文作摯爲正字。𡠗不見于先秦古文字，蓋後出字。又史記殷本紀引尚書：「今我民罔不欲喪，曰：『天曷不降威，大命胡不至？』」唐石經據以于「命」下旁添「胡」字。而據僞孔傳及正義俱作「有大命宜王者何以不至」，以何釋胡，是經文本有胡字。胡猶何。如無胡字，則文意不貫。校者謂胡字不應有，是未詳審。

【詁】爾雅釋詁云：「故，今也。」「康，安也。」按：史記殷本紀康作安，用訓詁字。食爲民生之祿，「不有康食」，猶言無有安生之祿，與上句「天棄我」義相成。爾雅釋言云：「虞，度也。」殷本紀釋「虞」爲「虞知」，是虞與知同義。廣雅釋詁云：「性，質也。」按：「天性」謂上天扶善棄虐之本性。方言云：「由、迪，正也。」按：迪从由聲，與由同義。廣雅釋言云：「律，率也。」爾雅釋詁云：「典，常也。」按：「率典」與上「天性」對文，謂人世擁善除暴之規律常道。言今上天拋棄我們，使無有安生之祿食，王不知上天扶善棄虐之本性，也不遵由人世擁善除暴之規律常道而自絶于天人，以至今我民無不欲滅亡其王，並説上天何不降威除王。「大命」，猶言天命。詩邶風日月毛傳云：「胡，何也。」爾雅釋詁云：「摯，臻也。」郭璞注云：「臻，至也。」「如台」，台音怡，史記殷本紀作「奈何」，用訓詁詞。言天命何不再歸向我商家，今王將奈何。謂已至絶滅之境。

王曰：「嗚呼！我生不有命在天？」祖伊反，曰：「嗚呼！乃罪多參在上，乃能責

命于天？殷之即喪，指乃功，不無戮于爾邦！」

【校】敦煌本參作厽，古文訓作叄。敦煌、岩崎、元亨、八行本皆無「爾」字。按：説文厽部云：「厽，絫坺土爲牆壁，象形。」段注云：「絫者，今之累字。土部曰：『一臿土謂之坺。』臿者，今之鍫。其音力詭切。」今按：原本玉篇厽部云：「厽，力棰反。説文：『累坺土爲牆壁也。』野王按：古文尚書以此爲叅字，倉含反。」宋修大廣益會玉篇參字七貪切。又按：陸氏釋文云：「參，七南反。馬云：『參字累在上。』」此引馬融語蓋有譌誤。段氏撰異云：「蓋尚書本作厽，而孔讀爲參。釋文當云：『厽，七南反。馬力棰反，云：累也，罪多累在上。』未改本約當如是。」是尚書本作厽，敦煌本作厽可證，厽即古絫字，隸變作累。自僞孔本誤作參，引釋者多歧。

【詁】史記殷本紀引尚書作「我生不有命在天乎」，以語氣增乎字。言紂王不聽祖伊之諫，説我生來不是有壽命在天乎，民怨能奈我何。説文辵部云：「返，還也，从辵反，反亦聲。商書曰：『祖伊返。』彶，春秋傳反从彳。」是許慎所見漢代尚書作返，謂祖伊返歸其封邑，與上文從封邑「奔告于王」義相貫。參當作絫，即累字。王氏釋詞云：「乃，猶寧也。寧、乃一聲之轉，故乃訓爲寧。」説文貝部云：「責，求也。」言祖伊返歸其封邑後説，你紂王罪惡多端，累積在天，怎能求命于上天？爾雅釋言云：「指，示也。」又釋詁云：「功，事也。」説文戈部云：「戮，殺也。」言殷之就要滅亡，是上天顯示降威罰你紂王暴虐之事，你不可免被殺于殷國。

商書五

微子

【解題】史記殷本紀云：「紂愈淫亂不止。微子數諫不聽，乃與太師、少師謀，遂去。殷之太師、少師乃持其祭樂器奔周。」又周本紀云：「紂昏亂暴虐滋甚，殺王子比干，囚箕子。太師疵、少師彊抱其樂器而犇周。」是微子所與謀去者乃主祭樂之官太師、少師，謀去之辭載宋微子世家，與尚書微子篇略同。

微子若曰：「父師、少師，殷其弗或亂正四方，我祖厎遂陳于上。我用沈酗于酒，用亂敗厥德于下。

【校】元亨、足利、天正本厎作致。古文訓酗作酌。按：僞孔傳云：「言湯致遂其功陳列於上世。」是寫本「厎」或作「致」者，誤用僞傳訓詁字。説文酉部云：「酌，酒醬也，从酉，句聲。」段注云：「依尚書釋文訂。書作酗。某氏傳曰：以酒爲凶曰酗。」又酉部云：「醬，酌酒也，从酉，熒省聲。爲命切。」今按：魏三體石經無逸作酗。又玉篇酉部云：「酌，許具切，兇酒曰酌醬。酗，同酌。」陸氏釋文云：「酗，況具反，以酒爲凶曰酗。説文作酌。」蓋酗乃酌之異體字而通行。

【詁】史記宋微子世家云：「微子開者，殷帝乙之首子，而帝紂之庶兄也。」司馬貞索隱云：「按尚書微子之命篇云『命微子啟代殷後』，今此名開者，避漢景帝諱也。」禮記王制疏引鄭志答張逸曰：「微子，畿内采地之爵，非畿外治民之君，故云子。」王氏釋詞云：「小爾雅曰：『若，乃也。』書稱『王若曰』、『微子若曰』、『父師若曰』，並與『乃曰』同義。」按：微子數諫紂不聽，故有「若曰」即「乃曰」之言。父師、少師，殷本紀作太師、少師。周本紀云：「紂昏亂暴虐滋甚，殺王子比干，囚箕子。太師疵、少師彊抱其樂器而奔周。」按：鄭玄以太師爲箕子，以少師爲比干，非是，當從史公。王氏釋詞云：「或，猶有也。古有字通作或。」引尚書此文爲例。爾雅釋詁云：「亂，治也。」廣雅釋詁云：「政，正也。」按：正與政通。此句史記宋世家作「殷不有治政，不治四方」，或作有，亂作治，正作政，皆用訓詁字。言微子對太師、少師説，殷將有不可治理之政，不能治理天下四方。史記集解引馬融曰：「我祖，成湯也。」爾雅釋言云：「厎，致也。」按：致之言至也，極也。遂當讀爲㒸。説文八部云：「㒸，从意也，从八，豕聲。」段注云：「㒸者，聽从之意。隨从字當作㒸，後世皆以遂爲㒸矣。」廣雅釋詁云：「陳，列也。」言我祖成湯最能遂从天意，美德列于上天。我，謂我王，即紂王，史記宋世家我作紂是其證。宋世家酗作湎。説文水部云：「湎，沈于酒也。」是史公用訓詁字。史記集解引馬融曰：「下，下世也。」按：下世猶言後世，謂後世子孫。言我王紂因沈湎酗酒，以淫亂毁敗成湯美德于後世。

「殷罔不小大，好草竊姦宄，卿士師師非度。凡有辜罪，乃罔恒獲。小民方興，相爲敵讎。今殷其淪喪，若涉大水，其無津涯。殷遂喪，越至于今。」

【校】敦煌本越作曰，又作粵。岩崎、足利本等越作粵。八行本讎作雠。古文訓涯作漄，越作粵。按：段氏撰異云：「方興，今文尚書當是作旁興，宋世家作並興，並者，旁之故訓也，古音並讀如傍。」今按：旁从方聲，故今文古文通用。説文雔部云：「雔，雙鳥也，从二隹。讀若醻。」段注云：「度古書必有用雔者，今則讎行而雔廢矣。」又言部：「讎，猶譍也，从言，雔聲。」段注云：「心部云：『應，當也。』讎者，以言對之。引伸之爲讎怨。人部曰：『仇，讎也。』仇、讎本皆兼善惡言之，後乃專謂怨爲讎矣。」今按：西周金文鬲比盨、讎尊作讎，爲讎怨本字。以金文讎从雔聲推求，古金文必有雔字，雔、讎古今字。先秦古文字不見仇字，漢碑始見仇字，故尚書經文當以作讎爲古本字。説文水部新附云：「涯，水邊也，从水从厓，厓亦聲。魚羈切。」鄭珍新附考云：「按：爾雅釋丘：『涘爲厓。』李巡注：『厓，水邊也。』『望厓洒而高岸。』釋文：『厓，又作涯。』厓，正字；涯，俗加水。説文厓訓山邊，以字从厂。」今按：厓本山厓，俗作崖，見漢碑西狹頌、郙閣頌。厓用爲水厓，則俗作涯，見漢靈臺碑。以崖、涯皆俗字，故説文皆不收。而汗簡水部引尚書涯作漄，集韻厓韻云「涯，或作漄」，則俗而又俗，古文訓以爲古字，不足取。敦煌古寫本越作曰，而古文訓作粤者，以語助訓詁字通用。全書皆如此，越或作粤，或作曰，實一詞。

【詁】書無逸云：「至于小大。」鄭玄注曰：「小大，謂萬民上及羣臣也。」俞氏平議云：「竊當讀爲蔡。草竊者，草蔡也。説文丰部云：『丰，艸蔡也，象艸生之散亂也。』是草蔡有散亂之義，故與姦宄連文，好草竊即好亂也。」史記集解引馬融曰：「非但小人學爲姦宄，卿士以下轉相師效非爲法度。」按：師謂師法，「師師」則謂相爲效法。説文又部云：「度，法制也。」言殷民無不從下到上好亂爲姦宄之行，卿士百官亦互相效法目無法紀。廣雅釋詁云：「凡，皆也。」説文辛部云：「辜，辠也。」又云：「辠，犯法也。秦以辠似皇字，改爲罪。」按：「辜罪」猶言罪犯，謂犯法之人。爾雅釋詁云：「恒，常也。」獲當讀爲蒦。説文萑部云：「蒦，度也。」按：「恒獲」猶言常法。言所有罪犯，竟不用常法治罪。謂官吏枉法。説文方部云：「方，併船也。」按：詞義引伸爲並。爾雅釋言云：「興，起也。」又釋詁云：「相，視也。」言小民百姓並起反抗，視王朝如敵仇。淪，史記宋世家作典。司馬貞索隱云：「尚書典作淪，篆字變易，其義亦殊。」按：蓋史記本作淪，字爛爲侖，篆文侖、典形近，淺人遂改作典，當以作淪爲是。説文水部云：「淪，一曰没也。」按：「淪喪」猶言滅亡。「津涯」謂渡口河岸。楊氏詞詮云：「遂，副詞，終竟也。」越同粤，句首語助詞。禮記雜記鄭注云：「至，來也。」言今殷將要滅亡，如涉渡大水，已無渡口河岸下水，殷竟喪亡，來在今日。

曰：「父師、少師，我其發出狂？吾家耄，遜于荒，今爾無指告，予顛隮，若之何其？」

【校】敦煌本吾作魚，耄作旄。元亨本吾作魚，隮作躋。天正本隮作濟。古文訓吾作魚，耄作薹，隮作躋。按：史記宋世家狂作往。司馬貞索隱云：「蓋亦今文尚書意異耳。」今按：微子欲去殷國，故曰往，當以今文作往義長。古文尚書作狂。説文口部云：「吾，我自稱也，从口，五聲。」而敦煌寫本、古文訓等作魚者，朱氏通訓定聲云：「魚，假借爲吾。列子黄帝：『姬，魚語汝。』」張湛注：「魚當作吾。」釋文云：「魚音吾。」又國語晉語云：「暇豫之吾吾。」高誘注云：「吾，讀如魚。」今按：吴闓生文史甄微云：「鐘鼎古文多以魚爲吴。」是古吾、魚同音之證。諸本以同音借字魚代本字吾，不足取。説文老部云：「薹，年九十曰薹，从老，蒿省聲。」段注云：「今作耄，从老省，毛聲。其字亦作眊，亦作旄。从蒿者，取蒿目之義。」今按：陸氏釋文云：「耄，字又作旄，莫報反。」漢隸陳寔壇碑作耄，从老省。老子銘作旄，隸釋云：「旄與耄同。」禮記曲禮云：「八十九十曰旄。」陸氏釋文云：「旄，本又作耄，同丘報反，惛忘也。」是耄爲正字，旄、眊皆假借字。而今或作耄者，又耄之異體。説文足部云：「躋，登也，从足，齊聲。商書曰：『予顛躋。』」段注云：「微子篇文，今尚書作隮。注家云：『顛，隕；躋，墜。』按升降同謂之躋，猶治亂同謂之亂。俗作隮。顧命『由賓階隮』，訓升；左傳『知隮於溝壑矣』，則訓降。」今按：説文無隮字。金文齊侯壺等作遼，从辵與从足同義。集韻云：「躋，或作隮。」是正字當作躋，異體作隮，今本尚書作隮用異體。

【詁】史記宋微子世家引尚書作「我其發出往」。史記集解引鄭玄曰：「發，起也。紂禍敗如此，我其起作出往也。」按：鄭治古文尚書，而釋狂爲往，是以往爲本字，作狂爲假借字。而孫詒讓尚書駢枝云：「發，疑當爲廢，言我其廢棄而出亡也。」按：發爲廢之省借。言微子更告太師、少師説，紂王不聽忠諫，我將被廢棄不用而出往他邦。書疏引鄭玄曰：「耄，昏亂也。」按：耄本義爲衰老，引伸義爲衰敗。遜當讀爲躉。説文至部云：「躉，忿戾也，从至，至而復遜，遜，遁也。讀若摯。」按：躉从至，故有至義。史記宋世家引尚書作「我家保于喪」。按：保與耄、喪與荒皆音近。

蓋今文尚書作保用借字，古文尚書作毫爲本字；今文作喪用本字，古文作荒爲借字，荒从亡聲，荒即亡之假借字，與喪同義。言我商家已衰敗，將至于滅亡。史記宋世家引尚書作「今女無故告」，集解引王肅曰：「無意告我也。」是微子求教誨也。」按：史記用今文尚書，古文之意當同。指當讀爲恉。說文心部云：「恉，意也，从心，旨聲。」按：「無指」猶言無意。史記集解引馬融曰：「躋，墜也。恐顛墜于非義，當如之何也？」又引鄭玄曰：「其，語助也，齊魯之間聲如姬。」按：王氏釋詞云：「其音姬，問詞之助也。」引此文及鄭注。言今你太師、少師無意告我留去，我會墜陷于不義境地，當如之何？

父師若曰：「王子！天毒降災荒殷邦，方興沈酗于酒，乃罔畏畏，咈其耇長，舊有位人。今殷民乃攘竊神祇之犧牷牲用，以容將食無災。降監殷民，用乂讎斂，召敵讎不怠，罪合于一，多瘠罔詔。

【校】敦煌本耇作苟，牷作全。岩崎本牷作全。古文訓容作㝐，瘠作脊。按：史記宋世家毒作篤，篤、毒古通用。說文老部云：「耇，老人面凍黎若垢，从老省，句聲。」段注云：「釋詁云：『耇、老，壽也。』凍黎謂凍而黑色，或假梨爲之。尚書黎老作犂老，亦假借也。」今按：金文耳尊作耇，从老不省；師奎父鼎作耇，从老省。師咢父鼎作句，則省形存聲之借字。敦煌寫本作苟，則又同音假借字。集韻厚韻：「耇，或不省作耇。」是正字作耇或作耇，借字則作句、苟。說文牛部云：「牷，牛純色，禮：『祭祀牷牲。』从牛，全聲。」段注云：「此是引周禮牧人『祭祀之牲牷』。」今按：禮記月令云：「乃命宰、祝循行：犧牲，視全具。」王肅注：「犧體完曰全。」考先秦古文字有全字而未見牷字，是牷乃全字之孳乳，故牷、全通用，尚書此文之「牷牲」，亦即「全牲」。古寫本作全爲通用字。說文宀部云：「容，盛也，从宀，谷聲。

㝐，古文容，从公。」段注云：「今字叚借爲頌皃之頌。谷，古音讀如欲，以雙聲諧聲也。」鉉本作从宀谷，云『屋與谷皆所以盛受也』，亦通。公聲。」今按：殷虛書契前編卷一第三十六頁六片與殷契粹編一四六片容字作容，从宀，公聲。先秦古璽文亦作容，皆與説文古文同。東周金文蒷陽鼎作容，與説文篆文同。漢隸作容，後世通行。尚書經文用通行體。説文肉部云：「膌，瘦也，从肉，脊聲。㾊，古文膌，从疒朿，朿亦聲。」又説文云：「脊，背呂也。」段注云：「兼骨肉而成字也。」今按：脊背呂骨突出爲瘦狀，是脊本瘦膌本字，俗云瘦如骨架、瘦如乾柴，亦脊字之義。蓋脊、膌古今字，而瘠、㾊則異體字，戰國古文字睡虎地秦簡與古璽文作脊，楚帛書作膌，包山楚簡作㾊，皆其證。故經文瘠字作脊，亦無不可。

【詁】父師，史記宋世家作太師。若猶乃。微子是帝乙之子，故曰王子。宋世家毒作篤，降作下，荒作亡，邦作國。篤爲毒之假借，荒爲亡之假借。説文中部云：「毒，厚也。害人之艸往往而生，從中毒聲。」段注云：「毒與篤同音通用。」按：「毒降災」謂天生紂王是重降災害。「乃罔畏畏」謂上不畏天罰，下不畏民叛。説文口部云：「咈，違也，从口弗聲。周書曰：『咈其耇長。』」按：周書當作商書。宋世家作「不用老長」。蓋今文尚書作弗，詞義爲不；古文作咈，即弗字異體，詞義亦爲不，謂紂王不聽用年長老成故舊有地位大臣忠諫。言太師乃告王子微子説：上天重降災害滅亡殷國，紂王正在興起沈湎酗酒之風，竟上不畏天罰，下不畏民變，不聽用老成故舊有地位大臣忠言。「殷民」猶言殷人，謂殷朝有位之人。「攘竊」，宋世家作「陋淫」。按：淫當讀爲隱。陋隱古本字爲𠥛𤔌。説文匸部云：「𠥛，側逃也，从匸，丙聲。」又曰：「匸，衺徯有所夾藏也。讀若徯同。」段注云：「夾，盜竊褱物也。」𠬪部云：「𤔌，所依據也，从𠬪工。讀與隱同。」是今文尚書作「陋淫」，義爲竊據，與古文尚書作「攘竊」義合，猶今言貪污。史記集解引馬融曰：「天曰神，地曰祇。」周禮犬人疏引鄭玄曰：「犧，純毛。牷，牲體完具。」容者，容隱，猶言包庇。爾雅釋詁云：

「將，大也。」災同烖。詩大雅召旻云：「不烖我躬。」毛傳云：「烖，謂見誅伐。」按：「無災」猶言不災，謂不被治罪。言今殷朝有位之人竊據祭祀天神地祇之祭牲費用，相互容隱包庇，大量吞食揮霍而不被治罪。說文丿部云：「乂，芟艸也。刈，乂或从刀。」段注云：「芟艸穫穀總謂之乂。」陸氏釋文云：「讎，馬本作稠，數也。」按：「乂讎斂」謂搜刮聚斂。爾雅釋言云：「懈，怠也。」按：「敵讎」即敵仇，謂敵仇不相容者。「召敵讎」謂爲利所驅使，竟召來敵仇之人合夥。言下視殷朝官吏，以搜刮聚斂財貨爲能事，且召來敵仇之人合夥爲害不懈怠。「罪合于一」，謂紂王與臣下爲害之罪惡結合一起。爾雅釋詁云：「多，衆也。」說文言部云：「詔，告也，从言从召，召亦聲。」按：「多瘠」謂衆多瘠民之害，即紂王君臣官吏衆災齊加。「罔詔」謂有苦無處上告。言紂王與臣下害民之罪惡結合在一起，衆災瘦民，民無所告。

「商今其有災，我興受其敗。商其淪喪，我罔爲臣僕，詔王子出迪。我舊云刻子，王子弗出，我乃顛隮。自靖，人自獻于先王，我不顧行遯。」

【校】敦煌本伯二五一六與二六四三兩本僕右上皆添加臣字，云作負。岩崎本亦僕右上添加臣字，僕作僕，云作負。古文訓僕作僕，云作負，顧作鶚。按：陸氏釋文云：「一本無臣字。」當以無臣字爲是。敦煌、岩崎等古寫本當皆無臣字，僕右上所添臣字，是後人據誤本所爲。阮校謂「恐此是古本作蹼，後析爲二字，釋文所云一本是也」，當是。說文業部云：「僕，給事者，从人業，業亦聲。蹼，古文从臣。」段注云：「周禮注曰：『僕，侍御於尊者之名。』然則大僕、戎僕，以及易之童僕、詩之臣僕皆是。人之供煩辱者也。」今按：甲骨文有僕字，僅見殷虛書契後編卷下第二十頁十片，其形有難說解處，要象有罪之人執箕簸揚，股後有鞭策監督。西周金文旂鼎、史僕壺僕字从人，象有罪之人頭戴盆缶勞作之形，即孟子負戴道路之義。戰國古文望山楚簡、郭店楚簡有蹼字，是甲金古文僕字皆不从臣，可證蹼非古文，實以臣僕之義後造之字。尚書經文當以作僕爲正。説文貝部云：「員，物數也，从貝，口聲。鼎，籀文，从鼎。」段注云：「本爲物數，引伸爲人數，俗偁官員。又假借爲云字。鼎下曰：『籀文以鼎爲貝字。』故員作鼎。」今按：殷虚文字乙編四四三片作員，與説文篆文同。殷契佚存一一片作鼎。金文員父尊、㝬鼎等及石鼓文作鼎，與説文籀文同。是當以作員爲正字，作鼎爲異體。而尚書經文作云者，乃曰之假借，故云訓言。是曰、云、員古通用，非以員爲云之古文。詩鄭風出其東門：「聊樂我員。」陸氏釋文云：「員，音云，本亦作云。」孔氏正義云：「云、員古今字，助句辭也。」謂云、員古今字，亦非。員字隸變作貟。論衡本性篇引尚書「刻子」作「孩子」。是今文尚書作孩，即刻之同聲通用字。説文頁部云：「顧，還視也，从頁，雇聲。」段注云：「還視者，返而視也，析言之爲凡視之偁。又引伸爲臨終之命曰顧命。又引伸爲語將轉之詞。」又隹部云：「雇，九雇，从隹，户聲。鴮，雇或从雩。鳸，籀文雇，从鳥。」蓋因顧从雇聲，故好古者以雇代顧，又用雇之異體作鴮，甚無謂。戰國古文字中山方壺、郭店楚簡、睡虎地秦簡有顧字，故尚書經文當作顧。

【詁】「有災」與上「無災」相對，災謂被誅伐。蓋父師已預見殷紂有被誅伐之禍。楊氏覈詁云：「興，猶同也。」按：説文舁部云：「興，起也，从舁同，同，同力也。」興字从同，故有同義。言商今將有被伐滅之災，我們將同受其敗亡之禍。罔與妄皆从亡聲，罔當讀爲妄。戰國策秦策云：「故不敢妄賀。」高誘注云：「妄，猶空也。」言商將滅亡，我們空妄爲臣僕無能挽救。孫氏注疏云：「迪者行也，字从由，行也。」言父師勸告微子出行以避難。焦循尚書補疏云：「刻子即箕子也，易『箕子之明夷』，劉向、荀爽讀箕爲荄，古荄、其音通。舊，久也，久已言箕子、王子兩人皆當出。」言我久已言箕子與王子微子不出走避難，則我商家乃墜亡無人繼承宗祀。爾雅釋詁云：「靖，謀也。」按：「自靖」謂各人自謀出路。獻當讀爲賢。爾雅釋言云：「獻，聖也。」郭注云：「謚法曰：聰明睿智曰獻。」是「自獻」猶言自賢，「自獻于先王」謂各自做先王賢明子孫。說文目部云：「眷，顧也。」是顧與眷同義。行用爲虚詞，與將音近義同。說文辵部云：「遯，逃也。」史記宋世家遯作亡，用訓詁字。言父師謂微子説，各自謀求出路，人各自做先王賢明子孫，我不眷留于就要滅亡之殷紂王朝，將要逃亡。

尚書校詁卷五

周書一

牧誓【解題】史記魯周公世家云：「武王九年，東伐至盟津，周公輔行。十一年，伐紂，至牧野，周公佐武王，作牧誓。」又周本紀云：「二月甲子昧爽，武王朝至于商郊牧野，乃誓。」史記正義引括地志云：「衛州城，故老云周武王伐紂至於商郊牧野，乃築此城。酈元注水經云：『自朝歌南至清水，土地平衍，據皋跨澤，悉牧野也。』」按：朝歌，商紂國都，其地在今河南淇縣北。

時甲子昧爽，王朝至于商郊牧野，乃誓。王左杖黄鉞，右秉白旄以麾，曰：「逖矣西土之人！」

【校】敦煌本牧作坶，杖作扙，逖作逷。神田、内野本牧作坶，逖作逷。古文訓牧作坶，逖作逷。按：説文土部云：「坶，朝歌南七十里地。周書曰：『武王與紂戰于坶野。』从土，母聲。」段注云：「此書序文也。今書序紂作受，坶作牧。詩大明：『矢于牧野。』正義引鄭書序注云：『牧野，紂南郊地名。禮記及詩作坶野，古字耳。』坶作坶者，字之增改也，每亦母聲也。」又説文攴部云：「牧，養牛人也，从攴牛。詩曰：『牧人乃夢。』」段注云：「左傳曰：『馬有圉，牛有牧。』引伸爲牧民之牧。」今按：殷虚書契前編卷五第二十七頁一片有牧字，金文牧共簋、𠑇匜及戰國古文曾侯乙墓竹簡、郭店楚簡亦有牧字。而甲骨、金文等先秦古文字不見坶、㙁字，疑爲牧之後出異體，而用爲地名專字。尚書經文當作牧。說文木部云：「杖，持也，从木，丈聲。」段注云：「杖、持疊韻，凡可持及人持之皆曰杖。兵杖字俗作仗，非。」今按：集韻養韻云：「扙，雉兩切，傷也。」是扙與杖義別。古寫本杖作扙者，蓋亦與杖俗作仗一例，扙爲俗字不足取。說文辵部云：「逖，遠也，从辵，狄聲。逷，古文也。」段注云：「大雅『用逷蠻方』，牧誓『逷矣西土之人』，郭璞注爾雅，李善文選注引書皆作逷，衛包始改爲逖也。易、狄同部。」是古寫本及古文訓逖作逷者，逷本爲逖之古異體字。

【詁】史記周本紀作「二月甲子」。按：「夏商周斷代工程」推定武王克商之年爲公元前一〇四六年。二月甲子即二月五日。時當讀爲是。廣雅釋言云：「是，此也。」史記引牧誓無時字，則時不爲時間字。釋文引馬融曰：「昧，未旦也。」按：爽者明也，「昧爽」謂天明日未出之時，猶今言清晨。爾雅釋地云：「邑外謂之郊，郊外謂之牧，牧外謂之野。」是「牧野」在郊之外。言在二月五日清晨，周武王至于商邑郊外牧野，于是誓師伐紂。鉞當讀爲戉。說文戉部云：「戉，大斧也，从戈乚聲。司馬法曰：『夏執玄戉，殷執白戚，周左杖黃戉，右把白髦。』」段注云：「俗多金旁作鉞。」髦者，旄之假借字。說文㫃部云：「旄，幢也，从㫃毛聲。」段注云：「以犛牛尾注旗竿，故謂此旗爲旄。」麾，說文作摩，手部云：「摩，旌旗，所以指摩也，从手，靡聲。」段注云：「凡旗之所指曰指摩，師之耳目，在乎旗鼓也。俗作麾。」按：今字作揮。「西土」猶言西地，謂周，周在西方。言武王左手執金黃色大斧，右手執白色旄牛尾旗而指揮說：遠道而來的西土將士。

王曰：「嗟！我友邦冢君御事，司徒、司馬、司空，亞旅、師氏，千夫長、百夫長，及

庸、蜀、羌、髳、微、盧、彭、濮人，稱爾戈，比爾干，立爾矛，予其誓。」

【校】唐石經羌作羗。敦煌本髳作髣。古文訓盧作纑。按：説文羊部云：「羌，西戎牧羊人也，从人，从羊，羊亦聲。」今按：殷虚書契前編卷六第一頁五片作羌，與説文篆文同。又同書卷一第四十二頁一片作羌，从糸系羊會意，防羊亡失。又後編卷二第六頁七片作𦍋，从幺，即古糸字。魏元丕碑作羗從厶，當即从幺之譌。故唐石經作羗者，是用譌俗字，不可取。尚書經文當以作羌爲正。説文髟部云：「𩬓，髮至眉也，从髟，敄聲。詩曰：『紞彼兩𩬓。』髳，𩬓或省，漢令有髳長。」段注云：「羌、髳字祇从矛。牧誓：『庸、蜀、羌、髳。』小雅：『如蠻如髦。』傳曰：『髦，夷髦也。』箋云：『髦，西夷別名。』按：詩髦即書髳。」今按：髣乃髣髴之髣，説文無髣字，蓋因髴字而後造髣字。説文人部作仿佛。古寫本髳作髣者，蓋形近而譌。尚書經文當作髳。盧，史記周本紀作纑，是盧、纑爲古國名通用字，古文訓據以作纑。但盧字見于甲骨文與金文，纑字始見戰國古璽文，故尚書當以作盧爲正。

【詁】説文又部云：「友，同志爲友，从二又相交。」段注云：「二又、二人也。善兄弟曰友，亦取二人而如左右手也。」按：「友邦」謂同志誅紂之國。爾雅釋詁云：「冢，大也。」按：「冢君」即大君，是對友邦君主之尊稱。「御事」謂友邦執政御軍之官。蓋欲列舉參戰者，先盟軍君臣以尊賓，次本朝三卿衆將士，末及邊地附庸之八國。孔疏云：「三卿者，司徒主民，治徒庶之政令；司馬主兵，治軍旅之誓戒；司空主土，治壘壁以營軍。」爾雅釋言云：「亞，次也。」又釋詁云：「旅，衆也。」按：三卿爲三帥，「亞旅」謂三帥之副，其位次卿爲大夫。周禮地官序官云：「師氏，中大夫一人。」按：據西周金文「師氏」爲軍旅之長官，蓋亦次于三軍統帥之職。而「千夫長」、「百夫長」蓋又軍旅之下級將領。春秋左傳宣公七年云：「凡師出，與謀曰及。」與謀參戰之庸、羌等八國爲西南、西北地區附庸國。庸在今湖北房縣，蜀在今四川西部，羌在今甘肅東南，髳在今山西南部。王國維散氏盤考釋云：「古眉、微二字通用，眉即漢右扶風郿縣。」按：其地在今陝西郿縣。盧或謂即盧戎，在今湖北宜城西南。彭在今甘肅東部。「濮人」亦作卜人，在今湖北、河南交界地帶。稱本字爲偁，爾雅釋言云：「偁，舉也。」郭璞注云：「書曰：『偁爾戈。』」是郭氏所見魏晉以前尚書作偁爲本字，今本作稱者，唐衛包所改。説文戈部云：「戈，平頭戟也，象形。」匕、比古今字，謂排比。方言云：「盾，自關而東或謂之干，關西謂之盾。」言友邦大君將領，本朝三師與部屬將士，及參戰之邊地附庸國諸君部衆，舉起你們戈戟，排整你們干盾，竪立你們長矛，我將誓師。

王曰：「古人有言曰：『牝雞無晨，牝雞之晨，惟家之索。』今商王受惟婦言是用，昏棄厥肆祀弗答，昏棄厥遺王父母弟不迪，乃惟四方之多罪逋逃，是崇是長，是信是使，是以爲大夫卿士，俾暴虐于百姓，以姦宄于商邑。

【校】隸釋引漢石經「遺王」之王作任，惟作維。唐石經「惟婦言是用」，是字旁添，答作荅。神田本「古人有言曰」無曰字。八行本「惟婦言是用」無是字。古文訓答作畣。按：史記周本紀作「古人有言」，無曰字，與古寫本一本同。蓋「曰」字後人所加。而「惟婦言是用」，史遷所引有「是」字，當以有者爲是。段氏撰異云：「『王父母弟』，隸釋載漢石經殘碑作『任父母弟』。考周本紀牧誓亦作王。漢時民間所得大誓，太史公徵引之有曰：『離遏其王父母弟。』集解引鄭注云：『王父母弟，祖父母之族，必言母弟，舉親者言之也。』以此證之，作『王』爲允。」蓋今文尚書作任，古文尚書作王。「今商王受」，史記周本紀作「今殷王紂」，是今文尚書作紂，古文尚書作受。説文艸部云：「荅，小尗也，从艸，合聲。」段注云：「廣雅：『小豆，荅也。』假借爲酬荅。」漢碑石門頌：「上荅巛皇。」顧氏隸辨云：

「廣韻：『答，亦作荅。』非也。説文無答字。爾雅釋言：『俞、畣，然也。』釋文云：『畣，古荅字。』後人乃借荅爲畣，从竹者俗字也。」今按：金文秦公鐘、陳侯因資錞荅作合，是古荅應字作合。説文亼部云：「合，亼口也，从亼口。」段注云：「此以其形釋其義也。引伸爲凡會合之偁。釋詁曰：『偶、妃、匹、會，合也。』妃合會對也。」是合有會話、對荅之義。假借荅者，荅从合聲。戰國古文睡虎地秦簡作荅从艸，是荅亦古字，尚書經文作荅是。答則荅之異體，漢隸艸與竹通作。而荅作畣者，戰國古文包山楚簡、郭店楚簡合字作⿱合曰从曰，曰表口言，是合、⿱合曰古今字，而畣字从田者，畣即⿱合曰之譌俗字。

【詁】説文牛部云：「牝，畜母也。」隹部云：「雞，知時畜也。」按：牝雞即母雞，以喻妲己。晨謂晨鳴司時。雄雞晨鳴司時，牝雞晨鳴則爲怪異。王氏釋詞云：「之，猶若也。」引此文「牝雞之晨」爲例。索當讀爲⿱宀索。説文宀部云：「⿱宀索，入家搜也，从宀，索聲。」段注云：「經典多假索爲之。」按：入家搜索則家空，故詞義引伸爲空爲盡。言牝雞無晨鳴司時之道，牝雞如若晨鳴，此家則要盡滅。王氏述聞云：「昏，蔑也，讀曰泯，昏棄即泯棄也。泯、蔑聲之轉耳。」史記集解引鄭玄曰：「肆，祭名。答，問也。」按：周禮大祝鄭注云：「肆享，祭宗廟也。」「肆祀弗答」謂宗廟祭祀不過問。周本紀迪作用。按：迪从由聲，廣雅釋詁云：「由，用也。」史記周本紀「厥遺」作「遺其」，是詞序本爲「遺厥」，今本尚書或誤。説文辵部云：「遺，亡也。」按：亡猶言忘，遺謂遺忘。爾雅釋親云：「父之考爲王父，父之妣爲王母。」按：國語吴語韋注云：「弟，後也。」是「王父母弟」謂祖父母後代子弟。言今商紂唯獨聽信婦人妲己之言，蔑棄其先祖祭祀而不報答祖德，蔑棄遺忘其祖父母後代子弟親人而不用。「多罪」謂重罪犯人。説文辵部云：「逋，亡也。」逋，籀文逋从捕。」按：「逋逃」謂在逃之犯人。王氏釋詞云：「是，猶則也。」説文山部云：「崇，山大而高也。」段注云：「引伸爲凡高之偁。大雅『福禄來崇』，傳曰：『崇，重也。』」爾雅釋詁云：「伯，長也。」按：長謂敬如伯長。大夫爲朝職，卿士爲執政高職。商邑謂商都。言而天下重罪在逃之人，紂王則尊重之，敬長之，信任之，使用之，則用爲大夫、卿士之職，使他們施暴政殘害于百姓，而爲姦宄犯法之行于商都。

「今予發惟恭行天之罰。今日之事，不愆于六步七步，乃止齊焉。夫子勖哉！不愆于四伐五伐六伐七伐，乃止齊焉。勖哉夫子！尚桓桓，如虎如貔，如熊如羆于商郊，弗迓克奔，以役西土。勖哉夫子！爾所弗勖，其于爾躬有戮！」

【校】敦煌本迓作御。神田、内野、天正、八行本「爾所弗勖」作「所爾弗勖」。古文訓桓作狟，迓作御。按：「恭行」之恭，史記宋世家作共。段氏撰異云：「甘誓『共行天之罰』。傳云：『共，奉也。』凡奉之訓其字皆作共而同供，可音恭，不與恭同也。衛包改共爲恭。凡古言『共行天罰』者，皆謂奉行天罰。」説文犬部云：「狟，犬行也，从犬，亘聲。周書曰：『尚狟狟。』」段注云：「牧誓文，今作桓桓。許用孔壁中古文也。釋訓曰：『桓桓，威也。』魯頌傳曰：『桓桓，威武皃。』然則狟狟者，桓桓之假借字。」按：聯緜字不必追求本字，以通用爲正，故謂桓桓、狟狟通用則可。但戰國古文字雲夢木牘有桓字，而先秦古文未見狟字，故尚書當作「桓桓」。迓作御者，段氏撰異云：「今本御作迓，此必天寶中衛包所改也。衛包見孔訓御爲迎，釋文『御，五嫁反』，乃改作迓，説文：『訝，相迎也。』迓，訝之或字也。俗間但知迓訓迎矣，古音御、訝同在魚虞模部，故多假御爲訝。」是敦煌寫本及古文訓迓作御者，古本尚書所用字。唐石經作迓者，從改本，當以作御爲正字。

【詁】恭當作共，共、供古今字。廣韻鍾韻云：「供，奉也。」事謂戰事。説文心部云：「愆，過也。」爾雅釋言云：「翦，齊也。」按：「止齊」謂止前原地踏步齊整隊列。「夫子」謂將士。爾雅釋詁云：「勖，勉也。」言今我姬發是奉行天命對商紂之威罰，今日之戰事，要步步爲營，不超過六步七步，即原地踏步齊整隊列士氣一次，諸位共勉向前。説文人部云：「伐，擊也，从人持戈。」詩周頌維清疏引鄭玄曰：「伐謂擊刺也，一擊一刺曰一伐。」言兵刃相接，擊刺少者四伐，多者七伐，又當止齊一次，以振奮士氣。尚與當通，謂應當。爾雅釋獸云：「貔，白狐，其子豰。」郭璞注云：「一名執夷，虎豹之屬。」釋獸又云：「羆，如熊，黄白文。」郭注云：「似熊而長頭高脚，猛憨多力，能拔樹木。」又釋詁云：「于，於也。」按：「于商郊」謂在商郊決戰。言應當爲威武之師，猛如虎、豹、熊、羆，在商郊牧野決戰。史記迓作禦。釋文引馬融曰：「禦，禁也。」按：禦猶言拒絶。爾雅釋詁云：「殺，克也。」「弗迓克奔」謂不要拒絶和殺死來降紂軍。説文殳部云：「役，戍也。从殳彳。役，古文役，从人。」段注云：「役與戍从人持戈同意。」按：「以役西土」謂以投奔降卒反戈助西土將士作戰。王氏釋詞云：「所，猶若也。」引此文「爾所弗勖」爲例。爾雅釋詁云：「躬，身也。」廣雅釋詁云：「戮，罪也。」言不要拒絶和殺死紂軍奔來投降者，而以他們反戈助我西土周國作戰。你們如若不勉力殺敵，將對你們自身有罪刑罰。

周書二

洪範【解題】

史記宋世家云「武王既克殷，訪問箕子」以天道，箕子乃陳述洪範。按：爾雅釋詁云：「洪，大也。」「範，法也。」是洪範乃述治國之道大法。

惟十有三祀，王訪于箕子。王乃言曰：「嗚呼！箕子，惟天陰騭下民，相協厥居，我不知其彝倫攸敘。」

【校】古文訓洪作鴻，範作范。按：說文水部云：「洪，洚水也，从水，共聲。」「洚，水不遵道，一曰下也，从水，夅聲。」段注云：「孟子滕文公篇：『書曰：「洚水警予。」洚水者，洪水也。』告子篇：『水逆行謂之洚水。洚水者，洪水也。』水不遵道，正謂逆行，惟其逆行，是以絶大，洚、洪二字義實相因。」今按：殷契佚存六七八片有洚字，洚、洪同音同義，竊疑洪爲洚之後出異體。今本尚書經文作洪字者，以古書洪大通用洪字。而鴻者，說文鳥部云：「鴻，鵠也，从鳥，江聲。」是洪範作鴻者，用假借字。而漢伏生尚書大傳作鴻，史記宋世家亦作鴻，又隸釋引漢石經並作鴻，是今文尚書作鴻，古文尚書作洪。說文車部云：「範，範軷也，从車，笵省聲。讀與犯同。」又竹部云：「笵，法也，从竹，氾聲。竹，簡書也。古法有竹刑。」段注云：「繫辭：『範圍天地之化而不過。』鄭曰：『範，法也。』按：車部『範』爲『範軷』，則繫辭『範圍』，假借字也。通俗文曰：『規模曰笵。』玄應曰：『以木曰模，以竹曰笵，一物材別也。』說與許合。」是洪範本字當作笵，範者假借字。先秦古璽「隋笵」有笵字，與說文篆文同。而古文訓作范者，亦爲假借字。說文艸部云：「范，艸也，从艸，氾聲。」朱氏通訓定聲云：「假借爲笵。禮記禮運：『范金合土。』注：『范，鑄作器用。』荀子彊國：『刑范正。』注：『鑄劍規模之器也。』」漢隸笵作范，劉衡碑「師訓之范」，司空殘碑「納我鎔范」，皆其例。集韻范韻云：「笵，通作范。」

【詁】史記魯世家云武王「十一年伐紂」，又周本紀云「克殷後二年，問箕子殷所以亡」，故云「惟十有三祀」。爾雅釋天云：「商曰祀，周曰年。」又釋詁云：「訪，謀也。」按：訪謂咨謀，猶今言咨詢。言周武王十三年，武王咨詢于箕子。史記集解引馬融曰：「箕，國名也；子，爵也。箕子，紂之諸父。」陰當讀爲蔭。說文艸部云：「蔭，艸陰也，从艸，陰聲。」段注云：「引伸爲凡覆庇之義。釋言曰：『庇，蔭也。』」史記宋世家騭作定。按：騭當讀爲質。廣雅釋詁云：「質，定也。」王氏疏證云：「爾雅：『質，成也。』鄭注小司徒云：『成，猶定也。』是質與定同義。」按：「陰騭」謂庇護安定。爾雅釋詁云：「相、助，勴也。」「協，和也。」「彝，常也。」説文人部云：「倫，一曰道也。」段注云：「粗言之曰道，精言之曰理。」按：「相協」謂相助和協，「彝倫」謂通常道理。王氏釋詞云：「攸，猶所以也。」引洪範此文爲例。史記宋世家敘作序。按：敘與序通。廣雅釋詁云：「序，次也。」言唯獨上天能庇護安定下民，相助和協其居處，我不知上天定民通常道理所用次敘。

箕子乃言曰：「我聞在昔，鯀陻洪水，汩陳其五行。帝乃震怒，不畀洪範九疇，彝倫攸斁。鯀則殛死，禹乃嗣興。天乃錫禹洪範九疇，彝倫攸敘。

【校】隸釋引漢石經陻作伊，汩作曰。天正本陻作湮。古文訓陻作垔，怒作㤥，斁作殬。按：説文土部云：「垔，塞也，从土，西聲。商書曰：『鯀垔洪水。』陋，垔或从自。垔，古文垔如此。」段注云：「此字古書多作堙、作陻，真字乃廢矣。」今按：金文垔戈作垔，與説文篆文同。垔戈又一體作垔，下从壬，説文古文作垔，蓋即垔之寫譌。是其字當以垔爲正體，陋爲異體，堙、陻皆後出之俗字而通行者。段氏撰異云：「垔，漢石經殘碑作伊，蓋垔、伊雙聲相假借，此今文尚書也。」孫氏注疏云：「汩與滑聲相近，故爲亂。熹平石經汩爲曰，省文。」按：當云省借。尚書經文當作汩。汗簡心部引尚書恕作㤥。按：恕當爲怒之譌。集韻莫韻云：「怒，古作𢙈、㤥。」一體與汗簡作㤥同。説文女部奴字古文作伖，與先秦古陶文奴作伖同。但兩周金文奴甗、高奴權作奴，是奴爲正字，而伖爲異體。故戰國古文詛楚文、睡虎地秦簡怒字从奴作怒是正體，尚書經文當以作怒爲正。説文歺部云：「殬，敗也，从歺，睪聲。商書曰：『彝倫攸殬。』」段注云：「經假斁爲殬。雲漢鄭箋云：『斁，敗也。』」今按：説文攴部云：「斁，解也，一曰終也。」解也、終也皆與敗義相通，疑斁、殬古今字。西周金文毛公鼎斁作睪，東周古文欒書缶、中山王壺、古璽文孳乳作斁，而先秦古文字未見殬字，是尚書經文作斁爲正字，而汗簡歺部據説文引尚書作殬，非古本字。

【詁】史記宋世家「洪水」作「鴻水」，鴻乃假借字。「五行」，即下「水、火、木、金、土」。漢書五行志注引應劭曰：「水性流行，而鯀障塞之，失其本性，其餘所陳列皆亂，故曰『亂陳五行』也。」史記集解引鄭玄曰：「帝，天也，天以鯀如是，乃震動其威怒，不與天道大法九類。」按：爾雅釋詁云：「畀，賜也。」又云：「畀，予也。」予通與，是畀謂賜予。史記宋世家疇作等。按：説文田部云：「疇，耕治之田也，从田弖，象耕田溝詰詘也。」段注云：「引伸之，高注國策、韋注漢書『疇，類也』；張晏注漢書『疇，等也』。隸作疇。」按：「九疇」謂下「初一」至「次九」九類治國大法。言天帝以鯀治水失道，亂陳五行，乃動怒不予治國大法九類，治國常道所以被鯀敗壞。史記集解引鄭玄曰：「春秋傳曰：『舜之誅也殛鯀，其舉也興禹。」按：陸氏釋文云：「殛，本或作極。」爾雅釋言云：「殛，誅也。」「興，起也。」又釋詁云：「錫，賜也。」言鯀治水失道，帝舜乃誅放至死不赦；禹治水得道，乃繼父業興起，天帝于是賜禹大法九類，治國常道所以有敘。

「初一曰五行，次二曰敬用五事，次三曰農用八政，次四曰協用五紀，次五曰建用皇極，次六曰乂用三德，次七曰明用稽疑，次八曰念用庶徵，次九曰嚮用五福，威用六極。」

【校】漢石經乂作艾。古文訓敬作敬。按：説文丿部云：「乂，芟艸也，从丿乀相交。刈，乂或从刀。」段注云：「周頌曰：『奄觀銍艾。』艾者，乂之叚借字。引伸之，乂訓治也，見諸經傳。許辟部云『𡳿，治也』，引唐書『有能俾𡳿』，則𡳿爲正字。」今按：殷墟書契前編卷一第四十四頁七片作乂，爲乂治正字。魏三體石經君奭乂作𡳿，與説文辟部作𡳿同，𡳿即乂之孳乳，是後出字。漢石經作艾者，今文尚書用假借字。段氏撰異云：「漢書五行志曰：『經曰：次二曰羞用五事。』藝文志曰：『書云：「初一曰五行。次二曰羞用五事。」言進用五事以順五行也。』孔光傳：『書曰：羞用五事。』玉裁按：作敬者古文尚書也，作羞者今文尚書也。班氏羞訓進，今文家説也。古文敬字從古文茍，己力切，與羞皆從羊。詩小雅小旻鄭箋云：『欲王敬用五事。』此古文尚書也。」今按：殷虚書契前編卷八第七頁一片，後編卷下三十六頁六片茍皆作芍，象狗蹲踞豎耳警惕之形。金文大保簋、盂鼎同甲骨文，是甲金文芍即茍字，茍即狗字。班簋敬字作茍，从口，蓋狗叫報警之義。毛公鼎敬作吱，師酉簋作敬，是敬者警戒本字，引伸義爲恭敬。東周金文秦公鐘、蔡侯盤敬作敬，石鼓文亦作敬，茍上从羊，是从羊之敬字後出，不爲敬字古文，字以作敬爲正。

【詁】此述大法九類之綱，類爲一章。爾雅釋詁云：「初，始也。」按：初一即始一，猶言首一。王氏釋詞云：「曰，猶爲也，謂之也。」引洪範「曰」字爲例。言首一爲五行。楚辭九歎思古篇王逸注云：「次，第也。」是「次」即次第，「次二」猶言第二。「五事」謂下「貌、言、視、聽、思」自身行爲之事。言第二爲認真做好自身行爲五事。廣雅釋詁云：「農，勉也。」王氏疏證云：「農猶努也，語之轉耳。洪範云『農用八政』，謂勉用八政也。」按：「八政」謂下「食、貨、祀、司空、司徒、司寇、賓、師」八件政務之事。言第三爲努力做好八政之事。爾雅釋詁云：「協，和也。」國語越語韋注云：「紀，猶法也。」按：「五紀」謂下「歲、月、日、星辰、厤數」五種計時天文曆法。言第四爲和協運用五種計時曆法。説文王部云：「皇，大也。」廣雅釋言云：「極，中也。」按：中謂中正。言第五爲立政當用光大中正之道。爾雅釋詁云：「乂，治也。」按：「三德」謂下「正直、剛克、柔克」。言第六爲治民要用正直、剛、柔三德。爾雅釋詁云：「明、就，成也。」按：明謂成就。説文卜部云：「卟，卜以問疑也，从口卜。讀與稽同。」是卟爲稽疑本字。「稽疑」謂卜稽疑難。言第七爲成就難事當用卜疑方法預測。爾雅釋詁云：「念，思也。」按：念謂思謀。禮記禮器疏引鄭玄曰：「庶，衆也。徵，驗也。謂衆行得失之驗。」按：「庶徵」謂衆多驗證。言第八爲思謀其事當用衆多方法驗證得失。嚮，饗之後出俗字。漢書谷永傳引尚書作饗。儀禮特牲饋食禮鄭玄注云：「饗，勸强之也。」按：「五福」謂下「壽、富、康寧、攸好德、老終命」。威、畏古通用，懼之爲畏。「六極」謂下「凶短折、疾、憂、貧、惡、弱」六種可畏之事。言第九爲用五福勸勉人，用六極畏懼人行德爲善。

「一、五行：一曰水，二曰火，三曰木，四曰金，五曰土。水曰潤下，火曰炎上，木曰曲直，金曰從革，土爰稼穡。潤下作鹹，炎上作苦，曲直作酸，從革作辛，稼穡作甘。

【校】古文訓金作金，曲作𠃊。按：説文金部云：「金，五色金也，黄爲之長，久薶不生衣，百鍊不輕。从革不韋，西方之行。生於土，从土，𠂇又注，象金在土中形。今聲。金，古文金。」今按：金字矢令彝作金，與説文篆文同，爲後世通行。師寰簋、中山王壺作金，象土中有金沙粒，或二、三、四不等；从亼，音集，集合之義，是金字之義本爲集合礦土之金沙粒，用爲凡黄金、金屬之義。石鼓文作金，與説文古文同。魏三體石經金縢作金，與兩周金文同。説文从「今聲」蓋誤，古文字不从「今」聲。説文曲部云：「曲，象器曲受物之形也。或説曲，蠶薄也。𠃊，古文曲。」段注云：「匚象方器受物之形，側視之。曲象圜其中受物之形，正視之。引伸之爲凡委曲之稱。不直曰曲。其字俗作苖，又作笛。」今按：金文曾子游鼎作𠃊，戰國古文包山楚簡作𠃊，與説文古文同；睡虎地秦簡作曲，爲後世所通行。薛氏古文訓曲作𠃊者，乃依説文古文。

【詁】史記宋世家「五行」、「五事」並九疇上皆無一、二等序字，是今文尚書如此。王氏釋詞云：「曰，猶爲也，謂之也。」言五行者，一爲水，二爲火，三爲木，四爲金，五爲土。廣雅釋詁云：「潤，濕也。」言水之性爲向下潤濕。説文炎部云：「炎，火光上也，从重火。」段注云：「洪範曰『火曰炎上』，其本義也。」言火之性爲光炎向上燃燒。曲謂揉曲，直謂繩直。言木之性爲可揉曲繩直。史記集解引馬融曰：「金之性從人而更可銷鑠。」説文革部云：「革，獸皮治去其毛曰革，革，更也。」按：更者改也。言金之性爲順從人意可改變形狀。史記宋世家「爰」作「曰」。爾雅釋詁云：「爰，曰也。」按：曰與爰通，史記作曰，與上一致，是爰亦爲也。史記集解引王肅曰：「種之曰稼，斂之曰穡。」言土之性爲播種收穫百穀。詩周頌天作毛傳云：「作，生也。」言水向下潤濕産生鹹味。孔傳云：「苦，焦氣之味。」言火炎上燒産生焦苦之味。孔疏云：「木生子實，其味多酸。五果之味雖殊，其爲酸一也。」按：「曲直」謂木。言樹木果實産生酸味。「從革」謂金。孔疏云：「金之在火，別有腥氣，非苦非酸，其味近辛。」韻會引聲類云：「江南曰辣，中國曰辛。」言金在火産生辛辣之味。「稼穡」謂土植百穀。説文甘部云：「甘，美也。」言土植百穀産生甘美之味。

「二」、五事：一曰貌，二曰言，三曰視，四曰聽，五曰思。貌曰恭，言曰從，視曰明，聽曰聰，思曰睿。恭作肅，從作乂，明作哲，聰作謀，睿作聖。

【校】唐石經哲作晢。内野、天正本貌作皃，哲作晢。古文訓貌作皃，哲作晢。按：説文皃部云：「皃，頌儀也，从儿，白象面形。䫉，皃或从頁，豹省聲。貌，籀文皃，从豸省。」段注云：「頌者，今之容字。必言儀者，謂頌之儀度可皃象也。凡容言其内，皃言其外，引伸之凡得其狀曰皃。」今按：戰國古璽文作皃，是當以皃爲古文，貌爲後出今字，即皃、貌古今字。䫉爲貌之異體，改从皃爲从頁。古書通用皃、貌二形。説文日部云：「晢，昭晢，明也。从日，折聲。禮曰：晢明行事。」段注云：「洪範：『明作晢。』鄭曰：『君視明則臣昭晢。』按：昭、晢皆从日，本謂日之光，引伸之爲人之明哲。口部曰：『哲，知也。』晢字日在下，或日在旁作晣，同耳。」今按：鄭玄尚書注本作晢，與許氏説文合。史記宋微子世家作「明作智」，以智訓哲，是所據尚書本作哲。蓋作晢者古文尚書，作哲者今文尚書。但兩周金文克鼎，曾伯簠及古璽文、古陶文皆作悊从心，而先秦古文字無作哲、晢者，是悊爲古文，哲與晢爲後出異體而通行。

【詁】王氏釋詞云：「曰，猶爲也，謂之也。」按：貌謂容儀，即容貌儀表；言謂言語，即言論文詞。視謂視察，聽謂聽聞，思謂思慮。言五事者，一爲容儀，二爲言語，三爲視觀，四爲聽聞，五爲思慮。爾雅釋詁云：「恭，敬也。」从、從古今字。説文从部云：「从，相聽也，从二人。」段注云：「聽者，聆也，引伸爲相許之義。从者今之從字。」按：從即聽從，謂臣民聽從君言。陸氏釋文引馬融曰：「睿，通也。」按：睿謂深通。言視謂明察，聽謂聽聞，睿謂深通。王氏述聞云：「恭與肅、從與乂、明與哲、睿與聖，義並相近。謀與敏同，敏古讀若每，謀古讀若媒，謀、敏聲相近，故字相通。」言貌謂容儀恭敬，言謂言語聽從，視謂視察明瞭，聽謂聽聞聰敏，思謂思慮深通。王氏釋詞云：「作，始也。家大人曰：作之言乍也，乍者始也。」按：肅謂嚴肅，乂謂治理，哲謂明智，謀謂聰敏，聖謂聖達。言君上容儀恭敬始能嚴肅，言語順從始能治理，視察明瞭始能明智，聽聞廣遠始能聰敏，思慮深通始能聖達。

「三、八政：一曰食，二曰貨，三曰祀，四曰司空，五曰司徒，六曰司寇，七曰賓，八曰師。

【校】唐石經補缺寇作冦，內野、足利、天正本亦作冦。島田、八行本寇作𡨥。按：説文攴部云：「寇，暴也，从攴完。」段注云：「暴當是夲部之暴，暴疾之字，引伸爲暴亂也。此與敗、賊同意。」兩周金文昌鼎、虞司寇壺及戰國古文侯馬盟書作寇，與説文篆文同，是爲正體。古璽司寇之璽作寇，从戈完會意，與从攴同義。而唐石經補缺作冦者，依漢隸，如孫叔敖碑陰寇作冦，變从宀爲从冖，是其例。古寫本寇作𡨥者，亦依漢隸，如陳球後碑寇作𡨥，變元爲衣，變攴爲殳，本譌字，衣更變爲衤，譌而更譌，而六朝隋唐常用之，如魏寇治墓誌作𡨥，隋張儉墓誌作𡨥皆其例。尚書經文當以作寇爲正。

【詁】漢書食貨志云：「食謂農殖嘉穀可食之物。貨謂布帛可衣，及金刀龜貝，所以分財布利通有無者也。」又郊祀志云：「祀者，所以昭孝事祖，通神明也。」按：「八政」皆謂政事。史記集解引馬融曰：「司空，掌營城郭，主空土以居民。司徒，主徒衆教以禮儀。司寇，主誅寇害。」按：「司空」即主司營建之政，「司徒」即主司禮儀教化之政，「司寇」即主司誅寇刑獄之政。史記集解引鄭玄曰：「賓，掌諸侯朝覲之官。師，掌軍旅之官。」按：賓即禮賓朝覲之政，師即師旅之政，謂軍事。言「八政」者，一爲農政，主農耕民食；二爲財政，主財貨貿易；三爲祭祀之政，主祭祖祀神；四爲司空之政，主城建民居；五爲司徒之政，主民衆禮儀教化；六爲司寇之政，主誅寇刑獄；七爲禮賓之政，主諸侯藩國朝王；八爲師旅之政，主軍事防衛。

「四、五紀：一曰歲，二曰月，三曰日，四曰星辰，五曰厤數。」

【校】島田本厤作歷，内野、足利、天正、八行本作曆，唐石經作曆。按：説文止部云：「歷，過也，傳也，从止，厤聲。」段注云：「引伸爲治曆明時之曆。」今按：殷虚書契後編卷下十一頁四片歷作秝，从止从秝，止表經過，秝象禾苗並生，即種禾之義，是秝之本義爲種禾經過之時節日，故用爲經歷之義，亦用爲歲曆之義。金文禹鼎作歷，與説文篆文同。毛公鼎作厤，説文厂部云「厤，治也」，是作厤者，歷之省借字。先秦古文字及説文正文無曆字，大徐新附字有之，云：「曆，厤象也，从日厤聲。史記通用歷。」蓋經歷、曆象字古衹作歷，或假借厤字爲之，曆乃後出之歷象字。是唐石經作曆者，爲後出通行字。

【詁】説文糸部云：「紀，别絲也，从糸，己聲。」段注云：「别絲者，一絲必有其首，别之是爲紀。引伸之爲凡經理之稱。」按：「五紀」者，五種紀時法之分别。説文步部云：「歲，木星也，越歷二十八宿，宣徧陰陽，十二月一次。」爾雅釋天云：「載，歲也。夏曰歲，商曰祀，周曰年。」孔疏云：「從冬至以及明年之冬至爲一歲，所以紀四時也。從朔至晦，大月三十日，小月二十九日，所以紀一月也。從夜半以至明日夜半周十二辰爲一日，所以紀一日也。」史記集解引馬融曰：「星，二十八宿；辰，日月之所會也。」孔傳云：「二十八宿迭見，以敘氣節，十二辰以紀日月所會。」按：歷謂歷象，數謂數算，「歷數」即日月運行周天度之推算法，亦即歷法。用歷法可推定閏月，以調和季節。言「五紀」者，一爲以一年四季紀時，二爲以一月從朔至晦紀時，三爲以一日從夜半至明日夜半十二辰紀時，四爲以二十八宿之迭見與十二辰日月所會紀時，五爲以歷法定閏紀時。

「五、皇極：皇建其有極，斂時五福，用敷錫厥庶民。惟時厥庶民于汝極，錫汝保極。凡厥庶民，無有淫朋，人無有比德，惟皇作極。

【校】隸釋引漢石經淫作淫，朋作𠳋。按：淫作淫者，蓋隸釋傳本所誤，淫、淫形近易譌。朋作𠳋者，當亦字之譌誤。詩小雅菁菁者莪云：「既見君子，錫我百朋。」鄭玄箋云：「古者貨貝，五貝爲朋。」王國維觀堂集林釋珏朋云：「朋友之朋，金文作匔，一朋之貝，至少當有六枚。」是朋本串貝，詞義引申，用爲朋友、朋黨字。漢石經朋作𠳋者，即匔之寫譌，或隸釋傳本有誤。而漢隸作朋，後世通行。

【詁】漢書五行志云：「傳曰：『皇之不極，是謂不建。』皇，君也。極，中；建，立也。人君貌、言、視、聽、思心五事皆失，不得中則不能立萬事。」按：論語堯曰篇皇侃疏云：「中，謂中正之道也。」王氏釋詞云：「有，語助也。一字不成詞，則加有字以配之。若極曰有極，見洪範。」言「皇極」者，人君立其中正至高之道。爾雅釋詁云：「斂，聚也。」

「時，是也。」按：「五福」謂下文「壽、富、康寧、攸好德、考終命」。敷者，布也。爾雅釋詁云：「錫、予，賜也。」玉篇心部云：「惟，爲也。」「惟時」猶言爲此。王氏釋詞云：「于，猶爲也；爲，助也。」言聚此五福之道以布予其衆民，爲此其衆民會助君中正之道。史記集解引鄭玄曰：「又賜女以守中之道。」按：說文人部云：「保，養也。」段注云：「保全、保守皆其引伸之義。」錫與上句于字對文，謂助予。「保極」即保守其極。言其衆民助君保守中正之道。楚辭離騷王逸注云：「淫，邪也。」按：「淫朋」謂奸邪亂黨。說文比部云：「比，密也，二人爲从，反从爲比。」段注云：「阿黨也，其所引伸。」按：德者得也，「比德」謂結黨營私。玉篇心部云：「惟，爲也。」按：「惟皇」猶言爲君。「作極」謂作君上中正之臣。言君行中正之道，則其臣民無有奸邪亂黨，在位人臣無有結黨營私，爲君作中正之臣。

「凡厥庶民，有猷有爲有守，汝則念之。不協于極，不罹于咎，皇則受之。而康而色，曰予攸好德，汝則錫之福，時人斯其惟皇之極。

【校】島田、内野本罹作羅，斯作所。古文訓斯作所。按：說文网部云：「羅，以絲罟鳥也，从网、从維。古者芒氏初作羅。」段注云：「釋器：『鳥罟謂之羅。』王風傳曰：『鳥網爲羅。』或作罹，俗異用。」許書無罹字，大徐說文新附云：「罹，心憂也，从网，未詳。古多通用離。呂支切。」鄭知同曰：「罹訓遭，亦訓憂，古本作羅。漢碑多作罹，是漢時俗改。作離則同聲假借。大徐言从网未詳，不知罹即羅之變也。」今按：先秦古文有羅字，而古陶文有羅字，又有罹字，是罹爲羅之異體。古書羅、罹通用，尚書經文作罹用異體。說文斤部云：「斯，析也，从斤，其聲。詩曰：『斧以斯之。』」汗簡斤部引尚書斯作所。今按：金文余義鐘作斯，與說文篆文同。或作所者，亓是其之古文借字，从亓聲猶从其聲。但先秦古文字中未見所，蓋後出之俗字，隋賈珉墓誌斯作所，是其例證。玉篇斤部斯字古文作所，从元，古文四聲韻支韻引尚書斯作祈，从示，又皆从亓之譌。故當以作斯爲正體。

【詁】爾雅釋詁云：「猷，謀也。」又釋言云：「作、造，爲也。」按：猷謂謀略，爲謂創造，守謂操守。言凡其衆民，有謀略，有創造，有操守者，你則思念用之。國語越語韋注云：「協，合也。」書西伯戡黎鄭玄注云：「咎，惡也。」按：受謂接納。言行爲雖不合于中正之道，但未陷于罪惡者，君則接納不拒。王氏釋詞云：「而，猶則也。」爾雅釋詁云：「康，安也。」詩魯頌泮水云：「載色則笑。」毛傳云：「色，濕潤也。」按：「而康」即則安撫之。則與載通，「而色」即則色，猶詩言「載色」，謂則温暖關心之。謂臣民行爲雖不中正但未犯罪者，則安撫温和對待而不暴棄，重在教育。爾雅釋言云：「攸，所也。」王氏釋詞云：「則，猶若也。」「斯，猶則也。」「其，猶將也。」「之，是也。」按：「惟皇之極」謂惟以皇極爲是。言行爲不正但未犯罪者，君則安撫温和教育之，並説我所好者爲德政，你若賜予人爵禄，此人則將惟君中正之道爲是，上下不疑。

「無虐煢獨，而畏高明。人之有能有爲，使羞其行，而邦其昌。凡厥正人，既富方穀。汝弗能使有好于而家，時人斯其辜。于其無好德，汝雖錫之福，其作汝用咎。

【校】島田、八行本煢作惸。古文訓煢作惸。按：説文卂部云：「煢，回疾也，从卂，營省聲。」段注云：「回轉之疾飛也，引申爲煢獨，取褱回無所依之意。或作惸，作睘。」或作惸者，假借字。説文兮部云：「⿱旬兮，驚詞也，从兮，旬聲。惸，⿱旬兮或从心。」是惸與煢之義無涉。而古寫本作惸者，又惸之後出通用字。汗簡卂部引石經煢作⿱厸兀。鄭氏箋正云：「編中⿱厸乂例省作⿱厸乂，令石經體果如此，則本自石經。」今按：石經作⿱厸兀或有本，待考。尚書經文正字仍當作煢。

【詁】「無虐煢獨」，史記宋世家作「毋侮鰥寡」。按：無與毋通。侮謂欺陵，與虐待義同，「煢獨」謂鰥寡孤獨之人，民之無依靠者。史記集解引馬融曰：「高明顯寵者，不枉法畏之。」言不要虐待孤獨無靠之人，亦不要枉法畏懼顯貴之人。爾雅釋詁云：「羞，進也。」又釋宫云：「行，道也。」按：行本義道路，引伸之義爲道術。王氏釋詞云：「而，猶則也。」又云：「其，猶將也。」言人臣之有才能有作爲者，使進獻其治國道術，則國將昌盛。王氏述聞云：「爾雅曰：『正，長也。』故官之長謂之正。洪範曰『凡厥正人』，正，長也，正人爲長之人也。自『人之有能有爲』以下皆謂爲卿大夫者。」富當讀爲福，謂爵禄。方與既相對。楊氏詞詮云：「方，時間副詞，正也，適也。表現在。」爾雅釋詁云：「穀，善也。」又釋言云：「稱，好也。」按：好謂稱職，即下臣有職有權。辜謂辜負。「而家」猶言汝家，謂你國家。言凡其在位正長之人，既有爵禄正有善行，但你君上不使有職有權于你家國，此人則將辜負你。王氏釋詞云：「于，猶如也。」史記宋世家作「于其無好」，蓋德字後人誤加。楊氏覈詁云：「作，讀爲酢，釋詁：『酢，報也。』」廣雅釋詁云：「咎，惡也。」言如其使臣有職無權，你雖賜他爵禄，仍將報你以惡。

「無偏無陂，遵王之義。無有作好，遵王之道。無有作惡，遵王之路。無偏無黨，王道蕩蕩。無黨無偏，王道平平。無反無側，王道正直。會其有極，歸其有極。

【校】島田本陂作頗，義作誼，好作⿰丑子。内野、足利、天正、八行本陂作頗。古文訓陂作頗，義作誼，好作妞，黨作⿰尚邑。按：陸氏釋文云：「陂，音祕，舊本作頗，音普多反。」新唐書藝文志云：「開元十四年，玄宗以洪範『無偏無頗』聲不協，詔改爲『無偏無陂』。」説文頁部云：「頗，頭偏也，从頁，皮聲。」今按：史記宋世家作頗，是今文尚書本作頗。諸寫本作頗，是未改本作頗之證，故經文當以作頗爲正。古本或作陂者，假借字。段氏撰異云：「匡謬正俗卷六：書曰：『無偏無陂，遵王之誼。』元宗一詔見於佩觿、册府元龜、文苑英華，皆作『遵王之誼』。唐時尚書義多作誼，宜、誼古音同魚何切，與頗無不叶也。」今按：史記宋世家作義，是漢時尚書作義。段氏説文誼字注云：「誼、義古今字，周時作誼，漢時作義，皆今之仁義字也。」但義字見于甲骨文與兩周金文，而先秦古文字未見誼字，是義法字當以作義爲正。説文女部云：「好，媄也，从女子。」段注云：「好本謂女子，引伸爲凡美之偁。凡物之好惡，引伸爲人情之好惡。本無二音，而俗强别其音。」今按：殷虚書契前編卷七第三十頁四片作好，西周金文虘鐘作好與甲文同，皆美好之古本字。古文四聲韻晧韻引古尚書好作⿰丑女，此依説文引洪範。説文女部云：「⿰丑女，人姓也，从女，丑聲。商書曰：無有作⿰丑女。」段注云：「廣韻、玉篇皆曰：『妞，姓也。』古音在三部，讀如狃，好之古音讀如朽，是以尚書叚⿰丑女爲好也。今尚書洪範文⿰丑女作好。此引經説叚借也。⿰丑女本訓人姓，好惡自有真字，而壁中古文叚⿰丑女爲好，此以見古之叚借不必本無其字，是爲同聲通用之肇耑矣。」是古文訓據説文好作妞者，乃用假借字。説文邑部云：「䣊，地名，从邑，尚聲。」段注云：「廣韻曰：『鄺，地名。説文作䣊。』今俗以爲鄉黨字。」集韻蕩韻云：「䣊，或作鄺，古書作⿱山邑，通作黨。」今按：朋黨字説文作攩，云：「朋攩也。」又黑部云：「黨，不鮮也，从黑，尚聲。」是黨亦非朋黨本字。但戰國古文上黨武庫戈、古璽文、郭店楚簡皆有黨字，是爲古文字，且春秋左傳、吕氏春秋、史記宋世家引尚書洪範及漢石經殘碑皆作黨，是黨通用既久，故古文訓作䣊不足取。

【詁】史記宋世家無作毋。王氏釋詞云：「無、毋，勿也。」按：勿猶今言不要。説文人部云：「偏，頗也。」段注云：「尚書『無偏無頗』，槩言之也。」按：偏、頗同義，槩言之者，特謂當中正。爾雅釋詁云：「遵，循也。」義謂正義。言不要偏邪，不要不正，當遵循先王正義治民。王氏釋詞云：「有，猶或也。」有與或古同聲而義亦相通。爾雅釋言云：「作，爲也。」史記集解引馬融曰：「好，私好也。」言不要或爲私心所好越軌，當遵循先王之正道。陸氏釋文云：「惡，烏路反。」按：惡讀「好惡」之惡，謂憎惡。路即道。言不要或爲私心憎惡作威，當遵循先王中正之道。史記集解引鄭玄曰：「黨，朋黨。」廣雅釋訓云：「蕩蕩，平也。」按：平謂平坦。「平平」即平之重言，義仍爲平；僞孔傳釋爲「辯治」，不必經義。言不要偏私，不要結黨，則王道平坦；不要結黨，不要偏私，則王道平暢。史記集解引馬融曰：「反，反道也；側，傾側也。」按：反謂反其正道，側謂側行邪道。言不要違反王道法度，不要側行邪門旁道，則王道正直無邪。「有極」即極，有爲語助詞，説詳王氏釋詞。極謂中正。史記集解引鄭玄曰：「謂君也當會聚有中之人以爲臣，臣也當就有中之君而事之。」言君當會聚中正賢臣，臣當歸向中正明君。

「曰皇極之敷言，是彝是訓，于帝其訓。凡厥庶民，極之敷言，是訓是行，以近天子之光。曰天子作民父母，以爲天下王。」

【詁】王氏釋詞云：「有非問答而亦加曰字以别之者，語更端也。」按：曰字以上爲述皇極内容，曰字以下更述君民以皇極爲共同指南。史記宋世家皇作王，彝作夷，「其訓」作「其順」。按：爾雅釋詁云：「皇、王，君也。」「彝、法，常也。」「訓，道也。」彝謂常法，訓謂訓導。王氏釋詞云：「其，猶乃也。」言君上中正之布言，是爲天下常法，是爲教民訓典，于天帝之意乃順。史記宋世家「是訓」作「是順」。説文辵部云：「近，附也。」言凡其衆民，于君上中正布言，于是順從，于是執行，以依附天子光明之道。蔡傳云：「曰，民之辭也。」按：曰字更述民意。尚書大傳云：「聖人者，民之父母也。母能生之，能食之，父能教之，能誨之。故書曰：『作民父母，以爲天下王。』」言天子愛民能爲民之父母，則民能以天子爲天下君王。

「六、三德：一曰正直，二曰剛克，三曰柔克。平康正直，彊弗友剛克，燮友柔克。沈潛剛克，高明柔克。惟辟作福，惟辟作威，惟辟玉食。臣無有作福作威玉食。臣之有作

福作威玉食，其害于而家，凶于而國。人用側頗僻，民用僭忒。

【校】史記宋世家變作內，潛作漸。隸釋引漢石經「凶」上有「而」字，僻作辟。島田、內野、八行本僻作辟，忒作⿹戈心。按：段氏撰異云：「古內、入通用，入、變同部，此今文尚書作內也。春秋左傳文五年甯嬴曰：『商書曰沈漸剛克。』宋世家亦作漸。蓋今文尚書作漸。」說文人部云：「僻，辟也，从人，辟聲。詩曰：『宛如左僻。』一曰，從旁牽也。」段注云：「辟，大徐本作避，非是。辟者，法也，引伸爲辟人之辟。辟人而人避之亦曰辟。廣韻曰：『邪僻也。』此引伸之義。」徐灝箋曰：「僻、辟古字通。大雅板篇：『民之多辟。』鄭箋云：『民之行多爲邪辟者。』今以僻字專爲隱僻、邪僻、僻遠、僻陋之義。」今按：辟、僻古今字。西周金文盂鼎、牆盤、毛公鼎等僻作辟，而戰國古文字包山楚簡始有僻字，可見漢石經及古寫本僻作辟，是用古本字，非通假字。說文心部云：「忒，更也，从心，弋聲。」段注云：「尸鳩傳曰：『忒，疑也。』瞻卬傳曰：『忒，差也。』皆一義之區別也。左部曰：『差者，忒也。參差不相值也。』不相值即更改之意。」今按：戰國古文字侯馬盟書忒作⿹戈心从戈，是古寫本忒作⿹戈心者，即忒之古異體字。

【詁】說文刀部云：「剛，彊斷也。」段注云：「彊者，有力也。有力而斷之也，洪範所謂『剛克』。」爾雅釋詁云：「克，勝也。」又釋訓云：「温温，柔也。」按：「剛克」謂以彊斷取勝，「柔克」謂以温和取勝。言當有三種治理德才，一爲能正曲直，二爲以彊斷取勝，三爲以温和取勝，即正直而又剛柔相濟。爾雅釋詁云：「康，安也。」「燮，和也。」廣雅釋詁云：「友，親也。」言平安之地使正直之人治理即可，彊梁不親附之地使彊斷之人治理，和順親附之地使温和之人治理，即任人擇其德勝而用。史記集解引馬融曰：「沈，陰也；潛，伏也。陰伏之謀，謂賊臣亂子。高明君子，亦以德懷也。」言對陰謀亂臣，當用彊力果斷制服；而對高明君子，則用温和態度接納。爾雅釋詁云：「辟，君也。」史記集解引馬融曰：「玉食，美食。」又引鄭玄云：「作福，專爵賞也；作威，專刑罰也；玉食，備珍美也。」按：玉蓋謂玉製食器，「玉食」猶言「鼎食」，爲君主所專用。言唯獨君主有權頒賜爵禄，施行刑罰，食用玉器。王氏釋詞云：「之，猶若也。」引洪範此文爲例。而當讀爲汝，「而家」猶言汝家，謂大夫臣家；「而國」猶言汝國，謂諸侯君國。言臣按禮法不要有作福作威玉食者，臣若有作福作威玉食不守節制者，將犯法害及你臣家，禍害殃及你君國。王氏釋詞云：「用，詞之以也。以、用一聲之轉。」側、頗同義詞，「側頗」即不正；僻即邪僻，「側頗僻」謂不正邪僻。詩小雅巧言鄭箋云：「僭，不信也。」又曹風鳲鳩毛傳云：「忒，疑也。」按：「僭忒」謂不忠信而有疑貳之心。言人臣因不中正而有邪僻之行，則下民百姓亦因而有不忠信貳心，不服統治。

「七、稽疑：擇建立卜筮人，乃命卜筮：曰雨，曰霽，曰蒙，曰驛，曰克，曰貞，曰悔，凡七。卜五，占用二，衍忒。立時人作卜筮，三人占，則從二人之言。

【校】島田本霽作濟，蒙作蟲，驛作圛，悔作𢙐。內野、足利、天正本驛作圛，悔作𢙐。古文訓驛作圛，悔作𣫭。

按：說文雨部云：「霽，雨止也，从雨，齊聲。」段注云：「釋天：『雨濟謂之霽。』濟古多訓止者，如『厲風濟則衆竅爲虛』是也。許云雨止者，以詁訓字易其本字也。凡止曰濟，雨止則有霽字。洪範『曰雨曰濟』，今古文皆如是，是尚書用濟爲霽也。」按：尚書洪範古本作濟，有史記宋世家作濟爲證。但雨止本字是霽，濟乃借字。考戰國古文中山方壺與石鼓文有濟字，而古璽文有霽字，是濟、霽皆古文而通用，故尚書經文作濟作霽均可。汗簡蟲部引尚書蒙作蟲。古文四聲韻東韻引古尚書蒙作蟲，與汗簡所引同。按：段氏撰異云：「天寶時衛包改雺作蒙。」袁彥伯三國名臣序贊：『苟非命世，孰掃雺雺。』李善注曰：『孔安國尚書傳曰：雺，陰氣也。』此唐初本作雺之明證也。周禮大卜注引書作蟊。」今按：説文蚰部與蟲部蟊、蠹爲二字而相混通用，汗簡及夏韻蓋即傅會此二字而爲之，古文奇字未有。説文口部云：「圛，回行也，从口，睪聲。商書曰：『曰圛。』圛者，升雲半有半無，讀若驛。」段注云：「謂回曲而行。商書謂洪範。『曰圛』，唐衛包改爲『曰驛』。而尚書正義作『曰圛』，此天寶以前未改之本也。升雲半有半無，正某氏氣落驛不連屬所本。如許説則商書圛字正繹之假借。」今按：鄭玄周禮太卜注引尚書洪範「曰圛曰蟊」，亦本作圛之一證，此古寫本多作圛所據。但戰國文字古璽文與侯馬盟書有繹字，而先秦古文字未見圛字，故尚書經文本當作繹。説文卜部云：「𠧴，易卦之上體也。商書曰：『曰貞曰𠧴。』从卜，每聲。」段注云：「今尚書、左傳皆作悔，疑𠧴是壁中古文，孔安國以今文讀之，易爲悔也。」史記宋世家作悔，是今文尚書作悔，作𠧴者古文尚書。但戰國古璽文、侯馬盟書、睡虎地秦簡等有悔字，而先秦古文未見𠧴字，是尚書洪範經文當以作悔爲正。

【詁】稽本字爲卟，説文云「卜以問疑也」。「稽疑」謂卜以決疑。説文廴部云：「建，立朝律也，从聿从廴。」按：立當讀爲位，「建立」謂于朝中設立職位。「卜筮人」謂卜人筮人，龜卜爲卜人，蓍占爲筮人。王氏釋詞云：「乃，猶于是也。」言占卜以決疑，當選擇精通龜蓍之道者設職位爲卜人筮人，于是命其卜筮吉凶。史記集解引鄭玄曰：「雨者，兆之體氣如雨然也；濟者，如雨止之雲氣在上者也；圛者，色澤而光明也；霧者，氣不釋鬱冥冥也；克者，如祲氣之色相犯也。内卦曰貞，貞，正也；外卦曰悔，悔之言晦也。卦象多變，故言衍貣。」按：此文龜卜五者，多從鄭注龜之氣色言之，而王氏述聞云：「曰雨以下五事，即承『乃命卜筮』言之，五者皆所以合龜之事也。春官大卜『以邦事作龜之八命，七曰雨』，鄭司農曰：『雨謂雨不也。』不與否同。而説以龜之氣色，去本義遠矣。」又驛與圛、曎通。廣雅釋詁云：「曎，明也。」王氏疏證云：「方言曰：『曎，明也。』洪範『曰圛』，史記宋世家圛作涕，古文尚書以弟爲圛，圛，明也。」是圛謂天氣晴明。蓋五者皆所卜之事，「曰雨」謂卜雨或不雨，「曰霽」謂卜雨止或不止，「曰蒙」謂卜有霧無霧，「曰驛」

謂卜天晴與否；而克者勝也，「曰克」謂卜出戰勝否。陸氏釋文引馬融曰：「占，筮也。」衍與演通，謂推演。貣，本當作忒。說文心部云：「忒，更也。」言卜與筮凡七，其中卜五用雨、霽、蒙、驛、克之兆，占二用貞、悔之兆，依卦象演變，推定吉凶。立當讀爲位，謂授位。爾雅釋詁云：「時，是也。」王氏釋詞云：「則，猶乃也。」言當授職位此能分辨卦兆吉凶之人作卜筮官，三人卜占，乃從二人之言，從其多者，慎之也。

「汝則有大疑，謀及乃心，謀及卿士，謀及庶人，謀及卜筮。汝則從，龜從，筮從，卿士從，庶民從，是之謂大同。身其康彊，子孫其逢，吉。汝則從，龜從，筮從，卿士逆，庶民逆，吉。卿士從，龜從，筮從，汝則逆，庶民逆，吉。庶民從，龜從，筮從，汝則逆，卿士逆，吉。汝則從，龜從，筮逆，卿士逆，庶民逆，作內吉，作外凶。龜筮共違于人，用靜吉，用作凶。

【校】「謀及庶人」，隸釋引漢石經人作民。島田、内野本及古文訓謀作惎。按：說文言部云：「謀，慮難曰謀，从言，某聲。𠰓，古文謀。𧦝，亦古文。」汗簡心部、古文四聲韻尤韻引尚書謀作惎，从心，與說文篆文、古文皆不同。今按：戰國古文字古陶文、睡虎地秦簡作謀，與說文篆文同，當爲正體；中山王鼎、郭店楚簡作𢘓，是爲異體；而說文古文實亦爲異體，不足取。集韻侯韻云：「謀，或作惎。」尚書古寫本謀多作惎，是隋唐以前已有惎字。隸釋引漢石經作「謀及庶民」者，鄭玄注周禮鄉大夫「大詢于衆庶」句云：「洪範所謂『謀及庶民』。」正義云：「鄭司農云『大詢於衆庶』，引洪範所謂『謀及庶民』者，一也，故引爲證。」是鄭氏所據尚書洪範作「謀及庶民」，與漢石經相合，唐初孔氏正義所據亦不誤。且此章下文出五「庶民」，獨此作「庶人」亦不相協，故以漢石經作「民」字爲是。

【詁】王氏釋詞云：「則，猶若也。」爾雅釋詁云：「及，與也。」史記宋世家乃作女，女即汝。書疏引鄭玄曰：「卿士，六卿掌事者。」按：六卿謂朝中六部之長官。言你若有重大疑難，先與你心謀慮，次與卿士大臣謀慮，再次與衆民謀慮，最後與卜筮之官謀慮，占卜決疑。此古代占卜先人後龜筮之序。儀禮士喪禮鄭玄注云：「從，猶吉也。」按：從者順也，順則吉。王氏釋詞云：「之，猶則也。」「謂，猶爲也。」言你君主若求順吉，龜卜、占筮、卿士、衆民皆順吉，此則爲大同之吉。史記宋世家作「而身」、「而子孫」，而者，汝也。「康彊」猶言彊健，今民間猶謂身體彊健爲康彊。王氏釋詞云：「其，猶乃也。」引洪範「身其康彊，子孫其逢」爲例。陸氏釋文引馬融曰：「逢，大也。」按：逢从丰聲，逢當讀爲丰。説文生部云：「丰，艸盛丰丰也。」段注云：「引伸爲凡豐盛之偁。」言你自身乃彊健，你子孫乃昌盛而吉利。玉篇辵部云：「逆，不從也。」按：「不從」猶言不順，即不吉。言你若順吉，龜、筮亦順吉，而卿士、衆民逆而不順吉，則是從多逆少，亦是吉利。卿士從，龜從，筮從，而你若逆，衆民逆，仍是從多逆少，故亦吉利。衆民從、龜從、筮從，你若逆，卿士逆，仍吉利。你若從，龜從，筮逆，卿士逆，衆民逆，此順吉少而不吉多，故作内事祭祀婚嫁則吉，作外事兵戎征伐則凶。史記集解引鄭玄曰：「龜筮皆與人謀相違，人雖三從，猶不可以舉事。」禮記内則鄭注云：「共，猶皆也。」人謂君、臣、民三者。詩邶風柏舟毛傳云：「静，安也。」言龜卜筮占皆與人謀相違背，安静守常則吉，動作舉事則凶。

「八、庶徵：曰雨，曰暘，曰燠，曰寒，曰風。曰時五者來備，各以其敘，庶草蕃廡。一極備，凶。一極無，凶。

【校】島田本暘作陽，「五者」下有「是」字。足利、天正、八行本「五者」下有「是」字。古文訓徵作政。按：説文壬部云：「徵，召也，从壬，从微省，壬微爲徵，行於微而聞達者即徵也。」段注云：「召者，評也。按：徵者，證也，驗也，有證驗斯有感召，有感召而事以成。」今按：戰國古文字睡虎地秦簡、秦代璽印作徵，與説文篆文同，後世通行，爲正體。尚書經文當以作徵爲正。古文訓徵作政者，政爲徵之假借字。如周禮地官均人：「掌均地政。」鄭氏注云：「政讀爲征，地政謂地守地職之税也。」此征實即徵字，是徵、政古通用。史記宋世家暘作陽，是今文尚書作陽，作暘者古文尚書。禮記祭義云：「殷人祭其陽。」鄭注云陽讀爲「曰雨曰暘」之暘，是古文作暘爲本字，今文作陽爲假借字。且戰國古文包山楚簡有暘字，是暘亦古文字，尚書經文當以作暘爲正。段氏撰異云：「後漢書李雲傳：『得其人，則五氏來備。』荀爽傳：『五韙咸備，各以其敘。』玉裁按：『曰時五者來備。』凡六字，此古文尚書也。『五是來備』凡四字，此今文尚書也。李雲、荀爽皆用今文尚書。『曰時五者來備』六字一句，時，是也。『是五者』，今文約結之云『五是』。氏者，是之假借。韙者，是之轉注也。日本山井氏考文云：『足利古本者下有是字。』按：此蓋或據史、漢箋『是』字于『者』字之旁，而轉寫者因增諸『者』字之下，致不可通。」今按：據段氏説，「是」猶「者」，轉寫者不解而寫「是」字于「者」下。島田、天正、八行本皆如此，不惟足利古本獨誤。

【詁】爾雅釋詁云：「庶，衆也。」按：徵猶驗，「庶徵」謂衆多天象人事善惡驗證。王氏釋詞云：「曰，猶爲也，謂之也。」按：「曰雨」等五「曰」字皆「爲」之義。説文日部云：「暘，日出也。」段注云：「祭義：『殷人祭其陽。』鄭云：『陽讀爲曰雨曰暘，謂日中時也。』暘之義當從鄭。」按：暘謂日出晴天。爾雅釋言云：「燠，煖也。」按：煖即今暖字，燠謂氣候温暖。説文宀部云：「寒，凍也。」段注云：「凍當作冷。」是寒謂寒冷，秋寒穀熟，麥根越冬，皆需寒冷。説文風部云：「風，八風也。」按：八風者，八方四季之風，故風謂季風。曰與于通。爾雅釋詁云：「于，曰也。」是「曰時」猶言于時，謂及時。説文日部云：「時，四時也，从日寺聲。」段注云：「本春、秋、冬、夏之稱。」國語楚語韋注云：「備，滿也。」按：「曰時五者來備」謂及時五者來至滿足農季生長。爾雅釋詁云：「順，敘也。」是敘謂順敘。言雨水、陽光、温暖、寒冷、季風，及時來至滿足農季，各以順敘，則衆草百穀蕃茂。一謂五者之一。廣雅釋詁云：「極，遠也。」按：「極備」猶言太多。史記宋世家無作亡，亡者失也，少也，「極無」猶今語太少。言雨水、陽光、温暖、寒冷、季風五者有一太多則爲凶年，有一太少亦爲凶年。

「曰休徵：曰肅，時雨若；曰乂，時暘若；曰晢，時燠若；曰謀，時寒若；曰聖，時風若。曰咎徵：曰狂，恒雨若；曰僭，恒暘若；曰豫，恒燠若；曰急，恒寒若；曰蒙，恒風若。

【校】唐石經豫作豫。天正本豫作預。古文訓晢作晣。蔡沈書集傳晢作哲。按：段氏撰異云：「晢，尚書俗本誤哲。」今按：唐石經作哲，島田、足利、天正、八行本諸寫本亦作哲，字或作晣。古文訓作晣，从析，殊誤，不足取。考兩周金文作悊从心，爲古本字。說文以悊爲哲或體，是悊、哲本一字。而晢不見于先秦古文字，當亦爲哲異體字。故尚書作悊、哲、晢均可。說文象部云：「豫，象之大者。賈侍中說：『不害於物。』从象，予聲。」段注云：「引伸之，凡大皆偁豫。大必寬裕，故先事而備謂之豫。亦借爲舒字，如洪範：『豫，恒燠若。』即舒恒燠若也。俗作預。」今按：先秦古陶文作豫，與說文篆文同，是爲正體。大徐說文新附云：「預，安也。按經典通用豫，从頁未詳。」是寫本豫作預者，用俗字。而唐石經作豫者，蓋漢隸或作豫，如郭旻碑即其例，因此作豫，實譌字，不足取。

【詁】爾雅釋詁云：「休，美也。」按：美與善同義，「休徵」謂善行之驗。說文聿部云：「肅，持事振敬也。」按：用爲恭敬之義。王氏釋詞云：「若，詞也。」引此文「時雨若」爲例，是此若字爲語詞，無實義。時謂及時。言衆驗之中，有善行之驗，一爲君行恭敬，則及時雨至。史記宋世家乂作治，用訓詁字，爾雅釋詁云：「乂，治也。」言一爲君政治理，則及時晴熱。宋世家哲作知。按：知即智字，釋哲爲智，用訓詁字。言一爲明智，則及時温暖。爾雅釋言云：「謀，心也。」郭璞注云：「謀慮以心。」言一爲用心謀慮，則及時寒冷。説文耳部云：「聖，通也。」按：聖謂通情達理。言一爲通情達理，則及時風至。以上用風調雨順、寒暖適時説君主善行之驗。書西伯戡黎鄭注云：「咎，惡也。」言衆驗之中，有惡行之驗。書疏引鄭玄曰：「狂，倨慢。」史記宋世家恒作常，用訓詁字。爾雅釋詁云：「恒，常也。」按：恒謂常久。言惡行之驗，一爲君行驕慢，則久雨爲災。説文人部云：「僭，假也。」段注云：「引申之則訓差。」言一爲行爲差錯，刑罰妄加，則天晴久旱。宋世家豫作舒。淮南原道高誘注云：「舒，散也。」按：舒謂懶散不勤。言一爲君主懶散不勤，則久暖不寒爲災。急謂行政急迫。言一爲行政急迫，則久寒爲害。蒙宋世家作霿，爲本字，霿謂昏昧。言一爲君行昏昧，則久風爲災。上古迷信天象，故以天象驗證君行善惡。

「曰王省惟歲，卿士惟月，師尹惟日。歲月日時無易，百穀用成，乂用明，俊民用章，家用平康。日月歲時既易，百穀用不成，乂用昏不明，俊民用微，家用不寧。庶民惟星，星有好風，星有好雨。日月之行，則有冬有夏。月之從星，則以風雨。

【校】島田本省作青，俊作畯，微作徵。八行本微作徵。按：甲金文省、眚爲一字，説文分爲二字，誤。古寫本省作青，史記宋世家作眚，是本作眚而譌作青。俊作畯者，已見堯典。宋世家作「畯民」，是古本洪範作畯。而古寫本「微」字或作「徵」者，因上分題「休徵」而誤。史記宋世家作「微」，孔氏正義亦作「微」，皆可證不作徵。

【詁】曰爲更端之詞，無實義，史記宋世家「王」上無曰字。爾雅釋詁云：「省，察也。」玉篇心部云：「惟，爲也。」史記集解引馬融曰：「王者所省職，如歲兼四時也。」爾雅釋詁云：「師，衆也。」又釋言云：「尹，正也。」「正，長也。」

按：卿士謂六卿，「師尹」謂卿士以下衆官吏之長。言王所察職爲統臣，如歲統四時；卿士察職爲分掌，如歲之分月；衆吏長官省職亦爲分掌，如月之分日，皆各有所司。時謂時令，易謂變易。爾雅釋詁云：「登，成也。」按：成謂成熟豐登。說文人部云：「俊，材過千人也。」按：「俊民」謂有才能之人。周易豐卦虞翻注云：「章，顯也。」按：此謂俊民顯用。爾雅釋詁云：「寧、康，安也。」言歲月日之時令没有異常，則百穀因能成熟豐登；君臣省職没有異常，則政治因能清明，才俊因能顯用，國家因能安寧。微謂卑微。言反之，日月歲時已易，則百穀不成；君臣省職已易，則政治昏闇不明，才俊卑微不用，國家因而不寧。史記集解引馬融曰：「箕星好風，畢星好雨。」按：古天象以爲月經行入箕星則風，經行入畢星則雨，風雨爲民所愛好，故月喻君，星喻民。王氏釋詞云：「有，猶或也。」言衆民爲羣星，星有的好風，有的好雨，望月至帶來風雨潤澤其民，即望君澤民。「日月」亦喻君。言冬夏以該春秋。王氏釋詞云：「之，猶若也。」「從星」謂君從民欲。言日月運行，乃有冬寒夏暑，春播秋收，君如順從民欲，則以風雨澤民，終足民願。

「九、五福：一曰壽，二曰富，三曰康寧，四曰攸好德，五曰考終命。六極：一曰凶短折，二曰疾，三曰憂，四曰貧，五曰惡，六曰弱。」

【校】唐石經補缺富作冨，内野、足利、天正本亦作冨。島田、内野本貧作穷。古文訓貧作穷。按：說文宀部云：「富，備也，一曰厚也，从宀，畐聲。」段注云：「富與福音義皆同，釋名曰：『福，富也。』」今按：富字从宀，中山王鼎、上官豆等作富可證。古璽文多从冖作冨，是異體，漢隸因之，漢石經論語殘碑作冨。是唐石經及古寫本作冨者，皆異體字。說文貝部云：「貧，財分少也，从貝分，分亦聲。穷，古文从宀分。」段注云：「謂財分而少也。合則見多，分則見少。富，備也、厚也，則貧者不備不厚之謂。」汗簡宀部、古文四聲韻真韻引尚書貧作穷，與說文古文同。但戰國古文郭店楚簡、睡虎地秦簡作貧，先秦古文字未見貧字作穷者，是當以作貧爲正字。

【詁】爾雅釋詁云："寧、康，安也。"按："康寧"猶言安寧，安寧即平安。攸、悠古通。爾雅釋詁云："永、悠，遐也。"是"攸好德"謂長好德。説文老部云："考，老也。"是"考終命"謂年老善終。言人有五種幸福之事，一爲長壽，二爲富有，三爲平安，四爲長好德，五爲老善終。廣雅釋詁云："困，極也。"是極與困同義，"六極"猶言六困，謂六種困苦之事。史記集解引鄭玄曰："未齓曰凶，未冠曰短，未婚曰折。"按：未齓謂年幼尚未毁齒；未行冠禮、婚禮，皆謂少年。亞、惡古今字。説文亞部云："亞，醜也，象人局背之形。"段注云："亞與惡音義皆同，象醜惡之狀也。"史記集解引鄭玄曰："愚懦不壯毅曰弱。"言人有六種困苦之事，一爲短命夭折，二爲常抱疾病，三爲常有憂愁，四爲貧窮無財，五爲相貌醜陋，六爲懦弱無能。

尚書校詁卷六

周書三

金縢【解題】史記魯周公世家云：「武王克殷二年，天下未集，武王有疾不豫，羣臣懼，太公、召公乃繆卜。周公曰：『未可以戚我先王。』周公於是乃自以爲質。史策祝曰。」下爲周公願代武王死之禱詞，前後爲史官敘事之文。因文中有「乃納册于金縢之匱中」語，故以金縢名篇。説文糸部云：「縢，緘也。」是以金帶緘束封其匱。

既克商二年，王有疾，弗豫。二公曰：「我其爲王穆卜。」周公曰：「未可以戚我先王。」公乃自以爲功，爲三壇同墠。爲壇於南方，北面，周公立焉。植璧秉珪，乃告太王、王季、文王。

【校】内野本豫作悆。古文訓豫作悆，穆作斆。按：説文心部云：「悆，忘也，嘾也，从心，余聲。周書曰：『有疾不悆。』悆，喜也。」段注云：「嘾憛、悆悇皆古今字。悇憛猶憛悇也，若廣雅云：『悇憛，懷憂也。』金縢文今本作弗豫，許所據者壁中古文，今本則孔安國以今文字易之也。喜者，樂也，此引書而釋之，必釋之者，以書義與本字義別也。」

今按：西周金文季悆鼎與古陶文有悆字，从心余，余亦聲；余者舒也，心舒則喜樂，故悆爲「弗豫」本字，豫字本義説文釋爲大象，是豫爲借字。史記魯世家作豫，是今文尚書作豫。陸氏釋文云：「豫，本又作忬。」忬字不見於説文，蓋爲悆之異體。尚書「弗豫」本字當作悆。段氏撰異云：「舊本蓋作『睦卜』。釋玄應大唐衆經音義卷十引作睦，引孔安國曰：『睦，敬也。』古睦、穆相假借。此字蓋亦衛包拘于俗用睦訓和、穆訓敬所改。説文：『睦，一曰敬和也。』」古文訓穆作𣪠者，玉篇禾部云：「穆，古文作𣪠。」但𣪠字不見于先秦古文，是𣪠乃後出俗字。

【詁】爾雅釋詁云：「勝，克也。」按「克商」謂戰勝商紂。據夏商周斷代工程階段成果報告推定武王克商之年爲公元前一〇四六年，則「克商二年」爲公元前一〇四四年。禮記曲禮疏引白虎通云：「天子病曰不豫。」按：豫猶舒，「弗豫」猶今言有病不舒服。史記魯世家引作「不豫，羣臣懼」，可見病重。言在已戰勝商紂二年後，周武王有病不舒服。二公，史記魯世家作太公、召公。按：太公謂齊太公吕尚，召公謂燕召公奭。史記集解引鄭玄曰：「二公欲就文王廟卜。戚，憂也。未可憂怖我先王也。」按：王氏釋詞云：「其，猶尚也。」尚與當古同聲而通用，謂應當。戚、慼古今字。廣雅釋詁云：「慼，憂也。」言太公、召公説我們應當爲武王病重在祖廟敬卜吉凶，周公旦説不能以武王病重占卜使我先王憂懼。爾雅釋詁云：「功、質，成也。」是功與質同義。史記魯世家功作質，用訓詁字，質讀互交人質之質。説文土部云：「壇，祭壇場也。」段注云：「祭法注：『封土曰壇，除地曰墠。』按：墠即場也，爲場而後壇之，壇之前又必除地爲場，以爲祭神道，故壇場必連言之。」又陸氏釋文云：「壇，築土也。」馬融曰：土堂。」按：「三壇同墠」，謂先除草平爲場，再于場上築土爲三壇堂，以設太王、王季、文王神位。植當讀爲置，「植璧」謂置玉璧于神位前。爾雅釋詁云：「秉，執也。」説文土部云：「圭，瑞玉也，上圜下方，从重土。珪，古文圭，从玉。」言周公于是以自身爲質代武王，平場地同設三壇堂于場，又築土臺于場南，北向三壇，周公站立臺上，置璧于神位前，手執瑞珪，于是禱告于太王、王季、文王。

史乃册祝曰：「惟爾元孫某，遘厲虐疾。若爾三王，是有丕子之責于天，以旦代某之身。予仁若考，能多材多藝，能事鬼神。乃元孫不若旦多材多藝，不能事鬼神。

【校】內野、八行本册作筴。古文訓册作笧，遘作冓。按：說文册部云：「册，符命也，諸侯進受於王者也。象其札一長一短，中有二編之形。笧，古文册，从竹。」段注云：「札，牒也，亦曰簡。編，次簡也；次簡者，竹簡長短相間排比之，以繩橫聯之，上下各一道。一簡容字無多，故必比次編之，乃容多字。左傳：『備物典筴。』釋文：『筴，本又作册，亦作策，或作筴。』按：筴者，策之俗也；册者，正字也；策者，假借字也；笧者，册之古文也。」汗簡册部、古文四聲韻麥韻引尚書册作笧。今按：殷虛書契前編卷四第三十七頁六片作册，金文令簋作册，甲金文無作笧者，是册乃古文正字；先秦古文未見笧字，是笧乃後出異體俗字，以爲古文非是。說文辵部云：「遘，遇也，从辵，冓聲。」今按：殷虛書契前編卷一第四十頁五片遘作冓。西周金文克鼎作遘，是冓、遘爲古今字，經典通用遘字。

【詁】史當讀爲使，甲骨文與古金文史與吏、使爲一字可證。王氏釋詞云：「乃，猶其也。」册即西周金文與尚書雒誥、康誥之「作册」，爲內史要職，說詳王國維釋史。書無逸孔疏云：「以言告神謂之祝。」言周公旦使其助祭內史作册宣讀簡書。廣雅釋詁云：「元，長也。」按：「元孫」猶言長孫，謂嫡世孫武王。史記魯世家某作「王發」，發爲武王之名，「王發」謂武王姬發；作某者，臣諱君名，故用指示代詞諱之。廣雅釋詁云：「厲，危也。」禮記檀弓鄭注云：「暴之是虐。」言你長孫姬發遇危難暴病。「是」當讀爲寔，寔亦作實，「是有」猶言實有。史記魯世家丕作負。段氏撰異云：「丕、不、負三字古音皆在之咍部。」按：說文貝部云：「負，恃也，从人守貝，有所恃也。」責謂責求。「負子之責于天」，謂三王在上天依恃其子侍奉之需求。言若你三王，在上天實有依恃其子侍奉之需求，則用我旦身代替武王發之身。「予仁若考」，史記魯世家作「旦巧」。王氏述聞云：「考、巧古字通，若、而語之轉。『予仁若考』者，予仁而巧也。意重巧不重仁，故下文但言『乃元孫不若旦多材多藝』也。」按：論衡死僞篇引此文無第一能字，今本尚書、史記有者，蓋涉下能字而衍。言周公謂自己仁而巧，多材多藝，能事奉鬼神，而你們元孫發不如我旦多材多藝，不能事奉鬼神，故願代之。

「乃命于帝庭，敷佑四方，用能定爾子孫于下地，四方之民罔不祗畏。嗚呼！無墜天之降寶命，我先王亦永有依歸。今我即命于元龜，爾之許我，我其以璧與珪，歸俟爾命；爾不許我，我乃屏璧與珪。」

【校】内野、足利、八行本「我先王亦永有依歸」句「有」下有「所」字。今按：史記魯周公世家此句「有」字下亦有「所」字，蓋漢代今文尚書如此作。又按：史記集解引鄭玄尚書注云：「有所依歸，爲宗廟之主也。」是漢代古文尚書亦有「所」字。

【詁】史記集解引馬融曰：「武王受命于天帝之庭，布其道以佑助四方。」王氏述聞云：「敷者，偏也。言武王受命于帝庭，以偏佑助四方之民也。馬注失之迂矣。」按：偏即古遍字。佑爲右之後出俗字。爾雅釋詁云：「右、助，勴也。」是右、助同義。「下地」猶言「下土」，謂天下。爾雅釋言云：「罔，無也。」又釋詁云：「祗，敬也。」言武王乃上帝天庭所命天子，遍助下民，因能安定先王子孫于天下，四方之民敬畏，故不當死。史記魯世家寶作葆。史記集解引鄭玄曰：「降，下也。寶，猶神也。有所依歸爲宗廟之主也。」按：說文宀部云：「寶，珍也。」段注云：「史記多假葆爲寳。」珍寳爲神祕之物，故鄭訓爲神。爾雅釋詁云：「永，長也。」言無失上天所降武王爲天子神祕之命，則我先王亦長有宗廟爲依歸。孫氏注疏云：「命謂命龜，以下至『屏璧與珪』，皆命龜詞也。」史記集解引馬融曰：「元龜，大龜也。」王氏釋詞云：「之，猶若也。」廣雅釋詁云：「許，聽也。」史記集解引馬融曰：「待汝命，武王當愈，我當死也。」按：爾雅釋詁云：「俟，待也。」説文尸部云：「屏，蔽也。」段注云：「引伸爲屏除。」言今我即命大龜占卜吉凶，你若聽從我死而武王生之意，我將以璧玉與瑞珪歸獻宗廟待你神命，你不聽從我願，我則撤除收藏璧玉與瑞珪而不進獻于你三王神位。

乃卜三龜，一習吉。啟籥見書，乃并是吉。公曰：「體，王其罔害。予小子新命于三王，惟永終是圖。兹攸俟，能念予一人。」公歸，乃納册于金縢之匱中。王翼日乃瘳。

【校】島田、足利本翼作翌。八行本册作策，翼作翌。古文訓翼作翌。按：説文竹部云：「策，馬箠也，从竹，朿聲。」段注云：「馬箠曰策，以策擊馬曰敕。經傳多假策爲册。」今按：戰國古文字中山王壺策字作⿱⺮⿰片斤，从斤从片會意，用斧析竹片爲策之義。古書册、策通用。尚書金縢文當作册。翼作翌者，已見臯陶謨。爾雅釋言云：「翌，明也。」郭璞注：「書曰：翌日乃瘳。」是郭氏所見尚書本作翌，即「翌日」本字。史記魯世家翌作明，乃用訓詁字。

【詁】史記魯世家云：「周公已令史策告大王、王季、文王，欲代武王發，于是乃即三王而卜，卜人皆曰吉。」此釋「乃卜三龜，一習吉」之義。按：王氏釋詞云：「一，猶皆也。」習當讀爲自。説文羽部云：「習，數飛也，从羽，白聲。」白部云：「白，此亦自字也。」是習與自古同聲而通用，「一習吉」謂三卜皆各自見吉，即三卜皆吉之義。魯世家「一習吉」作「皆曰吉」，蓋本作「皆白吉」，即「皆自吉」，傳譌則白作曰。言于是用三王之龜卜，三卜皆各自見吉，謂俱吉。

啟，古本字爲启。説文口部云：「启，開也，从户口。」段注云：「後人用啟字訓開，乃廢启不行矣。啟，教也。」王氏述聞云：「『啟籥見書』，馬融注曰：『籥，開藏卜兆書管也。』鄭、王注並同。引之謹按：書者，占兆之辭；籥者，簡屬，所以載書，故必啟籥然後見書也。啟謂展視之，下文『以啟金縢之書』與此同。」按：説文竹部云：「籥，書僮竹笘也，从竹龠聲。」段注云：「笘下曰：『潁川人名小兒所書寫爲笘。』」是籥爲簡類，王氏説是。「乃并是吉」，史記魯世家作「遇吉」，論衡卜筮篇引書作「乃逢是吉」。段氏撰異云：「作逢者，蓋今文尚書也。遇蓋逢之訓詁字。并、逢聲之轉。」俞氏平議云：「體字以一言爲句，乃發語之辭，慶幸之意也。詩氓篇曰：『爾卜爾筮，體無咎言。』釋文曰：『體，韓詩作履，幸也。』然則體亦猶幸也。」今按：史記魯世家無體字，而作「周公入賀武王」，是史公本釋「體」爲慶幸之意。楊氏覈詁云：「新，當爲親。」按：謂新當讀爲親。爾雅釋詁云：「命，告也。」「永，長也。」「圖，謀也。」「茲，此也。」又釋言云：「攸，所也。」史記集解引馬融曰：「予一人，天子也。」書疏引鄭玄曰：「縢，束也。凡藏祕書，藏之于匱，必以金緘其表。」説文疒部云：「瘳，疾瘉也。」言周公乃開籥展視兆書，乃見卜辭遇吉，于是入賀武王説慶幸王病將無害，我小子親告三王，爲長遠此周家之計謀，此所待在能念懷我天子武王一人，周公歸來乃藏納册書于金縢之匱中，武王于第二天病瘉。

武王既喪，管叔及其羣弟乃流言於國，曰：「公將不利於孺子。」周公乃告二公曰：「我之弗辟，我無以告我先王。」周公居東二年，則罪人斯得。于後，公乃爲詩以貽王，名之曰鴟鴞，王亦未敢誚公。

【校】八行本鴟作鵄。古文訓辟作𨐨，貽作台。按：説文辟部云：「𨐨，法也，从辟井。周書曰：『我之不𨐨。』」

段注云：「金縢云：『我之弗辟。』某氏云：『治也。』馬、鄭音避，謂避居東都。説文作𨐨。許所據壁中古文也。蓋孔安國以今字讀之，乃易爲辟字。不，今尚書作弗。」今按：先秦古文字不見𨐨字，且不見避字。戰國古文字梁十九年鼎辟字作辟，辟爲辟之異體，𨐨或即辟之譌。馬融、鄭玄注尚書讀辟爲避，辟、避古今字。説文無貽字，大徐新附有之。金縢貽字本當作詒。説文言部云：「詒，相欺詒也，一曰遺也，从言，台聲。」段注云：「金縢：『公乃爲詩以詒王，名之曰鴟鴞。』鄭曰：『詒，説也。』按尚書字本作詒，鄭注説當讀輸芮切，正義改爲怡悦字，誤矣。周公善辭以誘王，故史臣目之曰詒，此鄭意也。釋言、毛傳皆曰：『詒，遺也。』俗多假貽爲之，與之切。按今音前義徒亥切。」今按：先秦古陶文貽字多見，古璽文與金文中山王鼎有詒字，是經文作貽、詒均可。説文口部云：「台，説也，从口，㠯聲。」朱氏通訓定聲云：「史記太史公自序：『諸吕不台。』集解：『怡，懌也。』按此義實借爲怡。又(假借)爲詒，方言：『謾台，懼也，燕代之間曰謾台。』」按此台字讀音如怠，即段氏謂「今音前義徒亥切」之音，今方俗語言猶謂相欺誘哄爲謾台，台音轉如答。但金縢「貽王」之貽乃遺送義，是古文訓貽作台者，以假借字作古，不足取。説文隹部云：「𨾊，鵻也，从隹，氏聲。鴟，籀文𨾊，从鳥。」段注云：「今江蘇俗呼鷂鷹。爾雅有鴟鴞、怪鴟、茅鴟，皆與單言鴟者各物。」按：古寫本鴟亦作鵄者，玉篇鳥部云：「鴟，鳶屬。鵄，同鴟。」此蓋因漢隸而譌。北海相景君銘鴟作鴟。顧氏隸辨云：「碑中『歔欷侄佪』，侄即低字，低从氏，變作㞷。」今按：此碑以鴟作鴟，故偏旁作早，少一畫。但同碑低字作侄，偏旁作㞷，可證漢碑本作鴟，玉篇誤作鵄从至，是俗而又譌。尚書經文當以作鴟爲正。

【詁】説文哭部云：「喪，亡也，从哭亡，亡亦聲。」詩譜疏引鄭玄曰：「管，國名；叔，字；周公兄，武王弟，封于管。羣弟，蔡叔、霍叔。」史記魯世家「孺子」作「成王」，「二公」作「太公望、召公奭」，「先王」作「先王太王、王季、文王」，釋「周公居東二年，則罪人斯得」爲「管、蔡、武庚等果率淮夷而反，周公乃奉成王命，興師東伐，遂誅管叔，殺武庚，放蔡叔」。按：説文釋流字云：「从㐬，㐬，突忽也。」段注云：「㐬之本義謂不順忽出也，引伸爲突忽，故流从之。」是「流言」之古義謂不順情理忽出之言，猶今語「謡言」。於通于。説文口部云：「國，邦也。」段注云：「邦、國互訓，渾言之也；邦之所居亦曰國，析言之也。」此文國謂周朝國都。説文子部云：「孺，乳子也。」段注云：「凡幼者曰孺子。」王氏釋詞：「以，亦由也。」按：「無以」猶言無由，謂無理由推責。斯當讀爲澌，方言云：「澌，盡也。」玉篇彳部云：「得，獲也。」按：得謂捕獲。言武王既已亡故，成王年幼，周公攝政，管叔與其羣弟乃造謡言于京都，説周公將不利于幼主成王，周公于是告諭太公、召公説，我所以不避嫌疑攝政，怕成王年幼，天下叛周，我無由推責告我創業三王在天之靈；管、蔡、武庚反叛，周公奉命東征二年，而罪人盡被捕獲。王氏釋詞云：「于，猶是也。」按：「于後」猶言之後。鴟鴞爲詩豳風之一篇。毛序云：「鴟鴞，周公救亂也。成王未知周公之志，公乃爲詩以遺王，名之曰鴟鴞焉。」鄭箋云：「未知周公之志，未知周公欲攝政之意。」按：詩以鴟鴞惡鳥比紂王之子武庚誘管蔡毁滅周室。説文言部云：「譙，嬈譊也，从言，焦聲。讀若嚼。誚，古文譙从肖。周書曰：『亦未敢誚公。』」段注云：「方言：『譙，讓也。』漢人作譙，壁中作誚，實一字也。」按：誚謂責讓。言東征誅管叔武庚之後，周公作詩鴟鴞遺送成王，以明攝政本意，成王雖猶未悟，但亦未敢責讓周公。

秋，大熟，未穫，天大雷電以風，禾盡偃，大木斯拔，邦人大恐。王與大夫盡弁，以啓金縢之書，乃得周公所自以爲功代武王之説。二公及王乃問諸史與百執事，對曰：「信。噫！公命我勿敢言。」

【校】内野、足利、八行本禾下有則字。陸氏釋文云：「噫，於其反，馬本作懿。」詩十月之交云：「抑此皇父。」鄭箋云：「抑之言噫，噫是皇父，疾而呼之。」韓詩云：「抑，意也。」是以本字讀之作噫，明抑爲借字，韓詩又以通用字讀之而爲意。可見懿、抑、意皆噫之同音通用字。

【詁】秋，史記魯世家作「周公卒後，秋」，其年則不可考。「天大雷電以風」，史記魯世家作「暴風雷雨」，尚書大傳、論衡感類篇「雷電」亦作「雷雨」，皆今文尚書。説文禾部云：「穫，刈穀也。」段注云：「穫之言獲也。刈穀者以鎌。」斯，史記魯世家作盡，用訓詁字。斯當讀爲澌。方言云：「澌，盡也。」孔安國注論語云：「偃，仆也。」言周公卒後，秋禾成熟而尚未收穫，天有暴風雷雨，禾苗盡倒，大樹盡拔，周國人民大爲驚恐。史記魯世家「弁」作「朝服」，「啟」作「開」。按：説文皃部云：「覍，冕也，周曰覍，殷曰吁，夏曰收，从皃，象形。弁，或覍字。」今按：甲骨文金文作弁，隸變作弁。弁本朝服之帽，故亦代稱朝服。功即質。説史記集解引徐廣曰：「一作簡。」按：説謂簡册祝詞。「諸史」，史記魯世家無諸字，是諸爲虛字。楊氏詞詮云：「諸，『之於』二字之合聲。」史謂祝詞史官，「百執事」謂百官，皆從周公祝詞藏金縢者。釋名釋言語云：「噫，憶也，憶念之，故發此聲噫之也。」按：噫爲悲念之聲，猶今語曰唉。言成王與大夫百官皆冠冕朝服而開金縢之書，于是得見周公所自要質代武王而死之祝詞，二公與成王則詢問當年從周公祝詞之史官和百官，回答説誠然如此，悲傷的是，周公令我們不敢説出此事。

王執書以泣，曰：「其勿穆卜。昔公勤勞王家，惟予沖人弗及知。今天動威以彰周公之德，惟朕小子其新逆，我國家禮亦宜之。」王出郊，天乃雨，反風，禾則盡起。二公命邦人，凡大木所偃，盡起而築之。歲則大熟。

【校】島田本築作筑。古文訓穆作𡙇。按：説文目部云：「睦，目順也，从目，坴聲。一曰敬和也。𡙇，古文睦。」

段注云：「古書睦、穆通用。穆多訓敬，故於睦曰敬和。𡘋从古文目，圥聲也。」今按：先秦古璽文作睦，與說文篆文同，後世通行，尚書經文當作睦，今本尚書作穆者，蓋唐衛包所改。陸氏釋文云：「新逆，馬本作親迎。」按：魯世家作「惟朕小子其迎」，「朕小子」釋「親」字之義，是史公所據今文尚書作「親迎」，則今文古文皆作「親」字。說文木部云：「築，所以擣也，从木，筑聲。」段注云：「築牆言所用者，謂器也。其器名築，因之人用之亦曰築。手部曰『擣，築也』是也。築者直舂之器。」今按：金文子禾子釜作築，爲擣築正字。陸氏釋文云：「築，音竹，本亦作筑，謂築其根。馬云：『築，拾也。』」是築、筑通用，謂築其根，用築字本義；馬、鄭皆釋築爲拾。朱氏說文通訓定聲謂此「假借爲叔」，云：「書金縢『盡起而築之』，馬、鄭皆曰：『拾也。』謂其下禾。」按：說文又部云：「叔，拾也，从又尗聲。」叔字从又，又爲手，故本義爲拾。如馬、鄭所說，則築、筑皆借字，本字爲叔。而古寫本筑字作茿者，又筑之俗寫，俗字从竹多作从艸。

【詁】說文水部云：「泣，無聲出涕者曰泣。」史記集解引鄭玄曰：「泣者，傷周公忠孝如是而無知之者。」「其勿穆卜」，史記魯世家作「自今後，其無繆卜乎」。按：穆、繆古通用。言成王本欲敬卜吉凶，及見簡書手持而哭泣，說事已明不必再敬卜。說文水部云：「沖，涌繇也。」段注云：「繇、搖古今字。凡用沖虛字者，皆盅之假借。尚書『沖人』，亦空虛無所知之意。」按：「沖人」，史記魯世家作「幼人」，沖人與幼人義同。廣雅釋詁云：「及，至也。」按：「弗及知」謂竟不至知曉。「天動威」謂天暴風雷雨事。廣雅釋詁云：「彰，明也。」史記集解引馬融曰：「反風，風還反也。」按：「反風」猶言回風，謂暴風反回爲正常之風。言昔日周公勤勞于王室，是我年幼之人竟不至知曉，今上天動威風雨以明周公之德，我小子將親自郊祀迎接周公神靈配天享祀，于我國家禮制亦應如此；成王出郊祭天，天乃下雨回風，禾苗盡起；二公命國人凡大樹倒伏者盡皆扶起，大樹所壓伏禾苗亦盡拾起扶正，于是年穀大熟豐收。

周書四

大誥

大誥【解題】史記周本紀云：「初，管、蔡畔周，周公討之，三年而畢定，故初作大誥。」又魯周公世家云：「管、蔡、武庚等果率淮夷而反。周公乃奉成王命，興師東伐，作大誥。」是此篇乃周公東征布告。

王若曰：「猷大誥爾多邦，越爾御事。弗弔天降割于我家，不少延。洪惟我幼沖人，嗣無疆大歷服。弗造哲，迪民康，矧曰其有能格知天命！

【校】陸氏釋文云：「誥，本亦作䇭。馬本作『大誥繇爾多邦』。」足利、八行本「洪惟」下有「累」字。按：誥作䇭已見前。馬融本作「大誥繇爾多邦」，是漢代古文尚書如此。據漢書翟方進傳王莽「依周書作大誥曰『大誥道諸侯王』」，以道釋繇者，爾雅釋詁云：「迪、繇、訓，道也。」按：繇、猷古通用，道是教導之義，故當以馬本作繇爲是。古寫本「洪惟」下有「累」字者，僞孔傳云「凶害延大惟累我幼童人成王」，是所據本有累字。且陸氏釋文亦爲累字注音，是所見本亦有累字。

【詁】書疏引鄭玄曰：「王，謂攝也。周公居攝，令大事則權代王也。」按：時成王年幼，周公攝政，故史官紀事稱周公爲王。「猷大誥」當依馬融本作「大誥猷」。爾雅釋詁云：「誥，告也。」越，漢書王莽仿大誥作于。按：王氏釋詞云：「于，猶越也，與也，連及之詞。」引尚書大誥此文爲例。「多邦」謂衆諸侯國。「御事」謂周王朝治事大臣。言攝政之王如此説，大告教導你們衆諸侯與你們治事大臣。「弗弔天」當連讀，猶詩言「不弔昊天」。「不弔」即古金文之

「不淑」，猶言不善。割當讀爲害。陸氏釋文云：「割，馬本作害。」是馬融本古文尚書作害，謂凶害。爾雅釋詁云：「延，間也。」按：少猶今言稍，「不少延」即没有間斷，謂武王喪亡、管蔡反叛接連不斷之事。言不善之上天降凶害于我周家，幾無間斷。孫氏注疏云：「洪與鴻聲相近，釋詁云：『鴻，代也。』鄭氏注康誥『乃洪大誥治』云：『周公代成王誥。』則此亦代成王之詞。」爾雅釋詁云：「嗣，繼也。」「歷，數也。」「服，事也。」按：「無疆」猶言無境，謂國之大。「歷服」猶言數事，數即數密，謂事之繁。言周公謂自己代替我們幼年成王繼承大國太繁之政事。漢書王莽仿大誥造作遭，迪作道。按：造當讀爲遭，遇也。爾雅釋詁云：「迪，道也。」道即導字，謂引導。又釋詁云：「矧，况也。」「格，至也。」按：至猶達。言周公謂己無能，成王未遇明哲賢輔，導民安康，更何况豈有能力達知天命。此謙詞。

「已！予惟小子，若涉淵水，予惟往求朕攸濟。敷賁敷前人受命，兹不忘大功。予不敢閉于天降威，用寧王遺我大寶龜，紹天明，即命，曰：『有大艱于西土，西土人亦不静，越兹蠢。』

【校】古文訓艱作囏。按：段氏撰異云：「敷賁，莽大誥『予惟往求朕所濟度，奔走』，疑今文尚書無敷字，而以賁同奔，蓋今文家説然也。」今按：上敷字因下敷字而衍。「寧王」當作「文王」。西周古金文「文」字與「寧」字形近，故尚書「文王」或譌作「寧王」。此説發自清人吴大澂、孫詒讓等。艱字説文籀文作囏，从喜。集韻山韻云：「艱，或作囏。」今按：殷虚書契前編卷五第四十頁七片艱作囏，毛公鼎亦作囏，是甲金文艱皆从喜，與説文籀文同。集韻云「或作囏」，是也。蓋説文篆文作艱本戰國秦文字，

【詁】已，漢書王莽仿大誥作熙，顔師古注云：「熙，歎辭。」按：黄侃經傳釋詞箋識云：「已乃唉之借。」涉，步行

渡水。淵水猶言深水。爾雅釋詁云：「朕，我也。」「濟，渡也。」王氏釋詞云：「攸，猶所以也。」引大誥此文「攸濟」爲例。言周公感歎説，我爲小人物，繼承王業警懼如渡過深水，但我要去尋求我所以渡處。漢書王莽仿大誥「賁」作「奔走」，「敷」作「傅近」。按：賁當讀爲詩大雅緜「奔奏」之奔，敷當讀爲緜詩「疏附」之附，「賁敷」猶言追蹤近附，謂繼踵仿學。前人謂文王、武王。王氏釋詞云：「茲者，承上起下之詞，猶今人言致令如此也。」又述聞云：「忘與亡同，亡、忘古字通，言不失前人之大功也。」言我攝政之王要追附先人文王、武王受天命立國之後，鞏固王權，使不失先人創業大功。閉，漢書王莽仿大誥作比；「紹天明」作「紹天明意」。按：閉當讀爲比。爾雅釋詁云：「紹，繼也。」言我東征，雖不敢自比于上天降威，而要用文王遺留攝政大寶龜，疑則占卜，以繼承上天助我周家明意。王氏釋詞云：「廣雅曰：『則，即也。』則與即古同聲而通用。」按：「即命曰」以下爲龜兆之辭，謂則命龜之辭説。「大艱」猶言大難，謂管蔡、武庚反叛事。「西土」謂周國。王氏釋詞云：「爾雅曰：『粤，于也。』字亦作越；于，猶今人言于是也。」言寳龜兆辭説今有大難于西土周國，故西土之人亦不安定，于是如此驚恐蠢動。

「殷小腆，誕敢紀其敘。天降威，知我國有疵，民不康，曰予復反鄙我周邦。今蠢今翼日，民獻有十夫，予翼以于敉寧武圖功。我有大事休，朕卜并吉。

【校】内野、八行本疵作呰。足利本敉作撫。古文訓腆作㙉，疵作呰。按：説文肉部云：「腆，設膳腆腆多也，从肉，典聲。𦝫，古文腆。」段注云：「士昏禮注、邶風箋皆曰：『腆，善也。』方言、公羊傳注皆曰：『腆，厚也。』此皆引伸之義也。禮古文以殄爲腆。𦝫从日蓋誤，玉篇作費。」汗簡土部、古文四聲韻銑韻引尚書腆作㙉。今按：玉篇肉部云：「腆，厚也。費，古文。」又集韻銑韻云：「腆，或書作費。」皆可證今本説文古文从日之誤。銑韻又云：「㙉，厚也，通用腆。」以㙲、腆爲二字。且㙲字不見於隋唐以前字書，是古文訓以爲古字者非。又費乃腆之後出異體，依原本玉篇所撰之萬象名義祇作腆而不作費，是當以作腆爲正。說文疒部云：「疵，病也，从疒，此聲。」引伸之義爲疵隙、疵瑕，是知大誥「有疵」用本義。又口部云：「呰，苛也，从口，此聲。」朱氏通訓定聲云：「假借爲疵，史記貨殖傳：『以故呰窳。』集解：『弱也。』」弱亦疵本義之引伸。漢書翟義傳：「莽於是依周書作大誥，曰：『固知我國有呰災。』」顏師古注云：「呰，病也。呰讀與疵同。」史、漢以呰爲疵，皆用假借字。尚書古寫本及古文訓疵作呰，皆不足取。說文攴部云：「敉，撫也，从攴，米聲。周書曰：『亦未克敉公功。』讀若弭。侎，敉或从人。」「攺，撫也，从攴，亡聲。讀與撫同。」今按：敉作撫，猶敉作攺，其義皆爲撫。敉古音明母支部，撫滂母魚部，明滂旁紐，支魚旁轉，故敉通作撫，此音近義同而通用之例。尚書經文仍當以作敉爲正字。戰國金文陳侯因資錞敉作侎，而先秦古文字不見攺、撫二字，此可證敉、侎古于攺、撫。

【詁】書疏引王肅曰：「腆，主也。殷小主，謂祿父也。」按：王說當本馬融。陸氏釋文云「腆，馬云『至也』」。段氏撰異云：「說文：『敟，主也。』王謂腆爲敟之假借也。馬云『至也』，至字當亦主字之譌。」祿父，武庚之名。爾雅釋詁云：「誕，大也。」按：「誕敢」猶今言膽敢，謂大膽。紀，漢書王莽仿大誥作犯，蓋今文尚書作犯。言殷朝後裔武庚受封本一小國之主，竟大膽干犯我王朝秩敘。說文疒部云：「疵，病也。」段注云：「古亦假玼爲之。」陸氏釋文云：「疵，馬云：『瑕也。』」是馬融讀疵爲瑕玼之玼。漢書王莽仿大誥「復反」作「反復」，「鄙」作「右」。顏師古注云：「右讀曰祐。」是鄙爲庇之假借。爾雅釋言云：「庇，廕也。」按：庇廕即祐護之義。言上天所以降威平叛，是知我周國有管蔡、武庚敗類反叛，使民不安，故天給予反復不斷祐我周國。俞氏平議云：「今蠢今翼兩義相對，翼本作翌。」按：說文羽部云：「翌，飛貌。」是「今蠢」謂管蔡、武庚叛軍蠢動，「今翼」謂淮夷頑民飛附叛軍。漢書王莽仿大誥獻作儀，顏注引孟康曰：「民之表儀，謂賢者。」按：獻、賢、儀古通用。爾雅釋言云：「獻，聖也。」聖即賢。民即臣民，十表甚多，非實數，「民獻有十夫」謂臣民賢者有很多。爾雅釋詁云：「予，我也。」説文云：「翼，翅也。」段注云：「翼必兩相輔，故引伸爲輔翼。」按：「予翼」猶言助我。王國維曰：「于借作如，往也。」見觀堂學書記。黄式三尚書啟蒙云：「敉、彌通，終也。」「寧武」即「文武」，謂文王、武王。爾雅釋詁云：「圖，謀也。」按：「圖功」謂所謀統一功業。言今叛軍蠢動，頑民趨附狂妄之日，臣民賢者很多皆來助我，以往完竟文王、武王所謀統一功業。爾雅釋詁云：「休，美也。」按：休謂吉利。書疏引鄭玄曰：「卜并吉者，謂三龜皆從也。」言我有重大軍事行動，定會吉利，我占卜結果，三龜并吉。

「肆予告我友邦君，越尹氏庶士御事，曰：『予得吉卜，予惟以爾庶邦，于伐殷逋播臣。』爾庶邦君，越庶士御事，罔不反曰：『艱大，民不静。亦惟在王宫邦君室。越予小子考，翼不可征，王害不違卜？』

【校】段氏撰異云：「天寶已前尚書本無曷字，皆假害爲之。此篇中曷字皆作害，篇首害字乃假割。衛包盡改害爲曷，獨此害字以孔傳不訓曷僅存。」今按：漢書王莽仿大誥曷字皆作害，可證段説之確。

【詁】爾雅釋詁云：「肆，故也。」「友邦君」謂友好諸侯國之君主。王氏釋詞云：「廣雅曰：『越，與也。』書大誥曰『肆予告我友邦君，越尹氏庶士御事』是也。」爾雅釋言云：「尹，正也。」釋詁云：「正，長也。」按：「尹氏」謂六卿長官，「庶士」謂衆官人士。「御事」猶言執事，指尹氏庶士下屬治事之臣。爾雅釋詁云：「惟，思也。」廣雅釋詁云：「以，與也。」説文辵部云：「逋，亡也。」又亡部云：「亡，逃也。」播當讀爲叛，「逋播臣」猶言逃叛臣，謂殷裔受封之臣武庚。言故我告知我友好諸侯國君與正卿大夫、衆官人士及下屬治事之臣，我占卜得吉兆，我想與你們衆國往伐殷裔受封之逃叛臣武庚。書疏引鄭玄曰：「汝國君及下羣臣不與我同志者，無不反我之意，云三監叛，其爲難大。」按：反謂反對。「艱大」猶言大艱，即太難。爾雅釋詁云：「惟，謀也。」謀謂管蔡陰謀。王宮猶言王朝，邦君謂國王，室謂王室同族，即管蔡三監。王氏釋詞云：「爾雅曰：『粵，于也。』字亦作越。」「小子」，指謂成王。爾雅釋親云：「父爲考。」漢書王莽仿大誥「考」作「族父」，「翼」作「敬」，是今文尚書「考」字句絶，于成王則管蔡三監爲族父。爾雅釋詁云：「翼，敬也。」王氏釋詞云：「曷，何也。字亦作害。」言你們衆諸侯國君與朝中百官無不反對説，東征難度很大，民心不定，又陰謀反叛者爲王朝國君同室，于我們成王爲叔父，當敬不可征，王何不違反龜卜之意不征。

「肆予沖人，永思艱，曰：嗚呼！允蠢鰥寡，哀哉！予造天役，遺大投艱于朕身。越予沖人，不卬自恤。義爾邦君，越爾多士，尹氏御事，綏予曰：『無毖于恤，不可不成乃寧考圖功。』

【校】古文訓鰥作䍡，役作役。按：説文魚部云：「鰥，鰥魚也，从魚，眔聲。」段注云：「見齊風，毛傳曰：『大魚也。』謂鰥與魴皆大魚之名也。鰥多假借爲鰥寡字，蓋古祇作矜，矜即憐之假借。眔，古讀同隶。」今按：西周金文父辛卣、毛公鼎皆作鱞，與篆文構形稍異。集韻山韻云：「鰥，説文：『魚也。』一曰丈夫六十無妻曰鰥。古作䍡。」䍡蓋金文鱞字省形，是俗別之字，不足取。説文殳部云：「役，戍也，从殳彳。役，古文役，从人。」段注云：「戍，守邊也。殳所以守也，故其字从殳。引伸之義凡事勞皆曰役。役與戍从人持戈同意。」今按：殷虚書契前編卷六第四頁一片、後編卷下第二十六頁十八片等役皆作役，从人从殳，與説文古文同，會意人持戈服役，是當以役爲古本字，役乃後出字。但役通行已久，役則廢用。「寧考」當作「文考」，古金文「文」字形體似「寧」字，故誤爲寧。

【詁】爾雅釋詁云：「肆，故也。」「永，長也。」「艱，難也。」王氏釋詞云：「允，猶用也。書大誥曰『允蠢鰥寡』，言用動鰥寡也。」黄氏箋識云：「此允爲㠯之借。」按：説文允从㠯聲，㠯隸作以，故允亦訓以。老而無妻曰鰥，老而無夫曰寡，民之尤苦者。言故我們童稚之成王長念東征之難，歎其征戰以動及鰥寡之悲。小爾雅廣詁云：「造，適也。」按：適謂適逢。廣雅釋詁云：「役，使也。」爾雅釋言云：「貽，遺也。」按：「役遺」猶言使命。説文手部云：「投，擿也。」按：擿、擲古今字，「大投艱」謂天降大任。王氏釋詞云：「越，猶惟也。書大誥曰：『越予沖人。』言惟予沖人也。」按：惟猶爲，「越予沖人」謂成王以自己爲沖人。爾雅釋詁云：「卬、身，我也。」「恤，憂也。」按：漢書王莽仿大誥「卬」作「身」，「不卬自恤」猶今言不自顧其身。言我適逢上天使命大降東征重任于我身，而我成王爲幼稚之人，不能自顧其身，有何能東征。義當讀爲誼。説文言部云：「誼，人所宜也，从言宜，宜亦聲。」段注云：「誼、義古今字，周時作誼，漢時作義。中庸云：『義者，宜也。』是古訓也。」按：義謂宜乎，猶今言應當。爾雅釋詁云：「綏，安也。」玉篇比部云：「毖，勞也。」爾雅釋親云：「父爲考。」按：「寧考」即「文考」，于周公謂文王。爾雅釋詁云：「圖，謀也。」按：「圖功」謂先王謀求國家統一之功業。言應當你們諸侯國君與你們執事之衆臣安慰我周公説，不要怕勞于國事之憂，不能不成就你先王文王謀求國家統一功業。謂不當反對而應當支持東征。

「已！予惟小子，不敢替上帝命。天休于寧王，興我小邦周，寧王惟卜用，克綏受茲命。今天其相民，矧亦惟卜用。嗚呼！天明畏，弼我丕丕基。」

【校】天正本替作暜，克作皃。按：説文竝部云：「暜，廢也，一偏下也，从竝，白聲。普，或从曰。𣌭，或从兟、从曰。」段注云：「廢者，卻屋也。卻屋言空屋，人所不居，故普、廢同義。相竝而一邊庳下，則其勢必至同下，所謂陵夷也。从兟猶从竝也。」今按：西周金文番生簋簪作䂓，从兓猶从竝，竝象二人並立，兓象二人欠伸，故其義相通。金文从曰，可證説文或作朁从曰爲古字。字亦作朁，漢隸俗書作替，如楊震碑「易世不替」，後世替遂通行。而又由替更俗作晉，如隋郭達墓誌作此形，是俗而又俗。故尚書古寫本作晉者，不足取。説文克部云：「克，肩也。象屋下刻木之形。」今按：殷契拾掇卷二第四六八片克字作𠙻，象人頭頂戴物之形，與肩負之義相通，故詞義爲任爲勝。殷虚文字甲編一二四九片作𠙻，从口省作。西周金文利簋、井侯簋作𠙻，與甲文同。甲骨文及早期金文丨即十字，故東周金文曾伯簋、公克錞等變爲从十作克，爲後世所通行。由上可見，尚書古寫本克字作𠙻，雖有小譌，但與甲文作𠙻形近，是亦有所本。

【詁】漢書王莽仿大誥「已」作「熙」，見上注；「替」作「僭」，顏師古注云：「僭，不信也。言順天命而征討。」是今文尚書作僭，古文尚書作替，不信與廢義通。言周公歎説，我爲小人物，不敢廢棄天命而不東征。爾雅釋詁云：「休，美也。」「寧王」當作「文王」。「卜用」猶言用卜。「小邦」猶言小國，周本殷商之諸侯國，故曰「小邦」。爾雅釋言云：「克，能也。」又釋詁云：「綏，安也。」「兹，此也。」又釋言云：「興，起也。」言上天嘉美于文王，而興起我本小國之周者，因文王惟卜是用，故能安受此有天下之天命。爾雅釋詁云：「相、助，勴也。」是相與助同義。王氏釋詞云：「矧，猶又也。大誥曰：『今天其相民，矧亦惟卜用。』言又亦惟卜用也。」言今上天又將助民安國，故又亦當惟吉占是從東征。廣雅釋詁云：「畏，敬也。」按：畏謂敬畏。説文弜部云：「弼，輔也。」「丕丕基」，漢書王莽仿大誥作「大大矣」。按：爾雅釋訓云：「丕丕，大也。」基當讀爲其。王氏釋詞云：「其音記，語助也，或作已。」今按：矣从已聲，故基與矣通。言上天之明聖當敬畏，將因東征助我周更強大矣。

王曰：「爾惟舊人，爾丕克遠省，爾知寧王若勤哉！　天閟毖我成功所，予不敢不極

卒寧王圖事。肆予大化誘我友邦君，天棐忱辭，其考我民，予曷其不于前寧人圖功攸終？天亦惟用勤毖我民，若有疾，予曷敢不于前寧人攸受休畢？」

【校】古文訓畢作觱。按：「寧王」當作「文王」。阮氏校勘記引錢大昕曰：「考釋詁本云：『毖，慎也。』經既以閟爲毖，不當重出毖字。據莽誥云『天毖勞我成功所』，則知此經毖乃勞之譌，字形相涉，後人傳寫致誤。」古文訓畢作觱者，説文角部云：「觱，羌人所吹角屠觱，以驚馬也。」段注云：「仌部『滭冹』，今詩作『觱發』，水部『畢沸』，今詩作『觱沸』，皆假借字也。」是古文訓以借作古，當以作畢爲正。

【詁】王謂攝政之王周公。「舊人」謂文王舊臣。漢書王莽仿大誥丕作不，是今文尚書作不。按：不、丕古文爲一字。爾雅釋詁云：「丕，大也。」「省，察也。」王氏釋詞云：「史記正義曰：『若，如此也。』書大誥曰：『爾知寧王若勤哉！』言如此勤也。」言攝政之王周公説，你們爲文王舊臣，你們多能遠察前事，你們知曉文王如此勤勞于天下政事。漢書王莽仿大誥毖作勞，阮氏校勘記引錢大昕説，謂此經「閟毖」當作「閟勞」，毖乃勞字之譌。爾雅釋訓云：「慅慅，勞也。」按：勞即慅勞，今字作操勞，操心之義。「閟勞」即慎勞，猶今言非常關心。禮記哀公問鄭玄注云：「所，猶道也。」王氏述聞云：「極當讀爲亟。爾雅曰：『亟，速也。』『亟卒寧王圖事』者，速終文王所謀之事也。古字極與亟通。」言上天非常關心我東征成功之道，故我不敢不迅速完成文王所謀統一國家之事。「化誘」，漢書王莽仿大誥作「告」。按：説文人部云：「化，教行也。」又説文誘字正體作羑云：「相訹呼也。」是「化誘」者，教而告之也。孫氏尚書駢枝云：「棐字當爲匪之假借。辭，語助。」按：「天棐忱辭」即詩大明「天難忱斯」之義，鄭箋云：「天之意難信矣。天命無常，維德是予耳。」是棐與匪通，匪者，非也，不也；辭與斯通，斯猶然，爲句末語助詞。意謂東征乃德義之舉，天命助我而不助叛逆。王氏釋詞云：「其，猶將也。」爾雅釋詁云：「考，成也。」王氏釋詞云：「廣雅曰：『由、以，用也。』由、以、用一聲之轉，而語詞之『用』亦然。字或作猶，或作攸，其義一也。大誥曰：『予曷其不于前寧人圖功攸終？』圖功，大功也。言曷不于前寧人大功用終也。」「勤毖」，漢書王莽仿大誥作「惟勞」。按：方言云：「惟，思也。」是勤謂憂思。禮記問喪鄭注云：「勤，憂也。」毖即勞之譌，「勤勞」謂天意憂勞我民。王莽仿大誥「休畢」作「休輔」，輔爲弼之訓詁字，是今文尚書作「休弼」，「休弼」猶言善輔。廣雅釋詁云：「受，繼也。」言故我大告我友好諸侯國君，天意助我東征德義之舉，將成就我民安定願望，我何不對前王文王安定國家大功以終告成；上天又憂勞我民，如民有疾苦則除去之，我何敢不對前王文王之民以繼續善養祐助。

王曰：「若昔朕其逝。朕言艱日思：若考作室，既底法，厥子乃弗肯堂，矧肯構。厥父菑，厥子乃弗肯播，矧肯穫。厥考翼其肯曰：『予有後，弗棄基。』肆予曷敢不越卬敉寧王大命？若兄考，乃有友伐厥子，民養其勸弗救。」

【校】內野本堂作坐。古文訓堂作坐。按：説文土部云：「堂，殿也，从土，尚聲。坐，古文堂如此。」段注云：「殿者，擊聲也，假借爲宮殿字者，釋宮室曰：『殿，有殿鄂也。』殿鄂即禮記注之沂鄂。堂之所以偁殿者，正謂前有陛四緣皆高起，沂鄂㬎然，故名之殿。許以殿釋堂者，以今釋古也。古曰堂，漢以後曰殿。古文蓋从尚省。」汗簡土部引尚書堂作坐。古文四聲韻唐韻引古尚書堂作坐，又引籀韻作宔。今按：古陶文堂字多見，皆作宔，从宀、从土，與籀韻所引堂字同，此會意之古文。而東周金文中山王嚳兆域圖堂字作坐，與説文古文及汗簡等所引古文同，此形聲省形之古文。先秦古璽文作坐、堂二形，堂从尚聲，堂字通行既久，故經文以爲正體。段氏撰異云：「正義曰：『定本云

「矧弗肯構」、「矧弗肯穫」，皆有弗字。檢孔傳所解弗爲衍字。」玉裁按：『矧弗肯構』、『矧弗肯穫』，猶言益弗肯構，益弗肯穫也。矧，況，況，益也。」今按：有「弗」字方文意相貫，定本是。

【詁】王氏釋詞云：「若，詞之惟也。書大誥曰：『若昔朕其逝。』若字是語詞之惟。」按：「若昔」猶言昔日，周公謂己昔日受疑居東之時。爾雅釋詁云：「逝，往也。」裴學海古書虛字集釋云：「言，猶於也。書大誥篇：『朕言艱日思。』」按：日謂日日。言攝政之王說，昔日我往居東土之時，我于艱難之中日日思慮一個道理。爾雅釋親云：「父爲考。」又釋詁云：「厎、定，止也。」是厎與定同義。堂謂堂基。説文木部云：「構，蓋也。」按：此以作室喻政治。言譬如其父造屋室，已定其造法，而其子則不肯築屋基，更不肯蓋屋室。爾雅釋地云：「田一歲曰菑。」郭璞注云：「今江東呼初耕地反草爲菑。」按：反草謂翻地曬死草根。言其父已翻土除草平整土地，而其子則不肯播種，更不肯收穫。謂子不肖不完父業。王氏述聞云：「『厥考翼』與『其肯曰』文不相屬，竊疑『翼』字因上文『越予小子考翼』而衍。當以『厥考其肯曰』五字連讀。」楊氏詞詮云：「其，反詰副詞，豈也。」引大誥「其肯曰」爲例。「棄基」謂今不東征，是棄基業。言有不繼父業之子如此，其父豈肯説我有後代不棄我之基業。漢書王莽仿大誥作「予害敢不於身撫祖宗之所受大命」，曷作害，越作於，卬作身，敉作撫，皆爲訓詁字，俱見上注。言故我今日何敢不于親身遵循文王大命東征討叛。蔡傳云：「蘇氏曰：養，厮養也，謂人之臣僕。」禮記曲禮云：「生曰父，死曰考。」按：「兄考」謂已故之兄，武王于周公爲兄。爾雅釋訓云：「善兄弟爲友。」按：此文友謂武王之弟管蔡等。子謂成王。民養謂民所保養之邦君尹氏御事。言如今武王已故，而有弟管蔡等夥同武庚攻伐其子成王，作爲民養邦君御事豈能勸勉奸人攻伐而不救武王之子成王。

王曰：「嗚呼！肆哉爾庶邦君，越爾御事。爽邦由哲，亦惟十人，迪知上帝命越天

棐忱，爾時罔敢易法，矧今天降戾于周邦。惟大艱人，誕鄰胥伐于厥室，爾亦不知天命不易。

【校】內野、八行本作「肆告哉爾庶邦君」。足利本作「肆告我尔庶邦冢君」，由作用。天正本作「肆告尔庶邦君」，由作用。古文訓哲作悊。按：漢書翟方進傳王莽依周書作大誥爲「烏虖肆哉」，與尚書經文合。天正本作「肆告」者，蓋「哉」字殘缺似「告」而致誤。而內野等寫本又作「肆告哉」者，蓋讀者以經文相校，於「告」字旁添「哉」，寫者抄入正文，故作「肆告哉」；而足利本又「哉」譌爲「我」，則作「肆告我」。古書輾轉錯譌，有如此者。而古寫本「由」亦作「用」者，假借訓詁字。王氏釋詞云：「廣雅曰：『由，用也。』由、用一聲之轉。」又云：「用，詞之由也。詩君子陽陽傳曰：『由，用也。』由可訓爲用，用亦可訓爲由，一聲之轉也。」蓋由、用形近，故由譌作用。而讀者因用與由音近義同，古書通作，遂不以爲有誤。哲作悊者，説文口部云：「哲，知也。悊，哲或从心。」心部云：「悊，敬也。」此蓋有誤。悊乃哲之重文，已見口部而訓爲知，不得又見心部而訓爲敬也。今按：哲字金文克鼎、曾伯簠及古陶文、古璽文作悊，从心，折聲；番生簋作誓，从言。蓋悊爲古本字，而又作哲者，乃从言省作从口。是哲本悊之異體而爲通行之字。

【詁】爾雅釋言云：「肆，力也。」又釋詁云：「庶，衆也。」王氏釋詞云：「廣雅曰：『越，與也。』書大誥曰『爾庶邦君，越爾御事』是也。」言你們衆諸侯國君與你們治事大臣當奮力征伐而不畏縮。「爽邦由哲」，漢書王莽仿大誥作「勉助國道明」。按：孫氏注疏云：「爽者，方言及廣雅釋詁皆云：『猛也。』猛與孟聲相近，釋詁：『孟，勉也。』」由與迪通，爾雅釋詁云：「迪，進也。」又釋言云：「哲，智也。」是哲謂明智。惟猶有，見王氏釋詞。「惟十人」即上文「民獻有十夫」之意，謂有衆多賢才。爾雅釋詁云：「法，常也。」按：法即常理，謂「天棐忱」是常理，不可改易。漢書王莽仿大誥「法」作定，定謂定理，與常理義同。言當勉力國事，進用明哲，已有衆多賢才進用，他們知曉天命向德與天意無常之理，你們此時不敢改易天意助我而反對東征。漢書王莽大誥「戾」作「定」。按：爾雅釋詁云：「戾、定，止也。」是戾與定同義，戾謂定命。言況且今上天降下定命于我周東征討逆。「大艱人」謂大發難叛逆之管蔡三監。誕當讀爲延，延者引也，此謂勾引，即管蔡勾引武庚。爾雅釋詁云：「胥，相也。」言唯獨大膽發難之管蔡三叔等人，勾引近鄰武庚相攻伐于其周朝同室，而你們邦君御事難道亦不知天命不可改易而懷疑東征。

「予永念曰：天惟喪殷，若穡夫，予曷敢不終朕畝？天亦惟休于前寧人，予曷其極卜？敢弗于從率寧人有指疆土？矧今卜并吉！肆朕誕以爾東征，天命不僭，卜陳惟若茲。」

【校】穡，漢書王莽仿大誥作嗇；指，莽大誥作旨。按：書無逸「稼穡」，漢石經作「稼嗇」，是作嗇者今文尚書。考先秦古文字未見穡字，是嗇、穡古今字，今文尚書作嗇用古本字，古文尚書作穡用今字。段氏撰異云：「今經傳旨作指，而正義中三云『旨意』皆作旨，知經傳爲衛包所改，正義則其所未改者也。莽大誥正作『有旨疆土』，師古訓美，蓋今文尚書與古文尚書同也。」今按：衛包改作指，據孔傳義。

【詁】爾雅釋詁云：「永，長也。」「念，思也。」「惟，謀也。」「卒，終也。」按：終謂終成。言我長思考說，上天謀亡殷紂，猶如農夫除害草以養田苗，我何敢不完成我之田畝除草務盡，以順天命滅亡紂子武庚。爾雅釋詁云：「休、嘉，美也。」儀禮大射禮鄭玄注云：「極，猶放也。」按：「極卜」謂放棄吉占。爾雅釋詁云：「遵、從，自也。」「率，循也。」按：「從率」猶言遵循。説文旨部云：「旨，美也，从甘匕聲。」言上天亦唯獨嘉美先王文王以賜疆土，我何其放棄東征吉占，敢不遵循文王保有美好疆土遺願而不東征。王氏釋詞云：「誕，句中助詞也。」引大誥此文爲例。白虎通誅伐篇云：「誅不避親戚，尚書曰『肆朕誕以爾東征』，誅弟也。『誕以爾東征』，誅禄父也。」廣雅釋詁云：「僭，差也。」「陳，列也。」按：「不僭」謂不可不信。言況且今占卜并吉，故我率領你們邦君御事東征，天命不差，占卜陳列吉兆如此可證。

周書五

康誥【解題】史記衛康叔世家云：「衛康叔，名封，周武王同母少弟也。周公旦以成王命興師伐殷，殺武庚禄父、管叔，放蔡叔，以武庚殷餘民封康叔爲衛君，居河、淇間故商墟。周公旦懼康叔齒少，乃申告康叔曰：『必求殷之賢人君子長者，問其先殷所以興，所以亡，而務愛民。』告以紂所以亡者以淫於酒，酒之失，婦人是用，故紂之亂自此始。爲梓材，示君子可法則。故謂之康誥、酒誥、梓材以命之。康叔之國，既以此命，能和集其民，民大説。」按：此三篇首篇爲康誥。説，悦古今字。

惟三月哉生魄，周公初基作新大邑于東國洛，四方民大和會。侯甸男邦采衛百工，播民和見，士于周。周公咸勤，乃洪大誥治。

【校】内野、天正、八行本士作事。陸氏釋文云：「魄，字又作䰰。『乃洪大誥治』，一本作『周公迺洪大誥治』。」按：魄作䰰者，乃六朝俗别字，如齊張思伯造象「魄」作「䰰」即其例。魄乃假借字，本字爲霸。説文月部云：「霸，月始生魄然也，承大月二日，承小月三日。从月䨣聲。周書曰：『哉生霸。』」今按：西周金文昌鼎作霸，而先秦古文字未見魄字，故尚書經文當以作霸爲正。楊氏覈詁云：「雒，今本作洛，按：洛水入渭，與雒水入河者別。周禮注引召誥猶作雒不作洛也。」按：唐天寶間衛包改作洛。說文士部云：「士，事也。數始於一，終於十，从一十。孔子曰：推十合一爲士。」段注云：「士、事疊韻。引伸之，凡能事其事者偁士。白虎通曰：『士者，事也，任事之稱也。』故傳曰：通古今，辯然不，謂之士。』數始一終十，學者由博返約，故云推十合一。」今按：西周金文貉子卣等士字皆作士，下横長於上，東周金文子璋鐘、秦公簋等作士，下横短於上，以別於「土地」之土字。士字从一从十，其義或謂象人形，義爲官長；或謂象斧形，義爲工具，似皆未確。晚周金文中山王壺士字作扗，从才、士，以此推斷，士字所从之十，即才之省形。才之本義爲草木初生，引伸爲才能之義。士字从一者，一指平地。故士字本義爲才能出衆，用爲凡能任其事者稱士。尚書古寫本「士」多作「事」，僞孔傳及正義皆作「事」，是經文本作「事」，古事、士通用。唐石經作「士」者，蓋依衛包改字。

【詁】尚書大傳云：「周公攝政四年，建侯衛。」是周成王四年康叔受封爲衛侯。相傳攝政七年營雒。爾雅釋詁云：「初、哉，始也。」按：哉爲才之假借，才字本義爲草木初生，故詞義爲初爲始。陸氏釋文引馬融曰：「魄，朏也，謂月三日始生兆朏名魄。」按：王國維生霸死霸考云：「余覽古器物而得古之所以名日者凡四：曰初吉，曰既生霸，曰既望，曰既死霸。因悟古者蓋分一月之日爲四分：一曰初吉，謂自一日至七八日也；二曰既生霸，謂自八九日以降至十四五日也；三曰既望，謂十五六日以後至二十二三日也；四曰既死霸，謂自二十三日以後至于晦也。若更欲明定其日，于是有哉生霸、旁生霸、旁死霸諸名。哉生霸之爲二日或三日，自漢已有定說。」是「三月哉生魄」謂三月之初。爾雅釋詁云：「基，謀也。」又釋言云：「作、造，爲也。」按：「初基作」謂開始謀劃建造。說文邑部云：「邑，國也。」按：邑謂國都，亦謂都邑。「新大邑」即雒邑，亦名成周。「東國」猶言國東，時國都宗周在西，新營雒邑成周在東，故曰

「東國」。言周成王七年三月初，周公開始營建新大都雒邑于國都宗周之東雒水旁。「四國」謂四方諸侯國。爾雅釋言云：「會，集也。」按：「和會」謂和悦會集。據周禮職方氏説，王朝國都千里以外，由近至遠有侯、甸、男、采、衛等「五服」諸侯。説文邑部云：「邦，國也。」小爾雅廣言云：「工，官也。」今按：「侯甸男邦」與「采衛百工」互文成義，謂侯、甸、男、采、衛五服諸侯國君與其百官。播當讀爲伴。楚辭九章悲回風王逸注云：「伴，俱也。」按：俱者，偕也，同也，「播民」謂伴同其民。「和見」謂和悦拜見周公。「士于周」，士當讀爲事，謂從事于周朝營雒之役。爾雅釋詁云：「咸，皆也。」「勤，勞也。」按：勤謂慰勞。釋詁又云：「洪，大也。」按：「洪大」連文爲大義，「洪大」蓋古成語，猶今言愼重。釋詁又云：「誥，告也。」「亂，治也。」按：治謂治道。言四方之民大和悦會集，五服諸侯國君與其百官率同其民和悦拜見居攝之王周公，從事于周朝營雒之役，周公皆一一慰勞，于是愼重地告其治國之道。

王若曰：「孟侯，朕其弟小子封！惟乃丕顯考文王，克明德愼罰，不敢侮鰥寡，庸庸、祗祗、威威，顯民。用肇造我區夏，越我一二邦，以修我西土。惟時怙冒，聞于上帝，帝休，天乃大命文王，殪戎殷，誕受厥命，越厥邦厥民，惟時敘。乃寡兄勖，肆汝小子封，在茲東土。」

【校】漢石經「越我一二邦」邦作國。按：盤庚中篇「安定厥邦」，隸釋引漢石經「邦」作「國」。馮登府漢石經考異引李富孫曰：「此避諱作國。」謂避漢高祖劉邦諱。今所見漢石經尚書殘碑「邦」皆作「國」，蓋全書通例如此。

【詁】王謂攝政之王周公。漢書地理志云：「周公封弟康叔，號曰孟侯，以夾輔周室。」按：爾雅釋詁云：「孟，長也。」「侯，君也。」「孟侯」謂諸侯之長。封乃康叔之名。言周公謂康叔爲諸侯之長，我之胞弟，小子名封。爾雅釋詁云：「丕，大也。」「顯，光也。」又釋親云：「父爲考。」按：「丕顯考」謂偉大顯赫之父。明、孟音近，爾雅釋詁云：「孟，勉也。」按：「明德」謂勉用有德。説文用部云：「庸，用也。」示部云：「祗，敬也。」春秋左傳宣公十五年云：「周書所謂『庸庸、祗祗』者。」杜預注云：「言文王能用可用，敬可敬。」據此則「威威」謂威其可威，即刑其該刑。爾雅釋詁云：「顯，見也。」按：顯謂顯示。肇本亦作肁。説文戶部云：「肁，始開也。」按：「肇造」猶言開創。廣雅釋詁云：「區，小也。」説文夊部云：「夏，中國之人也。」按：「區夏」猶言小中國，即西土周國。廣雅釋詁云：「越，與也。」「修，治也。」言是你偉大顯赫先父文王，能勉用俊德，謹慎刑罰，不輕侮鰥寡，用其可用，敬其可敬，威刑該刑，以顯示德政于民，因此開創我諸夏小周國與我一二友邦，治理我西土半壁江山。王氏述聞云：「怙，大也。冒，懋也。『惟時怙冒』，言其功大懋勉也。」爾雅釋詁云：「休，美也。」言爲此文王功大勤勉，其善聲聞于上帝，天帝嘉美，上天于是授大命于文王。説文歺部云：「殪，死也。」段注云：「尚書言『殪戎殷』，殪，仆也，此引伸之義。」按：爾雅釋詁云：「戎，大也。」「殪戎殷」謂滅亡強大之殷商。王氏釋詞云：「誕，發語詞也。」爾雅釋詁云：「時，是也。」「敍，緒也。」「緒、業，事也。」「勖，勉也。」「肆，故也。」「兹，此也。」按：「寡兄」謂武王，是周公與康叔封之兄長。衛國在函谷關以東，故稱「東土」。言滅亡強大之殷商，接受其天命與其國其民，有如此基業之周國，乃我們長兄武王勉行文王治道所致，故你小子封得受封在此東土。

王曰：「嗚呼！封，汝念哉！今民將在祗遹乃文考，紹聞衣德言。往敷求于殷先哲王，用保乂民，汝丕遠惟商耇成人，宅心知訓。别求聞由古先哲王，用康保民。弘于天，若德裕，乃身不廢在王命。」

【校】魏三體石經裕作衮。内野、八行本「今民」作「今治民」，「衣」作「服」。足利本「今民」作「今治民」。古文訓「裕」作「衮」。按：古寫本「今民」作「今治民」者，僞孔傳云「今治民將在敬循汝文德之父」，又正義亦作「今治民」，以有「治」字文義方顯，故當以古寫本爲是。而古寫本「衣」作「服」者，蓋涉僞孔傳釋「衣德言」爲「服行其德言」而誤，當以「衣」字爲是。古文訓「裕」作「衮」者，乃衮字之譌。考西周金文敔簋裕作衮，東周金文十六年喜令戈作裕，皆从衣，谷聲。而衮字从衣公聲，此其不同也。且古寫本内野、足利本亦作衮，皆不誤，唯古文訓仿古而譌。段氏撰異云：「宋版本『乃身』之下有『不廢在王庭』五字，元刻、近刻皆無之。今尚書『庭』作『命』。」

【詁】方言云：「念，常思也。」爾雅釋詁云：「祗，敬也。」「遹，循也。」「紹，繼也。」按：「祗遹」猶言遵循。衣當讀爲依。言周公謂康叔封説，你要經常思考，今治民將在于遵循你先父文王治道，繼其舊聞，依其德言。敷當讀爲溥。爾雅釋詁云：「溥，大也。」按：「敷求」猶言徧求。爾雅釋詁云：「乂，治也。」「耇、老，壽也。」按：丕、不古爲一字，「丕遠」即不遠，謂就近。惟猶有，「惟商」即有商，謂商朝。「耇成人」即老成人，謂年老之殷遺民賢者。宅當讀爲度，謂推度。訓謂教訓。言往治衛國，衛本殷商故地，當徧求于殷先明王治道，以安民治民；你就近訪問殷遺賢老，推心置腹知其殷所以亡教訓。書疏引鄭玄曰：「古先哲王，虞、夏也。」王氏述聞云：「別，讀『先飯辯嘗羞』之辯。辯，徧也，古字別與辯通。由，於也。『別求聞由古先哲王』者，徧求聞於古先哲王也。」按：徧即遍古異體字。爾雅釋詁云：「康、柔，安也。」説文人部云：「保，養也。」言又當遍求聞于古先明王虞舜、夏禹治道，以安民養民。爾雅釋詁云：「弘，大也。」「若，順也。」王氏釋詞云：「于，猶如也。」荀子富國篇引康誥「弘于天」作「弘覆乎天」，楊倞注云：「弘覆如天。」是于者，如也。廣雅釋詁云：「裕，寬也。」宋本荀子富國篇引康誥「王命」作「王庭」。言當心胸弘大覆下如天，順德寬廣愛民，則你身在朝爲上公之位永在王庭不廢。

王曰：「嗚呼！小子封，恫瘝乃身，敬哉！天畏棐忱，民情大可見，小人難保。往盡乃心，無康好逸豫，乃其乂民。我聞曰：『怨不在大，亦不在小，惠不惠，懋不懋。』已！汝惟小子，乃服惟弘王，應保殷民，亦惟助王宅天命，作新民。」

【校】內野本豫作袞。八行本豫作衮。瘝，後漢書引作矜。按：阮校云：「後漢書和帝紀：『永元八年詔曰：朕寤寐恫矜。』注：『尚書曰：恫矜乃身。』矜音古頑反。蓋章懷所見孔氏尚書作矜，可證瘝爲矜之俗字矣。」今按：先秦古文字及說文皆無瘝字，原本玉篇作瘝，取鰥字聲符。北宋重修玉篇作癏，又因鰥之俗字作鱞。鰥本魚名，古書多假借爲矜，此則因鰥而造矜之俗字作瘝。裕字古文作袞，已見上。古寫本豫作袞者，「逸豫」之豫本字爲悆，說文心部云：「悆，喜也。」悆字篆文似袞，故悆譌作袞。別一本作衮者，又當是袞之省譌。或者豫以同音通作袞。

【詁】爾雅釋言云：「恫，痛也。」釋詁云：「鰥，病也。」按：鰥、瘝古今字。書疏引鄭玄曰：「刑罰及己爲痛病。」言王謂康叔封當慎其刑罰，苛政刑罰人民，其痛苦如刑罰己身。畏、威古通用。爾雅釋言云：「威，則也。」「棐忱」即匪忱，「天威棐忱」謂天道無常，有德則授命，無德則滅亡。詩小雅天保鄭箋云：「保，安也。」言要警惕自己，天道無常，愛有德而惡無德，民情大致可見，而以小民難于安定。爾雅釋詁云：「康，安也。」釋言云：「逸，過也。」又釋詁云：「豫，樂也。」按：「逸豫」猶言縱樂。王氏釋詞云：「其，猶乃也。」其與乃同意，故又以乃其連文。引康誥「乃其」諸句爲例。爾雅釋詁云：「乂，治也。」言你往盡心治國，不要苟安貪好縱樂，如此方可治理百姓。爾雅釋言云：「惠，順也。」說文心部云：「懋，勉也。」言我聞治民之道，民怨不在于大，亦不在于小，惟在理順其不順之心，勉勵其不勉之行。王氏釋詞云：「已，歎詞也。」漢書翟義傳作熙。」引康誥「已，女惟小子」句爲例。按：「已」猶言「唉」。爾雅釋詁云：「服，事也。」按：事謂職事。玉篇心部云：「惟，爲也。」楊氏覈詁云：「弘，疑弜之譌，即弼之本字，弼、助對文，義相近也。」王氏述聞云：「廣雅曰：『應，受也。』應保即受保也。」爾雅釋言云：「宅，居也。」按：詞義引伸爲安定，蔡傳云「安定天命」是也。爾雅釋言云：「作、造，爲也。」言你爲年輕之人，你之職事爲輔周王接受保養殷遺民，又爲助周王安定天命，改造革新殷之遺民。

王曰：「嗚呼！封，敬明乃罰。人有小罪，非眚，乃惟終，自作不典，式爾，有厥罪小，乃不可不殺。乃有大罪，非終，乃惟眚災，適爾，既道極厥辜，時乃不可殺。」

【校】陸氏釋文云：「眚，本亦作省。」段氏撰異云：「潛夫論述赦篇云：『尚書康誥：「王曰：於戲！敬明乃罰。人有小罪，匪省，乃惟終，自作不典，戒爾，有厥罪小，乃不可不殺。」言惡人有罪雖小，然非以過差爲之也，乃欲終身行之，故雖小，不可不殺也。何則？是本頑凶思惡而爲之者也。「乃有大罪，匪終，乃惟省哉，適爾，既道極厥罪，時亦不可殺。」言殺人雖有大罪，非欲以終身爲惡，乃過誤爾，是不殺也。若此者，雖曰赦之可也。』玉裁按：非眚作匪省，式作戒，眚災作省哉，辜作罪，乃作亦，蓋今文尚書也。」今按：古金文眚、省本一字。非、匪古通用。辜、罪同義字，故可通作。

【詁】爾雅釋訓云：「肅肅，敬也。」按：「敬明」猶言嚴明。言王謂康叔封，要嚴明你之刑罰。説文目部云：「眚，目病生翳也。」段注云：「引伸爲過誤。」終即終眚，終下承上省略眚字，謂終身過誤，即怙惡不悛之義。爾雅釋詁云：「典、法，常也。」釋言云：「式，用也。」王氏釋詞云：「爾，猶如此也。」爾雅釋訓云：「有，雖也。」言人有小罪，自不以爲過錯，而爲終身之惡不改，或自作不法之事，又剛愎自用，如此不改，雖其罪小，則從重治罪，不可不殺。蔡傳云：

「適，偶也。」按：「適爾」猶言偶爾，即偶然。章氏古文尚書拾遺定本云：「道即自首之首，謂自首盡其罪狀也。」按：道當讀爲首。説文辵部云：「道，所行道也，从辵首。」段注云：「首亦聲。」是道、首古同聲而通用。廣韻宥韻云：「首，自首前罪。」集韻宥韻云：「首，有罪自陳。」極者，盡也。「道極厥辜」謂自首盡陳其罪狀。爾雅釋詁云：「時，是也。」言若有大罪，不終身重犯，自認爲過失災難，這是偶然犯罪，且已自首盡陳其罪狀者，此則從輕不可殺。

王曰：「嗚呼！封，有敘時，乃大明服，惟民其勑懋和。若有疾，惟民其畢棄咎。若保赤子，惟民其康乂。非汝封刑人殺人，無或刑人殺人；非汝封又曰劓刵人，無或劓刵人。」

【校】足利本「若保赤子」上有「惟」字。古文訓勑作敕，赤作烾。漢石經刑作㓝。按：説文攴部云：「敕，誡也，从攴束。」段注云：「言部曰：『誡，敕也。』二字互訓。後人用勑爲敕，力部：『勑，勞也。』又或从力作勅。各本有聲誤，今删，攴而收束之，會意，非束聲也。」今按：金文秦公簋、陳猷釜敕字皆作敕，从柬不从束。説文篆文从束者，乃从柬之省。説文柬部云：「柬，分別簡之也，从束八，八，分別也。」柬爲簡練，簡擇本字。古文敕字从柬，故其義爲誡。古書多假借勞勑字爲敕，康誥經文唐石經作勑，即其例。此文正字當作敕。説文赤部云：「赤，南方色也，从大火。烾，古文从炎土。」段注云：「鄭注易曰：『朱深於赤。』按：赤色至明，引伸之凡洞然昭著皆曰赤，如赤體謂不衣也，赤地謂不毛也。火者，南方之行，故赤爲南方之色。从大者，言大明也。古文从炎土，火生土。」汗簡土部、古文四聲韻昔韻引尚書赤作烾，與説文古文同。今按：殷虚書契後編卷下十八頁八片、殷虚文字乙編一九〇八片赤字皆作灻，西周金文麥鼎、衛盉、此鼎等亦皆作灻，與甲文同，與説文篆文同。戰國文字古璽文及楚帛書赤字亦作灻，从大火，不从土。惟古陶文作坔，與説文古文同，實則坔爲古異體字，不必古于赤。尚書經文當以作赤爲正。刑法之刑本从井，漢石經作荆从井是。

【詁】爾雅釋詁云：「敘，緒也。」廣雅釋詁云：「時，善也。」按：「有敘時」猶言有條不紊，謂法律完善。王氏釋詞云：「乃，猶方也，裁也。」言刑罰有條不紊，方才可謂大明執法之事。釋名釋書契云：「敕，飭也，使自警飭不敢廢慢也。」説文心部云：「懋，勉也。」爾雅釋詁云：「諧，和也。」按：「敕懋和」謂自律自勉和諧而不違法。言執法大明，則民將自律自勉和諧而不違法。王氏釋詞云：「其，猶將也。」按：將猶願。爾雅釋詁云：「畢，盡也。」「咎，病也。」説文人部云：「保，養也。」赤子謂孩兒。爾雅釋詁云：「康，安也。」「乂，治也。」按：治則寧，故詞義又爲寧，「康乂」猶言安寧。言治民要如民體有病，使民自願盡治棄除體病，又如保養無知孩兒無使墮入危境，而是使民自願安寧而不墮入法網。王氏釋詞云：「或，猶有也。古有字通作或。蓋或字古讀若域，有字古讀若以，二聲相近，故曰或之言有也。」按：「無或」猶言無有人。言你康叔封是司法者，不是你封刑人殺人，就無有人敢刑人殺人。又，當讀爲有，「又曰」猶言有令。説文刀部云：「劓，刖鼻也，从刀，臬聲。劓，劓或从鼻。」段注云：「刖，絶也，周禮注曰截鼻。刀鼻會意，今經典如此作。」又刀部云：「刵，斷耳也，从刀耳。」段注云：「會意包形聲。」言不是你封有令對人執行截鼻割耳之刑，就無有人敢對人行截鼻割耳之刑。謂無論刑殺大罪，劓刵小罪，皆當依法慎刑，君上不依法下令，則臣下不依法行刑。

王曰：「外事，汝陳時臬司，師兹殷罰有倫。」又曰：「要囚，服念五六日，至于旬時，丕蔽要囚。」

【校】漢石經汝作女，臬作倪。按：漢石經尚書用今文，汝作女者，今文尚書。說文木部云：「臬，射埻的也，从木，自聲。」段注云：「土部曰：『埻，射臬也。』日部曰：『的，明也。』埻、準、的、的，皆古今字。臬之引伸爲凡標準、法度之偁。康誥曰：『陳時臬事。』」今按：殷虛書契前編卷五第十三頁五片作臬，與說文篆文同。小爾雅廣詁云：「臬，法也。」廣雅釋詁云：「臬，法也。」皆釋臬之本義。漢石經臬作倪者，是今文尚書作倪，用假借字，古音臬、倪疑紐雙聲，讀音相近，固可通假。

【詁】鄭玄注周禮地官稾人云：「外朝，司寇聽獄蔽訟之朝也。」江聲尚書集注音疏云：「外事，聽獄之事也，聽獄在外朝，故云外事。」王國維曰：「司字句絶，下文『時臬事』，古事、司通用字，詩『三有事』，毛公鼎『三有司』，亦一實也。」見觀堂學書記。爾雅釋詁云：「尸，陳也。」「尸、職，主也。」「時，是也。」按：「陳時臬司」謂職主此司法之事，史載康叔任王朝司寇之職。師謂師法。說文人部云：「倫，一曰道也。」段注云：「粗言之曰道，精言之曰理。」言外朝之事，你職主此刑法之事，當師法吸取此前殷朝刑法有理可用者。王國維曰：「要囚當讀爲幽囚。考要囚爲古之成語，多方『要囚殄戮多罪』，要囚與殄戮相偶爲文，其義蓋可略知。」見同上。按：「要囚」謂重罪當判死刑者。服古字作𠬝。說文又部云：「𠬝，治也，从又卩，卩事之節。」段注：「手持節以治之。」按：𠬝、服古今字，由治義引伸爲思，故詩關雎毛傳云：「服，思之也。」是「服念」連文同義。楊氏詞詮云：「丕，猶乃也。」小爾雅廣言云：「蔽，斷也。」言對罪重將判死刑之罪犯，當對罪情思慮五六日至十日之時，以察可否判死刑，然後乃判死刑以慎殺。

王曰：「汝陳時臬事，罰蔽殷彝，用其義刑義殺，勿庸以次汝封。乃汝盡遜，曰時敘，惟曰未有遜事。已！汝惟小子，未其有若汝封之心，朕心朕德，惟乃知。凡民自得罪，

寇攘姦宄，殺越人于貨，暋不畏死，罔弗憝。」

【校】漢石經宄作軌，按：説文宀部云：「宄，姦也，外爲盜，内爲宄。从宀，九聲，讀若軌。𡧱，古文宄。」段注云：「惟亂在内，故字从宀。鄭注尚書云：『由内爲姦，起外爲軌。』宄經史亦假軌爲之。」今按：殷虚書契後編卷下三頁十三片宄作𡧱，从宀、从殳，九聲。兮甲盤作𡧱，从又與从殳同義，説文所引古文作𡧱，是其省形。宄與軌皆从九聲，故軌可假借爲宄，此同聲相借，漢石經宄作軌，是今文尚書作軌用假借字。段氏撰異云：「孟子萬章篇曰：『康誥曰：「殺越人于貨，閔不畏死，凡民罔不譈。」』暋作閔者，同部假借；憝作譈者，亦同部假借；多『凡民』二字。説文心部云：『憝，怨也，从心敦聲。周書曰：「凡民罔不憝。」』此皆用古文尚書也，而有『凡民』二字與孟子合，然則枚本古文尚書脱『凡民』二字與。」

【詁】爾雅釋詁云：「尸，陳也。」「尸，主也。」「彝、法，常也。」按：「殷彝」謂前朝殷商法律。義即誼字，誼當讀爲宜。説文用部云：「庸，用也。」禮記月令鄭注云：「次，舍也。」按：舍从亼，亼爲集合古本字，故舍有合義，「以次汝封」謂以合你康叔封之意。言你職主司法之事，刑罰斷案當采用前朝殷之常法，爲其宜刑宜殺以合時世，不要用法以合你封私意。王氏釋詞云：「乃，猶若也。」遜當讀爲愻。説文心部云：「愻，順也。」段注云：「凡愻順字从心，凡遜遁字从辵，今遜專行而愻廢矣。」廣雅釋詁云：「時，善也。」爾雅釋詁云：「敘，緒也。」「惟，思也。」言若盡順刑法律例斷案，即使已至法善有緒，仍當思慮未有順宜之事而臻完善。玉篇心部云：「惟，爲也。」王氏釋詞云：「其，語助也，無意義也。」引康誥「未其有若汝封之心」句爲例。言周公感歎説，你爲年輕人，未有如你封純善之心，我心我德，唯獨你能知曉。謂己誠心告誡。寇謂搶劫，攘謂偷盜，姦謂内賊，宄謂外賊。朱氏説文通訓定聲云：「越，假借爲敚。」以孟子萬章篇引康誥「殺越人于貨」爲例。按：説文攴部云：「敚，彊取也。」敚即奪古本字，「殺越」謂殺人奪財貨。説文攴部云：「敯，冒也，从攴，昏聲。周書曰：『敯不畏死。』」段注云：「今本爾雅：『敯，強也。』凡昏旁作昬者誤。」按：「敯不畏死」謂強暴不畏死罪。言凡民故意犯罪，搶盗内外勾結犯罪，殺人奪財，強暴不畏死罪，百姓無不怨恨者，則可不待教而殺之。

王曰：「封，元惡大憝，矧惟不孝不友。子弗祗服厥父事，大傷厥考心。于父不能字厥子，乃疾厥子。于弟弗念天顯，乃弗克恭厥兄。兄亦不念鞠子哀，大不友于弟。惟弔兹，不于我政人得罪。天惟與我民彝大泯亂，曰：乃其速由文王作罰，刑兹無赦。

【校】唐石經泯作泜。按：説文水部云：「泜，箸止也，从水，氐聲。」此與泯滅義無涉。許氏説文無泯字，大徐新附字有之，云：「泯，滅也，从水，民聲。」鄭氏新附考云：「知同謹按：説文：『怋，怓也。』『怓，亂也。』怋即古泯字。書吕刑『泯泯棼棼』，僞孔傳以泯泯爲亂解之，義與古合，字則從俗，孔壁古文必是怋字。又康誥『天惟與我民彝大泯亂』，泯亂聯文，泯直訓亂，本亦作怋，僞傳乃別解泯爲滅。」今按：鄭氏説或是。古書从民與从氏之字輒相混，如愍字从心，敃聲，而詛楚文作愍，从氏不从民。䫨、緍皆从昏聲，氏即氏省，而漢隸張壽碑、劉寬碑分別作䫨、緍。至唐代爲避諱而从民之字省作从氏，故泯作泜，唐石經致有如是錯字，經典避諱之過。

【詁】爾雅釋詁云：「元，首也。」按：「元惡」猶言首惡，謂大惡之人。「大憝」謂民憤特大之惡人。王氏釋詞云：「矧，猶亦也。書康誥曰：『元惡大憝，矧惟不孝不友。』言元惡大憝者，亦惟此不孝不友之人。」爾雅釋訓云：「善父母爲孝，善兄弟爲友。」言周公謂封説，大惡之人爲民憤特大之人，亦爲不孝不友之人。爾雅釋詁云：「祗，敬也。」

釋言云：「服，整也。」又釋詁云：「業，事也。」又釋親云：「父爲考。」言爲人子不敬治其父業，大傷其父心，是爲不孝。王氏釋詞云：「于，猶爲也。」按：「于父」猶言爲父。說文子部云：「字，乳也，从子在宀下，子亦聲。」段注云：「引伸之爲撫字。」按：「字厥子」謂撫愛其子。王氏釋詞云：「乃，猶而也。」鄭玄注禮記少儀云：「疾，惡也。」言爲人父不能愛其子，而惡其子，是爲不慈。孫氏注疏云：「顯者，釋詁云：『代也。』『天顯』，謂兄于天倫有代父之道。」爾雅釋詁云：「恭，敬也。」言爲人弟不念天倫兄有代父之道，而不能敬其兄，是爲不恭。爾雅釋言云：「幼、鞠，稚也。」按：「鞠子」即育子，育子即稚子，此文謂幼弟。說文口部云：「哀，閔也，从口，衣聲。」按：哀謂憐閔，猶今言可憐。言爲人兄亦不念幼弟之可憐，大不友于弟，是爲不友。爾雅釋詁云：「弔，至也。」玉篇云：「不，詞也。」王氏釋詞云：「于，猶爲也。」按：「不于」猶言爲，不字爲語詞無義。說文彳部云：「得，行有所㝵也。」段注云：「見部曰：『㝵，取也。』」按：㝵、得古今字，「得罪」謂有所取罪。與當讀爲与。說文与部云：「与，予也，與、予同意。」按：「天惟與」謂上天賦予。爾雅釋詁云：「彝，常也。」按：彝謂以上子孝、父慈、弟恭、兄友等倫常。王氏述聞云：「家大人曰『天惟與我民彝大泯亂』，泯亦亂也。」言人倫不諧至此，爲我執政之人不教育自取罪責，致使上天賦予我民之倫常大亂。王氏釋詞云：「有非問答而亦加『曰』字以別之者，語更端也。」又云：「由，用一聲之轉。」按：「曰」字強調下文之意。言天常人倫大亂，則要速用文王所作懲治亂倫之刑罰，刑罰此亂倫常者不得赦免。

「不率大戛，矧惟外庶子訓人，惟厥正人越小臣諸節，乃別播敷，造民大譽，弗念弗庸，瘝厥君，時乃引惡，惟朕憝。已！汝乃其速由茲義率殺。

【校】內野、足利本別作八。八行本殺作煞。按：說文八部云：「八，分也，从重八，八，別也，亦聲。」孝經說曰：

『故上下有別。』兵列切。」又冎部云：「別，分解也，从冎从刀。」今按：𠔁、別古今字。殷虚書契前編卷二第四十五頁一片、卷五第二十八頁一片別字作𠔁，可證𠔁爲古文。戰國古文字睡虎地秦簡作別，是爲後出今字。段氏注説文於八部、卜部力辯𠔁乃今之兆字，此未見商代甲骨文而武斷之過。古寫本殺作煞字者，廣韻黠韻云：「殺，殺命，説文『戮也』；煞，俗。」謂煞爲殺俗字。考甲骨文金文皆有殺字，戰國古文字睡虎地秦簡作殺，與説文篆文同，爲殺字正體。煞當爲殺字隸變俗體。考漢隸孫叔敖碑陰作敎，顧氏隸辨引宋洪适隸釋云：「敎即殺字。」敎隸書楷化作煞，所以漢代以前無煞字。尚書經文當以作殺爲正體。

【詁】爾雅釋詁云：「率，循也。」「法、戛，常也。」按：戛即楷之假借，孔疏云：「戛猶楷也，言爲楷模之常。」王氏釋詞云：「矧，猶亦也。」引此文「矧惟外庶子訓人」爲例。爾雅釋詁云：「庶，衆也。」按：「庶子」猶言諸子，謂衆多貴族子弟。書疏引鄭玄曰：「訓人爲師長。」按：「外庶子訓人」謂在外朝掌教貴族子弟之官。爾雅釋詁云：「正，長也。」按：「正人」猶言政人，即執政法之人。廣雅釋詁云：「越，與也。」「諸，衆也。」按：節即符節，是官職印璽，「小臣諸節」謂小臣中衆多授有職務印璽之官吏。播當讀爲判。説文刀部云：「判，分也。」按：「別播」連語，義爲分別，「乃別播敷」謂分別實施刑罰，即官別于民。言小民犯法尚且刑罰無赦，外朝執教執政與執法者犯法，亦應刑罰無赦。爾雅釋言云：「造，爲也。」説文言部云：「譽，稱也。」段注云：「譽，偁美也。」言官民犯法同罪，則會爲民大贊法治之善。説文心部云：「念，常思也。」用部云：「庸，用也。」鰥、瘝古今字。爾雅釋詁云：「鰥，病也。」「時，是也。」「引，長也。」按：「引惡」猶言助長爲惡。「已」爲感歎之詞，注見上。王氏釋詞云：「由、用一聲之轉。」義猶言宜，「兹義」謂此宜于時世之法。言若不思我言不用我法，則危害君法于上，助長爲惡于下，爲我所痛恨，故我有感而告，你當速用此宜世之法循法刑殺。

「亦惟君惟長，不能厥家人，越厥小臣外正，惟威惟虐，大放王命，乃非德用乂。汝亦罔不克敬典，乃由裕民，惟文王之敬忌；乃裕民，曰：『我惟有及。』則予一人以懌。」

【校】「越厥小臣」，足利本無厥字，天正本厥字旁添。古文訓忌作忈，懌作斁。按：僞孔傳與正義皆用「其」字釋「越厥小臣」之厥，是經文本有「厥」字。說文心部云：「忌，憎惡也，从心，己聲。」「惎，毒也，从心，其聲。周書曰：來就惎惎。」段注云：「今尚書無此文，蓋即秦誓『未就予忌』也。惎、忌音同義相近。」今按：古璽文、古陶文惎作忈，从亓，亓即古其字，故惎字古文作忈。東周金文邾公華鐘有忌字，古璽文、郭店楚簡亦有忌字，是忌亦古字。古文訓忌作忈者，乃同音假借字，本字仍當作忌，故尚書經文當以作忌爲正。說文攴部云：「斁，解也，从攴，睪聲。」按：顔容開解則悦懌，故斁爲悦懌古本字。說文無懌字，斁、懌古今字。斁字見于兩周金文，而懌字始見于戰國古文字。唐石經尚書經文作懌，蓋唐代衛包改爲今字。

【詁】玉篇心部云：「惟，爲也。」爾雅釋詁云：「正、伯，長也。」按：「惟君惟長」猶言爲君爲長，康叔爲衛國之君，爲家人之長。能當讀賢能之能。荀子勸學篇云：「非能水也。」楊注云：「能，善也。」按：「能厥家人」謂善教其家人。廣雅釋詁云：「越，與也。」爾雅釋詁云：「正，長也。」按：「小臣外正」謂外朝執法之官吏。小爾雅廣言云：「放，棄也。」爾雅釋詁云：「乂，治也。」言你康叔封又于國爲君，于家爲長，如不善教其家人，與其小臣外朝執法之吏，則家人、外正爲威爲虐，大棄王命而不顧，此則你不德教以治之故。爾雅釋詁云：「典、法，常也。」按：「敬典」謂敬守國之常法。王氏述聞云：「方言曰：『裕、猷，道也。』按：猷、由古字通。道謂之猷裕，道民亦謂之猷裕，上文曰『乃由裕民』是也。」書疏引鄭玄曰：「敬忌，祇祇威威也。」按：謂敬其當敬威其當威，即賞其善罰其惡。爾雅釋詁云：「惟，思也。」説文又部云：「及，逮也，从又人。」段注云：「及前人也。」按：有，語助詞，「有及」即及，謂追趕繼承。言你亦不能不敬守國之常法，乃教導人民，思念文王之賞善罰惡，乃往衛國教導人民説，我思念繼承文王賞善罰惡分明美德，則我居攝之王周公因而高興。

王曰：「封！爽惟民迪吉康。我時其惟殷先哲王德，用康乂民作求，矧今民罔迪不適，不迪則罔政在厥邦。」

【校】「我時其惟殷先哲王德」，内野、足利、八行本「時」作「是」。按：僞孔傳釋「我時」爲「我是」，古寫本蓋因此而寫誤。

【詁】王氏釋詞云：「爽，發聲也。書康誥曰『爽惟民迪吉康』，又曰『爽惟天其罰殛我』皆是也。凡書言『洪惟』、『爽惟』、『丕惟』、『誕惟』、『迪惟』、『率惟』，皆詞也。」説文辵部云：「迪，道也。」段注云：「道兼道路、引導二詞。」又口部云：「吉，善也。」爾雅釋詁云：「康，安也。」「時，是也。」「惟，思也。」「乂，治也。」按：廣雅釋詁云：「時，善也。」即爾雅訓是之義，謂贊許。其，語助詞，「時其惟」猶言贊美思慕。求當讀爲逑，本字作仇。爾雅釋詁云：「仇，匹也。」按：「作求」猶言爲偶。言王謂康叔封説，人民經過教導才能善良安定，我贊許思慕殷朝先哲明王之德，以他們安民治民爲偶象。「今民」謂今衛國之殷商遺民，衛爲殷故地。爾雅釋言云：「展，適也。」按：舒展與安適義通，適謂安定適應。罔、網古今字，「罔政」謂網民之政，即陷害人民之政。孟子梁惠王上篇云：「及陷于罪，然後從而刑之，是罔民也。」言況且今衛地殷遺民不經過教導，則不能安定適應新朝統治，所以不教導其民，則等于陷害其民犯罪之政在其國。

王曰：「封！予惟不可不監，告汝德之説于罰之行。今惟民不静，未戾厥心，迪屢未同。爽惟天其罰殛我，我其不怨。惟厥罪無在大，亦無在多，矧曰其尚顯聞于天。」

【校】魏三體石經静作彰。古文訓静作靖。「爽惟天其罰殛我」，内野、足利、天正、八行本「我」上有「於」字。按：説文青部云：「静，宷也，从青，争聲。」段注云：「采色詳宷得其宜謂之静。人心宷度得宜，一言一事必求理義之必然，則雖繇勞之極而無紛亂，亦曰静，引伸假借之義也。安静本字當从立部之竫。」立部云：「竫，亭安也，从立，争聲。」又云：「靖，立竫也，从立，青聲。一曰細皃。」今按：東周金文秦公鐘、秦公簋作静，與説文篆文同。先秦古文字未見竫、靖二字，蓋審静、安竫、立靖古止作静，竫、靖乃後出字，故静、竫、靖可通用。魏三體石經康誥静作彰。説文彡部云：「彰，清飾也，从彡，青聲。」彰乃靚妝本字，與静義別。故康誥經文當以作静爲正，魏石經作彰，古文訓作靖，皆非正字。「爽惟天其罰殛我」，古寫本「我」上有「於」字，蓋衍文，僞孔傳及正義皆無於字，且尚書用「于」而罕用「於」字，故當以無「於」字爲是。

【詁】爾雅釋詁云：「惟，思也。」「監，視也。」按：監、鑒古今字，謂鑒視取法。言王謂康叔封説，我認爲不可不鑒視取法前代。王氏釋詞云：「于，猶越也，與也，連及之詞。書康誥曰：『告汝德之説于罰之行。』行，道也。言告汝德之説與罰之道也。」按：陸氏莊子天下篇釋文云：「説，猶教也。」是「德之説于罰之行」謂德化之教與刑罰之道。爾雅釋詁云：「戾、定，止也。」是戾與定同義。玉篇辵部云：「迪，教也。」爾雅釋言云：「殛，誅也。」廣雅釋詁云：「誅，責也。」按：殛謂誅責。言今衛地殷遺民尚不安静，未定其心，屢次教導仍不與我周同心，上天將要罰責我們失職，我們要自責無怨。罪謂治殷遺民不力之罪責。爾雅釋詁云：「在，察也。」王氏釋詞云：「矧，猶亦也。」「其，猶將也。」

按：「曰」爲句中語助詞。尚與上古通用。爾雅釋詁云：「顯，見也。」言我們治理殷遺民不力之罪責，不論視察有多大，亦不論視察有多少，亦將上達見聞于天。謂不可推責欺天。

王曰：「嗚呼！封，敬哉！無作怨，勿用非謀非彝蔽時忱。丕則敏德，用康乃心，顧乃德，遠乃猷裕，乃以民寧，不汝瑕殄。」

【詁】釋名釋言語云：「敬，警也，恒自肅警也。」按：敬猶今言謹慎。「無作怨」謂不要作民怨之事。玉篇非部云：「非，不是也。」按：「非謀」猶言不善之謀。爾雅釋詁云：「彝、法，常也。」按：「非彝」猶言不善之法。小爾雅廣言云：「蔽，斷也。」按：蔽謂蔽塞阻斷。廣雅釋詁云：「時，善也。」說文心部云：「忱，誠也。」言爲政要謹慎，不要作民怨之事，不要用不善之謀與不善之法而阻斷美善誠信之道。王氏釋詞云：「書康誥曰：『丕則敏德。』丕則，猶言於是也。」禮記中庸云：「人道敏政。」鄭玄注云：「敏，猶勉也。」說文頁部云：「顧，還視也。」段注云：「還視者，返而視也。」按：顧謂反省。方言云：「猷、裕，道也。」按：「猷裕」猶言教導。瑕當讀爲遐，爾雅釋詁云：「永、遠，遐也。」「殄，絶也。」言于是你應勉行德政，以誠信安定你心，反省你德無使有非，長遠行你教民之道，而使人民安寧，如此則人民不疏遠不絶棄你。謂世享其國。

王曰：「嗚呼！肆汝小子封，惟命不于常，汝念哉！無我殄享，明乃服命，高乃聽，用康乂民。」

【校】漢石經「肆汝」作「肆女」。按：據此知今文尚書汝作女，與古文尚書作汝亦作女不同。古衹借女字爲代詞，後又借汝字。

【詁】爾雅釋詁云：「肆，今也。」「于，曰也。」王氏釋詞云：「聿、曰古字通，故爾雅訓于爲曰也。」按：于爲句中助詞，「命不于常」謂天命不常，爲善政則得之，否則失之。廣雅釋言云：「享，祀也。」按：享祀謂國運。明、孟古同聲，爾雅釋詁云：「孟，勉也。」「服，事也。」按：「服命」猶言事命，謂職事使命。廣雅釋詁云：「高，敬也。」爾雅釋詁云：「康，安也。」「乂，治也。」言王謂康叔封説，今你爲年輕小子，當知天命不常，爲善政則得天命，否則失之，你應常思此理，不要使我衛國斷絶國運，當勉行你侯國職命，敬聽我訓誡，以安民治民。

王若曰：「往哉！封，勿替敬典，聽朕告，汝乃以殷民世享。」

【校】内野、足利、天正本告作誥，唐石經亦作誥。按：説文告部云：「告，牛觸人，角箸横木，所以告人也。易曰：『僮牛之告。』」段注云：「愚謂此許因『童牛之告』而曲爲之説，非字意。此字當入口部，从口，牛聲。牛可入聲讀玉也。廣韻：『告上曰告，發下曰誥。』古沃切，音轉古到切。」今按：殷虚書契前編卷四第二十九頁五片作告，殷契粹編第四片作告。金文告田罍、何尊、班簋等亦作告，與甲骨文同。中山王壺作告，从曰與从口同意。詛楚文作告，魏三體石經多士作告，凡此皆與説文篆文同，惟字義與从牛何涉，許解明爲臆説，段氏謂牛聲可備一説。經文古寫本與唐石經告作誥者，誥與告音義皆同，誥乃後出之異體字，尚書經文當以作告爲正。

【詁】爾雅釋詁云：「替，廢也。」「典、法，常也。」聽猶言聽許。説文言部云：「許，聽言也。」段注云：「聽從之言也。引伸之凡順從曰聽。」言攝政之王周公如此對康叔封説，往衛就國，不要荒廢敬行治國常法，要聽從我告你爲政之言，你則因殷遺民安定順從而世代享有衛國。

尚書校詁卷七

周書六

酒誥【解題】史記衛康叔世家云：「周公旦懼康叔齒少，告以紂所以亡者以淫於酒，酒之失，婦人是用，故紂之亂自此始。故謂之酒誥。」

王若曰：「明大命于妹邦。乃穆考文王，肇國在西土，厥誥毖庶邦庶士，越少正御事，朝夕曰：『祀茲酒。』惟天降命，肇我民，惟元祀。

【校】陸氏釋文云：「馬本作『成王若曰』，注云：『言成王者，未聞也。』吾以爲後録書者加之，未敢專從，故曰未聞也。」按：當以無「成」字爲是。時成王年少，周公旦爲攝政之王，王命由周公代誥，「王若曰」即「成王若曰」，實爲攝政之王周公若曰，故鈔録尚書此文者雖加入「成」字爲「成王若曰」，而原本不當有「成」字。

【詁】廣雅釋詁云：「明，發也。」詩衛風譜疏引鄭玄曰：「妹邦，紂都所處也，其民尤化紂嗜酒。今禄父見誅，康叔爲其連屬之監。」按：「妹邦」謂康叔受封之衛國。言王如此謂康叔封説，要在衛國發布一項重大政令，即酒誥。爾雅釋詁云：「穆穆，美也。」釋親云：「父爲考。」按：「穆考」猶言大父，謂已故之父文王。爾雅釋詁云：「肇，始也。」「西土」謂關西岐豐之地。言你大父文王，起初立國于關西岐豐之地。爾雅釋詁云：「誥，告也。」按：毖猶戒，「誥毖」

謂告戒。廣雅釋詁云：「越，與也。」爾雅釋詁云：「正，長也。」蔡傳云：「少正，官之副貳也。」按：「少正」與上「庶士」相對爲文，蓋皆副官而司酒食者。王氏釋詞云：「茲，猶斯也。書酒誥曰：『朝夕曰：祀茲酒。』言朝夕戒之曰：惟祭祀斯用酒也。故下文曰：『飲惟祀。』」按：斯猶則。王國維曰：「降命，謂降福也。」見觀堂學書記。按：「降命」與下「降威」相對，是一爲福一爲禍。爾雅釋言云：「肇，敏也。」按：「肇我民」猶言勸勉我民。「元祀」猶言大祀。言你已故偉大之父文王，始立國于西土時，他告戒西土諸侯國司酒衆官與周國司酒官執事，朝夕要謹慎，唯有祭祀則用酒，因爲上天降福命勸勉我民，唯有大祭則用酒。謂文王順天命，後人當繼之。

「天降威，我民用大亂喪德，亦罔非酒惟行；越小大邦用喪，亦罔非酒惟辜。文王誥教小子，有正有事，無彝酒。越庶國，飲惟祀，德將無醉。

【校】內野、足利本飲作氽。古文訓飲作𩚬。按：說文㱃部云：「㱃，歠也，从欠，酓聲。氽，古文㱃，从今水。𩚬，古文㱃，从今食。」段注云：「易蒙卦虞注曰：『水流入口爲飲。』引伸之，可飲之物謂之飲。酓从酉，今聲，見酉部。隸作飲。氽从水，今聲也。𩚬从食，今聲也，隸用此。」今按：殷虛書契後編卷上八頁十四片飲字作㱃，象水酒流飲。金文善夫山鼎、沇兒鐘作㱃，與說文篆文同。曾孟嬭諫盆作飲，先秦古璽文亦作飲，从食欠，說文古文一體或當作此，漢隸作飲可證。㱃、飲古今字。酒誥古寫本作氽者，當皆氽之譌。而集韻寑韻云：「飲，古作氽、𩚬。」古作𩚬者，改从今爲从金，此乃俗字，古文訓以爲古文，非是。尚書經文作飲爲通行字。

【詁】老子云：「民不畏威。」河上公注云：「威，害也。」按：「降威」猶言降禍。說文行部云：「行，人之步趨也。」段注云：「引伸爲行事、德行。」王氏釋詞云：「越，猶及也。」爾雅釋詁云：「辜，罪也。」言天降禍害，我民所以大亂失德，亦無非酗酒之行爲所致；以及小大各國所以亡國，亦無非酗酒之罪過所致。「有正」、「有事」，即上「少正」、「御事」，「有」爲助詞。爾雅釋詁云：「彝，常也。」「庶，衆也。」廣雅釋言云：「將，扶也。」按：將謂自持。言文王告教子孫與司酒官吏，不要經常飲酒；以及衆國諸侯，要飲酒祇限于祭祀之時，且以德自持無至于醉。謂醉則失德，失德則失國。

「惟曰我民迪小子，惟土物愛，厥心臧，聰聽祖考之彝訓，越小大德。小子惟一妹土，嗣爾股肱，純其藝黍稷，奔走事厥考厥長。肇牽車牛，遠服賈用，孝養厥父母；厥父母慶，自洗腆致用酒。

【校】九條本訓作言，牽作掔。內野本「惟曰我民」作「惟曰化我民」，訓作言，牽作掔。足利、天正、八行本亦作「惟曰化我民」。唐石經純作紃。按：「惟曰我民迪小子」，古寫本多于「我」上有「化」字者，蓋因僞孔傳釋作「文王化我民，教道子孫」，而抄寫者加「化」字。孔氏正義云：「以『惟曰』爲教辭，故言『文王化我民』。」是正義所據經文本無「化」字。古寫本「訓」字或作「言」者，魏三體石經訓作𧦝，玉篇言部亦以𧦝爲訓之古文，蓋抄寫者誤寫𧦝爲言字。考先秦古文字訓無作𧦝者，故當以訓爲正。說文糸部云：「純，絲也，从糸，屯聲。論語曰：『今也純，儉。』」段注云：「論語：『麻冕，禮也，今也純。』孔安國曰：『純，絲也。』此純之本義也。按：純與醇音同，醇者，不澆酒也，假純爲醇字，故班固曰：『不變曰醇，不襍曰粹。』崔覲說易曰：『不襍曰純，不變曰粹。』其意一也。不襍則壹，壹則大，故釋詁曰：『純，大也。』」是純字有純一、純粹義者，乃假借醇字之義。唐石經純作紃者，避唐憲宗李純諱而缺筆。說文牛部云：「牽，引而前也。从牛，冂象引牛之縻也，玄聲。」古寫本牽作掔者，掔假借爲牽。說文手部云：「掔，固也，从手、臤聲。讀若詩『赤舄掔掔』。」段注云：「或假借爲牽字，如史記鄭襄公『肉袒掔羊』，即左傳之『牽羊』也。」古寫本又牽作掔者，說文牛部云：「掔，牛很不從牽也，从牛臤，臤亦聲。讀若賢。」是掔與牽義相反而音相近，以掔假借爲牽例之，堅固可假借爲牽，或寫者誤掔爲堅。尚書經文當以作牽爲正。

【詁】說文辵部云：「迪，道也。」按：道、導古爲一字，此文用導義。「小子」謂子孫，即衛國殷遺民子孫。「土物」即土生之物，謂黍稷。爾雅釋詁云：「臧，善也。」「彝，常也。」又釋言云：「越，揚也。」言文王謂我民教導子孫，土生黍稷食物要愛惜，其心要善美，明聽祖先父輩常訓，發揚祖先大小美德。「妹土」謂衛之國土。說文册部云：「嗣，諸侯嗣國也，从册口，司聲。」按：嗣謂世代繼封。「股肱」猶言手足，謂臣民。言衛國殷遺民子孫要思念一心于衛國鄉土，世代繼你先人做衛國臣民。純謂專心。藝字說文作埶，丮部云：「埶，穜也。」段注云：「唐人樹埶字作蓺，六埶字作藝，說見經典釋文。」按：埶、蓺、藝皆古今字，義爲種植。考謂其父，長謂其兄。言殷遺民子孫要專一其種植黍稷，奔走于事奉其父其兄。爾雅釋言云：「肇，敏也。」郭璞注云：「書曰：『肇牽車牛。』」又釋詁云：「服，事也。」白虎通商賈篇引尚書作「遠服賈用」，是「賈用」連語。按：用當讀爲庸。說文用部云：「庸，用也，从用庚，庚，更事也。」是庸有交換貿易之義，「賈用」猶言商販。爾雅釋詁云：「享，孝也。」「享，獻也。」是「孝養」猶言進獻供養。說文心部云：「慶，行賀人也。」按：「厥父母慶」謂其父母壽慶。洗當讀爲鮮，古本字作鱻。說文魚部云：「鱻，新魚精也，从三魚，不變魚也。」徐灝說文注箋云：「从三魚者，取其多而益鮮美耳。」又肉部云：「腆，設膳腆腆多也。」按：「洗腆」古成語，謂鮮美豐盛之膳食。言耕稼之餘，當敏勉駕使牛車，遠途從事商業販運，得利則進獻供養父母，逢其父母壽慶，子孫親自設豐盛膳食祝壽，此時方可飲用其酒。謂酒不常用。

「庶士有正，越庶伯君子，其爾典聽朕教。爾大克羞耇惟君，爾乃飲食醉飽。丕惟

曰爾克永觀省，作稽中德，爾尚克羞饋祀。爾乃自介用逸，茲乃允惟王正事之臣，茲亦惟天若元德，永不忘在王家。」

【校】古文訓飽作⿰飠采，允作永。按：説文食部云：「飽，猒也，从食，包聲。⿰飠采，古文飽，从采聲。」段注云：「甘部曰：『猒，飽也。』是爲轉注。采，古文孚也。」汗簡食部引説文飽作⿰飠⿰亻采，从⿰亻采聲，⿰亻采即保字古文。古文四聲韻巧韻引説文飽作⿰飠采，與今本説文同；又引裴光遠集綴作⿰飠⿰亻采，與汗簡引説文同。裴光遠蓋唐人，或所見唐本説文有作⿰飠⿰亻采者。但以説文抱字作捊，从孚聲，桴从孚聲，莩从孚聲等例之，似以作⿰飠孚爲古文正字，後世飽行而⿰飠孚廢。古文訓允作永者，蓋因上文有「永觀」、下文有「永不」而誤。允與永不通用，不當作永。

【詁】爾雅釋水云：「大夫方舟，士特舟。」是士爲大夫以下官吏，「庶士有正」謂衆官吏。廣雅釋詁云：「越，與也。」爾雅釋詁云：「伯，長也。」「君子」謂有德之賢臣。王氏釋詞云：「其，猶尚也，庶幾也。」爾雅釋詁云：「典，常也。」「朕，我也。」「克，能也。」「耇，老也。」按：説文羊部云：「羞，進獻也。」是「羞耇」謂敬獻老年。王氏釋詞云：「惟，猶與也。」按：「惟君」猶言與君。言衆官吏與長官賢卿，希望你們常聽從我教導，你們大能敬獻老人與君上酒食時，你們則可飲酒食醉飽。謂養老尊君則可飲酒至醉，今在位飲酒至醉則失德。王氏釋詞云：「經傳所用或作丕，或作否，其實一也。其發聲者，書酒誥曰：『丕惟曰爾克永觀省。』此與丕訓爲大者不同。」説文心部云：「惟，凡思也。」按：「丕惟曰」猶言心想。爾雅釋詁云：「永，長也。」「省，察也。」釋言云：「作，爲也。」廣雅釋詁云：「稽，合也。」淮南主術高誘注云：「中，正也。」按：「中德」謂中正之德。尚與當古同聲通用。文選李注引蒼頡篇云：「饋，祭名。」按：「饋祀」謂饗祭祖先。言我想你們能長觀審視事理，爲合中正之德，你們當能進入饗食祭祀祖先之列。謂能參與饗祭，亦可飲酒。王氏釋詞云：「乃，猶若也。」「用，詞之爲也。」說文八部云：「介，畫也。」段注云：「介、界古今字。」按：「自介」猶言自限。國語吳語高誘注云：「逸，樂也。」按：「用逸」謂爲樂于酒。王氏釋詞云：「茲，猶斯也。」按：斯猶則。爾雅釋詁云：「允，誠也。」按：「正事」猶言政事，正與政古通用。爾雅釋詁云：「若，善也。」「元德」猶言大德。王氏述聞云：「忘與亡同，亡、忘古字通。」按：忘當讀爲亡。說文亡部云：「亡，逃也。」段注云：「引伸之則謂失爲亡。」言你們若自身限制爲樂于酒，則你們誠爲我周王政事之臣，則亦爲上天所美大德，永不失祿位于王朝。

王曰：「封！我西土棐徂邦君御事小子，尚克用文王教，不腆于酒，故我至于今，克受殷之命。」

【校】足利、天正、八行本徂作往。古文訓徂作退。按：說文辵部云：「退，往也，从辵，且聲。退，齊語。徂，或从彳。」蓋徂字與往字形近易混，且僞孔傳釋「徂」爲「往」，故寫本誤徂爲往。退爲徂古異體字，後世通行徂字。

【詁】棐當讀爲匪。廣雅釋言云：「匪，彼也。」是「棐徂」即彼往，猶今語從前。詩小雅小弁鄭箋云：「尚，猶也。」廣雅釋詁云：「腆，美也。」言王謂康叔封說，我西土周家從前諸侯國君、治事之臣及下民子孫，猶能遵用文王教導，不貪美于酒，故我周興盛至于今，能代受殷之王命。

王曰：「封！我聞惟曰：在昔殷先哲王，迪畏天，顯小民，經德秉哲，自成湯咸至于帝乙，成王畏相。惟御事厥棐有恭，不敢自暇自逸，矧曰其敢崇飲。

【詁】王氏釋詞云：「薛綜注東京賦曰：『惟，有也。』書酒誥曰『我聞惟曰』，言我聞有此語也。」說文辵部云：「迪，道也。」按：「迪畏天」謂遵道而畏天命。說文頁部云：「顯，頭明飾也，从頁㬎聲。」段注云：「引伸爲凡明之偁。」

按㬎謂衆明，日部㬎下曰：『古文以爲顯字。』」按：㬎、顯古今字，「顯小民」猶言明保小民。孟子盡心篇云：「經德不回。」趙岐注云：「經，行也。」爾雅釋詁云：「秉，執也。」哲當作悊，説文心部云：「悊，敬也。」言王謂康叔封説，往昔殷先智王遵道而畏天命，明保其小民，行德執敬而不懈。曾運乾尚書正讀云：「咸讀爲覃，古同聲字，覃，延也。」爾雅釋詁云：「功、就，成也。」按：「成王」謂成就功德之王，如成湯、武丁。廣雅釋言云：「畏，威也。」爾雅釋詁云：「相、助，勴也。」按：「畏相」即威嚴之相，謂輔相大臣，如伊尹、傅説。王氏釋詞云：「惟，猶與也，及也。」御事謂治事衆臣。説文木部云：「棐，輔也。」王氏釋詞云：「有，猶又也。」爾雅釋訓云：「肅肅、翼翼，恭也。」按：「有恭」謂又嚴肅謹慎。説文日部云：「暇，閑也。」按：暇謂寬閑，逸謂逸樂。王氏釋詞云：「矧，猶又也。」楊氏詞詮云：「其，反詰副詞，豈也。」其、豈音近，故二字互通。」按：「矧曰其敢」猶言又豈敢，曰爲句中助詞。廣雅釋詁云：「崇，聚也。」言殷自開國之王成湯延續至于帝乙，多有成就功德之王、威嚴輔相大臣與治事賢臣，其臣輔助成功之王皆嚴肅謹慎，既不敢私自寬閑逸樂，又豈敢聚會飲酒。

「越在外服，侯甸男衛邦伯；越在内服，百僚庶尹惟亞惟服，宗工越百姓里居，罔敢湎于酒。不惟不敢，亦不暇，惟助成王德顯，越尹人祗辟。

【詁】王氏釋詞云：「夏小正曰：『越有小旱。』傳曰：『越，于也。』于，猶今人言于是也。」爾雅釋詁云：「服，事也。」按：「外服」謂王畿以外地方封爵職事，即侯、甸、男、衛。爾雅釋詁云：「伯，長也。」按：「邦伯」即國長，謂侯、甸、男、衛諸侯國君。「内服」謂王庭朝内任職諸臣。僚、寮古通用。爾雅釋詁云：「寮，官也。」按：寮爲官僚本字，甲骨文金文作寮从穴，俗省作寮。爾雅釋言云：「尹，正也。」「亞，次也。」又釋詁云：「服，事也。」按：尹謂正長官，亞謂副長官，服謂執事官吏。王氏釋詞云：「惟，猶與也，及也。」言百官中之正長官與副長官及執事官吏。小爾雅廣言云：「工，官也。」按：「宗工」猶言宗官，亦謂宗正，即家族之長。廣雅釋詁云：「越，與也。」王國維曰：「居疑爲君之誤，史頌敦『里君百生』恐即本諸書之『百姓里君』也，里君者一里之長。」見觀堂學書記。謂家族宗正與百姓一里之長。說文水部云：「湎，沈於酒也，从水，面聲。周書曰：『罔敢湎于酒。』」廣雅釋詁云：「尹，官也。」按：「尹人」猶言官民。爾雅釋詁云：「顯，光也。」「祇，敬也。」「辟，法也。」言殷之地方諸侯、在朝百官、宗正里長皆受成湯武丁賢君之輔相良臣不常飲酒感化，不敢沈湎于酒，不僅不敢，亦不敢寬暇逸樂，唯獨助成王德光顯與所有官民敬法。

「我聞亦惟曰：在今後嗣王酣身，厥命罔顯于民祇，保越怨不易。誕惟厥縱淫泆于非彝，用燕喪威儀，民罔不衋傷心。惟荒腆于酒，不惟自息乃逸。厥心疾很，不克畏死。

【校】內野本衋作盡，很作佷。八行本衋作盡，很作狠。蔡傳本很作狠。古文訓酣作佄，泆作佾，衋作盦。唐石經補缺泆作佚。按：說文酉部云：「酣，酒樂也，从酉，甘聲。」段注云：「張晏曰：『中酒曰酣。』引伸爲凡飽足之偁。」汗簡甘部引尚書酣作佄。玉篇人部云：「佄，胡甘切，佄酒，與酣同。」又酉部云：「酣，或作佄。」唐釋玄應一切經音義卷五央掘魔羅經云：「酣，古文佄同。」然漢以前字書未見佄字，蓋亦六朝以來別字，不足取。陸氏釋文云：「泆音溢，又作逸，亦作佚。」按：說文水部云：「泆，水所蕩泆也，从水，失聲。」段注云：「蕩泆者，動盪奔突而出。凡言淫泆者，皆謂太過，其引伸之義也。」是泆爲淫泆本字。唐石經補缺作佚，假借佚民之佚，非本字。古文訓作佾者，乃佾之俗字，亦泆之假借字，不足取。說文血部云：「衋，傷痛也，从血，聿，皕聲。周書曰：『民罔不衋傷心。』讀若憘。」段注云：「聿者，所以書也，血聿者，取披瀝之意。皕讀若逼。當讀作譆。言部曰：『譆，痛也。』音義皆近。」今按：金文多友鼎作盭，父辛卣作盭，从自與从白義同，與古寫本作盭从白同，當爲正字，隸變作盭。古文訓作盭，上旁从金，下从朙，譌俗字。説文彳部云：「很，不聽从也，一曰行難也。从彳，皀聲。一曰盭也。」段注云：「盭，弼戾也。」又説文犬部云：「狠，犬鬥聲，从犬，艮聲。」段注云：「今俗用狠爲很，許書很、狠義別。」是疾狠字以很爲正，狠乃通用字。古寫本很作佷者，玉篇人部云：「佷，户懇切，戾也，本作很。」是佷亦很之俗別字，不足取。

【詁】「聞亦惟曰」者，聞又有此語。説見王氏釋詞。「在今」，猶言在近世。爾雅釋詁云：「嗣，繼也。」按：「後嗣王」謂殷帝乙後繼之王紂。「酣身」，謂飲酒以樂其身。命與令古同字，命即命令。王氏釋詞云：「于，猶爲也。」爾雅釋詁云：「祗，敬也。」「粤，于也。」按：粤即越，是越者于也。言王謂康叔封説，我聞又有此語，在近世殷帝乙後繼之王殷紂，以飲酒樂其身，故其政令不顯爲民所敬行，而紂安受于民怨不改易其惡行。王氏釋詞云：「誕，發語詞也。」「惟，猶爲也。」爾雅釋詁云：「彝、法，常也。」燕當讀爲宴。説文宀部云：「宴，安也。」段注云：「經典多假燕爲之。」史記殷本紀謂紂「以酒爲池，縣肉爲林，使男女倮，相逐其間，爲長夜之飲，百姓怨望，而諸侯有畔者」，即「用燕喪威儀」。言紂爲其縱遊，淫蕩于非法，以安樂而喪失威儀，人民無不痛恨傷心。荒之古本字爲巟。説文川部云：「巟，水廣也。」段注云：「引伸爲凡廣大之稱。周頌傳曰『荒，大也』，假荒爲巟也，荒行而巟廢矣。」方言云：「腆，厚也。」「惟，思也。」廣雅釋言云：「息，休也。」按：「自息」謂自抑休止。王氏釋詞云：「乃，猶其也。」爾雅釋言云：「逸，過也。」疾當讀爲嫉。廣雅釋詁云：「嫉，惡也。」言紂益縱飲于酒，不思自抑休止其過失，其心惡狠，不能畏懼其殺身而死。謂死不悔改。

「辜在商邑，越殷國滅無罹。弗惟德馨香祀登聞于天，誕惟民怨，庶羣自酒，腥聞在

上。故天降喪于殷，罔愛于殷，惟逸。天非虐，惟民自速辜。」

【校】孔氏正義云：「自，定本作自，俗本多誤爲嗜。」楊氏覈詁云：「自，疑甘之譌。淮南覽冥篇注：『甘，耆也。』故『甘酒』亦可作嗜酒也。僞五子之歌『甘酒嗜音』，恐即竊取此。」是「自酒」當作「甘酒」。九條本作「天非虐人，惟人自速辜」，八行本作「天非虐，惟人自速辜」。按：九條、内野、足利、天正、八行諸古寫本僞孔傳皆作「天非虐人，惟人所行惡自召罪也」。推究文意，經文後兩句當爲古格言，謂上天公平無害人之心，惟人自作孽召致罪惡。「人」字泛指，其義較長。

【詁】爾雅釋詁云：「辜，罪也。」白虎通京師篇云：「夏曰夏邑，殷曰商邑，周曰京師，尚書曰『在商邑』，謂殷也。」按：「辜在商邑」謂罪人紂王君臣嗜酒爲惡于殷都。王氏釋詞云：「越，猶及也。」爾雅釋詁云：「罹，憂也。」按：罹謂憂患。言殷紂爲罪惡于殷都，及至殷國將亡而不知憂患。薛綜注東京賦云：「惟，有也。」説文香部云：「馨，香之遠聞也。」按：「馨香」猶言芳香。俞氏平議云：「祀乃已之假借字，已、以古通用。」爾雅釋詁云：「登，陞也。」按：陞即登升本字，登猶言上。誕，發語詞；惟，猶有。「庶羣」猶言衆羣，謂殷紂君臣。腥謂腥穢之氣。爾雅釋言云：「逸，過也。」言殷紂無有美德芳馨以升聞于天，而有者民之怨恨，君臣嗜酒，腥穢之氣上聞于天，故上天降下喪亡之禍于殷，不惠愛于殷者，是殷紂之過惡。爾雅釋詁云：「速，徵也；徵，召也。」按：速謂召致。辜謂罪孽。言上天並不害人，是人自行惡召致罪孽。人謂殷紂。

王曰：「封！予不惟若兹多誥。古人有言曰：『人無於水監，當於民監。』今惟殷墜厥命，我其可不大監撫于時！

【校】「人無於水監，當於民監」，九條、八行本「於」皆作「于」。内野、足利、天正本上作「于」，下作「於」。唐石經上下皆作「於」。今按：以尚書經文多作「于」而罕作「於」例之，此文「於」字亦當作「于」，古寫本作「于」是。

【詁】爾雅釋詁云：「惟，思也。」「誥，告也。」按：誥謂告誡。言我不想如此多舉殷代禁酒興而嗜酒亡之故事告誡你。爾雅釋詁云：「監，視也。」按：監、鑒古今字。徐幹中論貴驗篇云：「周書有言：人毋鑒於水，鑒於人也。」是監謂鑒察。言古人有言説，人不要鑒察己形美醜于水中，應當鑒察于民情。墜古本字作隊。説文𨸏部云：「隊，從高隊也。」段注云：「隊、墜正俗字，古書多作隊，今則墜行而隊廢矣。」按：爾雅釋詁云：「墜，落也。」陸氏釋文云：「墜，本又作隊。」其，猶豈。小爾雅廣詁云：「撫，拾也。」按：撫謂拾取，「監撫」猶言鑒取。爾雅釋詁云：「時，是也。」言今回想殷朝墜失其天命，我們豈能不大爲鑒取于此。謂殷之滅亡歷史教訓。

「予惟曰：汝劼毖殷獻臣，侯、甸、男、衛，矧太史友，内史友，越獻臣百宗工，矧惟爾事，服休服采，矧惟若疇，圻父薄違，農父若保，宏父定辟，矧汝剛制于酒。

【校】九條本違作韋，宏作厷，辟作栠。八行本制作断。按：魏三體石經無逸違作韋。賈昌朝羣經音辨引尚書作「薄韋農父」，蓋沿襲魏石經。西周金文班簋、臣卿簋皆有違字，故當以作違爲正。説文宀部云：「宏，屋深也，从宀厷聲。」此宏大本字。而厷者，説文又部云：「臂上也。肱，左或从肉。」是厷乃肱字。宏字見于兩周金文。古寫本宏作厷，此省形存聲之借，然古書未見用例，故尚書經文當以作宏爲正。古寫本辟作栠者，蓋誤字，栠本荏染本字，辟不當作栠。古寫本制字作断者，亦誤字。断本斷之俗字，即今所謂簡化字。此因僞孔傳釋「制」爲「斷」而抄誤正文。

【詁】爾雅釋詁云：「惟，思也。」廣雅釋詁云：「劼，勤也。」王氏述聞云：「廣韻：『毖，告也。』殆尚書舊注與。」

按：「劼毖」猶言勤告力誡。爾雅釋詁云：「獻，聖也。」按：獻猶言賢，「獻臣」謂殷之賢良遺臣。「侯甸男衛」謂近鄰諸侯。王氏釋詞云：「矧，猶又也。」引酒誥「矧太史友」至「矧汝剛制于酒」爲例。禮記王制疏引鄭玄曰：「太史、內史，掌記言、記行。」又書疏引鄭玄曰：「服休，燕息之近臣；服采，朝祭之近臣。」按：友者，親近之義，太史、內史皆君之親近之臣，故曰太史友、內史友。廣雅釋詁云：「越，與也。」「百宗工」謂衆宗正之臣。惟猶有。事與吏古字通。「矧惟爾事」謂又有你治事之吏。爾雅釋詁云：「服，事也。」「休，息也。」按：「服休」謂事奉君主燕饗起居之臣。爾雅釋詁云：「采，事也。」按：古代國之大事謂軍兵與祭祀，故主事朝祭之臣曰「服采」。王氏釋詞云：「若，猶其也。」王國維曰：「疇同儔，儔，匹也，謂康叔之儔匹也。」見觀堂學書記。按：「若疇」謂其配君輔政大臣，即下文圻父、農父、宏父三卿。圻與祈通。詩小雅祈父云：「祈父，予王之爪牙。」毛傳云：「祈父，司馬也，職掌封祈之兵甲。」是「圻父」爲朝中掌軍政大臣。廣雅釋詁云：「薄，迫也。」按：「薄違」謂迫治違法。廣雅釋詁云：「農，勉也。」按：主教勉人，故曰農父，司徒之職。爾雅釋詁云：「若，善也。」說文人部云：「保，養也。」按：「若保」謂善養保民。宏與工、空古音相近，宏古音匣母蒸部，工古音見母東部，宏、工匣見旁紐，蒸東旁轉，是宏父即工父，掌建工之事，司空之職。爾雅釋言云：「辟，歷也。」又釋詁云：「歷，相也。」按：定謂測定，辟謂勘察，「定辟」猶言測量營建。說文刀部云：「剛，彊斷也。」段注云：「引伸凡有力曰剛。」又刀部云：「制，裁也，一曰止也。」言王謂康叔，我想教告你，你當勤告力誡下列諸臣，即殷之賢良遺臣，侯、甸、男、衛鄰近諸侯，又有你之太史內史記言記行史官，與賢良之衆多宗正，又有你治事之吏，主事燕饗起居、主事朝廷祭祀之臣，又有你配合執政三卿圻父、農父、宏父，凡以上百官衆臣，又你當强力禁止沈湎于酒。

「厥或誥曰『羣飲』，汝勿佚，盡執拘以歸于周，予其殺。又惟殷之迪諸臣，惟工乃湎

于酒，勿庸殺之，姑惟教之。有斯明享，乃不用我教辭，惟我一人弗恤弗蠲，乃事時同于殺。」

【校】九條、内野、八行本「羣飲」皆作「飲羣」。天正本「拘」作「物」。按：古寫本或作「飲羣」，與正義本、唐石經等作「羣飲」不同。今推究文意，作「飲羣」義長，謂以飲酒爲名所聚結之犯罪團伙。而「羣飲」謂羣聚而飲酒，常人皆可，無由治罪。然文獻不足徵，待考。段氏撰異云：「王伯厚漢藝文志考云：『漢人引此句作「羣飲，汝無失。」』今未檢出何書。君奭：「遏佚前人光。」王莽傳引書亦作失。』」按：説文手部云：「失，縱也。」人部云：「佚，佚民也。一曰：佚，忽也。」今按：酒誥「汝無佚」，正用「失」字本義。先秦古文字有失字而未見佚字，是失、佚爲古今字。漢書多古字，故引經佚作失，用古本字。説文手部云：「抲，抲撝也，从手，可聲。周書曰：『盡執抲。』」段注云：「小徐本抲下有獻字，蓋誤衍。酒誥文今抲作拘，字之誤也。周書當『盡執』爲逗，下云『抲以歸於周』，謂指撝以歸於周也。」今按：戰國古文字蔡太師鼎、侯馬盟書、楚帛書可字作可，中山王鼎作可，與句字相似，故抲譌作拘。古寫本或作物者，亦抲之譌字，蓋抲譌作拘，再譌作物。

【詁】爾雅釋言云：「厥，其也。」按：厥、其古雙聲而通用。王氏釋詞云：「其，猶若也。」「或，猶有也，古有字通作或。」爾雅釋詁云：「誥，告也。」按：「厥或誥」謂若有人告發。説文手部云：「失，縱也。」糸部云：「縱，一曰捨也。」段注云：「捨者，釋也。」是「勿失」謂不要釋放。説文幸部云：「執，捕罪人也。」按：「盡執」謂盡數拘捕。王氏釋詞云：「其，猶將也。」引此文「予其殺」爲例。按：「其殺」謂將擇罪重者殺戮之。言如有人告發説有飲酒爲惡羣犯，你不要釋放，盡數拘捕，指揮押送而至于周京，我將擇罪重者殺之。惟猶有，「又惟」猶言又有。王氏釋詞云：「迪，句中語助也。」引此文「又惟殷之迪諸臣」句爲例。「惟工」當下屬。玉篇心部云：「惟，爲也。」小爾雅廣言云：「工，官也。」「惟工乃湎于酒」，謂爲紂官日久，乃化紂習沈湎于酒。説文用部云：「庸，用也。」言又有殷之衆臣，爲官化紂惡習日久乃沈湎于酒，不用殺之，姑且爲教育之。爾雅釋詁云：「斯，此也。」廣雅釋詁云：「享，通也。」按：「明享」猶言明達，謂聖明通達之刑法。王氏釋詞云：「乃，猶若也。」「惟我一人」猶言我周王。玉篇心部云：「恤，救也。」廣雅釋詁云：「蠲，除也。」按：除即免除，謂赦免。説文史部云：「事，職也。」按：事謂職事，事猶言治。爾雅釋詁云：「時，是也。」言我有此重教育不輕殺明達刑法，若紂臣仍不接受我教誨言辭悔改，我周王不再挽救赦免，則處治此類人犯，相同于殺戮之罪。

王曰：「封！汝典聽朕毖，勿辯乃司民湎于酒。」

【詁】爾雅釋詁云：「典，常也。」王氏述聞云：「廣韻：『毖，告也。』殆尚書舊注與。」按：毖謂告誡。小爾雅廣言云：「辯，使也。」按：王氏述聞云：「辯之言俾也，辯、俾聲近而義同，俾亦使也。」説文司部云：「司，臣司事於外也。」段注云：「外對君而言，君在内也，臣宣力四方在外。鄭風『邦之司直』，傳曰：『司，主也。』」按：「司民」謂主理民事之臣。言王即周公謂康叔封説，你當常聽從我之告誡，不要使你主理民事之臣沈湎于酒。

周書七

梓材【解題】史記衛康叔世家云：「周公旦懼康叔齒少，爲梓材，示君子可法則。」史記正義云：「若梓人爲材，君子觀爲法則也。梓，匠人也。」按：此篇亦周公旦代成王誥康叔之言，以梓人治材喻爲君治國理民之術。

王曰：「封！以厥庶民暨厥臣達大家，以厥臣達王惟邦君。

【校】九條、内野、足利本梓作杍，古文訓亦作杍。按：陸氏釋文云：「梓，音子，本亦作杍。馬云：『古作梓字。治木器曰梓，治土器曰陶，治金器曰冶。』」段氏撰異云：「馬云：『古作梓字。』按：古作梓字者，謂古文以杍爲梓也。杍本是古文李字，古文尚書則假爲梓匠字。馬本作杍，蓋故書如是，作梓者以今字易之也。」今按：説文以杍爲李字古文，但考先秦金文、古陶文、古璽文李字無作杍者，可證説文之非。杍當爲梓古異體字，古文尚書用之。汗簡木部、古文四聲韻止韻引尚書梓作杍，是所引皆古文尚書。經文當以作梓爲正字。

【詁】王國維講授尚書，謂「梓材篇爲尚書中最難讀之篇」。即以首二句爲例，已難通其讀，今試釋其義。廣雅釋詁云：「以，與也。」按：以、與古同聲而通用，故以當讀爲與。説文舁部云：「與，黨與也。」段注云：「黨當作攩，攩，朋羣也。」是此文「以」者親朋之義。爾雅釋言云：「厥，其也。」釋詁云：「暨，與也。」廣雅釋詁云「達，通也。」通謂通情。「大家」猶言巨室。孟子離婁篇云：「爲政不難，不得罪于巨室。」書疏引鄭玄曰：「于邑言達大家，于國言達王與邦君。王謂二王之後。」按：大夫有家，諸侯有國，「大家」謂殷大夫曾任卿相之職者，「邦君」謂殷曾封爲諸侯國君者。王謂後王，即殷朝滅亡受周賜封續殷祀之君王。後字兩周金文或作逡，與達字形近，竊疑此文本作「達逡王惟邦君」，脱逡字而爲「達王惟邦君」。王氏釋詞云：「惟，與也，及也。」康叔爲諸侯方伯，自可統率殷遺後王與邦君。言王謂康叔封説，要親善殷遺民與其臣，當先通情于其大夫卿相之大家；要親善殷遺大夫卿相之臣，當先通情于其後王與諸侯國君。此説通上層人士之重要。

「汝若恒，越曰我有師師：司徒、司馬、司空、尹旅。曰：予罔厲殺人。亦厥君先敬勞，肆徂厥敬勞，肆往姦宄殺人歷人宥，肆亦見厥君事戕敗人宥。

【詁】史記禮書正義云：「若，如此也。」爾雅釋詁云：「恒，常也。」按：「汝若恒」謂汝如此常通情于殷遺臣民。王氏釋詞云：「爾雅曰：『粤，于也。』字亦作越。于，猶今人言於是也。」爾雅釋詁云：「師，衆也。」釋言云：「師，人也。」按：「師師」猶言衆人，謂殷遺衆民。「司徒、司馬、司空」，所謂三卿，謂殷遺臣之「大家」可爲康叔三卿者。說文又部云：「尹，治也，从又丿，握事者也。」爾雅釋詁云：「旅，衆也。」按：尹爲治事之官吏，「尹旅」猶言衆吏，謂殷遺衆吏轉任康叔衆吏者。厲謂嚴厲，「厲殺人」即嚴厲濫殺人。言你康叔如此常通達其情于殷遺民遺臣，于是才可說我康叔擁有殷遺衆民，殷遺大夫之大家轉爲我司徒、司馬、司空三卿，殷遺衆吏轉爲我衆吏，至此你可以說我没有嚴厲濫殺可用之人。裴學海曰：「亦，猶故也，申事之詞也。」見古書虛字集釋。勞謂慰勞，「敬勞」謂尊敬人安慰人。爾雅釋詁云：「肆，今也。」「徂，往也。」釋言云：「厥，其也。」言故其爲君之道當先尊敬人慰勞人，今往衛國爲君要敬人慰人。「姦宄」謂强盜罪犯。「殺人」謂殺人犯。孫詒讓周書世俘解斠補云：「磿、歷同聲假借字，謂所執俘馘之户籍也。」是「歷人」謂俘虜。說文宀部云：「宥，寬也。」段注云：「宥爲寬，故貰罪曰宥。」言今往衛國爲新君，對在押强盜、殺人犯、俘虜等罪犯，應當寬大從輕判決。說文見部云：「見，視也，从目儿。」段注云：「用目之人也，會意。」按：儿即古人字。「見厥君事」謂視君主之意治事者，即主謀是君，臣爲行事。陸氏釋文引馬融曰：「戕，殘也。」說文攴部云：「敗，毁也。」按：「戕敗人」謂殘害毁壞人者。言根據以上寬大政策，故亦對殷遺臣視其承君意治事，殘害毁壞人未至死命者，亦寬大從輕處罪。

「王啟監，厥亂爲民。曰：無胥戕，無胥虐，至于敬寡，至于屬婦，合由以容。王其效邦君越御事，厥命曷以引養引恬？自古王若茲監，罔攸辟。

【校】古文訓屬作媰。按：説文女部云：「媰，婦人妊娠也，从女，芻聲。周書曰：『至于媰婦。』」段注云：「廣雅曰：『媰，㑗也。』梓材文今作屬婦。許所據則壁中文也。崔子玉清河王誄『惠於媰孀』，亦取諸古文。」今按：殷商金文與古陶文有媰字，是殷周已有「媰婦」本字，古文尚書用之；而作屬者，今文尚書用同音借字。

【詁】説文攴部云：「啟，教也，从攴，启聲。」方言云：「監，察也。」王氏述聞云：「率，詞也，字通作亂。梓材『厥亂爲民』，論衡效力篇引作『厥率化民』。爲者，化之借字；亂者，率之借字也。」按：率猶今言大概。言王者教導諸侯監察其民，其大概在于教化其民。王氏釋詞云：「曰，猶爲也。」按：「曰」下爲化民事項。爾雅釋詁云：「胥，相也。」釋文引馬融曰：「戕，殘也。」按：「胥戕」謂互相傷害。爾雅釋言云：「獵，虐也。」按：「胥虐」謂互相爭奪。玉篇至部云：「至，善也。」王氏釋詞云：「于，猶爲也，爲，助也。」按：「至于」猶言善助，謂善待救助。敬當讀爲矜，「敬寡」即矜寡，亦即鰥寡。老而無妻曰鰥，老而無夫曰寡，謂老而無依靠者。「屬婦」即媰婦，謂孕婦。古代人口少，故保護孕婦。合謂符合。由當讀爲迪。爾雅釋詁云：「迪，道也。」按：道謂教導。廣雅釋詁云：「以，與也。」「容，寬也。」按：「由以容」謂教化與寬容。言教化民者，謂教其不要互相傷害，不要互相爭奪，善助鰥寡，善助孕婦，有罪從寬，如此則符合教化與寬容原則。廣雅釋詁云：「教，效也。」「越，與也。」按：效謂教導。爾雅釋詁云：「永、引，長也。」説文人部云：「保，養也。」心部云：「恬，安也。」王氏釋詞云：「廣雅曰：『由、以，用也。』由、以、用一聲之轉，而語詞之用亦然。字或作猶，或作攸，其義一也。」爾雅釋詁云：「辟，罪也。」按：辟謂治罪刑殺。言王者教導諸侯國君與治事百官，其君命何以用？謂要長保其民，長安其民，自古明王如此監察其民，不用治罪刑殺治民。

「惟曰：若稽田，既勤敷菑，惟其陳修，爲厥疆畎。若作室家，既勤垣墉，惟其塗塈茨。若作梓材，既勤樸斲，惟其塗丹雘。」

【校】九條本菑作甾，塗作斁，塈作垐。内野、八行本「室家」作「家室」。古文訓塗作𢾍，塈作垐。按：説文艸部云：「菑，不耕田也，从艸田，巛聲。易曰：『不菑畬。』甾，菑或省艸。」段注云：「『不』當爲『反』，字之誤也。爾雅：『田一歲曰菑。』韓詩、董遇易章句皆曰『菑，反艸也』，與田一歲義相成。畬，二歲田也。」今按：菑畬是古代農田輪歇制度。第一年深翻殺草，稱爲菑；翻與反通，故曰反草。第二年輪歇不種，稱爲畬。第三年種植，稱新田。古陶文有菑字，是爲正字。古寫本菑作甾者，用説文異體字。説文攴部云：「𢾍，閉也，从攴，度聲。讀若杜。」段注云：「杜門字當作此，杜行而𢾍廢矣。」丹部引周書『惟其𢾍丹雘』，此假𢾍爲塗也。」按：説文有涂無塗，大徐新附云：「塗，泥也，从土，涂聲。」鄭氏新附考云：「古塗、途字並止作涂。」知同謹按：説文木部杇訓『所以涂也』。許君水部涂下少泥涂、道涂兩義。」是塗爲涂之異體。今按：孔氏正義云：「斁，古塗字。」賈氏羣經音辨攴部云：「斁，塗也，音徒，書：『惟其斁塈茨。』」是唐初孔穎達作尚書正義所據古本作斁，與尚書古寫本作斁相合，今本作塗者，唐衛包所改。然斁亦涂之借字，猶𢾍借爲涂。今簡化字塗作涂，正用古本字。考甲骨文已有涂字，此必「涂塈」古本字，塗乃後出異體字，而唐開成石經尚書作塗，徐鉉收入説文新附，皆不爲古字。説文土部云：「塈，卬涂也，从土，既聲。」段注云：「卬，各本作仰，今正。卬涂，舉首而涂之。周書梓材曰：『惟其塗塈茨。』按：以艸蓋屋曰茨，塗塈茨者，涂其茨之下也，故必卬涂。按當云其既切。」汗簡土部引尚書塈作垐。鄭氏箋正云：「薛本『塈茨』字作垐，此形與注並誤，夏不誤，省从旡聲，一也。」今按：夏氏古文四聲韻至韻引古尚書塈作堊，注作塈不誤，字形作堊亦誤。考戰國古文字有塈字，見秦文字集證。而作堊之字未見于先秦古字，故尚書經文仍當以作塈爲正。

【詁】玉篇心部云：「惟，有也。」按：「惟曰」猶言有曰，謂有此語説。稽當讀爲耤。説文耒部云：「耤，帝耤千畝也。古者使民如借，故謂之耤。从耒，昔聲。」段注云：「借民力治之，故謂之耤田，今經典多作藉。」按：「稽田」猶言藉田，謂治田。説文攴部云：「敷，𢻫也。」又云：「𢻫，敷也。」段注云：「今字作施，施行而𢻫廢矣。經傳多假借。」按：施爲𢻫之假借字，敷謂施行。爾雅釋地云：「田一歲曰菑。」郭璞注云：「今江東呼初耕地反草爲菑。」按：「敷菑」謂施行耕地翻草，曬死草根，以防野草荒禾。陳與整聲相近。説文攴部云：「整，齊也，从攴、从束正，正亦聲。」段注云：「齊者，禾麥吐穗上平也，引伸爲凡齊之稱。」按：齊謂齊平，「陳修」即平整打耱田土之義。説文畕部云：「畺，界也，从畕，三，其界畫也。疆，畺或从土彊聲。」按：畺、疆古今字，疆謂劃分田畔。説文く部云：「く，水小流也。甽，篆文く，从田，犬聲。」按：甽謂疏通田間水溝，以利灌溉。「惟其」與下句「爲厥」互文同義，惟者爲也，厥者其也，「惟其」即爲其。言有此語説，爲政猶如農夫治田，已勤勞施行深耕除草，次則爲其平整田土，再次爲其分畔打溝，如此方可種植。謂爲政治民當有完善制度。爾雅釋言云：「作、造，爲也。」「室家」猶言家室，謂家居之室。説文土部云：「垣，牆也。」釋文引馬融曰：「卑曰垣，高曰墉。塈，堊色。」按：屋牆需有低有高，以適宜架構梁柱。説文艸部云：「茨，以茅葦蓋屋，从艸，次聲。」按：釋名釋宫室云：「屋以草蓋曰茨。茨，次也，次比草爲之也。」今按：次比謂壓次排比。「塗塈茨」者，塗謂涂泥粉刷牆壁，塈茨謂泥涂屋頂茅草以防漏水。馬融讀塈爲堊，謂涂牆白堊土色，以「塗塈」連讀爲一義，未必經文本義。言爲政治民又如築造屋室，已勤勞築起垣牆，則爲其涂泥粉刷使光平整潔，用泥涂屋頂茅茨使堅實防漏。説文木部云：「樸，木素也。」段注云：「素猶質也，以木爲質，未彫飾，如瓦器之坯然。」釋文引馬融曰：「樸，未成器也。」按：「未成器」，器坯尚未彫飾。説文斤部云：「斲，斫也。」按：「樸斲」猶言製器成坯。説文丹部云：「雘，善丹也，从丹，蒦聲。讀與霍同。周書曰：『惟其敷丹雘。』」段注云：「凡采色之善者皆偁雘。」按：「善丹」謂器物宜用之丹色，如朱丹、青丹等。言爲政治民猶如匠作美材器物，已勤勞作成器坯，則需爲其涂飾所需善美之色顏料，方可成爲器物。亦謂爲政治民需有典章制度。

「今王惟曰：先王既勤用明德，懷爲夾，庶邦享作，兄弟方來。亦既用明德，后式典集，庶邦丕享。皇天既付中國民越厥疆土于先王。肆王惟德用，和懌先後迷民，用懌先王受命。已！若茲監。惟曰：欲至于萬年，惟王子子孫孫永保民。」

【校】魏三體石經懷作褱。九條本懷作褱，夾作夹，懌作斁。古文訓懌作斁。按：許氏説文以褱爲懷夾本字，懷爲懷念本字。但西周金文沈子簋、毛公鼎等已多見褱字，而懷字始見于戰國古文字睡虎地秦簡，是褱、懷本古今字，後世義有分屬而已。魏三體石經古文作褱，小篆與隸書作懷，即古今字之分別。段氏撰異云：「釋文曰：『付，如字，馬本作附。』玉裁按：王伯厚埶文志考引『皇天既附中國民』，謂此也。今文尚書『天既付命正厥德』，史記作『天既附命』，蓋古二字通用。」今按：許氏説文以付爲付予本字，坿爲附近本字，附之義爲小土山，則尚書經文「付命」以付字爲正，作附者假借字。西周金文散盤、永盂有付字，是確爲古字。陸氏釋文云：「懌，音亦，字又作斁，下同。」按：説文攴部云：「斁，解也，从攴，睪聲。詩曰：『服之無斁。』斁，厭也。一曰終也。」段注云：「斁與釋音義同，後人區别之。厭同猒，飽也。」今按：説文無懌字，言部以説釋爲悦懌古字。而考諸先秦古文字，有斁無釋，是懌之古文當爲斁。西周金文静簋斁作𥄎，从目、从廾，廾者兩手開解之意，故𥄎之本義爲眉顔開解悦懌，凡用爲開解義，亦爲悦懌義。東周金文中山王鼎作斁，而懌字始見戰國古璽與楚簡，故斁、懌古今字，今本尚書作懌爲今字。

【詁】「今王」謂成王，實周公代成王。玉篇心部云：「惟，有也。」按：「惟曰」謂有言相告。「先王」，謂文王、武王。爾雅釋言云：「明，成也」「懷，來也」按：「明德」謂成就德業。懷謂抱恩歸來。廣雅釋詁云：「夾，近也。」按：夾謂親近。爾雅釋詁云：「享，獻也。」「迪，作也。」「迪，進也。」是作與進同義，「享作」猶言獻進，謂進貢方物。説文方部云：「方，併船也。」按：方字本義爲併比之船，引伸爲併皆之義。言今王成王有言相告，先王文王、武王已勤勞以成德業，使疏遠者抱恩歸來變爲親近，故衆諸侯國向我周進貢，親如兄弟併來朝周。王氏釋詞云：「亦，承上之詞也。昭十七年公羊傳注曰：『亦者，兩相須之意。』」按：「亦既用明德」，謂今王成王亦已遵用先王成德治國，實周公自謂。説文后部云：「后，繼體君也。」段注云：「釋詁曰：『后，君也。』許知爲繼體君者，后之言後也，開創之君在先，繼體之君在後也。」按：后謂繼文王、武王之成王。爾雅釋言云：「式，用也。」釋詁云：「典，常也。」廣雅釋詁云：「集，聚也。」王氏釋詞云：「丕，承上之詞。書禹貢曰：『三苗丕敘。』言三苗乃敘也。」按：丕猶乃，猶今言于是。「享」即上文「享作」省文，謂進貢。言今王成王也已遵用先王成德，君臨天下用文王、武王德懷疏遠使其親近常法團聚天下諸國，故衆諸侯國于是皆來朝貢。説文人部云：「付，予也，从寸持物以對人。」按：寸者手也，付謂用手授予。廣雅釋詁云：「越，與也。」爾雅釋詁云：「肆，今也。」玉篇心部云：「惟，爲也。」「和懌」猶言和解，謂和解殷遺頑民之怨。「先後」猶言引導。詩大雅緜云：「予曰有先後。」毛傳云：「相道前後曰先後。」按：詩「先後」本謂爲君前後看路引道之臣，因用爲引導之義。爾雅釋言云：「迷，惑也。」按：「迷民」謂殷遺民不順服周朝者。陸氏釋文云：「懌，字又作斁。」按：説文攴部云：「斁，一曰終也。」是斁謂終成，即完成之義。「受命」謂代受殷命。言上天已授予中國之人民與疆土于我周先王，故今王成王爲德以和解引導殷遺不順服我周之迷民，以完成我先王代受殷命之事業。王氏釋詞云：「已，歎詞也。」引梓材此文爲例。黄侃經傳釋詞箋識云：「已，乃唉之借。」言周公感歎説，如此監察先王爲政治民之道，要使國家王位傳至于萬年，要使周王子子孫孫永遠保有天下人民。

周書八

召誥【解題】史記周本紀云：「周公行政七年，成王長，周公反政成王，北面就羣臣之位。成王在豐，使召公復營洛邑，如武王之意。周公復卜申視，卒營築，居九鼎焉。曰：『此天下之中，四方入貢道里均。』作召誥、洛誥。」王國維殷周制度論云：「尚書言治之意者，則惟言庶民，康誥以下九篇，周之經綸天下之道胥在焉。其書皆以民爲言，召誥一篇，言之尤爲反覆詳盡，曰命曰天曰民曰德，四者一以貫之。此篇乃召公之言而史佚書之以誥天下，文、武、周公所以治天下精義大法胥在於此。」蓋全篇大旨在説明以夏、殷爲鑒，惟順天道保庶民可使周朝長治久安。

惟二月既望，越六日乙未，王朝步自周，則至于豐。惟太保先周公相宅。越若來三月，惟丙午朏。越三日戊申，太保朝至于洛，卜宅。厥既得卜，則經營。

【校】九條本朏作胡。古文訓朏作胡。按：太，本作大，唐衛包改作太。大字見于甲骨文與兩周金文及戰國古文字，而太字説文以爲泰字古文，但先秦古文字未見太字，實泰之俗字。蓋大、泰古通用，故以太爲大。説文月部云：「朏，月未盛之明也，从月出。周書曰：『丙午朏。』」段注云：「律曆志曰：召誥曰：『惟三月丙午朏。』周公七年復子明辟之歲三月甲辰朔之三日也。」今按：西周金文九年衛鼎、吴方彝及戰國古文侯馬盟書朏字皆作胡，是以作胡爲古文，小篆作朏不古。洛當作雒，史記魯世家引述此文作雒可證。雒邑因雒水得名，不可與關西洛水之洛相混。唐開成石經尚書作洛，後世多誤。

【詁】釋名釋天云：「望，月滿之名也。月大十六日，小十五日，日在東，月在西，遥相望也。」按：「既望」謂十六日。王氏釋詞云：「越，猶及也。書召誥曰：『惟二月既望，越六日乙未。』言自既望及乙未六日也。」按：乙未謂二十一日。説文步部云：「步，行也。」按：步謂起行。史記集解引馬融曰：「周，鎬京也。豐，文王廟所在。朝者，舉事上朝，將即土中易都，大事，故告文王、武王廟。」按：豐在鎬東二十五里，爲文王都邑。武王都鎬，廟在鎬京。言周成王七年二月十六日爲既望，及至六日爲乙未日，即二十一日，成王上朝以邑雒之事告武王廟，即起行自鎬京而至于豐邑，以邑雒事告文王廟。太保，官名，爲三公之一，謂召公奭。爾雅釋詁云：「相，視也。」釋言云：「宅，居也。」按：居者，處也，謂處所位置。言成王告廟後，命太保召公先于周公前往察看營建雒邑處所位置。王氏釋詞云：「越若，及也。召誥曰：『越若來三月。』來，至也，言及至三月也。」按：丙午即三月三日。朏，月初月明之日。言太保召公往雒察看時間爲三月三日月始明之日，及至三日爲戊申日，即三月五日，太保在早朝時間至于雒，占卜居雒吉否。詩大雅靈臺云：「經之營之。」毛傳云：「經，度之也。」鄭箋云：「度始靈臺之基址，營表其位。」按：表猶言標。「經營」謂度量基址，標明方位。言其已得居雒占卜吉兆，乃製圖規劃，度量築城基址，標明宗廟、宮室、街市方位。

越三日庚戌，太保乃以庶殷攻位于洛汭。越五日甲寅，位成。若翼日乙卯，周公朝至于洛，則達觀于新邑營。越三日丁巳，用牲于郊，牛二。越翼日戊午，乃社于新邑，牛一、羊一、豕一。

【校】天正、八行本戌作戍。按：説文戌部云：「戌，威也。九月昜气微，萬物畢成，昜下入地也。五行土生於戊，盛於戌。从戊一，一亦聲。」今按：羅氏增訂殷虛書契考釋云：「卜辭中戌字象戉形，與戉殆是一字。古金文戌字亦多作戉，仍未失戉形。説文解字作戌，云从戊含一，於是與戉乃離爲二矣。」甲骨文戌與戉皆兵器斧形，是爲一字。郭沫若甲骨文字研究釋支干謂「許以五行生勝之説釋支干，此乃後之事，不足爲據。要之古十二辰弟十一位之『戌字象戉形，与戉殆是一字』」，羅氏之説確無可易。今按：戌字分離爲戉、戍，是爲古今字。古寫本戌作「戍守」之戍，是爲誤字，不可取。攻字，明嘉靖間王堯惠唐石經補缺作公。考唐石經攻字雖殘缺作攵，但爲攻字尚明，補缺作公，謬甚。「洛汭」，周禮天官序官鄭注引作「雒汭」，是漢代尚書作雒不誤之證。「越三日」之越，説文引作粵，是今文尚書作越，古文尚書作粵。段氏撰異云：「達觀，如今俗語云通看一徧。達，通也，今文尚書作通，石經顧命、禹貢可證也。」

【詁】廣雅釋詁云：「以，用也。」按：「以庶殷」謂率領衆殷遺民遷來雒土者。廣雅釋詁云：「攻，治也。」按：逸周書作雒解云：「乃位五宫：太廟、宗宫、考宫、路寢、明堂。」太廟爲先祖后稷、古公亶父廟，宗宫爲文王廟，考宫爲武王廟，路寢爲王室宫殿，明堂爲政教之堂。「攻位」謂治理確定各建築物位置基址。説文水部云：「汭，水相入也，从水内，内亦聲。」按：「雒汭」謂雒水入黄河處。言及至三日爲庚戌日，即三月七日，太保召公于是率領殷遺民遷雒之衆治理營建東都雒邑位置基址于雒水入黄河口岸；及至五日爲甲寅，即三月十一日，營建位置基址工程完成。王氏釋詞云：「若，猶及也，至也。」引召誥「若翼日乙卯」句爲例。翼當作昱。説文日部云：「昱，明日也。」按：「乙卯」即三月十二日。説文辵部云：「通，達也。」是達與通義同，「達觀」猶言通觀，即遍觀。説文宫部云：「營，市居也。」段注云：「市居謂圍繞而居，如軍壘回營是也。」按：營謂營建布局。言及至第二日乙卯，即三月十二日，周公旦早晨至于雒邑，乃遍觀新邑雒營建布局。及至三日丁巳，即三月十四日，用牲郊祭上天，用牛二。至第二日戊午，即三月十五日，乃立社稷祭后土于新邑，用牲三：牛、羊、豕各一。

越七日甲子，周公乃朝用書命庶殷侯甸男邦伯。厥既命殷庶，庶殷丕作。太保乃以庶邦冢君出取幣，乃復入錫周公，曰：「拜手稽首，旅王若公，誥告庶殷越自乃御事。

【校】九條本幣作弊。內野、足利、天正、八行本「拜」上有「敢」字。一本「越自乃御事」無「自」字。按：幣字从巾，古寫本或作弊，乃誤字，不可取。古寫本「拜」上有「敢」字者，僞孔傳云：「敢拜手稽首。」是多「敢」字者因此而誤。九條古寫本無「敢」字，不誤。段氏撰異云：「大雅思齊鄭箋：書曰：『越乃御事。』無自字。」按：蓋馬融、鄭玄師弟所見古文尚書無「自」字，當以無「自」字義長。

【詁】越，猶及，自戊午及七日甲子，謂三月二十一日。爾雅釋言云：「陪，朝也。」郭璞注云：「陪位爲朝。」邢昺疏云：「臣見君曰朝，朝之列位必陪重，是陪位爲朝也。」按：朝謂周公旦代成王朝見于諸侯。漢書董仲舒傳顏師古注云：「書，謂詔書也。」按：「用書命」謂宣佈成王詔書嘉命營雒有功。爾雅釋詁云：「庶，衆也。」「伯，長也。」按：「邦伯」謂侯甸男諸侯之國君。蓋遷雒殷遺臣民爲營建東都成周之主力，論功行賞，封命爲侯、甸、男諸侯國君。丕猶乃。王氏釋詞云：「書召誥曰『厥既命殷庶，庶殷丕作』，言既命庶殷，庶殷乃作也。」爾雅釋訓云：「遂遂，作也。」按：遂遂謂遂意親近。言自戊午及七日甲子三月二十一日，周公乃代成王上朝，宣佈詔書，封命衆殷遺爲侯、甸、男諸侯國君，當其已封命衆殷遺之後，衆殷遺臣民于是心悅親附周王朝。謂服其統治。廣雅釋詁云：「以，與也。」爾雅釋詁云：「冢，大也。」按：「庶邦」謂衆殷侯甸男國，「冢君」猶言大君，謂衆殷侯甸男諸侯國君。書疏引鄭玄曰：「所賜之幣，蓋璋以皮及寶玉、大弓，此時所賜。」按：爾雅釋詁云：「錫，賜也。」錫爲賜之假借。楊氏覈詁云：「錫猶獻也。古者下奉上通謂之錫，禹貢『九江入錫大龜』即其例也。」爾雅釋詁云：「旅，陳也。」按：陳謂陳獻。王氏釋詞云：「若，猶及也，與也。」引召誥「旅王若公」爲例。按：幣進獻王與周公，成王雖未來雒邑，但周公奉命來，故可代王受獻。爾雅釋言云：「誥、誓，謹也。」按：誥謂告誡，「誥告」猶言誡而告之。廣雅釋詁云：「越，與也。」言召公于是率領衆諸侯國君退出朝中取幣帛貢物，于是又入朝獻周公旦説，跪拜進獻我王與公，請受幣禮，召公接着誡告衆殷諸侯與其執事之臣，論文王、武王、周公治國大法，亦爲進諫成王之言，望周公回朝轉告。

「嗚呼！皇天上帝，改厥元子，兹大國殷之命。惟王受命，無疆惟休，亦無疆惟恤。嗚呼！曷其奈何弗敬？

【校】九條本恤作䘏。按：説文血部云：「卹，憂也，从血，卩聲。一曰鮮少也。」段注云：「卹與心部恤音義皆同，古書多用卹字，後人多改爲恤。如比部引周書『無毖于卹』，今尚書卹皆作恤是也。」今按：殷契佚存六三一片有卹字，兩周金文五祀衛鼎、邾公釛鐘亦有卹字，而甲金文不見恤字，是恤爲後出異體，説文收入兩部，未諦。魏三體石經君奭作卹，是漢魏時尚書作卹，而至唐石經改爲恤。古寫本恤作䘏者，龍龕手鏡邑部云：「䘏，俗；卹，正，息聿反，賬卹。」卹本从卩，从阝者亦俗字。段氏撰異云：「奈何字本只借用李柰字，俗製奈字而唐石經用之，不可從也。」今按：柰本果名，从木。柰作奈者，遵漢隸。北海相景君銘「奈何朝廷」，柰作奈。顧氏隸辨云：「廣韻：『奈，那也。』本亦作柰。』諸碑奈何之奈皆从大，無从木者。」自漢隸變柰爲奈，用爲奈何專字，通行既久，則經文作奈亦可。

【詁】説文攴部云：「改，更也，从攴已。」按：已者，止也，改謂止舊更新。爾雅釋詁云：「元，首也。」按：「元子」謂天子。書疏引鄭玄曰：「言首子者，凡人皆云天之子，天子爲之首耳。」謂殷紂爲天子無道，故上天改更之，不可不慎。周秉鈞尚書易解云：「兹，當讀爲已，止也。皋陶謨『邇可遠在兹』，史記夏本紀兹作已，是兹、已通用之證。」按：兹謂終止。爾雅釋言云：「休，慶也。」又釋詁云：「恤，憂也。」按：休、恤相對爲文，休謂吉慶，恤謂憂患。楊氏詞詮云：「曷，反詰副詞，豈也。」又云：「其，豈也。」是「曷其」猶豈，加强反問。「奈何」問處置，猶言怎麼。敬謂謹慎。言太保召公感歎説，皇天上帝見殷紂無道，改更其天子之位而命武王，終止大國殷朝之命運而興我周，今成王受命當國，有無窮吉慶，亦有無窮憂患，豈怎麼能不謹慎？

「天既遐終大邦殷之命，兹殷多先哲王在天，越厥後王後民，兹服厥命。厥終智藏瘝在，夫知保抱攜持厥婦子，以哀籲天，徂厥亡出執。嗚呼！天亦哀于四方民，其眷命用懋，王其疾敬德。

【校】九條本籲作⿰蘥頁，「敬」下無「德」字。足利、天正本「持」作「⿰扌之」。按：説文手部云：「持，握也，从手，寺聲。」今按：古持字作寺，金文邾公牼鐘作⿱止又，从又，止聲。厲氏編鐘作⿱止寸，从寸，止聲。从又、寸猶如从手，止隸變作之，古寫本持字作⿰扌之，从手，之聲，與金文持字从又寸止聲義同，小篆作持，乃寺之孳乳。作持通行既久，故當以作持爲正。籲字説文作籲从籥，籥从竹，古寫本籲作⿰蘥頁，乃俗字。蓋隸書从竹與从艸通作，故籲作⿰蘥頁，不足取。

【詁】爾雅釋詁云：「永、遐，遠也。」按：遐猶言永遠，謂無反復之時。王氏釋詞云：「兹者，承上起下之詞，猶今人言致令如此也。」爾雅釋言云：「哲，智也。」廣雅釋詁云：「越，與也。」「後王後民」謂殷紂王君臣。言上天已永遠終止大國殷之命運，致令殷朝衆多明哲之王在天之靈，與殷紂君臣，都得服從其天命而棄國。謂不可挽救殷之國運。爾雅釋言云：「厥，其也。」按：「厥終」謂當其殷紂臨終末日。説文臣部云：「臧，善也。」段注云：「子郎、才郎二反，本無二字，凡物善者必隱於内也。以从艸之藏爲臧匿字，始於漢末。」按：臧、藏古今字，「智藏」謂賢智之人隱藏逃亡。瘝字古作鰥，鰥寡之義。爾雅釋詁云：「在、卒，終也。」按：「瘝在」謂鰥寡無靠之人困死。夫謂丈夫。爾雅釋詁云：「知，匹也。」按：知謂匹配，「夫知」謂男子有室家者，與上鰥夫相對爲文。保，緥古今字，今通用褓字，「保抱」猶言懷抱，謂懷抱其子。「攜持」猶言攜絜，謂手攜其妻。説文頁部云：「籲，呼也。」爾雅釋詁云：「徂，往也。」王氏釋詞云：「厥，猶之也。」按：「徂厥亡」謂往外逃亡。楊氏覈詁云：「出執，裴學海謂即槷魁，説文：『槷魁，不安也。』一作杌隉。」按：杌隉一詞今俗語猶用，讀音磨臬，猶今言狼狽可憐。曾運乾尚書正讀云：「懋讀爲貿，説文：『貿，易財也。』此言易也，由商而移于我周。」哀謂哀憐。爾雅釋詁云：「速，疾也。」按：「疾敬德」謂速行德政。言其殷紂臨終末日，民不聊生，明哲之人隱居藏匿保身，鰥寡無靠之人窮困致死，丈夫有配偶者懷抱其子，手挈其妻，以哀憐呼天求救，往外逃亡，情景狼狽可憐；上天也哀憐于天下四方人民，眷憐命運悽慘而改易天下人民君主，滅殷紂而興周武，故今王應當速行德政，以順天意民情。

「相古先民有夏，天迪從子保，面稽天若，今時既墜厥命。今相有殷，天迪格保，面稽天若，今時既墜厥命。今沖子嗣，則無遺壽耇。曰其稽我古人之德，矧曰其有能稽謀自天。

【校】九條本墜作隊，壽作老。内野、八行本「面」上有「帝」字。足利本「面」上有「禽」字。按：阮氏校勘記云：「古本『面』上有禽字。」按：禽乃禼字之譌，即古文禹字也，與傳合。」今按：金文秦公簋作禹，與説文篆文同。先秦古璽文作禼，與説文古文同。魏三體石經作禼，亦與説文古文同。尚書古寫本作帝與禽，皆禹字古文之譌。僞孔傳云

「禹亦面考天心而順之」，是「面」上有禹字，與尚書古寫本合，或用僞傳而增。段氏撰異云：「墜，俗字也，本作隊。漢書孔光傳：『太后詔曰：書曰：「無遺耇老。」』此引召誥也。而壽耇作耇老，蓋今文尚書。」今按：老、壽、耇同義，故今文尚書作「耇老」，古文尚書作「壽耇」，亦作「老耇」。

【詁】爾雅釋詁云：「相，視也。」「迪。道也。」「使，從也。」按：迪謂教導，從讀縱，謂指使，「迪從」猶言教導指示。說文人部云：「保，養也。」按：子讀爲慈，愛護之義。王氏述聞云：「面當讀爲勔，爾雅曰：『勔，勉也。』」俞氏平議云：「古人謂順爲道，『天若』即天順，天順即天道。」廣雅釋詁云：「稽，合也。」爾雅釋詁云：「肆、故，今也。」「時，是也。」按：是謂「有夏」。「有夏」即夏，有爲助詞。言視古先民有夏氏，上天教導指示夏禹愛護保養其民，勉合天道，但後王夏桀無道，故夏國已墜失其命運。「有殷」即殷，有爲助詞。于省吾尚書新證云：「格、假古通，假，嘉也。」按：爾雅釋詁云：「假，嘉也。」「嘉，善也。」「格保」猶言善保，謂善養其民。言今視殷商王國，上天教導其先王成湯善養其民，勉合天道，但後王殷紂無道，故殷商已墜失其國運。說文水部云：「沖，涌繇也。」段注云：「繇、搖古今字。」尚書『沖人』，謂空虛無所知之意。」按：「沖子」猶言稚子。嗣謂嗣王，即成王。爾雅釋詁云：「耇、老，壽也。」按：「壽耇」謂老成人知天道者。王氏釋詞云：「曰，猶爲也。」又云：「矧，猶又也。」引召誥「曰其」、「矧其」二句爲例云：「言既曰稽古人之德，又曰稽謀自天也。」爾雅釋詁云：「謀，心也。」按：「稽謀」謂合意天道。言今稚子成王繼承王位，則要不遺棄老成知天道治國之人，既爲其求合我周家文王、武王先人之德政，又爲其或能求合天意自上天。謂老成人能知人道天道。

「嗚呼！有王雖小，元子哉！其丕能諴于小民，今休，王不敢後，用顧畏于民碞。

王來紹上帝，自服于土中。旦曰：『其作大邑，其自時配皇天，毖祀于上下，其自時中乂。』王厥有成命治民。

【校】九條本碞作碞，「乂」上有「土」字。按：說文言部云：「諴，和也，从言，咸聲。周書曰：『不能諴于小民。』」段注云：「不，今各本作丕，宋本說文、宋本集韻皆作不，詩書丕多通不也。能，鉉有錯無。」今按：古文字不與丕爲一字，故詩書通作。說文石部云：「碞，磛碞也，从石品。周書曰：『畏于民碞。』讀與巖同。」段注云：「磛碞，猶上文之磛礹，積石高峻皃也。某氏曰：『碞，僭也。』蓋謂碞即僭之假借字耳。品象石之磛巗，品亦聲也。」今按：碞字本从石，古寫本作碞从右者，形似而譌。蓋碞乃巖之省形異體。金文嚴字多从吅，積石之貌，故碞之古本字即嚴字。古寫本「乂」上有「土」字者，因僞孔傳而衍。僞傳釋「其自時中乂」爲「其用是土中大致治」，是以經文「中」爲「土中」，即上文「土中」，故寫者于正文衍一「土」字爲「中土乂」。雖于文意較明，但非原文，故不足取。

【詁】王氏釋詞云：「有，語助也。一字不成詞，則加有字以配之，若王曰有王，司曰有司。」按「有王」即王，謂成王。「元子」猶言天子。王氏釋詞云：「書召誥曰：『其丕能諴于小民。』丕，語詞。『其丕能』，其能也。」言召公感歎說，成王雖幼小，却是天子，故希望能和諧于小民百姓。爾雅釋言云：「休，慶也。」按：「今休」猶言現在慶幸。說文彳部云：「後，遲也。」「顧畏」謂顧忌畏懼。「民碞」猶言民險，謂小民難治。言現在慶幸的是，成王不敢遲營雒邑，因顧畏于殷頑民危險難治。王氏釋詞云：「來，詞之是也。」黄氏箋識云：「此來爲乃之借。」曾運乾曰：「紹讀爲卲。」按：說文卜部云：「卲，卜問也。」王乃卲上帝，指上周公用牲郊祭上天之事，周公代成王。𠬝，服古今字。說文又部云：「𠬝，治也。」王氏釋詞云：「自，詞之用也。書召誥曰：『自服于土中。』鄭注曰：『自，用也。』」按：「土中」謂雒邑，其地位于天下之中。言王乃卜問上帝邑雒，以治民于天下土地中心雒邑。旦謂周公旦。此下爲召公述周公之意。「大邑」謂雒邑。「自時」猶言用此。配謂配祀，以周之先祖配皇天享祀。「毖祀」猶言告祀，見前注引王氏述聞。「上下」謂天神地祇。中謂土中，指雒邑。爾雅釋詁云：「乂，治也。」王氏釋詞云：「厥，語助也。」爾雅釋詁云：「明，成也。」按：「成命」猶言明令，謂成王命召公先周公來雒事。言召公述周公之意説，要作大邑雒，是要以此邑使先祖配祀皇天，告祭于天神地神，用此土中大邑治民，成王已有明命營雒治民。

「今休，王先服殷御事，比介于我有周御事。節性惟日其邁。王敬作所，不可不敬德。

【校】九條本介作今。足利、天正本介作迩。按：説文辵部云：「邇，近也，从辵，爾聲。迩，古文邇。」段注云：「以尔形聲。」今按：先秦古璽文邇作迩，是古文作迩之證。古書邇通作尔。荀子禮論篇云：「尔則翫，翫則厭。」楊倞注云：「尔與邇同。」斥彰長田君斷碑：「紘覆遐尔。」洪适隸續云：「尔即邇字。」蓋尚書經文本作迩，亦省形作尔，而尔與介古文字形近，故尔譌作介，唐石經亦然。古寫本介又作今者，則又因介而譌。

【詁】説文比部云：「比，密也。夶，古文比。」段注云：「其本義謂相親也。古文从二大者，二人也。」按：「比尔」猶言密迩，謂親近。「有周」即周，有爲助詞。呂氏春秋重己篇云：「節乎性也。」高誘注云：「節猶和也，和適其情性而已，不過制也。」按：「節性」謂調訓殷遺臣不順習性。爾雅釋詁云：「惟，思也。」日猶言日日，「惟日」謂心思日日有所爲。王氏釋詞云：「其，猶將也。」邁當讀爲勱。説文力部云：「勱，勉力也，从力，萬聲。周書曰：『用勱相我邦家。』」段注云：「亦作邁。」按：「其邁」謂將勉力而爲。言召公既述周公之意，又申述己意説，今慶幸的是，我們周王先治理殷遺執事之臣，使親近于我周家執事之臣受其感染融化，調訓其不適宜新朝習性而思日日勤勉于我周家之事。「敬」即下句「敬德」省文，謂敬行德教。廣雅釋詁云：「所，居也。」按：所謂居所，指新邑雒，「作所」猶言作雒。言王爲德教殷遺臣民作造雒邑，故在雒治民不可不敬行德教。

「我不可不監于有夏，亦不可不監于有殷。我不敢知曰：有夏服天命，惟有歷年；我不敢知曰：不其延，惟不敬厥德，乃早墜厥命。我不敢知曰：有殷受天命，惟有歷年；我不敢知曰：不其延，惟不敬厥德，乃早墜厥命。今王嗣受厥命，我亦惟茲二國命，嗣若功。

【校】九條本延作适，又作㢟。内野、足利、天正本下「監」字作鑒。按：監、鑒古今字。甲骨文與兩周金文皆有監字，而東周金文始見鑒字，故曰古今字。考後漢書崔駰傳引尚書作「鑒于有殷」，後人乃改此文下句監字爲鑒，不足取。説文㢟部云：「延，長行也，从㢟，厂聲。」段注云：「本義訓長行，引伸則專訓長。方言曰：『延，長也。』凡施於年者謂之延。厂部云：『象抴引之形。余制切。』虒、延、曳皆以爲聲。延音讀如移也，今音以然切。」今按：金文延與㢟爲一字，康侯簋延作㢟，不从厂。碧落碑以㢟爲延，與金文同。殷虛文字甲編五二八片㢟字作征，盂鼎、我鼎亦作征，與甲文同。是延乃㢟之譌變，説文分爲兩字，非是。但延通行既久，不必改。又古寫本延作适者，乃俗字，唐黄君夫人劉氏龕銘延字作适，與作适類同。或作㢟者，亦俗字，魏劉洛真造象延作㢟可證，皆不可取。

【詁】爾雅釋詁云：「監，視也。」按：監謂監戒。「有夏」即夏，謂夏朝；「有殷」即殷，謂殷朝。知與智通用。方言云：「哲，知也，宋齊之間謂之哲。」爾雅釋言云：「哲，智也。」按：知謂明智，「不敢知」謂不敢自以爲明智，謙辭。

河上公注老子云：「服，得也。」按：「服天命」謂得受天命幾何。王氏釋詞云：「惟，猶及也。」「有，猶又也。」説文止部云：「歷，過也，傳也。」按：「歷年」猶言傳世年代。言我們不可不監戒于夏朝與殷朝，我不敢自以爲明智説，夏朝與殷朝得受天命幾何，及又傳世年代幾何，此皆王所知也；我不敢自以爲高明説，夏朝與殷朝不能延長天命原因何在，惟知夏桀、殷紂不敬行其德政，乃早已墜失其命，此亦王所明知也。爾雅釋詁云：「嗣，繼也。」「惟，思也。」王氏釋詞云：「家大人曰：若，猶其也。書召誥曰『我亦惟兹二國命，嗣若功』，若，其也。」言今王繼夏、殷而受天命，我們亦應思考此二國命運之興亡，以爲監戒而繼續其文王武王功業。

「王乃初服。嗚呼！若生子，罔不在厥初生，自貽哲命。今天其命哲，命吉凶，命歷年。知今我初服，宅新邑，肆惟王其疾敬德。王其德之用，祈天永命。

【校】九條本「敬」下無「德」字。内野本「知今」下無「我」字。八行本生作㞢。古文訓祈作蘄。按：論衡率性篇云：「召公戒成王曰：『今王初服厥命，於戲！若生子，罔不在厥初生。』」段氏撰異曰：「此今文尚書也。」「嗚呼」作「於戲」，即今文用字，漢石經作「於戲」可證。玉篇生部云：「㞢，生古文。」今按：生字从中、从土，象艸木生出土上。玉篇生字古文上从山，非。尚書古寫本生字从山从王，全譌。甲骨文與金文、古陶文、古璽文作㞢爲古文，漢代隸書作生，後世通行。説文艸部云：「蘄，艸也，从艸，斳聲。江夏有蘄春縣。」段注云：「陸德明曰：『蘄，古芹字。』然説文有[辶+芹]字，則非一字也。古鐘鼎款識多借爲祈字。」説文示部云：「祈，求福也。从示，斤聲。」段注云：「祈、求雙聲。古音芹，此如旂，古今音異。」今按：戩壽堂所藏殷虛文字四十七頁九片祈字作旂，金文頌鼎、善夫山鼎亦作旂，與甲文同，皆从㫃从單。容庚金文編引羅振玉云：「祈从㫃从單，蓋戰時禱于軍旂之下，會意。」是殷周古文祈字作旂，小篆作祈者爲異體，从艸之蘄與金文旂不同字，説文入艸部另爲一字。古文訓祈作蘄，乃祈字古文之假借字。戰國古文字包山楚簡作祈，與説文小篆同，後世通行。九條本「敬」下無「德」字，内野本「知今」下無「我」字者，當皆脱文。

【詁】王氏釋詞云：「乃，猶方也，裁也。」按：裁即今才字。爾雅釋詁云：「初，始也。」𠬝、服古今字。説文又部云：「𠬝，治也。」言成王才開始治理政事。蓋此時周公移政成王。王氏釋詞云：「若，猶此也。」論衡率性篇云：「生子，謂十五子。」按：古代以爲男子十五歲情欲始生，開始成熟，故曰「生子」。「若生子」謂成王此時爲開始成熟之年。下「初生」亦謂初生情欲而開始成熟。王氏釋詞云：「自，詞之用也。」爾雅釋言云：「貽，遺也。」按：貽謂遺傳。方言云：「哲，知也。」按：「哲命」猶言知命，謂知天命自然規律。言成王此時爲開始成熟之年，人生作爲無不在其開始成熟之時，當以傳承先王知天命之德爲要。王氏釋詞云：「其，猶將也。」引召誥「今天其命哲」爲例。小爾雅廣言云：「命，予也。」按：予謂賜予。爾雅釋言云：「哲，智也。」「吉凶」爲偏正詞組，此謂吉祥。「歷年」猶言永年長命，即下「永命」之義。爾雅釋言云：「宅，居也。」釋詁云：「肆，故也。」玉篇心部云：「惟，爲也。」按：「惟王」猶言爲王。王氏釋詞云：「其，猶尚也，庶幾也。」「永命」謂永傳天命。言今上天將賜予明智、吉祥、永命于有德之人，知今我們成王初理朝政，宅居新邑雒，故王當速行德政，王當以有德政祈求上天永傳福命于我周。

「其惟王勿以小民淫用非彝，亦敢殄戮，用乂民若有功。其惟王位在德元，小民乃惟刑用于天下，越王顯。上下勤恤，其曰：我受天命，丕若有夏歷年，式勿替有殷歷年，欲王以小民受天永命。」

【詁】王氏釋詞云：「其，猶尚也，庶幾也。」爾雅釋詁云：「淫，大也。」王氏釋詞云：「用，詞之爲也。」用、爲一聲之轉。」黄氏箋識云：「此用爲爲之借。」按：「淫用」猶言大爲。爾雅釋詁云：「彝、法，常也。」是彝與法同義，「非彝」猶言非法。黄氏經傳釋詞箋識云：「亦，爲語詞，唯之借。」玄應一切經音義引三倉云：「敢，必行也。」按：「亦敢」猶言唯一必行。爾雅釋詁云：「殄，盡也。」「乂，治也。」廣雅釋詁云：「戮，罪也。」王氏述聞云：「不以小民非彝而殄戮之者，先教化而後刑罰也，用此治民乃能有功，故曰『用乂民若有功』，若猶乃也。」言願王不要因小民百姓大爲非法之事而唯一必用殺戮刑法，先教化而後刑罰，用此治民乃能收有功效。爾雅釋宫云：「中庭之左右謂之位。」郭注云：「羣臣之列位也。」按：古立、位同字，「位在」猶言立于。爾雅釋詁云：「元，首也。」「刑，法也。」按：「德元」猶言德首。「刑用」謂效法行用。王氏釋詞云：「爾雅曰：『粤，于也。』字亦作越。于，猶今人言於是也。」爾雅釋詁云：「顯，光也。」言願王立于朝中上下道德之首，小民百姓則效用王德于天下，于是王之道德光顯。「上下」謂君臣。説文心部云：「恤，憂也。」按：「勤恤」謂勤于恤民。王氏釋詞云：「其，猶尚也，庶幾也。」引召誥「其曰我受天命」爲例。「其曰」猶今言可以説。王氏釋詞云：「丕，其發聲者，書召誥曰：『丕若有夏歷年。』丕，語詞。」按，「丕若」猶言若。黄氏經傳釋詞箋識云：「式亦尚之借。」按：尚與當古同聲，猶今言應當。爾雅釋詁云：「替，止也。」郭璞注云：「替廢皆止住也。」按：「式勿替」猶今言當不止，謂超過。潛夫論巫列篇云：「人君身修正賞罰明者，國治而民安；民安樂者，天悦喜而增歷數，故書曰：『王以小民受天永命。』」按：廣雅釋詁云：「以，與也。」按：以、與古通用，與謂相與，相與即親近，故「以小民」猶言親近小民。言君臣上下勤于體恤小民，就可以説我周承受天命，能如夏朝傳世年數之長，當不止于殷朝傳世年代而超過之，願王親近小民而受上天永遠天命。

拜手稽首曰：「予小臣，敢以王之讎民百君子越友民，保受王威命明德，王末有成

命，王亦顯。我非敢勤，惟恭奉幣，用供王能祈天永命。」

【校】陸氏釋文云：「讎，字或作酬。」九條本供作共。天正本末作未。古文訓供作共。按：説文酉部云：「醻，獻醻，主人進客也，从酉，壽聲。酬，醻或从州。」段注云：「楚茨箋曰：『始主人酌賓爲獻，賓既酌主人，主人又自飲酌賓曰醻，至旅而爵交錯以徧。』酬，州聲。」今按：酬爲應酬本字，讎爲應對、讎匹本字，音義相近，故讎通作酬。但西周金文鬲比盨、讎尊及古陶文已有讎字，而先秦古文字未見酬字，故尚書經文當以作讎爲正。古寫本末字或作未者，當爲誤字。阮氏校勘記云：「古本、唐石經、岳本、葛本、宋版、閩本、明監本同（作末），毛本末作未，誤。」本末字與午未字雖迥別，但易混而致譌。古寫本供作共者，共、供古今字。段氏撰異云：「共，衛包改作供，陳鄂又改釋文。詳見甘誓等篇。」是尚書本作共，而作供者，唐、宋人所改。

【詁】「予小臣」，召公謙稱，實爲大臣。爾雅釋詁云：「讎，匹也。」郭注云：「讎猶儔也。廣雅云：『讎，輩也。』」按：「讎民」謂王之匹輔重臣，位與召公等輩，統稱曰「讎民」。「百君子」謂周朝百官，君子爲尊稱。廣雅釋詁云：「越，與也。」「友民」謂殷遺臣民友順周朝者。「保受」猶言安然承受。小爾雅廣言云：「末，終也。」有當讀爲右，説文又部云：「右，助也。」「末有成命」謂終竟助成上天營建雒邑使命。營雒事先郊祀告請于天。言召公下拜叩首説，我爲小臣，大膽率領大臣百官與殷遺順周臣民，安受王之威命明德而奉行之，王終已助成上天營雒使命，王之德亦如文王、武王而光顯。吕氏春秋不廣篇高誘注云：「勤，憂也。」按：「非敢勤」者，謂不敢獨憂國事，以避嫌專權。幣謂祭物玉帛。説文人部云：「供，一曰供給。」廣雅釋詁云：「祈，求也。」言我不敢自以爲憂勞國事，衹是敬奉祭物玉帛，以供給王祭天求其長受天命而已。謂成王將祭天告雒邑之成，自己但爲之張羅而已。

周書九

洛誥【解題】司馬遷史記説洛誥作由見前召誥解題。王國維洛誥解云：「成王將歸宗周，命公留守新邑。復於廟中以留守新邑之事册命周公。已面命而復册命者，重其事也。誥謂告天下。成王既命周公，因命史佚書王與周公問答之語並命周公時之典禮以誥天下，故此篇名洛誥。」按：此篇名及經文洛當作雒。雒誥蓋雒邑落成典禮成王命周公留守之辭。

周公拜手稽首曰：「朕復子明辟，王如弗敢及天基命定命，予乃胤保大相東土，其基作民明辟。予惟乙卯，朝至于洛師。我卜河朔黎水，我乃卜澗水東、瀍水西，惟洛食。我又卜瀍水東，亦惟洛食。伻來以圖及獻卜。」

【校】敦煌本「黎水」下有「上」字。内野本拜作𢪍。羣經音辨引尚書「伻」作「平」。按：拜字古寫本作𢪍者，魏三體石經臯陶謨拜作𢪍，从二手。祖堂集卷十云：「大衆一時礼𢪍去也」，拜亦作𢪍，與石經同，皆俗字，不足取。西周金文作拜，當以作拜爲正。「黎水」下有「上」字者，涉僞孔傳而誤衍。僞傳云「我使人卜河北黎水上」，寫者因此於經文增「上」字。羣經音辨卷二亏部云：「平，使也，補耕、普耕二切。書：『平來以圖。』」段氏撰異云：「此賈氏據未改尚書釋文採入者也。今本尚書釋文作伻，恐是依衛包竄改，非陸氏之舊。伻字後出爲俗。漢書劉向傳：『書曰：伻來以圖。』孟康曰：『伻，使也，使人以圖來示成王，明口説不了，指圖乃了也。』玉裁按：伻字疑本作平，轉寫俗加人旁。」考先秦古文字並説文皆無伻字，故曰後出俗字。

【詁】爾雅釋詁云：「朕，我也。」郭璞注云：「古者貴賤皆自稱朕。」按：朕爲帝王專稱，始于秦始皇。小爾雅廣言云：「復，白也。」玉篇白部云：「白，告語也。」按：雒邑規模既定，周公遣使報告成王，故曰復。穀梁傳宣公十年云：「其曰子，尊之也。」按：子謂成王，猶今人言您。爾雅釋詁云：「辟，君也。」按：明君謂成王。言雒邑既定，周公遣使報告成王説，我報告您明君。國語晉語韋注云：「如，往也。」按：往謂往日。王國維曰：「『弗敢及』猶云弗敢弗及也。」見觀堂學書記。説文又部云：「及，逮也。从又人。」段注云：「及前人也。」按：「及天」猶言遵從天意。爾雅釋詁云：「基，始也。」按：「基命」謂始命召公先周公營雒。爾雅釋天云：「營室謂之定。」郭注云：「定，正也。作宮室皆以營室中爲正。」按：古以定星昏中正南天爲營建宮室之時，故定亦爲營室別名。此文「定命」謂據召公勘定營雒圖畫作雒之正命。爾雅釋詁云：「胤，繼也。」按：保謂太保召公，「胤保」謂周公繼召公之後來雒。爾雅釋詁云：「相，視也。」「東土」謂雒邑，在關之東。「相東土」謂視察雒邑。召公先來營建，周公後來視察。爾雅釋言云：「基，經也。」郭注云：「基業所以自經營。」言周公説，王既不敢不從天意始命召公營雒，我又奉命繼太保召公之後來視察雒邑，王將因經營雒邑基業成爲民之明君。王氏釋詞云：「惟，發語詞也。」按：「惟乙卯」即三月十二日。師謂京師，「雒師」猶言雒京，謂東都雒邑，亦謂成周，與西都宗周相對而言。陸氏釋文云：「朔，北也。」按：「河朔」謂黄河北。考雒邑周邊附近無黎水，黎不當爲水名。爾雅釋詁云：「黎，衆也。」是黎水猶言衆水。謂先卜黄河以北衆水之間土地不吉，再卜黄河以南澗、瀍諸水之間土地。雒邑位置，北爲黄河，南爲雒水，西爲澗水，東爲瀍水，故經文曰：「卜澗水東，瀍水西。」張衡東京賦云：「召伯相宅，卜惟雒食。」薛綜注云：「食，謂吉兆也。」李善注引僞孔傳云：「卜必先墨畫龜，然後灼之，兆順食墨，吉也。」是龜卜兆文順墨畫爲吉兆。王氏釋詞云：「惟，猶獨也。」按：「惟雒食」謂唯獨雒邑土地建都吉利。召誥云：「太保朝至于雒，卜宅，厥既得卜，則經營。」是召公已卜得吉，周公視察復卜得吉，肯定召公營雒位置正確不移。言周公報告成王說，我于三月十二日，早晨即來至于雒邑，我先卜河北衆水之間不吉，我于是卜澗水東、瀍水西之間土地，惟獨營邑雒土吉利，我又卜瀍水以東地區，也惟獨營邑雒土吉利，故遣使來報告王，以雒邑地圖及龜卜吉兆進獻于王。

王拜手稽首曰：「公不敢不敬天之休，來相宅，其作周匹休。公既定宅，伻來，來視予卜休恒吉，我二人共貞。公其以予萬億年，敬天之休，拜手稽首誨言。」

【詁】成王尊敬周公，故答書亦先拜手稽首。爾雅釋詁云：「休，美也。」按：「天之休」謂上天所命邑雒之美意。王氏釋詞云：「其，猶將也。」爾雅釋詁云：「偶、匹，合也。」是匹與偶同義。周謂宗周，即鎬京。「周匹休」謂雒邑成周與宗周相配爲美。爾雅釋言云：「宅，居也。」釋名釋宮室云：「宅，擇也，擇吉處而營之也。」按：「定宅」謂周公勘定擇吉雒邑成周爲東都。俞氏平議云：「來來重文，疑上來字爲本字，下來字乃賚之假借字，賚者賜也，錫也，賚視予者，錫視予也。」按：「伻來」謂遣使來至，「來視」猶言賜示。爾雅釋言云：「休，慶也。」釋詁云：「恒，常也。」按：「休恒吉」猶言喜慶常吉。貞當讀爲定。釋名釋言語云：「貞，定也，精定不動惑也。」廣雅釋詁云：「以，與也。」說文心部云：「意，一曰十萬曰意。」段注云：「經傳皆作億無作意者，假借字也。」按：「萬億年」謂永遠。說文言部云：「誨，曉教也。」段注云：「曉教者，明曉而教之也。」按：「誨言」謂周公報告之言。言成王接待周公來使報告，拜謝轉告周公說，公不敢不敬從上天邑雒美意，來雒視察卜定東都成周，將與西都宗周相配美，公已勘定復卜，遣使來報，賜示我您所龜卜喜慶常吉之兆，由我們二人共同決定成周作爲東都，您要與我永遠敬從上天邑雒美意，我拜謝您教誨之言。謂完全同意以雒邑爲東都。

周公曰：「王肇稱殷禮，祀于新邑，咸秩無文。予齊百工，伻從王于周，予惟曰庶有事。今王即命曰：記功，宗以功作元祀。惟命曰：汝受命篤弼，丕視功載，乃汝其悉自教工。

【校】漢石經伻作辯。敦煌本「稱」下無「殷」字，篤作蔦。古文訓視作眂。按：漢石經伻作辯者，今文尚書用辯字。段氏撰異云：「集韻十三耕『拼、抨、伻、迸、平、苹』六字同，云：『古作平、苹。』考堯典『平秩東作』，馬作苹云『使也』，是丁度所本。書序『王俾榮伯』，馬本作『王辨榮伯』。古辨與平多通用，然則尚書之平，即爾雅之拼、抨也。伻字後出爲俗。」今按：馬融本古文尚書作辨，與今文尚書作辯爲通字，此今文古文用字之别。陸氏釋文云：「曰記：上音越，一音人實反。」按：謂曰字别本作日字。從文義推求，本當作曰，曰、越爲語詞古通用，猶今言于是。曰、日二字形似，故譌作日字。篤字从馬，竹聲，敦煌古寫本作蔦从艸者，遵漢隸。孔宙碑、夏承碑皆篤作蔦，變从竹爲艸。本篇下文「篤前人成烈」，漢石經作蔦，是漢石經尚書篤皆作蔦。作蔦雖古，但亦俗字，以作篤爲正。説文見部云：「視，瞻也，从見，示聲。眂，古文視。」段注云：「此氏聲，與目部眂氏聲迥别。」今按：西周金文何尊視字作⿰氏見，从氏。戰國古文字侯馬盟書作⿰氏見或⿰氏見，一體與説文古文作眂从氏同。是視字古文作眂从氏者後出。段氏篤信説文，以爲眂與眂迥别，非是。甲骨文視字作⿰示目从目。古璽文作視从見，與説文篆文同，後世通行，尚書經文當作視。尚書大傳「教」作「學」，「工」作「功」。按：此今文尚書。説文攴部云：「斆，覺悟也，从教。學，篆文斆省。」是古教與學同義，故今文尚書作學，古文尚書作教，其義同。工與功古通用，故今古文尚書通作。

【詁】肇本字作肁。説文户部云：「肁，始開也。」段注云：「引申爲凡始之偁。凡經傳言肇始者，皆肁之叚借，肇行而庫廢矣。」爾雅釋言云：「偁，舉也。」按：説文人部云：「偁，揚也。」段注云：「揚者，飛舉也，凡古偁舉字如此作，自稱行而偁廢矣，稱者，今之秤字。」按：「肇稱」猶今言準備舉行。説文㐆部云：「殷，作樂之盛稱殷。」段注云：「引伸之爲凡盛之偁。」按：「殷禮」謂盛大典禮。爾雅釋詁云：「祀，祭也。」王氏述聞云：「文當讀爲紊，紊，亂也。咸秩無紊者，謂自上帝以至羣神循其尊卑大小之次而祀之，無有殽亂也。」言周公謂成王説，王應當準備舉行盛大典禮，祭于新邑雒，使祭天地衆神儀式有條不紊。廣雅釋言云：「齊，整也。」小爾雅廣言云：「工，官也。」周謂宗周，即鎬京。「惟曰」猶言有此語，見王氏釋詞。庶猶庶幾，爾雅釋言云：「庶幾，尚也。」又釋天云：「起大事，動大衆，必先有事乎社而後出，謂之宜。」按：「有事」謂社稷重大祭事。言成王如祭于新邑，我要整齊百官，使隨從成王于宗周來雒邑陪祭，我有言告訴他們，希望參加社稷重大祭事。趙光賢讀尚書札記云：「記功者，記雒邑告成之功也。宗以功者，宗乃祭名，乃以營雒告成之功告祭于文、武之禮之謂。作元祀者，王國維解爲作成王元祀，方爲正解。」按：爾雅釋言云：「作，爲也。」釋天云：「夏曰歲，商曰祀，周曰年。」是「元祀」即元年。言今成王應即刻命令説，要記營雒告成之功，以成功告祭文王、武王先王，且作爲成王元年。薛綜東京賦注云：「惟，有也。」黄氏經傳釋詞箋識云：「惟之訓有，本字亦但作又。」按：「惟命曰」猶言又命令説。汝謂周公，轉述成王謂周公。爾雅釋詁云：「篤，厚也。」説文弜部云：「弼，輔也。」按：「篤弼」猶言厚輔，謂周公攝政。書禹貢釋文云：「載，載之書也。」按：載謂載書，「功載」與上「記功」義同，即記功之書策。爾雅釋詁云：「悉，盡也。」自謂自己，指周公。爾雅釋詁云：「丕，大也。」視讀爲示。説文示部云：「示，天垂象，見吉凶，所以示人也。」按：見、現古今字，示者，現也。「丕視」與上「篤弼」相對爲文，丕、篤皆大。「教工」猶言教官，謂教導官吏。言成王又命周公説，你受先王之命大輔周室，功績大現于記功載書，則你應盡如自己榜樣教育百官。

「孺子其朋，孺子其朋，其往！　無若火始餤餤，厥攸灼，敘弗其絶。厥若彝，及撫事如予。惟以在周工，往新邑，伻嚮即有僚，明作有功，惇大成裕，汝永有辭。」

【校】敦煌本「其往」上有「慎」字，灼作焯，伻作平。内野、足利、天正本「其往」上有「慎」字。古文訓灼作焯。按：段氏撰異云：「後漢書爰延傳延上封事曰：『臣聞之，帝左右者所以咨政德也。故周公戒成王曰：「其朋其朋，言慎所與也。」』李注：『尚書周公戒成王曰：「孺子其朋，孺子其朋，慎其往。」』校今本多慎字，足利古本同。此疑妄增也。」今按：唐石經無「慎」字，蓋以無「慎」字爲是。又撰異云：「左氏傳：『人之所忌其氣炎以取之。』杜注引書：『無若火始炎炎。』釋文：『炎，音豔。』正與雒誥釋文音豔同。唐石經左傳不誤，今版本亦改作餤。惠氏定宇曰：『當是雒誥亦作炎炎，故杜氏引以爲證。』是也。」今按：金文令簋、召尊皆有炎字，楚帛書、睡虎地秦簡亦有炎字，而先秦古文字未見餤字，是尚書經文當以作「炎炎」爲是，段、惠所考是。說文火部云：「灼，炙也，从火，勺聲。」段注云：「炙各本作灸，誤，今正。炙謂炮肉。灼謂凡物以火附箸之，廣雅曰『爇也』，素問注曰『燒也』，其義皆相近。凡訓灼爲明者，皆由經傳假灼爲焯。」是洛誥此文作灼用假借字，古寫本及古文訓作焯用本字。古寫本伻作平，可證古文尚書本作平，作伻者，乃後加人傍俗字。說詳前。

【詁】書疏引鄭玄曰：「孺子，幼少之稱，謂成王也。」按：「孺子」猶今言少年。王氏釋詞云：「其，猶尚也，庶幾也。」按：尚與當古同聲，猶今言應當。說文鳥部云：「朋，古文鳳，象形。鳳飛，羣鳥從以萬數，故以爲朋黨字。」按：朋謂朋羣，以羣臣爲隨從之義。言周公謂成王說，少年天子應當率領羣臣爲隨從，當往新邑雒舉行元年盛典。「火始餤餤」謂火始燃燒其餤微弱。爾雅釋言云：「厥，其也。」按：其猶尚也，應當也。攸、悠古今字。爾雅釋詁云：「悠，遠也。」按：悠猶言久。灼當讀爲焯。説文火部云：「焯，明也。」按：焯謂火盛，火盛則明亮。爾雅釋詁云：「業、敘，緒也。」按：敘猶言續。廣雅釋詁云：「絶，滅也。」言舉行元年盛典，不要如火始燃其燄微弱，當如火久燃其燄明盛，續燃不會熄滅。喻王業興盛不衰。爾雅釋言云：「若，順也。」釋詁云：「彝、法，常也。」是彝與法義同，「若彝」猶言循法，謂遵循法度。廣雅釋詁云：「撫，定也。」按：「撫事」謂決定國事。玉篇心部云：「惟，爲也。」説文巳部云：「以，用也。」段注云：「用者，可施行也。」爾雅釋詁云：「在、就，終也。」按：在謂成就。小爾雅廣言云：「工，官也。」按：「周工」謂周朝官吏。言周公謂成王，要遵循法度與決定國事如我，爲用此造就我周官吏往治雒邑。嚮，古本字作向。「有僚」即僚，有爲語助詞，見王氏釋詞。明、孟音近。爾雅釋詁云：「孟，勉也。」「有功」即功，有爲語助。功與工通，小爾雅廣詁云：「工，事也。」按：「明作有功」謂勉力爲其職事。爾雅釋詁云：「惇，厚也。」方言云：「裕，道也。」按：道謂道德，「惇大成裕」謂寬厚成德。説文辛部云：「辭，説也，从𤔔辛，𤔔辛猶理辠也。」嗣，籀文辭，从司。」按：據甲骨文金文，司、嗣古今字，司理之義。「有辭」即辭，有爲語助。言要使臣心向就職位，勉爲其事，寬厚成德，如此則你王朝廷長治久安。

公曰：「已！汝惟沖子，惟終。汝其敬識百辟享，亦識其有不享。享多儀，儀不及物，惟曰不享。惟不役志于享，凡民惟曰不享，惟事其爽侮。

【校】内野、足利本「已」下有「乎」字。天正、八行本「已」下有「呼」字。古文訓識作戠。按：古寫本「已」下有「乎」字者，涉僞孔傳而衍。僞傳釋「已」爲「已乎」，寫者順手抄衍「乎」字於經文。古寫本「已」下或有「呼」字者，又涉正義而衍。正義釋「已」爲「嗚呼」，寫者又改「乎」爲「呼」字。識字古金文何尊作戠，从音从戈；格伯簋作𢧵，从言从戈，是从言與从音同義。戰國古文睡虎地秦簡與古璽文作識，與説文篆文同，後世通行，是爲正體。集韻職韻云：「識，或書作戠。」是移言于下，此僅書法之不同，古文訓以爲古文而用之，不足取。

【詁】王氏釋詞云：「已，歎詞也。」引此文「已，汝惟沖子」爲例。玉篇心部云：「惟，爲也。」按：「惟沖子」即爲稚子。周公爲成王叔父，故稱成王爲稚子。爾雅釋詁云：「惟、慮，思也。」「就，終也。」按：終猶言完成。言周公歎謂成王説，你爲幼稚之人，當思慮完成父祖未竟王業。説文言部云：「識，意也，一曰知也。」按：識謂識别。爾雅釋詁云：「辟，君也。」「享，獻也。」按：「百辟」謂諸侯。享謂朝享奉上，即諸侯朝見貢奉天子。不與否古金文爲一字。説文不部云：「否，不也，从口不，不亦聲。」段注云：「不者，事之不然也；否者，説事之不然也，故音義皆同。」按：「不享」謂不是誠心朝貢奉上。言你要認真識别諸侯誠心朝貢奉上，亦要識别其中有不誠心朝貢奉上。説文多部云：「多，緟也，从緟夕。」段注云：「緟者，增益也，故爲多。多者勝少者，故引伸爲勝之偁。」按：重、緟古今字，多則重，故多亦謂注重。淮南修務篇高誘注云：「及，如也。」是「不及」猶言不如，「儀不及物」謂禮節輕而不如禮物重，物者，幣帛也。文選甘泉賦李善注云：「惟，是也。」王氏釋詞云：「曰，猶爲也，謂之也。」按：「惟曰」猶言是爲。言朝貢奉上之道注重禮節，故禮節不如禮物重，是爲不誠心朝貢奉上。薛綜注東京賦云：「惟，有也。」廣雅釋詁云：「役，爲也。」按：「役志」猶言用心。孟子盡心上篇云：「待文王而後興者，凡民也。」朱熹集注云：「凡民，庸常之人也。」按：「凡民」謂平常百姓。爾雅釋詁云：「爽，差也。」廣雅釋詁云：「侮，輕也。」按：「爽侮」謂差錯輕慢。言諸侯君主如不用心于朝貢天子，平凡百姓則爲是效法其君諸侯不貢奉王朝，如此則王朝政事差錯輕慢，不可治理。

「乃惟孺子頒，朕不暇聽。朕教汝于棐民彝，汝乃是不蘉，乃時惟不永哉！篤敘乃

正父，罔不若予，不敢廢乃命。汝往敬哉！茲予其明農哉！彼裕我民，無遠用戾。」

【校】敦煌本頒作攽，民作人。古文訓頒作攽。按：説文攴部云：「攽，分也，从攴，分聲。周書曰：『乃惟孺子攽。』」段注云：「此形聲包會意。雒誥文，今尚書作頒，蓋孔安國以今文字易之。當是攽爲正字，頒爲假借字。」頒作攽已見堯典，説文引此文，故又釋。敦煌古寫本「民」作「人」者，避唐太宗李世民諱，可證此爲初唐寫本。

【詁】王氏釋詞云：「惟，獨也。」曾運乾曰：「頒讀爲𤕟，賦事也。暇讀爲假，攝也。」按：説文𤕟部云：「𤕟，賦事也，从菐从八，八，分之也，八亦聲。讀若頒。」段注云：「賦者，布也，以煩辱之事分責之人也。」吕氏春秋審分篇高誘注云：「假，攝也。」言周公謂成王説，就獨由你少年天子頒布政令，我不再攝代聽政。謂歸政成王。楊氏詞詮云：「于，介詞，用同以。」説文木部云：「棐，輔也。」按：輔謂教輔人民。爾雅釋詁云：「彝、法，常也。」按：彝謂常法。玉篇苜部云：「蘉，武郎切，勉也。」王氏釋詞云：「乃，猶若也。書雒誥曰：『女乃是不蘉。』言汝若是不勉也。」爾雅釋詁云：「時，是也。」「永，長也。」按：是指代助民教民常法。長謂長久。言我以教輔人民常法教你，但你若是不勉力實施，則此助民治國常法不能長久。爾雅釋詁云：「篤，厚也。」按：厚謂增益，敘謂敘用，「篤敘」謂官吏增選升任。爾雅釋詁云：「正，長也。」按：長謂長官。父、甫古通用。説文用部云：「甫，男子之美稱也，从用父，父亦聲。」段注云：「甫通用父，同音假借也。」按：「正父」謂長官中之良臣。言增選升任你長官良臣，無不如我敘用之官，則你之長官不敢荒廢你政令。明與孟音近，爾雅釋詁云：「孟，勉也。」廣雅釋詁云：「農，勉也。」王氏疏證云：「猶努也，語之轉耳。」按：「明農」謂勉勵努力。方言云：「裕，道也。」按：道謂教導。王氏釋詞云：「無，不也。」按：「無遠」謂不疏遠。王氏釋詞云：「用，詞之以也。以、用聲之轉。」按：以猶而。爾雅釋詁云：「戾，至也。」按：「用戾」猶言而至，謂而來歸附。言你成王往新邑雒選賢舉能謹慎治國，此我要勉勵你努力之言，至彼新邑以助民教民常法教導我們之人民，則人民皆不疏遠而歸附。

王若曰：「公明保予沖子，公稱丕顯德。以予小子揚文武烈，奉答天命，和恒四方民居師，惇宗將禮，稱秩元祀，咸秩無文。惟公德明光于上下，勤施于四方，旁作穆穆，迓衡不迷，文武勤教，予沖子夙夜毖祀。」王曰：「公功棐迪篤，罔不若時。」

【詁】明與孟音近通假，爾雅釋詁云：「孟，勉也。」說文人部云：「保，養也。」按：保爲「保氏」之保。周禮保氏鄭玄注云：「保也者，慎其身以輔翼之，而歸諸道者也。」是「明保」謂勉力教輔。稱當讀爲偁。說文人部云：「偁，揚也。」段注云：「稱者，今之秤字。」按：偁猶今言發揚。王氏釋詞云：「丕，其發聲者，書雒誥曰：『公稱丕顯德。』丕顯德，顯德也，丕，語詞。」說文頁部云：「顯，頭明飾也。」段注云：「引伸爲凡明之偁。」按：「顯德」猶言明德。廣雅釋詁云：「以，與也。」按：「以予」猶言與予，謂與我共同。爾雅釋詁云：「烈，業也。」詩大雅桑柔鄭箋云：「對，答也。」周頌清廟箋云：「對，配也。」是答與對同義。對即當配，「奉答天命」謂受配天命。恒者，順也。莊子盜跖篇「而恒民畜我也」，陸氏釋文云：「恒民，一本作順民。」是「和恒」猶言和順，謂和諧調順。師謂京師，即新邑雒京，「居師」謂使民遷居新邑雒京。爾雅釋詁云：「惇，厚也。」宗猶尊，「惇宗」猶今言隆重。方言云：「將，大也。」按：「將禮」猶言大禮，謂下「元祀」典禮。詩斯干毛傳云：「秩秩，流行也。」按：秩謂次第而行，「稱秩」猶今言舉行。「元祀」即元年，見上注。王氏述聞云：「文當讀爲紊，紊，亂也。咸秩無紊者，謂自上帝以至羣神循其尊卑大小之次而祀之，無有殽亂也。」言成王如此謂周公說，公勉力教導輔佐我幼稚之人，公發揚其明德，與我小子共同弘揚文王、武王德業，奉配天命，和諧調順天下四方之民，使民遷居新邑雒，隆重舉行元年盛大典禮，對天神地神依尊卑大小循次祭祀，皆有序不亂。爾雅釋詁云：「顯、昭，光也。」按：「明光」猶言昭顯。「上下」謂天地。勤謂勤政。施謂施行。説文二部云：「旁，溥也。」爾雅釋訓云：「穆穆，敬也。」釋詁云：「穆穆，美也。」按：「旁作穆穆」謂廣爲敬美。迓當作御，謂駕御。衡者，平也，謂治平，「御衡不迷」謂駕御平治天下不迷失方向。廣韻至韻云：「毖，告也。」説文示部云：「祀，祭無已也。」按：「毖祀」謂告祭不已求佑。言周公功德昭顯于天地，勤政施行于四方，廣爲敬美，駕御平治天下不迷失方向，此由文王、武王勤教你，我幼稚之人亦要早晚告祭先王求佑不已。功當讀爲工。説文工部云：「工，巧飾也，象人有規榘。」段注云：「引伸之凡善其事曰工。」説文木部：「棐，輔也，从木，非聲。」又辵部云：「迪，道也。」段注云：「道兼道路、引道二訓。」按：古金文道、導爲一字，「棐迪」謂輔佐教導。篤當讀爲督。爾雅釋詁云：「督，正也。」「時，是也。」言成王感謝周公説，公善于輔佐教導督正，無不如此。謂上周公輔佐教導之事。

王曰：「公！予小子其退，即辟于周，命公後。四方迪亂未定，于宗禮亦未克敉，公功迪將其後。監我士師工，誕保文武受民，亂爲四輔。」

【校】敦煌本「命」上有「而」字。足利、天正本「命公後」之「後」字作「后」。八行本克作亰，敉作攺。古文訓輔作補。按：敦煌寫本作「而命公後」，是抄寫衍「而」字。先後之後與君后之后古通用，足利、天正古本「命公後」之後字，經文與僞傳皆作后，作后者通假字，當以作後字爲正。古寫本克作亰者，説文古文克作𡳾。考先秦古文字克不作亰，故當以作克爲正。古文訓輔作補者，補乃俌之譌。汗簡示部引尚書輔作補，鄭氏箋正云：「僞書當有所本。」説文俌相字从人，輔輻字从車。此宜是俌之別體，經典俌通作輔，故説文俌即訓輔。」今按：輔輻之輔與俌相之俌義本相通，但兩周金文有輔字，而俌字始見于戰國古文中山王鼎，是俌爲輔後出異體，故尚書經文當以作輔爲正。

【詁】王氏釋詞云：「其，猶將也。」儀禮士冠禮鄭玄注云：「退，歸也。」爾雅釋詁云：「辟，君也。」周，即鎬京。蔡傳云：「命公留後治雒。」言成王對周公説，我小子將要回歸，就君位于宗周，命公留後治理雒邑。王氏釋詞云：「于，猶越也，與也，連及之詞。雒誥當以『四方迪亂未定』爲句，『于宗禮亦未克敉』爲句，『公功迪將其後』爲句。爾雅曰：『亂，治也。』方言曰：『迪，正也。』『四方迪亂』，猶言『亂正四方』。于，越也。言四方正治未定，越宗禮亦未克安也。」按：功讀爲工。廣雅釋詁云：「工，巧也。」按：巧謂巧善。爾雅釋詁云：「迪，道也。」按：道謂教導。廣雅釋言云：「將，扶也。」後謂後人晚輩。爾雅釋詁云：「監，視也。」説文士部云：「士，事也。」段注云：「引伸之，凡能事其事者偁士。白虎通曰：『士者，事也，任事之稱也。』」按：士謂執事。爾雅釋詁云：「師，衆也。」小爾雅廣言云：「工，官也。」按：「師工」猶言衆官，「士師工」謂執事之百官。王氏釋詞云：「誕，發語詞也。」按：「誕保」即保，謂保養。廣雅釋詁云：「受，得也。」按：「受民」謂所得天下之民。王氏述聞云：「率，詞也，字通作亂，雒誥曰『亂爲四輔』，率爲四輔也。」按：「四輔」謂四類輔臣。詩大雅緜云：「予曰有疏附，予曰有先後，予曰有奔奏，予曰有禦侮。」毛傳云：「率下親上曰疏附，相道前後曰先後，喻德宣譽曰奔奏，武臣折衝曰禦侮。」今按：「亂爲四輔」謂成爲民政、外交、宣教、武衛四類輔臣。言四方整頓治理未定，與宗禮亦未能制定妥善，公善于教導扶植其後輩，請監察督導我朝執事百官，保養文王、武王所得天下人民，使百官成爲各具民政、外交、宣教、武衛才能之輔臣。

王曰：「公定，予往已！公功肅將祗歡，公無困哉！我惟無斁其康事，公勿替刑，

四方其世享。」

【校】古文訓歡作驩。按：説文馬部云：「驩，馬名，从馬，雚聲。」段注云：「古假爲歡字。」是古文訓以借字作古。考先秦古文字無驩字，而先秦古璽有歡字，是驩字不古。段氏撰異云：「漢書元后傳：『上報鳳曰：書不云乎？公毋困我。』杜欽傳：『欽説王鳳曰：書稱公無困我。』按：此皆用今文尚書也。疑古文尚書無我字，語意不完。」今按：推求文義，似以無「我」字義長。

【詁】爾雅釋詁云：「安，定也。」按：「公定」謂周公安心留雒。王氏釋詞云：「書雒誥曰：『公定，予往已。』已爲語終之詞，則與矣同義。」按：矣字从矢已聲，故已與矣通。言成王謂周公説，公當安心留雒，我則往宗周鎬京矣。功當讀爲工，工即工巧，猶言才能。爾雅釋詁云：「肅、速，疾也。」是肅與速同義。祇當讀爲厎。爾雅釋言云：「厎，致也。」説文欠部云：「歡，喜樂也。」困猶今言困難。言以公之才能治雒，速能致其民喜土樂，公不要以爲困難。王氏釋詞云：「惟，猶乃也。」按：乃猶則。説文攴部云：「斁，解也。」按：解、懈古今字，謂懈怠。爾雅釋言云：「康，安也。」按：「康事」謂安民之事。爾雅釋言云：「替，廢也。」刑當讀爲型。説文土部云：「型，鑄器之法也。」段注云：「引申爲典型。」左傳僖公二十三年杜預注云：「享，受也。」按：享謂享受。言我則要不懈怠其安民之事，公則不要廢棄爲政典型作用，如此則天下四方將世世受公之德。慰勉周公留雒。

周公拜手稽首曰：「王命予來，承保乃文祖受命民，越乃光烈考武王，弘朕恭。孺子來相宅，其大惇典殷獻民，亂爲四方新辟，作周恭先。曰：其自時中乂，萬邦咸休，惟王有成績。

【校】段氏撰異云：「莊氏寶琛曰：『朕當作訓。說文人部云：俟，古文以爲訓字。尚書當是本作俟，後改作朕字耳。』」按：尚書大傳云：「以揚武王之大訓。」是今文尚書作俟。莊氏說是。又撰異云：「孔以奉訓共，則其字本不作恭，衛包乃改之也。」

【詁】說文手部云：「承，奉也。」按：奉謂奉命。詩小雅天保鄭箋云：「保，安也。」乃猶汝。詩維天之命疏引鄭玄曰：「文祖者，周曰明堂，以稱文王，是文王德稱文祖也。」「受命民」謂受天命所賜之民。爾雅釋言云：「越，揚也。」釋詁云：「烈、顯，光也。」按：「光烈」猶言光顯。又釋親云：「父爲考。」按：考謂先父。又釋詁云：「弘，大也。」恭本作共，讀爲拱，廣雅釋詁云：「拱，法也。」按：「弘朕恭」猶言大訓大法。「孺子」猶言稚子，謂成王。爾雅釋詁云：「相，視也。」按：「相宅」謂視察雒邑營居。王氏釋詞云：「其，猶將也。」爾雅釋詁云：「惇，厚也。」「典，法也。」釋言云：「獻，聖也。」按：厚謂厚待，法謂效法，獻當讀爲賢，「惇典殷獻民」謂厚待和效法殷遺賢臣。王氏述聞云：「率，詞也，字通作亂。書雒誥曰『亂爲四方新辟』，率爲四方新辟也。」按：爾雅釋詁云：「辟，君也。」是「新辟」猶言新君，謂成王爲親政改元之新君。爾雅釋言云：「作、造，爲也。」按：周謂成周，即雒邑，「作周」謂營造成周雒邑。恭讀爲拱，法也。先謂先王武王，「恭先」謂奉先王武王之命營雒，營雒本武王之意。王氏釋詞云：「廣雅曰：『曰，言也。』有非問答而亦加曰字以別之者，語更端也。」爾雅釋詁云：「從，自也。」「時，是也。」「乂，治也。」按：中謂土中，即國土中央，時以成周雒邑爲居天下之中。爾雅釋詁云：「休，美也。」「績，功也。」言周公下拜叩首說，王命我來雒邑，我是奉命安定你文祖文王受天命所賜之民，宣揚你光顯先父武王營雒大訓大法；你稚子來視察雒邑營建，要特別厚待和效法于殷遺賢臣，成爲天下四方之新民君主，作周家能法先王治國之嗣王；正如我周公所言，當從這國土中央營雒來治國，諸侯萬邦皆會以爲美善，爲王定有成功。

「予旦以多子越御事，篤前人成烈，答其師，作周孚先。考朕昭子刑，乃單文祖德。伻來毖殷，乃命寧予以秬鬯二卣，曰明禋，拜手稽首休享。予不敢宿，則禋于文王武王。惠篤敘，無有遘自疾。萬年厭于乃德，殷乃引考。王伻殷，乃承敘萬年，其永觀朕子懷德。」

【校】唐石經厭作猒。敦煌本厭作猒，「懷德」下有「殷」字。内野本旦作且，多作夛，厭作猒。八行本孚作家，「文王武王」作「文武王王」，厭作猒。古文訓遘作篝。按：古寫本旦作且者，且乃旦之俗別字，已見前。多作夛者，亦俗別字，魏元端妻馮氏墓誌多字作夛，是其例。寫本「孚」作「家」者，涉僞傳而誤，僞孔傳釋「作周孚先」爲「爲周家立信者之所推先」，寫者遂順手抄「周孚」爲「周家」。古文訓遘作篝者，是以篝爲冓之假借。朱氏説文通訓定聲云：「冓假借爲篝。詩牆有茨：『中冓之言。』按：謂房室籠笿之地。」籠笿即籠絡，是篝字本有絡遇之義。蓋凡从冓之字皆有相遇之義，故婚媾、構架、覯見、購買、篝籠字皆从冓孳乳。遘遇字漢隸作遘，後世通行。説文甘部云：「猒，飽也，足也。从甘、肰。」段注云：「淺人多改猒爲厭，厭專行而猒廢矣。猒與厭音同而義異。雒誥『萬年猒于乃德』，此古字當存者也。猒、厭古今字，猒、饜正俗字。肰，犬肉也，此會意。」今按：金文毛公鼎、沈子簋猒作猒，从口肰會意，口食犬肉滿足之義，故引伸之義爲滿足。尚書古寫本厭作猒，爲古本字，猒之隸變，如漢婁壽碑作猒是其例。唐石經亦作猒，此衛包未改字。孔氏正義本「厭」下無「于」字，而内野、足利諸古寫本及唐石經有「于」字，有「于」字是。敦煌寫本「懷德」下有「殷」字者，涉上文「王伻殷」而衍。

【詁】旦，周公名，自謂。楊氏詞詮云：「以，介詞，表率領之義。」爾雅釋詁云：「多，衆也。」詩陳風宛丘毛傳云：「子，士大夫也。」按：廣雅釋詁云：「子，君也。」「越，與也。」是「多子」猶言諸君，謂衆卿大夫。「越御事」謂與治事官吏。篤當讀爲督。爾雅釋詁云：「督，正也。」方言云：「督，理也。」按：篤謂治理。釋名釋言語云：「成，盛也。」爾雅釋詁云：「烈，業也。」「師，衆也。」章太炎古文尚書拾遺云：「凡答字古皆借爲合，合其衆者，康誥所謂『周公初基作新大邑于東國雒，四方民大和會』是也。『周孚』者，周郛也。據此城專指王城，郛則包絡王城成周悉在其中。此地中建國之始，故曰『作周郛先』。」按：說文邑部云：「郛，郭也，从邑，孚聲。」段注云：「公羊傳：『入其郛。』注：『郛，恢郭也，城外大郭也。』」言周公說，我姬旦率領衆卿大夫與治事官吏，督理先王未竟盛業邑雒，集合其衆民營建，此爲周朝在國土中央營建都邑之先導。爾雅釋詁云：「考、就，成也。」按：考謂成就。廣雅釋詁云：「子，君也。」按：「昭子」猶言明君，謂成王。爾雅釋詁云：「刑，法也。」王氏釋詞云：「乃，猶而也。」說文吅部云：「單，大也。」言「作周孚先」是成就我明君成王治國之法度，而光大先王文王之美德。伻，爾雅釋詁作抨，云：「使也。」毖與祕通。廣雅釋詁云：「祕，勞也。」王氏疏證云：「大誥『無毖于恤』，傳云：『無勞于憂。』祕與毖通。」按：勞謂慰勞。爾雅釋詁云：「寧，安也。」按：安謂問安，猶今言問候。說文鬯部云：「鬯，以秬釀鬱艸，芬芳攸服以降神也。」按：鬱草即鬱金香草，「秬鬯」謂用黑黍米與鬱金香草合擣煮釀成之祭神香酒。爾雅釋器云：「卣，器也。」邢昺疏引孫炎注云：「尊，卣居中。」按：卣爲中型盛酒樽，「二卣」猶今言二瓶。言成王派使者來慰勞殷遺臣民，並命賜送黑黍米香酒二瓶問候我周公。詩小雅楚茨云：「祀事孔明。」鄭箋云：「明，猶備也。」按：備者，具也。說文示部云：「禋，潔祀也。」按：潔猶言芬芳，「明禋」謂秬鬯二卣不敢自用而具用于芬芳之祭。爾雅釋言云：「休，慶也。」釋詁云：「享，獻也。」詩周頌有客毛傳云：「一宿曰宿。」按：「不敢宿」謂不敢過一宿，即當日。言周公說，王所賜香酒要具用于芬芳之祭，拜叩慶獻于先王，于是我不敢過夜，而于當日潔敬祭獻于文王、武王。說文叀部云：「惠，仁也。」爾雅釋詁云：「篤，厚也。」「順，敘也。」

按：敘謂順敘人情。章氏古文尚書拾遺云：「自即臯之省借。『臯疾』連文，見春官小祝及盤庚中篇，謙不敢言受福，故言不過臯疾耳。」按：説文辛部云：「臯，犯法也。」疒部云：「疾，病也。」今按：犯法患病皆爲災難，「臯疾」猶言災難。釋文引馬融曰：「厭，飫也。」按：飫即飽，謂飽受。爾雅釋詁云：「引，長也。」「平、考，成也。」按：考與平同義，謂平定。言成王仁厚順敘人情，不使有人遭受災難，永遠飽受王德，則殷遺民長遠平定不叛。「承敘」謂相承順從。漢書嚴安傳顔師古注引孟康曰：「觀，猶顯也。」爾雅釋詁云：「朕，我也。」釋言云：「懷，來也。」按：「朕子」猶言我君，謂成王。來即來歸，謂人心歸向。言成王能使殷遺民相承順從至于永久，將會永遠顯揚我王懷民美德。

戊辰，王在新邑，烝祭歲，文王騂牛一，武王騂牛一。王命作册逸祝册，惟告周公其後。王賓殺禋咸格，王入太室祼。王命周公後，作册逸誥，在十有二月，惟周公誕保文武受命，惟七年。

【校】足利、天正、八行本祼作裸。古文訓騂作⿰牛辛，祝作侃。按：説文無騂字。大徐説文新附云：「騂，馬赤色也，从馬，觲省聲。息營切。」鄭珍新附考以爲説文逸字。玉篇馬部云：「騂，思營切，馬赤黄。」牛部云：「⿰牛辛，思營切，赤牛，亦作騂。」今按：殷契佚存九二八片騂作𦍌。金文大作大仲簋作𦍌，陳騂壺作騂，是騂乃騂之省。石鼓文作⿰牛辛，又騂之省。故古文訓騂作⿰牛辛，有所本。尚書經文作騂作⿰牛辛均可。説文示部云：「祼，灌祭也，从示，果聲。」是祼字本从示，古寫本作裸爲譌字，漢碑从示从衣常相混，不足取。又祝字本从示，古文訓作侃亦譌字。蓋甲骨文作祝，金文盂鼎作祝，形近侃而譌，不足取。

【詁】戊辰，謂十二月晦戊辰日。陸氏釋文云：「『王在新邑』，馬融絶句。鄭讀『王在新邑烝』。」按：爾雅釋天云：「冬祭曰烝。」吴氏尚書故云：「祭歲，祈年也。」謂成王在新邑雒舉行冬祭祈求來歲豐年于上天與先祖。集韻清韻云：「騂，牲赤色。或从牛作㸲。」按：「騂牛」即赤色牛。言十二月晦戊辰日，成王在新邑雒舉行冬祭告祖廟歲終，用赤色牛一頭祭文王，也用赤色牛一頭祭武王。王國維曰：「作册，官名；逸，人名，掌册命臣工之事者。祝册，猶金縢之言册祝。王賓謂文王、武王，死而以賓禮事之，故稱賓。殷墟卜辭屢云卜貞王賓某某，王賓以下皆殷先王先公名，知此王賓即謂文王、武王矣。」見觀堂學書記。按：「祝册」謂宣讀册命之文而禱告文王、武王。王氏釋詞云：「其，猶將也。」按：「其後」謂周公將留後治雒。殺謂殺牲。禋謂芬芳之祭。爾雅釋詁云：「咸，皆也。」「格，至也。」按：至謂降臨。釋文引馬融曰：「太室，廟中之夾室。」按：夾室爲家廟藏神主之室。蔡傳云：「祼，灌也，以圭瓚酌秬鬯，灌地以降神也。」今按：圭瓚謂酌秬鬯香酒之玉勺。言成王命作册史官名逸者在清廟宣讀册命之書，禱告先王周公將留後治雒，文王、武王神靈于殺牲禋祭時皆已降臨，成王于是進入太室文王、武王靈位前酌秬鬯香酒灌地而祭奠。皮錫瑞今文尚書考證云：「經云『戊辰』，有日無月；『在十有二月』，有月無年；於末結之曰『惟七年』，則當爲七年十二月戊辰日無疑。古人文法多倒裝，故先日次月又次年。」王氏釋詞云：「誕，發語詞也。」按：「誕保」即保，保者安也，謂安心受王命留後治雒。言成王命周公留後治雒及作册史官逸宣告册書之事，時在十二月；周公安心留後以奉文王、武王所受命治雒，時在成王七年。謂其事在成王七年十二月戊辰日。

尚書校詁卷八

周書十

多士【解題】史記周本紀云：「成王既遷殷遺民，周公以王命告，作多士。」史記魯周公世家云：「周公之代成王治，南面倍依以朝諸侯。及七年後，還政成王，北面就臣位。初，成王少時，病，周公乃自揃其蚤沈之河，以祝於神曰：『王少未有識，奸神命者乃旦也。』亦藏其策於府。成王病有瘳。及成王用事，人或譖周公，周公奔楚。成王發府，見周公禱書，乃泣，反周公。周公歸，恐成王壯，治有所淫佚，乃作多士。」按：此篇爲周公代成王安撫遷雒殷遺臣民之誥令，時在周公還政成王之初。

惟三月，周公初于新邑洛，用告商王士。王若曰：「爾殷遺多士，弗弔旻天，大降喪于殷。我有周佑命，將天明威，致王罰，勑殷命，終于帝。肆爾多士，非我小國敢弋殷命，惟天不畀允罔固亂，弼我。我其敢求位？惟帝不畀，惟我下民秉爲，惟天明畏。

【校】陸氏釋文云：「弋，馬本作翼。」敦煌本佑作祐，「弼我」無「我」字，民作人。天正本弔作弗。弋作戈。八行本用作繇，弔作予。古文訓佑作右。按：古寫本用作繇者，用與由古通用。而由與繇古通用，故用可作繇，經文當以作用字爲正。天正本「弗弔」作「不弗」者，弗、不古文尚書通用，弔作弗乃形近而寫譌，弔作予亦寫譌。説文示部云：「祐，助也，从示，右聲。」段注云：「古祇作右。」今按：殷虚書契後編卷下二十一頁四片祐作衩，从示、从又，蓋助祭之義。金文保卣作衩，双象雙手，與从又同義。蓋祐字初文作又，鐵雲藏龜七頁四片祐作又可證。又字孳乳爲右，見毛公鼎、秦公鍾等。右孳乳爲祐，亦孳乳爲佑，先秦古璽有佑字。故右、佑、祐本一字而通用。段氏撰異云：「正義曰：『鄭玄、王肅本弋作翼。王亦云：翼，取也。鄭云：翼，猶驅也。』玉裁按：弋、翼古音同在第一部，訓取者，讀翼爲弋也。孔本作弋者，因馬、王之説而改經字也。」按：經文原作翼，是爲假借字，改作弋則成本義字。古寫本弋或作戈者，誤字。古寫本民作人者，避唐太宗李世民諱。古寫本「弼我」無「我」字者，書寫奪字。洛當作雒，勑本字爲敕，説詳下。

【詁】尚書大傳云：「七年，致政成王。」按：王氏釋詞云：「惟，發語詞也。」「惟三月」謂成王七年三月。爾雅釋詁云：「初，始也。」楊氏詞詮云：「于，介詞，表方位，在也。」洛當作雒。「商王士」謂商王舊臣士大夫。言成王七年三月，周公始在新邑治雒，用王命告誡商王舊臣士大夫。爾雅釋詁云：「多，眾也。」按：「多士」猶言眾士，謂眾臣士大夫。古金文「不弔」即不淑，義爲不善。爾雅釋天云：「秋爲旻天。」郭注云：「旻猶愍也，愍萬物彫落。」釋文引馬融曰：「秋曰旻天，秋氣殺也，方言降喪，故稱旻天也。」按：「旻天」猶言天，「弗弔旻天」謂殷紂不善敬上天。説文哭部云：「喪，亡也，从哭亡，亡亦聲。」按：喪謂喪亡。言成王如此説：你們殷遺眾臣士大夫，殷紂不善敬上天，故上天特降喪亡之禍于殷國。「有周」即周，有爲助詞。右、佑古今字。爾雅釋詁云：「右，助，勴也。」是右與助同義，「佑命」謂受天佑助之命。詩商頌烈祖鄭箋云：「將，猶助也。」國語晉語韋注云：「明，顯也。」致之言至也，行也，謂執行。「致王罰」謂以王者執行天罰。説文攴部云：「敕，一曰：臿地曰敕。」段注云：「臿者，今之插字。」臼部云：「臿，舂去麥皮也。」段注云：「引伸爲凡刺入之偁。」按：「敕殷命」猶言誅戮殷命。爾雅釋詁云：「卒，終也。」按：終謂斷絕。

王國維謂帝指殷紂，見觀堂學書記。言我周國受上天佑助之命，助上天顯威，以王者執行天罰，誅戮殷命使斷絶于帝紂。爾雅釋詁云：「肆，今也。」周本殷之諸侯國，故自謂「小國」。爾雅釋詁云：「畀，予也。」「允，信也。」罔、網古今字，網羅之義，「允罔」猶今言信任。國語周語韋昭注云：「固，安也。」爾雅釋詁云：「亂，治也。」按：「固亂」謂安定治理。爾雅釋詁云：「弼、輔，俌也。」按：弼謂輔助。言今你們殷遺衆臣士大夫要知道，不是我小周國敢取代大國殷命，是上天不予殷國信任安定治理，而輔助我周誅殷。位謂天帝所賜王位。爾雅釋詁云：「秉，執也。」按：「秉爲」猶言執意爲周，即民心向周。廣雅釋言云：「畏，威也。」按：畏、威古通用，「明畏」即「明威」。言我周豈敢求取天帝所賜王位，是天帝不予殷國王位，我下民執意爲周，天帝顯威助周滅殷。

「我聞曰：『上帝引逸。』有夏不適逸，則惟帝降格，嚮于時夏。弗克庸帝，大淫泆有辭。惟時天罔念聞，厥惟廢元命，降致罰。乃命爾先祖成湯革夏，俊民甸四方。

【校】敦煌本泆作佾。晁刻石經則作劓，降作夅。古文訓則作劓，降作夅。按：段氏撰異云：「論衡自然篇：『周公曰：「上帝引佚。」上帝謂舜禹也。舜禹承安繼治，任賢使能，恭己無爲而天下治。』玉裁按：此今文尚書説也。釋文：『鄉，許亮反。』按：鄉，衛包改嚮。釋文：『泆，又作佾，馬本作屑云：過也。』按：失聲、肙聲古音同在第十二真臻部。」今按：逸爲逃逸本字，佚爲佚民本字，泆爲淫泆本字，佾爲佾舞本字，而古書通用。此文「引逸」當以作逸爲正，逸本義爲逃，引伸義爲安樂。則字作劓者，説文古文如此作。西周金文何尊作鼎刂从鼎，段簋作鼎鼎刂从二鼎。説文古文从二貝即从二鼎之變。戰國古文字行氣玉銘作則，與説文篆文同，爲後世所通行。降爲降下本字，甲骨文金文如此作，象兩足步下山𠂤之形，爲會意字。先秦古文字未見夅字，許氏説文以夅爲降服本字，降爲降下本字，實則降一字該之。尚書經文當以作降爲正。

【詁】俞氏平議云：「素問五常政大論『是謂收引』，王注云：『引，斂也。』然則『上帝引逸』者，言上帝不縱人逸樂，有逸樂者則收引之，勿使大過也。適之言節也。呂氏春秋重己篇：『故聖人必先適欲』，高注曰：『適猶節也。』言夏桀不自節其逸樂也。」「降格」爲古成語。格亦作洛，方言云：「洛，至也。」「降洛」謂下貶之禍來至。嚮古本字爲向，謂朝向。爾雅釋詁云：「時，是也。」言我聽說，上帝不縱人逸樂而收斂逸樂者。夏桀不自節制逸樂，則爲天帝下貶對象，故天罰朝向于此夏桀。爾雅釋言云：「克，能也。」説文用部云：「庸，用也。」按：「庸帝」謂聽用天帝之命。玄應一切經音義引蒼頡篇云：「泆，蕩也。」説文辛部云：「辭，訟也，从𤔔，𤔔猶理辜也。」按：「有辭」猶言有罪行。「元命」猶言大命，謂享國天命。説文革部云：「革，更也。」人部云：「俊，材過千人也。」按：「俊民」謂賢能之人。詩小雅信南山毛傳云：「甸，治也。」言夏桀不能聽用天帝節制逸樂之命，大爲淫蕩有罪行，爲此天帝不念問佑助，故唯有廢棄享國大命，下行其天罰，乃命你殷人先祖成湯更代夏桀，由賢能之人來治理天下四方。

「自成湯至于帝乙，罔不明德恤祀。亦惟天丕建保乂有殷。殷王亦罔敢失帝，罔不配天其澤。在今後嗣王，誕罔顯于天。矧曰其有聽念于先王勤家？誕淫厥泆，罔顧于天顯民祗。惟時上帝不保，降若兹大喪。惟天不畀不明厥德，凡四方小大邦喪，罔非有辭于罰。」

【校】魏三體石經古文勤作懂，兹作丝。足利、天正本澤作沢。按：古寫本澤作沢者，此日本國所用漢字澤作沢，漢文古籍未見。説文力部云：「勤，勞也，从力，堇聲。」西周金文㝬鐘勤作堇。堇孳乳爲勤，東周金文中山王壺作勤，與説文篆文同。魏石經作慬，但先秦古文未見慬字，蓋勤之後出異體，不得以爲古文。尚書經文當以作勤爲正。今按：鐵雲藏龜六九四片兹作丝，金文录伯簋亦作丝，是兹之古文作丝。丝本絲之古文，而孳乳爲兹，是从絲聲，大徐本説文以爲兹省聲，段注本改作絲省聲，均未諦。且戰國古文字从艸之茲與从玄之兹已不分，故經文無需强别之。

【詁】帝乙爲帝辛殷紂之父。爾雅釋言云：「罔，無也。」釋詁云：「恤，憂也。」按：「明德」與「恤祀」並列，「明德」謂勉修其德，「恤祀」謂憂勤其祀，即修身敬神二事。黄侃經傳釋詞箋識云：「亦，乃又之借。」薛綜注東京賦云：「惟，有也。」是「亦惟」猶言「又有」。「丕建」即建，丕爲語詞。説文廴部云：「建，立朝律也，从聿从廴。」段注云：「聿，律省也；廴，廷省也。」又亦通作艾。爾雅釋詁云：「艾，相也。」「帝，君也。」按：「保乂」猶言保佑扶助。君謂君道。廣雅釋詁云：「配，當也。」王氏釋詞云：「其，猶之也。」孟子公孫丑篇趙岐注云：「澤，禄也。」按：「天其澤」猶言天之禄，即天禄，謂上天所賜禄位。言殷之先王自成湯至于帝乙，無不勉修其德，勤祀神靈，又有天帝教立朝綱，佑助殷商，殷先王亦不敢失爲君之道，故無不當享天禄。「後嗣王」謂殷紂王。王氏釋詞云：「誕，發語詞也。」爾雅釋詁云：「顯，見也。」郭注云：「顯，明見也。」按：「誕罔顯于天」謂不明于天道。有讀爲又，「有聽念」猶言又聽從思念。王氏釋詞云：「厥，語助也。」書多士曰：『誕淫厥泆。』言誕淫泆也。」爾雅釋詁云：「顯，代也。」按：「天顯」謂天意代换殷命。爾雅釋詁云：「祗，敬也。」按：史記魯世家「民祗」作「民之從」，是釋祗爲敬從，「民祗」謂民心歸向。玉篇心部云：「惟，爲也。」按：「惟時」猶言爲此。言當今殷後嗣王紂，太不明見天意，况豈又能聽從思念先王勤勞國家之事？殷紂淫蕩逸樂，不顧于天意民心，爲此上帝不保佑，降下如此亡國大禍。爾雅釋詁云：「畀，予也。」「有辭」猶言有罪行。王氏釋詞云：「于，猶爲也。」罰謂天罰。言上天不給予不明其德者以禄位，大凡天下四方小大邦國之喪亡，無不因有罪行而爲上天所誅罰。

王若曰：「爾殷多士，今惟我周王，丕靈承帝事，有命曰割殷，告勑于帝。惟我事不貳適，惟爾王家我適。予其曰：惟爾洪無度，我不爾動，自乃邑。予亦念天即于殷大戾，肆不正。」

【校】古文訓貳作弍。按：説文以弍爲二之古文，以貳爲副貳本字。而甲骨文殷契粹編四六一片、西周金文盂鼎皆有二字，東周金文繁安君鉼作弍，从戈，説文古文譌作从弋。古書弍通作貳。西周金文召伯簋、琱生簋及戰國古文睡虎地秦簡作貳从戈，是説文篆文作貳从弋亦譌。今本尚書多士作貳用假借字。古文訓作弍爲本字而小譌。

【詁】「周王」謂文王、武王。王氏釋詞云：「書多士曰：『丕靈承帝事。』丕，語詞，『丕靈承』，靈承也。」廣雅釋詁云：「靈，善也。」按：「丕靈承帝事」謂善于承受上帝欲爲之事。廣雅釋詁云：「割，斷也。」按：「割殷」謂斷絶殷命，即滅亡殷國。告當讀爲梏。説文木部云：「梏，手械也，从木，告聲。」按：「手械」猶今言手銬，謂捕拿加刑具手銬。勑當作敕。説文攴部云：「敕，一曰：臿地曰敕。」按：臿、插古今字，臿猶言刺殺。帝即帝辛殷紂，「告勑于帝」謂捕拿戮誅昏君殷紂。適當讀爲敵，「貳適」猶言兩敵。言王如此説，你們殷遺衆臣士大夫，今世惟有我周文王、武王善于承受天帝欲爲之事，天帝有命令説：斷絶殷命，捕拿戮誅昏君殷紂！我周奉天行事無二敵，唯有你們殷紂王家是我敵而滅亡之。予，成王自謂。爾謂殷遺嗣王武庚。王氏釋詞云：「洪，發聲也。」説文又部云：「度，法制也。」按：「洪無度」謂不守法度。「爾動」順言則爲動爾。説文力部云：「動，作也。」段注云：「作者，起也。」按：「我不爾動」謂我並未起伐你王武庚，而是武庚起伐周作亂。邑謂商邑，即武庚都邑，「自乃邑」謂起伐動亂來自你們商邑。天謂天意。王氏釋詞云：「即，猶今人言即今也。」爾雅釋詁云：「戾，罪也。」「肆，故也。」呂氏春秋順民篇高誘注云：「正，治也。」

按：治謂治罪。言我亦念天意止是誅奸平叛，即今對殷逆武庚大罪已治，故不治罪你們衆士。

王曰：「猷告爾多士，予惟時其遷居西爾。非我一人奉德不康寧，時惟天命，無違，朕不敢有後，無我怨。惟爾知，惟殷先人有册有典，殷革夏命。今爾又曰：『夏迪簡在王庭，有服在百僚。』予一人惟聽用德，肆予敢求爾于天邑商，予惟率肆矜爾，非予罪，時惟天命。」

【校】「時惟天命，無違」，隸釋引漢石經作「惟天命元」。唐石經「後」下本有「誅」字，後磨改。敦煌本矜作矜。

按：段氏撰異云：「隸釋漢石經殘碑『惟天命元朕不敢有』，玉裁按：此今文尚書然也，王氏鳳喈云：『无字誤爲元，脱違字。』其説非也，漢石經『無』不作『无』。」今按：王氏説見王鳴盛尚書後案。説文亡部無字下云：「无，奇字無也，通於元者。」段氏注云：「蓋其義謂上通元始，故其字形亦用元，篆上貫於一。」是无、元本通，古文尚書改无爲無。段氏撰異又云：「唐石經初刻『有後誅無』四字，後摩去重刻爲『有後無』三字，初刻字形尚隱然可見，蓋依孔傳增『誅』字。」今按：僞孔傳云：「汝無違命，我亦不敢有後誅，汝無怨我。」是抄增誅字。説文矛部矜字从矛，今聲，段氏注本依漢石經論語、溧水校官碑、魏受禪表皆作矜改爲从矛，令聲。考詛楚文亦作矜从令聲，段氏説是。敦煌古寫本矜作矜，是爲正體。尚書經文當以作矜爲正。

【詁】王氏釋詞云：「爾雅曰：『繇，於也。』繇、猷古字通。書多士曰：『猷告爾多士。』蓋是『告猷』，而晚出古文改爲『猷告』矣。」按：「告猷爾多士」謂告于你們殷遺衆臣士大夫。玉篇心部云：「惟，爲也。」按：「惟時」猶言「爲此」，即商邑武庚叛亂事件。爾雅釋詁云：「遷，徙也。」西謂商邑以西之雒邑。「遷居西爾」順讀爲「遷爾居西」，謂遷徙你們居住于西方之雒邑。「我一人」猶言我天子，成王自謂。廣雅釋詁云：「奉，持也。」按：「奉德」猶言持德，與書多方「秉德」義同。爾雅釋詁云：「寧、康，安也。」按：「康寧」猶言安定，「不康寧」謂遷徙。王氏釋詞云：「惟，猶乃也。」按：「時惟」猶言「此乃」。王氏釋詞云：「有，猶或也。」書多士曰：『朕不敢有後。』言我奉天之命，遷爾于雒邑，不敢或後也。」按：説文彳部云：「後，遲也。」言成王説，告于你們殷遺衆臣士大夫，我爲此商邑叛亂事件要遷徙你們居住于西方之雒邑，並不是我天子一人持德不使你們安定原地，此乃我奉天命遷徙你們，不要違抗天命，我不敢或遲遷徙你們，不要怨恨我。「有册有典」謂有册書典籍。言你們知道，殷人祖先有册書典籍，記載殷革夏命之事。爾雅釋詁云：「迪，進也。」簡當讀爲柬。爾雅釋詁云：「柬，擇也。」郭注云：「皆選擇。」按：「迪簡」猶言進用選任。爾雅釋詁云：「服，事也。」「寮，官也。」郭注云：「同官爲寮。」寮爲官僚本字，見説文，古書多借用僚字。言今你們又説，夏朝遺臣士大夫被進用選任在殷王朝庭，有職事在百官之中。怨周朝不用殷士。聽當讀爲任，聽、任皆从壬聲，故得通用，「聽用」猶言任用。爾雅釋詁云：「肆，今也。」王國維曰：「『天邑商』當爲『大邑商』，龜板中多有『大邑』字。」見觀堂學書記。王氏釋詞云：「率，用也。」書多士曰：『予惟率肆矜爾。』率，用也；肆，緩也，言予惟用肆赦憐爾也。」按：論衡虚實篇引尚書「肆矜」作「夷憐」，此今文尚書訓詁字，王氏所本。罪字當讀其本義。説文网部云：「罪，捕魚竹网，从网，非聲。秦以爲辠字。」按：网、罔、網皆古今字。王筠説文釋例云：「詩言『罪罟』，猶易言『網罟』，今多複語，古人已然。」是罪乃網羅之義，「非予罪」謂不是我網羅任用你們。言我天子惟獨任用有德之人，故我敢求取你們于大邑商，我如此是赦免憐愍你們，不是我要網羅任用你們，此乃天命。

王曰：「多士！昔朕來自奄，予大降爾四國民命，我乃明致天罰，移爾遐逖，比事臣我宗多遜。」

【校】敦煌本降作津。古文訓移作迻，遜作遏。按：段氏撰異云：「石經尚書殘碑『王曰告爾多』，下缺，此今文尚書也，多『告爾』字。」是今文尚書作「王曰告爾多士」，古文尚書承上文「告爾多士」而省「告爾」。古寫本降作津者，蓋古書降與洚通用，洚亦譌作洚，與津形近，故寫洚作津。徐鍇說文繫傳水部：「洚，大水也，从水，夅聲，胡翁反。」「洚，水不遵其道也，从水，夅聲。一曰：洚，下。臣鍇按：尚書『降水警予』，作降，侯邦反。」王筠說文繫傳校録云：「朱氏曰：『洚字今說文無。』按：今說文洚字有二切：一户工切，即此之胡翁反也；一下江切，即洚之侯邦反也。繫傳分爲洚、洚二文，多洚字，蓋非是。」是洚乃洚之俗字。說文辵部云：「迻，遷徙也，从辵多聲。」段注云：「今人假禾相倚移之移爲遷迻字。」按：迻字見于郭店楚簡與包山楚簡，是戰國以前已有迻字。但先秦古書通用移字，戰國古文睡虎地秦簡有移字，是移亦古文字，故不必改用迻。又說文辵部遜字古文作遏，而先秦古文字不見有遏字，蓋本遜之異體字。尚書經文當作遜。

【詁】說文邑部云：「鄣，周公所誅鄣國，在魯。」段注云：「奄、鄣二字周時並行，今則奄行而鄣廢矣。」奄在淮北近魯，故許云在魯。」詩豳風破斧云：「周公東征，四國是皇。」毛傳云：「四國，管、蔡、商、奄也。」是先伐管叔、蔡叔、武庚，次及奄國，故此經略云「來自奄」。王國維曰：「酒誥以『天降命』與『天降威』對言，是『天降命』爲天降福，則此經之『降民命』亦降民以福矣。」見觀堂學書記。按：降讀如詩召南草蟲「我心則降」之降，心降即心下，猶今言關心。命、令古金文同字，故通用。爾雅釋詁云：「令，善也。」「大降爾四國民命」者，大爲關心你們四國民生福善，謂遷雒是福善之事。明當讀爲孟。爾雅釋詁云：「孟，勉也。」「遜、遐，遠也。」按：「明致」猶言勉行。「遐遜」猶言遠方，謂西土雒邑。廣雅釋詁云：「比，近也。」古金文事與吏同字，是「事臣」猶言吏臣，謂爲吏爲臣。宗謂宗主，周于諸侯國爲宗主國，「我宗」猶言我周宗主。遜當讀爲愻。說文心部云：「愻，順也。」按：順謂順便，「多遜」即多順，猶今言多有方便。言昔日我來自奄地時，我因關愛民生，我于是勉行天罰，遷移你們殷遺臣民于遠方雒邑，使近爲吏臣于我周宗主國多有方便。

王曰：「告爾殷多士，今予惟不爾殺，予惟時命有申。今朕作大邑于茲洛，予惟四方罔攸賓，亦惟爾多士，攸服奔走，臣我多遜。

【校】隸釋引漢石經洛作雒。馮登府漢石經考異云：「漢書地理志注引魚豢魏略云：『後漢都洛陽，以火德爲水剋，故改洛爲雒。』石經洛字皆作雒，與邦作國皆爲避諱而改。段氏玉裁信洪氏漢人不以避諱改經之説，疑伏生經文本作雒，非也。考洛，水名，是本字，雒，借字也。説文於洛字云：『出左馮翊歸德北夷界中，東南入渭。』於雒字云『鵋鶀也』，不箸水名，知洛水有二源，衹作洛，作雒者假借字。漢碑中如孔和碑『奏雒陽宮』、韓勑碑『河南雒陽』、史晨奏銘『鉤河擿雒』，此皆假雒爲洛，禹貢洛字史記並作雒，伏生大傳洛誥亦作雒，疑漢時本如此。」按：漢石經洛作雒，是漢時洛陽字作雒之證。故尚書當以作雒爲正。馮氏引避諱之説駁段氏，非是。

【詁】王氏釋詞云：「惟，猶乃也」。按：乃猶則。爾雅釋詁云：「時，是也。」「申，重也。」按：「時命」猶言此命，即上「予惟不爾殺」之命令。有讀爲又，「有申」謂又重申此命。言王説，你們殷遺衆臣士大夫，今我則不殺戮你們，我則要重申關愛你們而不殺戮之命令。爾雅釋詁云：「茲，此也。」「惟，思也。」按：「茲雒」即雒水之濱，雒邑在雒水之濱，「予惟」即我思。賓謂賓服，亦謂賓貢，即諸侯以賓禮朝見天子而入貢。金履祥尚書表注云：「鎬京遠在西偏，四方道里不均，無所于賓貢。」按：金説是。爾雅釋詁云：「服，事也。」王氏釋詞云：「由，或作攸，用也。書多士曰：『亦惟爾多士攸服奔走臣我多遜。』言惟爾多士用服奔走也。」按：「臣我」謂爲臣事我。言今我在天下之中土作造大都邑于雒水之濱者，我思慮四方諸侯無適宜處朝見進貢，亦思慮你們殷遺衆臣士大夫用事奔走臣事我天子多有方便。

「爾乃尚有爾土，爾乃尚寧幹止。爾克敬，天惟畀矜爾；爾不克敬，爾不啻不有爾土，予亦致天之罰于爾躬。今爾惟時宅爾邑，繼爾居，爾厥有幹有年于兹洛。爾小子乃興，從爾遷。」

【校】敦煌本「爾乃尚寧幹止」句無「爾」字。古文訓幹作榦。陸氏釋文云：「啻，始豉反，徐本作翅，音同。」按：敦煌古寫本「爾乃尚寧幹止」句無「爾」字者，蓋蒙上句「爾乃尚有爾土」句首「爾」字而省，或據僞孔傳意似經文本無下句「爾」字而改。當以有「爾」字爲是。段氏撰異云：「榦，唐石經以下作幹，今更正。榦从木，倝聲，若从干，則兩聲無形矣。」今按：榦作幹者，因漢隸。北海相景君銘作榦，與説文篆文同；張遷碑作榦，與榦已殊；武榮碑作幹，則从木變作从干。又考金文𡥆𧊒壺榦，亦从木可證。説文口部云：「啻，語時不啻也，从口，帝聲。一曰：啻，諟也。讀若鞮。」段注云：「玄應引倉頡篇曰：『不啻，多也。』按：『不啻』者，多之詞也。啻亦作翅，支聲、帝聲同部也。」是啻作翅者，音近假借字。考西周金文剌鼎、師酉簋有啻字，先秦古璽、古陶、帛書皆有啻字。而先秦古文未見翅字，是尚書經文以作啻爲正字。魏三體石經無逸作啻，亦用本字，皆可證作啻爲正。

【詁】王氏釋詞云：「乃，猶其也。書多士曰：『爾乃尚有爾土。』爾乃，爾其也。」按：其，猶將。廣雅釋親云：「榦謂之肋。」王氏疏證云：「特牲饋食禮鄭注云：『榦，長脅也。』榦亦兩旁之名也。」按：肋在體旁，故有旁別義。詩商頌烈祖鄭箋云：「止猶居也。」按：「榦止」猶言別宅，謂殷遺多士遷雒邑有正宅，還可有封地之別宅。言你們殷遺衆士遷居雒邑後，將還可有你們各自之封地，你們將還可有封地安寧之別墅。爾雅釋言云：「克，能也。」釋詁云：「畀，賜也。」郭注云：「賜與也。」按：畀之爲言與。説文舁部云：「與，黨與也。」段注云：「黨當作攩，攩，朋羣也；與當作与，与，賜予也。」是與者友善相賜，謂善賜封土邑。矜當讀爲憐，謂憐愍其思祖而使旁居封邑守祖廟。劉淇助字辨略云：「啻，僅也，但也。」黄侃經傳釋詞箋識云：「亦，乃又之借。」按：「我亦」者，「我又」也。爾雅釋詁云：「躬，身也。」言你們殷遺衆士能敬天意順我周，上天將相善賜封土邑，憐愍居其祖邑；如你們不能敬天順周，你們不但不能有自己的土邑，我又要執行上天之刑罰于你們自身。惟當讀爲唯。説文口部云：「唯，諾也。」按：諾謂承諾。廣雅釋詁云：「時，善也。」爾雅釋詁云：「宅，居也。」按：「時宅」猶言妥善居住。「爾邑」猶言你邑，謂視雒邑爲你自己之邑而安心居住。説文尸部云：「居，蹲也。」按：蹲居則安穩，故居謂安居。廣雅釋詁云：「幹，安也。」按：幹謂安樂，年謂年壽，「有幹有年」猶言福壽雙全。「小子」謂子孫。言今你們要承諾妥善居住在你自己之雒邑，繼續你們安居之生活，你們將福壽雙全于此雒邑，你們的子孫也將會興盛，皆從你們遷居雒邑爲始基。

王曰：「又曰時予乃或言，爾攸居。」

【校】敦煌本「又曰」之「又」作「有」；「時予乃或言」作「時予乃或⿱每口言」，「或言」二字之間有「⿱每口」字。按：又與有古通用，孔氏正義本及唐石經作又爲本字，敦煌寫本作有爲通用字，當以作又爲正。段氏撰異云：「唐石經『或言』二字初刻是三字，摩去重刻，致每行十字者成九字矣。初刻隱然可辨，『或言』之間多一字，諦視則是『誨』字，與傳『教誨之言』合。雒誥亦有『誨言』二字也。」今按：敦煌古寫本作「或⿱每口言」，⿱每口即誨字，是未改尚書古本有「誨」字。集韻隊韻云：「誨，古从口。」汗簡口部引尚書誨作⿱每口。考兩周金文牆盤、王孫鐘皆作誨从言，而無从口作⿱每口者。但殷契遺珠五二三片有⿰口每字，學者或以爲即誨字，若然則甲骨文已有⿱每口字。

【詁】廣雅釋詁云：「曰，言也。」按：言謂言説，「又曰」猶言又一次告言。廣雅釋詁云：「時，善也。」按：「時予」謂以我言爲善。王氏釋詞云：「乃，猶其也。」又云：「或，猶有也。」按：「乃或誨言」謂其有教誨之言。攸、悠古今字。爾雅釋詁云：「永、悠，遠也。」居謂安居雒邑。言王説，我最後又一次告言，當以我上面所言爲善，所以有教誨之言是要你們永遠安居雒邑。

周書十一

無逸【解題】史記魯周公世家云：「周公歸，恐成王壯，治有所淫佚，乃作毋逸。」隸釋引漢石經「無逸」作「毋劮」，困學紀聞引伏生尚書大傳作「毋逸」，漢書梅福傳作「亡逸」。按：毋、亡、無古字通，劮、佚、逸亦古字通，劮即佚之異體，戰國孫臏兵法竹簡作劮，是先秦古文有劮字，漢石經作劮亦宜。

周公曰：「嗚呼！君子所其無逸。先知稼穡之艱難，乃逸，則知小人之依。相小人，厥父母勤勞稼穡，厥子乃不知稼穡之艱難，乃逸，乃諺，既誕，否則侮厥父母，曰：『昔之人無聞知。』」

【校】隸釋引漢石經穡作嗇，諺作憲，誕作延，否作不。敦煌本穡作嗇，諺作彥。古文訓諺作彥。按：漢石經穡作嗇，嗇本作嗇，漢隸作嗇。嗇、穡古今字，蓋今文尚書作嗇用古文，古文尚書作穡用今字，其義相同。説文言部云：「諺，傳言也，从言，彥聲。」段注云：「此與尚書『乃逸乃喭』、論語『由也喭』皆訓吸喭者各字，衛包改尚書之喭爲諺，大誤。」汗簡言部引尚書諺作𧦝，鄭氏箋正云：「尚書諺字止無逸一見，薛本同，从彦省。」按：先秦古璽諺作𧦝，與汗簡及古文訓所引同。集韻綫韻以喭爲唁之或體，又云：「諺，古作彥。」今按：彥即𧦝之譌。説文及先秦古文皆無喭字，蓋喭即諺之後出異體，故古書諺、喭通用。漢石經諺作憲者，西周金文牆盤、伯憲盉憲字作害，从目，从害省。害者傷也，蓋會目傷不明之意。東周金文秦公鐘作憲，从目、从心，害省，會心目不明之意。郭沫若兩周金文辭大系考釋釋井人妄鐘云：「憲憲字之見于大雅板者與泄泄爲對文，有惡意。」尚書「乃逸乃憲」，乃逸謂好逸惡勞，乃憲謂不明事理，正小人昏瞶無能之態。蓋今文尚書作憲，用本字本義。諺之義爲傳言，傳言爲未明真諦之言，故諺亦有不明之義，且與憲音近，故古文尚書作諺，其文意則相同。西周金文康侯簋誕字作延，是延爲誕之古初文，孳乳爲誕，説文籀文誕作這，省乏，不知何據。漢石經誕作延，是用誕古文，或曰誕之省文，則誤。漢石經否作不者，古金文牆盤作不，毛公鼎作否，是不、否本一字，故古書通用。漢石經作不，是今文尚書用不字。

【詁】「君子」謂有德之人。説文斤部云：「所，伐木聲也，从斤，户聲。」段注云：「用爲處所者，假借爲処字也。」按：古金文作處，是処乃處之省聲簡字。「君子所」謂君子處世，亦謂處君位。王氏釋詞云：「其，猶尚也。庶幾也。」按：尚與當古同聲，猶今言應當。釋詞又云：「無，毋，勿也。」按：無與毋通，猶今言不要。逸謂逸樂，猶今言好逸惡勞。言周公感歎告戒成王説，君子處世爲君，當不要好逸惡勞。王氏釋詞云：「乃，猶然後也。」按：「小人」謂平民百姓。王氏述聞云：「依，隱也，猶今人言苦衷也。」言先知農人稼穡之艱難事，然後逸樂，就會知曉平民百姓之辛勤苦衷。爾雅釋詁云：「相，視也。」釋言云：「厥，其也。」論語先進篇云：「由也喭。」集解引鄭玄注云：「子路之行，失于畔喭。」按：畔喭亦作畔援。焦循論語補疏云：「大雅皇矣『無然畔援』箋云：『畔援，跋扈也。』」言視那百姓人家，其父母勤勞于稼穡之事，其子則不知稼穡事之艱難，而後好逸惡勞，昏瞶跋扈。漢石經誕作延，是今文尚書用本字。方言云：「延，長也。」按：「既延」謂時日既已長久。王氏釋詞云：「書無逸曰：『既誕，否則侮厥父母。』漢石經否作不，不則，猶于是也。」説文日部云：「昔，乾肉也。从殘肉，日以晞之。」段注云：「昨之殘肉，今日晞之，故从日。引伸之則以今昔爲今古矣，凡久謂之昔。」按：久猶言舊，「昔之人」謂思想古舊之人。言其不孝之子惡習成性時日已久，于是會侮辱其父母説，古舊之人無見聞無知識，不知道逸樂。

周公曰：「嗚呼！我聞曰：昔在殷王中宗，嚴恭寅畏，天命自度，治民祗懼，不敢荒寧。肆中宗之享國，七十有五年。

【校】隸釋引漢石經度作亮，治作以。魏三體石經享作饗。敦煌本寅作夤。按：段氏撰異云：「昔在，中論作在昔。嚴，釋文曰：『馬作儼。』按嚴、儼古通用。漢石經：『天命自亮以民祗懼。』史記魯世家治亦作以，祗作震，此今文尚書也。度與亮音不相涉，亮與量音同，自亮猶自度也。治、吕同在古音第一部，祗、震異部而音轉最近，如咎繇謨『祗敬』，夏本紀作振，盤庚『震動』，漢石經作祗皆是也。史記肆作故，以詁訓字代之也。」享國之享本當作饗。甲骨文鐵雲藏龜拾遺第六頁八片作卿，金文宰峀簋亦作卿，皆不从食，西周金文三年𤼈壺亦作卿不从食，東周金文中山王壺作饗从食，武威漢簡作饗，从卿增食旁，説文小篆作饗，當即饗之變。魏石經作饗，遵漢隸，孔龢碑、史晨奏銘皆作饗，與小篆同，字形皆不古。古寫本寅作夤者，用隋唐俗字，如隋張業墓誌、唐五行實造象記皆作夤是其例。

【詁】王國維曰：「今古文家皆以中宗爲太戊，然考之龜板文字則中宗爲祖乙。」見觀堂學書記。按：祖乙爲殷代第七世中興賢王，因稱中宗。釋文引馬融本古文尚書嚴作儼。按：嚴、儼古今字。詩陳風澤陂毛傳云：「儼，矜莊貌。」説文心部云：「恭，肅也。」按：「嚴恭」謂莊重嚴肅。爾雅釋詁云：「寅，敬也。」按：畏謂畏懼天命而自戒，「寅畏」即敬天自懼。蔡傳云：「天命，即天理也，以天理而自檢律其身。」按：説文又部云：「度，法制也，从又庶省聲。」是度謂法度，「自度」即用法度自律。爾雅釋詁云：「祇，敬也。」按：「祇懼」與上「寅畏」同義，謂敬順天命民意而懼戒自律。逸周書謚法解云：「好樂怠政曰荒。」爾雅釋詁云：「寧，安也。」史記集解引馬融曰：「知民之勞苦，不敢荒廢自安也。」按：「荒寧」謂荒怠政事而自縱安樂。爾雅釋詁云：「肆，故也。」小爾雅廣言云：「享，當也。」按：「享國」猶言當國，謂在君位。「有」讀爲「又」。言周公感歎告戒成王説，我聽説過，從前有位殷代中興賢王中宗祖乙，爲君莊重嚴肅而敬畏天命，以天命檢束自律，治民敬順天命民意而懼戒自律，不敢荒廢政事而安寧縱樂，故中宗祖乙之當國在位七十又五年，可謂當國長久。

「其在高宗，時舊勞于外，爰暨小人。作其即位，乃或亮陰，三年不言，其惟不言，言乃雍。不敢荒寧，嘉靖殷邦。至于小大，無時或怨。肆高宗之享國，五十有九年。

【校】隸釋引漢石經作「肆高宗之饗國百年」。魏三體石經五作×。按：段氏撰異云：「『其在高宗』，句絶。時，中論作寔。釋詁時、寔同訓是。暨，商頌譜作洎。論語憲問篇：『子張曰：書云「高宗諒陰，三年不言」，何謂也？』禮記喪服四制篇：『書曰：「高宗諒闇，三年不言」，善之也。』史記魯世家：『乃有亮闇，三年不言。』尚書大傳殷傳曰：『書曰：「高宗梁闇，三年不言。」何謂梁闇也？傳曰：「高宗居凶廬，三年不言。」』玉裁按：諒、亮、梁古同音不分平仄也，闇、陰古二字同音在侵韻不分侵覃也。大傳釋梁闇爲居廬。然則古同音通用之法可見矣。又按：史記『或』作『有』，此今文尚書然也。史記魯世家雍作讙。檀弓：『子張問曰：書云：高宗三年不言，言乃讙。』鄭注：『讙，喜説也。言乃喜説，則民臣望其言久。』玉裁按：史記作讙，今文尚書也。魯世家嘉作密，可證今文尚書作密，古文尚書作嘉，司馬子長用今文尚書。『五十有九年』，漢石經作『百年』。漢書五行志說『高宗攘木鳥之妖，致百年之壽』，杜周傳杜欽說『高宗享百年之壽』。論衡氣壽篇：『高宗享國百年。』又異虛篇：『高宗改政修行，享百年之福。』此皆用今文尚書也。」今按：史記魯世家云：「故高宗饗國五十五年。」此五十五年與五十九年當有一誤，五字古文作×，與九字形近，故九誤作五抑五誤作九，今不能明。又享國謂爲君當國，是高宗登基爲君有五六十年，古文尚書謂「享國五十九年」，似近實。今文尚書謂「享國百年」，如併爲君前數十年歲，在世則百數十年，似爲不實。

【詁】王氏釋詞云：「其，更端之詞也。書無逸曰：『其在高宗。』」史記殷本紀云：「帝小乙崩，子帝武丁立。武丁修政行德，天下咸驩，殷道復興。帝武丁崩，立其廟爲高宗。」按：高宗武丁爲殷商第十一世賢王。史記集解引馬融曰：「武丁爲太子時，其父小乙使行役，有所勞役于外，與小人從事，知小人艱難勞苦也。」按：時謂時時、時常。小爾雅廣詁云：「舊，久也。」王氏釋詞云：「爰，即於是也。」爾雅釋詁云：「曁，與也。」言而于高宗武丁，當爲太子時常奉父命久服勞役于外，于是與小民百姓相處而知民間艱苦。王氏釋詞云：「作，猶及也。書無逸曰『作其即位』，謂及其即位也。」又云：「或，猶有也。無逸『乃或亮陰』，魯世家『或』作『有』。」按：有猶言又。「亮陰」亦作「梁闇」，猶言居廬，謂居處民間草廬以體察民情。「三年」猶言數年，三爲虛數，言其久。「不言」謂虛懷不輕言政事。玉篇心部云：「惟，爲也。」按：「其惟」猶今言因爲。詩何彼襛矣毛傳云：「雍，和也。」按：和謂和悅。今文尚書雍作驩，本字爲歡，喜悅之義，是古文今文義同。言及高宗武丁即帝位，則又野處居廬體察民情，數年不輕言政事而委政冢宰，正因爲無根據則不輕言，故其後言決政事則能使臣民悅服。爾雅釋詁云：「嘉，善也。」「靖，謀也。」「時，是也。」按：是者，此也，指王政。書疏引鄭玄曰：「小大謂萬人上及羣臣。」言高宗武丁長期服役居廬，不敢荒怠安樂，而善謀殷國政事，至于萬民與羣臣，無對王政有怨者，故高宗武丁之當國在位五十又九年。

「其在祖甲，不義惟王，舊爲小人。作其即位，爰知小人之依，能保惠于庶民，不敢侮鰥寡。肆祖甲之享國，三十有三年。

【校】隸釋引漢石經「高宗」後無「祖甲」。「不敢侮鰥寡」，敦煌本無「敢」字。唐石經「三十」作「卅」。按：王國維曰：「漢石經之列次，以高宗爲最後，可知今文家應當無祖甲而有太宗。洛陽新出三體石經尚書無逸有云：『仲宗及高宗及祖甲及我。』據此語知其上文亦應有祖甲而無太宗，是古文經于此文以中宗高宗祖甲爲次，如今通行本也。僞孔傳及王肅皆以祖甲爲太甲，此乃調和之論。使祖甲爲太甲，不應居武丁之後，且按之龜板亦無其徵，知此説爲妄。鄭康成釋祖甲曰『武丁子帝甲也』，亦據古文經言。」見觀堂學書記。今按：史記殷本紀云：「帝武丁崩，子帝祖庚立。帝祖庚崩，弟祖甲立，是爲帝甲。帝甲淫亂，殷復衰。」據此知今文家亦以祖甲爲武丁子，與古文説實同。「不敢侮鰥寡」，史記魯世家無「敢」字，與敦煌古寫本同。上句已用能願動詞「能」，則下句可不用「敢」字，當以無「敢」字義長。

【詁】書疏引鄭玄曰：「祖甲有兄祖庚，賢，武丁欲廢兄立弟，祖甲以此爲不義，逃于人間，故云久爲小人。」按：義當讀爲誼。説文言部云：「誼，人所宜也。从言宜，宜亦聲也。」段注云：「誼、義古今字，周時作誼，漢時作義，許謂誼爲仁義字。」是「不義惟王」即「不宜爲王」，謂祖甲以己爲弟不宜越兄爲王。史記魯世家「惠」作「施」，是今文用字。廣雅釋言云：「惠，賜也。」爾雅釋詁云：「施，予也。」是施與惠同義，施惠之義。鰥寡爲庶民中尤苦者。言而于祖甲，以越兄爲王不義，逃避民間久爲小民，及其即帝位，于是知小民百姓之苦衷，能保養施惠于衆民，而不侮慢鰥寡民之尤苦者，故祖甲之當國在位有三十又三年之久。

「自時厥後，立王生則逸；生則逸，不知稼穡之艱難，不聞小人之勞，惟耽樂之從。自時厥後，亦罔或克壽，或十年，或七八年，或五六年，或四三年。」

【校】隸釋引漢石經厥作㢑。敦煌本耽作湛，「自時厥後亦罔或克壽」無「後」字，五作乂。内野本耽作湛，「四三年」作「三四年」。八行本亦作「三四年」。古文訓耽作湛。按：漢石經厥作㢑者，是漢隸通行體，如北海相景君銘「帝嘉厥功」作㢑；或作厥，如費鳳碑「民懷厥德」作厥是其例。戰國古璽文字作厥，與説文篆文同，尚書經文當以作厥爲正。説文耳部云：「耽，耳大垂也，从耳，冘聲。詩曰：『女之耽兮。』」段注云：「衛風氓文。此引詩説假借也。毛傳曰：『耽，樂也。』耽本不訓樂，而可假爲媅字，女部曰：『媅者，樂也。』」今按：西周金文周棘生簋媅作㪗，即媅樂本字。先秦璽印文字有妉字，爲媅字後出異體。爾雅釋詁云：「妉，樂也。」尚書古寫本及古文訓作湛者，用假借字。詩小雅鹿鳴云：「和樂且湛。」毛傳云：「湛，樂之久。」西周金文𠑭匜、毛公鼎皆有湛字，是媅作湛者，古通用字，而湛之本義，則説文水部訓爲「没也」。考先秦古文字未見耽字，故可證今本尚書作耽不古。敦煌古寫本「自時厥後亦罔或克壽」無「後」字者，蓋承上「自時厥後立王」句而省，然僞傳與疏皆有「後」字，當以有「後」字爲是。古寫本「五」字作「乂」者，「五」字古文作×，形似而譌作「乂」。經文「四三年」或作「三四年」，以承上「七八年」、「五六年」例之，固當作「三四年」。今本作「四三年」者，蓋因僞孔傳謂「高者十年，下者三年」不顧文法詞序而改之。中論夭壽篇引書作「三四年」，不誤。

【詁】爾雅釋詁云：「時，是也。」按：是指三王祖乙、武丁、祖甲。王氏釋詞云：「厥，猶之也。」引書無逸「自時厥後」句爲例。立、位古今字，甲骨文與兩周金文立、位同字，戰國古文字包山與郭店楚簡始見位字，「立王」謂在位之王。生與性古文同字，西周金文蔡姞簋性字作生是其證。生謂生性，即本性。後「生則逸」當與下「不知稼穡之艱難」一氣讀，謂因本性則逸樂，故不知稼穡之艱難。説文耳部云：「聞，知聲也，从耳，門聲。」按：聞與上句知字對文，聞亦知也，謂不知小民百姓之勞苦。王氏釋詞云：「惟，獨也。或作唯。」詩齊風還毛傳云：「從，逐也。」按：逐猶今言追求。爾雅釋詁云：「罔，無也。」「老，壽也。」按：壽謂壽考，即年老壽終。王氏釋詞云：「或，猶有也。」按：有猶今言有的人。言自從此三王中宗祖乙、高宗武丁、帝祖甲之後，在位殷王生性則安樂，而生性安樂，則不知農人稼穡事之艱難，不知小民百姓之勞苦，唯獨過度安樂之追求，故自此之後，亦無有能年老壽終之王，有的當國在位十年，有的七八年，有的五六年，有的三四年，皆可謂短暫。

周公曰：「嗚呼！厥亦惟我周太王、王季，克自抑畏。文王卑服，即康功田功。徽柔懿恭，懷保小民，惠鮮鰥寡。自朝至于日中昃，不遑暇食，用咸和萬民。文王不敢盤于遊田，以庶邦惟正之供。文王受命惟中身，厥享國五十年。」

【校】隸釋引漢石經恭作共，民作人，鮮作于，鰥作矜。魏三體石經昃作⿰大日，遑作皇。敦煌本恭作共，遑作皇，正作政，供作共，民作人，昃作仄。古文訓昃作仄，遑作皇，供作共。按：段氏撰異云：「隸釋載石經作懿共，則漢時不作懿美恭敬解也。考僞孔傳釋懿恭云：『以美政恭民。』此必經文作共，故云共民，共民猶給民也。」今按：共、供古今字，説文及先秦古文字無供字，而西周金文禹鼎、東周金文酓肯鼎皆有共字，故知共爲供給古字。而今本尚書作恭者，唐衛包所改。段氏撰異又云：「漢書谷永傳：『對災異事云：經曰：懷保小人，惠于鰥寡。』與漢石經合。谷用今文尚書也。惠鮮恐是惠于之誤，于字與羊字略相似，又因下文鰥字魚旁誤增之也。」今按：「惠于」譌作「惠鮮」，或如段說。而石經鰥作矜，矜即鰥寡本字，是今文用本字，古文作鰥用假借字，說已見前。說文日部云：「昃，日在西方時側也，从日仄聲。易曰：『日昃之離。』」段注云：「日在西方則景側也。此舉形聲包會意，隸作昗。」今按：殷虛書契前編卷四第九頁一片作旲，从日在大側，大即人字，會日影不直而側之意。金文滕侯昗戟作𣅈，从日在人側，與作旲義同。先秦古陶文、古璽文及魏三體石經無逸作𣅈，與甲骨文金文同。說文篆文作昃从仄聲，蓋秦國文字如此，後世通行。而尚書古寫本及古文訓昗作仄者，乃用假借字。先秦古文字及許氏說文皆無遑字，大徐新附有遑字，云：「遑，急也。从辵，皇聲。或从彳。」鄭珍說文新附考云：「經典遑訓暇，急義見玉篇，與暇相反而書傳罕見。爾雅：『遑，暇也。』釋文作遑，邢疏本作偟，皆皇之俗，他書或作徨，如毛詩多從俗作遑矣。」是今本尚書作遑者，乃俗字，古寫本及古文訓作皇者，乃用古字。但遑雖俗字而後世通行。

【詁】黃侃經傳釋詞箋識云：「亦，乃又之借。」按：「厥亦」猶言「其又」。王氏釋詞云：「惟，獨也。亦作唯。」太王謂古公亶父，周公旦之曾祖。王季爲周公之祖父。抑謂謙抑敬下，即敬民。畏謂畏敬天命。言周公感歎謂成王說，其中又唯獨我周家太王、王季，能自身謙敬下民，畏敬天命。陸氏釋文云：「卑，馬本作俾，使也。」按：爾雅釋詁云：「俾，使，從也。」「服，事也。」是「俾服」猶言從事，謂繼承從事太王、王季開創之王業。詩衛風氓鄭箋云：「即，就也。」按：就謂成就。爾雅釋詁云：「康，安也。」按：「即康功田功」謂成就安民之功、稼穡之功。爾雅釋詁云：「徽，善也。」「柔，安也。」「懿，美也。」「惠，愛也。」「鮮，善也。」按：美與善義通。「徽柔」謂善安民，「懿共」謂善給足民。「懷保」謂關懷保養。「惠鮮」謂愛護善待。咸當讀爲諴。說文言部云：「諴，和也。」爾雅釋詁云：「諧，和也。」按：「咸和」猶言和諧。盤當讀爲般。爾雅釋詁云：「般，樂也。」田謂田獵。王氏述聞云：「以，猶與也。」正當讀爲政；共，奉也。言耽樂是從則怠于政事。文王不敢盤于遊田，惟與庶邦奉行政事。故曰『以庶邦惟政之共』，言惟政是奉也。」書疏引鄭玄曰：「受命，受殷王嗣位之命。中身，謂中年。」按：周爲殷之諸侯國，故受殷王之命嗣位。文王在位五十年，則中年受命爲君之年已五十歲。言文王善于安定人民，善于滿足人民，關懷保養小民百姓，愛護善待鰥寡可憐之人；自早晨至于日中，日中至于日落，無暇飯食，以忙于和諧萬民；文王不敢樂于遊逸田獵，而與衆諸侯國唯獨奉行政事，不敢怠慢。文王受命爲君是中年五十歲，其當國在位五十年。

周公曰：「嗚呼！繼自今嗣王，則其無淫于觀、于逸、于遊、于田，以萬民惟正之供。無皇曰：『今日耽樂。』乃非民攸訓，非天攸若，時人丕則有愆。無若殷王受之迷亂，酗于酒德哉！」

【校】隸釋引漢石經「淫」至「田」九字作「酒毋劮于遊田」六字，「無皇」作「毋兄」。敦煌本愆作僁。唐石經補刻酗作䣴。古文訓供作共。按：段氏撰異云：「考漢書谷永傳對災異引經曰『繼自今嗣王，其毋淫于酒，毋逸于遊田，惟正之共』，正與石經合，此今文尚書也。古文尚書蓋本作『共』，僞孔釋以『供』，天寶間遂改爲『供』也。」今按：共、供古今字。「無皇」漢石經作「毋兄」者，石經用今文尚書，毋與無通，兄與皇通。愆字説文籀文作僁，从言，侃聲。古文四聲韻宣韻引籀韻作僁，从保即从侃之譌，侃與保形近而致誤。「殷王受」之受，漢書翼奉傳、論衡譴告篇引尚書作紂。今按：作紂者，今文尚書。酗作䣴者，乃隋唐俗字，見唐范攄雲溪友議卷六。説文篆文本作䣱，魏三體石經無逸作酗，已用俗字，䣴則俗而又俗，不可取。

【詁】爾雅釋詁云：「從，自也。」「嗣，繼也。」按：「自今」謂從今以後。「嗣王」謂繼位之王。王氏釋詞云：「其，猶尚也，庶幾也。」按：尚與當通，猶今言應當。書疏引鄭玄曰：「淫，放恣也。」按：「放恣」猶言放蕩。觀謂觀覽，逸謂逸樂，遊謂遊戲，田謂田獵。「以萬民惟正之供」，與上文「以庶邦惟正之供」句法相同，以，與也；正讀爲政；供，奉行，謂與萬民一道唯獨奉行政事，不敢遊田縱樂。言周公告戒説，要繼承先王德業，從今以後繼位之王，則應當不放蕩于觀賞逸樂遊戲田獵，與萬民一道唯獨奉行政事。皇亦作偟作遑。爾雅釋言云：「偟，暇也。」郭璞注云：「詩曰不遑啟處。」按：皇謂寬暇，「無皇」謂不要自寬自解。「耽樂」即「媅樂」，媅从甚得聲得義，「媅樂」猶言甚樂。王氏釋詞云：「乃，猶是也。」爾雅釋言云：「攸，所也。」廣雅釋詁云：「訓，順也。」爾雅釋詁云：「若，善也。」「乃非民攸訓，非天攸若」，謂如是耽樂非萬民所能順從，非上天所能善許。爾雅釋詁云：「時，是也。」按：「時人」謂在位耽樂者。「丕則」猶則，丕爲語詞無義。説文心部云：「愆，過也。」按：愆謂罪過。言不要自我寬解説，今日姑且甚樂，此非萬民所能順從，非上天所能善許，如此爲君之人則有罪過。「殷王受」即殷王紂，古文尚書作受，今文尚書作紂。説文辵部云：「迷，惑也。」按：「迷亂」謂迷惑昏亂。書微子釋文云：「以酒爲凶曰酗。」王氏釋詞云：「于，猶爲也。」按：「酗于酒德」謂以酗酒暴虐爲酒德。言不要如殷紂王之迷惑昏亂，以酗酒暴虐爲酒德，而國亡身戮。

周公曰：「嗚呼！我聞曰：古之人猶胥訓告，胥保惠，胥教誨，民無或胥譸張爲幻。此厥不聽，人乃訓之，乃變亂先王之正刑，至于小大，民否則厥心違怨，否則厥口詛祝。」

【校】隸釋引漢石經聽作聖，「人乃訓之乃變亂先王之正刑」作「人乃訓變亂正刑」。敦煌本譸作嚋，詛作𧞞。古文訓譸作嚋，幻作会，詛作𧞞。按：説文言部云：「譸，詶也，从言，壽聲，讀若醻。周書曰：『無或譸張爲幻。』」段注云：「無逸文。釋訓曰：『侜張，誑也。』毛詩作侜張，他書或作佚張，或作輈張，皆本無正字，以雙聲爲形容語。此偁譸張，訓誑不訓詶，亦假借之理也。」今按：爾雅釋訓郭注引書曰：「無或侜張爲幻」，與許書所引皆無「胥」字，當以無

「胥」字爲是。又古寫本及古文訓譸作嚋者，嚋乃異體，玉篇口部云：「嚋，陟流切。嚋張，誑也。」集韻尤韻云：「譸，或作嚋。」皆嚋爲譸異體之證。段氏撰異云：「漢石經『厥不聖人乃訓變亂正刑』，聽作聖，無『之乃』二字，無『先王之』三字，此今文尚書也。聽、聖古音同部，而古文尚書作聽，當是襲衛、賈、馬、鄭之本。汗簡耶字下注聽字，亦聖字一字兩讀，蓋非也。」按：古文尚書作聽用本字。今文尚書作聖爲通用字。聽與聖皆从壬聲，古同聲而通用。說文予部云：「幻，相詐惑也，从反予。周書曰：『無或譸張爲幻。』」段注云：「詭誕惑人也。」今按：西周金文孟𢏚父簋作幻，象束絲露其線頭，有頭則可抽取使用，故有變幻義，引伸則有相惑義，爲正體。古文訓幻作𢆶者，乃幻字篆文之寫譌，不足取。詛字作𧝓者，漢書五行志云：「屈氂復坐祝𧝓要斬。」顏師古注曰：「𧝓，古詛字也。」今按：先秦古文字無𧝓字，而戰國古文侯馬盟書、詛楚文、睡虎地秦簡皆作詛，故當以詛爲正字。𧝓則後出俗字，古文訓以𧝓爲古文，非。

【詁】「古之人」，謂古之爲政者。楊氏詞詮云：「猶，副詞，且也。今言尚且。」爾雅釋詁云：「胥，相也。」按：相謂互相。說文言部云：「訓，說教也。」獨斷云：「告，教也。」按：「訓告」猶言勸導。保謂保護，惠謂愛護，「保惠」猶言愛護。玄應一切經音義云：「教，誨也。」說文言部云：「誨，曉教也。」段注云：「曉教者，明曉而教之也。曉之以破其晦，是曰誨。」按：「教誨」猶言啟發。王氏釋詞云：「或，猶有也。」按：「無或」猶言無有。「譸張」猶言欺騙。王氏釋詞云：「爲，猶與也。」幻謂相詐惑。言周公告戒成王及衆臣說，古代爲政之人尚且互相勸導，互相愛護，互相啟發，故人民受其化而無有互相欺騙與互相詐惑者。王氏釋詞云：「厥，猶之也。書無逸曰：『此厥不聽。』謂此之不聽也。」廣雅釋詁云：「聽，從也。」按：聽謂聽從。「人乃訓之」，人謂奸人，「訓之」謂教之，猶今言教唆之。正當讀爲政。爾雅釋詁云：「刑，法也。」按：「正刑」謂政策法令。「小大」謂小法大法，即自小至大之政策法令。王氏釋詞云：「書無逸『否則』，漢石經否作不，『不則』猶於是也。」又述聞云：「違亦怨也，廣雅曰：『怨、愇，恨也。』愇與違同。『厥心違怨』，違與怨同義，猶『厥口詛祝』，詛與祝同義耳。」按：「詛祝」即詛咒。言此之告戒不聽從，奸人則乘機教唆之，于是爲政者會變亂先王政策法令，至于小法大法皆變，萬民于是其心怨恨，其口詛咒爲政者。

周公曰：「嗚呼！自殷王中宗及高宗及祖甲，及我周文王，茲四人迪哲。厥或告之曰：『小人怨汝詈汝！』則皇自敬德。厥愆，曰：『朕之愆。』允若時，不啻不敢含怒。此厥不聽，人乃或譸張爲幻，曰：『小人怨汝詈汝！』則信之，則若時，不永念厥辟，不寬綽厥心，亂罰無罪，殺無辜，怨有同，是叢于厥身。」

【校】隸釋引漢石經「皇自」作「兄曰」。魏三體石經及作乁，允作兄，怒作忞。敦煌本怒作忞，叢作藂。內野、足利、天正、八行本作「下及祖甲」。古文訓含作函，叢作菆。按：日本古寫本「及祖甲」作「下及祖甲」者，説文及字古文作弓，與下字篆文丅相似，故抄寫者誤寫作「下及」。而今存兩種敦煌古寫本皆作「及祖甲」不誤，可證多「下」字者誤。漢石經皇作兄，已見前。自作曰者，蓋本作白，白即古自字，隸釋誤作曰字。黃伯思東觀餘論記石經與今文不同引作「兄曰」，而黃氏引「則兄自敬德」以證曰即自之誤。魏石經及作乁者，因説文古文及作乁。考甲骨文金文及字皆不作乁，則作乁者必有誤。魏石經允字作兄者，因漢隸而譌。篆文允字上从㠯，漢隸變作从厶，與口字形似，景北海碑、武榮碑允皆作允，與兄字相近，故致允、兄無別。説文口部云：「含，嗛也，从口，今聲。」段注云：「禮樂志：『吟青黃』，以吟爲含。」今按：東周金文中山王鼎作含，而包山楚簡作吟，是含、吟古本一字，故古書通用。含亦通作函，禮記月令云：「羞以含桃。」陸氏釋文云：「本亦作函。」函字甲骨文金文象囊中藏矢，故函之義與含義近而有別，爲包函本字，而含爲含桃本字。含怒本字當作函，包函之義。古文訓作函，是用本字。魏石經怒作忞者，用古文。戰國古文𡡉蚉壺怒作忞，是其證。而睡虎地秦簡作怒，與説文篆文同，爲後世所通行。説文丵部云：「叢，聚也，从丵，取聲。」段注云：「於疊韻得之。」又艸部云：「菆，麻蒸也，从艸，取聲。一曰蓐也。」今按：叢爲叢聚本字，古文訓作菆者，用假借字。而古寫作藂者，俗字，如魏元湛妃王令瑗墓誌、隋吕胡墓誌叢皆作藂，是其例。尚書經文當以作叢爲正。

【詁】廣雅釋詁云：「及，至也。」爾雅釋詁云：「兹，此也。」「迪，道也。」釋言云：「哲，智也。」按：「迪哲」謂治道明智。言周公告戒成王説，自殷王中宗至高宗至帝祖甲，直至我周朝文王，此四位君王皆治道明智。爾雅釋言云：「厥，其也。」王氏釋詞云：「其，猶若也。」「或，猶有也。」按：「厥或」猶言若有人。「小人」謂小民百姓。説文网部云：「詈，罵也。」廣雅釋言云：「則，即也。」按：即者，就也。漢石經皇作兄。説文兄部云：「兄，長也。」段注云：「古長不分平上，其音義一也，長短、滋長、長幼皆無二義，兹益乃兄之本義。」按：兹、滋古今字，「滋益」猶今言更加。敬字从苟，苟金文象狗蹲踞警惕，故敬有慎義，「自敬」謂自我謹慎。言若有人告知文王四君王説，小民百姓怨恨你咒罵你，他們就更加自我謹慎其德行。説文心部云：「愆，過也。」按：「厥愆」猶言若有過失。爾雅釋詁云：「朕，我也。」「允，信也。」「時，是也。」書疏引鄭玄曰：「不但不敢含怒，乃欲屢聞之，以知己政得失之源也。」按：劉淇助字辨略云：「啻，但也。」言若有人指出有過失，他們則承認説，我之過失確實如此，不但不敢含怒，反而要多聽以知爲政得失根源。以上此告戒若不聽從，奸人則有欺騙與詐惑者，乘機造謡説小民百姓怨恨你咒罵你，你就信之，就以爲如奸人所言。爾雅釋詁云：「永，長也。」「辟，君也。」釋言云：「寬，綽也。」言若誤信奸人讒言，不長念其爲君之道，不寬大其心懷，則會亂罰無罪，亂殺無辜。王氏釋詞云：「是，猶于是也。」言雖然受害不同，而怨恨有所相同，于是聚集怨恨于其君王一身。

周公曰：「嗚呼！嗣王其監于兹。」

【校】隸釋引漢石經嗚呼作於戲，「嗣王」下無「其」字。按：段氏撰異云：「漢石經『公曰於戲嗣王監于茲』，無『其』字，此今文尚書也。此篇言『嗚呼』者七，今文尚書皆當作『於戲』。以石經殘碑篇末『於戲嗣王監于茲』知之，匡謬正俗所謂『古文尚書皆作嗚呼，今文尚書皆作於戲』也。」今按：以有「其」字義長。

【詁】爾雅釋詁云：「嗣，繼也。」王氏釋詞云：「其，猶尚也。」按：尚與當古同聲，猶今言應當。爾雅釋詁云：「監，視也。」「茲，此也。」按：監、鑑古今字，謂借鑑以爲戒。茲即此，指以上爲君致怨之由。言周公感歎告戒成王說，新繼位之王應當借鑑此爲君致怨之由以爲戒。

周書十二

君奭【解題】史記燕召公世家云：「成王既幼，周公攝政，當國踐祚，召公疑之，作君奭。君奭不說周公，周公乃稱湯時有伊尹，假于皇天，保乂有殷，於是召公乃說。」中論智行篇云：「召公見周公之既反政，而猶不知，疑其貪位。周公爲之作君奭，然後悅。」今按：說、悅古今字。史記以爲周公攝政踐祚時所作，用今文家說。中論以爲周公反政成王後所作，蓋古文家說。

周公若曰：「君奭！弗弔天降喪于殷，殷既墜厥命，我有周既受。我不敢知曰：厥基永孚于休。若天棐忱，我亦不敢知曰：其終出于不祥。

【校】隸釋引漢石經「其終出于不祥」作「道出于不詳」。魏三體石經奭作奭，「我不敢知曰」句「知曰」作智，終作崇，于作於。唐石經奭作奭。敦煌本「我不敢知曰」句無「曰」字。古文訓奭作奭。按：說文皕部云：「奭，盛也。

从大、从皕。皕亦聲。此燕召公名，讀若郝。」段注云：「釋詁：『赫赫、躍躍。』赫赫，舍人本作奭奭。常武毛傳云：『赫赫然盛也。』按：奭是正字，赫是假借字。隸作奭。」今按：殷虛書契前編卷一第十二頁二片奭字作夾，从大、从二火，火盛之義。甲文火字與百字古形相近，故夾譌作奭。戰國古璽文已作奭，與說文篆文同，爲後世所通行。說文奭讀若郝，與赫音近，故古書通用。魏石經作奭，遵漢隸。唐石經作奭，乃俗字。如唐隴西董氏内弟墓誌奭作奭，不足取。魏石經上「知曰」作智者，蓋誤合「知曰」爲智字，下「知曰」不誤。而敦煌古寫本上「知曰」作「知」者，是改魏石經智字爲知，故無「曰」字，亦誤。段氏撰異云：「隸釋石經尚書殘碑『道出于不詳』，此今文尚書也，終作道，祥作詳。」魏石經終作崇者，是古文尚書作崇。陸氏釋文云：「終，馬本作崇，云：充也。」馬融注古文尚書，是馬本作崇者，古文異字。詩蝃蝀「崇朝其雨」，毛傳云：「崇，終也。」是終、崇通用之證。魏石經于作於者，于、於古通用字。尚書經文當以作于爲正。

【詁】說文口部云：「君，尊也。」按：君猶言君子，稱賢者。奭爲周公旦之弟，稱奭爲「君奭」，猶言賢弟奭。古金文「弗弔」即「不淑」。爾雅釋詁云：「淑，善也。」說文哭部云：「喪，亡也，从哭亡，亡亦聲。」按：喪謂喪亡國運。隊、墜古今字。墜與上句喪字對文，義爲喪失。「有周」即周，有爲助字。言周公如此說，賢弟奭，殷紂王不善敬天命，上天降下喪亡國運之罪于殷商；殷商已喪失其天命，我周已繼受其天命。知謂知天命，言「不敢知」者，謙辭。爾雅釋詁云：「基，始也。」「永，長也。」「休，美也。」孚當讀爲保，中山王鼎保字作俘，俘即孚之孳乳。言我不敢以爲知天命而說，王業始興能長保于美好。王氏釋詞云：「若，詞之惟也。君奭曰：『若天棐忱。』若字是語詞之惟。」孫詒讓尚書駢枝云：「凡此經『棐』字，並當爲『匪』之假借。」按：說文心部云：「忱，誠也。从心冘聲。詩曰：『天命匪忱。』」段注云：「誠者，信也。詩大明曰：『天難忱斯。』毛曰：『忱，信也。』」今按：「天棐忱」義即「天命匪忱」，匪與非通，謂天命不誠信于一家，止有爲善行者則天命誠信保佑。「其終」與上「厥基」相對爲文，謂王業終斷。周易説卦虞翻注云：「出，生也。」按：生謂産生。祥與上文休爲對文。爾雅釋詁云：「祥，善也。」言惟天命不誠信于一家，故我亦不敢以爲知天命而説，王業終斷産生于爲君不善。謂此理人所共知。

「嗚呼！君已曰時我。我亦不敢寧于上帝命，弗永遠念天威越我民，罔尤違，惟人。在我後嗣子孫，大弗克恭上下，遏佚前人光，在家不知。

【校】魏三體石經孫作孙。敦煌本「惟人」作「惟民」。按：説文系部云：「孫，子之子曰孫，从系子，系，續也。」段注云：「系於子也，會意。糸部云：『繼，續也。』系猶繼也。」今按：殷虚書契後編卷下十四頁七片孫字作孙，西周金文段簋、東周金文中山王鼎亦作孙；兩周金文又作孫，从糸與从幺同義，幺即古糸字，象絲束之形，可見説文小篆作孫从系有變，而魏石經作孙爲古文。漢書王莽傳引書曰：「我嗣事子孫，大不克共上下，遏失前人光，在家不知，命不易，天應棐諶，乃亡隊命。」按：此今文尚書。「共」今本作「恭」者，唐衛包所改。「失」作「佚」，則古通用字。當以作失爲正。

【詁】廣雅釋詁云：「時，善也。」按：「時我」即以我爲善，謂以我周公居攝爲善。爾雅釋詁云：「寧，安也。」按：「寧于上帝命」謂苟安于天命而不圖進取。廣雅釋詁云：「越，與也。」犍爲舍人注爾雅釋言云：「尤，怨人也。」是尤者，怨也。違與愇通。廣雅釋詁云：「愇，怒恨也。」按：「罔尤違」謂無怨天無怨人。王氏釋詞云：「惟，獨也。或作唯。」按：「惟人」謂天命民心去就無常，唯獨奉天愛民之人得天命民心。爾雅釋詁云：「在，察也。」書堯典疏引舍人爾雅注云：「在，見物之察。」按：察謂明察，猶今言看清。「在我後嗣子孫」謂明察我們後代繼承王位之子孫，子孫者，成王以下。大者，概略估計之詞，猶今言大概。恭當作共。說文共部云：「共，同也。」段注云：「尚書『供給』、『供奉』字皆借共字爲之，衞包盡改尚書之共爲恭，非也。」按：「共上下」即奉天給民，謂奉天命供養萬民。爾雅釋詁云：「遏，止也。」佚本字當爲失，「遏失」猶言斷亡。「前人」謂先王文王武王。爾雅釋詁云：「烈、顯，光也。」按：光謂光烈，即光顯王業。「在家」即退居在家，周公謂自己如不居攝而退居在家。知當讀爲智，「不知」猶言不明智，謂有愧于前王重托。言周公感歎說，賢弟奭已曾說過，以我周公居攝輔佐成王爲妥善，故我亦不敢苟安于天命，不敢不永遠心念天命威嚴與我周民心向背，不怨天不怨人，唯獨做奉天養民之人以保社稷；要明察我們後代繼王位之子孫，大可有不能奉天養民者，斷失先人文王武王光顯王業，如我周公不居攝退居在家，實爲不明智之舉。

「天命不易，天難諶，乃其墜命，弗克經歷，嗣前人恭明德在今。予小子旦非克有正，迪惟前人光，施于我沖子。又曰：天不可信。我道惟寧王德延，天不庸釋于文王受命。」

【校】魏三體石經諶字古文作杏，篆文作忱。墜作隧，小作尐，「小子」下無「旦」字，道作迪。敦煌本諶作忱。古文訓諶作忱。按：說文言部云：「諶，誠諦也，从言，甚聲。詩曰：『天難諶斯。』」心部云：「忱，誠也，从心，冘聲。詩曰：『天命匪忱。』」段注云：「詩大明曰：『天難忱斯。』毛曰：『忱，信也。』言部諶下引詩『天難諶斯』，古忱與諶義近通用。大雅蕩曰：『天生烝民，其命匪諶。』毛曰：『諶，誠也。』許作忱，是亦可徵二字互用也。」今按：西周金文諶鼎有諶字，而先秦古文字無忱字，是正字當作諶。魏石經古文作杏，篆文及隸書作忱，杏蓋从冂，杏聲，古杏讀音如甚，然亦未見於先秦古文，或亦俗字而已。魏石經墜作隧者，用後出通用字。許氏說文無隧字，先秦古文字亦無隧字。

墜落字說文作隊，金文卯簋作隊，㝬簋作墜，是隊孳乳作墜，爲墜落通行字。漢碑墜通作隧。如漢石經論語殘碑「未隧於地」，即以隧爲墜。「恭明德」之「恭」本作「共」，僞孔傳釋爲「奉」可證，衛包乃改爲「恭」，非是。魏石經小作尐者，用小之通用字少。說文小部云：「少，不多也，从小，丿聲。」段注云：「不多則小，故古少、小互訓通用。」今按：金文蔡侯鐘少字作尐，包山楚簡亦作尐，是魏石經小作尐者，用小之借字少。說文辵部云：「迪，道也，从辵，由聲。」段注云：「迪、道疊韻。」今按：陸氏釋文云：「我道，馬本作我迪。」是魏石經作「我迪」與馬融本同，作迪者，古文尚書異文，其義相同而其字不同。

【詁】爾雅釋詁云：「諶，信也。」孔疏云：「『天命不易』，言甚難也。天難信，惡則去之，不常在一家，是難信也。」王氏釋詞云：「乃，猶于是也。」又云：「其，猶將也。」說文糸部云：「經，織從絲也。」按：從、縱古今字。織布以經線縱長，故經字有長義。小爾雅廣詁云：「歷，久也。」爾雅釋詁云：「嗣，繼也。」「在，察也。」按：察謂視察。今謂今王，即成王。言受天命爲天子甚難，而天意難信，爲惡則上天不佑，于是將會墜失天命，王位不能長久，故繼承先王文王武王之道，奉行其明德，就要察看今王成王。「小子」謙言其卑小。旦即周公姬旦。正與政通，「有政」即政，有爲助詞，見王氏釋詞。爾雅釋詁云：「勝，克也。」按：「非克有正」謂不能勝任爲政，此周公謙辭。迪當讀爲由。王氏釋詞云：「廣雅曰：『由、以，用也。』由、以、用一聲之轉。」文選甘泉賦李善注云：「惟，是也。」按：「迪惟」猶「以此」。爾雅釋詁云：「顯，光也。」廣雅釋詁云：「施，予也。」按：予謂傳予。「沖子」猶言童子，謂成王。周公言我小子姬旦不勝任爲政，但要以此先人文王武王顯德傳予我們幼主成王。「又曰」承上文「已曰」而言，謂召公奭又曾說。「天不可信」義即「天難諶」。道字从首聲，與迪古通，漢石經作迪可證，故「道惟」猶「迪惟」，猶今言因此。「寧王」即文王，古金文「文」字與「寧」字形近，故「文王」誤爲寧王。爾雅釋詁云：「延，長也。」說文用部云：「庸，用也。」又手部云：

「捨，釋也。」按：「庸釋」猶言用廢棄。言召公奭又曾説天命不可信，此言在理，我因此要使文王之德延及于成王，使上天不用廢棄天命于文王受命之後代子孫。

公曰：「君奭！我聞在昔，成湯既受命時，則有若伊尹，格于皇天。在太甲時，則有若保衡。在太戊時，則有若伊陟、臣扈，格于上帝，巫咸乂王家。在祖乙時，則有若巫賢。在武丁時，則有若甘盤。率惟茲有陳，保乂有殷，故殷禮陟配天，多歷年所。

【校】魏三體石經「君奭」作「君」無「奭」字，格作⿰彳各，賢作臤。敦煌本亦無「奭」字。八行本無「君奭」二字。按：史記燕召公世家引尚書作「君奭」，是史公所見今文尚書如此，當從之。説文無⿰彳各字。而甲金文皆有⿰彳各字，見於容庚殷契卜辭、福氏所藏甲骨文字等，⿰彳各从各从彳，實各之孳乳，各字古義爲至。西周金文沈子簋亦作⿰彳各。是魏石經格作⿰彳各實有所本。史記燕世家引尚書格字作假。按：假即徦之借字。説文彳部云：「徦，至也。」但徦字不見于先秦古文，當爲⿰彳各字後出異體，是⿰彳各、假爲古今字。魏石經賢作臤者，用古字。考殷代金文賢父癸觶賢字作臤，从臣从又會意，賢能之義。西周金文賢簋作賢，東周金文中山王鼎作孯，皆臤之孳乳。石鼓文作賢，楚帛書作臤，與説文篆文、魏石經分別相同，而後世通行賢字。史記燕世家「甘盤」作「甘般」。按：般、盤古今字，今本尚書作盤者，用今字。

【詁】王氏釋詞云：「若，猶其也。」按：「有若」謂有其人。史記燕世家作「湯時有伊尹」云云，是當以「時則有若」與上連讀爲句。説文人部云：「伊，殷聖人阿衡也，尹治天下者，从人尹。」段注云：「諸家或云名摯。」書疏引鄭玄曰：「阿，倚；衡，平也。伊尹，湯所依倚而取平，至太甲改曰保衡。保，安也，言天下所取安所取平。此皆三公之官。當時爲之號也。」按：蓋伊氏而名摯。尹爲古君字，伊尹猶言伊君。是伊尹亦爲號，一名而三號。格與徦通。方言云："洛，至也。"按："皇天"猶言上天，"洛于皇天"謂功高至天。言周公謂賢弟奭説，我聽説從前成湯已受天命爲殷王時，則有其賢人伊尹爲輔，伊尹功高至天。史記殷本紀云："太甲，成湯適長孫也。"按：適、嫡古今字。"保衡"即太保阿衡，太甲時伊尹任太保之職。言在帝太甲時，則有其太保阿衡爲輔。史記殷本紀云："帝太戊立，伊陟爲相。巫咸治王家有成。"按：伊陟爲伊尹之子，與臣扈皆太戊時賢臣。"上帝"猶言"上天"。王氏述聞云："巫咸，今文尚書作巫戊，巫戊以生日名也。後人但知古文之作咸，不知今文之作戊，故改戊爲咸耳。"爾雅釋詁云："就，成也。"言在帝太戊時，則有其賢臣伊陟與臣扈爲輔，二人功高至于上天，而賢臣巫咸治理王家亦有成就。史記殷本紀云："帝河亶甲崩，子帝祖乙立，殷復興，巫賢任職。"楊氏覈詁云："據卜辭祖乙乃仲丁子也。"按：巫賢乃巫咸之子。言在帝祖乙時，則有此賢臣巫賢爲輔。殷本紀謂帝武丁得傅説舉以爲相，而此文云甘盤，蓋亦武丁賢臣。言在帝武丁時，則有其賢臣甘盤爲輔。王氏釋詞云："率，語助也。"引君奭"率惟兹有陳"句爲例。爾雅釋宫云："堂途謂之陳。"郭注云："堂下至門徑也。"是陳者，道路義。又釋詁云："乂，治也。""陟，陞也。"按：俞氏平議云："殷人禮死則配天而稱帝也。"説文止部云："歷，傳也。"公羊傳文公十三年何注云："所，猶時也。"言是這有道之諸賢臣，能保治殷朝，故按殷禮諸受輔之王，壽終則升配上天稱帝，美名能多傳年時。

"天惟純佑命，則商實百姓王人，罔不秉德明恤。小臣屏侯甸，矧咸奔走。惟兹惟德稱，用乂厥辟，故一人有事于四方，若卜筮，罔不是孚。"

【校】魏三體石經甸作佃，故作古。按：説文田部云："甸，天子五百里内田，从田、包省。"今按：甸、佃本一字，西周金文柞鼎、克鼎作⿰田人，即佃字，説文篆文从勹，即古文人字之變，先秦古璽文作佃，與説文人部佃字同。睡虎地秦簡與包山楚簡作甸，與說文田部甸字同，後世「侯甸」字即通行此字。說文攴部云：「故，使爲之也，从攴，古聲。」段注云：「今俗云原故是也。引伸之爲故舊，故曰古，故也。」今按：西周金文古與故祇作古，如盂鼎故字作古是。東周金文郭季簋則作故不作古，可知故即古之孳乳。戰國古文古陶文與楚帛書亦作故，後世通行。魏三體石經故字古文作古，而篆隸皆作故，此古今字之不同，而非假借通用。

【詁】爾雅釋詁云：「純，大也。」佑，古本字作右。說文又部云：「右，助也。」王氏述聞云：「爾雅：『寔，是也。』寔與實通。是可爲語詞，實亦可爲語詞。君奭『商實百姓王人』，商百姓王人也。」詩小雅天保毛傳云：「百姓，百官族姓也。」按：「百姓」謂與王異姓之官，「王人」謂與王同姓之官。爾雅釋詁云：「秉，執也。」按：「秉德」謂執著德行。明與孟通。爾雅釋詁云：「孟，勉也。」恤與侐通。說文人部云：「侐，静也。」又爾雅釋詁云：「慎，静也。」是侐與慎同義，「明恤」謂勉力審慎。屏，魏石經作并。廣雅釋詁云：「并，同也。」王氏釋詞云：「矧，猶亦也。君奭曰：『小臣屏侯甸，矧咸奔走。』言亦咸奔走也。」爾雅釋詁云：「咸，皆也。」言上天大力佑助受命殷王，于是殷商與王異姓同姓百官，無不執著德行、勉力謹慎，朝中小臣連同外地諸侯，亦皆同心爲王事奔走。玉篇心部云：「惟，爲也。」按：「惟茲」猶言「爲此」。王氏釋詞云：「惟，獨也。或作唯。」稱本字作偁。爾雅釋言云：「偁，舉也。」按：「惟德稱」謂唯德舉用。乂通作艾。爾雅釋詁云：「艾，相也。」「辟，君也。」按：「乂厥辟」謂輔相其君。王氏釋詞云：「故，猶則也。」「一人」謂天子。甲骨文與金文事與使同字，「有事」謂有使命。爾雅釋詁云：「孚，信也。」言爲此王事要唯德舉用賢能，以輔相其君王，則天子有使命于四方，如同龜卜蓍筮靈驗，無不相信王命。

公曰：「君奭！天壽平格，保乂有殷，有殷嗣天滅威。今汝永念，則有固命，厥亂明

我新造邦。」

【校】魏三體石經平作釆。足利、天正本厥作其。按：說文于部云：「平，語平舒也，从于八，八，分也，爰禮說。釆，古文平如此。」今按：金文都公鼎作平，石鼓文亦作平，皆與說文篆文同。平陽左庫戈平作釆，與說文古文及魏石經古文同，是皆平之變，以此知平乃古文，爲通行正體。平字象糧市所用量斗平器，故其義爲平衡、爲公平。古寫本厥作其者，厥與其尚書爲通用字。

【詁】爾雅釋詁云：「耇、老，壽也。」按：「天壽」謂上天賜予長壽，殷商賢王多長壽享國。方言云：「格，正也。」按：「平格」謂平正之王。爾雅釋詁云：「乂，治也。」按：「保乂」猶言安治。「有殷」即殷，有爲助詞。王氏述聞云：「廣雅曰：『威，德也。』古者謂德爲威。『有殷嗣天滅威』者，有殷之君繼天出治而乃滅德不務，所以喪亡也。」言周公謂賢弟奭說，上天賜長壽于平正之賢王當國，以安治殷商，殷商之王本應繼天命治國，而殷紂王滅德虐民，故喪亡殷國。爾雅釋詁云：「永，長也。」按：「永念」謂長念天命之威。廣雅釋詁云：「固，鞏也。」按：「固命」謂鞏固之天命。爾雅釋言云：「厥，其也。」王氏釋詞云：「其，猶將也。」爾雅釋詁云：「亂，治也。」「明、就，成也。」按：成謂成就，「亂明」猶言治理有成。說文邑部云：「邦，國也。」言今你奭能長念天命之威，則我周家會有鞏固之天命而享國，將能治理好我們這個新造邦國。

公曰：「君奭！在昔上帝，割申勸寧王之德，其集大命于厥躬？惟文王尚克修和我有夏，亦惟有若虢叔，有若閎夭，有若散宜生，有若泰顛，有若南宮括。」

【校】魏三體石經散字古文作散，篆文作散，隸書作散。敦煌本躬作身，散作散，括作栝。內野、八行本躬作身。

足利，天正本括作栝。按：禮記緇衣篇引君奭曰：「在昔上帝，周田觀文王之德。」段氏撰異云：「古字割、害通用，害與周篆體略相似，此古文作害，禮緇衣作周之理也。」按：申作田，勸作觀，亦害作周之理，是以古文尚書作「割申勸」爲近是。而古文尚書「寧王」當作「文王」，亦當正。古寫本「躬」作「身」者，因僞孔傳釋「躬」爲「身」而寫誤。說文肉部云：「𢿙，襍肉也，从肉，㪔聲。」段注云：「从㪔者，會意也。㪔，分離也，引伸凡㪔皆作散，散行而㪔廢矣。」今按：西周金文散伯簋散字作散，从月、从攴、从竹會意，月光散於竹林之義；散姬鼎作散，从月、从攴、从井會意，月光散落水井之義，用爲凡分散義，又爲撒落義。漢碑周公禮殿記作散，與說文篆文合；郙閣頌作㪚，與魏石經隸書合，亦與敦煌寫本同。據古金文可證魏石經古文作散之譌。括作栝者，古通用字。漢書古今人表作南宮适，适音括，蓋本當作适。陸氏釋文云：「南宮，氏；括，名也。馬本作南君。」此馬融本古文尚書異文，或宮與君篆文相近而誤。

【詁】割當讀爲害。王氏釋詞云：「曷，何也。字亦作害。」爾雅釋詁云：「申，重也。」說文力部云：「勸，勉也。」按：「申勸」謂尊重嘉勉。王氏釋詞云：「其，猶乃也。」引君奭「其集大命于厥躬」爲例。廣雅釋詁云：「集，聚也。」「修，治也。」「和，諧也。」按：尚與當古同聲，「尚克」猶言當能。「有夏」即夏，有爲助詞，夏謂諸夏。言周公謂君奭說，往昔上天爲何要尊重嘉勉文王之德，乃集聚大命于其身，以唯獨文王當能治理和諧我諸夏各國。王氏釋詞云：「若，猶其也。」按：「有若虢叔」猶言有其虢叔。孔疏云：「虢叔爲文王之弟。虢，國名；叔，字。凡言人之名氏，皆上氏下名，故閎、散、泰、南宮皆氏，夭、宜生、顛、括皆名也。」按：西周時代以封國之名爲氏，故虢爲國名，亦爲氏。言上天集大命于文王，亦因有其虢叔、閎夭、散宜生、泰顛、南宮括諸賢臣爲輔佐。

又曰：「無能往來，茲迪彝教，文王蔑德，降于國人。亦惟純佑秉德，迪知天威，乃惟

時昭文王，迪見冒，聞于上帝，惟時受有殷命哉。

【校】魏三體石經來作迷。敦煌本蔑作薎。按：來本麥字古初文，用爲往來字。西周金文長由盉、單伯鐘皆作迷，从辵，與魏石經古文作迷同，信爲來古本字。但來字通行既久，故尚書經文當作來。説文苜部云：「蔑，勞目無精也，从苜、从戍，人勞則蔑然也。」段注云：「目勞則精光茫然。引伸之義爲細，又引伸之義爲無。戍人最勞者。」今按：殷虚書契前編卷一第四十九頁三片作蔑，从戈，𦫳聲，𦫳即古眉字。金文競簋、牆盤等作蔑，與甲文同。因甲金文𦫳字或作𦫳，下从人，故詛楚文及説文篆文變作蔑，下从戍，實則古字皆从戈字。古寫本作薎者，乃隋唐俗字，如唐饒陽男房基墓誌作薎即其例，不足取。陸氏釋文云：「冒，馬作勖，勉也。」按：冒、勖古今字。説文冃部云：「冒，冢而前也。」冢即古蒙字，蒙冒向前，是冒有懋勉之義。説文力部云：「勖，勉也，从力，冒聲。」段注云：「勖古讀如茂，與懋音義皆同，今文尚書懋皆作勖，見隸釋石經殘碑。」今按：西周金文九年衛鼎及東周詛楚文有冒字，而先秦古文無勖字，是冒、勖爲古今字，勖即冒之孳乳。

【詁】廣韻宥韻云：「又，猶更也。」按：「又曰」謂更進而言。竊疑「無」當爲「五」字之譌。説文亡部無之奇字作无，而戰國古文睡虎地秦簡、孫臏兵法等多見无字，經書中周易亦用无字，是无字先秦通行。因五與无形近，五譌作无，无又作無，則「無能」不知何解。「無能」當作「五能」，謂上述虢叔等文王五名賢能之臣。「往來」與上「奔走」相對爲文，謂往來奔走效力。王氏釋詞云：「迪，詞之用也。」君奭曰：『兹迪彝教文王蔑德。』言惟此五人用常教文王以精微之德也。又曰：『亦惟純右秉德，迪知天威，乃惟時昭文王迪見冒。』亦謂用知天威，用見勉也。」按：爾雅釋詁云：「兹，此也。」「彝，常也。」孫星衍曰：「蔑緩讀爲敳，説文云：『敳，眇也。』眇即妙字，蔑德，言妙德也。敳與孅通，亦美也。」是「蔑德」猶言美德。爾雅釋詁云：「惟，謀也。」按：「惟純佑秉德」謂五賢臣謀求大助文王堅持行德。釋詁又云：「時，是也。」「顯，見也。」按：「惟時」猶言爲此。「見冒」謂顯德懋勉。言周公更謂君奭說，文王五位賢能之臣往來奔走效力，是此五人用常教文王以美德，下政令于國家臣民，亦唯此五人大助文王持德，以知天命威嚴，爲此昭明文王顯德懋勉，使上聞于天帝，爲此文王才奉天命接受殷商王命。

「武王惟兹四人，尚迪有禄。後暨武王，誕將天威，咸劉厥敵。惟兹四人，昭武王惟冒，丕單稱德。

【校】說文目部云：「睸，低目視也，从目，冒聲。周書曰：『武王惟睸。』」段注云：「君奭篇文。今書作冒，蓋古文以睸爲冒也。」按：「惟冒」之冒與上文「見冒」之冒義同。冒、勖古今字，古與懋音同，義亦同爲勉。許慎所見古文尚書作睸，乃假借字。馬融本古文尚書作勖爲本字，經文當以作勖爲正。敦煌寫本「四人」皆作「四民」，而日本諸古寫本和唐石經皆作「四人」，与今孔傳本尚書合。

【詁】王氏釋詞引薛綜東京賦注云：「惟，有也。」是「惟兹」猶言「有此」。書疏引鄭玄曰：「至武王時，虢叔等有死者，餘四人也。」按：漢書古今人表周文王五賢臣以虢叔爲先，故孔傳謂「虢叔先死，故曰四人」，或然。王氏釋詞云：「迪，詞之用也。君奭曰：『武王惟兹四人，尚迪有禄。』言惟兹四人，尚用有禄也。」按：詩小雅小弁鄭箋云：「尚，猶也。」爾雅釋詁云：「無禄，死也。」按：禄謂天禄，「有禄」謂食禄在世，故「無禄」則謂死。爾雅釋詁云：「暨，與也。」王氏釋詞云：「誕，發語詞也。」廣雅釋詁云：「將，行也。」「天威」猶言天罰。王氏述聞云：「咸者，滅絶之名。說文曰：『𢦏，絶也。讀若咸。』聲同而義亦相近，故君奭曰：『誕將天威，咸劉厥敵。』咸、劉皆滅也。」王氏釋詞云：

「丕，有發聲者，君奭曰：『丕單稱德。』」是丕爲語助詞。説文吅部云：「單，大也。」稱本字爲偁。爾雅釋言云：「偁，舉也。」言武王時有此四賢輔臣猶在世，後與武王奉行天罰，滅絶其敵殷紂，亦有此四輔昭顯武王懋勉，大力舉揚其美德。

「今在予小子旦，若游大川，予往暨汝奭其濟小子，同未在位，誕無我責收，罔勖不及。耇造德不降我則，鳴鳥不聞，矧曰其有能格？」

【校】魏三體石經無「旦」字，收作敉。敦煌本游作遊。九條本鳥作鳳。古文訓游作汓。按：説文㫃部云：「游，旌旗之流也。从㫃，汓聲。遻，古文游。」段注云：「旗之游如水之流，故得偁流也。引伸爲凡垂流之偁，又引伸爲出游，俗作遊。」今按：出遊之遊字，甲骨文作⿱子止，从子、从止會意，見殷虚書契後編卷下十四頁十四片。集韻尤韻云：「遊，古作汓。」此古文訓所本。又云：「遻，或从子作迂。」从辵與从止同義。以集韻遻作迂例之，説文古文遻即出遊本字，漢碑有遊字。然以後世通字相較，游水作游，出遊作遊。尚書此文當以作游爲正。説文攴部云：「收，捕也，从攴，丩聲。」今按：甲金文未見收字。戰國古文字包山楚簡、睡虎地秦簡皆作收，而魏石經收字古文作敉从岀，當即从丩之譌。尚書經文當以作收爲正。古寫本「鳥」作「鳳」者，陸氏釋文云：「鳴鳥，本或作鳴鳳者，非。」是古代學者已辨其誤。

【詁】「小子」謂成王，非周公旦自謂。魏石經「小子」下無「旦」字，以無「旦」字義長。「大川」猶言大河。爾雅釋詁云：「暨，與也。」王氏釋詞云：「其，猶尚也。」爾雅釋言云：「濟，渡也。」按：「其濟小子」謂當渡小子成王。「同未」當讀爲「侗昧」。説文人部云：「侗，大皃。」段注云：「論語『侗而不愿』，孔注云：『侗，未成器之人。』」按：此大義之引伸，猶言渾沌未鑿也。」又日部云：「昧，一曰闇也。」按：「同未」猶言童蒙，謂年少未成熟。王氏釋詞云：「誕，發語詞也。」引君奭「誕無我責」爲例。説文貝部云：「責，求也。」朱氏説文通訓定聲云：「收，假借爲糾，實爲督。」按：爾雅釋詁云：「督，正也。」「責收」謂責求督正。説文又部云：「及，逮也，从又人。」段注云：「及前人也。」按：「不及」謂不及前王文王武王。言現在小子成王即政，猶如游渡大河，我前往與你君奭當共渡小子成王，童蒙未成熟在位，無我們責求督正，無我們勸勉則不知追及前王文王武王德政。爾雅釋詁云：「耇、老，壽也。」朱氏説文通訓定聲云：「造字从辵，本訓當爲至。」按：「耇造德」謂老成至德之人，周公謂己與召公奭。降讀音爲弘。爾雅釋詁云：「弘，大也。」「則，法也。」按：「降我則」謂光大我周家治國法則。釋文引馬融曰：「鳴鳥謂鳳皇也。」按：鳴鳳喻文王武王美政聲譽。王氏釋詞云：「矧，猶又也。」楊氏詞詮云：「其，反詰副詞，豈也。」爾雅釋詁云：「格，至也。」言我們老成至德之人如不光大我周家治國法則，有前王美政而不使聽聞，又豈有能至善之幼主成王美政？

公曰：「嗚呼！君，肆其監于兹。我受命無疆惟休，亦大惟艱。告君乃猷裕，我不以後人迷。」

【校】魏三體石經疆作畺，裕作衮。敦煌、九條、内野、八行本疆作畺。足利、天正本艱作難，後作后。按：西周金文車鼎疆字作畕，亦作畺，毛伯簋作畺，史頌鼎作彊，東周金文秦公簋作疆。而甲骨文已有畕字，見庫方二氏藏甲骨卜辭四九二片，是疆字初文作畕，畺等皆其繁化。裕字西周金文敔簋作衮，與魏石經古文作衮同；而東周金文十六年左軍戟作裕，與説文篆文同，是作衮者爲古文。古寫本艱作難者，用同義訓詁字。後作后者，用同音假借字，當以作後爲正。

【詁】「君」謂「君奭」，承上文而省。爾雅釋詁云：「肆，今也。」「監，視也。」「茲，此也。」按：王氏釋詞云：「其，猶尚也。」今按：尚、當古同聲，猶今言應當。言周公感歎謂召公奭說，賢弟現今應當看到繼往開來此事之重要。詩豳風七月毛傳云：「疆，竟也。」按：竟、境古今字，「無疆」猶今言無限。楊氏詞詮云：「惟，句中助詞，無義。」引書召誥「無疆惟休」句爲例。爾雅釋詁云：「休，美也。」按：惟爲句中語助詞，「惟休」猶言美好。黃侃經傳釋詞箋識云：「亦，乃『又』之借。」言我周先王受天命開國是爲無限美好，但又守業太爲艱難。王氏釋詞云：「乃，猶其也。」「其，猶尚也，庶幾也。」方言云：「裕、猷，道也。」戴震疏證云：「猷、繇古通用，爾雅釋詁云：『繇，道也。』廣雅：『裕，道也。』裕、猷亦一聲之轉。」按：「猷裕」連文，義亦爲道，道、導古爲一字，「猷裕」猶言教導，謂教導幼主成王。戰國策秦策高誘注云：「以，猶使也。」「後人」謂成王等後嗣之王。廣雅釋詁云：「迷，誤也。」言我周公告賢弟奭，應當教導成王，我們不能使後人迷誤。

公曰：「前人敷乃心，乃悉命汝，作汝民極，曰：汝明勖，偶王在亶，乘茲大命，惟文王德丕承，無疆之恤。」

【校】薛氏書古文訓偶作禺。說文甶部云：「禺，母猴屬，頭似鬼，从甶、从禸。」段注云：「爪部曰：『爲者，母猴也。』郭氏山海經傳曰：『禺似獮猴而大，赤目長尾，今江南山中多有，說者不了，乃作牛字。』按：左傳魯公爲，檀弓作公叔禺人，可證爲、禺是一物也。牛具切，古音在四部，讀如偶。」今按：爲字是用手牽象之形，已是定論；禺是否母猴，尚可研討。字形禺邗王壺、侯馬盟書、魏三體石經與說文篆文稍異。蓋先秦古文字無偶字，偶皆作禺，後乃有偶字而通行。

【詁】「前人」謂前王武王。詩小雅小旻毛傳云：「敷，布也。」王氏釋詞云：「乃，猶其也。」按：「敷乃心」謂布陳其心事。説文心部云：「悉，詳盡也。」按：「悉命汝」謂詳盡委命你召公奭。武王臨終乃顧命周公、召公輔佐成王，故周公有此言。廣雅釋言云：「極，中也。」按：中謂中正，猶今言楷模。言周公謂召公奭説，前王武王臨終布陳其心事，乃詳盡委命你輔佐成王，你要作萬民忠正楷模。明與孟聲近義同。爾雅釋詁云：「孟，勉也。」按：「明勖」謂勉力。偶當讀爲耦。廣雅釋詁云：「侑，耦也。」按：侑爲姷之或體。説文女部云：「姷，耦也，从女，有聲，讀若祐。侑，姷或从人。」段注云：「耕有耦者，取相助也，故引伸之凡相助曰耦。」爾雅釋詁云：「在，存也。」「亶，誠也。」朱氏説文通訓定聲云：「承，假借爲乘。」是乘與承通，謂承受。「大命」謂輔佐成王之武王遺命。王氏釋詞云：「丕，語詞。」引君奭文「丕承」爲例。「惟文王德丕承」謂繼承文王之德。爾雅釋詁云：「恤，憂也。」按：憂謂憂勞。言武王臨終説，你們勉力輔助成王，存誠心助王，承受此委政大命，繼承文王之德，爲王事盡無限之憂勞。

公曰：「君！告汝朕允保奭。其汝克敬，以予監于殷喪大否，肆念我天威。予不允惟若茲誥，予惟曰：襄我二人，汝有合哉！言曰：在時二人。天休滋至，惟時二人弗戡。其汝克敬德，明我俊民，在讓後人于丕時。

【校】魏三體石經予作舍；「二人弗戡」，人作民；「俊民」作「畯人」。九條本滋作茡，俊作畯，讓作攘。足利、天正、八行本滋作茡，俊作畯。古文訓滋作茡，讓作攘。按：魏石經予作舍，見多士注。説文水部云：「滋，益也，从水，茲聲。」段注云：「艸部茲下曰：『艸木多益也。』此字从水茲。爲水益也，凡經傳增益之義多用此字，亦有用茲者。」又艸部云：「茡，麻母也，从艸，子聲。一曰，茡即枲也。」是茡無增益義。而汗簡艸部引尚書茲作茡，茲即滋之寫譌。茡與滋雖聲通，而古書不見假借，故滋作芓者，蓋俗字，不足取。俊作畯者，古書通用。考先秦古文字有畯而無俊，蓋尚書本作畯，衛包改作俊字。讓作攘者，許氏説文以讓爲責讓本字，以攘爲謙讓本字，故古寫本及古文訓作攘者，以爲本字。然先秦古文不見攘而古陶文有讓字，是古祗用讓字。

【詁】爾雅釋詁云：「朕，我也。」「允，信也。」保謂太保，召公奭之官職。言周公謂召公説，賢弟，告知你，我信任你太保奭。王氏釋詞云：「其，猶尚也。庶幾也。」爾雅釋言云：「克，能也。」釋名釋言語云：「敬，警也，恒自肅警也。」廣雅釋詁云：「以，與也。」爾雅釋詁云：「監，視也。」按：監、鑑古今字。周易鼎卦釋文云：「否，惡也。」按：「大否」猶言大壞，殷朝大壞于紂王信任奸佞殺戮忠正。詩大雅崧高毛傳云：「肆，長也。」按：肆字从長，故有長義。廣雅釋言云：「威，德也。」言希望你召公能自警恒醒，與我周公共鑑于殷朝喪亂大壞之教訓，長念我周家受命之天德。王氏釋詞云：「允，猶用也。用亦語詞。」爾雅釋言云：「襄，除也。」「時，是也。」言我不用如此告戒你，我唯獨要説，除我們二人共當大任，你還有誰配合更好？我可以説，就在我們這二人。爾雅釋言云：「休，慶也。」小爾雅廣詁云：「滋，益也。」按：「滋至」猶言日益來至。戡勝本字爲堪。爾雅釋詁云：「堪，勝也。」釋言云：「克，能也。」明與孟音近，爾雅釋詁云：「孟，勉也。」説文人部云：「俊，材過千人也。」按：「俊民」謂才俊之人。裴學海古書虚字集釋云：「載，猶則也。字又或作在。書君奭篇：『在讓後人于丕時。』于，之也。」小爾雅廣言云：「丕，莊也。」按：莊當讀爲壯，少壯之義。廣雅釋詁云：「時，善也。」言天賜可慶之事日益來至，僅我們這二人不能勝任，希望你能尊敬賢德，勉用我周才俊之人，則我們老臣讓位後人之年壯德善者來受重任。

「嗚呼！篤棐時二人，我式克至于今日休。我咸成文王功于不怠，丕冒海隅出日，

罔不率俾。」

【校】敦煌本「嗚呼」上有「公曰」二字，九條本於「嗚呼」旁添「公曰」二字。內野、足利、天正、八行本皆首有「公曰」二字。按：孔氏正義云：「周公言而嘆曰：嗚呼」，是唐孔氏所據本有「公曰」二字，而唐石經無，以有義長。

【詁】爾雅釋詁云：「篤，厚也。」説文木部云：「棐，輔也。」「時二人」即是二人，謂周公與召公。王氏釋詞云：「式，語詞之用也。」黄氏箋識云：「式亦尚之借。」按：「式克」即尚能，猶今言才能。爾雅釋詁云：「休，美也。」言周公對召公感歎説，忠厚輔政的是我們這二人，所以我周朝才能有至于今日之美好。「我」謂我們，即周、召二公。詩商頌閟宫箋云：「咸，同也。」説文心部云：「怠，慢也。」冒、勖古今字，「丕冒」謂勉力，丕爲語詞。「海隅」猶言海角，謂四海之内。「日出」謂日所照臨，猶言普天之下。爾雅釋詁云：「率，循也。」「俾，從也。」按：「率俾」猶言順從。言我們二人要同心成就文王功業于不怠慢，要勉力爲之，使四海之内、普天之下，無不順從我周。

公曰：「君！予不惠，若茲多誥，予惟用閔于天越民。」

【校】古文訓閔作𢟪。按：説文門部云：「閔，弔者在門也，从門，文聲。𢡡，古文閔。」段注云：「引伸爲凡痛惜之辭。俗作憫。小徐篆作𢡡，然則大徐上體从古文民。汗簡正从古文民。」商承祚説文中之古文考云：「玉篇入思部作愍，云：『古文愍。』集韻亦引作愍。愍，痛也，與閔音義同，故借愍爲閔。鉢文作閔，與篆文同。」今按：閔字先秦古璽文多見，而𢡡字僅見於説文古文與汗簡，是閔古於𢡡，當以閔爲正字，𢡡爲後出異體字，古文訓作𢟪，即𢡡之譌。

【詁】惠當讀爲慧。説文叀部云：「惠，仁也。」段注云：「經傳或假惠爲慧。」按：慧謂聰慧。爾雅釋言云：「誥，告也。」按：多猶重。「多誥」謂反復告戒。王氏釋詞云：「廣雅曰：『越，與也。』周書『越』字與『與』字同義者甚多，大誥一篇而外不能遍引。」按：「天越民」謂天命與民心。言周公謂召公説，賢弟，我不聰慧，故如此反復告戒，我唯獨憂于天命與民心不常在我周家。

公曰：「嗚呼！君！惟乃知民德，亦罔不能厥初，惟其終。祗若茲，往敬用治。」

【校】敦煌本「民」作「人」。足利、天正本厥作其。按：敦煌古寫本經文與孔傳「民德」皆作「人德」，推求文意，以作「人德」義長。「人」謂「天地人」之人，「人德」即人所具有之德。蓋今本作「民德」者，後人所改。爾雅釋言云：「厥，其也。」是二字同義，故古本尚書通作。

【詁】書疏引鄭玄曰：「召公是時意説，周公恐其復不説，故依違託言民德以剴切之。」按：説、悦古今字。詩大雅蕩云：「天生烝民，其命匪諶，靡不有初，鮮克有終。」可與此文「厥初」、「其終」之義互發。爾雅釋詁云：「祗，敬也。」王氏釋詞云：「若，猶其也。」言周公感歎謂召公説，賢弟，你知道人之德性，亦無不能有其善始，而少有其能善終。你當敬其此理，善始善終，往後謹用善始善終于治國治民。

尚書校詁卷九

周書十三

多方【解題】史記周本紀云:「召公爲保,周公爲師,東伐淮夷,殘奄,遷其君薄姑。成王自奄歸,在宗周,作多方。」按:此篇爲周公攝政三年東伐淮夷、踐奄後代成王誥戒諸侯之辭。

惟五月丁亥,王來自奄,至于宗周。周公曰:「王若曰:猷告爾四國多方,惟爾殷侯尹民,我惟大降爾命,爾罔不知。

【校】古文訓亥作豕。按:説文亥部云:「亥,荄也,十月微昜起接盛侌。从二,二,古文上字也,一人男,一人女也。从乚,象褢子咳咳之形也。春秋傳曰:『亥有二首六身。』豕,古文亥,亥爲豕,與豕同。」今按:亥與豕本二字,甲骨文字形區别甚明,亥象植物根荄,豕象動物本形。金文亥、豕形近,故後世有亥與豕同之誤説,不足信。古文訓亥字直作豕,不足取。

【詁】詩豳譜疏引鄭玄曰:「奄國在淮夷之傍,周公居攝之時亦叛,王與周公征之,三年滅之,自此而來歸。」按:奄字説文作郁,其地在魯與淮夷之間,都邑在今曲阜。詩小雅正月毛傳云:「宗周,鎬京也。」言周成王三年五月丁亥日,成王自奄地歸來,回到鎬京。王氏釋詞云:「爾雅曰:『繇,於也。』繇、猷古字通。多方蓋初作『大告猷爾四國多方』，後改爲『大猷告爾四國多方』，其後則又脱『大』矣。」今按：王説迂曲。爾雅釋詁云：「猷，言也。」是「猷告」謂以言語告戒。詩豳風破斧毛傳云：「四國，管、蔡、商、奄也。」王氏釋詞云：「惟，猶與也。」引多方「惟爾殷侯尹民」爲例。「殷侯」謂殷遺諸侯。尹、君古今字，「尹民」猶言君民。爾雅釋言云：「降，下也。」釋詁云：「命，告也。」王氏釋詞云：「罔，猶得無也。」言周公説，成王如此説，言告你們四國各方，與你們殷遺諸侯君民，我要特下你們告令，你們不得不知。

「洪惟圖天之命，弗永寅念于祀，惟帝降格于夏。有夏誕厥逸，不肯慼言于民，乃大淫昏，不克終日勸于帝之迪，乃爾攸聞。厥圖帝之命，不克開于民之麗，乃大降罰，崇亂有夏。

【校】内野、八行本崇作重。按：阮元刻本「洪惟」下無「圖」字。今按：尚書古寫本如敦煌本、九條本、内野本、足利本及唐石經皆有圖字，無者非。古寫本崇作重者，用音義相通之假借字，爾雅釋詁云：「崇，重也。」是其例。尚書經文當以作崇爲正。

【詁】王氏釋詞云：「洪，發聲也，多方曰『洪惟圖天之命』是也。」又云：「惟，發語詞也。」是「洪惟」爲語詞連用。圖當讀爲斁。説文支部云：「斁，閉也，从支，度聲。讀若杜。」按：「圖天之命」謂拒天之命，即不奉順天命。爾雅釋詁云：「永，長也。」「寅，敬也。」小爾雅廣詁云：「格，止也。」按：止即絶止，「帝降格于夏」謂天帝降絶命于夏桀。「降格」大誥作「降割」，割亦謂絶斷。「有夏」即夏，有爲助詞。王氏釋詞云：「誕，句中助詞也。」又云：「厥，語助也。」是「誕厥」爲語詞連用，「有夏誕厥逸」，謂夏桀逸樂。説文心部云：「慼，憂也。」王氏釋詞云：「言，云也，語詞也。」按：

「慼言」謂憂恤。小爾雅廣詁云：「男女不以禮交謂之淫。」按：「淫昏」謂淫亂昏迷。爾雅釋言云：「彌，終也。」郭璞注云：「終，竟也。」按：「終日」猶言一日。説文力部云：「勸，勉也。」爾雅釋詁云：「迪，道也。」言夏桀拒奉天帝之命，不能長敬念于祭祀上天，故天帝降下絶命于夏桀，夏桀逸樂，不肯憂恤于民苦，乃大爲淫亂昏迷之行，不能有一日勉行于上天之教導，乃你們共所聞知。麗當讀爲罹。爾雅釋詁云：「罹，憂也。」廣雅釋詁云：「罰，殺也。」説文山部云：「崇，山大而高也。」按：用爲凡大之義，「崇亂」猶言大亂。言夏桀拒行天帝之命，不能開解人民之憂苦，而大降殺罰之罪，于是大亂夏朝。

「因甲于内亂，不克靈承于旅。罔丕惟進之恭，洪舒于民。亦惟有夏之民，叨懫日欽，劓割夏邑。天惟時求民主，乃大降顯休命于成湯，刑殄有夏。

【校】敦煌本「惟進」下無「之」字，懫作殌。九條本「惟進」下無「之」字，懫作蟄。内野、足利、八行本「惟進」下無「之」字。天正本靈作窮。古文訓舒作荼，叨作饕，懫作⿱致土。按：古寫本靈作窮者，靈字俗寫作靇，與窮形似，故靈譌作窮。古寫本「惟進」下無「之」字者，蓋因僞孔傳而删，僞孔傳云：「無大惟進恭德。」考孔氏正義云：「無大惟進之恭德。」是唐初所據尚書有「之」字。説文予部云：「舒，伸也，从予，舍聲。一曰舒緩也。」段注云：「經傳或假荼，或假豫。」又説文艸部云：「荼，苦荼也，从艸，余聲。」是荼之本義爲苦荼菜，引伸爲荼毒。困學紀聞云：「書『洪舒于民』，古文作洪荼，薛氏季宣書古文訓曰：『大爲民荼毒也。』」據此則今本尚書作舒用假借字，經文當以作舒爲正。説文食部云：「饕，貪也，从食，號聲。叨，俗饕，从口，刀聲。饕，籀文饕，从號省。」今按：籀文从唬聲，古金文善鼎有唬字。西周金文叨孳簋饕字作叨，是叨乃古本字，先秦古文字未見饕字，是饕乃後起異體字，許氏以叨爲俗饕字非。説文至部云：「𡏟，忿戾也，从至，至而復孫，孫，遁也。周書曰：『有夏氏之民叨𡏟。』𡏟讀若摯。」段注云：「二孫字大徐作遜，非，古無遜字。尚書多方今本無『氏』字，𡏟作懫。按：𡏟作懫者，天寶間衛包改也。釋文𡏟作懫，宋開寶間改也。禮記大學：『心有所忿懥。』注云：『懥，怒皃，或作懫。』按：懥、懫不見許書，衛包以意改經，非必懫即𡏟也。」今按：集韻作𡏟，乃𡏟之變，孫古文作𡥉。尚書古寫本作殛，亦作𧑒，皆𡏟之譌。

【詁】甲當讀爲狎。爾雅釋詁云：「狎，習也。」書疏引鄭玄曰：「習爲鳥獸之行，于內爲淫亂。」按：夏桀狎寵嬖妻妹喜，內亂其政。廣雅釋詁云：「靈，善也。」說文手部云：「承，奉也。」按：「靈承」猶言善待。爾雅釋詁云：「旅，衆也。」古金文丕、不爲一字。進當讀爲賮。說文貝部云：「賮，會禮也。」段注云：「以財貨爲會合之禮也。」或假進爲之。」恭與供通。按：「惟進之恭」謂以聚斂財貨供其侈用。爾雅釋詁云：「洪，大也。」舒當讀爲荼。爾雅釋草云：「荼，苦菜。」按：由苦菜而引伸爲凡苦之義。言夏桀習鳥獸之行于內淫亂壞其政，不能善待于民衆，君臣無不聚財供其奢侈，而大苦于民。「有夏之民」謂夏桀君臣。「叨懫」猶言貪暴。欽當讀爲廞。爾雅釋詁云：「廞，興也。」按：「日欽」謂日益爲甚。玉篇刀部云：「劓，割也。」按：「劓割」猶言殘害。說文邑部云：「邑，國也。」按：「夏邑」猶言夏國。玉篇心部云：「惟，爲也。」按：「惟時」猶言爲此。爾雅釋詁云：「顯，代也。」「休，美也。」說文井部云：「刑，罰罪也。」爾雅釋詁云：「殄，絶也。」言夏桀君臣貪暴日甚，殘害夏國，天帝爲此新求民主，乃特降代替夏桀美命于成湯，使伐罪滅絶夏桀。

「惟天不畀純，乃惟以爾多方之義民，不克永于多享。惟夏之恭多士，大不克明保享于民，乃胥惟虐于民，至于百爲，大不克開。

【詁】爾雅釋詁云："畀，予也。"方言云："純，好也。"按："天不畀純"謂夏桀暴虐，上天不予善報。王氏釋詞云："爾，猶此也。"按："爾多方"猶言此多方。劉盼遂觀堂學書記云："義民謂夏之頑民也。亦當讀義爲俄，訓傾邪也。"按：廣雅釋詁云："俄，衺也。""義民"謂追隨夏桀之邪臣。言上天不予夏桀善報，乃因用此多方之邪臣，故不能長久多享國運。恭與供通，謂供職。明與孟音近，爾雅釋詁云："孟，勉也。"廣雅釋詁云："享，養也。"按："保享"猶言保養。王氏釋詞云："惟，猶與也。"按："胥惟"謂相互共同。廣雅釋詁云："爲，施也。"按："百爲"謂百端施虐。言亦因夏桀朝廷供職衆臣太不能勉力保養于民，而相互共同暴虐于民，至于百端施暴，太不能開脱民苦，故無善報。

"乃惟成湯，克以爾多方，簡代夏作民主。慎厥麗乃勸，厥民刑用勸。以至于帝乙，罔不明德慎罰，以克用勸。要囚殄戮多罪，亦克用勸。開釋無辜，亦克用勸。今至于爾辟，弗克以爾多方享天之命。

【詁】簡當讀爲柬。爾雅釋詁云："柬，擇也。"言成湯依靠此四方諸侯，被選擇擁戴取代夏桀作天下人民君主。杜子春注周禮小司徒職讀麗爲羅。按：説文网部云："羅，以絲罟鳥也。"由羅网之義引伸爲刑法，"慎厥麗"謂慎其用刑法于民。王氏釋詞云："乃，猶而也。"廣雅釋詁云："勸，教也。"爾雅釋詁云："刑，法也。""明德"猶言勉德，謂勉行德教。爾雅釋言云："克，能也。"按："亦克用勸"謂亦能够用來教育其民。言周公説，慎其用刑法于民，而要教育其民守法；其民受刑法，是用以教育他們；從成湯至于帝乙，各王無不勉德慎罰，亦皆能用刑法教育其民。"要囚"已見康誥，王國維讀爲"幽囚"，見觀堂學書記。按："要囚"謂囚禁罪犯。言囚禁殺戮重罪犯人，亦能够用來教育其民守法；釋放無罪之人，亦能够起到教育其民作用。爾雅釋詁云："辟，君也。"按："爾辟"猶言你君，謂殷紂。廣雅釋詁云：「以，與也。」按：「以爾多方」，與爾多方。言今至于你們君王殷紂，殘害其民而不教育其民，故不能與你們四方諸侯共享天命而國亡身戮。

「嗚呼！王若曰：誥告爾多方，非天庸釋有夏，非天庸釋有殷，乃惟爾辟，以爾多方，大淫圖天之命，屑有辭。乃惟有夏，圖厥政，不集于享，天降時喪，有邦間之。乃惟爾商後王，逸厥逸，圖厥政，不蠲烝，天惟降時喪。

【校】魏三體石經作「誥告」。敦煌本無「告」字，集作捐，烝作⿱艹丞。九條本集作捐。足利本、天正本下「逸」字作偷。按：唐石經有「告」字。阮刻本無「告」字，據僞孔傳與正義亦無「告」字，與敦煌古寫本同，當以無「告」字爲是。古寫本集作捐者，捐即揖字，是借揖爲集。龍龕手鏡手部云：「捐，讓也，進也。」字彙補手部云：「捐，同揖。」詩螽斯：「揖揖兮。」毛傳云：「會聚也。」漢書郊祀志：「揖五瑞。」顔注云：「揖，合也。」凡此揖皆用集字義，故集借作揖。逸、偷古通用，已見前注。古寫本逸亦作偷者，偷本作媮。説文女部云：「媮，巧黠也，从女，俞聲。」段注云：「偷盜字當作此媮。」按：偷本偷懶、苟且之義，與逸義近。而偷从俞聲，與逸古讀音近，是逸作偷者，音義相近之異文。古寫本烝作⿱艹丞者，⿱艹丞即蒸字異體，是寫本用假借字。説文艸部云：「蒸，析麻中榦也，从艸，烝聲。⿱艹丞，蒸或省火。」段注云：「丞聲、烝聲一也，大射儀注、既夕禮注皆作此⿱艹丞。」是⿱艹丞即蒸字省形異體。

【詁】爾雅釋詁云：「誥，告也。」説文用部云：「庸，用也，从用庚，庚，更事也。」是庸字有更革之義。説文釆部云：「釋，解也，从釆，釆取其分別，从睪聲。」段注云：「廣韻曰：『釋，捨也，解也，廢也。』按：其實一解字足以包之。」按：「庸釋」謂更革廢除。爾雅釋詁云：「辟，君也。」按：「爾辟」猶言你君，謂殷紂。「圖天之命」謂拒行上天之命，詳上注。方言云：「屑，獪也。」郭璞注云：「市獪。」説文辛部云：「辭，説也，从𤔔辛，𤔔辛猶理罪也。」按：𤔔之本義爲治絲，故辭字有治理之義。「屑有辭」謂行惡而狡辯其有理。言成王感歎説，告戒你們四方諸侯，不是上天要更換廢除夏桀，是夏桀自取滅亡；不是上天要更換廢除殷紂，因爲你君殷紂率領你們四方諸侯，太過分拒行上天之命，行惡而狡辯其有理，故使他滅亡。圖當讀爲敗，政與正通用，「圖厥政」謂拒行其正道。廣雅釋詁云：「集，就也。」釋言云：「享，祀也。」按：就謂成就，享謂祭祀，「不集于享」謂不成敬祀上天之禮。爾雅釋詁云：「時，是也。」「間，代也。」按：「有邦」即邦，有爲語助詞，「有邦間之」謂殷國取代夏國。「後王」謂殷紂。爾雅釋詁云：「逸，過也。」下逸字讀爲佚。廣雅釋詁云：「佚，樂也。」「逸厥逸」即過分其樂，謂縱樂無度。爾雅釋言云：「蠲，明也。」廣雅釋詁云：「烝，美也。」按：「蠲烝」謂清明美善。言因爲夏桀拒行其正道而不成敬祀上天之禮，故天降此喪亡之罪，使諸侯國殷商取代之；因爲你們殷商後王紂王縱樂無度，拒行其正道而不清明美善其政，故上天乃降此喪亡之罪。

「惟聖罔念作狂，惟狂克念作聖。天惟五年須暇之子孫，誕作民主，罔可念聽。天惟求爾多方，大動以威，開厥顧天。惟爾多方，罔堪顧之。惟我周王，靈承于旅，克堪用德，惟典神天。天惟式教我用休，簡畀殷命，尹爾多方。

【校】魏三體石經罔作𠕈。敦煌、九條本罔作𠕈，堪作戡。八行本尹作君。古文訓須作頿，堪作戡。按：説文网部云：「网，庖犧氏所結繩以田以漁也，从冂，下象网交文。罔，网或加亡。網，或从糸。𠕈，古文网，从冂，亡聲。」按：殷虚文字甲編三二一二片作冈，象網形。罔乃變象形爲形聲，網乃形聲繁化，𠕈蓋罔之省形俗别字，説文以爲古文，魏石經因之，甚無理據。説文立部云：「頿，立而待也，从立，須聲。」段注云：「今字多作須，而頿廢矣。」樊遲名須。

須者頭之假借。」今按：須乃鬍鬚本字，而後世通用爲須暇字，故尚書「須暇」不必作顈。說文土部云：「堪，地突也，从土，甚聲。」段注云：「地之突出者曰堪。堪言地高處無不勝任也。引伸之凡勝任皆曰堪。古假戡爲之。」而說文戈部云：「戡，刺也，从戈，甚聲。」段注云：「經史多假此爲堪勝字。」是古寫本及古文訓堪作戡者，改本字爲假借字，不足取。戰國古文字睡虎地秦簡與古璽文有堪字，而先秦古文字無戡字，尚書經文當以作堪爲正。說文又部云：「尹，治也，从又丿，握事者也。」段注云：「又爲握，丿爲事。」今按：甲骨文與西周金文尹字从又丨，手握權柄之象，蓋即古君字；甲金文君字从尹口，君主發號施令之象。爾雅釋詁云：「皇、王、后、辟、公、侯，君也。」蓋握柄大者爲君主，握柄小者爲官君，官君即官尹，其義一也。故古書尹、君通用者，本古今字，而非通假。說文釋尹爲治，當爲引伸義。尚書經文以作尹爲正。

【詁】惟亦作唯，雖从唯聲，故惟亦通雖，說見王氏釋詞。說文心部云：「念，常思也。」言雖明聖之人不常思于善則爲狂妄之人，雖狂妄之人能常思于善則可爲明聖之人。此謂桀、紂以不常思于善而滅亡。據史記周本紀，文王崩，武王即位，九年東觀兵至于盟津伐紂，未戰而還師，十一年乃東伐滅紂，是前後爲三年。而尚書曰「五年」者，蓋「三年」之誤，三與五形近而譌。暇謂寬容，「須暇」即等待寬容。之猶其，「之子孫」謂成湯之子孫殷紂。誕當讀爲延。爾雅釋詁云：「延，長也。」按：長謂延長，亦謂繼續。言上天以三年時間等待寬容于成湯子孫殷紂悔改，使繼續作民主，但紂不思念聽從天命改過。求謂責求，猶今言責成，「求爾多方」謂責成你們殷商四方諸侯。廣雅釋言云：「威，德也。」呂氏春秋具備篇高誘注云：「動，感也。」按：動謂感動。開謂開啟，猶言勸導。「顧天」即顧念天命。言上天看殷紂頑固，而責成你們四方諸侯之賢者，以德特爲感動殷紂，開導其顧念天命歸正。爾雅釋詁云：「堪，勝也。」廣雅釋詁云：「靈，善也。」按：「靈承」猶言善待。爾雅釋詁云：「旅，衆也。」按：衆謂衆民。典、敷古今字。說文攴部云：「敷，主也。」爾雅釋詁云：「神，重也。」按：重即尊重，「神天」謂尊天之祀。式猶乃。爾雅釋詁云：「休，美也。」簡當讀爲柬，謂選。爾雅釋詁云：「畀，賜也。」按：「簡畀殷命」謂上天選賜周文王、武王取代殷紂天命爲君。尹、君古今字，「尹爾多方」謂爲你們四方諸侯之君。言你們四方諸侯無能勝任開導你君殷紂顧念天命，因此滅亡；而我周文王、武王善待天下衆民，能勝任用德，主持尊天之祀，上天乃教導施行善政，選賜我周文王、武王取代殷紂天命，爲你們四方諸侯之君王。

「今我曷敢多誥？我惟大降爾四國民命。爾曷不忱裕之于爾多方？爾曷不夾介乂我周王，享天之命？今爾尚宅爾宅，畋爾田，爾曷不惠王熙天之命？

【校】魏三體石經畋作⿰犭田。敦煌本熙作⿱吅大。内野、八行本熙作戺。「我惟大降爾四國民命」，足利、天正本無「惟」字。按：古寫本或無「惟」字，而考僞孔傳與正義皆有「惟」字，有者是。段氏撰異云：「匡謬正俗曰：『多方篇：「爾害弗夾介乂我周王享天之命。」』玉裁按：今本害作曷，此衛包改也。此篇曷字凡四見，皆當由舊作害，今文尚書亦皆作害也。」説文攴部云：「畋，平田也，从攴田。周書曰：『畋爾田。』」今按：殷虚文字乙編三二一四片作畋，先秦古璽文亦作畋，與説文篆文同。戰國文字中山王圓壺「⿰犭田獵」，即畋獵，是⿰犭田爲畋之異體，蓋因獵从犬而類化。尚書經文當以作畋爲正。古寫本熙作戺者，戺即巸之譌變，巸、熙古通用。説文臣部云：「巸，廣頤也，从𦣝，已聲。戺，古文巸，从户。」汗簡户部引尚書巸作戺，用説文古文。而兩周金文巸皆从𦣝，未見从户者，是从户即从𦣝之譌。古寫本熙亦作⿱吅大、⿱吅天者，皆熙之俗譌字。凡古書取「廣」義者，以巸爲本字，熙爲假借通用字，熙之本義，説文火部云：「燥也。」

【詁】曷本作害。王氏釋詞云：「曷，何也。字亦作害。」爾雅釋詁云：「誥，告也。」按：上告下謂誥，爲告戒之義。「四國」謂管、蔡、商、奄叛亂之諸侯四國。言今我何敢一再告戒，我唯想特下賜你們四國臣民福命。說文心部云：「忱，誠也。」方言云：「裕，道也。」按：「忱裕」謂誠心教導。廣雅釋詁云：「夾，近也。」爾雅釋詁云：「介，善也。」按：「夾介」謂親近爲善。乂與艾通。爾雅釋詁云：「艾，相也。」按：相謂相助。言你們何不誠心教導之于你們四方臣民，你們何不親近爲善相助我周王共享天命。爾雅釋言云：「宅，居也。」「惠，順也。」釋詁云：「熙，光也。」言今你們還居住你們原來居室，耕治你們原來田地，你們何不順從我周王光大上天之命。

「爾乃迪屢不静，爾心未愛。爾乃不大宅天命，爾乃屑播天命，爾乃自作不典，圖忱于正。我惟時其教告之，我惟時其戰要囚之，至于再，至于三。乃有不用我降爾命，我乃其大罰殛之。非我有周秉德不康寧，乃惟爾自速辜。」

【校】「非我有周秉德不康寧」，敦煌本、九條本無「寧」字。古文訓速作遬。按：僞孔傳云：「非我有周執德不安寧。」孔氏正義云：「非我有周執德不安。」是僞傳所本有「寧」字，孔疏所據無「寧」字，與古寫本合。當以無「寧」字義長。說文辵部云：「速，疾也，从辵，束聲。遬，籀文从敕。」今按：西周金文叔家父匡作速，東周石鼓文亦作速，與說文篆文同。戰國古璽文、古陶文作遬，與說文籀文同。是當以作速爲正體，作遬乃後出異體字，尚書經文當以作速爲正。

【詁】爾雅釋詁云：「動，迪，作也。」又釋言云：「屢，亟也。」郭璞注云：「亟亦數也。」按：「迪屢」猶言作亂相連，謂管蔡三監叛而商奄亦叛。愛字說文心部作㤅云：「惠也。」爾雅釋言云：「惠，順也。」是「未愛」猶言不順。言你們作亂接連不止，是你們心中不順從我周之故。宅與度通，謂度知。方言云：「屑，猶也。」楚辭九歎王逸注云：「播，棄也。」按：「屑播天命」謂狡辯放棄天命。爾雅釋詁云：「典、法，常也。」按：「不典」猶言不法。圖讀爲斁，斁音杜，謂堵絶。章太炎謂忱讀爲炈。朱氏説文通訓定聲云：「炈，下擊上也，从殳，冘聲。假借爲禁，集韻引廣雅：『炈，禁也。』」按：「圖忱于正」謂堵禁于正道。玉篇心部云：「惟，爲也。」爾雅釋詁云：「時，是也。」按：「惟時」猶言爲此。王氏釋詞云：「其，猶乃也。」引多方「我惟時其」兩句爲例。「要囚」即幽囚，謂囚禁。説文冓部云：「再，一舉而二也。」段注云：「凡言二者，對偶之詞；凡言再者，重複之詞，一而又有加也。」言我爲此乃教導告戒你們，我爲此乃征伐囚禁你們，至于再三耐心教育。王氏釋詞云：「乃，猶若也。」説文用部云：「用，可施行也。」按：「不用」謂不願執行。爾雅釋詁云：「降，下也。」王氏釋詞云：「其，猶將也。」爾雅釋言云：「殛，誅也。」言若有不肯執行我周所下達你們命令者，我則將要大罰誅戮之。「有周」即周，有爲助詞。爾雅釋詁云：「康，安也。」「妥、安，坐也。」按：康謂安妥，「不康」謂不妥善。爾雅釋言云：「速，徵也；徵，召也。」又釋詁云：「辜，罪也。」言不是我周朝秉持德教不妥善，而是你們自召其罪過。

王曰：「嗚呼！猷告爾有方多士，暨殷多士，今爾奔走臣我監五祀，越惟有胥伯小大多正，爾罔不克臬。自作不和，爾惟和哉！爾室不睦，爾惟和哉！爾邑克明，爾惟克勤乃事。

【校】敦煌本伯作栢。九條本伯作柏。古文訓監作譼。按：説文臥部監字古文作譼，類篇作譼。而甲骨文作監，金文作監，是以作監爲古文正體；而譼不見于先秦古文字，是後出俗別字，不足取。尚書文字伯通作柏，已見前。古寫本亦作栢者，栢即柏之俗字。段氏撰異云：「尚書大傳：『故書曰：「越維有胥賦小大多政。」』玉裁按：惟作維，伯作賦，正作政，此今文尚書也。古音賦、伯同在第五魚鐸部。」陸氏釋文云：「臬，馬本作𦤎。」按：説文木部云：「臬，射準的也，从木，自聲。」段注云：「臬之引伸爲凡標準、法度之偁。」説文刀部云：「𦤎，刖鼻也，从刀，臬聲。易曰：『天且𦤎。』劓，𦤎或从鼻。」段注云：「臬，法也，形聲包會意。劓，刀鼻會意，今經典如此作。」今按：甲骨文有臬字，見殷虚書契前編卷五第十三頁五片。甲骨文金文並有𦤎字，古陶文又有劓字。故法度義當以作臬爲正，用刖鼻義當作𦤎，或作劓。馬融本尚書臬作𦤎者，通用字。

【詁】爾雅釋詁云：「猷，言也。」按：「猷告」即言告，謂以言告戒。「有方」即方，謂多方，有爲語助詞，説詳王氏釋詞。爾雅釋詁云：「暨，與也。」言王感歎説，告戒你們多方諸侯衆士與殷遺衆士。王國維曰：「監謂周公。洛誥記成王命周公曰『迪將其後監我士師工』，即周公爲成周之監督矣。『五祀』云者，疑此篇在周公城洛邑五年後。『胥伯』尚書大傳引作胥賦。毛公鼎云：『藝小大楚賦。』胥楚、伯賦古同聲通用。『多正』之正讀『征調』之征。臬與毛公鼎之藝亦同，如射之準的爲臬，而左傳及相如賦作藝是其證。」見觀堂學書記。按：爾雅釋天云：「商曰祀，周曰年。」是「五祀」即五年。又釋詁云：「胥，相也。」是「胥」謂助役，「胥賦」猶言徭役貢賦。「小大」猶言輕重。「多正」謂各種征調。爾雅釋言云：「克，能也。」言今你們奔走臣服我周已有五年，于所有徭役賦税輕重各種征調，你們都無不按法規標準服納。爾雅釋言云：「作、造，爲也。」釋詁云：「惟，謀也。」言你們衆士自己造成不和，則你們自謀和好；你們家室不和睦，則你們家室自謀和睦。玉篇心部云：「惟，爲也。」按：爲猶謂。王氏釋詞云：「乃，猶其也。」按：「乃事」猶言其事。言你們邑中人能明和睦之道，則你們可謂能勤勞其職事以教其民。

「爾尚不忌于凶德，亦則以穆穆在乃位，克閱于乃邑謀介。爾乃自時洛邑，尚永力

畋爾田。天惟畀矜爾，我有周惟其大介賚爾，迪簡在王庭，尚爾事，有服在大僚。」

【校】「爾尚不忌于凶德」，敦煌本無「爾」字，忌作⿱亓言。九條本、古文訓忌作⿱立言。按：説文言部云：「諅，忌也，从言，其聲。周書曰：『上不諅于凶德。』」段氏撰異云：「玉篇、廣韻、集韻引説文皆同，小徐本及汲古所刻大徐本作『爾尚不諅于凶德』，誤也。尚、上古通用，僞孔尚書本作『尚忌』，恐是皆以訓詁同音字改其本字。」今按：許氏説文引尚書無「爾」字，「尚」作「上」，是漢時尚書經文如此，當從之。又「諅」字西周金文逐鼎作諆，聲在右；令鼎作⿰其言，聲在左。東周金文郘王子鐘作諅，聲在上。是先秦古文字有諅字。古寫本作⿱亓言者，从亓聲，亓即其字。或作⿱立言者，則从亓誤作从立之譌字。汗簡言部引尚書忌作⿱立言，亦非正體，正體爲諅。

【詁】尚與當古同聲，猶今言應當。廣雅釋詁云：「忌，恐也。」按：禮記中庸釋文云：「忌，畏也。」説文凶部云：「凶，惡也。」按：「凶德」謂凶頑悖德之人，此謂殷遺頑民。王氏釋詞云：「則，猶其也。」按：「則」與上句「尚」字對文同義。爾雅釋訓云：「穆穆、肅肅，敬也。」按：「穆穆」謂嚴肅端莊。閱當讀爲説，説、悦古今字，猶今言樂意。爾雅釋詁云：「介，善也。」言多方諸侯衆士應當不畏于殷遺頑民之難教，亦當以嚴肅端莊之態處在其職位，能樂意在你邑謀求善治。爾雅釋詁云：「時，是也。」「永，長也。」説文攴部云：「畋，平田也，从攴田。周書曰：『畋爾田。』」按：「畋爾田」猶言耕治爾田。王氏釋詞云：「惟，猶乃也。」爾雅釋詁云：「畀，賜也。」矜當讀爲憐，謂憐憫，「畀矜爾」謂給予憐憫同情于你們。「大介」猶言大善，謂大爲善待。爾雅釋詁云：「賚，賜也。」「迪，進也。」簡當讀爲柬，釋詁云：「柬，擇也。」按：「迪簡」謂進升選用。左傳襄公二十九年杜注云：「尚，猶努力。」「有」當讀爲「又」。自謂自立更始。説文舟部云：「服，用也。」言你們多方諸侯衆士則自立更始于此雒邑，應當永久大力耕治你們之田畝，上天會賜予你們憐憫你們，我周則將大爲善待你們賞賜你們，進升選用你們在周王朝廷，如努力于你們職事，又將升用在大官之位。

王曰：「嗚呼！多士，爾不克勸忱我命，爾亦則惟不克享，凡民惟曰不享。爾乃惟逸惟頗，大遠王命，則惟爾多方探天之威，我則致天之罰，離逖爾土。」

【校】敦煌本、九條本逖作逷。按：段氏撰異云：「逖當是本作逷，衛包所改。離逷即離勢，謂分析也。」今按：玉篇刀部云：「剔，他狄切，解骨也。勢，同上。」是勢即剔之異體字。尚書多方作逷用本義，段説迂曲。

【詁】説文力部云：「勸，勉也。」段注云：「勉之而悦從亦曰勸。」又心部云：「忱，誠也。」段注云：「誠者，信也，詩大明毛傳曰：『忱，信也。』」按：「勸忱」謂悦從相信。「凡民」謂平民百姓。王氏釋詞云：「曰，猶爲也，謂之也。」按：「惟曰」猶今言認爲。言王感歎説，諸侯衆士，你們如不能悦從相信我之教命，你們亦將上不能享天命有封國，下民百姓亦認爲你們不能享有禄位爲君。王氏釋詞云：「乃，猶若也。」玉篇心部云：「惟，爲也。」説文辵部云：「逸，失也。」按：「乃惟逸」謂若爲政放縱失職。廣雅釋詁云：「頗，衺也。」按：「惟頗」謂爲政衺僻不正。漢書公孫弘傳顔師古注云：「遠，違也。」爾雅釋詁云：「探，取也。」説文辵部云：「逖，遠也。」按：「離逖爾土」即遠離爾土，謂放逐。言你們若爲政放縱失職，爲政衺僻不正，大違王命，則是你們多方諸侯自取上天之威罰，我周王則致行上天之罰，放逐你們遠離本土。

王曰：「我不惟多誥，我惟祗告爾命。」又曰：「時惟爾初，不克敬于和，則無我怨。」

【校】敦煌、九條、足利、天正、八行本怨皆作㤪。按：古寫本怨作㤪者，㤪即怨之俗別字，説已見前。戰國古文字睡虎地秦簡作怨，與説文篆文同。尚書經文當以作怨爲正。

【詁】爾雅釋詁云：「誥，告也。」「祇，敬也。」言王謂多方諸侯衆士說，我不是要多言告戒你們，我是要敬告你們天命，信天命則興，違天命則亡。爾雅釋詁云：「時，是也。」「初，始也。」按：始謂自新更始。王氏釋詞云：「于，猶越也，與也，連及之詞。多方曰：『時惟爾初，不克敬于和，則無我怨。』于，與也，言不能敬與和也。上文曰『爾惟和哉』，又曰『亦則以穆穆在乃位』，穆穆，敬也，故此言爾不能敬與和，則無我怨。」言王又說，今此是你們自新更始之機會，如不能在位敬天命與和萬民，則無怨我替天行罰你們。以上皆周公代成王誥戒諸侯之辭。

周書十四

立政【解題】史記魯世家云：「成王在豐，天下已安，周之官政未次序，於是周公作周官，官別其宜。作立政，以便百姓，百姓說。」按：便猶辨，百姓即百官，謂辨別百官之職。說、悦古今字。王氏述聞云：「爾雅曰：『正，長也。』故官之長謂之正。立政，政與正通，正，長也，立正謂建立長官也。篇內所言皆官人之道，故以立正名篇。」此篇爲周初建立官制之史實。

周公若曰：「拜手稽首，告嗣天子王矣。用咸戒于王，曰王左右常伯、常任、準人、綴衣、虎賁。」

【校】隸釋引漢石經「準」作「辟」。敦煌本「王左右」無「王」字。按：段氏撰異云：「說文攴部曰：『敀，迮也，从攴，白聲。周書曰：常敀、常任。』王氏鳴盛曰：『據楊雄侍中箴、應劭漢官儀、胡廣侍中箴，常伯、常任如漢侍中之職。說文作敀爲迫近之義。』玉裁按：漢人亦多作常伯，不作敀，此蓋許據壁中故書，孔安國以今文讀之則作伯。」又云：

「隸釋：漢石經尚書殘碑『常伯常任辟』，下闕。按此今文尚書也，準作辟。」今按：戰國古文包山楚簡、郭店楚簡有故字，是「常伯」之伯本字，「常伯」猶言常侍。爾雅釋詁云：「辟，法也。」淮南本經篇高誘注云：「準，法也。」是辟與準同義，「準人」謂執法之官。漢石經準作辟，是今文尚書字異而義同。

【詁】爾雅釋詁云：「嗣，繼也。」按：「嗣天子王」謂繼承武王天子位之成王。詩魯頌閟宮鄭玄箋云：「咸，同也。」「咸戒于王」者，周公賀王繼位而同時告戒于成王。爾雅釋詁云：「左、右、助，勴也。」按：「左右」謂左右助臣。王氏釋詞云：「曰，爲也，謂之也。」按：「曰王左右」即爲王左右助臣常伯等五臣。楊氏覈詁云：「常伯、常任、準人，疑即三司之別名。下文三事，即三司也。三事謂司徒、司馬、司空也。蓋以其任事言，謂之三事、三有事；以其居官言，謂之三宅、三有宅；以其才德言，謂之三俊、三有俊，亦名異而實同也。」今按：「常伯」猶言常侍，王之親近宰臣。「常任」者，任人選吏之臣，猶司徒之職。「準人」即司法之臣，猶司寇之職。「綴衣」掌衮衣朝服賓禮，即司禮之臣。「虎賁」即掌兵衛之臣。蓋周初朝臣要職如此，猶三公六卿。言周公對成王如此説，拜告繼天子王位，因同時告戒于王，爲王輔助重臣常伯、常任、準人、綴衣、虎賁要任用得人。

周公曰：「嗚呼！休茲，知恤鮮哉！古之人迪惟有夏，乃有室大競，籲俊尊上帝，迪知忱恂于九德之行。乃敢告教厥后曰：拜手稽首后矣。曰：宅乃事，宅乃牧，宅乃準，茲惟后矣。謀面用丕訓德，則乃宅人，茲乃三宅無義民。

【校】隸釋引漢石經「謀面」上有「亂」字。魏三體石經牧字古文作坶。敦煌本籲作喻，手作扞，準作准。古文訓牧作坶。按：説文頁部云：「籲，呼也，从頁，籥聲。讀與籥同。商書曰：『率籲衆戚。』」段注云：「周書：『乃有室大競，籲俊尊上帝。』某氏曰：『招呼賢俊與共尊事上天。』」今按：古寫本籲作喻者，喻字說文言部作諭，云：「告也，从言，俞聲。」戰國古文字侯馬盟書亦作諭。告諭與招呼義近，而中古音籲與諭讀音相同，故籲寫本改作喻。尚書經文當以作籲爲正。而古寫本手作𩠞者，考古無𩠞字，蓋因寫本稽字作䭫連類而譌。魏石經古文牧作坶者，此據許氏說文以爲古字。實則先秦古文字無坶有牧，殷契遺珠七五八片與西周金文牧共簋等皆作牧，是以牧字爲正，坶則後出異體。說文水部云：「準，平也，从水，隼聲。」段注云：「隼即鵻字，鵻从隹聲。」準，五經文字云：『字林作准。』按：古書多用准，蓋魏晉時恐與淮字亂而別之耳。」今按：玉篇冫部云：「准，俗準字。」是准雖俗字，通行已久。尚書經文當作準。段氏撰異云：「石經尚書殘碑『亂謀面用』下缺，此今文尚書也，謀上有亂。」按：古文尚書亂作率，蓋今本脱率字。

【詁】爾雅釋詁云：「休，美也。」「恤，憂也。」「鮮，罕也。」按：黄侃經傳釋詞箋識云：「茲，哉之借。」是「休茲」猶言美哉，「休茲知恤鮮哉」者，言設立常伯等五臣善矣，然當知憂得人之難，因爲賢俊罕有而難得。迪當讀爲由，由與猶通，「迪惟」即猶惟，皆句中語助詞。「有夏」即夏，有爲語助，謂夏禹。王氏釋詞云：「乃，猶其也。」按：「有室」即室，有爲語助，「乃有室」猶言其室，謂其王室。爾雅釋言云：「競，彊也。」按：「大競」猶言盛强，亦即强盛。「籲俊」謂告諭賢俊。迪當讀爲由。王氏釋詞云：「由、以、用一聲之轉，而語詞之用亦然。」按：迪爲語詞。爾雅釋詁云：「恂，信也。」按：「忱恂」猶言誠信。「九德」謂九種德行，已見臯陶謨。言古代明王夏禹，其王室强盛者，因能告諭賢俊使尊敬上天，使其臣民知曉誠信于九德之行。爾雅釋詁云：「后，君也。」按：「厥后」即其君，謂成王。釋名釋宮室云：「宅，擇也，擇吉處而營之也。」按：宅謂選定。乃猶其。甲骨文金文事與吏爲一字，「宅乃事」謂選定其常任官吏。書疏引鄭玄曰：「殷之州牧曰伯，虞夏及周曰牧。」按：「宅乃牧」謂選定其諸侯方伯，即一方諸侯之長。「宅乃準」謂選定其司法之臣。王氏釋詞云：「茲，猶斯也。」「斯，猶則也。」玉篇心部云：「惟，爲也。」按：「茲惟」猶則爲。言周公說，乃敢告教我君，今拜告成王，當選定其常任官吏，選定其諸侯方伯，選定其司法之臣，而後則爲真正之君王。漢石經「謀」上有「亂」字，亂通作率。王氏釋詞云：「率，語助也。」按：率與下「丕」皆爲語助詞。「謀面」爲雙聲連緜字。爾雅釋詁云：「黽没，勉也。」方言云：「侔没，勉也。」「謀面」猶「黽没」、「侔没」，亦即詩經之「黽勉」。廣雅釋詁云：「訓，順也。」按：「用丕訓德」，用順德之人。王氏釋詞云：「則，猶若也。」「乃，猶是也。」按：「則乃宅人」謂如是選定用人。「三宅」即「宅乃事」、「宅乃牧」、「宅乃準」。王氏述聞云：「廣雅曰：『俄，衺也。』古者俄、義同聲，故俄或通作義。立政曰：『茲乃三宅無義民』，義與俄同，衺也。」按：「茲乃」猶則其。言君王勉力用順德之人，如此選官用人，則其三宅之職無奸衺之人。

「桀德惟乃弗作往任，是惟暴德罔後。亦越成湯陟，丕釐上帝之耿命，乃用三有宅，克即宅，曰三有俊，克即俊。嚴惟丕式，克用三宅三俊。其在商邑，用協于厥邑。其在四方，用丕式見德。

【校】魏三體石經古文後作逡，越作𨒅，協作劦。「曰三有俊」，敦煌、九條、内野本無「有」字。按：周原甲骨文八三片，金文令簋皆作後，是以作後爲古文正體。林氏壺作逡，侯馬盟書一體亦作逡，皆後之古文異體。故當以作後爲正。説文走部云：「越，度也，从走，戉聲。」段注云：「與辵部𨒅字音義同。周頌：『對越在天。』箋云：『越，於也。』此假借越爲粵也。尚書有越無粵，大誥、文侯之命越字魏三體石經作粵。」今按：戰國秦陶文有越字，而先秦古文字未見𨒅字，是越爲正字，𨒅爲異體，故當以作越爲正。敦煌等古寫本「曰三有俊」無「有」字者，蓋因僞傳與正義皆無

「有」字而删「有」字。今本有「有」字，正與上句「三有宅」相對爲文。

【詁】説文彳部云：「德，升也。」段注云：「升當作登。德訓登者，登德雙聲。」按「桀德」謂夏桀登上王位。王氏釋詞云：「惟，發語詞也。」「乃，猶則也。」按：「惟乃」猶則。詩大雅常武鄭箋云：「作，行也。」按：「弗作往任」謂不行用往昔夏禹任職居官之法。王氏釋詞云：「是，猶於是也。」「惟，猶以也。」廣雅釋言云：「威，德也。」是德與威同義。按：「是惟暴德」謂于是以暴虐爲威。爾雅釋言云：「罔，無也。」按：「罔後」猶言絶後，謂亡國。言夏桀登上王位，則廢棄祖法，不用往昔夏禹任官用人之法，于是以暴虐爲威，因而絶後亡國。王氏釋詞云：「亦，承上之詞也。」「越，猶及也。」説文𨸏部云：「陟，登也。」按：「亦越成湯陟」，謂又及成湯登上商朝王位。「丕」爲發語詞。釐當讀爲飭。玉篇食部云：「飭，謹貌。」「上帝」謂上代先帝夏禹。廣雅釋詁云：「耿，明也。」按：「丕釐上帝之耿命」謂謹奉上代賢帝夏禹設官任人之明命。「三有宅」即三宅，有爲助詞，三宅即宅事、宅牧、宅準。詩衛風氓鄭箋云：「即，就也。」按：「克即宅」謂能成就其三宅設官之制。曰與越通，越猶及。「三有俊」即三俊，有爲助詞。「克即俊」謂能成就賢俊之才居三宅之官。詩商頌殷武毛傳云：「嚴，敬也。」文選甘泉賦李善注云：「惟，猶是也。」「丕」爲句中語助詞。説文工部云：「式，法也。」按：「嚴惟丕式」猶言敬是法，謂敬行夏禹官制之法。説文用部云：「用，可施行也。」爾雅釋詁云：「顯，見也。」按：見、現古今字，見謂顯現。言又及成湯登上商朝王位，謹奉上代賢帝夏禹設官任人之明命，則用三宅設官之制，能成就本朝三宅設官之制，及采用夏禹三宅選俊之法，能成就本朝三宅之官皆賢俊，而因敬行此官法，能施行三宅三俊，故用在其國都商邑，因而協和于商邑，其施行于天下四方，因用其法而天下四方顯現其德治。

「嗚呼！其在受德，暋惟羞刑暴德之人，同于厥邦，乃惟庶習逸德之人，同于厥政。」

帝欽罰之，乃伻我有夏，式商受命，奄甸萬姓。

【校】魏三體石經古文暋作忞。敦煌本暋作忞，「暴德之人」、「逸德之人」無「人」字。九條本暋作忞，「暴德之人」無「人」字。古文訓暋作忞。按：説文心部云：「忞，彊也，从心，文聲。周書曰：『在受德忞。』讀若旻。」段注云：「立政文，今尚書作暋。釋詁：『暋，强也。』許所據古文不同。」又按：説文攴部云：「敃，彊也，从攴，民聲。」段注云：「玉篇謂敃、暋同字，是也。」今按：兩周金文師望鼎、中敃鼎皆有敃字，戰國古文字睡虎地秦簡亦有敃字，是敃乃古文，暋爲後出異體通行字。而先秦古文字無忞字，是尚書當以作暋爲正，忞乃通用字，説文作忞非正字。「暴德之人」、「逸德之人」，古寫本或無「人」字，考僞孔傳與正義皆有「人」字，當以有者爲是，無者脱之。

【詁】王氏釋詞云：「其，更端之詞也。書無逸曰：『其在高宗。』」受即商紂。本今文尚書作紂，古文尚書作受，僞孔古文尚書同，一作受。德者登也，見前注。「其在受德」謂而至商紂登上王位。暋之古文作敃，从攴民，會意兼形聲，本義當爲虐民。爾雅釋詁云：「羞，進也。」説文井部云：「刑，罰罪也，从刀井，易曰『井者法也』，井亦聲。」段注云：「謂有犯五刑之罪者，則用刀法之。」是刑謂犯法刑徒。「羞刑暴德之人」謂進用犯法暴虐爲威之人。説文冂部云：「同，合會也。」爾雅釋言云：「庶，幸也。」釋詁云：「狎，習也。」按：「庶習」猶言親近。説文辵部云：「逸，失也。」按：「逸德」猶言無德。言而當商紂登上王位，爲虐民而進用犯法暴虐爲威之人，會集于其國共爲威虐，又親近無德之人，會集于其朝共爲暴政。爾雅釋詁云：「欽，敬也。」按：欽猶言敕，謂敕命。廣雅釋詁云：「罰，殺也。」「帝欽罰之」謂天帝敕命誅殺商紂。伻當讀爲抨。爾雅釋詁云：「抨，使也。」説文夊部云：「夏，中國之人也。」按：夏謂華夏，亦謂中國，「有夏」謂統有華夏。吳闓生定本尚書大義云：「式，代也。説文式、代皆从弋聲。」按：吳説是，式與代古同聲而通用，「式商受命」謂取代商紂天命。廣雅釋詁云：「奄，大也。」按：奄謂大一統。詩小雅信南山毛傳云：「甸，治也。」按：「奄甸萬民」謂統一治理天下萬民。言商紂暴虐，天帝敕命誅殺商紂，乃使我周統有華夏，使我武王取代商紂天命爲天子，統一治理天下萬民。

「亦越文王、武王，克知三有宅心，灼見三有俊心，以敬事上帝，立民長伯。立政：任人、準夫、牧，作三事·，虎賁、綴衣、趣馬小尹，左右攜僕、百司庶府·，大都、小伯、藝人、表臣百司·，太史、尹伯、庶常吉士·，司徒、司馬、司空、亞旅·，夷、微、盧烝·，三亳阪尹。

【校】隸釋引漢石經俊作會。魏三體石經古文「作」作「乍」，小作尐，伯作白，微作散。敦煌本灼作焯，任人作常任，庶常作庶掌。足利、天正本微作薇。按：説文火部云：「焯，明也。从火，卓聲。周書曰：『焯見三有俊心。』」段注云：「立政文，今尚書作灼。古義焯、灼不同。」今按：許氏所見尚書字作焯作俊，皆正字，漢石經俊作會，今文尚書異字。古寫本「任人」作「常任」者，因僞孔傳釋「任人」爲「常任」而誤。説文人部云：「作，起也。从人，乍聲。」段注云：「古文假借乍爲作。」今按：鐵雲藏龜八十一頁三片作字作乍，金文利簋、頌鼎，作字皆作乍，與魏石經古文合。而戰國文字作字作乍亦作作，如包山楚簡、睡虎地秦簡有作字，是乍乃作字古文，非假借字。小作尐，尐即少，小、少古通用，説已見前。伯作白者，殷虛書契後編卷下四頁十一片伯作白，金文衛盉伯字亦作白，是伯字古文作白之證。「庶常」作「庶掌」者，因僞孔傳釋「庶常吉士」爲「衆掌事之善士」而誤。古文訓微作薇者，薇蓋癥字之譌，癥假借爲微。國語晉語云：「設微薄而觀之。」此微即癥字，竹也，「癥薄」猶言竹簾。是微可借作癥字。而癥、薇易混，故古文訓又譌作薇，不足取。

【詁】王氏釋詞云：「亦越者，承上起下之詞。」引立政「亦越文王、武王」爲例。知謂審知。「三有宅」即「三宅」，「三宅」謂常伯、常任、準人三卿官長。管子心術篇云：「心也者，智之舍也。」按：心謂智謀。「灼見」猶言明見。「三俊」謂「三宅」備任儲官。「敬事」猶言敬從。「上帝」即上代聖明帝王，謂夏禹、商湯。爾雅釋詁云：「伯，長也。」按：「長伯」猶言官長。言及至周文王、武王，能悉知明見設立三宅三俊官制之智謀，故敬從創立此官制之上代聖明帝王夏禹、商湯，爲周民設立官長。「立政」即立正，謂周文王、武王所立官長。書疏引王肅曰：「任人，常任也。」按：「準夫」即準人，「牧」即牧伯。爾雅釋言云：「作，爲也。」古文事與吏爲一字，「作三事」即爲三吏，謂作爲三宅官吏之首。言周之官制，首立執政官長任人、執法官長準夫、諸侯之長牧伯三大朝卿。「虎賁」、「綴衣」已見前注。于氏新證云：「金文『走馬』習見，趣本應作走。」按：周人重養馬，「趣馬」即掌管訓養馬羣之官。爾雅釋言云：「尹，正也。」釋詁云：「正，長也。」按：「小尹」即小吏之長，謂分管下等小吏之官長。「左右」謂王之左右。説文手部云：「攜，提也。」人部云：「僕，給事者也。」按：「攜僕」謂提轄領班各類治事人員之官，如饍食、射獵、御車之類。説文司部云：「司，臣司事于外者。」段注云：「外對君而言，君在内也。」按：司者主也，「百司」謂各司主事務之官。爾雅釋詁云：「庶，衆也。」按：「庶府」謂衆府庫之官。言其次是設立虎賁、綴衣、趣馬等專職事務衆官。蔡傳云：「吕氏曰：大都小伯者，謂大都之伯、小都之伯也。大都言都不言伯，小都言伯不言都，互見之也。」按：都即都邑。伯者長也。「大都小伯」謂王畿内大都小都之官長。俞氏平議云：「藝當讀爲暬。」按：國語楚語云：「居寢有暬御之箴。」韋昭注云：「暬，近也。」是「藝人」謂主管君王起居侍御之近臣。釋名釋書契云：「下言于上曰表，思之于内，表施于外也。」又蔡邕獨斷云：「凡羣臣上書于天子者有四名，一曰章，二曰奏，三曰表，四曰駮議。」是「表臣百司」謂主管表奏衆臣。言再次是設立王畿大都小都官長、君王侍御近臣及表奏衆官。「太史」爲史官。甲骨文尹、君二字並見，古書通用，「尹伯」猶言君伯，義爲君長，即君主長輩，猶後世言國老，爲咨政老臣。説文口部云：「吉，善也，从士口。」爾雅釋詁云：「士，察也。」按：「吉士」謂諫言督察之官。言第四是設立史官太史、國老咨政尹伯、衆常諫言督察之臣。宋林之奇尚書全解云：「司徒、司馬、司空，諸侯之三卿也。」爾雅釋言云：「亞，次也。」説文㫃部云：「旅，軍之五百人爲旅。」按：軍旅有長，故旅有長義，「亞旅」猶言次長，即副貳之職。言第五是設立諸侯國朝臣司徒、司馬、司空三卿及其副職。夷即東夷，亦稱淮夷。微當讀爲眉，字亦作郿，即眉戎，其地在陝西郿縣西南，見王國維散氏盤考釋。盧即盧戎，其地在今湖北襄樊以西。爾雅釋詁云：「烝，君也。」言第六是淮夷、眉戎、盧戎等少數民族皆設立君主。亳爲殷商舊都，「三亳」謂殷商遺民分爲三邑。阪謂險要之地。尹謂官長。言第七是殷商遺民所居三邑，亦皆于險要之處設立官長管理。

「文王惟克厥宅心，乃克立兹常事司牧人，以克俊有德。文王罔攸兼于庶言，庶獄庶慎，惟有司之牧夫，是訓用違。庶獄庶慎，文王罔敢知于兹。亦越武王，率惟敉功，不敢替厥義德，率惟謀從容德，以並受此丕丕基。

【校】「文王惟克厥宅心」，「受此丕丕基」，隸釋引漢石經作「王維厥度心」、「受兹丕丕其」。「立兹常事司牧人」，敦煌、九條、内野、八行本皆無「司」字。按：段氏撰異云：「石經尚書殘碑『王維厥度心』，按此今文尚書也，無『克』字，『宅』作『度』。凡今文尚書『宅』作『度』。石經尚書殘碑『受兹丕丕其』，玉裁按，此今文尚書也，『此』作『兹』、『基』作『其』。大誥亦有『丕丕基』，而漢書翟方進傳王莽作『大大矣』，以矣訓基者，蓋今文尚書大誥亦作『丕丕其』，與立政同。其者語詞，讀如姬，故莽以語詞訓之，今文尚書説也。蓋古文尚書本作其，與今文尚書同，後訓爲始，乃加土耳。」按：其，基古今字，今文尚書作其，即基之省文。古寫本「乃克立兹常事司牧人」或無「司」字，考僞孔傳與正義當有「司」字，蓋脱誤，當以有「司」字爲是。

【詁】王氏釋詞云：「厥，語助也。立政曰：『文王惟克厥宅心。』言文王惟克宅心也。」按：宅謂「三宅」官制。心謂智謀，見上注。孫氏注疏云：「『常事司牧人』，最括『任人』以下至『亞旅』也。」説文巳部云：「以，用也。」克部云：「克，肩也。」爾雅釋言云：「克，能也。」按：克之本義謂肩負勝任，引伸之義爲才能，「克俊」猶言才俊。言文王因能悉知前王禹、湯設立「三宅」官長智謀，乃能設立此常任百司牧人等百官，任用才俊有德之士爲官。王氏釋詞云：「攸，語助也。」詩大雅抑鄭箋云：「言，教令也。」按：「庶言」謂衆多政令。言文王不兼包于發布各種政令，政令由各司官長發布。國語周語韋注云：「獄，訟也。」于氏新證云：「慎當讀訊。『庶獄庶慎』者，庶獄庶訊也。」按：廣雅釋詁云：「慎，敕也。」敕即敕問，亦訊問之義。「庶獄庶慎」謂衆多獄訟審訊定罪之事。「有司」謂司法機關。方言云：「牧，司也。」是「牧夫」謂司主長官。王氏釋詞云：「之，猶與也。」引立政「惟有司之牧夫」爲例，是謂有司與牧夫。訓當讀爲順。廣雅釋詁云：「訓，順也。」按：順即順法，猶言循法。違當讀爲回。説文囗部云：「回，轉也。」按：轉謂運行，「是訓用違」猶言順法行法，是、用皆語詞。言衆多獄訟審訊定罪之事，要由司法機關與執法官長循法行法；對衆獄訟審訊，文王不敢預知于此事。謂司法獨立，不加干預。王氏釋詞云：「率，語助也。立政曰：『亦越武王，率惟敉功。』」按：敉，安也；功，事也。言武王惟安其故事。」按：廣雅釋詁云：「敉，安也。」小爾雅廣詁云：「功，事也。」是「率惟敉功」謂武王唯獨安守文王不干預司法之事功。爾雅釋言云：「替，廢也。」義字从羊，故爲善美之意，「義德」猶言善行。于氏新證云：「謀即前『謀面』之謀訓勉。」廣雅釋詁云：「容，寬也。」按：「容德」謂寬容不專德政。並通并。説文从部云：「并，相从也。」按：从猶從，「并受」猶言從受。爾雅釋訓云：「丕丕，大也。」又釋詁云：「基，謀也。」按：「丕丕基」即大謀。言及至周武王，唯獨安守文王職事，不敢廢其不干預司法善行，唯有勉從文王寬容不專德政，以從受文王設官用官大謀。

「嗚呼！孺子王矣。繼自今我其立政，立事、準人、牧夫，我其克灼知厥若，丕乃俾亂，相我受民，和我庶獄庶慎，時則勿有間之。自一話一言，我則末惟成德之彥，以乂我受民。

【校】隸釋引漢石經嗚呼作於戲。古文訓話作語。按：漢石經嗚呼皆作於戲，用今文尚書，説已見前。論衡明雩篇引書立政勿作物，釋爲「非常之物」，義即災物。按此今文尚書勿作物之證，當以古文尚書作「勿」義長。

【詁】「王」用爲動詞，「孺子王」猶言稚子爲王。繼謂繼往，「繼自今」猶言繼往開來。王氏釋詞云：「其，猶尚也，庶幾也。」按：尚與當通，謂應當。言周公歎謂成王説，今稚子爲王，繼往開來，我們應當承前王官制設立朝臣官長。「立事」即上文「常任」，謂執掌政務大臣。爾雅釋詁云：「若，善也。」王氏釋詞云：「丕乃，猶言于是也。」爾雅釋詁云：「俾，使也。」「亂，治也。」言首要是設立政務、執法、民政三大長官，我們應當能明白知曉設立朝臣三卿官長之善，于是會使朝政治理。小爾雅廣詁云：「相，治也。」廣雅釋詁云：「受，得也。」按：「受民」謂所得天下之民。和謂和平，即平治之義。爾雅釋詁云：「時，是也。」王氏釋詞云：「勿，無也。」説文門部云：「閒，隙也。」按：隙謂罅隙，即缺陷，「勿有閒」謂無有缺陷弊端。言立官得人，則治理我周所得天下之民，平治我民衆獄訟訊案之事，如此則政事無有缺陷弊端而公正合理。楊氏詞詮云：「自，推拓連詞，與雖同。」按：「一話一言」即一語一言。玉篇木部云：「末，盡也。」爾雅釋詁云：「惟、訪，謀也。」是惟與訪同義，謂諮問。成當讀爲盛，「成德」猶言盛德。爾雅釋訓云：「美士爲彦。」釋詁云：「乂，治也。」按：彦謂賢俊之人。言雖一語一言，如關係政事，我們則要盡量諮問盛德之賢俊，以治理我周所得天下之民。

「嗚呼！予旦已受人之徽言，咸告孺子王矣。繼自今文子文孫，其勿誤于庶獄庶慎，惟正是乂之。自古商人，亦越我周文王立政，立事、牧夫、準人，則克宅之，克由繹之，茲乃俾乂，國則罔有。立政用憸人，不訓于德，是罔顯在厥世。繼自今立政，其勿以憸人，其惟吉士，用勱相我國家。

【校】隸釋引漢石經「予旦已受人之徽言」作「旦以前人之微言」，「訓于德」作「訓德」，「是罔顯在厥世」作「是罔顯哉厥世」。古文訓憸作𢙢。按：段氏撰異云：「石經尚書殘碑：『旦以前人之微言。』按：『已受』作『以前』，徽作微，此今文尚書也。東觀餘論同。王伯厚藝文志考説漢儒所引異字有『則克度之』、『克猶繹之』，未檢得所出，宅作度，由作猶，今文尚書也。石經尚書殘碑『訓德』、『是罔顯哉厥世』，按無『于』字，『在』作『哉』，此今文尚書也。東觀餘論亦引『是罔顯哉厥世』。」今按：石經與漢儒所用異字徽作微、在作哉、宅作度、由作猶，皆今文尚書所用通用字。而石經受作前者，蓋形近相混。前字古文从止从舟，受字古文从𠬪从舟，𠬪从爪又，爪與止古文亦相近，故今文尚書隸定作前，古文尚書隸定作受，而以作前字爲尚書本義，作受者譌字。陸氏釋文云：「憸，息廉反，徐七漸反，本又作𢙢。」説文心部云：「𢙢，疾利口也，从心，从册。詩曰：『相時𢙢民。』」段注云：「當讀如刪。詩無此語。盤庚上曰：『相時憸民。』立政兩言『憸民』，釋文曰：『憸本又作𢙢。』是則當爲一字矣。而𢙢从册，蓋从刪省聲。漢石經尚書殘碑此字作𣪠，𣪠即散。疑古文盤庚作𢙢，今文盤庚作散，異字同音。𢙢訓疾利口與憸訓詖邪，異字異音異義，不知者乃損而一之。盤庚或作『憸民』，立政或作『思人』，皆淺者所爲耳。」今按：盤庚當以作思爲本字，立政當以作憸爲本字，不容相混，而陸氏釋文混之，不足取。説文力部云：「勱，勉力也，从力，萬聲。周書曰：『用勱相我邦家。』」按：國作邦者，許氏所見漢代古文尚書。凡古文尚書多作邦，凡今文尚書多作國。

【詁】漢石經「已受」作「以前」，「徽」作「微」。按：説文巳部云：「以，用也。」「前人」謂禹、湯、文、武。漢書藝文志云：「仲尼没而微言絶。」顔師古注云：「微言，精微要妙之言。」爾雅釋詁云：「徽，善也。」是古文尚書作「徽」與今文尚書作「微」義同，「徽言」即善言。言周公歎謂成王説，我姬旦用前人立官任人之善言皆已告戒稚子成王。禮記樂記云：「以進爲文。」鄭玄注云：「文，猶美也，善也。」按：「文子文孫」猶言賢子賢孫，成王爲武王之賢子，文王之賢孫。王氏釋詞云：「其，猶尚也，庶幾也。」誤當讀爲虞。爾雅釋言云：「虞，度也。」按：度謂預料，即干預之義。王氏釋詞云：「惟，猶獨也。」按：惟猶言唯獨。爾雅釋詁云：「正、伯，長也。」「乂，治也。」按：楊氏詞詮云：「是，語中助詞。」「惟正是乂之」即獨由官長治之。言繼往開來之賢子賢孫成王，希望不要干預于獄訟訊案之事，此事獨由執法官長治理。爾雅釋詁云：「古，故也。」按：「自古」猶言從前。「商人」謂殷商先王成湯。「亦越」猶言以及。廣雅釋言云：「宅，據也。」按：據謂依據，即依據夏禹「三宅」官制。「由繹」即紬繹，抽引之義，猶今言發展。爾雅釋詁云：「兹，此也。」「俾，使也。」「乂，治也。」釋言云：「罔，無也。」有當讀爲尤。小爾雅廣言云：「尤，怪也。」按：怪即怪異，「無尤」謂平安無禍。言從前殷商先王成湯以及我周文王設立朝臣官長，立常任、牧夫、準人三卿，乃能依據夏王禹「三宅」官制設立，並能發展之而立百官，因此則使朝政得到治理，國家則平安無禍。説文心部云：「憸，憸詖也，憸利于上佞人也。」按：「憸人」謂奸佞小人。廣雅釋詁云：「訓，順也。」王氏釋詞云：「是，猶于是也。」爾雅釋詁云：「顯，光也。」「在，存也。」釋言云：「厥，其也。」按：世謂人世間。言設立官長如任用奸佞小人，不順利于德政，于是君王無光顯之名留存其人世。說文巳部云：「以，用也。」心部云：「吉，善也。」按：「其惟吉士」者，謂應當唯獨用賢士。小爾雅廣詁云：「相，治也。」言繼往開來立官任人，希望不要用奸佞小人，應當唯用賢良之人，使其勉力治理我們國家。

「今文子文孫，孺子王矣。其勿誤于庶獄，惟有司之牧夫。其克詰爾戎兵，以陟禹之迹，方行天下，至于海表，罔有不服。以覲文王之耿光，以揚武王之大烈。嗚呼！繼自今後王立政，其惟克用常人。」

【校】隸釋引漢石經耿作鮮。敦煌、九條、内野、足利、天正本詰作誥。古文訓兵作倂，迹作蹟。按：諸古寫本詰作誥者，形近而誤。考僞孔傳與正義，詰皆不作誥解。說文廾部云：「兵，械也，从廾持斤，并力之皃。倂，古文兵，从人廾干。」段注云：「干與斤皆兵器。」今按：殷虚書契後編卷下二十九頁六片兵字作⿱斤廾，从廾持斤，與說文篆文同。鐵雲藏龜之餘八頁四片作⿱干廾，从廾持干，與說文古文从廾干同而不从人。蓋兵爲正體，⿱干廾爲異體，倂則後出異體字。許慎未見甲骨文，誤以倂爲古文。說文辵部云：「迹，步處也，从辵，亦聲。蹟，或从足責。速，籀文迹，从朿。」段注云：「迹本作速，朿聲。李陽冰云：『李丞相持朿作亦。』謂此字也。責亦朿聲也。」今按：金文師寰簋作速，从朿聲，與說文籀文同。詛楚文亦作速。而戰國晚期秦文字睡虎地秦簡作迹，是秦丞相李斯統一文字作迹。故速、迹皆當爲正體，蹟則爲後出異體。段氏撰異云：「石經尚書殘碑：『王之鮮光。』」按：耿作鮮，此今文尚書也。東觀餘論引『文王之鮮光』。尚書大傳周傳雒誥篇曰：『以勤文王之鮮光，以揚武王之大訓。』覲作勤，耿作鮮，此今文尚書之一證也。」

【詁】「今」即「自今」之省文。「庶獄」即「庶獄庶慎」之省文，言「庶獄」以賅「庶慎」。王氏釋詞云：「之，猶與也。書立政曰：『惟有司之牧夫。』謂有司與牧夫也。」言自今文王、武王之賢子賢孫稚子爲王，希望不要干預刑獄之事，獨由司法機關與執法官長去治理。左傳襄公二十一年杜預注云：「詰，治也。」説文戈部云：「戎，兵也，从戈甲。」段注云：「兵者，械也。」廾部云：「兵，械也，从廾持斤。」段注云：「械者，器之總名。器曰兵，用器之人亦曰兵。」按：「戎兵」猶言兵器，引伸之義爲軍兵。上言治刑獄以安其内，此言治軍兵以鎮四方。説文𨸏部云：「陟，登也。」按：陟从步，謂巡行。夏禹平治水土而界九州。「陟禹之迹」謂步禹之足迹而有九州。方當讀爲旁。廣雅釋詁云：「旁，廣也。」蔡傳云：「海表，四裔也。」按：「海表」猶言海上，謂海邊可居地域。爾雅釋詁云：「顯、覲，見也。」廣雅釋詁云：「耿，明也。」按：「耿光」猶言光明。爾雅釋詁云：「烈，業也。」言希望能治你軍兵以巡行禹域九州，廣行于天下四方，直至于海邊人居地域，無有不順服我周，以顯其祖文王之光明，以揚其父武王之大業。俞氏平議云：「常人，即吉士也。臯陶謨篇『彰厥有常吉哉』是其義也。」言周公感歎説，繼往開來之後王設立朝臣官長，希望唯能任用賢俊之人。

周公若曰：「太史司寇蘇公，式敬爾由獄，以長我王國。兹式有慎，以列用中罰。」

【詁】吴汝綸尚書故云：「太史，蓋蘇公之兼官。魯語『太史虔糾天刑』，是亦刑官也。」按：「司寇」爲司法大臣，即上文「準人」。左傳成公十一年云：「昔周克商，使諸侯撫封，蘇忿生以温爲司寇。」杜預注云：「蘇忿生，周武王司寇蘇公也。」王氏釋詞云：「式，語詞之用也。」黄氏箋識云：「式亦尚之借。」按：尚猶今言應當。説文攴部云：「敬，肅也。」按：肅謂嚴肅。廣雅釋詁云：「由，行也。」按：「由獄」猶言治獄。説文長部云：「長，久遠也。」言周公如此説，太史司寇蘇公，應當嚴肅你所治獄訟之事，用以長治久安我周王國。兹，猶此。爾雅釋詁云：「式，用也。」按：用謂用法。「有慎」即慎，有爲助詞。列當讀爲例，謂成條律例。王氏釋詞云：「用，詞之爲也。」淮南子主術篇高誘注云：「中，正也。」按：「中罰」即公正之刑罰。言此用法要謹慎，要以律例量刑爲公正刑罰。

周書十五

顧命【解題】史記周本紀云：「成王將崩，懼太子釗之不任，乃命召公、畢公率諸侯以相太子而立之。成王既崩，二公率諸侯，以太子釗見於先王廟，申告以文王、武王之所以爲王業之不易，務在節儉，毋多欲，以篤信臨之，作顧命。太子釗遂立，是爲康王。康王即位，徧告諸侯，宣告以文、武之業以申之，作康誥。」孔氏正義云：「説文云：『顧，還視也。』鄭玄云：『迴首曰顧。』顧是將去之意，此言臨終之命曰顧命。」今按：王國維周書顧命考云：「古禮經既佚，後世得考周室一代之大典者，惟此篇而已。」又按：今文尚書合下篇康王之誥於顧命，今亦從之。而司馬遷以爲兩篇者，蓋從古文説。

惟四月哉生魄，王不懌。甲子，王乃洮頮水，相被冕服，憑玉几。乃同召太保奭、芮伯、彤伯、畢公、衛侯、毛公、師氏、虎臣、百尹、御事。

【校】隸釋引漢石經「几乃」下缺，「召大保」下缺。魏三體石經古文頮作湏。觀智院本憑作溤，几作机，芮作苪，「芮伯」作「苪相柏」。足利、天正本懌作怾，芮作苪。古文訓頮作靧，憑作凭。按：段氏撰異云：「漢書律曆志：『顧命曰：惟四月，哉生霸，王有疾不豫。』此蓋今文尚書也。」今按：魄作霸，是今文尚書作霸用本字。而懌作豫者，豫猶言舒，「不豫」即有疾不舒，與古文尚書作懌義同。又按：陸氏釋文引馬融本古文尚書懌作釋。考説文有釋無懌。段氏注以釋、懌爲古今字。但戰國古文郭店楚簡、包山楚簡、古陶文有懌字，而先秦古文字未見釋字，是「不懌」當以懌爲正字。古寫本懌作怾者，日本國古用簡字，亦猶釋作釈、繹作紎之例。説文水部云：「沬，洒面也，从水，未聲。頮，古文沬，从廾水、从頁。」段注云：「律曆志引顧命曰：『王乃洮沬水。』師古曰：『沬，洗面也。』禮樂志：『沬流赭。』晉灼曰：『沬，古靧字。』頮，各本篆作湏，解作从頁，今正。尚書：『王乃洮頮水。』釋文曰：『説文作沬，云古文作頮。』説文作頮，从兩手匊水而洒其面，會意也。內則作靧，从面，貴聲。蓋漢人多用靧字。沬、頮本皆古文，小篆用沬，而頮專爲古文，或奪其廾，因作湏矣。」今按：殷虚書契後編卷下十二頁五片頮作⿰⿱𠬪皿頁，从𠬪猶从廾，从皿謂盛水之皿，會兩手掬盆水洗面之意。戰後寧滬新獲甲骨集卷二第五十二片作⿰⿱⿰又水皿頁，从又水皿，从頁，尤與洗面義合。西周金文曶鼎作⿱湏皿，東周金文陳逆簋作湏，戰國郭店楚簡作沬。是説文作沬作湏，皆先秦古文字，而靧乃後出之字而已。汗簡頁部、古文四聲韻夬韻引尚書沬作頮，用説文古文。但頮不見于先秦古文字，蓋後出古文異體。説文几部云：「凭，依几也，从任几。周書曰：『凭玉几。』讀若馮。」段注云：「凭几亦作馮几，假借字。凭几猶言倚几也，會意。今尚書顧命作凴，衛包所改俗字也。古假借祇作馮。馮从馬，仌聲，故其讀同也。」是凴當以作凭爲正體。古寫本凴作馮者，又馮之俗字，魏寇馮墓誌馮作馮，是其例。説文几部云：「几，尻几也，象形。」段注云：「尻，各本作踞，今正。尻几者，謂人所尻之几也。尻，処也；処，止也。古之尻，今悉改爲居，乃改云居几，既又改爲蹲踞俗字。古人坐而凭几，蹲則未有倚几者也。几俗作机。左傳『設机而不倚』，周易『焕奔其机』，皆俗字。」今按：戰國古文字包山楚簡作几，與説文篆文合。説文木部云：「机，木也，从木，几聲。」是机本木名，與几義別。漢石經作几，是今文尚書用本字。而古書几假借作机，此尚書古寫本所據，正字仍當作几。太保，漢石經作大保，作大乃正字，太乃後出俗字，説已見前。説文艸部云：「芮，芮芮，艸生皃，从艸，内聲。讀若汭。」今按：芮字見於金文者，西周芮伯壺作内。古陶文「咸里芮喜」作芮，與説文篆文同，是爲正體。千甓亭古塼圖釋收吴天紀塼作芮，與尚書古寫本作芮同，是爲俗字，不足取。

【詁】爾雅釋詁云：「哉，始也。」按：哉从才聲，故有始義。魄本字爲霸。説文月部云：「霸，月始生魄然也。承大月二日，承小月三日。从月䨣聲。」按：夏曆前月大則初二日月始生明，小月則初三日始生明。陸氏釋文引馬融本懌作釋云：「不釋，疾不緩也。」按：疾不緩解謂病重。言周成王崩年之四月初月始生明之日，成王病重。釋文引馬融曰：「洮，洮髮也。」書疏引鄭玄曰：「相者，正王服位之臣，爲太僕。」説文冃部云：「冕，大夫以上冠也。」按：此文冕謂王冠，服謂衮服，「被冕服」謂穿戴王冠衮服。言甲子日，成王乃洮髮洗臉，太僕官爲王穿戴王冠衮服，成王依凭玉几而坐。孔傳云：「太保、畢、毛稱公，則三公矣。此先後六卿次第，冢宰第一，召公領之；司徒第二，芮伯爲之；宗伯第三，彤伯爲之；司馬第四，畢公領之；司寇第五，衛侯爲之；司空第六，毛公領之。召、芮、彤、畢、衛、毛皆國名，入爲天子公卿。」説文帀部云：「師，二千五百人爲師。」按：「師氏」蓋司馬下屬領軍師長。「虎臣」爲守衛王宫武臣。廣雅釋詁云：「尹，官也。」按：「百尹御事」謂公卿以下百官治事之臣。言成王乃同時召見太保召公奭、芮伯、彤公、畢公、衛侯、毛公三公六卿及師氏、虎臣、百官治事羣臣共受顧命。

王曰：「嗚呼！疾大漸，惟幾，病日臻。既彌留，恐不獲誓言嗣，兹予審訓命汝。昔君文王、武王宣重光，奠麗陳教，則肄肄不違，用克達殷，集大命。在後之侗，敬迓天威，嗣守文、武大訓，無敢昏逾。

【校】隸釋引漢石經達作通，集作就。陸氏釋文云：「侗，馬本作詷，云：共也。」古文訓彌作弥。按：説文弓部云：「弭，弓無緣可以解轡紛者，从弓，耳聲。弲、弭或从兒。」段注云：「釋器曰：『弓有緣者謂之弓，無緣者謂之弭。』孫云：『緣謂繳束而漆之，弭謂不以繳束、骨飾兩頭者也。』弭可以解紛，故引伸之訓止。弲蓋此篆之正體，故亦作彌，爾、兒聲同。」今按：西周金文弭叔盨、師宗簋作弭，从弓，耳聲，是以作弭爲正體。弲、彌皆未見於先秦古文字，是皆後出之同聲孳乳異體字。至於彌作弥者，又彌之異體，皆見於漢碑，如史晨後碑作彌，張納碑作弥是。古文訓以弥爲古文，是以漢隸作古，殊謬。段氏撰異云：「漢石經：『通殷就大命。』此今文尚書也。古文達字，今文皆作通，禹貢『達于河』、『達于淮泗』，史記皆作通是也。集、就古通，韓詩『是用不就』，毛詩作『不集』是也，皆雙聲字。古音達讀如撻。」說文言部云：「詷，共也，从言，同聲。周書曰：『在后之詷。』」又人部云：「侗，大皃，从人，同聲。」段注云：「同義近大，則侗得爲大皃矣。」今按：先秦古文字未見詷字，而古璽文有「西方侗」、「韓侗」等，是當以作侗爲正字。侗从同聲，故有同義，亦有大義。蓋今文尚書作侗用本字，古文尚書作詷用異體，馬融古文尚書作詷是其證，許氏說文亦用古文。又說文引顧命後字作后者，后假借爲後。

【詁】廣雅釋詁云：「漸，進也。」按：「疾大漸」謂病情加重。文選甘泉賦李善注云：「惟，是也。」說文𢆶部云：「幾，微也，殆也。」段注云：「歺部曰：『殆，危也。』危與微二義相成，故兩言之。」言成王感歎說，我病情加重，是已病危。墨子經說上云：「病，亡也。」說文至部云：「臻，至也。」按：「病日臻」謂病亡日益來至。爾雅釋言云：「彌，終也。」按：「彌留」謂臨終留連人世之際。周禮夏官大司馬鄭注云：「獲，得也。」又春官典命注云：「誓，命也。」說文司部云：「嗣，諸侯嗣國也，从冊口，司聲。」段注云：「引伸爲凡繼嗣之偁。」按：嗣謂嗣君，「誓言嗣」即命告立嗣。說文釆部云：「宷，悉也。審，篆文宷。」「悉，詳盡也。」爾雅釋詁云：「訓，道也。」按：「審訓」謂詳細教告。言病死日益來至，已至臨終留連人世之際，恐不得命告立嗣之事，此時我詳細告命你們衆臣。國語晉語韋昭注云：「宣，明也。」陸氏釋文引馬融曰：「重光，日月星也。太極上元十一月朔旦冬至，日月如疊璧，五星如連珠，故曰重光。」按：「宣重光」謂德明如日月星辰。麗當讀爲禮。麗之本義爲鹿皮，古以鹿皮爲婚聘禮物，故麗有禮義。「奠麗」猶言定禮，即制定禮法。「陳教」謂施行教化。肄肄猶翼翼。爾雅釋訓云：「翼翼，恭也。」達當讀爲撻。禮記內則鄭玄注云：「撻，擊也。」按：「達殷」猶言伐殷。「集大命」謂成就天命，即滅殷興周之天命。言先君文王、武王德明如日月星辰，制定禮法施行教化，萬民則恭敬不違，因能伐殷成就天命。論語泰伯篇孔注云：「侗，未成器之人。」按：侗謂童稚，成王謙稱。迓通訝，本當作御。周易文言荀注云：「御，行也。」爾雅釋言云：「威，則也。」按：「敬迓天威」謂恭行上天法則。爾雅釋詁云：「嗣，繼也。」按：「大訓」猶言大教。說文辵部云：「逾，越進也。周書曰：『無敢昏逾。』」段注云：「越進，有所超越而進也。」按：「昏逾」即昏亂越軌，謂亂變祖法。言我成王是在後童稚之人，恭行上天法則，繼守文王、武王大教，不敢亂變祖法成規。

「今天降疾，殆弗興弗悟，爾尚明時朕言，用敬保元子釗，弘濟于艱難。柔遠能邇，安勸小大庶邦。思夫人自亂于威儀，爾無以釗冒貢于非幾。」

【校】陸氏釋文云：「冒，馬、鄭、王作勖。貢，馬、鄭、王作贛，音勑用反。馬云：陷也。」馬融、鄭玄、王肅本尚書冒作勖，是古文尚書作勖，乃冒之假借字。說文力部云：「勖，勉也，从力，冒聲。」是勖與經義無涉，故爲假借，當以作冒爲正。段氏撰異云：「釋文云『貢，如字』，此謂孔義也。又云『馬、鄭、王作贛，音勑用反』，此謂鄭、王本字作贛而讀爲戇也。說文心部曰：『戇，愚也。』釋文又云：『馬云陷也。』此謂馬本字亦作贛，讀爲坎，訓爲陷。」今按：說文土部云：「坎，陷也，从土，欠聲。」是馬融本尚書貢作贛者，以爲坎之假借字。而說文貝部云：「貢，獻功也，从貝，工聲。」是貢義爲貢賦，亦爲進獻，故「冒貢」猶言冒取貪求貢賦。周空首布貢字作項，戰國秦陶文作貢，是古有貢字，尚書經文以作貢爲正字，馬、鄭本作贛，皆古文尚書異文。

【詁】王氏釋詞云：「殆，近也，將然之詞也。」引顧命「殆弗興弗悟」爲例。爾雅釋言云：「興，起也。」悟當讀爲悟。説文午部云：「啎，逆也，从午，五聲。」按：「弗興弗悟」即不起不逆，謂一病不起不可逆轉。尚與當通，應當之義。王氏述聞云：「爾雅：『孟，勉也。』孟與明古同聲而通用。顧命曰『爾尚明時朕言』，言當勉承朕言也，時與承同義。」按：時，承一聲之轉。「元子」即太子。爾雅釋詁云：「弘，大也。」釋言云：「濟，成也。」按：「弘濟」猶言大成。言今上天降下疾病，殆將一病不起不可回轉，你們當勉承我言，以奉保太子釗大成于艱難之時。爾雅釋詁云：「柔，安也。」「邇，近也。」按：能从目聲，目隸變作以，以猶而。「柔遠能邇」謂安撫疏遠而使親近。爾雅釋詁云：「安，定也。」廣雅釋詁云：「勸，助也。」言當安撫疏遠諸侯而使親近王朝，安定扶助小大衆國。詩大雅文王鄭箋云：「思，願也。」宋林之奇尚書全解云：「夫人，亦指康王也。」按：王氏釋詞云：「夫，猶此也。僖三十年左傳曰：『微夫人之力不及此。』論語先進篇曰：『夫人不言，言必有中。』夫，皆此也。」是「夫人」猶言此人，謂太子釗，指康王，林説是。爾雅釋詁云：「亂，治也。」按：「自亂」猶言自理，自己約束之義。廣雅釋詁云：「威，則也。」釋訓云：「儀，儀容也。」按：「威儀」謂法度禮儀。「無以」猶言無使。國語晉語韋注云：「冒，抵冒，言貪也。」廣雅釋詁云：「貢，税也。」按：「冒貢」謂貪求貢賦。小爾雅廣詁云：「幾，法也。」按：「非幾」猶言無度，謂無限度。言但願太子能自己約束于禮法，你們無使太子釗貪欲貢賦于無度。謂貢賦苛重則衆叛親離。

兹既受命還，出綴衣于庭。越翼日乙丑，王崩。太保命仲桓、南宫毛，俾爰齊侯吕伋，以二干戈、虎賁百人，逆子釗于南門之外。延入翼室，恤宅宗。丁卯，命作册度。

【校】隸釋引漢石經「兹既」作「兹即」，觀智院本翼字皆作翌，「王崩」作「成王崩」，「仲桓」作「中桓」。内野本及古文訓翼亦皆作翌，「仲桓」亦作「中桓」。按：漢石經既作即者，今文尚書用字，古書即通作既。段氏撰異云：

「翌，今本作翼，衛包之誤也。集韻一屋：『翌，音余六切，明也。書：「翌日乙丑。」劉昌宗讀。』玉裁按：此本周禮司几筵音義。據劉此讀，可證翌爲昱之假借，不容妄改爲翼也。翌室，今本作翼。傳訓翌爲明，疏引釋言『翌，明也』，則其字必本作翌。翌室即明堂也，明堂即路寢也。衛包妄改爲翼。」今按：尚書古寫本作翌者，衛包未改前之本，段氏説是。陸氏釋文云：「王崩，馬本作『成王崩』，注：『安民立政曰成。』」此與古寫本作「成王崩」合。蓋馬融本古文尚書作「成王崩」，今文尚書作「王崩」。仲桓作中桓者，先秦古文字仲皆作中，伯仲字後出。漢書古今人表仲桓作中桓，亦用古仲字。

【詁】王氏釋詞云：「兹者，承上起下之詞也。」甲骨文金文皆有受字，而先秦古文字未見授，是受、授古今字。説文手部云：「授，予也。」按：「兹既受命」謂成王如此已授顧命之辭。還謂成王退朝還歸寢宮。周禮冪人疏引鄭玄曰：「連綴小斂大斂之衣于庭中。」是「綴衣」即斂衣。以今民俗驗之，小斂之衣謂臨死脱去舊衣而更换之新衣，大斂之衣謂出殯斂棺所蓋鋪之衣被，以其連綴于棺内，故謂之綴衣。今文尚書作「贅衣」，贅即綴之假借字。小爾雅廣言云：「贅，屬也。」説文尾部云：「屬，連也。」是「贅衣」即「綴衣」。而今民間謂之老衣，老者，老死之義，即老死送終之衣。王氏釋詞云：「越，猶及也。」按：「越翼日乙丑」謂及至明日爲乙丑日。言成王如此已授顧命之辭畢，乃回歸寢宮，以其病重，故出陳老衣于朝庭以備後事，及至第二天乙丑日，成王駕崩。仲桓、南宮毛爲護衛武臣。爾雅釋詁云：「俾，從也。」「爰，于也。」史記齊世家云：「太公卒，子丁公吕伋立。」是吕伋爲齊太公吕望之子，許氏説文謂「丁公」爲吕伋之謚。「干戈」當爲仲桓、南宮毛二衛隊長官所執。「虎賁」謂武士。爾雅釋言云：「逆，迎也。」「子釗」即太子釗。史記周本紀謂「成王既崩，二公率諸侯以太子釗見于先王廟」，是「南門」謂祖廟南門。「逆子釗于南門之外」者，仲桓、南宮毛所率虎賁百人不入祖廟候駕于南門之外，大臣吕伋入祖廟請太子釗出南門受迎。爾雅釋詁云：

「延，進也。」「翼室」即明室，亦即明堂，嗣君居喪之室。爾雅釋詁云：「恤，憂也。」釋言云：「宅，居也。」按：宗謂宗主，「恤宅宗」即憂居君主，謂告祖廟繼位而憂居明室守喪之君主。「作册」即太史。國語晉語韋注云：「度，揆也。」按：度謂揆度喪葬事務。言成王崩，太子釗在祖廟繼位，太保召公攝政，命仲桓、南公毛隨從齊侯吕伋各執干戈率武士百人迎太子釗于祖廟南門之外，釗進入明室爲憂居君主，至丁卯日，太保命太史揆理安葬成王事務。

越七日癸酉，伯相命士須材。狄設黼扆綴衣。牖間南嚮，敷重篾席，黼純，華玉仍几。西序東嚮，敷重厎席，綴純，文貝仍几。東序西嚮，敷重豐席，畫純，雕玉仍几。西夾南嚮，敷重筍席，玄紛純，漆仍几。

【校】隸釋引漢石經「黼扆」作「黼衣」。觀智院本席作廗，仍作艿。古文訓席作因，仍作艿，雕作彫。按：馮登府石經考異云：「扆通依。明堂位：『天子負斧依。』釋文：『本作扆。』依亦作衣。學記：『不學博依。』注『或爲衣。』衣即依省也。李富孫曰：『説文：衣，依也。釋名訓同。依與扆通，故石經從省作衣。』」今按：漢石經扆作衣者，今文尚書所用字。説文巾部云：「席，藉也。禮：『天子諸侯席有黼繡純飾。』从巾，庶省聲。因，古文席，从石省。」段注云：「其方幅如巾也，此形聲，非會意。因，下象形，上从石省聲。」今按：殷虚文字甲編二六七片席字作因，爲象形初文，説文古文作因，乃其變形。西周金文九年衛鼎席作帍，从巾，石省聲。古文四聲韻昔韻引古孝經席字作碅，从因，石聲，可與甲金文相發明。而古寫本席作廗者，乃六朝俗字，如齊静明造象席字作廗是。説文艸部云：「艿，艸也，从艸，乃聲。」段注云：「許謂艿爲艸名也。」廣韻云：「『陳根艸不芟，新艸又生相因仍，所謂燒火艿。』此别一義。其字亦作芿。列子『趙襄子狩於中山，藉芿燔林』是也。今玉篇以『舊艸不芟，新艸又生曰艿』，係之説文，此孫强、陳彭年輩之誤。乃在一部，仍、艿在六部者，合韻最近也。籀文作𦬒。」今按：金文師旂鼎、散盤艿作𦬒。段氏以爲艿字籀文作𦬒，甚是。先秦古文字無仍字，仍祇作乃。艿字古文作𦬒，小篆省形作艿。艿字之義，相傳爲「陳根艸不芟，新艸又生相因仍」，有因仍義，故作古者以艿爲仍字。尚書經文當以作仍爲正。説文彡部云：「彫，琢文也，从彡，周聲。」段注云：「琢者，治玉也。玉部有琱，亦治玉也。凡琱琢之成文曰彫，故字从彡。今則彫、雕行而琱廢矣。」今按：西周金文弭伯簋、休盤等琱字作𤩱，从玉，周聲，與篆文構形稍異。戰國古陶文及信陽楚簡有彫字，蓋琱、彫古今字。雕乃雕鳥本字，假借爲彫。古文訓雕作彫，用古本字。

【詁】「越七日癸酉」謂及成王崩第七天癸酉日出殯。爾雅釋詁云：「伯，長也。」按：「伯相」即輔相大臣之首長，謂太保召公奭。説文士部云：「士，事也。」按：士謂各司其事之官吏。須蓋頒字形似之譌，參見王氏述聞禮記玉藻「魚須文竹」條。小爾雅廣詁云：「頒，布也。」材即材物，「頒材」謂布置喪禮材物。言及成王崩第七天癸酉日，輔相大臣之長召公命司主喪禮官吏布置出殯喪儀材物。蔡傳云：「狄，下士，蓋供喪役而典設張之事者也。」爾雅釋器云：「斧謂之黼。」郭璞注云：「黼文畫斧形，因名云。」又釋宫云：「牖户之間謂之扆。」郭注云：「窗東户西也。」按：「黼扆」猶言斧扆，謂窗牖門户之間設立畫有斧形紋飾之屏風。「綴衣」承上文「出綴衣于庭」，謂小斂大斂衣中之大斂衣被，出殯蓋棺時入斂棺内者。「牖間南嚮」謂窗牖之間朝南之席位，即正位上席，爲成王生時所坐。重謂三重，天子之席三重。釋文引馬融曰：「篾，纖蒻。」按：説文艸部云：「蒻，蒲子，可以爲平席，世謂蒲蒻。」段注云：「蒲子者，蒲之少者也。考工記注云：『今人謂蒲本在水中者爲弱。』弱即蒻，蒻必媆，故蒲子謂之蒻。」是「篾席」即蒲子柔輭之席。説文黹部云：「黼，白與黑相次文。」廣雅釋詁云：「純，緣也。」按：「黼純」謂篾席爲黑白相間色彩之緣飾。書疏引鄭玄曰：「華玉，五色玉也。」爾雅釋詁云：「仍，因也。」按：仍猶今言仍舊，「仍几」謂成王生時所依仍舊未改凴几。

言司設喪儀之吏陳設黼扆綴衣，在窗牖之間朝南之處，布鋪三重柔軟蒲席，席飾黑白色彩相間之絲緣，設有五色美玉鑲箝之漆几。此爲成王生時接見羣臣諸侯之坐。爾雅釋宮云：「東西牆謂之序。」郭注云：「所以序别内外。」按：「西序」即正堂之西牆。爾雅釋言云：「厎，致也。」按：致、緻古今字。「厎席」承上文「篾席」而省篾字，謂細緻蒲席。「綴純」承上文「黼純」而省黼字，謂連綴黑白色彩相間之絲緣。文、紋古今字，「文貝」謂有紋彩之貝殼。言西牆朝東位置，布鋪三重細緻蒲席，席綴黑白色彩相間之絲緣，設有鑲箝彩貝之仍舊未改漆几。此爲成王生前聽政之坐。孔傳云：「豐，莞。」按：説文艸部云：「莞，艸也，可以爲席。」段注云：「莞之言管也。凡莖中空者曰管，莞即今席子草，細莖圓而中空。」按：莞亦名莞蒲。書疏引鄭玄曰：「畫純，以雲氣畫之爲緣。」廣雅釋言云：「彫，鏤。」按：「雕玉」謂刻鏤華文之玉。言正堂東牆朝西位置，布鋪三重莞蒲之席，席飾畫有雲氣之絲緣，設鑲箝刻鏤美玉之仍舊未改漆几。此爲成王生前宴饗國家元老羣臣之坐。孔疏云：「天子之室有左右房，房即室也，以其夾中央之大室，故謂之夾室，此坐在西廂夾室之前。」釋文引馬融曰：「筍，箁箬。」按：説文竹部云：「箁，竹箬也。」「箬，楚謂竹皮曰箬。」今按：筍、筠古今字。鄭珍説文新附考云：「筠，竹皮也。書顧命『敷重筍席』，鄭君注云：『筍，析竹青皮也。』」按：「筍席」謂析竹青皮細軟之席。説文玄部云：「玄，黑而有赤色者爲玄。」紛當讀爲份。説文人部云：「份，文質備也，从人，分聲。論語曰：『文質份份。』彬，古文份。」按：廣雅釋詁云：「彬，文也。」「玄紛純」謂席以黑紅色華紋絲帛爲緣飾。漆古本字作桼。説文桼部云：「桼，木汁，可以髹物，从木，象形，桼如水滴而下也。」按：「漆仍几」謂木漆雕漆之仍舊未改漆几。言在堂西夾室之前，布鋪三重析竹青皮細軟之席，飾以黑紅色華紋絲緣，設雕漆仍舊漆几。此爲成王生前私宴親屬之坐。

越玉五重，陳寶、赤刀、大訓、弘璧、琬琰，在西序。大玉、夷玉、天球、河圖，在東序。

胤之舞衣、大貝、鼖鼓，在西房。兑之戈、和之弓、垂之竹矢，在東房。大輅在賓階面，綴輅在阼階面，先輅在左塾之前，次輅在右塾之前。

【校】内野本房或作匚。觀智院本鼖作賁。古文訓越作戉，鼖作賁，輅作路。按：越从戉聲，金文越字祇作戉，如者沪鐘。越字始見於秦代陶文，是戰國文字。故越作戉，用古字。但後代越字通行既久，亦可不改。段氏撰異云：「説文宀部曰：『宲，藏也，从宀，呆聲。呆，古文保。周書曰：陳宲赤刀。』玉裁按：史記一書寶字皆作葆，亦其理也。許君蓋據壁中真本，後人易以同音之寶字。」今按：甲骨文金文皆有寶字，而戰國包山楚簡始見宲字，是宲乃寶之後出俗字。尚書經文當以作寶爲正。説文鼓部云：「鼖，大鼓謂之鼖，鼖八尺而兩面，以鼓軍事。从鼓，卉聲。鞼，鼖或从革，賁聲。」段注云：「大司馬職作賁鼓，即鞼之省也。」今按：詩大雅靈臺云：「賁鼓維鏞。」毛傳云：「賁，大鼓也。」陸氏釋文云：「賁，符云反，字亦作鼖。」鼖、賁皆从卉聲，故鼖可通用賁字。古寫本房作匚者，匚音方，與方通用，而房又與方通用，故房作匚。然古書少見用例，尚書經文當以作房爲正。説文車部云：「輅，車軨前横木也，从車，各聲。」段注云：「當依廣韻音胡格反。若近代用輅爲路車字，其淺俗不足道也。」今按：輅車本字作路，必衛包改作輅字。鄭玄注周禮引尚書顧命輅字皆作路，是作路爲古本字。

【詁】爾雅釋言云：「越，揚也。」按：揚謂張揚，「越玉」謂張布寶玉，蓋平時祕而不張。王國維觀堂集林陳寶説云：「以文義言，則西序東序所陳即五重之玉也。重者，非一玉之謂。蓋陳寶、赤刀爲一重，大訓、弘璧爲一重，琬琰爲一重，在西序者三重；大玉、夷玉爲一重，天球、河圖爲一重，在東序者二重，合爲五重。陳寶亦玉名也。赤刀亦然，内府藏古玉赤刀屢見于高宗純皇帝御製詩集，又浭陽端氏舊藏一玉刀長三尺許，上塗以朱，赤色爛然，書之赤刀殆亦此類。大訓蓋鐫刻古之謨訓于玉。河圖則玉之自然成文者。」按：王説可通。然「大訓」之訓蓋當讀爲珣。説文玉部云：「珣，醫無閭之珣玗琪，从玉旬聲，一曰玉器，讀若宣。」今按：「大訓」謂醫無閭山所産珣玗琪玉所治之大玉器。爾雅釋詁云：「弘，大也。」是「弘璧」即大璧。説文玉部云：「琬，圭有琬者。」段注云：「此當作『圭首宛宛者』，轉寫譌脱也。先鄭云：『琬圭無鋒芒，故以治德結好。』」又玉部云：「琰，璧上起美色也。」段注云：「璧當作圭，也當作者。」按：琬謂圭首不鋒鋭者，琰謂圭首鋒鋭者。書疏引鄭玄曰：「大玉，華山之球也。」按：段氏本説文云：「球，玉也。」是「大玉」謂西嶽華山所産之美玉。釋文引馬融曰：「夷玉，東夷之美玉。」書疏引鄭玄曰：「天球，雍州所貢之玉，色如天者。」按：天色青蒼，是「天球」謂青玉，玉中上品。言張布寶玉五重，一重爲陳寶、赤刀，二重爲大珣、大璧，三重爲琬圭琰圭，陳列在西牆朝東之坐北；華山大玉、東夷美玉爲四重，雍州青玉、河圖紋玉爲五重，陳列在東牆朝西之坐北。周禮天府疏引鄭玄曰：「胤也，兑也，和也，垂也，皆古人造此物者之名。大貝，書傳曰『散宜生之江淮之浦，取大貝如車渠』是也。鼖鼓，大鼓也。此鼖非考工記鼖鼓長八尺者，若是周物，何須獨寶守？明前代之物與周鼖鼓同名耳。」按：渠假借爲𨏶。廣雅釋器云：「𨏶，輞也。」王氏疏證云：「渠與𨏶通。」是「車渠」猶言車輪。説文户部云：「房，室在旁也。」段注云：「凡堂之内，中爲正室，左右爲房，所謂東房西房也。焦氏循曰：『房必有户以達于堂，又必有户以達于東夾西夾。』」是西房、東房在殿堂正室之兩旁。言古巧人胤所製之舞衣，江淮之浦所出大貝殼，前代留傳之大鼓，在正室西房陳列；古巧人兑所作之戈，和所作之弓，垂所作之竹矢，在正室東房陳列。周禮典路疏引鄭玄曰：「大路，玉路。」按：大路亦作大輅，爲天子之車，以玉飾則謂之玉路。玉篇𨸏部云：「階，登堂道也。」蔡傳云：「賓階，西階也。」按：西爲賓位，故西階謂之賓階。説文面部云：「面，顔前也。」按：引伸之義爲前。周禮典路疏引鄭玄尚書注云：「贅，次，次在玉路後，謂玉路之貳也。先路，象路。」按：「綴輅」即贅輅，爲「大路」副貳備用輅車。以象牙飾名「先輅」、「次輅」爲其副貳備用輅。説文𠂤部云：「阼，主階也。」段注云：「階之在東者。」爾雅釋宫云：「門側之堂謂之塾。」郭璞注云：「夾門堂也。」言天子之玉輅陳列在殿堂西階之前，綴輅陳列在東階之前，先輅陳列在宫門左側堂屋之前，次輅陳列在宫門右側堂屋之前，皆象成王生前所乘之車。

二人雀弁，執惠，立于畢門之内。四人綦弁，執戈上刃，夾兩階戺。一人冕，執劉，立于東堂。一人冕，執鉞，立于西堂。一人冕，執戣，立于東垂。一人冕，執瞿，立于西垂。一人冕，執鋭，立于側階。

【校】内野本綦作⿱亓糸，刃作刅。足利、天正本弁作辨，「鋭」上有「鉞」字。八行本弁作辨。古文訓雀作爵，綦作⿱亓糸，鋭作銳。按：説文隹部云：「雀，依人小鳥也，从小隹，讀與爵同。」段注云：「今俗云麻雀者是也。禮器象之曰爵，爵與雀同音，後人因書小鳥之字爲爵矣。小亦聲也。」今按：戰後京津新獲甲骨集二一三四片作雀，西周金文魚父己卣亦作雀，與説文篆文同。説文鬯部云：「爵，禮器也。所以飲器象雀者，取其鳴節節足足也。」段注云：「爵引伸爲爵秩字，假借爲雀字。」甲骨文多見爵字，其形爲仿雀鳥所造之飲酒器，是雀、爵本二字，其形相因，其音相同，故爵假借作雀。説文糸部云：「綥，帛蒼艾色也。从糸，畀聲。詩曰『縞衣綥巾』，未嫁女所服。一曰不借綥。綦，綥或从其。」段注云：「士喪禮『組綦』注云：『綦，屨係也，所以拘止屨也。』」今按：戰國古文字睡虎地秦簡作綦，是爲正體。其字古文亦作亓，故造古文者以綦作⿱亓糸，此未見於古文字。汗簡糸部、古文四聲韻之韻引尚書作⿱亓糸，古寫本及古文訓與之同，實不足取。陸氏釋文引馬融本古文尚書云：「馬本作騏，云：青黑色。」考戰國文字曾侯乙墓竹簡有騏字。蓋古文尚書作騏，今文尚書則作綦。説文皃部弁爲覍冕之覍或體，但甲骨文與殷代金文皆有弁字，是尚書經文當以作弁爲正字。古寫本或作辨者，用同音字，先秦古書未見辨假借爲弁之例，故無所取。古寫本刃作办者，刃、办相混。办乃古文創字，象刀刃創傷形。殷虚書契前編卷四第五十一頁一片有办字，西周金文办壺、办觶有办字，字形分辨甚明，無容相混。説文金部云：「鈗，侍臣所執兵也，从金，允聲。周書曰：『一人冕，持鈗。』讀若允。」是古文訓鋭作鈗者本此。然段氏撰異及説文注力辯當作鋭，尚難斷定，待考。

【詁】書疏引鄭玄曰：「赤黑曰雀，言如雀頭色也。雀弁制如冕，黑色，但無藻耳。」吴大澂説文古籀補釋叀爲古文惠。按：殷虚書契前編卷一第十八頁一片叀作𡴎，西周金文克鼎亦作𡴎，上从中象三刃，是叀之古義爲三刃矛，似今獵人所用三刃鐵叉。説文叀字古文作𡵂，爲叀之譌。叀孳乳爲惠，故叀、惠通用。吴氏尚書故引姚鼐曰：「畢門者，廟之内門，穀梁傳所謂祭門也。」言二名衛士頭戴雀色黑冠，手執三刃長矛，站立于祖廟之内門。釋文引馬融本綦作騏曰：「青黑色。」書疏引鄭玄曰：「戈即今之句孑戟。」吕氏春秋安死篇高誘注云：「上，猶前也。」按：「上刃」謂戈刃朝前，以示警戒。程瑶田通藝録釋宫小記釋「夾兩階戺」云：「戺，謂階之兩旁自堂至庭地斜安一石，搘階齒而輔之，如今樓梯必有兩髀以安步級，俗謂之樓梯腿也。以是經文義言之，兩階四戺，故四人執戈夾之。蓋二人夾于東階之二戺，二人夾于西階之二戺，故謂之『夾兩階戺』也。」是「階戺」謂升堂階梯之兩下足。言四名衛士戴青黑色弁冠，兩手執戈，戈刃朝前，兩兩站立于殿堂下東西兩階梯級兩下足。説文冃部云：「冕，大夫以上冠也。」書疏引鄭玄曰：「劉，蓋今鑱斧。鉞，大斧。序内半以前曰堂。」按：説文金部云：「鑱，鋭也。」集韻銜韻云：「鑱，一曰犂鐵。」犂鐵即犂頭，今言曰犂鏵，蓋斧刃如三角犂鏵曰劉。今人沈融尚書顧命所列兵器名考謂劉與鉞是指西周早期的耳形銎鉞，區别在于陳列方位的不同，不存在基本形制上的區别。可備一説。言一名戴冕冠大夫，手執三角刃斧，站立于殿堂東前堂；一名戴冕冠大夫，手執大斧，站立在殿堂西前堂。書疏引鄭玄曰：「戣、瞿，蓋今三鋒矛。」羅振玉曰：「顧命鄭注：『戣、瞿，蓋今三鋒矛。』今□字上象三鋒，下象著地之柄，與鄭誼合，爲戣之本字，後人加戈耳。」見容庚金文編初本引。按：金文燕王詈矛戣作鍨，猶戉作鉞。瞿當讀爲䀠。説文䀠部云：「䀠，左右視也。从二目。」按：殷商金文䀠字象二目左右斜視，瞿蓋二鋒左右開向之矛。爾雅釋詁云：「邊，垂也。」言一名戴冕大夫，手執三鋒矛，站立于殿堂前堂東邊；一名戴冕冠大夫，手執雙鋒矛，站立于殿堂前堂西邊。孔傳云：「側階，北下立階上。」按：謂殿堂東北角之階，特爲天子退下殿堂之階。言一名戴冕冠大夫，手執鋭矛，站立于殿堂北側王下階級之口。

王麻冕黼裳，由賓階隮。卿士、邦君麻冕蟻裳，入即位。太保、太史、太宗皆麻冕彤裳。太保承介圭，上宗奉同瑁，由阼階隮。太史秉書，由賓階隮，御王册命，曰：「皇后憑玉几，道揚末命，命汝嗣訓，臨君周邦，率循大卞，燮和天下，用答揚文、武之光訓。」

【校】觀智院本蟻作蛾。足利、天正本蟻作蛾，「率循大卞」作「帥修大辨」。八行本亦作「帥修大辨」。古文訓蟻作蛾。按：説文虫部云：「蛾，羅也，从虫，我聲。」段注云：「『蛾，羅』見釋蟲。許次於此，當是螘一名蛾。蛾是正字，蟻是或體。許意此蛾是螘，䖵部之蟲是蠶蟲，二字有別。爾雅螘字本或作蛾。蓋古因二字雙聲通用，要之本是一物，非假借也。」今按：據許氏説文，蚍蜉之蛾作蛾，蠶蛾之蛾作蛬，蛬爲蟲之省形異文，後與蛾混爲一字，此經文「蟻裳」謂玄色裳服，是用蛾字之義，作蟻乃其異體。白虎通爵篇引今文尚書「同」作「銅」。三國志吴志注引虞翻別傳釋「銅」爲「天子副璽」，與古文家説不同。古寫本「率循大卞」作「帥修大辨」者，楊氏覈詁云：「古卞、弁同，卞即弁之省文。弁疑當讀爲辨。古本作『帥修大辨』。帥與率、循與修，皆古通用字。辨，説文：『治也。』辨，荀子議兵注亦云『治也』。」今按：循、修二字古音相近通用，或循與脩形近而譌作脩，又作修。卞爲弁字隸書之變形。

【詁】書疏引鄭玄曰：「麻冕，三十升布也。黼裳者，冕服有文者也。」按：儀禮喪服鄭注云：「布八十縷爲升。」則「三十升」爲二千四百縷綫，是麻布至細者。白虎通爵篇云：「尚書曰『王麻冕黼裳』，此大斂之後也。」隮字本當作躋。說文足部云：「躋，登也。」又爾雅釋詁云：「躋，陞也。」陞亦作升。按：黑白色相間曰黼，「黼裳」謂非純吉服。「賓階」即西階，嗣君尚未即王位，故由賓階升堂。言康王頭戴麻冕，身穿非純吉服黼裳，由西階登上殿堂。「卿士」謂公卿大臣。說文邑部云：「邦，國也。」按：「邦君」謂諸侯國君。書疏引鄭玄曰：「蟻，謂玄色也。即位者，卿西面，諸侯北面。」按：「蟻裳」亦非純吉服。爾雅釋宮云：「中庭之左右謂之位。」郭注云：「羣臣之列位也。」言公卿大臣、諸侯國君亦頭戴麻冕，身穿非純吉服蟻裳，進入殿堂前中庭就位，公卿在東面西，諸侯在南面北。「上宗」即「太宗」，變文同義。廣雅釋器云：「彤，赤也。」按：「彤裳」即赤服，爲純吉服。王國維周書顧命考云：「太保太史太宗彤裳純吉服者，太保攝成王爲册命之主，太宗相之，太史命之，皆以神道自處，故純吉也。」言太保、太史、太宗主持册命康王即位，皆頭戴麻冕，身穿純吉禮服彤裳。說文手部云：「承，奉也。」介亦作玠。爾雅釋器云：「圭大尺二寸謂之玠。」按：「介圭」謂一尺二寸長大圭。王國維同瑁說云：「余謂同瑁一物，即古圭瓚。」按：禮記王制鄭注云：「圭瓚，鬯爵也；鬯，秬酒也。」「同瑁」亦省稱作「同」，故鄭玄注尚書釋「同」爲酒杯，酒杯即謂酒爵，似勺而以圭玉爲柄之酒器。「阼階」即東階。言太保手奉大圭，太宗手奉同瑁，由東階登上殿堂。爾雅釋詁云：「秉，執也。」書謂成王顧命之書。詩小雅六月毛傳云：「御，進也。」言太史手持成王顧命册書，由西階登上殿堂，以册命之書進獻于康王。說文王部云：「皇，大也。」爾雅釋詁云：「后，君也。」按：「皇后」猶言大君，謂成王。爾雅釋詁云：「訓，道也。」淮南子覽冥篇高誘注云：「揚，明也。」按：「道揚」猶言說明。小爾雅廣言云：「末，終也。」按：「末命」即臨終之命令。爾雅釋詁云：「嗣，繼也。」按：「嗣訓」謂繼承文王、武王教導。說文臥部云：「臨，監也。」按：「臨君」謂監臨君位。王氏釋詞云：「率，語助也。」玉篇云：「卞，法也。」按：「率循大卞」謂遵循大法。爾雅釋詁云：「燮，和也。」按：「燮和」猶言和諧。「答揚」猶言報答發揚。詩大雅皇矣毛傳云：「光，大也。」按：「光訓」猶言大訓。言册命之書説，大君成王病依玉几，説明臨終遺命，命你子釗繼承文王、武王教導，監理君主周國，遵循文王、武王大法，和諧天下，以報答發揚文王、武王大訓。

王再拜，興，答曰：「眇眇予末小子，其能而亂四方，以敬忌天威。」乃受同瑁，王三宿，三祭，三咤。上宗曰：「饗！」太保受同，降，盥以異同，秉璋以酢，授宗人同，拜。王答拜。太保受同，祭，嚌，宅，授宗人同，拜。王答拜。太保降，收。諸侯出廟門俟。

【校】內野本嚌作𠴲。觀智院本眇作妙。古文訓眇作妙，咤作⿱冖託，饗作亯，嚌作𠴲。按：説文目部云：「眇，小目也，从目少。」段注云：「方言曰：『眇，小也。』」按：眇訓小目，引伸爲凡小之偁。又引伸爲微妙之義。説文無妙字，眇即妙也。史記『户説以眇論』，即妙論也。鍇曰會意。按：物少則小，故从少，少亦聲。」今按：戰國古璽文有眇字，而先秦古文字未見妙字。漢碑眇、妙通用。史記、漢書多用眇字。故尚書經文當以作眇爲正。古文訓作妙以爲古文，其實不古。説文冖部云：「⿱冖託，奠酒爵也，从冖，託聲。周書曰：『王三宿、三祭、三⿱冖託。』」段注云：「冖部曰：『奠，置也。』禮器必有冪也，故从冖。」今按：陸氏釋文云：「咤，陟嫁反，亦作宅。又音妬，徐又音託。説文作⿱冖託，丁故反，奠爵也。馬本作詫，與説文音義同。」此字當以説文作⿱冖託爲正字。其所以作咤、作宅，皆以从乇聲相輾轉通用。馬融本古文尚書作詫，詫即⿱冖託字俗別異體。而咤又吒之後出異體。説文口部云：「吒，噴也，叱怒也，从口，乇聲。」段注云：「亦作咤。」古文訓饗作亯者，亯字漢隸作亨，亦作享，與饗字古書通用。但詞義有別，饗爲饗燕本字，享爲享獻本字。

元戴侗六書故云：「經傳饗爲饗食之饗，因之爲歆饗。亯爲亯獻之亯，因之爲亯祀。周禮、儀禮二字之用較然不紊，至他書往往錯互，蓋傳寫譌也。楚茨之詩曰『以亯以祀』，又曰『神保是饗』，此二字之辨也。」戴説是。甲骨文金文有亯、饗二字，各有本義。古書通用，因古音相同。此經之義既爲上宗勸康王飲酒，是用饗字之義，故正字當爲饗。古文訓作亯者，以假借字作古。説文口部云：「嚌，嘗也，从口，齊聲。周書曰：『太保受同，祭嚌。』」今按：嘗、嚐古今字。齊字漢隸作齊，古文楷化作亝。先秦古文字無嚌字，嚌或作⿰口亝者，齊字古文楷化作亝之類化。玉篇口部云：「嚌，在細切。周書曰：『太保受同祭嚌。』嚌，至齒也。⿰口亝，古文。」按：「至齒」説顧命嚌字之義，即飲酒至齒，表示飲嚐福酒。云古文作⿰口亝，是六朝以前已有嚌作⿰口亝者，古文訓因之。而尚書經文仍當以作嚌爲正。

【詁】爾雅釋言云：「興，起也。」方言云：「裔，末也。」按：末謂後裔，即子孫。王氏釋詞云：「其，猶寧也。」按：「其能」猶言何能，謂有何能力。而當讀爲能。廣雅釋詁云：「能，任也。」按：任謂勝任。爾雅釋詁云：「亂，治也。」按：「而亂」猶言勝任治理。「敬忌」猶言敬畏。爾雅釋言云：「威，則也。」言康王再拜起立，回答太史説，我乃文王、武王之微不足道一子孫少年，有何能力勝任治理天下，而敬畏上天法則。此爲謙辭。王國維周書顧命考云：「『乃受同瑁』，按此瑁字疑涉上文而衍。受同者王，授之者太宗也。太保介圭與太史之册書當于此時同授王，不書者略也。」按：王説是。「同瑁」爲天子祭祀酒器，省稱同。是同即酒爵，「乃受同」謂王乃接受酒爵于太宗。書疏引鄭玄曰：「宿，肅也。却行曰咤。王徐行前，三祭，又三却，復本位。」按：宿與肅通。爾雅釋詁云：「肅，進也。」禮成于三。蓋太宗酌酒于爵予王，王進前敬酒、祭奠酒、退復本位者三次禮畢。言康王接受介圭、同瑁、册書後，乃接受酒爵行祭祀祖神之禮，進酒、祭酒、退回本位三次禮畢；太宗又酌酒于爵説，請王饗飲福酒，王乃飲酒，以表接受王位爵禄。「太保受同」謂王將酒爵授予太保，太保接受酒爵。降謂下堂。説文皿部云：「盥，澡手也。」水部云：「澡，洒手也。」洒今用洗字，是盥謂洗手。「異同」謂另換酒爵。璋謂璋瓚，如勺。王用圭瓚之勺酌酒，臣用璋瓚之勺酌酒，故太保秉璋。酢當讀爲酬。說文酉部云：「醻，獻醻，主人進客也。从酉，壽聲。酬，醻或从州。」按：酬謂酬答。言康王授酒爵于太保，太保接受酒爵下堂放置，先洗手，再另換酒爵，執璋瓚之勺酌酒沃奠于地，代祖神酬答康王酒祭。「宗人」謂小宗伯，爲「太宗」大宗伯之副。太宗助王祭酒，宗人助太保祭酒。詩邶風靜女毛傳云：「俟，待也。」言太保授宗人酒爵，然後下拜代祖神酬答康王酒祭，于是康王答拜。爾雅釋言云：「宅，居也。」按：居謂退居臣位。言太保又接受酒爵于宗人，酌酒祭神，再飲酒至齒以表飲康王福酒，然後退居臣位，下拜祝王嗣位，康王答拜，于是太保走下殿堂，册命禮畢，有司收撤禮器，諸侯走出宗廟之門等待新王接見。今按：僞孔古文尚書此下分篇名康王之誥，馬、鄭古文尚書「王若曰」以下分篇名康王之誥，皆不合今文尚書。

王出，在應門之内。太保率西方諸侯入應門左，畢公率東方諸侯入應門右，皆布乘黄朱。賓稱奉圭兼幣，曰：「一二臣衛，敢執壤奠。」皆再拜稽首。王義嗣德，答拜。

【校】足利、天正本應作応。按：說文心部云：「應，當也，从心，雁聲。」段注云：「當，田相值也，引伸爲凡相對之偁。凡言語應對之字即用此。大徐言部增譍字，非也。」今按：西周金文應監甗應字作雁。戰國古文睡虎地秦簡、古璽文及詛楚文作應，與小篆相同。日本國尚書古寫本應字作応者，用本國簡略字。白虎通紼冕篇云：「紼者，蔽也，行以蔽前者爾。書曰：『黼黻衣黄朱紼。』亦謂諸侯也。」按：「布乘」作「黼黻」者，今文尚書。黼、布聲通。紼乃韍之借。韍字古金文作市，象蔽膝之帶。市、乘古形相近，故市譌作乘，爲古文家所本，誤。

【詁】爾雅釋宫云：「正門謂之應門。」郭璞注云：「應門，朝門。」禮記明堂位疏云：「李巡云：『宫中南嚮大門，應門也。』應是當也，以當朝正門，故謂之應門。」言康王走出廟門，在宮中正門之内庭中接見諸侯。太保召公爲關中西方諸侯之長，畢公爲關東諸侯之長。說文市部云：「市，韠也。上古衣蔽前而已，市以象之。天子朱市，諸侯赤市。从巾象連帶之形。韍，篆文市，从韋从犮。俗作紱。」段注云：「鄭注禮曰：『古者佃漁而食之，衣其皮，先知蔽前，後知蔽後，後王易之以布帛，而獨存其蔽前者，不忘本也。』」按：今文尚書「布」作「黼」，是謂黑白色相間紋飾之衣。「乘黃朱」今文尚書作「黃朱紼」，乘爲市之譌，紼爲韍之借，是謂蔽膝之巾黃朱色；黃朱即赤，是諸侯蔽膝之色。言太保率領西方諸侯進入宮庭正門在左列班朝王，畢公率領東方諸侯進入朝庭正門在右列班朝王，皆穿黑白色相間綉紋之衣和黃朱色蔽膝。賓、儐古今字，儐亦作擯。武億羣經義證云：「古文賓通作擯，是『奉圭兼幣』蓋擯者之辭。」按：賓謂禮儀儐相之官。國語吴語韋注云：「稱，呼也。」說文土部云：「圭，瑞玉也，以封諸侯，从重土。」段注云：「天子以封諸侯，諸侯守之以主其土田山川，故字从重土。」按：圭謂命圭，諸侯執以朝天子。說文巾部云：「幣，帛也。」按：幣蓋謂陳寫貢物名稱之布帛，猶今言禮單。「一二」謂非一人，猶今言我們。「臣衛」謂臣僕蕃衛。楊氏詞詮云：「敢，表敬助動詞。儀禮士虞禮鄭注云：『敢，冒昧之辭。』」楚辭離騷王逸注云：「壤，土也。」禮記玉藻鄭玄注云：「奠，猶獻也。」按：「壤奠」謂土產貢物。左傳襄公十四年云：「君，義嗣也。」杜預注云：「適子，故曰義嗣。」按：釋名釋言語云：「義，宜也。」是「義嗣」猶言合法嗣君。廣雅釋言云：「威，德也。」按：德謂德威。言司儀之官口呼稟告康王，諸侯奉命圭及貢品禮單見王，說我們臣僕蕃衛冒昧執土產進獻，于是諸侯皆再拜叩首，而康王以合法繼位之君德威答拜致謝。

太保暨芮伯，咸進相揖，皆再拜稽首，曰：「敢敬告天子，皇天改大邦殷之命，惟周文、武誕受羑若，克恤西土。

【校】內野、觀智、足利、天正、八行本「皆」作「並」。「受」下有「厥」字。觀智院本羑作巷。按：據文意，太保與芮伯皆進相揖，並排站立王前，再拜稽首，是以古寫本作「並」爲是，孔氏正義正作「並再行稽首」。甲金文並字正象二人並排站立地上。説文羊部云：「羑，進善也，从羊，久聲。文王拘羑里，在蕩陰。」段注云：「進當作道，道善，導以善也。顧命：『誕受羑若。』馬曰：『羑，道也。』羊，善也，故从羊。此字又見厶部，曰：『羗古文。』蕩音湯。」今按：羗當即羑之繁化，説文異體作誘，後世誘導字用此。羑、羗皆不見于先秦古文字，而戰國古文睡虎地秦簡有誘字，是誘乃古文，尚書經文或本作誘。古寫本羑作巷者，蓋羊譌作芺，久譌作巳，故無形可説。古寫本「受」下有「厥」字者，楊氏覈詁云：「疑羑爲久之假字，久與厥，古字極相似，則『羑若』與『厥若』當爲一語。」按：甲骨文金文厥字與久字相似，蓋今文尚書作「厥若」，與下文「厥若」相對可證，而古文尚書作「羑若」，以今文義長。

【詁】爾雅釋詁云：「曁，與也。」「咸，皆也。」按：召公爲太保，芮伯爲司徒，皆爲朝廷重臣。言太保與芮伯皆進入朝庭，互相作揖行禮，然後並立向康王再拜叩首。爾雅釋詁云：「皇，大也。」按：「皇天」猶言上天，謂天帝。王氏釋詞云：「惟，猶乃也。」「乃，猶是也。」「誕，句中助詞也。」爾雅釋詁云：「若、嘉，善也。」按：「誕受厥若」謂受其天帝嘉命。爾雅釋言云：「克，能也。」玉篇心部云：「恤，救也。」按：恤謂救難。「西土」謂關西土疆。殷紂暴虐降難四方，唯周文王爲西伯，文、武兩世經營西土，西土安定，故曰救。言太保與芮伯謂康王説，冒昧敬告天子，上天改更大國殷商天命，是我周文王、武王受其天帝嘉命，能救難安定西方土疆，文王、武王已遵行天命。

「惟新陟王，畢協賞罰，戡定厥功，用敷遺後人休。今王敬之哉！張皇六師，無壞我高祖寡命。」

【詁】爾雅釋詁云：「陟，昇也。」韓愈黄陵廟碑云：「余謂竹書紀年『帝王之没皆曰陟』，陟，昇也，謂昇天也。」按：「新陟王」謂新逝之王成王。爾雅釋詁云：「畢，盡也。」「悦、協，服也。」「戡，克也。」釋言云：「克，能也。」淮南子天文篇高誘注云：「定者，成也。」説文攴部云：「敷，敂也。周書曰：『用敷遺後人。』」按：敂即布施本字。休字爾雅作庥，釋詁云：「庇、庥，廕也。」郭璞注云：「今俗語呼樹蔭爲庥。」按：蔭、廕通用，庥謂廕庇之福。言太保與芮伯謂康王説，是新逝之王成王使天下盡能悦服其賞善罰惡，能成就文王、武王功業，以布施遺留後代子孫爲廕庇之福。「今王」謂康王。説文王部云：「皇，大也。」按：「張皇」即張大，猶今言强大。説文高部云：「高，崇也。」按：「高祖」謂崇高偉大祖先。「六師」猶言六軍，天子有六師。楊氏覈詁云：「寡讀爲嘏。」按：嘏與祜通用。爾雅釋詁云：「祜，福也。」詩小雅信南山云：「曾孫壽考，受天之祜。」是「寡命」謂上天所賜禄命。言今嗣位之王當敬慎勉爲，强大天子六師以捍衛王權，不要毁敗我周開國創業崇高偉大祖先所受上天降賜禄命。

王若曰：「庶邦侯甸男衛，惟予一人釗報誥，昔君文、武，丕平富，不務咎，厎至齊信，用昭明于天下。則亦有熊羆之士，不二心之臣，保乂王家，用端命于上帝。

【校】足利、天正本昔作其。古文訓端作耑。唐石經補缺下「于」誤作「予」。按：昔作其者，蓋形近而誤。孔氏正義釋云「昔先君」，則作昔爲是。説文立部云：「端，直也，从立，耑聲。」段注云：「用爲發耑、耑緒字者假借也。」又耑部云：「耑，物初生之題也，上象生形，下象根也。」段注云：「題者，頟也。人體頟爲最上。物之初見即其頟也。古發端字作此，今則端行而耑廢，乃多用耑爲專矣。」今按：端爲端直本字，耑爲端始本字。甲骨文與金文有耑字，而先秦古文字未見端字。蓋端始、端直字古皆作耑，後乃造端爲端直字。古文四聲韻桓韻引汗簡端作耑，以耑爲端古文是。尚書此文「端命」猶言始命，僞孔傳訓「端」爲「端直」，誤。陸氏釋文謂馬融本從「王若曰」以下爲康王之誥，是馬、鄭本古文尚書如此。又云：「與顧命差異敘，歐陽、大小夏侯同爲顧命。」是今文尚書不分康王之誥爲篇，從上下文意連貫相校，亦以今文不分義長。

【詁】爾雅釋詁云：「庶，衆也。」説文邑部云：「邦，國也。」按：「庶邦」謂衆諸侯國，即侯、甸、男、衛大小封國。「一人」謂天子。釗爲康王之名。廣雅釋言云：「報，復也。」釋詁云：「誥，教也。」按：「報誥」謂答復教戒。爾雅釋詁云：「丕，大也。」楊氏覈詁云：「平，讀爲抨。」按：爾雅釋詁云：「抨，使也。」是「丕平富」謂大力使民致富。爾雅釋言云：「務，侮也。」釋詁云：「咎，病也。」按：侮即欺侮，「不侮」猶言同情。病即貧病，謂貧病孤苦之人。爾雅釋言云：「厎，致也。」按：「厎至」猶言達到。左傳襄公二十二年杜預注云：「齊，同也。」按：「齊信」謂共同信任朝廷。爾雅釋詁云：「昭，光也。」按：「昭明」猶言光明。言康王如此説，各國諸侯君長，我天子姬釗答復太保等教戒，先君文王、武王大力使民致富，同情貧病孤苦之人，達到貧富之民共同信任朝廷，以光明普照于天下。王氏釋詞云：「則，猶而也。」按：「則亦」猶言而又。「熊羆」謂勇猛如熊羆之武士。爾雅釋詁云：「乂，治也。」按：「保乂」謂保安治理。言文王、武王愛民德盛，而又有勇如熊羆武士，忠心不二之臣，保安治理王國，因而始能受命于上帝。

「皇天用訓厥道，付畀四方，乃命建侯樹屏，在我後之人。今予一二伯父，尚胥暨顧，綏爾先公之臣服于先王。雖爾身在外，乃心罔不在王室，用奉恤厥若，無遺鞠子羞。」

【校】觀智、足利、天正、八行本「侯」作「諸侯」。足利、天正本後作后。按：僞孔傳與孔疏皆作「諸侯」，似當以作「諸侯」爲是。古寫本後作后者，用通假字，當以作後爲正。

【詁】廣雅釋詁云：「訓，順也。」王氏釋詞云：「厥，猶之也。」爾雅釋詁云：「畀，予也。」按：「付畀」猶言授予。「四方」猶言天下。言上天由于順從文王、武王之治道，故授予天下四方使其治理。樹本字作尌。説文壴部云：「尌，立也。」國語齊語云：「以屏周室。」韋昭注云：「屏，猶蕃也。」按：「樹屏」謂建立蕃衛。爾雅釋詁云：「在，存也。」按：存謂存念，即顧念。説文又部云：「父，巨也，家長率教者。」按：爾雅釋詁云：「伯，長也。」是「伯父」猶今言長輩，謂太保召公、畢公、芮伯等。尚與當通，猶言應當。爾雅釋詁云：「胥，皆也。」「暨，與也。」按：「胥暨」猶言共同。王氏述聞云：「綏讀爲緌，爾雅曰：『緌，繼也。』」言上天于是命我先王建立諸侯蕃衛，使顧念我等後世子孫繼位爲王之人，今我之各位長伯，應當共同顧念我新王，以繼承你們先公之臣服于我先王之美德。淮南子説林篇高誘注云：「奉，助也。」説文心部云：「恤，收也。」爾雅釋言云：「若，善也。」「鞠，稚也。」按：「鞠子」猶言稚子，康王自謂。呂氏春秋下賢篇高誘注云：「遺，猶舍也。」按：遺謂舍棄，「遺鞠子」者，棄稚子不助。言雖然你們身在外爲諸侯，而心無不在王室，要助我爲政收其善果，不要棄我稚子之王不助使羞愧于先王。

羣公既皆聽命，相揖，趨出。王釋冕，反喪服。

【校】八行本趨作趍。古文訓冕作絻。按：説文走部云：「趨，走也，从走，芻聲。」段注云：「曲禮注曰：『行而張足曰趨。』按張足過於布武。」走部又云：「趍，趍趙，夂也，从走，多聲。」段注云：「夂，行遲曳夂夂也，楚危切。趍趙，雙聲字，與躊躅字皆爲雙聲轉語。」是趍與趨義異。而古寫本趨作趍者，趍乃趨之俗字。廣韻虞韻云：「趨，走也；趍，俗，本音池。」是隋唐以後趨俗作趍，不足取。絻乃説文冕字或體，古文訓以或體爲古文，不足取。白虎通爵篇云：「故尚書曰：『王釋冕，喪服。』」是今文尚書無「反」字。

【詁】書疏引鄭玄曰：「羣公，主爲諸侯與王之三公，諸臣亦在焉。」儀禮鄉射禮鄭注云：「釋服，脱朝服。」是釋猶言脱。冕謂麻冕黼裳，爲吉服。吕氏春秋察微篇高誘注云：「反，更也。」按：「反喪服」謂更換喪服。言衆大臣與諸侯已皆聽畢康王誥命，相揖作别，快步走出朝庭，康王脱去吉服，更换穿上喪服。

尚書校詁卷十

周書十六

吕刑【解題】史記周本紀云："諸侯有不睦者，甫侯言於王，作修刑辟。王曰：『吁，來！有國有土，告汝祥刑。』命曰甫刑。"裴駰集解引鄭玄曰："書説云周穆王以甫侯爲相。"今按：爾雅釋詁云："辟，法也。"是"刑辟"猶言刑法。墨子一書引作吕刑，是先秦本作吕刑。此篇是中國最早的刑法文獻。

惟吕命，王享國百年，耄荒，度作刑，以詰四方。王曰："若古有訓，蚩尤惟始作亂，延及于平民，罔不寇賊，鴟義姦宄，奪攘矯虔。苗民弗用靈，制以刑，惟作五虐之刑曰法，殺戮無辜，爰始淫爲劓刵椓黥。越兹麗刑，并制，罔差有辭。

【校】岩崎本、内野本、古文訓椓作斀，黥作剠。按：鄭玄周禮大宰職注云："書曰：『度作詳刑，以詰四方。』"是鄭氏所據東漢古文尚書與今本不同。吴汝綸尚書故云："鄭引作『度作詳刑』者是也。下『告爾祥刑』、『監于兹祥刑』，皆有祥字。鄭作詳者，詳、祥同字。"按：本當作"詳刑"，謂詳善之刑法，見下文校詁。説文攴部云："斀，去陰之刑也，从攴，蜀聲。周書曰：『刖劓斀黥。』」段注云：「斀，斲也。大雅：『昏椓靡共。』此假椓爲斀也。刖當作刵。斀黥據正義馬、鄭作劅剠，劅同斀，剠同黥。衛包乃易爲椓字，而不知斀、椓字義之不同。椓，擊也，去陰不可云椓。」是尚書正字當作斀，劅乃後出異體字。説文黑部云：「黥，墨刑在面也，从黑，京聲。剠，或从刀作。」段注云：「此刑亦謂之墨。周禮司刑注曰：『墨，黥也，先刻其面，以墨窒之。』」是正字作黥，或體作剠，剠則後出字，非古文，經文當以作黥爲正。

【詁】王氏釋詞云：「惟，發語詞也。」吕即吕侯，「吕命」謂吕侯受命爲卿司主刑法。「百年」謂年時長久。禮記樂記鄭玄注云：「荒，老耄也。」按：「耄荒」連文，義爲老耄。爾雅譯詁云：「度，謀也。」周禮天官太宰鄭注云：「詰，猶禁也。」言當吕侯受命爲卿司主刑法時，穆王在位年時長久而已老耄，但仍謀制定詳刑，以禁治天下四方之民。王氏釋詞云：「家大人曰：若，詞之惟也。」引吕刑「若古有訓」爲例，是若爲發語詞。説文言部云：「訓，説教也。」按：訓謂教訓。釋文引馬融曰：「蚩尤，少昊之末九黎君名。」書疏引鄭玄曰：「蚩尤霸天下，黄帝所伐者。」按：蚩尤蓋古部族諸侯，至帝堯時猶爲諸侯，故與三苗並舉。王氏釋詞云：「惟，猶乃也。」按：「惟始」猶言乃始。方言云：「延，徧也。」按：「延及于平民」謂惡行毒害徧及平民百姓。王氏述聞云：「家大人曰：廣雅曰：『俄，衺也。』古者俄、義同聲，故俄或通作義。馬融注曰：『鴟，輕也。』鴟者，冒没輕儳。義者，傾衺反側也。」按：「鴟義」謂輕冒邪僻。玉篇矢部云：「矯，詐也。」虍部云：「虔，強取也。」言古有無刑治民之教訓，九黎之君蚩尤乃始作亂，惡行毒害徧及平民百姓，惡人無不爲寇爲賊，輕冒邪僻，内外作亂，強奪詐取。王國維曰：「古亦稱君爲民。」見觀堂學書記。是「苗民」猶言苗君，謂三苗之君。廣雅釋詁云：「靈，善也。」墨子尚同中篇引吕刑「制」作「折」。王國維曰：「制古通折。」説同上。説文艸部云：「折，斷也。」按：「制以刑」謂斷獄用重刑。「五虐之刑」即下大辟、劓、刵、椓、黥。王氏釋詞云：「曰，猶爲也，謂之也。」按：「爰始」即始，爰爲發語詞。爾雅釋詁云：「淫，大也。」越與粵通。爾雅釋詁云：「粵，于也。」按：「越茲」猶言于是。儀禮士喪禮鄭注云：「麗，施也。」禮記檀弓下鄭注云：「并，猶專也。」呂氏春秋君守篇高誘注云：「差，過也。」說文辛部云：「辭，訟也，从𤔔辛，𤔔猶理辜也。」按：「有辭」猶言有罪。言三苗之君不用善政治民，斷獄用重刑，作五虐之刑謂之法，殺戮無罪，始大爲割鼻、割耳、去陰、黥面之刑，于是施刑專制，民無過失亦有罪名。

「民興胥漸，泯泯棼棼，罔中于信，以覆詛盟。虐威庶戮，方告無辜于上，上帝監民，罔有馨香德，刑發聞惟腥。皇帝哀矜庶戮之不辜，報虐以威，遏絶苗民，無世在下。乃命重黎，絶地天通，罔有降格。羣后之逮在下，明明棐常，鰥寡無蓋。」

【校】岩崎本「降格」上有「除」字。足利、天正、八行本胥作疋，「監民」作「監人」。古文訓香作𪏰。按：說文疋部云：「疋，足也，上象腓腸，下从止。古文以爲詩大雅字，亦以爲足字，或曰胥字。」段注云：「此亦謂同音假借，如府史胥徒之胥，徑作疋可也。」又肉部云：「胥，蟹醢也，从肉，疋聲。」段注云：「引伸假借爲相與之義。」今按：先秦古璽文、古陶文有疋字，亦有胥字。廣韻質韻云：「匹，俗作疋。」是隋唐時匹、疋已相混不别，故俗又疋作匹，不足取。尚書經文當以作胥爲正。段氏撰異云：「論衡寒温篇曰：『蚩尤之民，湎湎紛紛。』此今文尚書也。漢書敘傳『湎湎紛紛』，亦用今文甫刑語。」又云：「論衡變動篇：『甫刑曰：庶僇旁告無辜于天帝。』此今文尚書也。凡古文尚書方字，今文尚書多作旁。」說文香部云：「香，芳也，从黍从甘。春秋傳曰：『黍稷馨香。』」今按：漢隸華山廟碑香字作𪏰，變黍作𥝢；衡方碑、孔宙碑等作香，黍省作禾，後世通行。

【詁】說文舁部云：「興，起也，从舁同，同，同力也。」爾雅釋詁云：「胥，相也。」按：「興胥」猶言同相，即共同互相。王氏述聞云：「詐謂之漸。吕刑曰『民興胥漸』，漸亦詐也，言小民興相爲詐也。」棼亦作芬。逸周書祭公解云：「汝無泯泯芬芬。」孔晁注云：「泯、芬，亂也。」王氏釋詞云：「于，猶越也，與也，連及之詞。」按：「罔中于信」謂無中正與信義。詩小雅雨無正毛傳云：「覆，反也。」左傳宣公二年杜預注云：「詛，盟誓也。」按：「詛盟」爲同義複詞，猶言盟誓。言三苗之君共相欺詐，昏亂同惡，無中正與信義，而反背盟誓之約。方與旁通。說文二部云：「旁，溥也。」按：溥即普遍，「方告」猶言共同控告。「上帝」即上古帝王，謂帝堯。此文「上帝」、「皇帝」皆謂帝堯，以文中蚩尤、苗君皆帝堯諸侯，重黎、伯夷、禹、稷皆堯臣，故吕刑是托古改制之文。而文中又言「天」者，則信仰天道正直以寄托。凡此當隨文釋義，以求貫通。爾雅釋詁云：「監，視也。」說文彳部云：「德，升也。」玉篇心部云：「惟，爲也。」腥本字作胜，說文肉部云：「胜，犬膏臭也。」按：今通用腥字。廣雅釋詁云：「戮，罪也。」言受暴虐威刑之衆被刑罪者，共同控告其無罪于帝堯，帝堯于是視察民間，無有馨香之氣升聞，唯有刑戮所發聞血腥之氣。說文王部云：「皇，大也。」按：「皇帝」即大帝，謂帝堯。方言云：「矜，哀也。」按：矜讀爲憐，故與哀同義，「哀矜」猶言哀憐。說文㚔部云：「報，當罪人也，从㚔从𠬝，𠬝，服罪也。」段注云：「𠬝音服，治也。」爾雅釋言云：「威，則也。」又釋詁云：「則，法也。」按：「報虐以威」謂以刑法治罪爲虐之苗君，即流放竄逐之。爾雅釋詁云：「遏，止也。」按：「遏絶」猶言終斷。國語晉語韋注云：「世，嗣也。」言帝堯哀憐衆被刑罪之無辜，治罪暴虐苗君而逐放之，終斷苗君命運，不使世代在下爲諸侯。重黎，或云一人，或云二人，推求文義，當爲一人。蓋黎謂黎民，「重黎」取名重民之義。蚩尤、苗君皆上古輕民無法之代表，重黎爲重民立法之代表，故命重黎立法救民。上古傳説與史實不分，此文托古論刑，故視重黎爲傳説人物可矣。「絶地天通」謂斷絶下土苗君通天求君位之路。「降格」爲古成語。爾雅釋詁云：「格，至也。」「降格」謂天神降臨保佑。言帝堯乃命重黎斷絶苗君通天求位之路，故無天神降臨保佑苗君。爾雅釋詁云：「后，君也。」按：「羣后」即下文「三后」，謂伯夷、禹、稷。王氏釋詞云：「之，猶若也。」爾雅釋詁云：「逮，及也。」按：「羣后之逮在下」謂執法公正諸君若能惠及在下之民。爾雅釋訓云：「明明，察也。」棐當讀爲匪。廣雅釋言云：「匪，彼也。」爾雅釋詁云：「法、刑，常也。」按常即常刑，「明明棐常」謂明察通曉那正常刑法。爾雅釋言云：「蓋、割，裂也。」按：釋文引舍人本蓋作害，是蓋、害古通，謂傷害。言明法諸君若惠及在下之民，明察通曉那正常刑法，則天下鰥寡孤苦之民不受傷害。此乃民願。

「皇帝清問下民，鰥寡有辭于苗。德威惟畏，德明惟明。乃命三后，恤功于民。伯夷降典，折民惟刑；禹平水土，主名山川；稷降播種，農殖嘉穀。三后成功，惟殷于民。士制百姓于刑之中，以教祇德。

【校】段氏撰異云：「趙岐注孟子云：甫刑曰：『帝清問下民。』玉裁按：此今文尚書甫刑也，無皇字，其有皇字者，古文尚書呂刑也。今本孟子注疏俗增皇字。王伯厚困學紀聞引趙注及曲阜孔氏所刻孟子善本皆無。墨子尚賢中篇云：『先王之書呂刑道之曰：「皇帝清問下民。」』此可證古文呂刑有皇字。」禮記表記云：「甫刑曰：『德威惟威，德明惟明。』」釋文云：「惟威，如字，威，畏也。讀者亦依尚書音畏也。」是漢代以前尚書作威，以後或改作畏。段氏撰異云：「後漢書梁統傳：『帝令尚書問狀，統對曰：「經曰：爰制百姓于刑之衷。」』玉裁謂作爰作衷者，今文尚書也；作士作中者，古文尚書也。」

【詁】爾雅釋詁云：「帝、皇，君也。」按：「皇帝」謂君主帝堯，以下文伯夷、禹、稷皆堯臣而知。釋文引馬融曰：「清問，清訊也。」按：爾雅釋言云：「察，清也。」是清與察同義。問即訪問，「清問」謂明察暗訪。墨子尚賢篇「于苗」

作「有苗」，有爲助詞，「有辭于苗」謂訴訟苗君虐民罪狀。言帝堯明察暗訪下層民情，鰥寡受苦之人訴訟苗民君主虐民罪行。禮記表記鄭玄注云：「德所威，則人皆畏之，言服罪也；德所明，則人皆尊寵之，言得人也。」按：王氏釋詞云：「惟，猶乃也。」詩小雅常棣毛傳云：「威，畏也。」按：威謂用刑使民畏法，「德威惟威」謂以德用刑則民畏服其罪，「德明惟明」謂以德明察則政明而得人心。爾雅釋詁云：「后，君也。」按：淮南子説林篇高誘注云：「君，官主也。」是后爲官主，即官長。「三后」即三君，謂下文伯夷、禹、稷三位大臣。爾雅釋詁云：「恤，憂也。」説文力部云：「功，以勞定國也。」按：「恤功」猶言憂勞，謂憂思勤勞。言帝堯實行以德用刑使民畏法，以德明察使政清明，于是命令三位大臣憂勞于民刑民政。爾雅釋詁云：「典、法、刑，常也。」按：典謂刑法，「伯夷降典」即伯夷爲下民制定刑法。王氏述聞云：「折之言制也，『折人惟刑』，言制民人者惟刑也。」按：折與制古通用。言伯夷奉帝堯命令爲下民制定刑法，制約下民犯罪唯獨用刑法。國語周語韋注云：「主，正也。」按：正猶定，「主名」猶言定名。爾雅釋水云：「從釋地已下至『九河』，皆禹所名也。」是謂爾雅釋地、釋山、釋水所名山水地名，皆禹所定名。言禹受命平治洪水土地，爲天下山川定名。稷即后稷，相傳爲周人始祖。廣雅釋詁云：「農，勉也。」王氏疏證云：「農猶努也，語之轉耳。呂刑曰『農殖嘉穀』，謂勉殖嘉穀也。」殖與植通。廣雅釋地云：「植，種也。」堯典云：「汝后稷，播時百穀。」是「嘉穀」亦謂百穀。言后稷受命下教民播種土田，勸勉種植百穀。爾雅釋言云：「殷，中也。」按：中猶正，「惟殷于民」謂乃正民習。「伯夷降典」、「禹平水土」、「稷降播種」，皆正民習民風之事。言三后教民成功，民習民風乃正。今文尚書「士」作「爰」，爰猶于是。制謂制約犯罪。爾雅釋詁云：「祗，敬也。」言于是制約百姓犯罪用公正刑法，而教民敬德，規範行爲。

「穆穆在上，明明在下，灼于四方，罔不惟德之勤。故乃明于刑之中，率乂于民棐彝。典獄非訖于威，惟訖于富。敬忌罔有擇言在身，惟克天德，自作元命，配享在下。」

【校】禮記表記云：「甫刑曰：『敬忌而罔有擇言在躬。』」按：躬與身同義。爾雅釋詁云：「躬，身也。」禮記屬今文經學，是今文尚書身作躬。

【詁】爾雅釋訓云：「穆穆、肅肅，敬也。」「明明，察也。」玉篇火部云：「灼，明也。」心部云：「惟，爲也。」按：「惟德之勤」謂勤于爲德。王氏釋詞云：「率，用也。」引呂刑「率乂于民棐彝」句爲例。爾雅釋詁云：「乂，治也。」「于，曰也。」按：于爲句中助詞。棐當讀爲非。爾雅釋詁云：「彝、法，常也。」是彝與法同義，「棐彝」猶言非法，即犯法。言帝堯肅穆在上，三后明察在下，德威明著于四方，天下無不勤于爲德，故能明于刑法之公正，以治理下民非法犯罪。廣雅釋詁云：「典，主也。」王氏述聞云：「訖，終也。富讀曰福，威、福相對爲文，言非終于立威，惟終于作福也。」又云：「說文：『殬，敗也。』殬、擇古音同，『敬忌罔有擇言在身』，言必敬必戒或有敗言出乎身也。表記引作『敬忌而罔有擇言在躬』，而，女也，言女罔或有敗言出乎身也。」言主刑獄不當終于立威，而當終于爲民造福，警戒你不要有徇私枉法敗壞名聲之言在身。爾雅釋詁云：「肩，克也。」儀禮燕禮鄭注云：「作，使也。」廣雅釋詁云：「元，長也。」按：「惟克天德」謂肩負天命之德。「自作元命」謂自使國運長久。言君臣肩負天命之德，當自使國運長久，配享禄位在下土。

王曰：「嗟！四方司政典獄，非爾惟作天牧，今爾何監？非時伯夷播刑之迪，其今爾何懲？惟時苗民，匪察于獄之麗，罔擇吉人，觀于五刑之中。惟時庶威奪貨，斷制五刑，以亂無辜。上帝不蠲，降咎于苗，苗民無辭于罰，乃絶厥世。」

【校】岩崎本、古文訓察作詧。按：說文宀部云：「察，覆審也，从宀，祭聲。」段注云：「察與覈同意。釋訓云：

『明明、斤斤，察也。』从宀者，取覆而審之；从祭爲聲，亦取祭必詳察之意。」又言部云：「詧，言微親察也，从言，祭省聲。」今按：先秦古文字未見詧字，而睡虎地秦簡有察字，是詧乃後出字，雖古書察、詧通用，但當以作察爲正。

【詁】爾雅釋詁云：「嗟，䖷也。」郭璞注云：「今河北人云䖷歎。」按：䖷與嗟同，謂嗟歎。玉篇司部云：「司，主也。」按：「司政」謂主政之臣，「典獄」謂主刑獄之臣。玉篇非部云：「非，不是也。」惟，句中語助詞。爾雅釋言云：「作，爲也。」方言云：「牧，司也。」言王嗟歎説，四方各處主政主刑獄之臣，不是你們在爲上天司主民事嗎？説文人部云：「何，一曰誰也。」爾雅釋詁云：「監，視也。」按：「何監」謂重視誰人之法。又釋詁云：「時，是也。」按：「非時」猶言不是。禮記緇衣云：「甫刑曰：『播刑之不迪。』」鄭玄注云：「播，猶施也。不，衍字耳。迪，道也，言施刑之道。」按：説文手部云：「播，一曰布也。」布謂布施。爾雅釋詁云：「迪，道也。」言今你們施刑重視何人之法，不是伯夷施刑治民之道嗎？王氏釋詞云：「其，語助也。吕刑曰：『其今爾何懲？』其字爲語助，無意義也。」按：懲，戒也，「何懲」謂以何人爲戒。「苗民」謂苗君。禮記禮器鄭注云：「察，明也。」儀禮士喪禮鄭注云：「麗，施也。」説文口部云：「吉，善也。」見部云：「觀，諦視也。」按：諦視猶言審視。中謂中正，即公正。言今你們施刑以何人爲戒，乃此苗君不明于刑獄之施行，不選擇賢人使審視五刑之公正。爾雅釋詁云：「庶，衆也。」按：「庶威」謂濫用威罰。爾雅釋詁云：「奪，取也。」説文貝部云：「貨，財也。」按：「奪貨」謂斂取財賄而徇私枉法。禮記樂記鄭注云：「斷，猶決也。」制與折通。説文艸部云：「折，斷也。」按：「斷折」猶言決斷，謂以私意判決五刑之罪。爾雅釋詁云：「亂，治也。」「辜，罪也。」詩小雅天保毛傳云：「蠲，絜也。」按：絜即古潔字。「上帝不蠲」謂帝堯以苗君決獄不公是褻瀆刑法。詩小雅北山鄭箋云：「咎，罪過也。」按：「降咎」猶言降罪，謂放逐。辭當讀爲詞，謂言詞。「無詞」謂對罪過供認不諱。言苗君濫用威罰而斂取財賄，徇私判決五刑之罪，以治罪無辜之民，帝堯以褻瀆刑法，降罪于苗君，苗君無言狡辯對其處罰，于是斷絶其世代爲苗君。

王曰：「嗚呼！念之哉！伯父、伯兄、仲叔、季弟、幼子、童孫，皆聽朕言，庶有格命。今爾罔不由慰日勤，爾罔或戒不勤。天齊于民，俾我一日，非終惟終，在人。爾尚敬逆天命，以奉我一人。雖畏勿畏，雖休勿休，惟敬五刑，以成三德。一人有慶，兆民賴之，其寧惟永。」

【校】岩崎本「仲叔」作「中赦」，慰作尉。按：中、仲古今字。説文又部云：「叔，拾也，从又，尗聲。汝南名收芋爲叔。𡬶，叔或从寸。」段注云：「豳風：『九月叔祖。』毛曰：『叔，拾也。』按：釋名『仲父之弟曰叔父，叔，少也』，於其雙聲疊韻假借之。假借既久，而叔之本義鮮知之者，惟見於毛詩而已。又、寸皆手也，故多互用。」今按：西周金文吳方彝作叔，从又；克鼎作𡬶，从寸，皆與説文篆文同。戰國文字詛楚文作叔，即小篆所本。古寫本叔作赦者，此形近而譌。赦从赤聲，或从亦聲，赤、亦與尗形近，攵與又形近，故叔寫譌作赦，不足取。説文火部云：「尉，从上按下也，从𡰥、又持火，所以申繒也。」段注云：「按者，抑也。百官公卿表應劭注曰：『自上安下曰尉，武官悉以爲稱。』車千秋傳曰：『尉安黎庶。』師古曰：『慰安之字本無心，後俗所加。』會意。𡰥，古文仁，仁、又猶親手也。」按：徐鉉説文尉字注亦曰：「今俗別作慰，非是。」考戰國文字古璽文、睡虎地秦簡有尉字，而先秦古文未見慰字，是尉、慰古今字。然安慰作慰通行既久，則不必用尉作古。陸氏釋文云：「日實，上人實反，一音曰。」今按：唐石經作日不作曰，與僞孔傳本作日合，當从之。段氏撰異云：「後漢書楊賜上封事曰：『尚書曰：天齊乎人，假我一日。』玉裁按：『于民』作『乎人』，『俾』作『假』，此今文尚書也。」

【詁】說文心部云：「念，常思也。」按：「念之」謂常思以伯夷施刑爲準則，以苗君污法爲懲戒。爾雅釋詁云：「伯，長也。」按：伯謂年長，「伯父伯兄」猶言長父長兄。說文人部云：「仲，中也。」子部云：「季，少稱也。」段注云：「叔、季皆謂少者，而季又少于叔。」按：「仲叔」猶今言叔父，「季弟」猶今言弟弟。說文幺部云：「幼，少也。」釋名釋長幼云：「十五曰童。」按：幼、童皆謂少年，「幼子童孫」謂年少之子孫。爾雅釋言云：「庶，幸也。」郭璞注云：「庶幾僥倖。」按：僥倖猶今言但願。王氏釋詞云：「有，猶或也。」說文木部云：「格，木長皃。」段注云：「木長，言長之美也。或借假爲之，格字今文尚書皆作假是也。」按：格之本義引伸爲長爲善，「格命」猶言長命，謂長有祿位之天命。言王感歎說，常思伯夷施刑準則，以苗君污法爲戒，伯父、長兄、叔父、小弟及少年子孫，皆聽從我言，但願能有長久祿位之天命。爾雅釋詁云：「由，自也。」按：「由慰」猶言自勉。「日勤」謂日日勤勞政事。王氏釋詞云：「或，猶有也。」言今你們要無人不自勉日日勤勞政事，你們不要止有戒言而無勤政行動。廣雅釋言云：「齊，整也。」按：整謂整治。爾雅釋言云：「俾，職也。」郭璞注云：「使供職。」按：「一日」謂在職一天盡職一天。「非終」謂人有大罪而非終，身不改則輕判，「終」謂雖犯小罪而終竟不改則重判，義見康誥。王氏釋詞云：「惟，猶與也，及也。」「非終惟終」即非終與終。爾雅釋詁云：「在，察也。」言上天要整治下民之罪，使我們在職一天要盡職一天，犯大罪而非終身不改則從輕，及犯小罪而終竟不改則從重，要審察犯人認罪態度來判刑。尚與當同聲通用，謂應當。儀禮聘禮鄭注云：「逆，猶受也。」釋慧琳一切經音義引考聲云：「奉，尊也。」言你們應當敬受天命，以尊奉我天子一人之告戒。廣雅釋詁云：「畏，難也。」左傳昭公五年杜預注云：「休，解也。」按：解、懈古今字，謂輕懈。「雖休勿休」謂雖輕易而不要輕易。「三德」即洪範「正直、剛克、柔克」，謂判刑公正、剛柔寬嚴相濟。言案情雖難勿以爲難，案情雖易勿以爲易，惟獨依五刑之法判決，以成就公正、剛柔寬嚴相濟之三德。廣雅釋詁云：「慶，善也。」按：善謂善政。「兆民」猶言萬民。國語晉語韋昭注云：「賴，利也。」王氏釋詞云：「其，猶將也。」「惟，猶與也，及也。」言天子一人有善政，則天下萬民享受其福利，國家也將安寧與長久。

王曰：「吁！來，有邦有土，告爾祥刑。在今爾安百姓，何擇非人？何敬非刑？何度非及？兩造具備，師聽五辭；五辭簡孚，正于五刑；五刑不簡，正于五罰；五罰不服，正于五過。五過之疵：惟官、惟反、惟内、惟貨、惟來。其罪惟均，其審克之。五刑之疑有赦，五罰之疑有赦，其審克之。簡孚有衆，惟貌有稽。無簡不聽，具嚴天威。

【校】陸氏釋文引馬融古文本「吁」作「于」，云：「于，於也。」又「惟來」之「來」作「求」，云：「有求，請賕也。」岩崎本赦作𢻫。八行本「惟來」之「來」作乘。古文訓備作精，貌作緢。按：段氏撰異云：「於音烏，歎詞。于訓於有兩義而音分焉，詞助則衣魚切，歎詞則哀都切，今音如此分别，古音不尔也。墨子尚賢下篇作於。」又云：「周禮大宰注、大司寇注皆引『度作詳刑以詰四方』，兩正義皆云『詳審』。漢書敘傳：『威實輔德，刑以助教，季世不詳，背本争末。』師古曰：『不詳，謂不盡用刑之理。』周書吕刑曰：『告爾詳刑。』王仲宣從軍詩：『司典告詳刑。』李善注引尚書『王曰有邦有土，告爾詳刑』，合數條觀之，知古文、今文、鄭本、孔本皆作从言之詳，顔籀、李善之注可證也。古詳、祥多通用。蓋僞孔本亦作詳而讀爲祥，後徑改作祥。又按史記周本紀作祥者，淺人所改也。」又云：「史記『兩造具備』，徐廣曰：『造一作遭。』玉裁按：作遭者今文尚書也，以大誥『造天役』王莽作遭證之，史記本作遭，淺人用古文尚書改爲造，而徐中散不憭。」説文用部云：「葡，具也，从用，苟省。」段注云：「人部曰：『備，慎也。』然則防備字當作備，全具字當作葡，義同而略有區别，今則專用備而葡廢矣。」今按：羅振玉增訂殷虚書契考釋、王國維毛公鼎銘考釋皆謂葡字古形象矢在器中，即説文竹部「箙，弩矢箙也」之箙字古文。箙亦通作服，詩小雅「象弭魚服」，鄭箋云：「服，矢服也。」又古字葡、備同字，西周金文毛公鼎葡字，彧簋、師旋簋作備可證。古文訓備作精者，精蓋犕之譌。周易繫辭「服牛乘馬」，説文牛部引作「犕牛乘馬」，是犕、服通作，故尚書備通作犕，而古文訓譌作精。段氏撰異云：「官者，畏其高明也；反者，不畏而矯枉過正也，此二者疵之最甚者也。内者，女謁行也；貨者，苞苴行也；來者，謂雖非女謁苞苴而請託於其間也。來、求字異訓同。」今按：當以馬氏古文本作「求」爲是。漢隸求、來形近，故求字寫譌作來。尚書古寫本來字作庲，亦當是求字譌變。説文攴部云：「赦，置也，从攴，赤聲。𢻫，赦或从亦。」段注云：「赦與捨音義同，非專謂赦罪也。後捨行而赦廢，赦專爲赦罪矣。𢻫从亦聲。」今按：西周金文赦匜作𢻫从亦聲，戰國古文睡虎地秦簡亦作赦，是赦當爲後出異體字。説文糸部云：「緢，氂絲也，从糸，苗聲。周書曰：『惟緢有稽。』」段注云：「今本緢作貌。許所據壁中文，蓋謂惟豪氂是審也。」今按：汗簡糸部引尚書貌作緢。又按：原本玉篇糸部引尚書「惟緢有智」，智乃稽字之誤，是六朝所見古文尚書猶作緢，乃其本字。史記周本紀「聽」作「疑」，用今文尚書。

【詁】王氏釋詞云：「吁，歎聲也。」説文邑部云：「邦，國也。」按：「有邦」謂有封國之諸侯，「有土」謂有封土之臣。「祥刑」本作「詳刑」，謂詳悉完善之刑法。楊氏詞詮云：「在，介詞，於也。」按：「在今」猶言于今。非與匪通。廣雅釋言云：「匪，彼也。」按：「非人」即彼人，猶今言那人，謂那賢良之人；「非刑」猶言彼刑法。爾雅釋詁云：「度，謀也。」史記周本紀引吕刑「及」作「宜」。俞氏古書疑義舉例卷七謂「及」乃「𠬝」之譌，𠬝、服古今字，爾雅云：「服，宜，事也。」是服謂適宜。史記作宜用訓詁字，是「非及」謂彼判刑輕重適宜。言王歎息説，來近前，有封國諸侯與有封土衆臣，告訴你們使用詳善之刑法，于今你們安定百姓，將如何選用那賢人，如何慎用那刑法，如何謀求那判刑輕重適宜。造亦作遭，本字爲曹。説文曰部云：「曹，獄兩曹也。」段注云：「兩曹，今俗所謂原告被告也。」具與俱通。説文人部云：「俱，皆也。」師謂士師。爾雅釋詁云：「士，察也。」郭注云：「士，理官，亦主聽察。」廣雅釋詁云：「師，官也。」是師謂理獄訟之官。朱駿聲尚書古注便讀云：「辭，訟也，猶今言口供也。」言原告與被告兩者皆到公堂，獄官聽審罪入五刑供辭。簡與檢通，本字爲譣。廣雅釋詁云：「檢、證，譣也。」按：證謂證辭。爾雅釋詁云：「孚，信也。」按：「簡孚」謂罪證可信。周禮天官宰夫鄭注云：「正，猶定也。」按：定謂定罪。言聽審五刑供辭可信，則按罪狀決定五刑之罪。説文网部云：「罰，罪之小者。」段注云：「五罰輕于五刑。」周禮秋官職金鄭注云：「罰，罰贖也。書曰：『金作贖刑。』」按：引書文見堯典。言所定五刑之罪如不符罪證，則改判定于五等罰金贖罪。老子守道章河上公注云：「服，得也。」廣雅釋詁云：「過，責也。」按：過謂罪責，「五過」謂下官、反、内、貨、來五種徇私枉法罪責。説文疒部云：「疵，病也。」按：疵謂弊病。玉篇心部云：「惟，爲也。」按：「惟官」謂爲權官徇私枉法。國語晉語韋注云：「反，報也。」按：「惟反」謂爲報恩怨徇私枉法。禮記大學孔疏云：「内，親也。」按：「惟内」謂爲親情徇私。「惟貨」謂爲受財賄枉法。釋文引馬融本「來」作「求」，曰：「惟求，請賕也。」按：説文貝部云：「賕，以財物枉法相謝也。」是「惟求」謂爲索求犯人財物而枉法。左傳僖公五年賈逵注云：「均，同也。」史記集解引馬融曰：「以此五過出入人罪，與犯法者等。」段氏撰異云：「漢書刑法志引書作『其審核之』，克、核古音同部，克當爲核之假借。」言所定五贖之罪仍不得實，則判定獄官五過罪責，五過罪責之弊，即爲官勢、爲報恩怨、爲親情、爲受賄、爲索財徇私枉法，五過之罪與犯法者同罪，應當審察核實其罪狀。疑謂疑案不能定者。「有赦」即赦，有爲助詞。言五刑疑案不能定罪則赦免，五罰疑案不能定罪則赦免，要審察核實其罪狀。「有衆」即衆，謂羣衆，有爲助詞。貌謂詳細。「有稽」即稽，有爲助詞。廣雅釋詁云：「稽，問也。」言罪證可信而羣衆認可，唯有詳細訊問實情。廣雅釋詁云：「聽，從也。」史記周本紀引呂刑「具」作共，用訓詁字。詩商頌殷武毛傳云：「嚴，敬也。」言無罪證則不任從判罪，要共同敬畏上天威罰。

「墨辟疑赦，其罰百鍰，閱實其罪。劓辟疑赦，其罰惟倍，閱實其罪。剕辟疑赦，其罰倍差，閱實其罪。宮辟疑赦，其罰六百鍰，閱實其罪。大辟疑赦，其罰千鍰，閱實其罪。墨罰之屬千，劓罰之屬千，剕罰之屬五百，宮罰之屬三百，大辟之罰其屬二百，五刑之屬三千。

【校】足利、天正、岩崎本屬作属。古文訓實作寔。按：「墨辟」，史記周本紀作「黥辟」，此今文尚書。說文黑部云：「黥，墨刑在面也，从黑，京聲。剠，或从刀作。」段注云：「此刑亦謂之墨。周禮司刑注曰：『墨，黥也，先刻其面，以墨窒之。』」是今文古文同義。段氏撰異云：「今文尚書作率，古文尚書作鍰，史記周本紀『百率』、『五百率』、『千率』，此依今文尚書也。徐廣曰：『率音刷。』」今按：率爲鋝之假借。說文金部云：「鍰，鋝也。」說文宀部云：「實，富也，从宀貫，貫爲貨物。」段注云：「引伸之爲艸木之實，會意，以貨物充於屋下是爲實。」又宀部云：「寔，正也，从宀，是聲。」段注云：「寔與是音義皆同。實、寔音義皆殊，由趙、魏之間實、寔同聲，故相假借耳。」今按：呂刑「閱實」，自是核實之實，古文訓作寔用借字，殊爲不必。且兩周金文散盤、國差𨭖皆有實字，而寔字不見於先秦古文，是經文當以作實爲正。段氏撰異云：「『惟倍』周本紀作『倍灑』，此今文尚書之異也，即『倍差』也。書之『倍差』，史記之『倍灑』，古音相近，謂倍之而又不止于倍也，差是正字。」又云：「凡古文尚書剕字，今文尚書作臏。周本紀剕作臏。」說文尾部云：「屬，連也，从尾，蜀聲。」今按：漢隸桐柏廟碑作属，是尚書古寫本屬作属，用漢隸簡體，今則以属爲簡化字而通行。

【詁】爾雅釋詁云：「辟，罪也。」是「墨辟」謂墨刑之罪。陸氏釋文云：「鍰，六兩也，鄭及爾雅同。」按：「六兩」

謂銅六兩，古以銅爲貨幣。鄭謂鄭玄尚書注，爾雅謂小爾雅。楊氏覈詁云：「閱當爲說，說即古脫字。實與寔同，通作置，說文：『置，赦也。』是『閱實』猶言脫赦也。」今按：說文言部云：「說，說釋也。」段注云：「說釋者，開解之意。」漢書酷吏尹賞傳顏注云：「置，放也。」是「閱實」猶言釋放。言墨面罪之疑案不能定則赦免，要罰贖金百鍰，然後釋放其罪犯。孔傳云：「截鼻曰劓刑，倍百爲二百鍰。」言劓罪之疑案不能定則赦免，要罰贖金比墨罰加一倍即二百鍰，然後釋放其罪犯。剕字說文作䠊，足部云：「䠊，跀也。」「跀，斷足也。」段注云：「䠊亦作剕。」鄭駁異義云：「『皋陶改臏爲剕。』」孔傳云：「倍差，謂倍之又半，爲五百鍰。」言剕刑之罪疑案不能定則赦免，要罰贖金比劓罰加倍又半，即五百鍰，然後釋放其罪犯。宮謂宮刑，即上文椓刑，椓爲斀之假借，去陰之刑，見上注。言宮刑罪之疑案不能定則赦免，要罰贖金六百鍰，然後釋放其罪犯。爾雅釋詁云：「辟，罪也。」按：「大辟」猶言大罪，謂死刑罪。言死刑罪疑案不能定則赦免，要罰贖金千鍰，然後釋放其罪犯。孔疏云：「此經歷言二百三百五百者，各是刑之條也。」林之奇尚書全解云：「屬者，條目也，言墨之罰雖百鍰，而其條目則千也。其下皆然。」是「屬」謂刑法條款。言墨刑之罰條款千條，劓刑之罰條款千條，剕刑之罰條款五百條，宮刑之罰條款三百條，大辟之罰其條款二百條，五刑之罰條款共三千條。此謂條款繁多，不必實數。

「上下比罪，無僭亂辭，勿用不行，惟察惟法，其審克之。上刑適輕下服，下刑適重上服，輕重諸罰有權，刑罰世輕世重，惟齊非齊，有倫有要。

【校】古文訓比作夶。按：說文比部云：「比，密也。二人爲从，反从爲比。夶，古文比。」段注云：「其本義謂相親密也，餘義俌也、校也、例也、類也，皆其所引伸。古文蓋從二大也，二大者，二人也。」今按：甲骨金文皆作二人親近之形。古文字大與人同形，故説文古文作夶。古文訓比作𤆍者，夶之左旁大譌作火，故𤆍爲夶譌字。後漢書劉般傳云：「劉愷曰：『上刑挾輕，下刑挾重。』」按：劉愷所引爲今文尚書。又「刑罰世輕世重」，後漢書應劭傳引尚書作「刑罰時輕時重」，世作時。

【詁】「上下」者，「上」謂下文「上刑」，「下」謂下文「下刑」。廣雅釋詁云：「比，近也。」是「上下比罪」謂罪刑近于上等之罪又近于下等之罪。説文人部云：「儗，僭也。」段注云：「各本作假也，今依玉篇所引正。」廣韻亦云：「擬也。」按：儗、擬古今字，義爲比擬。「辭」謂罪犯供辭，「無僭亂辭」謂不要爲比擬上刑或下刑定罪而改亂供辭。蔡傳云：「不行，舊有是法而今不行者。」王氏釋詞云：「惟，獨也。或作唯。」爾雅釋言云：「察，清也。」按：「惟察惟法」謂唯有察清犯罪事實，唯有依法定罪。「其審克之」，見上注。言罪刑如近于上等之罪又近于下等之罪，則不要爲比擬判上刑之罪或下刑之罪而改亂其供辭，不要用已廢法律治罪，唯要察明事實依法定罪，要認真審察核實其罪狀。吕氏春秋適威篇高誘注云：「適，宜也。」爾雅釋言云：「服，整也。」按：服本字作𠬝。説文又部云：「𠬝，治也。」言上刑之罪如宜從輕，則依下刑治罪，下刑之罪如宜從重，則依上刑治罪。儀禮士昏禮鄭注云：「諸，之也。」按：「輕重諸罰」猶言輕重之罰。孟子梁惠王篇趙岐注云：「權，銓衡也。」按：權謂權衡變通。周禮大司寇之職云：「掌建邦之三典，以佐王刑邦國，一曰刑新國用輕典，二曰刑平國用中典，三曰刑亂國用重典。」鄭玄注云：「典，法也。」是「刑罰世輕世重」謂刑罰要隨時世從輕從重，新建之國用輕法，平治之國用中法，叛亂之國用重法。廣雅釋言云：「齊，整也。」按：「齊」謂整齊，「非齊」謂參差不整齊。禮記樂記鄭玄注云：「倫，理也。」周禮大司馬注引鄭司農云：「要者，簿書也。」按：「有要」謂有刑書條文。言從輕從重之罰要權衡變通，刑罰要隨時世從輕從重，要調整參差不齊之刑罰，但要有理由，有刑法依據。

「罰懲非死，人極于病。非佞折獄，惟良折獄，罔非在中。察辭于差，非從惟從。哀敬折獄，明啟刑書胥占，咸庶中正。其刑其罰，其審克之。獄成而孚，輸而孚。其刑上備，有并兩刑。」

【校】岩崎本佞作侫。内野、足利、天正本佞作倿。八行本兩作两。古文訓兩作㒳。按：段氏撰異云：「王伯厚藝文志考説漢世諸儒所引尚書異字曰：『罰懲非死，佞極于病。』佞與人古同部同音，此蓋漢人所引今文尚書也。」説文女部云：「佞，巧讇高材也，从女，仁聲。」段注云：「巧者，技也；讇者，諛也。小徐作仁聲，大徐作从信省。按今音佞乃定切。古音佞與田韻，則仁聲是也。」今按：漢隸魯峻碑佞作倿。張參五經文字云：「作倿譌。」又魏吳郡王蕭正表墓誌「佞」字作「倿」，是作侫、作倿皆漢、魏俗字，古寫本因之，不足取。段氏撰異云：「尚書大傳：『書曰：哀矜哲獄。』文選庾元規讓中書令表李注引尚書『哀矜折獄，明啟刑書』，孔叢子雖僞書而作『哀矜折獄』，疑僞孔本固作矜，傳釋矜爲敬，而衛包因依傳改經耳。」是敬當作矜。説文㒳部云：「㒳，再也，从冂、从从从丨。易曰：『參天㒳地。』」段注云：「冓部曰：『再者，一舉而二也。』凡物有二，其字作㒳不作兩，兩者，二十四銖之偁也。今字兩行而㒳廢矣。」今按：西周金文駒尊、衛盉作㒳，與説文篆文同。而東周詛楚文作兩，爲漢隸所本，後世通行。是古文訓作㒳者，古本字。而或作两者，則兩之别字。

【詁】詩小雅沔水毛傳云：「懲，止也。」按：懲即懲止，謂懲治戒止。死謂刑殺。洪範鄭玄注云：「極者，是人之所惡。」按：極本字爲忌。説文心部云：「忌，憎惡也。」禮記表記鄭注云：「病，謂罪咎也。」按：病謂罪過。言刑罰是爲懲治戒止人過失而不是爲刑殺人，是爲使人痛惡于犯罪。漢書蕭望之傳服虔注云：「非，不也。」按：「非佞」謂不用奸佞。爾雅釋詁云：「在，終也。」言不要用奸佞之人爲法官斷獄，要任用賢良作法官斷獄，使判決無不終成中正公平。王氏釋詞云：「于，猶爲也。」廣雅釋詁云：「差，僭也。」按：「于差」猶言爲僭，即作僞。從謂聽從。王氏釋詞云：「惟，猶與也，及也。」言斷獄要明察罪犯供辭之作僞，不可聽從與可聽從。「哀敬」本作「哀矜」，矜爲憐之假借，「哀矜」猶言憐憫。明與孟通，爾雅釋詁云：「孟，勉也。」「胥，相也。」廣雅釋詁云：「占，論也。」按：論即證驗本字。爾雅釋詁云：「咸，皆也。」「庶，幸也。」釋言云：「庶幾，尚也。」按：庶猶庶幾，尚與當通，謂應當。言要以憐憫之心斷獄，勤勉開啟刑書條款相驗證，使判決皆應當公正，其所判刑處罰，應當認真審察核實。國語吴語韋注云：「成，定也。」王氏述聞云：「成與輸相對爲文，輸之言渝也，謂變更也。爾雅『渝，變也。』廣雅『輸，更也。』獄辭或有不實，又察其曲直而變更之，後世所謂平反也。獄辭定而人信之，其有變更而人亦信之，所謂民自以爲不冤也，故曰『獄成而孚，輸而孚。』」上與尚通。孟子盡心上篇趙岐注云：「尚，貴也。」説文人部云：「備，慎也。」按：「其刑上備」謂刑罰貴在謹慎。「兩刑」猶言兩罪，謂輕重二罪。言刑罰貴在謹慎，有身犯兩罪則并輕罪入重罪爲一罪處罰，以示「哀矜折獄」。

王曰：「嗚呼！敬之哉！官伯族姓，朕言多懼，朕敬于刑，有德惟刑。今天相民，作配在下，明清于單辭。民之亂，罔不中聽獄之兩辭，無或私家于獄之兩辭。獄貨非寶，惟府辜功，報以庶尤。永畏惟罰，非天不中，惟人在命。天罰不極，庶民罔有令政在于天下。」

【校】岩崎、天正本「家」上無「私」字。古文訓懼作愳。按：説文心部云：「懼，恐也，从心，瞿聲。愳，古文。」段注云：「䀠者，左右視也，形聲兼會意。」今按：東周金文中山王鼎懼作⿱瞿心，是篆文移心於左，而説文古文作愳者，即⿱瞿心之省形。古文訓作愬者，即思之譌。段氏撰異云：「辜功之功，孔訓爲事，則其字蓋當作公。詩天保、靈臺傳，采蘩、七月箋皆云『公，事也』。七月『上入執宮公』，定本誤作『宮功』。此功字蓋亦公之遭改者。」說文言部云：「訧，罪也，从言，尤聲。周書曰：『報以庶訧。』」段注云：「亦作尤，孟子引詩『畜君何尤』。」今按：王應麟漢藝文志考證謂漢世諸儒引尚書異字作「報以庶訧」，或即指許氏說文。而戰國古璽文有尤字，古陶文有訧字，是皆古文字。

【詁】爾雅釋詁云：「伯，長也。」按：「官伯」猶言官長，謂刑官之長。孔傳云：「族，同族；姓，異姓也。」按：「官伯族姓」謂司政典獄之同族異姓長官。說文夕部云：「多，重也，从重夕。」按：重謂重疊，亦爲輕重。懼謂戒懼，「多懼」即尊重而戒懼。言王感歎說，要謹慎用刑，司政典獄之同族異姓長官，我之言你們要尊重聽從而身爲戒懼。王氏釋詞云：「惟，猶乃也。」言我敬慎于刑法，有德乃可施刑。小爾雅廣詁云：「相，治也。」爾雅釋言云：「察，清也。」按：「明清」猶言明察。後漢書朱浮傳李賢注云：「單辭，謂無證據也。」按：「單辭」謂罪犯單方面之供辭。爾雅釋詁云：「亂，治也。」淮南子主術篇高誘注云：「中，正也。」按：「兩辭」謂原告與被告兩方面之供辭。王氏釋詞云：「之，猶若也。」「或，猶有也。」按：「民之亂」謂民若要得以治理。言今上天治民，使我們君臣爲配合天意于下土，明察于單辭之真僞，民若要得以治理，無不在于公正聽斷獄訟兩方面的供辭，無有在獄訟兩方面徇私一家而判決。「獄貨」謂斷獄所得財賄。王氏釋詞云：「非，毋也，勿也。」玉篇广部云：「府，聚也。」按：聚謂聚集精力。爾雅釋詁云：「辜，罪也。」小爾雅廣詁云：「功，事也。」說文㚔部云：「報，當罪人也。」按：報謂治罪。王氏釋詞云：「以，猶及也。」爾雅釋言云：「庶，侈也。」按：「庶尤」謂衆多治罪獄事。言獄訟所聚斂財貨勿以爲財寶，唯有聚集精力于刑獄治罪之事，使斷獄遍及衆多罪案。玉篇心部云：「惟，爲也。」按：「惟罰」猶言爲罰，即施行刑罰。「非天不中」謂不合天道則刑罰不正。爾雅釋詁云：「在，終也。」按：「惟人在命」謂唯獨由人終絶人命，即草菅人命之意。言長畏施行刑罰，不合天道則刑罰不會公正，就唯有任隨人意草菅人命。爾雅釋詁云：「極，至也。」「令，善也。」按：「不極」猶今言不到位。「衆民」猶言衆人，謂衆臣。言符合天道公正之刑罰不能到位，則衆臣無有善政存在于天下。

王曰：「嗚呼！嗣孫，今往何監？非德？于民之中，尚明聽之哉！哲人惟刑，無疆之辭，屬于五極，咸中有慶。受王嘉師，監于兹祥刑。」

【詁】爾雅釋詁云：「嗣，繼也。」釋親云：「子之子曰孫。」郭璞注云：「孫猶後也。」按：嗣謂繼世，孫謂子孫，「嗣孫」即繼世之子孫。論語八佾篇皇侃疏云：「往，猶後也。」按：「今往」謂從今以後。說文臥部云：「監，臨下也。」按：「何監」謂如何君臨下民。玉篇非部云：「非，不是也。」言王感歎說，繼承世位之子孫，從今以後如何君臨下民，不是立德用刑而何？王氏釋詞云：「于，猶爲也。」按：「于民」猶言爲民。尚與當通，即應當。言爲民之公正，應當明察聽斷其刑獄。王氏述聞云：「哲當讀爲折，折之言制也。『折人惟刑』，言制民者惟刑也。折，正字也；哲，借字也。」說文辛部云：「辭，訟也。」按：辭謂獄訟。廣雅釋言云：「極，中也。」按：王氏述聞云：「五極，謂五刑之中也。」廣雅釋詁云：「慶，善也。」按：王氏釋詞云：「有，猶又也。」是「有慶」猶言又善。言制約人民犯罪唯有用刑法，使無窮盡之獄訟，統屬于五刑之中，斷獄皆公正而又完善。爾雅釋詁云：「嘉，善也。」「師，衆也。」方言云：「監，察也。」「祥刑」本作「詳刑」，謂詳善之刑法。言你們接受我周王要治理善良民衆之命令，要明察此詳善之刑法。

周書十七

文侯之命【解題】史記晉世家云：「（晉侯）獻楚俘於周，駟介百乘，徒兵千。天子使王子虎命晉侯爲伯，賜大輅，彤弓矢百，玈弓矢千，秬鬯一卣，珪瓚，虎賁三百人。晉侯三辭，然後稽首受之。周作晉文侯命。」按：史記所述爲今文尚書説，晉文侯即晉文公重耳，爲春秋五霸即五伯之一。書序以文侯爲扶助平王東遷之晉文侯。當以今文説爲是。晉文侯微弱，且與鄭武公同助平王東遷，不當獨賞賜晉文侯。

王若曰：「父義和，丕顯文武，克慎明德，昭升于上，敷聞在下。惟時上帝，集厥命于文王。亦惟先正，克左右昭事厥辟，越小大謀猷，罔不率從，肆先祖懷在位。

【校】九條、内野、足利、天正、八行本義作誼。按：阮氏校勘記云：「義，古本作誼。按陸氏曰『義本亦作誼』，與古本合。作誼者，蓋古文也；作義者，今文也。馬云『能以義和諸侯』，則馬本作誼。鄭氏讀義爲儀，則鄭本作義。古文與馬本同，今文與鄭本同。」洪适隸續載魏三體石經昭字古文作卲，汗簡卩部引石經昭字作卲，是本魏石經。今按：兩周金文卲與昭爲一字作卲，見牆盤、頌壺、秦公鐘、中山王鼎等，是石經昭字古文作卲有所本。而東周金文屬羌鐘昭字作御，从卩、从日，召聲，可見秦篆昭字即其省形。蓋尚書古本作卲，後乃改爲昭字。説文卩部云：「卲，高也，从卩，召聲。」是卲之本義爲高，高則明，故引伸義爲明，其字專用昭。尚書「昭升」即高升，僞孔傳訓爲「明升」者，不知古字之義。又按：史記晉世家引尚書文侯之命「升」作「登」，「敷」作「布」，用訓詁字；又「文王」作「文武」。

【詁】史記以王爲周襄王，文侯即晉文公，當從之。説文又部云：「父，巨也，家長率教者。」按：父爲同姓長輩之敬稱。釋文引馬融曰：「義和，能以義和諸侯。」書疏引鄭玄讀義爲儀曰：「儀、仇皆訓匹也，故名仇字儀。」按：鄭氏以晉文侯爲平王時名仇之文侯，王引之春秋名字解詁駁之曰：「古天子于諸侯無稱字者，或以義爲字，或以義和爲字，並當闕疑。」王氏説是。「父義和」謂文公以德義和諧王朝與諸侯，指勤王平叔帶之亂與聯合諸侯敗楚。王氏釋詞云：「玉篇曰：『不，詞也。』經傳或作丕。」引文侯之命「丕顯文武」爲例。爾雅釋詁云：「顯，光也。」按：「丕顯文武」謂光輝顯赫之文王武王。廣雅釋詁云：「慎，思也。」按：「克慎明德」謂能思用明德賢人。「昭升」猶言高升。詩小雅小旻毛傳云：「敷，布也。」玉篇心部云：「惟，爲也。」按：「惟時」猶言爲是。小爾雅廣詁云：「集，成也。」按：「集厥命」謂成就其天命。史記晉世家引書「文王」作「文武」。言周襄王如此説，父能以德義和諧王朝與諸侯，光顯之文王武王，能思慕明德之賢人，聲名高升于上天，布聞在下土，爲此上帝成就其天命于文王武王，使有天下。爾雅釋詁云：「正，長也。」按：「先正」謂先世長官，猶言先臣，指扶助平王東遷之晉文侯。爾雅釋詁云：「詔、左、右、助，勴也。」「辟，君也。」按：「左右」猶言扶助，昭與詔通，「昭事」猶奉事，「左右昭事厥辟」謂扶助奉事其君。王氏釋詞云：「爾雅曰：『粵，于也。』字亦作越。」爾雅釋言云：「猷，圖也。」釋詁云：「遵、率，循也。」「肆，故也。」「懷、安、定，止也。」按：「謀猷」猶言謀劃，「率從」猶言遵從。「先祖」謂平王。言亦因爲先臣你祖文侯能扶助奉事其君平王東遷，于王朝小大謀劃無不遵從，故使我先祖平王能安定在位。

「嗚呼！閔予小子嗣，造天丕愆。殄資澤于下民，侵戎我國家純。即我御事，罔或耆壽俊在厥服，予則罔克。曰惟祖惟父，其伊恤朕躬。嗚呼！有績予一人，永綏在位。

【校】九條、内野、八行本躬作身。天正本績作續。按：段氏撰異云：「造字，王、孔皆訓遭，此必今文尚書作遭，故引以注古文也，于大誥、吕刑知之。」史記晉世家引文侯之命云：「恤朕身，繼予一人，永其在位。」按：躬作身，績作繼，用訓詁字。古寫本「績」作續，續者繼也，與績義同，蓋用訓詁字改經文。

【詁】説文門部云：「閔，弔者在門也。」段注云：「引申爲凡痛惜之辭，俗作憫。」按：閔字戰國古璽文多見，是痛閔正字。爾雅釋詁云：「嗣，繼也。」造當讀爲遭。爾雅釋詁云：「遭，遇也。」「丕，大也。」説文愆字或體作㥶，與蹇同聲通用。周易蹇卦彖傳云：「蹇，難也。」按：「丕愆」猶言大難，謂王子叔帶引戎族入周爲亂，襄王奔鄭居汜，叔帶自立爲王，事見周本紀。言王感歎説，痛傷我小子繼位以來，遭遇天降大難。爾雅釋詁云：「殄，絶也。」小爾雅廣言云：「資，取也。」按：資謂取資。孟子公孫丑下趙岐注云：「澤，禄也。」按：禄謂禄食，民爲衣食父母。「侵戎」謂入侵周朝之戎族。純與屯通。廣雅釋詁云：「屯，聚也。」聚即聚集，謂叔帶引戎族爲亂數作。言天降大難，斷絶取資禄食于民之路，戎族侵凌我國家禍亂數作。爾雅釋詁云：「即，尼也。」郭璞注云：「即猶今也。」詩大雅思齊毛傳云：「御，治也。」按：「御事」謂治事之臣。王氏釋詞云：「或，猶有也。」爾雅釋詁云：「耇，長也。」「考，壽也。」按：「耇壽」謂耇宿師長老成深謀之人。孫氏駢枝云：「俊當讀爲駿。爾雅釋詁云：『駿，長也。』」王氏釋詞云：「厥，語助也。」廣雅釋詁云：「服，任也。」按：服謂任職。王氏釋詞云：「罔，猶不也。」爾雅釋詁云：「勝，克也。」按：「罔克」謂不勝任爲天子，此謙辭。言今我治事之臣，無有如晉文公師長老成之人長在王朝任職輔我，故我則不勝任爲天子。廣雅釋詁云：「曰，言也。」玉篇心部云：「惟，爲也。」按：「惟祖惟父」謂爲祖輩爲父輩之諸侯與朝臣。王氏釋詞云：「其，猶尚也，庶幾也。」説文人部云：「伊，殷聖人阿衡也，尹治天下者，从人尹。」又部云：「尹，治也，从又，握事者也。」按：伊从尹，尹、君古今字，伊之本義當爲治事之人臣。爾雅釋詁云：「恤，憂也。」「朕，我也。」「躬，身也。」言王説，爲祖輩爲父輩之諸侯與衆臣，希望諸君關懷我天子身家大事。爾雅釋詁云：「績，繼也。」按：史記晉世家「績」作「繼」，用訓詁字。「一人」謂天子。爾雅釋詁云：「永，遠也。」「綏，安也。」言王感歎説，今有繼續使我天子永遠安然在王位之賢臣。謂晉文公。

「父義和，汝克紹乃顯祖，汝肇刑文、武用會紹乃辟，追孝于前文人。汝多修，扞我于艱，若汝予嘉。」

【校】九條、内野、足利本「汝克紹」之紹作昭，扞作攼。古文訓同上。唐石經亦作昭。今按：作昭是，僞孔傳云「汝能明汝顯祖」，孔疏云「昭乃顯祖」，是作昭明證。説文攴部云：「⿰旱攴，止也，从攴，旱聲。周書曰：『⿰旱攴我于艱。』」段注云：「⿰旱攴、扞古今字，扞行而捍廢矣。手部云：『扞，忮也。』文侯之命篇文今作扞。」今按：西周金文大鼎⿰旱攴作攼，東周金文者沪鐘及楚帛書亦作攼，是作攼者爲古文本字，説文篆文作⿰旱攴，乃後出異體；而又作扞，則俗字。

【詁】紹本作昭。爾雅釋詁云：「昭，光也。」按：光謂光大。「顯祖」即顯德之祖，謂唐叔虞。叔虞爲武王子，成王弟，封于唐，後改晉，未就國而相成王。爾雅釋詁云：「肇，謀也。」「刑，法也。」按：「肇刑」猶言效法。「肇刑文武」謂效法文王武王會合諸侯用武力滅商紂安天下。王子帶亂周，亦猶紂，晉文公率諸侯滅之，故曰效法文武。爾雅釋詁云：「會，合也。」「紹，繼也。」「辟，君也。」按：會謂會合諸侯，此指文公。「乃辟」猶言汝君，襄王自謂。于氏新證云：「追孝二字金文習見，乃古人語例。」按：説文子部云：「孝，放也，从子，爻聲。」放即仿效，是「追孝」猶言追效。詩大雅江漢毛傳云：「文人，文德之人也。」按：文者華美之義，是「前文人」謂已故有美德之先人，指文王、武王、唐叔虞、文侯仇。于氏新證云：「修應讀作休，修、休同聲。爾雅釋詁云：『休，美也。』」言王謂文公説，父以德義和諧王朝與諸侯，你既能光大你顯祖叔虞助成王之德，又能效法文王武王率領諸侯用武力滅紂安天下，而會合諸侯，扶助我繼續在天子之位，此乃追效于已故有美德先祖之舉，你有如此多美德，扞衛我于艱難之中，如你之德，我要嘉獎。

王曰：「父義和，其歸視爾師，寧爾邦。用賚爾秬鬯一卣，彤弓一，彤矢百，盧弓一，

盧矢百，馬四匹。父往哉！柔遠能邇，惠康小民，無荒寧，簡恤爾都，用成爾顯德。」

【校】九條、内野、足利、天正、八行本及古文訓盧並作玈。按：段氏撰異云：「尚書正義作玈，玈字凡六見，且曰：『彤字从丹，玈字从玄，故彤赤玈黑也。』據此則可知尚書經文傳文皆本作玈，天寶三載改作盧，音義中玈字爲宋開寶中所删也。凡訓黑之字作黸，見於説文解字，經傳多假盧爲之。楊子法言五百篇『彤弓黸矢』，此用字與説文合者也。黸之異體作玈。玈之字魏人石經隸體不用，則起於魏以後。」今按：郭沫若殷契粹編一零九片盧字作虜，考釋謂：「此乃鑪之初文，下象鑪形，上从虍聲也。」郭説甚確。西周金文或沿甲骨文，如九年衛鼎；或作盧从皿，从皿取火盆之意，是字之繁化。東周金文再繁化作鑪，見曾伯簠等，爲秦篆所本。漢隸異體作爐。是盧、鑪、爐並爲古今字。而盧字有黑義者，煙火熏盧而色黑，故凡从盧之字多有黑義，後乃造分别字黸。説文黑部云：「黸，齊謂黑爲黸。」段氏謂「經傳多假盧爲之」者，未見甲骨文本形。唐天寶間衛包奉詔改定尚書文字，誤改者固多，但亦有是者，改玈爲盧，即其一例。

【詁】王氏釋詞云：「其，猶尚也，庶幾也。」視當讀爲示。玉篇示部云：「示，以事告人曰示也。」按：示謂告示教導。爾雅釋詁云：「師，衆也。」「寧，安也。」言王説，父以德義和諧王朝與諸侯，受我嘉奬，希望回國以此告示教導你衆臣，安定你邦國。爾雅釋詁云：「賚，賜也。」説文鬯部云：「鬯，以𩰪釀鬱艸，芬芳攸服以降神也。」「𩰪，黑黍也，一稃二米以釀。秬，𩰪或从禾。」段注云：「黑黍名𩰪，以釀酒是曰𩰪鬯。今經典字皆作秬。」按：「秬鬯」謂用黑黍米煮鬱金香草所釀之香酒。爾雅釋器云：「卣，器也。」「卣，中尊也。」郭璞注云：「盛酒尊，不大不小者。」按：卣謂中等大小之盛酒樽。玉篇丹部云：「彤，赤色。」詩小雅彤弓毛傳云：「彤弓，朱弓也。」孔傳云：「馬供武用，四匹曰乘。」言嘉獎賜你秬鬯香酒一中樽以慰勞，又賜彤弓一張，彤箭百枝，黑弓一張，黑箭百枝，戰馬四匹，以專征伐。爾雅釋詁云：「柔，安也。」「邇，近也。」按：説文能字从㠯聲，故能與㠯通，㠯隸變作以，以猶而，是「柔遠能邇」謂安撫疏遠者而使親近。爾雅釋詁云：「惠，愛也。」「康，安也。」「寧，安也。」按：逸周書謚法解云：「好樂怠政曰荒。」是「荒寧」謂怠政而貪安樂。爾雅釋詁云：「簡，大也。」「恤，憂也。」書疏引鄭玄曰：「都，國都也；鄙，邊邑也，言都不言鄙，由近以及遠也。」按：「爾都」猶言爾國，謂晉國。爾雅釋詁云：「顯，光也。」言襄王謂晉文公説，父往歸國，安撫疏遠不服者而使親近，愛護安定小民百姓，不要怠政而貪安樂，大力憂勤你國家之事，以成就你光顯之德業。

周書十八

費誓【解題】史記魯周公世家云：「伯禽即位之後，有管、蔡等反也，淮夷、徐戎亦並興反。於是伯禽率師伐之於肸，作肸誓。」今按：説文米部云：「粊，惡米也，从米，比聲。周書有粊誓。」段注云：「粟之不成者曰秕，米之惡者曰粊。尚書粊誓，即今所用衛包妄改本之費誓也。史記作肸誓。徐廣曰：『一作鮮，一作獮。』蓋伏生作肸作鮮作獮，古文作粊，音正相近。」尚書費誓之古地費，音閉，其地在今山東費縣西北。

公曰：「嗟！人無譁，聽命！徂兹淮夷、徐戎並興。善敹乃甲胄，敿乃干，無敢不弔。備乃弓矢，鍛乃戈矛，礪乃鋒刃，無敢不善！

【校】九條本譁作嘩，敹作敹。内野本譁作嘩，「命」上有「予」字。足利、天正、八行本「命」上有「予」字，敹作敹。古文訓譁作嘩，敹作敹，矛作戎。按：説文言部云：「譁，讙也，从言，華聲。」今按：集韻麻韻云：「譁，讙也。或从口。」譁作嘩，蓋六朝以後俗字，故玉篇無嘩字。唐石經作譁爲正體。説文攴部云：「敹，擇也，从攴，宷。周書曰：『敹乃甲冑。』」段注云：「柴誓某氏注：『言當善簡汝甲冑。』與許説合。宷，冒也，从攴宷者，斁其冒昧而擇之。洛蕭切。」今按：東周金文陳肪簋有「敹擇吉金」語，「敹擇」連文，是敹與擇同義，可證説文訓擇不誤。古寫本作敹从宷，宷即寫宷之譌，當正。説文矛部云：「矛，酋矛也，建於兵車，長二丈，象形。戎，古文矛，从戈。」是古文訓據説文古文作戎。但矛爲兵器象形專字，見于西周金文及戰國睡虎地秦簡，是作戎必不古，不足取。

【詁】爾雅釋詁云：「嗟，𨁟也。」郭注云：「今河北人云𨁟歎。」按：𨁟與嗟同，驚呼歎詞。書疏引鄭玄曰：「人謂軍之士衆及費地之民。」按：人謂人人。言魯公説，肅静，人人不得喧嘩，聽我命令。王氏釋詞云：「書柴誓曰：『徂兹淮夷、徐戎並興。』徂讀爲且，且，今也，言今兹淮夷、徐戎並興。」按：「淮夷」謂淮浦之夷，亦名東夷。徐夷謂徐州之戎族。爾雅釋言云：「興，起也。」言今此淮浦之夷、徐州之戎並起作亂。史記魯世家釋敹爲陳。按：陳本字當爲敶。説文攴部云：「敶，理也，从攴，伸聲。」是史公釋敹爲修理。許氏説文釋敹爲擇。按：爾雅釋詁云：「柬，擇也。」是敹猶今言柬修。孔傳釋敹爲簡，簡即柬字，義並同。書疏引鄭玄釋敹爲穿徹，當亦修理之義。説文攴部云：「敿，繫連也。」朱氏通訓定聲校繫爲擊云：「器有鏬，拍而合之曰敿。」鄭注繫字，擊之誤。」按：朱説是，鄭注見書疏。蓋敿猶矯，謂擊打矯正其屈曲損傷者。干、戟古今字。甲骨文金文有干字，而先秦古文字未見戟字，故爲古今字。説文戈部云：「戟，盾也，从戈，旱聲。」古金文叔與弔形相近。叔亦作淑。爾雅釋詁云：「淑，善也。」言妥善修理你甲冑，擊矯你盾牌，不敢不完善。備即完備，謂弓調矢利。説文金部云：「鍛，小冶也。」按：廣雅釋詁云：「鍛，椎也。」是鍛謂爐燒水淬椎打使堅利。厲、礪古今字。説文厂部云：「厲，旱石也。」段注云：「旱石者，剛于柔石者也。俗以義異其形，凡砥厲字作礪，嚴厲字作厲。」按：廣雅釋詁云：「礪，磨也。」言完善你弓矢，鍛鍊你戈矛，磨礪你鋒刃，不敢不完善。

「今惟淫舍牿牛馬，杜乃擭，敜乃穽，無敢傷牿，牿之傷，汝則有常刑。馬牛其風，臣妾逋逃，勿敢越逐，祗復之，我商賚汝。乃越逐不復，汝則有常刑。無敢寇攘，踰垣牆，竊馬牛，誘臣妾，汝則有常刑。

【校】陸氏釋文云：「杜，本又作㪙。」內野、足利、天正、八行本杜作㪙。古文訓杜作㪙，穽作汬。按：說文牛部云：「牿，牛馬牢也。从牛，告聲。周書曰：『今惟牿牛馬。』」段氏撰異云：「大徐本無『淫舍』二字，此非轉寫奪去，即叔重當年筆誤也。」說文攴部云：「㪙，閉也，从攴，度聲，讀若杜。剫，㪙或从刀。」段注云：「杜門字當作此，杜行而㪙廢矣。丹部引周書『惟其㪙丹雘』，此假㪙爲塗也。按刀部『剫，判也』，則此剫當删。」今按：鄭玄周禮雍氏注引尚書云：「書粊誓曰：『㪙乃擭，敜乃阱。』時秋也，伯禽以出師征徐戎。」是鄭氏古文尚書作㪙，作杜者今文。說文井部云：「阱，陷也，从𨸏井，井亦聲。穽，阱或从穴。汬，古文阱，从水。」今按：戰國睡虎地秦簡作穽从穴。先秦古璽文阱作陞，則又阱之繁化。要以穽、阱爲正體，作陞、作汬爲異體。段氏撰異云：「經文言『無敢』者六，惟『越逐』作『勿敢』，唐石經及注疏本皆然，今坊間集傳作『無敢越逐』者誤也。」是當作「勿敢」。

【詁】王氏釋詞云：「惟，猶乃也。」爾雅釋詁云：「淫，大也。」「赦，舍也。」郭注云：「舍，放置。」按：「淫舍」猶言大放。牿謂牛馬牢廄。周禮雍氏鄭注云：「擭，柞鄂也。」賈疏云：「柞鄂者，或以爲豎柞于中，向上鄂鄂然，所以載禽獸，使足不至地，不得躍而出，謂之柞鄂也。」按：擭蓋坑栽尖木，刺捕野獸之器。說文攴部云：「敜，塞也，从攴，念聲。周書曰：『敜乃穽。』」按：穽謂陷穽。「傷牿」之牿謂牛馬，牿代牛馬。王氏釋詞云：「之，猶若也。」按：「牿之傷」謂牛馬若受傷害。玉篇有部云：「有，取也。」按：有謂自取。「常刑」謂規定之刑罰。言告戒軍民說，今乃備戰，大放牢廄牛馬備用，要關閉你刺獸之器，堵塞你坑獸陷穽，不敢傷害牛馬，牛馬若受傷害，你則自取規定之刑罰。王氏釋詞云：「其，猶若也。」書疏引賈逵左傳解詁云：「風，放也，牝牡相誘謂之風。」史記集解引鄭玄曰：「風，走逸。臣妾，厮役之屬也。」又周禮太宰鄭注云：「臣妾，男女貧賤之稱。」按：「臣妾」謂男僕女奴。廣雅釋言云：「逋，竄也。」小爾雅廣言云：「越，遠也。」按：「越逐」謂遠離軍營追逐。祗，史記作敬，集解引徐廣云：「一作振。」今按：振蓋抵之誤。祗與抵通。廣雅釋詁云：「抵，至也。」又史記張耳陳餘列傳集解云：「抵，歸也。」小爾雅廣言云：「復，還也。」按：「祗復之」謂馬牛、臣妾自動歸來則還返原主，不得扣爲己有。于氏新證云：「金文賞每作商。」按：爾雅釋詁云：「賚，賜也。」是「商賚」猶言賞賜。王氏釋詞云：「乃，猶若也。」言戰事當前，私家馬牛牝牡相誘走失，男僕女奴相約私奔，不敢違紀遠離軍營追逐，若馬牛、臣妾自動歸來要返還原主，我有賞賜于你，若犯遠離追逐與不返還原主之法，你則自取規定之刑罰。謂人皆備戰不得遠離，馬牛軍用不得扣留。史記集解引鄭玄曰：「寇，劫取也。因其亡失曰攘。」按：扣留自來動物曰攘。說文土部云：「垣，牆也。」按：「垣牆」猶今言牆。玉篇言部云：「誘，誘引也。」言軍人不敢搶劫扣留民財，越牆偷盜，私竊馬牛，引誘拐騙人家男女奴僕，違令者你則自取其規定刑罰。

「甲戌，我惟征徐戎。峙乃糗糧，無敢不逮，汝則有大刑。魯人三郊三遂，峙乃楨榦。甲戌，我惟築，無敢不供，汝則有無餘刑，非殺。魯人三郊三遂，峙乃芻茭，無敢不多，汝則有大刑。」

【校】敦煌本、九條本遂作逋。古文訓糗作餱，魯作炭，遂作速。按：說文止部云：「峙，躇也，从止，寺聲。」段注云：「柴誓『峙乃糗糧』，峙即峙，變止爲山，非真有从山之峙也。」今按：漢隸變从止爲从山，如冀州從事郭君碑峙作峙，是其例。唐石經作峙，用漢隸俗字。説文食部云：「餱，乾食也，从食，侯聲。周書曰：『峙乃餱粻。』」段注云：「柴誓文，今書作糗糧。然則古文尚書作糗矣，許或兼偁歐陽、夏侯書與。粻字不見米部，而大雅云：『以峙其粻。』釋言、詩箋皆曰：『粻，糧也。』大雅又云：『乃裹餱糧。』則餱粻即餱糧。」今按：先秦古文字有糗字，見古璽文。蓋今文尚書作糗，古文尚書作餱，其義相同。又戰國古文郭店楚簡有糧字，而先秦古文未見粻字，故尚書當以作糧爲正。糧之俗體作粮，今則以爲簡化字。説文㫃部云：「旅，軍之五百人，从㫃、从从；从，俱也。𣄼，古文旅，古文以爲魯衛之魯。」段注云：「此言古文假借也。周本紀『周公受禾東土，魯天子之命』，即書序『旅天子之命』，旅者陳也。」今按：甲骨文金文魯、旅爲二字甚爲分明，古書魯或作旅者，音近假借。古文訓以旅爲魯之古文，是不識古文。説文辵部云：「遂，亡也，从辵，㒸聲。𨗨，古文遂。」今按：先秦古璽文作遂，與説文篆文相同。尚書古寫本與逋相混，殊爲無謂。古文訓又與速相混，其誤不待辨。遂字本義爲逃亡，逃亡則遠，故引伸爲郊遂之義。

【詁】王氏釋詞云：「惟，猶乃也。」峙當讀爲偫。説文人部云：「偫，待也。」段注云：「謂儲物以待用也。偫經典或作峙，柴誓『峙乃糗糧』，則假借峙躇不前字爲之。釋詁曰：『峙，具也。』峙在説文爲偫。」説文米部云：「糗，熬米麥也。」按：陸氏釋文云：「糗，去九反，一音昌紹反。」糗一音近炒，今民間炒麵粉熟食謂之炒麵，即古代之糗糧，行軍作戰所帶。爾雅釋言云：「逮，及也。」按：及謂及時。史記集解引馬融曰：「大刑，死刑。」按：「汝則有大刑」承上句省「不及」。言誓師後之甲戌日，我乃征伐徐州之戎，要儲備軍用乾糧，不敢不及時，不及時你則自取死刑。爾雅釋地云：「邑外謂之郊。」禮記王制疏引尚書大傳云：「古者百里之國，三十里之遂，二十里之郊。」按：魯在周初爲大國百里，是都邑外二十里爲郊，三十里爲遂。「三郊三遂」，三爲虚數表多，猶言全魯各地。爾雅釋詁云：「楨，榦也。」邢疏引舍人注云：「楨，正也，築牆所立兩木也。」史記集解引馬融曰：「楨榦皆築具，楨在前，榦在兩旁。」按：楨與榦皆築牆木版，兩端栽兩版爲牆之厚，謂之楨；楨兩邊束版爲牆之長，謂之榦，今築牆仍如此。王氏釋詞云：「惟，猶乃也。」按：「惟築」謂乃築攻敵軍壘。餘與余通。說文八部云：「余，語之舒也，从八，舍省聲。」是余與舍聲通。爾雅釋詁云：「赦，舍也。」非與匪通。廣雅釋詁云：「匪，彼也。」是「非殺」謂彼罪爲殺，即死刑。言魯國軍民各地動員，準備你軍壘築版楨榦，甲戌日我乃築軍壘進攻，不敢誤期而不供給楨榦，不供給你則自取不寬赦之罪刑，唯彼死刑。說文艸部云：「芻，刈艸也。」段注云：「謂可飤牛馬者。」又艸部云：「茭，乾芻。」按：「芻茭」謂青草與乾草，書疏引鄭玄釋茭爲「乾芻」，與許慎同。史記魯世家「不多」作「不及」，蓋多爲及字形近而譌。言魯人各地動員，儲備軍用馬牛草料，不敢不及時，不及時你則自取死刑。

周書十九

秦誓

【解題】史記秦本紀云：「三十六年，繆公復益厚孟明等，使將兵伐晉，渡河焚船，大敗晉人，取王官及鄗，此報殽之役，晉人皆城守不敢出。於是繆公乃自茅津渡河，封殽中尸，爲發喪，哭之三日，乃誓於軍。」杜預注左傳云：「封，埋藏也。」按：秦誓本事詳載于春秋左傳僖公三十二年至文公三年，乃秦穆公兵敗殽役三年後，即公元前六二四年（秦穆公三十六年），檢討用人得失之辭。爾雅釋言云：「誥、誓，謹也。」是誓與誥同義，誓謂告戒，秦誓者，秦穆公告戒羣臣將士也。全文在說明軍國大事當咨謀于白髮良臣如蹇叔則會無失，發奮圖強當重用文武兼備壯年良臣如孟明，而不當信任無識邪臣如杞子以壞國事，表現了一代名君勇于改過、知人善任之品德。

公曰：「嗟！我士，聽無譁！予誓告汝羣言之首。古人有言曰：『民訖自若，是多盤。』責人斯無難，惟受責俾如流，是惟艱哉！我心之憂，日月逾邁，若弗云來。惟古之謀人，則曰未就予忌。惟今之謀人，姑將以爲親。雖則云然，尚猷詢茲黃髮，則罔所愆。

【校】敦煌本譁作嘩，艱作難，云作員，忌作忈。足利、天正本云作員。古文訓云作員，忌作忈。「惟今之謀人」，阮元刻本惟作爲。按：古寫本譁作嘩，説詳費誓。艱與難音近義同而通用，此文上曰「責人斯無難」，下文曰「受責」、「是惟艱」，艱字承難，作難文方一律，以古本作難義長。説文員部云：「員，物數也，从貝口聲。鼎，籒文，从鼎。」段注云：「本爲物數，引伸爲人數，俗偁官員。又假借爲云字，如秦誓『若弗員來』。古音云、口合韻最近。鼎下曰：『籒文以鼎爲貝字』，故員作鼎。」今按：殷契佚存一一片員字作鼎，西周金文員父尊、員壺及東周石鼓文亦作鼎，皆與説文古文同。據孔氏正義，唐初尚書經文猶作員，是衛包改員爲云。又古寫本員作負者，沿用漢隸。史晨後碑「國縣負冗」作負，顧氏隸辨云：「説文作員，从貝从口，口讀若圍，碑變从厶。」古寫本忌作忈者，忈即惎字，其字古文作亓。説文心部云：「惎，毒也，从心，其聲。周書曰：『來就惎惎。』」段氏撰異云：「來字當是未字之誤。考惎字在左氏傳有訓毒者，有訓教者。教之訓則惎與諅同，毒之訓則惎與忌略同。説文蓋當作『周書曰未就予惎，惎，教也』而脱誤歟。惎、忌同部同音，壁中作惎，説古文者讀爲諅，忌蓋諅之省歟，未必如孔訓也。」今按：東周金文邾公華鐘等有忌字，又古陶文有惎字。説文所引作惎，是古文尚書，則作忌者今文。

【詁】史記秦本紀「士」作「士卒」。按：「士卒」謂羣臣將士。爾雅釋言云：「誥、誓，謹也。」釋詁云：「誥，告也。」按：誓與誥同義，而誥與告通，故「誓告」爲同義複詞，謂告戒。「羣言」猶今語一席話，一番話。首當讀爲道。說文辵部云：「道，所行道也，从辵首。」段注云：「道之引伸爲道理。首亦聲。」按：道从首聲，道與首古同聲而通用，「羣言之首」即羣言之道，道謂道理。言秦穆公召呼感歎說，我羣臣將士，聽講話不要喧嘩，我要告戒你們下面所講一番話之道理。爾雅釋詁云：「訖，止也。」「若，善也。」按：「自若」猶言自善，即自以爲善，謂自以爲是。王氏釋詞云：「是，猶則也。」俞氏平議云：「盤當作般，盤庚篇釋文曰：『盤本又作般。』說文舟部：『般，辟也。』然則『多般』猶云『多辟』。詩板篇『民之多辟』，鄭箋曰：『民之行多爲邪辟。』是其義也。」按：辟、僻古今字，「多辟」今字作多僻。言古人有格言說，人停止于自信而不接納善言，則多爲邪僻之行。此穆公反省自比，謂不聽蹇叔勸告而軍敗崤役。說文貝部云：「責，求也。」按：責謂責求，猶今言要求。王氏釋詞云：「斯，猶則也。」「無，不也。」爾雅釋詁云：「俾，從也。」按：「俾如流」謂從善如水下流之順，即從諫如流之意。玉篇心部云：「惟，爲也。」按：「是惟艱」謂則爲難。言要求別人從善則不難，唯獨接受別人要求能從諫如流，則爲難事。此穆公依古言反省自比。爾雅釋詁云：「憂，思也。」按：思謂思過。淮南子原道篇高誘注云：「逾，益也。」廣雅釋詁云：「邁，往也。」按：「逾邁」謂日益成爲往事。王氏釋詞云：「小爾雅曰：『若，乃也。』書秦誓曰：『日月逾邁，若弗云來。』言乃弗云來也。」又云：「云，猶或也。或與有古同聲而通用。」引秦誓「若弗云來」爲例。按：乃與仍通，「若弗云來」猶言仍不有來。言我心之思悔不聽蹇叔而喪師崤役，雖日月流逝日益成爲往事，但追悔之心仍没有轉來，思悔不已。爾雅釋詁云：「古，故也。」按：「古之謀人」謂故舊老成謀臣蹇叔。王氏述聞云：「廣雅：『惎、意，志也。』『未就予惎』者，未就我之志也，謂穆公志在襲鄭，而蹇叔不肯曲從。作忌者，字之假借耳。」按「今之謀人」與「古之謀人」相對爲義，謂年青壯勇之謀臣孟明，即帥師伐晉以報崤役之恥者。姑當讀爲夃。說文夊部云：「夃，秦人市買多得爲夃，从乃从夊，益至也。」詩曰：『我夃酌彼金罍。』」按：許慎所引作夃爲三家詩今文，毛詩作姑爲古文，以詩經今文古文異字例之，是今文尚書作夃，古文尚書作姑。今文用本字，古文用假借字。夃爲本字猶存于秦人語，秦博士伏生傳今文尚書作夃。「夃將」猶言益將，猶今語更要。史記秦本紀云穆公「益厚孟明」，益字正釋夃字之義。司馬遷寫史記用今文尚書，是今文尚書作夃又一證。而僞孔傳釋「姑將」爲「且將」，則不合經義。廣雅釋詁云：「親，近也。」王氏釋詞云：「云，猶如也，如與或義相近。」按：「云然」猶言如此。詩小弁鄭箋云：「尚，猶也。」禮記檀弓鄭注云：「猶，尚也。」按：「尚猶」連文複詞，義仍爲「尚」，猶今言「還」。爾雅釋詁云：「詢，謀也。」「黄髮，壽也。」邢疏引舍人注云：「黄髮，老人髮白復黄也。」按：「黄髮」謂老人，即老臣蹇叔。王氏釋詞云：「所，或也。」按：「或」與「有」通，「所愆」猶言有愆。説文心部云：「愆，過也。」言故舊老成之謀臣蹇叔不曲從我意，我則怨他説不成就我意志，使我悔恨；而今年青智勇之謀臣孟明，更要作爲親近之人信任，雖則理應如此，但國家大事還要咨謀于老年謀臣，則會無有過失。

「番番良士，旅力既愆，我尚有之。仡仡勇夫，射御不違，我尚不欲。惟截截善諞言，俾君子易辭，我皇多有之！

【校】陸氏釋文云：「仡仡，馬本作訖訖。」按：説文人部云：「仡，勇壯也，从人，气聲。周書曰：『仡仡勇夫。』」段注云：「今字作仡。」今按：气本「气力」本字，隸變作乞。上古漢字形聲字聲符也表義，人有氣力則壯勇，故「仡仡」爲本字，蓋今文尚書作仡用本字，而馬融本古文尚書用假借字。春秋公羊傳文公十二年引秦誓「截截」作「諓諓」。按：説文戈部云：「戔，賊也，从二戈。周書曰『戔戔』，巧言也。」段注云：「戔戔，截截之異文，今文尚書也。公羊傳曰『諓諓』，諓即戔，許作戔爲本字，他家作諓加之言旁也。」今按：戰國古文字信陽楚簡、郭店楚簡有戔字，而包山楚簡有諓字，是諓即戔之孳乳。公羊傳屬今文經學，是今文尚書作戔作諓，皆爲本字，古文尚書作截爲假借字。又公羊傳引秦誓辭作怠，皇作況，是今文尚書所用字。按：辭本當作辝。説文辛部云：「辤，不受也。辝，籀文辤。」段注云：「漢人辤、辭不別。」是尚書本作辝，而漢代經師又寫作辭。考東周金文邾公牼鐘有辝字，而先秦古文字未見辭字，是古文尚書作辝，辝从台聲，台古音如怡，與今文尚書作怠从台聲，古同聲而通用。

【詁】番、皤古今字，兩周金文有番字而先秦古文未見皤字，是皤即番之孳乳後出字。説文白部云：「皤，老人白也，从白，番聲。額，皤或从頁。」按：皤謂老人髮白，「皤皤良士」即白髮良臣國老，此謂蹇叔。旅當讀爲膂，膂爲呂古異體字。説文呂部云：「呂，脊骨也，象形。膂，篆文呂，从肉，旅聲。」按：「旅力」猶體力。愆，今文尚書作騫。毛詩大雅假樂「不愆不忘」，春秋繁露郊語篇引三家詩作「不騫不忘」，見宋王應麟詩考。以經今文古文用字不同例之，是今文尚書作騫用本字，古文尚書作愆用假借字。按：説文愆字或體作寋寒省聲，騫字亦寒省聲，故愆與騫通用。説文馬部云：「騫，馬腹縶也。」段注云：「土部曰埶者下也，埶正俗所云肚腹低陷也。」仲尼弟子列傳閔損字子騫，是其義矣。詩無羊、天保傳皆曰：『騫，虧也。』亏部曰虧者氣損也。」今按：廣雅釋詁云：「減，虧少也。」是虧與減、少同義，「旅力既愆」謂年老體力已經虧減衰退。尚與當古同聲而通用，謂應當。王國維曰：「有讀爲友，聲之借也。」按：説文又部云：「友，同志爲友，从二又相交。」段注云：「二又，二人也。善兄弟曰友，亦取二人而如左右手也。」按：「友之」謂以之爲同志。説文人部云：「仡，勇壯也。周書曰：『仡仡勇夫。』」按：「仡仡勇夫」即勇猛年壯之武將，謂孟明。王氏釋詞云：「玉篇曰：『不，詞也。』經傳所用或作丕，其實一也。書西伯戡黎曰：『我生不有命在天。』不有，有也。多方曰：『爾尚不忌于凶德。』不，語詞，不忌，忌也。緇衣引甫刑曰：『播刑之不迪。』不，語詞，不迪，迪也。後世解經者，但知不之訓弗，而不知其又爲語詞，于是強爲注釋，而經文多不可通矣。」按：此文「射御不違，我尚不欲」兩

「不」字皆語詞無實義,「不違」,違也;「不欲」,欲也。違當讀爲韙。説文是部云:「韙,是也,从是,韋聲。」淮南子脩務篇高誘注云:「是,善也。」故「射御不違」謂射箭御車作戰之術精善。禮記曲禮孔疏云:「心所貪愛爲欲。」是「我尚不欲」謂我應當愛護重用。孟明爲文武兼備良臣,是富國強兵所需,故應當愛護重用。截當讀爲諓。訓詁學之「右文説」謂从「戔」之字有「小」義,見夢溪筆談卷十四引王子韶説,是「諓諓」謂小言,即無識之言,此文謂小言無識之人。何休公羊傳解詁釋「諓諓」爲「淺薄之貌」,「淺薄」即無識之義,是何氏之釋也謂見識淺薄之人。馬融本古文尚書諞作偏,見陸氏釋文引。按:諞與偏通。廣雅釋詁云:「偏,衺也。」是「諞言」猶言衺言,「截截善諞言」謂小言無識之人杞子善于邪僻之言,即潛師襲鄭邪謀。爾雅釋詁云:「俾,使也。」今文尚書「易辭」作「易怠」。按:怠與殆通,殆爲本字。揚雄方言云:「怠,壞也。」廣雅釋詁云:「殆,壞也。」是「易辭」謂容易壞事。裴氏古書虛字集釋云:「皇,猶何也,皇、何一聲之轉。書秦誓篇『我皇多友之』,公羊傳文十二年皇作況,況亦何也。」「有之」與上「我尚有之」之「有之」義同,謂以之爲同志。言穆公總結自己用人觀點説,白髮良臣如蹇叔者,雖體力已虧減衰退不能射御作戰,但老成善謀,我仍應當親如同志共商國事;壯年智勇如孟明之良臣,射御戰術精善,正是爲國出力良臣,我更應當愛護重用;而見識淺薄善爲邪謀使君主容易壞事之人如杞子者,今後我何能多與此類人爲同志而重用之?

「昧昧我思之,如有一介臣,斷斷猗無他技,其心休休焉,其如有容。人之有技,若己有之;人之彦聖,其心好之,不啻若自其口出。是能容之,以保我子孫,黎民亦職有利哉!人之有技,冒疾以惡之;人之彦聖,而違之俾不達。是不能容,以不能保我子孫黎民,亦曰殆哉!邦之杌隉,曰由一人;邦之榮懷,亦尚一人之慶。」

【校】敦煌本斷作㫁，技作伎，杌作兖。九條本斷作㫁，技作伎。内野、足利、天正本斷作㪿，技作伎。古文訓斷作㫁，猗作倚，他作它，己作𢀳。按：陸氏釋文云：「介，馬本作介，字又作个。」禮記大學引秦誓亦作介，禮記屬今文經學，所引當爲今文尚書，是馬融本古文與今文同作介。而又作个者，則介之異體字。集韻箇韻云：「箇，或作个、介，通作個。」考甲骨文金文作介，武威漢簡作个，是个爲後出字，「一介臣」即「一个臣」，今以个爲個之簡化字。説文斤部云：「斷，截也，从斤𢇍，𢇍，古文絶。㫁，古文斷，从皀，皀古文叀字。周書曰：『㫁㫁猗，無它技。』𠜧，亦古文斷。」按：戰國古文字睡虎地秦簡有斷字，尚書經文當以作斷爲正。説文古文與古寫本皆寫譌，不足取，説詳盤庚上。説文犬部云：「猗，犗犬也，从犬，奇聲。」段注云：「有假爲兮字者，魏風『清且漣猗』是也。有假爲倚字者，小雅『有實其倚』是也。」今按：禮記大學篇引作「斷斷兮」，是今文尚書作兮用本字，古文尚書作猗爲假借通用字。説文它部云：「它，虫也，从虫而長，象冤曲垂尾形。上古艸居患它，故相問無它乎。蛇，它或从虫。」段注云：「字或假佗爲之，又俗作他。經典多作它，猶言彼也。」今按：甲骨文它字多作虫，説文篆文分它、虫爲二字。甲骨文它字又作𢓡从彳，表蛇行往彼之義，故它有彼義。戰國古文包山楚簡、古璽文及睡虎地秦簡作它，後世通行，故尚書經文當以作它爲正。陸氏釋文云：「技，本亦作伎。」説文手部云：「技，巧也。」段注云：「古多假伎爲技能字。」按：敦煌古寫本及日本國古寫本尚書作伎，是唐初尚書古本作伎，與陸氏釋文「本亦作伎」古本合。而唐開成石經作技，與釋文所引一本作技同。但字異義殊，説詳下詁。禮記引秦誓是作寔，則今文尚書作寔，古文尚書作是，寔與是古同音通用。論衡刺孟篇云：「尚書曰：『黎民亦尚有利哉。』」按：論衡所引爲今文尚書，是今文句讀「黎民」屬下句，以屬下義長。職作尚，則同義通用，説亦見下詁。説文己部云：「己，中宫也，象萬物辟藏詘形也，己承戊，象人腹。𢀳，古文己。」段注云：「釋名曰：『己，皆有定形可紀識也。』引伸之義爲人己。己亥譌三豕者，己與三形似也。」今按：鐵雲藏龜三十九頁四片、殷契佚存二一〇片及西周金文作册大鼎等作己，是說文古文作㠯者不古，故經文當以作己爲正。說文女部云：「娟，夫妒婦也，从女，冒聲。」段注云：「大學曰：『娟疾以惡之。』鄭曰：『娟，妒也。』尚書祇作冒。」今按：禮記大學引作娟當據今文尚書，爲本字，古文尚書作冒爲省形借字。說文阜部去：「隉，危也，从阜、从毀省。」徐巡以爲隉，凶也。班固說，不安也。周書曰：『邦之阢隉。』讀若虹蜺之蜺。」段注云：「秦誓文，阢當是轉寫之誤，當是本作扤，未可定也。蜺雨部作霓，虫部『蜺，寒蜩也』，於此知漢人已假借蜺爲霓矣。」按：「阢隉」爲古音疑母雙聲聯緜字，聯緜字但求音同而不求字同，故「阢隉」亦作「杌隉」等。而古寫本杌字作兊者，考兊字不見于字書。杌字玉篇作屼，晉代李彤字指作兊，兊或兊之寫譌，待考。

【詁】說文日部云：「昧，一曰闇也。」段注云：「闇者，閉門也，閉門則光不明，明闇字用此不用暗，暗者日無光也，義異。」按：廣雅釋訓云：「昧昧，暗也。」暗亦當作闇，「昧昧我思之」謂闇地私下我思之。王氏釋詞云：「如，當也。如爲相當之當，又爲當如是之當。」按：「如有」猶言應當有。公羊傳引秦誓「介」作「个」，「一介」即「一个」，「如有一个臣」謂應當有一个執政良臣。廣雅釋訓云：「斷斷，誠也。」禮記大學鄭玄注云：「斷斷，誠一之貌。」大學引秦誓「猗」作「兮」。王氏釋詞云：「猗，猶兮也，故漢魯詩殘碑猗作兮。」是今文尚書作兮爲本字，用爲語助詞，「斷斷兮」謂誠實專一。東漢何休公羊傳解詁云：「他技，奇巧異端也。孔子曰：『攻乎異端，斯害也已。』」按：何氏釋「他技」爲「奇巧異端」，用今文尚書說。與何休同時，鄭玄注禮記大學所引秦誓云：「他技，異端之技也。」鄭玄注尚書多用古文說，是漢代今文學家何休與古文學家鄭玄皆不以「技」爲「技藝」。今據漢人經説與敦煌古寫本尚書「技」作「伎」反復推求經義，秦誓實用「伎」字本義。「他技」即「它伎」，猶言「彼伎」。說文人部云：「伎，與也，从人，支聲。」段注云：「舁部曰『與者，黨與也』，此伎之本義也。」按：「黨與」猶言「朋黨」，古以朝中有朋黨爲患，是明君正臣所忌，故秦穆公希望得一執政良臣誠實專一而無那朋黨異端之行。自東晉僞古文尚書出，僞孔傳緣詞生訓，釋「他技」爲「他技藝」，即其他技藝，使經義反背而失經旨。何休公羊傳解詁云：「休休，美大貌。」鄭玄注禮記云：「休休，寬容貌。」按：兩釋並通，「其心休休焉」，焉猶然，謂其心地美善寬容。王氏釋詞云：「其，語助也。」「如，猶而也。」按：「其」爲語助無實義，「而」與「能」古同聲通用，「其如」猶言「能」，公羊傳引秦誓「其如」正作能。言我闇地思量，應當有一个這樣的良臣，誠實專一而無那朋黨異端行爲，其心地善美寬宏，能含容賢者在朝共事。人謂他人。王氏釋詞云：「之，猶若也。」按：「人之有技」謂他人若有朋黨異端之行。王氏釋詞云：「若、而語之轉。」是「若」與「而」通。「若己有之」之「有」，與上文「其如有容」之「容」及下文「是能容之」之「容」相對爲義，是「有」與「容」同義，「容」謂寬容，故「有」當讀爲宥。説文宀部云：「宥，寬也，从宀，有聲。」是「人之有技，若己有之」，言他人如有朋黨異端之行，而自己則寬容他以共事。爾雅釋訓云：「美士爲彦。」説文耳部云：「聖，通也。」按：「彦聖」猶言賢達。王氏釋詞云：「一切經音義卷三引蒼頡篇曰：『不啻，多也。』」引秦誓「不啻若」句爲例。按：「不啻若自其口出」謂心中好賢多如自其口頭出言好賢，即心口如一。言他人如賢達，則自己心中能愛好他人之賢達，其心中好賢多如口頭好賢，不口是心非。廣雅釋言云：「是，此也。」爾雅釋詁云：「職，常也。」按：常謂常遠。公羊傳引秦誓「職」作「尚」，尚與常通，亦謂常遠。言所重用一个執政良臣能如此兼容並包正反兩方面人臣在朝共事，因而能保安我秦君子孫後代常在君位，對黎民百姓也常遠有利。以上謂孟明正有此美德。説文女部云：「娟，一曰梅目相視也。」段注云：「梅當作侮，謂目相侮也。史記曰『目笑之』」。説文疒部云：「疾，病也，从疒，矢聲。」段注云：「矢能傷人，矢之去甚速，故从矢會意。聲字疑衍。」按：「冒疾」謂侮視傷害。王氏述聞云：「惡當讀爲䛩。説文：『䛩，相毀也。』漢書衡山王傳注曰：『惡謂讒毀之也。』是䛩、惡古通。」按：䛩猶今言誹謗，「冒疾以惡之」謂侮視傷害而誹謗之。禮記大學鄭注云：「違猶戾也。俾，使也。佛戾賢人所爲，使功不通于君也。」按：爾雅釋詁云：「戾，止也。」是「違」謂拂止，即阻止。爾雅釋詁云：「爰，曰也。」「殆，危也。」按：曰爲句中助詞。言他人如賢達，乃阻止之使不得順達重用，如此不能容人，因而不能保安我子孫與黎民百姓，國家也就危險了。謂政權不能旁落于朋黨異端之人，正見其重用良臣孟明之得人。說文邑部云：「邦，國也。」說文釋陧爲「危也，凶也，不安也」。按：三釋皆釋「阢陧」之義，聯緜字不當分釋，凶謂凶險，「阢陧」即危險不安。楊氏詞詮云：「曰，語首助詞，無義。」又云：「由，介詞，因也。」是「曰由」猶言「因」。荀子大略楊倞注云：「榮，盛也。」詩邶風雄雉鄭箋云：「懷，安也。」按：「榮懷」謂強盛安寧。王氏釋詞云：「亦，承上之詞也。」黃侃箋識云：「此亦乃又之借。」詩小雅小弁箋云：「尚，猶也。」按：猶與由通，「尚」與上文「由」對文同義，「亦尚」猶言「又因」。廣雅釋詁云：「慶，善也。」言國家的危險不安，因一人之邪惡；國家的強盛安寧，又因一人之忠善。謂聽用杞子邪謀而國危，信任孟明忠善而國強。

晚書校詁卷一

虞夏書一

大禹謨【解題】東晉梅氏增多古文尚書二十五篇，經後代學者考定，世稱僞古文尚書。元代趙孟頫撰書今古文集注，始將今文與僞古文分編。其後吴澄作書纂言有「梅賾所增二十五篇，夫千年古書最晚乃出」之語。而清代程廷祚撰晚書訂疑三卷，直名僞古文尚書爲晚書，可謂名實相符，故今即沿用其名而撰晚書校詁，大禹謨爲其第一篇。説文言部云：「謨，議謀也，从言，莫聲。」此篇記述大禹、伯益、皋陶與帝舜議謀政事之言，因以名篇。

曰若稽古，大禹曰文命，敷于四海，祗承于帝。

【校】内野、足利、天正古寫本帝作帯。古文訓祗作祇。按：説文示部云：「祗，敬也，从示，氐聲。」段注云：「古聲凡氐聲字在第十五部，凡氏聲字在第十六部，此廣韻祇入五支，祗入六脂所由分也。」今按：祗、祇不别，蓋漢隸已然。如唐扶頌碑「靈祗瑞應」，以祇爲祗；陳球碑「孝友祗穆」，則以祇作祗。顧氏隸辨云：「從氐者，祗敬之祗也；諸碑或誤用無别。」神祇之祇從氏。是古文訓祗作祇者，沿漢碑誤字。而唐石經作祗，宋版尚書亦作祗，皆不誤。説文丄部云：「帝，諦也，王天下之號，从二，朿聲。帝，古文帝，古文諸丄字皆从一，篆文皆从二；二，古文上字。」段注云：

「古文从一，小篆从古文上者，古今體異。必云『二，古上字』者，明非二字也。徐鍇曰：古文上兩畫上短下長，一、二之二則兩畫齊等。」今按：殷虚書契前編卷四第十七頁四片作帝，兩周金文仲師父鼎、秦公簋亦作帝，皆與説文篆文同。而井侯簋作帝，與説文古文同。是作帝爲正體，帝乃異體，而寫本帝作帝者，蓋演自草書，唐懷素聖母帖、秋興八首帖草帝字上部如草字頭，遂俗書作帝，不足取。

【詁】史記夏本紀云：「夏禹，名曰文命。」集解引謚法曰：「受禪成功曰禹。」今按：以放勳、重華爲堯、舜之名例之，文命亦禹之名，蓋古史相傳如此。王氏孔傳參正云：「敷于四海，約禹貢敷土及東漸數句而成文。」敷當讀爲尃。説文寸部云：「尃，布也，从寸，甫聲。」是敷爲布劃治理之義。爾雅釋地云：「九夷、八狄、七戎、六蠻，謂之四海。」按：四海謂四方海疆以内人居之地，古言天下，今言全國。説文手部云：「承，奉也。」按：「祗承」猶敬助。帝謂帝舜，禹爲帝舜重臣。言考證古史，大禹名爲文命，在外布劃治理全國水土，在内敬助帝舜爲政。

曰：「后克艱厥后，臣克艱厥臣，政乃乂，黎民敏德。」

【詁】孔傳參正云：「梅云『后克』二句，本論語『爲君難，爲臣不易』。『敏德』本康誥曰『丕則敏德』也。」今按：爾雅釋詁云：「后，君也。」「乂，治也。」「黎，衆也。」又禮記中庸鄭注云：「敏，猶勉也。」言禹説，君能知難作其君，臣能知難作其臣，政事乃治理，衆民乃勉力修德。

帝曰：「俞！允若兹。嘉言罔攸伏，野無遺賢，萬邦咸寧。稽于衆，舍己從人，不虐無告，不廢困窮，惟帝時克。」

【校】古文訓寧作寍，困作朱。按：説文丂部云：「寧，願詞也，从丂，寍聲。」段注云：「寍部云：『寍，安也。』今字多假寧爲寍，寧行而寍廢矣。古文尚書蓋有寍字。陸氏於大禹謨曰：『寍，安也，説文安寍字如此；寧，願詞也。』此陸氏依許分別二字。今本經宋開寶間改竄，不可讀。」今按：安寧字見於甲骨文者，戰後京津所獲甲骨集五三五五片作寍。見於金文及石刻者，牆盤、毛公鼎作寍，石鼓文亦作寍，可證寍爲安寧本字。今字作寧者，用假借字。説文口部云：「困，故廬也，从木在口中。枽，古文困。」段注云：「廬者，二畝半一家之居，居必有木，樹牆下以桑是也，故字从口木。困之本義爲止而不過，引伸之爲極盡。凡言困勉、困苦皆極盡之義。」廣雅：『橜、機、闑，枽也。』按：稚讓用枽爲梱字，此可證四海困窮之義。」汗簡木部引尚書困作枽，與説文古文同。甲骨文多作枽，亦作困。殷契粹編六一片作困，从木在口中，口即圍初文。殷虛書契前編卷一第五十二頁四片作枽，从止，木省。殷契遺珠二十五片亦作枽。後世通行困字。

【詁】爾雅釋言云：「俞，然也。」又釋詁云：「允，誠也。」「寧，安也。」「咸，皆也。」「時，是也。」又釋言云：「克，能也。」今按：罔字从网亡聲，亡、無古通，故罔有無義。甲骨文金文皆有告字，而先秦古文字未見靠字，蓋告、靠古今字，古謂「無告」，今謂無靠，一也。言帝舜説：禹的話是對的，誠然如此，善言無所隱伏，朝野没有遺棄不用的賢人，天下就皆安寧。徵求民衆意見，舍棄自己私見而從人善言，不虐待孤苦無依靠之人，不廢棄輕視困窮低下之人，惟有帝堯能如此。舜謙，故言堯。

益曰：「都！帝德廣運，乃聖乃神，乃武乃文，皇天眷命，奄有四海，爲天下君。」

【校】古文訓神作⿱申旦，奄作弇。按：汗簡示部引尚書神作⿰礻⿱申旦。鄭氏箋正云：「薛本⿱申旦神互見。」禮記郊特牲『旦明』注：『旦當爲神，篆字之誤。』按説文神从申，無從誤爲旦。唐李邈北嶽神廟之碑篆額神字作⿱申旦。顧炎武云：『莊子「旦宅」亦讀爲神。』蓋轉寫遺其上半，因誤爲旦，知康成云篆誤者據此體而言。此字禮記已有從篆誤者，知是秦漢間別體，而許君不取。字从旬古文旬爲聲，又从重日，當作䄠，薛本與北嶽碑並誤寫，與秦詛楚文宣作亶一例。」今按：先秦古文字神字皆从申聲，當以作神爲正體。說文大部云：「奄，覆也，大有餘也，从大申，申，展也。」段注云：「釋言曰：『弇，蓋也。』古奄、弇同用，覆、蓋同義。許云覆也，大有餘也，二義實相因也，覆乎上者，往往大乎下，故字从大。」又収部云：「弇，蓋也，从廾，合聲。穽，古文弇。」段注云：「此與『奄、覆也』音義同。」汗簡穴部引尚書奄作穽。鄭氏箋正云：「奄與弇原異字，而『弇蓋』、『奄覆』義相通，音亦近，故僞書以弇、穽作奄。」今按：西周金文應公鼎奄字作臾，从大申。戰國文字睡虎地秦簡作奄，與說文篆文同，即金文作臾之變。戰國古文中山王鼎弇字作㝨，古璽文省形作弇，與說文篆文同，古文作穽，當即㝨之譌。汗簡奄作穽，合奄、弇爲一字，不可取。

【詁】都，歎詞，說詳堯典。孔傳：「益因舜言又美堯也。廣謂所覆者大，運謂所及者遠。聖無所不通，神妙無方。文經天地，武定禍亂。」說文王部云：「皇，大也。」按：「皇天」猶言上天。詩周頌執競毛傳云：「奄，同也。」按：同猶統。楊氏詞詮云：「乃，語首助詞，無義。『乃聖乃神，乃文乃武。』書大禹謨。」言伯益又因帝舜之言而贊美帝堯說：帝堯之德覆蓋廣大，運行遥遠；聖明無所不通，神妙無可相比；文才經緯天地，武略平定禍亂，天帝見而命堯，讓其統有四海，作天下君主。

禹曰：「惠迪吉，從逆凶，惟影響。」

【校】古文訓逆作屰，影作景。按：說文干部云：「屰，不順也，从干下凵，屰之也。」段注云：「後人多用逆，逆行而屰廢矣。」又辵部云：「逆，迎也，从辵，屰聲。」段注云：「今人假以爲順屰之屰，逆行而屰廢矣。」汗簡亥部引尚書逆作屰，而干部引尚書作𢆉。今按：甲骨文屰作𠦜，殷代金文丁爵作𠦜，均象倒人形，是倒逆字初文。而逆字甲骨文作𨑖、𢓜、逆諸形，西周金文仲爯簋、令簋分別作𢓜、逆，與甲文同。蓋屰、逆古今字，逆即屰之孳乳，爲後世通行。説文日部云：「景，日光也，从日，京聲。」段注云：「後人名陽曰光，名光中之陰曰影，別製一字，異義異音，斯爲過矣。」顔氏家訓書證篇云：「尚書曰：『惟景響。』周禮云：『土圭測景，景朝景夕。』孟子曰：『圖景失形。』莊子云：『罔兩問景。』如此等字，皆當爲光景之景。凡陰景者，因光而生，故即爲景。淮南子呼爲景柱，廣雅云：『晷柱，景也。』並是也。至晉世葛洪字苑，傍始加彡，音于景反，而世間輒改治尚書、周禮、莊、孟從葛洪字，甚爲失矣。」按：景、影古今字。唐石經大禹謨作影響，此篇晚出於晉代，或時已用影字，不必治尚書者改爲影，亦不必唐石經始改爲影。

【詁】爾雅釋詁云：「惠，順也。」説文辵部云：「迪，道也。」蔡傳：「逆，反道者也。惠迪從逆，猶言順善從惡也。禹言天道可畏，吉凶之應於善惡，猶影響之出於形聲也。」按：從與上句惠對文同義。禹言順天道則吉，順逆道則凶，猶如影之隨形，響之應聲，各有報應。

益曰：「吁！戒哉！儆戒無虞，罔失法度，罔遊于逸，罔淫于樂。任賢勿貳，去邪勿疑，疑謀勿成，百志惟熙。罔違道以干百姓之譽，罔咈百姓以從己之欲。無怠無荒，四夷來王。」

【校】内野本儆作敬，邪作衺。古文訓儆作敬，法作𠅩，邪作衺，謀作𢘑，荒作巟，來作徠。按：説文人部云：「儆，戒也，从人，敬聲。春秋傳曰：『儆宫。』」段注云：「與警音義同。孟子引書『洚水儆予』，用儆字。鄭注周禮曰：『警，勑戒之言也。』左傳襄公九年：『令司宫巷伯儆宫。』」今按：説文言部云：「警，戒也，从言从敬，敬亦聲。」是儆、警一字異體，古字本作敬。西周金文盂鼎敬字作苟，象狗蹲踞豎耳警戒形；班簋作茍从口，表狗警戒狂吠；師酉簋作敬从攴，攴亦表警戒。先秦古文字未見儆、警二形，是皆敬之孳乳。此文作儆，用後出今字。說文廌部云：「灋，刑也，平之如水，从水，廌所以觸不直者去之，从廌去。法，今文省。佱，古文。」今按：汗簡人部引尚書法作佱，與說文古文同，但先秦古文字未見，是後世所造奇字，不可取。西周金文克鼎及東周詛楚文作灋，與說文篆文同。戰國古璽文作法，與說文古文省作法同，是後世通行字，故當以法爲正字。說文邑部云：「邪，琅邪郡也，从邑，牙聲。」段注云：「邪，古書用爲衺正字，又用爲辭助。今人文字，邪爲疑辭。近人隸書從耳作耶，由牙、耳相似。」今按：邪、衺音近義殊，因皆从牙聲，故古書通用，但邪惡字當以衺爲正字，見說文衣部，邪爲假借字。說文言部云：「謀，慮難曰謀，从言，某聲。𠯈，古文謀。𧥺，亦古文。」集韻侯韻云：「謀，或作𢘑。」又模韻云：「謨，古作𢘑。」汗簡心部引尚書謀作𢘑，與古文訓同。今按：東周金文中山王鼎謀作𢘑，與說文古文一體作𠯈形近義同。古陶文及睡虎地秦簡皆作謀，與說文篆文同，是𢘑、謀皆先秦古文，而先秦古文未見𢘑字。蓋𢘑本謀之俗字，不足取，正字當作謀。汗簡川部引尚書荒作巟。按：說文川部云：「巟，水廣也，从川，亡聲。易曰：『包巟用馮河。』」段注云：「引申爲凡廣大之稱。今易作荒，陸云：『本亦作巟。』」是巟、荒通用。說文艸部云：「荒，蕪也，从艸，巟聲。一曰艸掩地也。」艸掩地當爲本義，引伸爲廣大之義。今按：西周金文有巟無荒，如巟伯簋作巟；戰國金文始見荒字，如中山王壺。蓋荒即巟之孳乳，亦即古今字。魏三體石經無逸作荒用今字。後世以荒爲通行字。往來古本字作逨，見于西周金文。而漢書亦用徠字，如武帝紀注以爲古往來字，薛氏古文訓本之以爲古文，即逨字省形。

【詁】說文廾部云：「戒，警也，从廾戈，持戈以戒不虞。」是戒與儆同義，儆戒謂警惕戒慎。爾雅釋言云：「虞，度也。」按：「無虞」謂不可意度之事。爾雅釋詁云：「罔，無也。」蔡傳：「法度，法則制度也。淫，過也。任賢以小人聞之謂之貳，去邪不能果斷謂之疑。百志，猶易所謂百慮也。」説文口部云：「咈，違也，从口，弗聲。」詩昊天有成命毛傳云：「熙，廣。」按：「百志惟熙」謂各種思慮要廣泛。説文王部云：「王，天下所歸往也。」段注云：「王、往疊韻。」按：王當讀爲往，謂歸往。言伯益説，要警惕戒慎意想不到的事情發生，做事不要放棄法度，生活不要優游暇逸，不要過度享樂；任用賢人不要懷疑，除去邪人不要猶豫；可疑之謀劃不要成就，各種思慮要廣泛；不要違背治道求取百姓稱譽，不要違背百姓意願使順從自己私欲。如此不懈怠不荒廢去做，天下四方就來歸往臣服。

禹曰：「於！帝念哉！德惟善政，政在養民。水、火、金、木、土、穀，惟修；正德、利用、厚生，惟和。九功惟敘，九敘惟歌。戒之用休，董之用威，勸之以九歌，俾勿壞。」

【校】足利本善作譱。古文訓善作譱，養作𢼊，厚作垕，董作蕫，威作畏，壞作敷。按：説文誩部云：「譱，吉也，从誩羊，此與義、美同意。善，篆文从言。」段注云：「據此則譱爲古文可知矣。譱字今惟見於周禮，他皆作善。」今按：西周金文善鼎、大簋等作譱。戰國文字信陽楚簡、包山楚簡皆作善，可見段氏以譱爲古文之説不誤。而隸變省作善。顧氏隸辨偏旁五百四十部考證云：「譱或作善，從篆文變。篆文作善，从言，隸作善者，從音省也，音與言同。」後世通行善字。説文食部云：「養，供養也，从食羊聲。𢼊，古文養。」今按：殷虛文字乙編四〇九片作𢼊，金文養又疊亦作𢼊，與説文古文同。戰國文字睡虎地秦簡作養，與説文篆文同，後世通行。又古寫本養作养，是簡筆俗字，見於元刊古今雜劇。説文㫗部云：「厚，山陵之㫗也，从厂从㫗。垕，古文厚，从后土。」段注云：「从土，后聲也。」汗簡后部、古文四聲韻厚韻引尚書亦皆作垕。今按：殷契佚存二一一片及西周金文牆盤、魯伯簋皆作厚，與説文篆文同。先秦古文厚字無作垕者，是垕乃後出俗字，不足取。説文艸部云：「董，鼎董也，从艸，童聲。」杜林曰：「藕根。」段注云：「亦作董，古童、重通用。」爾雅釋草云：「蘱，薡董。」陸氏釋文云：「本或作董。」又釋詁云：「董、督，正也。」今按：戰國古陶文作董，隸變或作董，漢街彈碑「以府丞董察」作董，而魯峻碑「董督京輦」作董，是實一字。汗簡重部引尚書董作篁从竹，此誤字，不足取。後世字書分爲兩字。玉篇艸部云：「董，德孔切，藕根，又正也。」又云：「董，音童，草名，又多動切。」此未深考之誤。威作畏者，集韻微韻云：「威，古作畏。」汗簡由部云：「畏，亦威字，見説文。」按：説文有畏字，而無「畏亦威字」之説。説文女部云：「威，姑也，从女，戌聲。漢律曰：『婦告威姑。』」段注云：「引伸爲有威可畏。惠氏定宇曰：爾雅君姑即威姑也，古君、威合音差近。」竊謂有威可畏古爲一字，畏爲本字，威爲假借字，後世通用而義亦相因。毛公鼎「臤天疾畏」，吳大澂毛公鼎銘考釋讀爲「旻天疾威」，此畏、威通用之例。甲骨文畏字作傀，見鐵雲藏龜一四六頁二片，西周金文盂鼎、毛公鼎亦作傀，从人从鬼，陳夢家殷虚卜辭綜述釋人見鬼可畏，似未諦。畫人戴鬼臉面具以示可畏有威之義，此古俗後世猶有可見者。東周金文王孫鐘、王孫誥鐘等畏作敳，郭沫若兩周金文辭大系圖録考釋云：「威字原作敳，乃古畏字，古威畏字通，威乃後起字。」畏本有威義，加攴者，手有權秉之義，敳當爲後出異體。説文土部云：「壞，敗也，从土，褱聲。敳，籒文壞。」按：戰國金文相邦冉戟作壞，與説文正篆同，當以此爲正字。

【詁】於音烏，歎詞。王氏釋詞云：「一言則曰『於』，下加一言則曰『於乎』，或作『於戲』，或作『烏呼』，其義一也。」又云：「惟，猶以也。」言禹感歎説，帝要常思念，以德美善其政治，政治在于保養人民。左傳文公七年云：「夏書曰：『戒之用休，董之用威，勸之以九歌，勿使壞。』九功之德皆可歌也，謂之九歌。六府三事，謂之九功。水、火、金、木、土、穀，謂之六府。正德、利用、厚生，謂之三事。」按：「六府」爲生財之源。蔡傳：「正德者，父慈、子孝、兄友、弟恭、夫義、婦聽，所以正民之德也。利用者，工作什器，商通貨財之類，所以利民之用也。厚生者，衣帛食肉，不饑不寒之類，所以厚民之生也。六者既修，民生始遂。」按：「三事」爲治國養民之道。爾雅釋詁云：「休，美也。」「董，督，正也。」「協，和也。」是和謂和協。功謂事功，「九功」即指六府三事，則九歌即歌頌九事之歌。王氏釋詞云：「惟，句中助語。」按：「惟修」等四「惟」字皆語助詞無義。言水、火、金、木、土、穀六府生財之源治理，正德、利用、厚生三事治國養民之道和順，六府三事九功皆有次敘，有事有敘可以歌頌，則用美善警戒臣民，用刑威督正臣民，用九歌勸勉臣民，使不破壞美政。

帝曰：「俞！地平天成，六府三事允治，萬世永賴，時乃功。」

【校】古文訓地作墬，治作乿。按：説文土部云：「地，元氣初分，輕清陽爲天，重濁陰爲地，萬物所陳列也，从土，也聲。墬，籀文地，从𠂤土，彖聲。」段注云：「从𠂤，言其高者也；从土，言其平者也。彖見彑部。漢人多用墬字者。傳寫皆誤少一畫。」汗簡土部、古文四聲韻至韻引尚書地作墬。漢書郊祀志云：「祭墬祇。」顔師古注云：「墬，古地字。」今按：東周金文好蚉壺及古陶文、侯馬盟書皆作墬，與説文籀文同。戰國古文字睡虎地秦簡作地，與説文篆文同，是墬、地皆先秦古文字。後世通行地字。説文水部云：「治，治水，出東萊曲城陽丘山，南入海。」段注云：「今字訓理，蓋由借治爲理。」古文四聲韻至韻引古孝經治字作乿，汗簡糸部引王存乂切韻治作糺。今按：治爲水名，則治理之治，不爲本字。段氏以爲借治爲理，然説文釋理爲治玉，是治借爲理，以音近假借。今考説文，𤔔字訓治，从𠬪从幺从冂，幺即糸字初文，冂象收理繞線工具，是𤔔字本義爲雙手纏繞治絲，用爲凡治理之義。𤔔即治理之治本字，古音相近通假。而亦作乿者，即𤔔字譌變。蓋𤔔、亂古爲一字，故説文皆訓治。後𤔔用作治理本字，亂用作混亂本字，造古文奇字者因亂字而變𤔔作乿、糺爲治字古文。但治字通用既久，故尚書文字仍當作治。

【詁】孔傳：「水土治曰平，五行敘曰成。」王氏釋詞云：「允，猶以也。説文曰：『允，从儿㠯聲。』㠯、允聲之轉耳。」㠯隸變作以。國語晉語韋注云：「賴，利也。」按：「永賴」謂永遠有利。爾雅釋詁云：「時，是也。」楊氏詞詮云：「乃，對稱人稱代名詞，爾也，汝也。當今語之你的。」言帝舜贊禹説，説得對，你治平水土，萬物成長，六府財源與人事三事得以治理，萬代永利，這是你的功勞。

帝曰：「格汝禹！朕宅帝位，三十有三載，耄期倦于勤。汝惟不怠，總朕師。」

【校】唐石經總作揔。敦煌本總作揔。足利本不作弗，總作揔。内野本不作弗，總作惣。天正、八行本不作弗，總作惣。古文訓倦作券。按：説文力部云：「券，勞也，从力，𢍏聲。」段注云：「輈人：『終日馳騁，左不楗。』書楗或作券。鄭云：『券，今倦字也。』據此則漢時已倦行券廢矣。今皆作倦，蓋由與契券从刀相似而避之也。」又人部云：「倦，罷也，从人，卷聲。」徐鍇繫傳曰：「罷，疲字也。」罷、疲古通用。蓋券、倦一字，倦即券之異體。後世倦行券廢，故尚書仍當作倦。汗簡力部引尚書倦作券。而古文訓作券从刀者，蓋即不辨券字从力之誤。説文糸部云：「總，聚束也，从糸，悤聲。」段注云：「謂聚而縛之也。悤有散意，糸以束之。禮經之總，束髮也。禹貢之總，禾束也。引申之爲凡兼綜之偁。俗作揔，又譌作摠。」今按：晉鄭烈碑：「揔文武之弘略。」總作揔，是晉已有作揔者。廣韻董韻云：「總，聚束也，合也，皆也，衆也。作孔切。揔，上同。惣，俗。」唐還少林寺碑總作惣，又是揔之譌。可見唐石經、古文訓及諸寫本作揔、摠、惣、惣者，皆俗別字，而正體爲總，今本尚書作總不誤。

【詁】爾雅釋言云：「格，來也。」「宅，居也。」又釋詁云：「朕，我也。」「師，衆也。」有當讀爲又，「三十有三載」即三十又三年。禮記曲禮云：「八十九十曰耄。」書堯典云：「期三百有六旬有六日，以閏月定四時成歲。」是期謂一年，

「耄期」義即老耄之年。舜言你禹來攝政，我居帝位三十又三年，老耄之年疲倦于勤政，而你不可怠慢，要總領我衆臣民。

禹曰：「朕德罔克，民不依。皋陶邁種德，德乃降，黎民懷之。帝念哉！念茲在茲，釋茲在茲，名言茲在茲，允出茲在茲。惟帝念功。」

【校】古文訓種作𥞞，釋作醳。按：説文禾部云：「種，埶也，从禾，童聲。」段注云：「丮部曰：『埶，穜也。』小篆埶爲穜，之用切；種爲先穜後孰，直容切，而隸書互易之。」又禾部云：「種，先穜後孰也，从禾，重聲。」段注云：「此謂凡穀有如此者。邠風傳曰：『後孰曰重。』按毛詩作重，假借字也。」按：埶即藝種本字。孰、熟古今字。今按：兩周金文井侯簋與成侯鐘重字分別作東、畨，从禾从田，即田中種禾之義。戰國古文字侯馬盟書、睡虎地秦簡及古陶文、古璽文皆作𡍮，从禾从田从土，會種禾土田之意，與金文作東義同。是重爲種植初文，種爲後出今字。而穜字从童子之童，故字義爲先種後熟，當爲後造字。説文釋義種、穜互易，漢隸合種、穜爲一字，皆不足取。而古文訓種作𥞞者，仿古金文穆字作𥞞之例，無關字義，亦不足取。尚書此文當作種。説文釆部云：「釋，解也，从釆，釆取其分別，从睪聲。」段注云：「廣韻曰：『捨也，解也，散也，消也，服也，廢也。』按其實一解字足以包之。」史記以醳爲釋，同聲假借也。」今按：説文及先秦古文字無醳字，蓋後造之字。漢隸北海相景君銘「農夫醳耒」，鄐閣頌「醳散關之嶃漯」，皆以醳爲釋。是古文訓據史記及漢碑改釋爲醳，不足取。尚書文字當以作釋爲正。

【詁】爾雅釋詁云：「勝，克也。」按：「罔克」，即不勝任。邁讀爲勱。朱氏説文通訓定聲云：「邁，假借爲勱。」左莊八傳：「皋陶邁種德。」注：「勉也。」」僞孔傳云：「種，布也。」按：「邁種德」謂勉布德政。爾雅釋言云：「懷，來也。」又釋詁云：「茲，此也。」按：「念茲在茲」，上茲指德政，下茲指皋陶，謂顧念德政在皋陶之身。爾雅釋詁云：「悦、釋，服也。」郭注云：「皆謂喜悦服從。」按：「釋茲在茲」，釋、懌古今字，謂喜悦德政在皋陶。「名言」，揚名宣傳，「名言茲在茲」，謂宣傳德政在皋陶。爾雅釋詁云：「允，誠也。」按：「允出茲在茲」，出即推出，謂誠心推行德政在皋陶。禹言我不勝任繼承帝位，因爲民不依附，而皋陶勉力布德，德乃下及，衆民都歸向他，帝應想到他；顧念、喜悦、宣揚、推行德政，集于皋陶一身，望帝想到他的功勞。謂皋陶一心推行德政，無人可代，應由皋陶攝政。

帝曰：「皋陶！惟茲臣庶，罔或干予正，汝作士，明于五刑，以弼五教，期于予治。刑期于無刑，民協于中，時乃功，懋哉！」

【詁】孔傳云：「或，有也。弼，輔；期，當也。」蔡傳：「干，犯；正，政。聖人之治，以德爲化民之本，而刑特以輔其所不及而已。」士，主刑獄長官。五刑：墨、劓、剕、宫、大辟五種刑法。五教：父義、母慈、兄友、弟恭、子孝五常之教。説文心部云：「懋，勉也，从心，楙聲。」淮南主術高注云：「中，正也。」言帝舜謂皋陶説，這臣民所以無犯我政而順從者，因你作刑律之官，明于運用五刑以輔助五教，合當我的治道；用刑當達到不用刑的目的，使民衆協合于正道，這是你的功勞，應當嘉勉。

皋陶曰：「帝德罔愆，臨下以簡，御衆以寬；罰弗及嗣，賞延于世；宥過無大，刑故無小；罪疑惟輕，功疑惟重；與其殺不辜，寧失不經。好生之德，洽于民心，茲用不犯于有司。」

【校】敦煌本愆作僁。古文訓愆作諐。按：説文心部云：「愆，過也，从心，衍聲。諐，籀文。」段注云：「从言，侃聲。過在多言，故从言。」汗簡言部、古文四聲韻宣韻引尚書愆皆作諐。今按：東周金文蔡侯鐘愆作㥶，从心从偘，偘即古侃字，是古文本从心，侃聲，與籀文聲符一致。敦煌寫本作僁者，是六朝別字，齊平等寺殘碑愆作僁可證，不足取。

【詁】僞孔傳云：「嗣亦世，俱謂子。」蔡傳：「嗣，世，皆謂子孫。延，遠及也。過者，不識而誤犯也。故者，知之而故犯也。」楊氏詞詮云：「兹，此也。兹用爲用兹之倒文。」是「兹用」即「用兹」，「因此」之義。左傳宣公十二年杜注云：「經，法也。」按：經謂常法。「有司」即司，謂官府。洽當讀爲合。詩小雅正月毛傳云：「洽，合也。」言皋陶贊美帝舜説：帝的德政没有失誤，君臨下臣簡便不煩，駕御衆民寬緩不苛；處罰父罪不連及子孫，賞賜上輩蔭及後代；寬宥過失犯罪，不論罪有多大必宥，刑罰故意犯罪，不論罪有多小必罰；定罪有疑問則從輕，定功有疑問則從重；與其殺戮無辜，寧肯失于不按常法治罪；帝仁愛生命的美德合于民心，因此民不違犯官府法令。

帝曰：「俾予從欲以治，四方風動，惟乃之休。」

【校】内野、足利、天正本動作𡹡，乃作女。八行本風作凬。古文訓方作𠥓，動作連。按：汗簡亥部、古文四聲韻陽韻引尚書方作匚。集韻陽韻云：「匚，古作𠥓。」此所謂古文，曲筆而已，古文訓誤作从乙，非是。又按：説文：「匚，受物之器，象形。」「方，併船也。」方字引申之義爲方向、方域，故四方當以方字爲正。古文方字作匚者，同音通用字。説文風部云：「風，八風也，从虫，凡聲。凬，古文風。」漢隸省作凬，綏民校尉熊君碑即作凬。玉篇風部云：「凬，風古文。」是承漢隸，又爲寫本所承用。今按：甲骨文風字作鳳。蓋鳳鳥飛而翅翼張風，故亦用爲風字。戰國文字睡虎地秦簡作風，蓋風从虫即由从鳥變來。先秦古文字無凬字，當是俗字。尚書文字當作風。説文力部云：「動，作也，从力，重聲。⿺辶重，古文動，从辵。」汗簡止部引尚書動作⿰山重，彳部引尚書作⿰彳重，辵部引尚書作⿺辶重，从止、从彳與从辵同義，是皆⿺辶重之異體。古金文毛公鼎動作童，楚帛書、江陵楚簡動皆作⿺辶童，从童聲。漢隸婁壽碑動作勭，亦从童聲。古音童、重皆定母東部，是同音而通作聲符。古寫本作⿰山重者，當即⿰山重之譌，草書止與山不别。尚書文字當以作動爲正。

【詁】爾雅釋詁云：「俾，使也。」「休，美也。」説文乃部云：「乃，曳詞之難也，象氣之出難也。」段注云：「乃、汝一語之轉，故乃又訓汝也。」言帝舜亦贊美臯陶説，使我從心所欲而治，即民不犯法，上不用刑，使四方聞風而動，是你施政之美善所致。

帝曰：「來，禹！降水儆予，成允成功，惟汝賢。克勤于邦，克儉于家，不自滿假，惟汝賢。汝惟不矜，天下莫與汝争能。汝惟不伐，天下莫與汝争功。予懋乃德，嘉乃丕績，天之曆數在汝躬，汝終陟元后。

【校】古文訓、蔡傳本降皆作洚。按：説文水部云：「洚，水不遵道，一曰下也，从水，夅聲。」段注云：「孟子滕文公篇：『書曰：「洚水警予。」洚水者，洪水也。』告子篇：『水逆行謂之洚水，洚水者，洪水也。』洚與降音義同。」阮氏尚書注疏校勘記云：「按：蔡傳云：『洚水，洪水也，古文作降。』而纂傳引朱子則曰：『降水，洪水也，古文作洚。』與蔡傳相反。蓋蔡氏用師説而誤倒其文也。薛氏古文訓正作洚。」又惠棟古文尚書考云：「孟子曰：『書云：「洚水警予。」洚水者，洪水也。』蓋洚讀爲洪。梅頤不識字，訓爲下水。」今按：唐石經及諸寫本皆作降，蔡傳及古文訓作洚者，蓋據孟子而改唐石經。其實甲骨文已有洚字，見殷契佚存六七八片，是古有洚水本字，孟子引尚書作洚用本字，故尚書經文當以作洚爲正。

【詁】儆當讀爲驚，謂驚恐。國語吴語韋昭注云：「成，定也。」周易升卦虞翻注云：「允，當也。」按：「成允」謂制定允當治水方案。爾雅釋詁云：「假，大也。」「丕，大也。」「績，功也。」「后，君也。」又釋言云：「克，能也。」「陟，陞也。」孔傳云：「自賢曰矜，自功曰伐。歷數，謂天道。元，大也；大君，天子。」蔡傳：「歷數者，帝王相繼之次第，猶歲時氣節之先後。」言帝舜召來禹説，洪水驚恐我時，你能制定允當方案而成功治理洪水，你最賢；能勤勞於邦國，能節儉於家室，不自滿驕大，你最賢；你不自以爲賢，故天下無人與你争能；你不自以爲有功，故天下無人與你争功；我贊勉你德，嘉賞你的大功，天道氣數在你身，你終當升登天子之位而代我。

「人心惟危，道心惟微，惟精惟一，允執厥中。無稽之言勿聽，弗詢之謀勿庸。可愛非君？可畏非民？衆非元后何戴？后非衆罔與守邦。欽哉！慎乃有位，敬修其可願。四海困窮，天禄永終。惟口出好興戎，朕言不再。」

【校】古文訓微作𢼸，禄作⿱林彔。按：説文人部云：「𢼸，眇也，从人、从攴，豈省聲。」段注云：「眇，各本作妙，今正。凡古言𢼸眇者，即今之微妙字，眇者，小也，引伸爲凡細之偁。微者，隱行也，微行而𢼸廢矣。玉篇有㣲字，引書『虞舜側微』，亦𢼸之俗體也。鉉等曰：豈字从𢼸省，𢼸不應从豈省，疑从耑省，耑，物初生之題尚𢼸也。」又彳部云：「微，隱行也，从彳，𢼸聲。春秋傳曰：『白公其徒微之。』」段注云：「左傳哀十六年文。杜曰：『微，匿也』，與釋詁『匿，微也』互訓，皆言隱，不言行，𢼸之假借字也。此偁傳説假借。」汗簡攴部、古文四聲韻微韻引尚書微作𢼸。今按：甲骨文零拾二三片𢼸字作鼓，从攴从長，拉長則微，是微字初文，説文釋形不確。西周金文牆盤微字作鼓，與甲文同。東周石鼓文𢼸、微並存，睡虎地秦簡作微，是微即𢼸之孳乳，後世通行，故尚書文字當作微。説文示部云：「禄，福也，从示，录聲。」今按：殷代甲骨文與西周金文牆盤、頌鼎等禄字皆作录，象井中汲水器，詞義引伸用爲福禄字。戰國古陶文與古璽文作禄从示，即录之孳乳。甲骨文录亦通用爲菉、麓，菉、麓一字，爲山麓本字。古文訓以禄作菉，是以借字作古，尚書文字當作禄。

【詁】心謂心思。王氏釋詞云：「惟，句中助語。」戰國策西周策高注云：「危，不安也。」「道心」謂道義思想。微，隱微。言人之心思不定，故難于知曉；道義思想隱微，故難于明白。精，精心；一，專一；允，誠信，認真；厥，其；中，準確。言對人心道心要精心專一探討，認真把握其準確，才能深得民心。小爾雅廣言云：「稽，考也。」説文用部云：「庸，用也。」言没有考證的言論不要聽信，没有咨詢的謀略不要采用。國語晉語韋注云：「元，善也。」按：「元后」猶言賢君。説文人部云：「何，一曰誰也。」廣雅釋詁云：「修，治也。」楊氏詞詮云：「與，介詞，爲也。」言可愛戴的不是君主嗎？可畏懼的不是人民嗎？民衆除非賢君擁戴誰，君主除非民衆無人爲他守衛邦國。爾雅釋詁云：「欽，敬也。」王氏釋詞云：「有，語助也。一字不成詞，則加有字以配之。」是「有位」即位。言敬業啊，慎重你的職位，敬心治理自己所願爲民之事。如果四海人民困苦貧窮，天帝賜你之禄位將永遠終止。王氏釋詞云：「惟，獨也。」家大人曰：亦作雖。」蔡傳：「好，善也；戎，兵也。」説文云：「再，一舉而二也。」言雖然人之口出言可説你善，亦可動用唇槍舌劍説你不善，但我説重用你禹一言不二。

禹曰：「枚卜功臣，惟吉之從。」帝曰：「禹，官占，惟先蔽志，昆命于元龜。朕志先定，詢謀僉同，鬼神其依，龜筮協從，卜不習吉。」禹拜稽首，固辭。帝曰：「毋，惟汝諧。」

【校】敦煌本蔽作弊，辭作詞。内野、八行本辭作辞。古文訓固作怘，辭作詞。按：説文艸部云：「蔽，蔽蔽，小艸也，从艸，敝聲。」又犬部云：「獘，頓仆也，从犬，敝聲。春秋傳曰：『與犬，犬獘。』斃，獘或从死。」段注云：「人部曰：『仆，頓也。』謂前覆也。人前仆若頓首然，故曰頓仆。獘本因犬仆製字，假借爲凡仆之偁，俗又引伸爲利弊字，遂改其字作弊。」今按：説文㡀部云：「敝，一曰敗衣也，从攴从㡀，㡀亦聲。」㡀象斷爛之衣，孳乳爲敝，鐵雲藏龜拾遺卷六第十一片及戰國詛楚文、睡虎地秦簡皆有敝字。又孳乳爲蔽爲獘。先秦古文字及説文皆無弊字，當即獘字譌變。蔽从敝聲，蓋本義爲斷爛小草，故引伸義爲斷絶，爲斷定。尚書「蔽志」即取斷定義，故當以作蔽爲正。説文口部云：「固，四塞也，从口古聲。」段注云：「凡堅牢曰固。又事之已然者曰固，即故之假借字。」今按：戰國金文㚸䖵壺及古陶文、古璽文、侯馬盟書、江陵楚簡皆作固，是固爲正體，尚書當作固。汗簡心部、古文四聲韻暮韻引尚書固作㤁。鄭氏汗簡箋正云：「怙字也，移古于上。玉篇别有㤁，胡故切，皆非固字。一切經音義屢云固古文㤁，蓋漢後字書有以㤁爲固執、固陋字者。」集韻暮韻云：「固、㤁，説文：『四塞也。』一曰再辝，一曰堅也。古作㤁。」日本釋空海編篆隸萬象名義心部云：「怙，胡古反，恃、賴。」「㤁，居護反，堅、常、必。」又口部云：「固，古護反，堅、必、壹、陋、常、故。」比較三字音義，是㤁、固相同，㤁非怙字，鄭氏以㤁爲怙非。空海書依據南朝梁顧野王玉篇編撰，蓋原本玉篇固、㤁一字而歸口、心兩部，經北宋陳彭年等重編，㤁遂與怙音義相同。古文訓固作㤁者，以後出異體作古，不可取。説文辛部云：「辤，不受也，从受辛，受辛宜辤之也。辝，籀文辤。」段注云：「聘禮：『辭曰非禮也敢。』注曰：『辭，不受也。』按：經傳凡辤讓皆作辭説字，固屬假借，而學者乃罕知有辤讓本字。哀六年左傳：『五辭而後許。』釋文曰：『辭本又作辤。』和悦以卻之，故从台。」又云：「辭，説也，从𤔔辛，𤔔辛猶理辜也。𤔲，籀文辭，从司。」段注云：「易繫辭本亦作𤔲。」又司部云：「詞，意内而言外也，从司言。」今按：東周金文邾公牼鐘、⿰坴命鎛辤作辝，與説文籀文作辝同，而睡虎地秦簡作辤，與説文篆文同，是辭讓古字作辝亦作辤。西周金文毛公鼎辭作𤔲，與説文籀文辭作𤔲同；又儹匜辭作⿰言辭从言，是篆文作辭即辭之省，爲文辭本字。而戰國古文郭店楚簡及魏三體石經多士詞作詈，與説文篆文同，爲語詞本字。是三字不同而辭與辤、詞通用，故尚書文「固辭」作辭亦可。古寫本及古文訓作詞不足取。

【詁】説文木部云：「枚，榦也，从木攴，可爲杖也。」段注云：「引伸爲枚數之枚。」是「枚卜」者，逐數卜之。禹言應逐一占卜有功之臣，誰吉就定誰爲元后。爾雅釋言云：「昆，後也。」蔡傳：「官占，掌占卜之官也。龜，卜；筮，蓍。」説文羽部云：「習，數飛也，从羽，白聲。」數飛謂多次習飛，引伸爲重複之義。舜言朝官占卜，先斷定人的意志，後告命于大龜占卜；我重用你之意先定，詢問謀議于諸臣也都同意，鬼神依順，龜卜蓍占協從，況且占卜已吉不能重占重吉，你不要推讓。禹拜叩首，堅辭。舜説再不要推讓，唯你合適。

正月朔旦，受命于神宗，率百官若帝之初。

【校】敦煌本朔作玥。按：説文月部云：「朔，月一日始蘇也，从月，屰聲。」段注云：「朔、蘇疊韻。日部曰：『晦者，月盡也。』盡而蘇矣。樂記注曰：『更息曰蘇。』息，止也，生也，止而生矣。引伸爲凡始之偁。北方曰朔方，亦始之義也。朔方，始萬物者也。」今按：先秦古璽文、睡虎地秦簡皆作朔，是爲正體。古寫本朔作玥者，本漢碑隸變，孔龢碑「丙子玥」，華山廟碑「奄有河玥」，朔皆作玥。顧氏隸辨云：「説文從屰，碑省作手。」是玥乃朔字隸變俗字，不足取。

【詁】孔傳：「神宗，文祖之宗廟。言神，尊之。」蔡傳：「神宗，堯廟也。正月朔旦，禹受攝帝之命于神宗之廟，總率百官，其禮一如帝舜受終之初等事也。」言正月初一早晨，禹于堯廟接受帝舜之任命，如舜當初接受堯的任命，攝政總領百官。

帝曰：「咨，禹！惟時有苗弗率，汝徂征。」禹乃會羣后，誓于師曰：「濟濟有衆，咸

聽朕命：蠢兹有苗，昏迷不恭，侮慢自賢，反道敗德，君子在野，小人在位，民棄不保，天降之咎。肆予以爾衆士，奉辭伐罪。爾尚一乃心力，其克有勳。」

【校】敦煌本會作岃，慢作嫚。足利、天正本會作岃。古文訓征作𨑓，會作岃，昏作⿱日丅，慢作嫚，伐作罰。按：説文辵部云：「𨑓，正行也，从辵，正聲。征，𨑓或从彳。」段注云：「形聲包會意。引伸爲征伐。孟子曰：『征之爲言正也。』」汗簡辵部引尚書征作𨑓。按：甲骨文作征，或但作正；兩周金文利簋、申鼎亦作征，是當以征爲正體，説文正篆作𨑓實别體。説文會部云：「會，合也，从亼，曾省；曾，益也。」段注云：「三合而增之，會意。曾者，增之假借字，如曾祖、曾孫之曾，即含益義。」今按：殷契粹編一〇三七片會作⿰彳⿱合止，西周金文牆盤亦作⿰彳⿱合止，皆从合从彳从止，蓋兩人步行會合之意。戰國秦虎符作會，後世通行，是爲正體。説文古文及魏三體石經僖公省形作⿰彳合，不失字義。汗簡山部、古文四聲韻泰韻引尚書作⿱止入，諸寫本更譌作岃，則無形可説。蓋⿱止入本从止从入，入者亼之省。汗簡亼部引尚書會亦作帇，从巾者，當爲亼之譌。甲骨續存一四九八片有帇字，或釋爲會字，若然，則岃爲帇之譌變，待考。説文日部云：「昏，日冥也，从日氏省，氏者下也。」今按：殷契佚存二九二片作昏，與説文篆文同，是昏字正體。集韻魂韻云：「昏，古作⿱日丅。」按：丅者，古下字，與二相反，二者古上字，見甲骨文、金文及説文古文。日下爲⿱日丅，蓋後造之會意字。汗簡日部引尚書昏作⿱日二，从下譌作从上，不可取。説文心部云：「慢，惰也，从心，曼聲。一曰慢，不畏也。」又女部云：「嫚，侮傷也，从女，曼聲。」段注云：「人部曰：『侮者，傷也；傷者，輕也。』嫚與心部之慢音同義别，凡嫚人當用此字。」今按：漢書高帝紀云：「陛下嫚而侮人。」正用本字。敦煌寫本與古文訓侮慢作嫚，亦用本字，作慢者，假借字。而古文訓伐作罰者，阮氏校勘記云：「宋本、岳本、閩本、葛本、纂傳作罰。唐石經罰作伐，明監本、毛本因之，古本及蔡傳並作伐，按伐字是也。」

【詁】爾雅釋詁云：「時，是也。」「率，循也。」「徂，往也。」按：「有苗」即苗，有爲助詞。言舜歎謂禹說：這苗民之君不遵循教令，你往征討。爾雅釋詁云：「后，君也。」「師，衆也。」「誥、誓，謹也。」是誓與誥同義，謂告戒。言禹於是會合諸侯君主，告戒衆君奉帝命征討有苗。爾雅釋訓云：「濟濟，止也。」郭注云：「賢士盛多之容止。」按：「有衆」即衆，有爲助詞，謂衆將士。言威武濟濟之將士，皆聽我的命令。爾雅釋訓云：「蠢，不遜也。」詩小雅北山鄭箋云：「咎，罪過也。」言不謙遜無禮的此苗民之君，昏迷不敬賢能，輕慢自以爲賢，背道壞德，君子賢能不用在野，奸佞小人重用在位，人民棄養不保，上天降他罪過。爾雅釋詁云：「肆，故也。」「予，我也。」楊氏詞詮云：「尚，命令副詞。」爾雅釋言云：『庶幾，尚也。』」王氏釋詞云：「其，猶尚也，庶幾也。」按：尚與當古同聲，謂應當。禹言故我率領你們衆士，奉帝舜辭令討伐苗民之君罪行，你們應當專一其心力，希望能建有功勳。

三旬，苗民逆命。益贊于禹曰：「惟德動天，無遠弗屆。滿招損，謙受益，時乃天道。帝初于歷山，往于田，日號泣于旻天，于父母，負罪引慝，祗載見瞽瞍，夔夔齊慄。瞽亦允若，至誠感神，矧茲有苗？」禹拜昌言曰：「俞！」班師振旅。帝乃誕敷文德，舞干羽于兩階。七旬，有苗格。

【校】唐石經齊作齋。敦煌本謙作嗛，「初」下有耕字，矧作敉。足利、天正本齊作齋。八行本號作号，齊作齋。古文訓謙作嗛，田作畋，旻作[illegible]，旅作[illegible]，誕作唌。按：說文言部云：「謙，敬也，从言，兼聲。」段注云：「謙或假嗛爲之。」又口部云：「嗛，口有所銜也，从口，兼聲。」段注云：「亦假借爲謙字，如子夏周易、漢藝文志謙卦作嗛是也。」汗簡口部、古文四聲韻添韻引尚書皆謙作嗛，是以假借爲古文。尚書文當作謙。陸氏釋文云：「田，本或作畋。」說文攴部云：「畋，平田也，从攴田，會意。」朱氏通訓定聲云：「畋當訓獵，从攴，田聲。韓詩内傳：『春曰畋。』呂覽直諫：『以畋于雲夢。』注：『獵也。』」今按：殷虛文字乙編三三二四片及先秦古陶文、古璽文皆有畋字，是畋與田爲二字。尚書文當作田，「往于田」即往耕于田，田爲田地。而畋爲畋獵，故田作畋者，畋爲田之假借字。此亦以借作古。說文号部云：「号，痛聲也，从口在丂上。」段注云：「号，嗁也，凡嗁號字古作号。口部曰：『嗁，号也。』今字則號行而号廢矣。丂者气舒而礙，雖礙而必張口出其聲，故口在丂上，号咷之象也。」是号爲號泣本字。雖然号、號詞義有别，但古書通用已久，故尚書文作號亦可。通志堂經解本古文訓旻作䎽者，當爲⿰昬頁之譌。䎽是聞字古文，與⿰昬頁無涉。說文日部云：「旻，秋天也，从日，文聲。虞書說：仁覆閔下則偁旻天。」漢張壽碑：「⿰昬頁天不弔。」是旻通作⿰昬頁。而形近誤作䎽。尚書文當以作旻爲正。齊作齋者，阮氏校勘記云：「唐石經、岳本、閩本、葛本、纂傳同，明監本、毛本齋作齊，葛本注亦作齊。按釋文云『齊，側皆反』，明不作齋。蓋陸氏據古文，而石經則從今文也。」今按：齊爲齊莊本字，齋爲齋戒本字，故尚書此文當以作齊爲正，作齋者，假借字，不足取。說文矢部云：「矤，況詞也，从矢，引省聲。从矢，取詞之所之如矢也。」段注云：「尚書多用矤字，俗作矧。」按：魏三體石經君奭作矤，與說文同。漢隸史晨奏銘作矧。矧字通行已久，故尚書文作矧亦可。說文㫃部云：「旅，軍之五百人，从㫃，从从。从，俱也。⿱止从，古文旅。」今按：殷契佚存七三五片與兩周金文矢簋、薛子仲安簋及睡虎地秦簡作旅，與說文篆文同，是爲正體，故尚書文當作旅。說文古文等作⿱止从从止者，即㫃古字似止而譌，不足取。說文言部云：「誕，詞誕也，从言，延聲。⿺廴言，籀文誕，省正。」古文四聲韻旱韻引古文誕作唌。魏三體石經多士作誕。集韻緩韻云：「誕，或省亦从口。誕，一曰大也。」蓋言字从口，故省言作口。但說文口部有唌字，音延，訓「語唌嘆也」，與誕音義不同，是作唌者以借作古，不足取。

【詁】說文勹部云：「旬，徧也，十日爲旬。」說文貝部云：「贊，見也。」段注云：「謂彼此相見必資贊。周禮大宰注曰：『贊，助也。』」孔傳：「屆，至也。慝，惡；載，事也。諴，和；矧，況也。干，楯；羽，翳也，皆舞者所執。」蔡傳：「誠感物曰諴。祗，敬；齊，莊敬也。慄，戰慄也。夔夔，莊敬戰慄之容也。允，信；若，順也。班，還；振，整也，謂振旅以歸也。誕，大也。昌言，盛德之言。文德，文命德教也。兩階，賓主之階也。格，至也。」言禹率軍征討一月，苗民違命不服。于是伯益相見助禹説，用德能感動上天，遠人無不來服；自滿招損，謙虛受益，這乃自然規律。帝舜當初在歷山之時，往耕于田，以不得父母順心，天天向上天與父母號哭，自己承擔其罪，自己招認其惡，不以父母爲非；恭敬行事見父瞽瞍，態度莊重敬畏，其父也就因此信任順心，可見至誠感動鬼神，況這苗民能不感動？禹拜謝伯益的盛德之言，于是班師振旅而歸。帝舜乃大布文德，舞盾羽于宮庭兩階，表示不用武力，歡迎苗民。如此七十日，苗民不討伐來服。

虞夏書二

五子之歌【解題】

史記夏本紀云：「夏后啟崩，子帝太康立。帝太康失國，昆弟五人須于洛汭，作五子之歌。」孔傳云：「太康盤于遊田，不恤民事，爲羿所逐，不得反國。」按：說文立部云：「竢，立而待也，从立須聲。」段注云：「今字多作須，而竢廢矣。」又水部云：「汭，水相入皃，从水内。」按：洛汭，洛水入黄河處。太康五弟佚其名，或謂之五觀。國語楚語云：「夏有五觀。」韋昭注云：「五觀，啟子，太康昆弟也。」蓋五弟觀望等待太康，號爲五觀，亦非真名。此皆古史傳説，故今文尚書無此篇。僞古文尚書有之。

太康尸位，以逸豫滅厥德，黎民咸貳。乃盤遊無度，畋于有洛之表，十旬弗反。有窮后羿，因民弗忍，距于河。厥弟五人，御其母以從，徯于洛之汭。五子咸怨，述大禹之戒以作歌。

【校】敦煌本滅作烕，貳作弍。九條本羿作羿，徯作傒。按：説文火部云：「烕，滅也，从火戌，火死於戌，陽氣至戌而盡。詩曰：『赫赫宗周，褒姒烕之。』」段注云：「會意。火生於寅，盛於午，死於戌。」而説文水部云：「滅，盡也，从水，烕聲。」今按：烕、滅古今字。楚帛書、詛楚文與睡虎地秦簡皆作烕，而滅不見于先秦古文字，是烕爲古本字，滅爲後出異體而通行。説文二部云：「二，地之數也，从耦一。弍，古文二。」段注云：「耦一者，兩其一也。兩畫當均長，今人上短下長，便是古文上字。三篆亦三畫均長。」按：甲骨文、西周金文盂鼎及古陶文、楚帛書二字皆兩畫均長，與篆文同。東周金文繁安君鉼二字作⿹戈二从戈，與説文古文从弋不同。證之貳字古文，似以从戈爲正。説文貝部云：「貳，副益也，从貝，弍聲。弍，古文二。」西周金文召伯簋、琱生簋貳字皆作貮，从⿹戈二；東周金文中山王壺亦作貮从⿹戈二，⿹戈二皆當是二字而作聲符。蓋二字古文即二，兩畫均長，⿹戈二爲繁文，弍爲後出異體。貳爲副貳本字，假借爲弍，書云「咸貳」者，即「咸弍」。説文弓部云：「𢏚，帝嚳射官，夏少康滅之。从弓，幵聲。論語曰：𢏚善射。」段注云：「羽部羿下云『亦古諸侯也』，即此。𢏚與羿古蓋同字。今論語作羿，羿之譌也。」汗簡弓部引尚書羿作⿰弓幵。鄭氏箋正云：「説文𢏚爲后羿正文，此移篆。」今按：幵从二干相并，不當分隔，汗簡𢏚作⿰弓幵，是俗寫，非移篆，不足取。又玉篇羽部云：「羿，胡計、牛計二切，羽也。又：羿，善射人。羿，説文羿。」是六朝以前已寫作羿，蓋本漢隸。寫本羿作羿者，本漢代金文及隸書，如開字从幵聲，而開封行鐙及桐柏廟碑皆作開从开，是其例。說文彳部云：「徯，待也，从彳，奚聲。蹊，徯或从足。」段注云：「孟子引書：『徯我后。』趙曰：『徯，待也。』左傳：『牽牛以蹊人之田。』孟子：『山徑之蹊。』凡始行之以待後行之徑曰蹊，引伸之義也。今人畫爲二字，音則徯上蹊平，誤矣。」寫本作傒者，玉篇人部云：「傒，户礼切，待也。本作徯。」此蓋因隸而譌，漢隸彳旁與亻旁相近，故楷化徯譌作傒，當以作徯爲正。

【詁】爾雅釋詁云：「尸，職，主也。」蔡傳云：「尸，如祭祀之尸，謂居其位而不爲其事，如古人所謂尸禄、尸官者也。」是「尸位」謂主居其位而不爲其職事。爾雅釋言云：「逸，過也。」釋詁云：「豫，樂也。」按：「逸豫」謂過分享樂。爾雅釋言云：「厥，其也。」又釋詁云：「滅，盡也。」「黎，衆也。」「咸，皆也。」言太康主居君位而不爲君事，以放縱享樂盡失其君德，衆民皆懷有二心。盤本作般。爾雅釋詁云：「仍，乃也。」「般，樂也。」按：乃、仍古本一字，此乃作副詞，頻仍之義。「盤遊」謂玩樂遊獵。畋，畋獵。「有洛」即洛，有爲詞頭，無實義，謂洛水。說文衣部云：「表，上衣也，从衣毛。」段注云：「上衣者，衣之在外者也。玉藻：『表裘不入公門。』鄭曰：『表裘，外裘也。』引伸爲凡外箸之稱。」是「洛表」即洛外，謂洛水之南，猶嶺表謂嶺南。說文勹部云：「旬，徧也，十日爲旬。」是十旬爲百日。反、返古今字。言太康頻繁玩樂遊獵而無節制，畋獵于洛水之南，百日不返。爾雅釋詁云：「后，君也。」「有窮后」謂諸侯有窮國之君主。說文足部云：「距，雞距也，从足巨聲。」又止部云：「歫，止也，从止，巨聲。」段注云：「許無拒字，歫即拒也。此與彼相抵爲拒，相抵則止矣。」今按：从止與从足同義，先秦古文有歫、距二字，是距爲歫之異體。歫、拒則古今字。河謂黄河。夏都在河北，洛水在河南，「距于河」則不得渡河回國。言有窮國君主羿因人民不堪其苦，在黄河北岸阻止太康不得返回。說文彳部云：「御，使馬也，从彳卸。馭，古文御，从又馬。」按：「御其母」，謂駕馭馬車侍奉其母。言太康五弟馭車侍奉其母而從獵，在洛水入黄河處等待太康。說文辵部云：「述，循也。」戒，謂告戒。說文欠部云：「歌，詠也，从欠，歌聲。」按：此文歌爲名詞，謂歌辭。言五弟皆怨恨太康久獵失國，遵循先祖大禹之告戒遺訓而作歌。

其一曰：「皇祖有訓，民可近，不可下。民惟邦本，本固邦寧。予視天下，愚夫愚婦，一能勝予。一人三失，怨豈在明？不見是圖。予臨兆民，懍乎若朽索之馭六馬。爲人上者，奈何不敬？」

【校】敦煌本訓作⿱巛言，視作眎。古文訓訓作⿱巛言，近作⿱止斤，朽作⿰歹丂。按：説文言部云：「訓，説教也，从言，川聲。」段注云：「説教者，説釋而教之，必順其理，引伸之凡順皆曰訓。」今按：魏三體石經無逸作⿱巛言。汗簡言部引尚書同，川皆在上，此猶如中山王壺順字作⿱巛心，川亦在上。戰國古璽訓多作⿰言刂，包山楚簡作⿰言刂，亦作訓，或與古璽同，或與説文篆文同。尚書文當以作訓爲正。説文辵部云：「近，附也，从辵，斤聲。⿱止斤，古文近。」汗簡止部引尚書近作⿱止斤。按：从止猶如从辵。胡小石説文古文考云：「古文近作⿱止斤，省辵从止，而斤聲不異。説文追、逐諸文並从辵，而卜辭皆省辵从止作㞷、作⿱丞止。近之作⿱止斤，蓋亦此例，特偏旁位置少異耳。」其説是。但郭店楚簡、睡虎地秦簡作近，與説文篆文同，後世通行，故尚書文當作近。説文見部云：「視，瞻也，从見，示聲。眎，古文視。眂，亦古文視。」按：示字古文作⿱一川。殷虛書契前編卷二第七頁二片視作⿱不目，从目，示聲，與説文古文眎同。金文何尊作⿰氏見，从見，氏聲。侯馬盟書作⿰氏見，从見，氏聲，與説文古文作⿰氏見同。而十鐘山房印舉之三先秦古璽文作視，睡虎地秦簡亦作視，與説文篆文同，後世通行，故尚書文當作視。説文歺部云：「⿰歹丂，腐也，从歺，丂聲。朽，⿰歹丂或从木。」段注云：「肉部曰：『腐，爛也。』今字用朽而⿰歹丂廢矣。」今按：金文有作朽者，而睡虎地秦簡作⿰歹丂，是朽、⿰歹丂皆古異體字。推求造字本義，似當朽在⿰歹丂先，以木朽常見。尚書文當以作朽爲正。

【詁】説文王部云：「皇，大也，从自王。自，始也，始王者三皇，大君也。自讀若鼻，今俗以作始生子爲鼻子是。」按：古大、太一字，「皇祖」即太祖，謂禹爲夏朝開國太祖。孔傳云：「近謂親之。」左傳襄公二十三年杜預注云：「下，猶賤也。」言其第一首歌辭説，太祖有訓戒，人民可親近而不可下賤疏遠。玉篇心部云：「惟，爲也。」説文木部云：「本，木下曰本。」按：木下指根，故本謂根本。言人民爲國家根本，根本牢固則國家安寧。爾雅釋詁云：「予，我也。」王氏釋詞云：「一，猶皆也。」説文力部云：「勝，任也，从力，朕聲。」段注云：「任者，當也。凡能舉之、能克之皆曰勝。」禹言我看到天下之事，愚民男女皆可能勝過我。三失，三爲虚數，謂許多過失。爾雅釋詁云：「在，察也。」「圖，謀也。」按：「在明」謂察明，看清。見、現古今字。「是圖」，代詞前置，謂圖是，謀是。言一人會有許多過失，積怨豈會一時看清，當在未顯現前化解之。爾雅釋詁云：「臨，視也。」郭注云：「謂察視也。」按：此臨謂君臨視下，統治之義。孔傳云：「十萬曰億，十億曰兆，言多。」楊氏詞詮云：「乎，介詞，與於同。」按：「懔乎」，謂懼於兆民，承上省兆民。六馬，一車駕有六馬，馬多力大，故朽索易斷。「爲人上者」，謂作君主者。王氏釋詞云：「奈何，如何也。」敬，畏敬。言我君臨天下億萬人民，懼於他們難治如腐朽繩索之駕馭六馬大車易斷，作人君者，如何能不畏敬他們億萬人民？

其二曰：「訓有之，内作色荒，外作禽荒，甘酒嗜音，峻宇彫牆，有一于此，未或不亡。」

【校】敦煌本嗜作耆，宇作寓。古文訓嗜作饍，宇作寓。按：説文口部云：「嗜，喜欲之也，从口，耆聲。」段注云：「喜當作憙，憙，悦也。經傳多假耆爲嗜。」今按：東周金文滕邦義戈及睡虎地秦簡有耆字，而先秦古文字未見嗜字，是嗜爲耆之孳乳，耆、嗜古今字。耆字本从老甘會意，故耆字本有甘樂、喜樂之義。蓋古本作耆，後世作嗜者，用孳乳今字。玉篇食部云：「饍，視利切，貪慾也。與嗜同。」又口部云：「嗜，食利切，嗜欲也。書曰：『酣酒嗜音。』⿰口示，古文。」而不注亦作饍。又證諸日本空海依原本玉篇所編萬象名義，嗜、饍亦分屬兩部，更不注嗜、饍同字。蓋今本玉篇注「饍與嗜同」者，宋代陳彭年等重修玉篇時所爲。故古文訓改嗜爲饍，殊無謂。說文宀部云：「宇，屋邊也，从宀，于聲。易曰：『上棟下宇。』寓，籀文宇，从禹。」段注云：「高誘注淮南曰：『宇，屋檐也。』引伸之凡邊謂之宇。寓，禹聲也。」今按：西周金文牆盤作宇，又作⿴囗禹，从口與从宀義相類；而五祀衛鼎作寓。是寓本宇之異體，非古籀文。又按：戰國古文睡虎地秦簡作宇，後世通行，故尚書文字當作宇。

【詁】王氏釋詞云：「之，是也。故爾雅曰：『之子者，是子也。』」按：之爲代詞，言禹王訓戒有此話。孔傳云：「作，爲也。迷亂曰荒。色，女色。禽，鳥獸。」按：說文艸部云：「荒，蕪也，一曰艸掩地也。」荒草掩蓋地面，故詞義引伸爲迷亂。甘，玉篇引書作酣，是顧氏所見六朝尚書甘作酣，不足取。說文甘部云：「甘，美也，从口含一，一，道也。」按：道謂味道。甘本義爲口含美味，引伸之義爲湛樂，「甘酒嗜音」謂湛樂美酒，嗜好音聲。王氏釋詞云：「或，猶有也。古有字通作或。」言君主在内爲女色迷亂，在外爲鳥獸迷亂，又湛酒嗜音，高棟畫牆，于此六者有一嗜欲，未有不亡國。謂荒淫亡國。

其三曰：「惟彼陶唐，有此冀方。今失厥道，亂其紀綱，乃底滅亡。」

【校】敦煌本冀作兾。古文訓綱作⿰木厶。唐石經冀作兾。按：說文北部云：「冀，北方州也，从北，異聲。」段注云：「爾雅曰：『兩河間曰冀州。』據許說是北方名冀，而因以名其州。假借爲望也、幸也，蓋以冀同覬也。」今按：西周金文及先秦古璽文作冀从北，是冀爲正體。而古寫本與唐石經因漢碑作兾，如景北海碑陰「都昌兾遷」，曹全碑「起兵幽㚇」等，冀皆作㚇。九經字樣云：「冀，隸省作㚇。」此俗字而刻入石經者。説文糸部云：「綱，网紘也，从糸，岡聲。𣏟，古文綱。」段注云：「紘，冠維也，引伸之爲凡維系之偁。詩曰：『綱紀四方。』箋云：『以罔罟喻之。張之爲綱，理之爲紀。』」按：古文四聲韻唐韻引説文綱字作𣐈、𣏟二形，多出𣐈。汗簡糸部引説文綱作𥾝，蓋注字綱爲綱之誤。商氏説文中之古文考云：「綱之下綱，或用木柙，故从木也。」但𣏟、𥾝等未見于先秦古文字，故尚書文仍當以作綱爲正。

【詁】王氏釋詞云：「惟，發語詞也。夏書曰『惟彼陶唐』是也。」蔡傳云：「堯初爲唐侯，後爲天子都陶，故曰陶唐。堯授舜，舜授禹，皆都冀州。」其，人稱代詞，代堯、舜、禹三帝。説文糸部云：「紀，别絲也，从糸己聲。」按：「紀綱」，順言曰綱紀，以喻政治制度。王氏釋詞云：「乃，猶於是也。」爾雅釋詁云：「厎，致也。」言自那陶唐帝堯時，已統有這冀州之地。今太康喪失堯、舜、禹三帝治道，亂其制度，于是導致夏朝滅亡。

其四曰：「明明我祖，萬邦之君。有典有則，貽厥子孫。關石和鈞，王府則有。荒墜厥緒，覆宗絶祀。」

【校】九條本貽作胎，關作閞。天正本鈞作鉤。古文訓鈞作銞，祀作禩。按：説文無貽字，大徐新附貝部有之，云：「貽，贈遺也。經典通用詒。」今按：詒爲贈遺古本字，説文言部云：「詒，一曰遺也。」戰國古文中山王鼎、睡虎地秦簡有詒字，是詒爲古本字，作貽者，後出異體字。而寫本貽作胎者，貽、胎古通用。爾雅釋魚：「玄貝，貽貝。」陸氏釋文云：「貽，顧餘之反。本又作胎，他來反。」今考藝文類聚卷八四引爾雅作胎，是貽、胎通用之證。胎本胚胎本字，而胎通作貽者，以貽、胎皆从台聲，故可通假。説文門部云：「關，以木横持門户也，从門，𢇇聲。」段注云：「引伸之，周禮注云：『關，界上之門。』又引伸之，凡曰關閉、曰機關皆是。凡立乎此而交彼曰關。」寫本作閞者，用六朝别字。

如魏皇甫驎墓誌關作閞，即其例。此蓋改換聲符𢍏爲弁之俗字，不足取。今按：戰國古文睡虎地秦簡作關，與說文篆文同，後世通行，故尚書文當作關。說文金部云：「鈞，三十斤也，从金，勻聲。銞，古文鈞，从旬。」段注云：「古旬、勻多通用。」按：西周金文叟鼎鈞作勻，楚公逆鐘作鈞。東周金文子禾子釜作銞，从旬，與說文古文同。是鈞字初文作勻，早期金文作鈞。晚出金文作銞，銞从旬聲。寫本作鉤者，蓋鈞之寫譌。睡虎地秦簡亦作鈞，與說文篆文同，後世通行，故尚書文當以作鈞爲正。說文示部云：「祀，祭無巳也，从示，巳聲。禩，祀或从異。」段注云：「从巳而釋爲無巳，此如治曰亂、徂曰存，終則有始之義也。釋詁曰：『祀，祭也。』周禮大宗伯小祝注皆云：『故書祀作禩。』按禩字見於故書，是古文也。」汗簡示部引尚書祀作禩。今按：殷虛書契前編卷二第二十二頁二片作祀，商代金文𠨘卣亦作祀。兩周金文師遽簋、秦公簋及古陶文、睡虎地秦簡亦作祀，是祀爲正體，而禩不見于先秦古文字，段氏以爲古文，因未見甲骨文。尚書文當以作祀爲正。

【詁】爾雅釋訓云：「明明，察也。」陸氏釋文云：「舍人云：明明，甚明也。」言聖明我祖禹王，是諸侯萬國之君。爾雅釋言云：「典，經也。」又釋詁云：「則，法也。」按：典，典章；則，法度；「典則」謂治理天下之典章法度。國語周語云：「關石和鈞，王府則有。」韋昭注云：「關，門關之征也。石，今之斛也。言征賦調鈞，則王之府藏常有也。一曰關，衡也。」按：說文關字注云「以木橫持門户也」，故引伸之義爲橫爲平，橫與衡通，韋注「一曰關，衡也」，是。謂征稅斗斛平等，斤兩調均，則民納踴躍，國庫常有。爾雅釋詁云：「緒，貫，事也。」郭注云：「論語曰：仍舊貫。」是緒謂先祖舊制。覆，顛覆。言禹王有治理天下典章法度，遺留其子孫遵循。征稅要斗斛平等，斤兩調均，如此則國庫常有。今荒廢其聖制，使宗祀顛覆，國運斷絕。

其五曰：「嗚呼曷歸？予懷之悲。萬姓仇予，予將疇依？鬱陶乎予心，顏厚有忸

怩。弗慎厥德，雖悔可追？」

【校】敦煌本悔作𢘓。足利、天正本雖作虽。古文訓悔作𢘓。按：説文虫部云：「雖，似蜥易而大，从虫，唯聲。」段注云：「此字之本義也。自借以爲語詞，尟有知其本義者矣。」今按：東周金文秦公簋及古璽文、睡虎地秦簡作雖，與説文篆文同，是爲正體，尚書文字當以此爲正。而古寫本作虽者，宋元以來俗字譜云：「雖，取經詩話、通俗小説等作虽。」蓋雖俗作蜼，省簡作虽。説文心部云：「悔，悔恨也，从心，每聲。」段注云：「悔者，自恨之意。」集韻賄韻云：「悔，恨也，或書作𢘓。」今按：戰國古璽文及睡虎地秦簡作悔，與説文篆文同，後世通行，是爲正體。而戰國古文侯馬盟書作𢘓，是爲異體。古文訓作𢘓，以異體作古。

【詁】嗚呼，歎息傷感聲。「曷歸」，何爲歸所。爾雅釋詁云：「懷，思也。」言國已亡，何處是歸所，我五子思此則悲。「萬姓」，謂萬邦百姓，即天下人民。孔傳云：「仇，怨也。」予，五子自謂，亦謂太康，猶言我們。爾雅釋詁云：「疇，誰也。」言萬邦百姓怨恨我們亡國，我們將依靠誰人。陸氏釋文云：「鬱陶，憂思也。」孔傳云：「顔厚色愧，忸怩心慚，慚愧於仁人賢士。」有，當讀爲又。言亡國憂思在我五子之心，面對天下仁人賢士又羞恥又慚愧。可，當讀爲何。玉篇辵部云：「追，及也，救也。」言太康不謹慎其德行而失國，今雖悔恨何能挽救，謂已晚。

虞夏書三

胤征【解題】史記夏本紀云：「太康崩，弟中康立，是爲帝中康。帝中康時，羲和湎淫，廢時亂日。胤往征之，作胤征。」史記集解引鄭玄云：「胤，臣名。」按：中、仲古今字，甲骨文與兩周金文仲皆作中。太康爲夏啟長子，是仲康爲中子，故夏本紀作中康。

惟仲康肇位四海，胤侯命掌六師。羲和廢厥職，酒荒于厥邑，胤后承王命徂征。告于衆曰：「嗟！予有衆，聖有謨訓，明徵定保。先王克謹天戒，臣人克有常憲，百官修輔，厥后惟明明。每歲孟春，遒人以木鐸徇于路，官師相規，工執藝事以諫，其或不恭，邦有常刑。

【校】敦煌本孟作宲。九條本孟作品。古文訓征作徰。按：説文辵部云：「延，正行也，从辵，正聲。征，延或从彳。」段注云：「形聲包會意。引伸爲征伐。」今按：甲骨文作征，見殷虚書契續編卷一第三頁二片、甲骨續存下卷八四八片。西周金文利簋、盂鼎等多作征。異伯盨、申鼎作徰，即延。蓋作古者改止爲正而作徰，汗簡彳部引石經作徰，是其證。而汗簡辵部引尚書征作徰，與古文同。由上可見，征爲正體，延爲異體。説文子部云：「孟，長也，从子，皿聲。𡥜，古文孟。」今按：𡥜即呆，説文人部又以爲保字古文。孟字金文有二體，殷代金文父己孟觚與西周金文孟簋作孟，與説文篆文同。東周金文子仲匜作孟，从子八皿會意。日本白川靜説文新義卷十四云：「伯家父簋之孟于子字上加八，據此則八非呆之字形，而是特別加于子者也，恐爲沃盥之象也。若然，則字當是有關生子之禮之字也。換言之，即使用産湯之形也，乃生子之後之最初之禮，故爲首之義者也。與其謂之爲皿聲，毋寧以字爲示其儀禮之會意字也。」今按：孟字第二體孟，从子从益，亦象皿盆有水，如此則第二體與伯家父簋之孟字作孟同，僅移水于子下而已。蓋孟字本義爲産子盥洗，故有始義，孟春者，始春也。又始生之子爲長子，故義又爲長，是説文釋長所本。古寫本孟字作宲，或作品，皆俗字，不足取。

【詁】王氏釋詞云：「惟，發語詞也。」爾雅釋詁云：「肇，始也。」廣雅釋言云：「位，莅也。」王氏疏證云：「古者位、莅、立三字同聲而通用。」按：莅謂莅臨。「六師」，猶言六軍，天子六軍。命，受命。言仲康開始君臨天下四海之時，胤侯受命掌管六軍。孔傳云：「羲氏、和氏，世掌天地四時之官。」按：史記夏本紀作羲和，是此不當釋爲羲氏、和氏，蔡傳云「羲氏、和氏，夏合爲一官」，其説是。蓋其時羲和爲職掌全國天文曆法之封國，故征之。爾雅釋詁云：「后、侯，君也。」按：「胤后」，胤侯。爾雅釋詁云：「徂，往也。」言羲和放弃其負責天文曆法職守，嗜酒荒亂于其封邑，胤侯承奉王命前往征伐。王氏釋詞云：「有，語助也。一字不成詞，則加有字以配之，衆曰有衆。」爾雅釋詁云：「謨，謀也。」「訓，道也。」按：道、導一字。徵，與證通，謂證驗。言先聖謀略教訓，明驗可定國安邦。蔡傳云：「天戒，日蝕之類。謹者，恐懼修省以消變異也。」爾雅釋詁云：「憲，法也。」按：「常憲」謂遵守常法不違天時。爾雅釋訓云：「明明，察也。」按：「明明」猶言聖明。言先王能敬畏天象警戒，大臣能有常法可循，百官各修其職輔佐君主，故其君主則聖明。廣雅釋詁云：「孟，始也。」按：春有三月，一月爲孟春。孔傳云：「遒人，宣令之官。木鐸，金鈴木舌，所以振文教。」徇，亦作巡，謂巡行。爾雅釋詁云：「師，衆也。」「官師」，猶言官員，此謂地方官。爾雅釋詁云：「相，導也。」郭注云：「謂教導之。」蔡傳云：「規，正也。」按：「相規」謂教導規正。孔傳云：「百工各執其所治技藝以諫。」按：諫，直言規勸。王氏釋詞云：「其，猶若也。」「或，猶有也。」按：或，代詞，有人。爾雅釋訓云：「肅肅、翼翼，恭也。」是恭謂嚴肅認真。爾雅釋詁云：「刑，法也。」按：「常刑」謂所定法律。言每年孟春之月，宣令之官搖木鐸巡行于道路，地方官員同時教導規正民衆行爲，百工技藝之人也以藝理直言教化民衆，如有官員、百工不盡職責教化，國有常法處罰。

「惟時羲和，顛覆厥德，沈亂于酒，畔官離次，俶擾天紀，遐棄厥司。乃季秋月朔，辰

弗集于房。瞽奏鼓，嗇夫馳，庶人走。羲和尸厥官，罔聞知，昏迷于天象，以干先王之誅。政典曰：『先時者殺無赦，不及時者殺無赦。』

【校】敦煌本、九條本房作㫄。古文訓集作雧，房作㫄，誅作敄。按：説文雥部云：「雧，羣鳥在木上也，从雥木。集，雧或省。」段注云：「引伸爲凡聚之偁。」今按：甲骨文雖有雥字，但集字未見从雧者。殷虚書契前編卷五第三十七頁一片、後編卷下第六頁三片等皆作集。而商代金文母乙觶作雧，作父癸卣又作集。西周金文毛公鼎作集。由上可知，正體當作集，或體當作雧，與説文不同。魏三體石經多方作集，用説文或體，實正體。尚書文當以作集爲正。説文户部云：「房，室在旁也，从户，方聲。」段注云：「凡堂之内，中爲正室，左右爲房，所謂東房西房也。引申之俎亦有房。」汗簡户部引尚書作㫄。此蓋因漢隸，校官碑公㫄即公房，唐公房碑亦房作㫄。今按：甲金文从户之字，户亦在旁，如肁字，殷契佚存三四〇片作肁，金文犀尊作肁，皆其例。而戰國古文睡虎地秦簡作房，與説文篆文同，爲後世通行體，故尚書文字當作房。説文言部云：「誅，討也，从言，朱聲。」段注云：「凡殺戮、糾責皆是。」今按：戰國古文字中山王壺誅作栽。質言之，殺戮當作栽，糾責當作誅，蓋許慎未見栽字，故折中釋討。而汗簡戈部、古文四聲韻虞韻引尚書誅作栽，當即栽之譌。通志堂本書古文訓作敄，又栽之俗字，蓋唐以前字書未見有敄字。古經皆用誅字，故尚書亦當如之。

【詁】惟，發語詞。爾雅釋詁云：「時，是也。」「顛覆」，猶言顛倒。畔，當讀爲叛。説文半部云：「叛，半反也，从半反，半亦聲。」段注云：「反者叛之全，叛者反之半。古多假畔爲叛。」蔡傳云：「次，位也。官以職言，次以位言。畔官，則亂其所治也；離次，則舍其所居之位。」按：「畔官離次」，謂背離職位。爾雅釋詁云：「俶，始也。」蔡傳云：「天紀，則洪範所謂歲月日星辰曆數是也。」按：紀，統紀，「天紀」謂歲時曆法。爾雅釋詁云：「遐，遠也。」說文司部云：「司，臣司事於外也。」段注云：「外對君而言，君在内也。鄭風『邦之司直』傳曰：『司，主也。』凡司其事者皆得曰有司。」言這羲和顛倒其德行，沈迷于酒，背離職位，始亂歲時曆法，遠離放弃其司主之事。王氏釋詞云：「乃，猶若也。」按：若，如也，猶今言比如，用于舉例。說文月部云：「朔，月一日始蘇也。」段注云：「朔、蘇疊韻。日部曰『晦者，月盡也』，盡而蘇也。」按：月初第一日爲朔。蔡傳云：「辰，日月會次之名。房，所次之宿也。集，漢書作輯，集、輯通用。言日月會次不相和輯，而掩蝕於房宿也。」按：一年日月十二會，相會曰辰，會次星宿位置曰房，「辰弗集于房」，辰不適會于房，謂月掩日而日蝕。瞽，此謂樂官，無目而精審音律者。孔傳云：「嗇夫，主幣之官，馳取幣禮天神。」言如近年秋季末月初一日，日月不適會于房而日蝕，樂官進奏鼓樂，嗇夫馳取禮幣，以祭天救日，庶民也奔走情急天變。爾雅釋詁云：「尸，主也。」說文干部云：「干，犯也。」言羲和作爲主管天象之官，對這次日蝕不聞不知，如此昏迷無知于天象，因而觸犯先王誅罰。孔傳云：「政典，夏后爲政之典籍。」按：爾雅釋言云：「典，經也。」「政典」，謂施政經典，即國家大法。時，天象曆法推定之正時，「先時」、「不及時」則爲失時。言朝廷政典法令說：所制曆法先于正時而誤者殺而不赦免，後于正時而誤者殺而不赦免。

「今予以爾有衆，奉將天罰。爾衆士同力王室，尚弼予欽承天子威命。火炎崐岡，玉石俱焚，天吏逸德，烈于猛火。殲厥渠魁，脅從罔治。舊染汙俗，咸與惟新。嗚呼！威克厥愛，允濟；愛克厥威，允罔功。其爾衆士，懋戒哉！」

【校】敦煌本烈作列，渠作榘，魁作䰢。古文訓炎作烾，愛作㤅。按：說文炎部云：「炎，火光上也，从重火。」段注云：「洪範曰：『火曰炎上。』其本義也。雲漢傳曰：『炎炎，熱氣也。』大田傳曰：『炎，火盛陽也。』皆引申之義也。會意。」今按：甲骨文、金文及楚帛書、包山楚簡、睡虎地秦簡皆作炎，與説文篆文同，是尚書文當作炎。又説文赤部云：「赤，南方色也，从大火。烾，古文从炎土。」今按：古陶文與郭店楚簡赤字作烾，與説文古文同，字書未見炎作烾者，薛本作烾，不知何據，蓋爲誤寫。説文火部云：「烈，火猛也，从火，列聲。」段注云：「鄭風：『火烈具舉。』傳曰：『烈，列也。』此謂烈即列之假借字。」按：烈既可假借爲列，則列亦可假借爲烈，古寫本烈作列者，蓋以此，不足取。尚書文當以作烈爲正。説文水部云：「渠，水所居也，从水，榘聲。」今按：朱氏説文通訓定聲云：「假借爲鉅，僞書胤征：『殲厥渠魁。』又發聲之詞，漢書孫寶傳：『掾部渠有人乎？』按：豈也。俗作詎。」集韻語韻云：「詎渠，説文：『詎，猶豈也。』或作渠。」此以詎、渠爲一字。而所謂説文者，實徐鉉新附字。蓋渠、詎本通用，作古者合二字，改从水爲从言，則渠作榘。説文心部云：「㤅，惠也，从心，旡聲。𢟪，古文。」段注云：「叀部云：『惠，仁也。』仁者，親也。愛爲行皃，乃自愛行而㤅廢，轉寫許書者遂盡改㤅爲愛。既者，即旡聲也。𢟪者，古文愛。」今按：東周金文𡚱蚉壺、中山王壺與古璽文作㤅，是㤅爲愛古本字。而郭店楚簡作㤅又作𢟪，是𢟪爲異體字。汗簡心部、古文四聲韻代韻引尚書愛作㤅，猶爲古字。而後世通行愛字者，愛爲夋之隸變，説文釋「夋，行皃」，戰國古文睡虎地秦簡有夋字，是愛爲㤅之假借字，後世通用愛字。

【詁】「有衆」即衆，謂六師將士。説文寸部云：「將，帥也。」段注云：「帥當作衛，行部曰『衛，將也』，二字互訓。毛詩將字故訓行也。」是「奉將」猶言奉行。王氏釋詞云：「儻，或然之詞也，字或作黨，或作當，或作尚。」按：儻、黨、當皆从尚聲，尚猶言應當，表希望。爾雅釋詁云：「弼、輔，俌也。」弼謂輔佐。言今我率領你們將士，奉命執行天罰，你們衆士要對王室同心協力，應當輔助我敬受天子威嚴命令征伐。孔傳云：「山脊曰岡。崐山出玉。」按：以「崐山」

喻羲和封邑，玉比賢良，石比羲和惡人。「天吏」即奉行天罰之官吏，謂出征衆將士。説文辵部云：「逸，失也。」是「逸德」即失德。言戰火如燒崐山之岡，會美玉石頭俱燒，不分好壞，而征戰將士如失德不辨善惡，除惡存善，其害比猛火焚玉更甚。渠，當讀爲鉅。説文金部云：「鉅，大剛也，从金，巨聲。」段注云：「引申爲鉅大字。」按：「渠魁」猶言罪魁，謂羲和。爾雅釋詁云：「咸，皆也。」説文云：「與，黨與也。」段注云：「與，當作与，与，賜予也。」是與者許予之義。言殲滅其罪魁羲和，脅從者不予治罪，舊染惡習之人，皆許其弃舊從新。蔡傳云：「威者，嚴明之謂；愛者，姑息之謂。」爾雅釋詁云：「勝，克也。」「允，信也。」又釋言云：「濟，成也。」按：濟謂成功。言軍令嚴明勝過其姑息放任，則征伐信能成功；姑息勝過其嚴明，則肯定無功。王氏釋詞云：「其，猶尚也，庶幾也。」説文心部云：「懋，勉也。」言希望你們衆將士，努力戒慎執行軍令。

晚書校詁卷二

商書一

仲虺之誥

【解題】史記殷本紀云：「湯既勝夏，乃踐天子位，平定海内。湯歸至于泰卷陶，中𤳳作誥。」書序云：「湯歸自夏，至于大坰，仲虺作誥。」按：泰卷即大坰，中𤳳即仲虺，今文古文異字。孔傳云：「仲虺，爲湯左相，奚仲之後。」湯以臣滅夏放桀，心有慚愧，仲虺乃作誥進勸，謂顛覆昏暴之君是敬崇天道，會永保安寧。誥者，告也，此臣告君之辭，亦得曰誥，因以名篇。真今文古文誥辭皆佚，此乃梅氏僞古文之一。

成湯放桀于南巢，惟有慙德，曰：「予恐來世以台爲口實。」

【校】九條、内野、足利本恐作⿱工心。古文訓虺作𤳳，桀作⿱舛土，恐作⿱工心。按：史記殷本紀仲虺作中𤳳。司馬貞索隱云：「仲虺二音。𤳳作壘，音如字，尚書又作虺也。」集韻尾韻云：「仲𤳳、湯左相，或作蘬、罍，通作虺。」今按：𤳳、𤳳、罍皆古雷字，見于商周金文。通作虺。漢書古今人表作仲虺。據史記，今文尚書作中𤳳。説文桀部云：「桀，磔也，从舛在木上也。」汗簡土部引尚書桀作⿱舛土，變从木爲从土。又古文四聲韻薛韻引古尚書桀作舛，蓋即桀之省。今按：古璽文、睡虎地秦簡皆作桀，與説文篆文同，是爲正體，尚書文當以作桀爲正。先秦古文字未見桀字有从土者。或古文木字形近土字，故譌作从土。説文心部云：「恐，懼也，从心，巩聲。忎，古文。」今按：戰國古文字中山王鼎、九店楚簡作忎，與説文古文同；而古陶文、睡虎地秦簡作恐，與説文篆文同，是恐亦先秦古文而後世通行，故尚書文當作恐。

【詁】孔傳云：「湯伐桀，武功成，故以爲號。」釋文云：「成，謚也。」説文放部云：「放，逐也。从攴，方聲。」按：南巢，地名，在今安徽巢縣東北。湯伐夏桀，桀逃于南巢，因以放逐于此。方言云：「惟，思也。」爾雅釋詁云：「台、予，我也。」孔傳云：「恐來世論道我放天子，常不去口。」按：「口實」猶言話柄。言成湯放逐夏桀于南巢，思慮于道德有愧而説：我恐後世評論道德以我放逐天子作爲話柄。

仲虺乃作誥，曰：「嗚呼！惟天生民有欲，無主乃亂，惟天生聰明時乂。有夏昏德，民墜塗炭。天乃錫王勇智，表正萬邦，纘禹舊服。兹率厥典，奉若天命。

【校】九條本「惟天生聰明時乂」無「天」字，唐石經同。天正、八行本纘作績，唐石經作纘。古文訓勇作恿。按：内野、足利、天正、八行本皆作「惟天生聰明時乂」，孔傳云：「言天生聰明是治民亂。」是僞孔本有「天」字。説命云：「惟天聰明，惟聖時憲，惟臣欽若，惟民從乂。」其義相近，以有「天」字爲是。説文力部云：「勇，气也，从力，甬聲。㦷，勇或从戈用。恿，古文勇从心。」段注云：「气，雲气也，引申爲人充體之气之偁。力者，筋也，勇者，气也；气之所至，力亦至焉。心之所至，气乃至焉，故古文勇从心。」今按：兩周金文牆盤、庚壺、中山王鼎作甬。東周金文攻敔王光劍作㦷，恿公戈作恿，中央勇矛作勇，蓋初文作甬，孳乳爲㦷、恿、勇，勇後世通行，尚書文字當作勇。諸寫本纘或作績者，左傳昭公元年云：「子盍亦遠績禹功。」杜預注云：「勸趙孟使纂禹功。」纂、纘通用，蓋僞孔「纘禹舊服」即本左傳此文。績字古音精母錫部，纘字精母元部，音近義同，爾雅釋詁云：「纂、績，繼也。」纂者，纘之假借，説文糸部云：「纘，繼也。」是纘、績可通用。唐石經作纉者，此遵漢隸。馬江碑、楊統碑贊字作賛，从賛聲之字亦作賛，如孔龢碑讚作讃，費鳳別碑鑽作鑚，是纘亦作纉。尚書文字當以作纘爲正。

【詁】説文欠部云：「欲，貪欲也，从欠，谷聲。」段注云：「欲从欠者，取慕液之意；从谷者，取虚受之意。」按：欲謂欲望。主謂君主。廣雅釋詁云：「時，善也。」爾雅釋詁云：「乂，治也。」按：「時乂」謂善于治理下民。王氏釋詞云：「乃，猶則也。」言上天生養下民本性就有欲望，如無君主治理則亂，故天生聰明君主善于治理他們。「有夏」即夏，有爲助詞，謂夏桀。「昏德」謂昏暗無德。蔡傳云：「墜，陷也。塗，泥；炭，火也。」爾雅釋詁云：「錫，賜也。」按：錫讀爲賜。表，謂儀法。爾雅釋詁云：「督，正也。」正謂督正。爾雅釋詁云：「業、服，事也。」按：「舊服」猶言舊有事業。言夏桀昏暗無德，人民如陷塗泥炭火之中，上天于是賦予王勇敢智慧，以王之儀法督正天下萬國，繼承夏禹舊有事業。爾雅釋詁云：「兹，此也。」「率，循也。」「典、法，常也。」釋言云：「若，順也。」按：「奉若」猶言敬奉順從。言王誅桀此乃遵循禹王常法，是敬奉順從天命。謂于德無愧。

「夏王有罪，矯誣上天，以布命于下。帝用不臧，式商受命，用爽厥師。簡賢附勢，寔繁有徒。肇我邦于有夏，若苗之有莠，若粟之有秕。小大戰戰，罔不懼于非辜，矧予之德，言足聽聞？

【校】九條本誣作誣，寔作寔，繁作番，秕作粃。古文訓布作夆，繁作番。按：説文言部云：「誣，加也，从言，巫聲。」段注云：「玄應五引皆作『加言』，加言者，架言也，古無架字，以加爲之。云『加言』者，謂憑空構架，聽者所當審慎也。按：力部曰：『加，語相增加也，从力口。』然則加與誣同義互訓，可不增言字。」古寫本作誣者，蓋隋唐俗字，唐法澄墓誌作誙，形相近，皆誣之譌，不足取。戰國文字睡虎地秦簡作誣，與説文篆文同，尚書文字當以作誣爲正。通志堂本古文訓布作夅者，當爲爷之譌。説文巾部云：「布，枲織也，从巾，父聲。」段注云：「引伸之凡散之曰布，取義於可卷舒也。隸變作布。」按：西周金文䙴卣、守宮盤等及詛楚文皆作布，从父聲，與説文正篆同。夅與布字異。尚書文當作布。古寫本寖或作寖者，亦遵漢碑。寖本从宀，而樊敏碑作寖，變宀爲穴。齊梁伽耶墓誌亦作寖，皆譌俗字，不可取。説文糸部云：「緐，馬髦飾也，从糸每。春秋傳曰：『可以稱旌緐乎？』」段注云：「蓋集絲縧下垂爲飾曰緐，引伸爲緐多。又俗改其字作繁，俗形行而本形廢，引伸之義行而本義廢矣。从糸每會意。」按：西周金文班簋、叔向簋、師虎簋作緐，未見有作繁者。作繁者，遵漢隸，魯峻碑、夏承碑作繁，是其例。而繁或作番者，繁本通作蕃，蕃又通作番，則繁作番。禮記明堂位：「周人黄馬蕃鬣。」左傳昭公二十八年：「寔蕃有徒。」周書芮良夫解曰：「實蕃有徒。」蕃即繁之借字。漢白石神君碑：「永永番昌。」番即蕃之借。是繁作番者，以借字作古。説文禾部云：「秕，不成粟也，从禾，比聲。」段注云：「不成粟之字从禾，惡米之字从米，而皆比聲，此其別也。左傳：『若其不具，用秕粺也。』杜云：『秕，穀不成者。』僞古文云：『若粟之有秕。』」今按：説文無粃字。玉篇米部云：「粃，不成穀也。俗秕字。」是粃爲秕後出俗字，顧氏説是。尚書文當作秕。

【詁】説文矢部云：「矯，揉箭箝也，从矢，喬聲。」段注云：「柔箭之箝曰矯，引伸之爲凡矯枉之偁。凡矯詔者，本不然而云然也。」按：由矯枉、矯詔又引伸爲假托。矯與誣義近，「矯誣」謂假托詐稱。言夏桀有罪，知民心不服，乃假托詐稱上天之意，而布告命令行虐下民。爾雅釋詁云：「臧，善也。」「師，衆也。」王氏釋詞云：「式，語詞之用也。」黄侃箋識云：「此式亦尚之借。」按：尚與當同義，表希望。墨子非命篇引仲虺之告爽作喪，是本作喪字。言天帝因桀矯誣虐民不喜桀，希望商湯受命，使桀喪失其民衆而亡國。孔傳云：「簡，略也。」按：簡賢，忽略賢明。附勢，依附權勢。繁，多。「有徒」即徒，有爲助詞。言忽略賢明而依附權勢，無道之世實多此徒。謂商湯賢明不屬此徒。爾雅釋詁云：「肇，始也。」又釋訓云：「戰戰，動也。」郭注云：「恐動趨步。」言當初我商立國于夏朝，弱如苗中有莠草，粟中有秕糠，上下大小戰栗恐懼，無不憂懼于無罪而被剷鋤簸弃，何況今我商之德言足以使天下之民聽聞服從呢。謂弱小尚可生存，何況今日德威可臨天下。

「惟王不邇聲色，不殖貨利；德懋懋官，功懋懋賞；用人惟己，改過不吝；克寬克仁，彰信兆民。

【校】九條本吝作希。古文訓貨作䞈，吝作𠫛，仁作忎。按：說文貝部云：「貨，財也，从貝，化聲。」「䞈，資也，从貝，爲聲。或曰，此古貨字。」段注云：「鍇本無此，但云臣鍇按：『字書云：古貨字。』」按：爲、化二聲同在十七部，貨古作䞈，猶訛、譌通用耳。」今按：戰國古文字郭店楚簡貨、䞈分爲二字，不相雜混，古文訓貨作䞈者，以借字作古，不足取。說文口部云：「吝，恨惜也，从口，文聲。」段注云：「慳吝亦恨惜也。此字蓋从口文會意，凡恨惜者多文之以口，非文聲也。」按：殷虛書契後編下卷第十三頁十五片、殷契佚存七二五片及楚帛書、古璽文作吝，是爲正體。而廣韻震韻云：「吝，俗作𠫛。」文選謝靈運入彭蠡湖口詩：「靈物𠫛珍怪，異人秘精魂。」李善注云：「孔安國尚書傳曰：『𠫛，惜也。』」此蓋六朝別字，文與爻近，譌作𢍏，口與厶近，故吝譌爲𠫛。李善所見僞孔已作𠫛，此以譌字作古耳。說文人部云：「仁，親也，从人二。忎，古文仁，从千心作。」段注云：「从心，千聲也。」按：戰國古文字中山王鼎、古璽文、包山楚簡、睡虎地秦簡作仁，與說文篆文同，是爲正體。郭店楚簡作忎，與說文古文同，實爲仁字異體。尚書文字當以作仁爲正。

【詁】爾雅釋詁云：「邇，近也。」按：聲謂聲樂，色謂女色。廣雅釋詁云：「殖，積也。」按：積即積聚，謂聚斂。「德懋」，懋讀爲茂，謂德行美盛。「懋官」，懋者勉也，謂封官勉勵。孔傳云：「用人之言若自己出，有過則改無所吝惜。」言商王湯不近音樂女色，不聚斂貨幣財利；德盛者封官勉用，功高者賞賜嘉獎；用人善言易如己口所出，改己之過毫不吝惜；能寬宏能仁愛，以彰明誠信于天下萬民。謂故能成王業。

「乃葛伯仇餉，初征自葛。東征西夷怨，南征北狄怨，曰：『奚獨後予？』攸徂之民，室家相慶，曰：『徯予后，后來其蘇。』民之戴商，厥惟舊哉！

【校】足利、天正本獨作独。古文訓餉作⿰食尚。按：說文食部云：「餉，饋也，从食，向聲。」段注云：「孟子說『葛伯仇餉』云：『老弱饋食。』又云：『有童子以黍肉餉。』」汗簡食部引尚書餉作⿰食尚。鄭氏箋正云：「薛本仲虺之誥一見如此，从尚。漢章帝紀：『賜給公田，爲雇耕傭賃種⿰食尚。』注：『⿰食尚，糧也，古餉字。』此所取。」今按：說文、玉篇無⿰食尚字。集韻漾韻云：「餉，或作⿰食尚。」龍龕手鏡食部云：「⿰食尚，俗餉字。」是餉爲正體。尚書文當以作餉爲正。古寫本獨作独者，独爲唐宋以來俗字，中文見宋元以來俗字譜，日文見新漢和辭典。今中文定爲簡化字。

【詁】楊氏詞詮云：「乃，時間副詞，始也，初也。」孟子滕文公篇云：「湯居亳，與葛爲鄰，葛伯放而不祀，曰：『無以供粢盛也。』湯使亳衆往爲之耕，老弱饋食。有童子以黍餉，殺而奪之。書曰『葛伯仇餉』，此之謂也。湯始征。十一征而無敵於天下。東面而征，西夷怨；南面而征，北狄怨，曰：『奚爲後我？』民之望之，若大旱之望雨也。」按：楊氏詞詮云：「奚，疑問副詞，爲何也。」爾雅釋詁云：「徂，往也。」又釋言云：「攸，所也。」說文彳部云：「徯，待也，从彳，奚聲。」爾雅釋詁云：「后，君也。」蘇當讀爲穌。玉篇禾部云：「穌，息也，死而更生也。」俗字作甦。舊當讀爲久。小爾雅廣詁云：「舊，久也。」言當初夏朝諸侯葛伯仇餉不義，商之初征自葛開始。後屢征不義，東征則西夷之民埋怨，南征則北狄之民埋怨，説：爲何偏將我地放後征討？所往征處之民，舉家相慶，説：等待我君商湯，君來將復活我們。是人民之愛戴我商家，其來已久。

「佑賢輔德，顯忠遂良。兼弱攻昧，取亂侮亡。推亡固存，邦乃其昌。德日新，萬邦惟懷。志自滿，九族乃離。

【校】内野、足利、天正本顯作顕。古文訓顯作㬎。按：説文頁部云：「顯，頭明飾也，从頁，㬎聲。」段注云：「頭明飾者，冕、弁、充耳之類，引伸爲凡明之偁。按㬎謂衆明，顯本主謂頭明飾，乃顯專行而㬎廢矣。日部㬎下曰：『古文以爲顯字。』此古今字之變遷。」按：汗簡絲部引尚書作㬎。西周金文大豐簋、沈子簋作䌰，盂鼎、康鼎、頌簋等作顯。先秦古文字不見㬎字，似以䌰爲初字，顯爲加日增繁字，㬎爲顯之省。許書以㬎爲古文，實後起分化字。而日本古寫本作顕者，日用漢字以顕爲略字，即簡化字。

【詁】佑當讀爲右。説文口部云：「右，助也，从口又。」段注云：「又者，手也，手不足以口助之，故曰助也。今人製佑爲右字。」按：顯謂顯揚。遂謂旌進。兼謂兼併。侮謂侮慢，「侮亡」即任其滅亡不救。蔡傳云：「推亡者，兼攻取侮也；固存者，佑輔顯遂也。」日新，謂日益更新。爾雅釋詁云：「懷，至也。」按：懷謂歸向。「九族」，九爲虛數，謂商湯同族諸侯。言諸侯賢明者佑護之，有德者輔助之，忠誠者顯揚之，善良者旌進之，懦弱不足立者兼併之，昏昧無能者攻併之，亂而不治者取有之，將亡者任其滅亡之。王能推翻弱昧亂亡不可救藥者，鞏固保存賢德忠良者，整個國家則將昌盛。王之德行能日益新進，天下諸侯就齊心歸向。如心志自滿驕肆，則九族雖親也會叛離。

「王懋昭大德，建中于民，以義制事，以禮制心，垂裕後昆。予聞曰：『能自得師者，王，謂人莫己若者，亡。好問則裕，自用則小。』嗚呼！慎厥終，惟其始。殖有禮，覆昏暴。欽崇天道，永保天命。」

【校】古文訓始作乱，暴作虣。按：説文女部云：「始，女之初也，从女，台聲。」段注云：「釋詁曰：『初，始也。』此爲互訓。」汗簡乙部引尚書作乱。今按：乱是姛之寫譌。殷商金文者姛尊作姛，西周金文班簋作姛，頌鼎作始，古音司、台聲近，从台聲猶从司聲。尚書文字當作始。陸氏經典釋文云：「暴，蒲報反，字或作虣。」按：許氏説文無虣字，虎部新附云：「虣，虐也，急也，从虎从武，見周禮。薄報切。」甲骨文字乙編二六六一、六六九六片虣皆作虣，从以戈搏虎，會意。戰國詛楚文作䖛从戒，是从戈之繁化。漢隸修華嶽廟碑作虣从武，與从戒同義。是古本字作虣，後出異體作䖛作虣，許氏説文漏收。周易繫辭云「重門擊柝，以待暴客」，陸氏釋文云：「暴，鄭作虣。」按：鄭謂鄭玄，注周易、尚書。鄭本周易作虣，則尚書亦當作虣。今本尚書作暴者，或僞孔本所改。

【詁】説文心部云：「懋，勉也。」爾雅釋詁云：「顯，昭，光也。」孟子離婁篇云：「湯執中，立賢無方。」按：中者，正也，謂中正之道。説文刀部云：「制，裁也。」垂，流傳。裕，優足。爾雅釋訓云：「昆，後也。」按：「後昆」謂後裔。言王應勉力顯揚大德于民，樹立中正之道于民，用正義裁決事務，用禮儀裁制人心，傳優足正道示範後世。「能自得師」，謂能主動訪求賢聖爲師。「人莫己若」，自以爲别人没有誰能如自己。孔傳云：「問則有得，所以足；不問專固，所以小。」言仲虺謂湯説，能自動訪求得到明師輔佐者稱王，謂人没有誰如自己者滅亡，因爲虚懷好問則智識優足可以治世，剛愎自用則孤陋狹小一事無成。「慎厥終，惟其始」，謂當慎其終如其始。湯伐桀爲始，是正道，放桀不赦爲終，亦正道，皆替天行道，應終始無悔。殖當讀爲植，謂扶植。言當扶植有禮之君，顛覆昏暴如桀之君，如此敬奉天道，會永保商家爲君王天命。

商書二

湯誥【解題】史記殷本紀云：「既絀夏命，還亳，作湯誥。」下載湯誥之文，歸于「不道，毋之在國，女毋我怨」，言國君無道，就如夏桀退絀其王命，不使其有國，你們不要怨我伐滅夏桀。而僞古文湯誥與史記文異，足證其僞。

王歸自克夏，至于亳，誕告萬方。王曰：「嗟！爾萬方有衆，明聽予一人誥。惟皇上帝，降衷于下民，若有恒性，克綏厥猷惟后。

【校】足利、天正本歸作皈。古文訓猷作繇。按：皈字見於敦煌變文及唐人禪詩，蓋佛教徒所造之歸字。秋胡變文：「我兒當去，元期三年，何固六載不皈。」唐李頎宿瑩公禪房聞梵：「始覺浮生無住著，頓令心地欲皈依。」皈从反，白聲，歸反之義，此等俗字不足取。尚書當以作歸爲正。説文系部云：「繇，隨從也，从系，䍃聲。」段注云：「辵部曰：『從，隨行也。』『隨，從也。』繇與隨、從三篆爲轉注。从系者，謂引之而往也。爾雅釋詁曰：『繇，道也。』詩、書繇作猷，假借字。道路及導引，古同作道，皆隨從之義也。繇之譌體作繇。」按：西周金文录伯簋及戰國古文睡虎地秦簡繇字皆从言而不从缶，段氏以繇爲譌體，是。繇爲繇道本字，尚書作猷者，用假借字，猷之本義爲獸名。

【詁】爾雅釋詁云：「勝，克也。」「誕，大也。」「萬方」，猶言天下，此謂天下衆人。言湯王從戰勝夏桀之地歸來，回到國都亳邑，大告天下。「有衆」即衆，有爲助詞，謂衆人。禮記玉藻云：「凡自稱，天子曰予一人。」說文王部云：「皇，大也。」又衣部云：「衷，裏褻衣，从衣，中聲。」段注云：「引伸爲折衷，假借爲中字。」按：此文衷即中之假借，中者正也，善也。爾雅釋言云：「若，順也。」又釋詁云：「恒，常也。」「綏，安也。」「后，君也。」按：猷謂教導。玉篇心部云：「惟，爲也。」是「惟后」即爲君。言偉大的上天降中正善良之人性于下民，誰順民天降常性，能安心教導其民則爲民君。

「夏王滅德作威，以敷虐于爾萬方百姓。爾萬方百姓，罹其凶害，弗忍荼毒，並告無辜于上下神祇。天道福善禍淫，降災于夏，以彰厥罪。

【校】古文訓禍作旤。按：說文示部云：「禍，害也，神不福也，从示，咼聲。」今按：戰國金文中山王壺作禍，是爲正體。汗簡旡部引莊子作旤，與⿰旡咼當同。說文旡部云：「⿰旡咼，屰惡驚詞也，从旡，咼聲，讀若楚人名多夥。」段注云：「假借爲禍字，史記、漢書多假旤爲禍，旤即⿰旡咼也。」是古文訓以借字作古。

【詁】爾雅釋詁云：「滅，盡也。」罹，古本字作羅。說文网部云：「羅，以絲罟鳥也，从网从維。」段注云：「或作罹，俗異用。」按：引伸爲凡受之義。說文艸部云：「荼，苦菜也，从艸，余聲。」按：引伸爲凡苦之義。「荼毒」猶言苦害。神，天神；祇，地神。「上下神祇」，謂天地鬼神。「福善」，福佑政善者；「禍淫」，降禍淫威者。言夏王桀滅絕道德造作威刑，以施行暴虐于你們天下百姓。你們天下百姓遭受其凶害，不能忍受其苦害，皆上訴自己無罪受苦于天地之神。天之道佑善禍淫，因降禍于夏桀，以彰明其罪惡。

「肆台小子，將天命明威，不敢赦。敢用玄牡，敢昭告于上天神后，請罪有夏。聿求元聖，與之戮力，以與爾有衆請命。

【詁】爾雅釋詁云：「肆，故也。」「台，我也。」按：台音怡，「台小子」，商王自謂。廣雅釋詁云：「將，行也。」按：「將天命」謂奉行天命。「明威」謂顯明威刑，即誅夏桀。敢，表敬助動詞，猶今言大膽。「玄牡」，黑色公牛。孔疏云：「檀弓云：『殷人尚白，牲用白。』今云玄牡，夏家尚黑，于時未變夏禮，故不用白也。」「神后」，神君。「上天神后」猶言上天神靈。楊氏詞詮云：「聿，語首助詞，書湯誥：『聿求元聖。』」按：元者，大也。「元聖」謂大聖之人，此指伊尹。戮當讀爲勠。國語齊語韋注云：「勠，并也。」按：「戮力」猶今語努力。「有衆」即衆，有爲助詞。廣雅釋詁云：「請，求也。」按：「請命」猶言求命，謂生存命運。言故我小子湯奉行天命顯示威刑誅桀，不敢赦免。大膽使用天子祭牲黑色公牛，大膽明告于上天神靈，請求降罪夏桀，並求大聖之人伊尹，與我一起努力，而爲你們衆民求得生存命運。

「上天孚佑下民，罪人黜伏。天命弗僭，賁若草木，兆民允殖。

【校】内野、足利、天正本僭作僣；古文訓僭作朁。按：說文曰部云：「朁，曾也，从曰兓聲。」人部云：「僭，假也，从人，朁聲。」段注云：「引伸之則訓差。」按：朁字見于包山楚簡及漢印，是僭之古字。漢書王子侯表僭字作朁，顔師古注云：「朁，古僭字也。」汗簡曰部引尚書僭作朁，亦用古字，是朁、僭古今字。古寫本作僣者，僭之隸變俗字，不足取。

【詁】孚讀爲保，見說文人部。說文黑部云：「黜，貶下也，从黑，出聲。」言上天保佑下民，罪人夏桀被貶斥竄伏于南巢。僭之本義爲矯誣，引伸爲差錯之義。廣雅釋詁云：「賁，美也。」按：美謂美奂。王氏釋詞云：「允，猶用也。」左傳襄公三十年杜注云：「殖，生也。」言天命佑民貶罪之道不差，夏桀惡除，天地美奂一新，如草木榮華，民因樂生。

「俾予一人，輯寧爾邦家。茲朕未知獲戾于上下，慄慄危懼，若將隕于深淵。」

【校】內野、足利、天正本獲作⿰雇犬，淵作囦。古文訓戾作⿰雇犬，若作叒，淵作囦。按：說文犬部云：「獲，獵所獲也，从犬，蒦聲。」段注云：「引伸爲凡得之偁。」今按：殷虛文字甲編九〇片獲字作隻，从又隹會意，用手捕鳥之義。金文禽忎鼎作隻，用犬捕獵之義。中山王鼎作蒦，从又捕萑鳥會意。睡虎地秦簡作獲，與說文篆文同，爲後世通行，故尚書文當作獲。說文犬部云：「戾，曲也，从犬出户下，犬出户下爲戾者，身曲戾也。」段注云：「乖戾、很戾皆其義也，引伸之訓爲罪，見釋詁。」今按：犬出户下爲戾，是會意字。睡虎地秦簡作戾，與說文篆文同，是爲正體，尚書文字當以作戾爲正。而魏三體石經多士作⿰立犬，从犬，立聲，改會意爲形聲，失其義。集韻霽韻云：「戾，古作⿰雇犬。」此不知何所據。蓋⿰雇犬本獲之後造異體，以雇聲代蒦聲，諸寫本獲皆作⿰雇犬，即用俗字，亦不足取。說文艸部云：「若，擇菜也，从艸右。右，手也。」段注云：「會意。」毛傳曰：『若，順也。』於雙聲假借也。又假借爲如也。」又叒部云：「叒，日初出東方湯谷所登榑桑，叒木也，象形。」段注云：「離騷：『總余轡乎扶桑，折若木以拂日。』二語相聯，蓋若木即謂扶桑，扶若字，即榑叒字也。」今按：若、叒古本一字，甲骨文作叒，西周金文盂鼎、克鼎亦作叒，而毛公鼎作⿱叒口，从叒从口，東周金文申鼎亦作⿱叒口。戰國古文字古陶文、睡虎地秦簡作若从艸，實从叒之變，而爲許氏說文所本，且後世通行，故尚書文作若亦可。說文水部云：「淵，回水也，从水，象形。左右，岸也，中象水皃。𣶒，淵或省水。囦，古文从囗水。」今按：囗即古圍字，囗其外而水在其中是爲囦。殷虛書契後編卷上二十五頁第二片淵字作囦，與說文古文同；西周金文沈子簋作淵，與說文篆文同。戰國古文字郭店楚簡作囦，石鼓文作淵。汗簡水部引尚書亦作囦。蓋囦、淵古今字，後世今字行而古字廢，尚書文作淵用今字。

【詁】爾雅釋詁云：「俾，使也。」「輯、協，和也。」孔傳云：「國，諸侯；家，卿大夫。」說文云：「栗，栗木也。」徐巡說，木至西方戰栗也。」段注云：「假借爲戰栗。」按：栗栗，危懼之貌。詩小雅小旻云：「戰戰兢兢，如臨深淵。」栗栗猶言戰戰兢兢。爾雅釋詁云：「隕，墜也。」言上天使我和協安寧你們的國家而伐桀，此事我不知是否已盡責而懼會得罪于天地，常戰栗危懼，如將要墜于深淵。謂責愈重則憂愈深。

「凡我造邦，無從匪彝，無即慆淫，各守爾典，以承天休。」

【校】足利、天正、八行本造作艁，彝作彛。按：說文辵部云：「造，就也，从辵，告聲。譚長說造，上士也。」艁，古文造，从舟。」段注云：「造、就疊韻。釋水：『天子造舟。』陸氏云：『廣雅作艁。』按：艁者，謂並舟成梁，後引伸爲凡成就之言。」今按：西周金文頌鼎造作[illegible]，頌簋作[illegible]。東周金文郲大司馬戟作艁，與說文古文同；申鼎、吕不韋戟作造，與說文篆文同。蓋艁、造古今字，後世通行造字，故尚書文當作造。說文糸部云：「彝，宗廟常器也，从糸，糸，綦也；米，器中實也。从彑，象形。此與爵相似。周禮六彝：雞彝、鳥彝、黃彝、虎彝、蜼彝、斝彝，以待祼將之禮。」段注云：「彝本常器，故引申爲彝常，大雅：『民之秉彝。』傳曰：『彝，常也。』」今按：吳大澂說文古籀補彝字下云：「楊沂孫說古彝字从雞从廾，手執雞者，守時而動，有常道也，故宗廟常器謂之彝。禮：『夏后氏以雞彝。』鄭司農說宗伯主雞。」此說很有啓發。甲骨文雞首作丅或十，以示司時公雞之冠，最爲逼真，說文以爲从彑，誤。諸寫本作彛者，彝之俗字，唐曲阜新修文宣王廟記作彛，即其例。尚書文字姑且从說文篆文作彝。

【詁】「造邦」，謂商湯成就安定之諸侯國。匪當讀爲彼。爾雅釋詁云：「從，重也。」「彝、法，常也。」按：「匪彝」

謂彼夏桀虐民之常法。詩衛風氓鄭箋云：「即，就也。」按：就謂就近。孔傳云：「慆，慢也。」爾雅釋詁云：「典，常也。」「休，美也。」按：典謂正常之道。「天休」，天命佑善美道。言凡我湯奉天命成就安定之諸侯國，不要重用夏桀常法，不要就蹈夏桀慢逸之道，當各守你正常之道，以承受上天佑善美道。

「爾有善，朕弗敢蔽。罪當朕躬，弗敢自赦，惟簡在上帝之心。其爾萬方有罪，在予一人；予一人有罪，無以爾萬方。嗚呼！尚克時忱，乃亦有終。」

【詁】爾雅釋詁云：「余、躬，身也。」按：躬謂自身。周禮地官遂大夫鄭注云：「簡，猶閱也。」書疏引鄭玄論語注云：「簡閱在天心，言天簡閱其善惡也。」按：簡閱猶言檢閱。王氏釋詞云：「其，猶若也。」又云：「以，猶及也。」周語引湯誓曰：『余一人有罪，無以萬夫。』言無及萬夫也。」爾雅釋言云：「克，能也。」又釋詁云：「時，是也。」說文心部云：「忱，誠也，从心，冘聲。」段注云：「誠者，信也。」言你們有善行，我不敢掩蓋；罪過在我自身，我不敢自己赦免，因爲誰善誰惡閱察于上帝之心；如若你們萬方有罪時，責任在我一人，我一人有罪時，不累及你們萬方；但願能如此誠信，則又會有終身之美。

商書三

伊訓【解題】史記殷本紀云：「湯崩，太子太丁未立而卒。於是乃立太丁之弟外丙，是爲帝外丙。帝外丙即位三年崩，立外丙之弟中任，是爲帝中任。帝中任即位四年崩，伊尹乃立太丁之子太甲，太甲，成湯適長孫也，是爲帝太甲。帝太甲元年，伊尹作伊訓。」按：適讀爲嫡。爾雅釋詁云：

「訓，道也。」古道、導爲一字。伊訓即伊尹教導太甲之言，因以名篇。

惟元祀，十有二月乙丑，伊尹祠于先王，奉嗣王祗見厥祖。侯甸羣后咸在，百官總己以聽冢宰。伊尹乃明言烈祖之成德，以訓于王。

【詁】爾雅釋天云：「夏曰歲，商曰祀，周曰年。」又釋詁云：「祠，祭也。」「嗣，繼也。」「祗，敬也。」按：嗣王，繼位之王，謂太甲。言太甲即位元年十二月乙丑日，伊尹主持祭祀于先王成湯之廟，侍奉嗣王太甲敬見其先祖成湯靈位。王畿以外方五百里爲侯服，侯服以外方五百里爲甸服。「侯甸」謂封于侯服與甸服之諸侯國。爾雅釋詁云：「后，君也。」「咸，皆也。」「冢，大也。」按：「冢宰」猶言太宰，百官之長。爾雅釋詁云：「明，朗也。」「烈，業也。」「功，成也。」按：「明言」猶今言暢談。「烈祖」謂有功之祖。「成德」猶言功德。言侯服、甸服諸侯衆君皆在，百官統率自己部屬而聽太宰伊尹訓話，伊尹于是暢談有功祖父湯之功德，以教導于嗣王太甲。

曰：「嗚呼！古有夏先后，方懋厥德，罔有天災，山川鬼神，亦莫不寧，暨鳥獸魚鼈咸若。于其子孫弗率，皇天降災，假手于我，有命造攻自鳴條，朕哉自亳。

【校】内野、足利、天正、八行諸寫本及古文訓鬼皆作䰟。按：説文鬼部云：「鬼，人所歸爲鬼，从儿，由象鬼頭，鬼陰气賊害，故从厶。䰟，古文从示。」段注云：「以疊韻爲訓。釋言曰：『鬼之爲言歸也。』郭注引尸子：『古者謂死人爲歸人。』」今按：鬼字殷虛書契菁華五頁一片作兒，前編四卷十八頁六片作視從示，爲兒字異體。西周金文鬼壺亦作兒，蓋人身鬼面之義。説文篆文作鬼，古文作䰟，皆本甲金文。鬼字又作䰟从示者，䰟神同類，字義亦同類。䰟雖亦古字，以通用作鬼爲宜。

【詁】爾雅釋詁云：「古，故也。」「后，君也。」按：「有夏」即夏，有爲助詞。楊氏詞詮云：「方，表態副詞，並也。說文云：『方，併船也。』引伸爲並義。」按：「夏先后」，謂禹及以下賢君。詞詮又云：「莫，無指代名詞，爲無人、無地、無物之義。」按：「莫不寧」，謂無有不寧。爾雅釋詁云：「及、暨，與也。」釋言云：「若，順也。」言從前夏朝禹等賢君，皆勉其德行，故無有天災，山川鬼神也無不安寧，連同鳥獸魚鼈皆順生無害。爾雅釋詁云：「率，循也。」「哉，始也。」小爾雅廣詁云：「造，進也。」言至于其子孫桀不遵循其祖道，故上天降災禍于他，借手于我王成湯，有命令進攻自桀居之邑鳴條，我先王成湯于是從亳邑始伐夏桀。

「惟我商王，布昭聖武，代虐以寬，兆民允懷。今王嗣厥德，罔不在初。立愛惟親，立敬惟長，始于家邦，終于四海。

【詁】爾雅釋詁云：「昭，見也。」按：「布昭」猶言宣示。「聖武」謂聖明威武，即寧善黜虐之威武。爾雅釋詁云：「允，信也。」「懷，至也。」按：「允懷」謂信任懷歸，即民心歸向。言我商王成湯宣示安善除暴之聖武，以寬政代替夏桀暴政，于是天下民心歸向；今王太甲要繼承其聖德，不能不從繼位之初開始。禮記祭義云：「孔子曰：立愛自親始，教民睦也；立敬自長始，教民順也。」按：立謂樹立。惟，介詞，從之義。言樹立親愛之道德于天下要從自己親人始，樹立尊敬之道德要從自己長輩始，如此開始治理家國，最終推廣治理天下。

「嗚呼！先王肇修人紀，從諫弗咈，先民時若。居上克明，爲下克忠。與人不求備，檢身若不及。以至于有萬邦，兹惟艱哉！

【校】内野、足利、天正、八行本艱作難。按：艱作難者，蓋據傳釋作難而改。唐石經作艱，當以作艱爲是。

【詁】爾雅釋詁云：「肇，始也。」説文口部云：「咈，違也，从口弗聲。周書曰：『咈其耇長。』」段注云：「違與韋同，相背也。」按：「人紀」，孔傳云「爲人綱紀」。爾雅釋詁云：「時，是也。」又釋言云：「若，順也。」按：「時若」猶言是從，以先輩德言爲是爲從。言先王成湯當初修制爲人綱紀，聽從諫言不違背，先輩德言要順從。説文又部云：「及，逮也，从又人。」段注云：「及前人也。」按：「不及」，謂不及別人。言居臨君位能夠明察，作爲下臣能夠盡忠，與人交接不責全求備，檢查自身總好像不及別人，以能修己求賢至于擁有萬邦爲天子，這很難做到。謂當勉爲。

「敷求哲人，俾輔于爾後嗣。制官刑，儆于有位，曰：敢有恒舞于宮，酣歌于室，時謂巫風。敢有殉于貨色，恒于遊畋，時謂淫風。敢有侮聖言，逆忠直，遠耆德，比頑童，時謂亂風。惟茲三風十愆，卿士有一于身，家必喪；邦君有一于身，國必亡。臣下不匡，其刑墨，具訓于蒙士。

【校】唐釋玄應一切經音義引尚書殉作狥。古文訓酣作甘。按：説文酉部云：「酣，酒樂也，从酉从甘，甘亦聲。」酒樂者，飲酒而樂，引伸爲飽足之稱。酣字从酉甘會意而甘聲，故可省借作甘。集韻談韻云：「酣甘，胡甘切，説文：『酒樂也。』或省。」所謂或省，即酣或省作甘之意。但用例見于書古文訓，是有意作古，不足取。先秦古文字及説文皆無殉字。玉篇歹部云：「殉，用人送死也。亦求也、營也。亡身從物爲殉也。」尚書文當以此字爲正。玄應音義作狥，阮校謂當以狥爲正，誤矣。蓋狥乃唐人徇之俗字，無干求之義。

【詁】敷當讀爲溥。説文水部云：「溥，大也，从水，尃聲。」按：本義爲水大，引伸義爲大爲廣。爾雅釋言云：「哲，智也。」又釋詁云：「俾，使也。」「刑，法也。」按：刑謂刑法。説文人部云：「儆，戒也，从人，敬聲。」段注云：「與警音義同。周禮：『警戒羣吏。』鄭注周禮曰：『警，敕戒之言也。』」廣雅釋言云：「位，禄也。」按：「有位」謂百官。言廣求有才智之人，使輔佐于你後繼之王，制定治官刑法，警戒有官位之人。爾雅釋詁云：「恒，常也。」蔡傳云：「淫，過也，過而無度也。」爾雅釋詁云：「耆，長也。」説文比部云：「比，密也。」段注云：「謂相親密也。」言官刑説，敢有如巫覡常舞于宫中，樂酒歌于房中者，是謂巫風；敢有貪求于財物女色，常遨遊畋獵無度，是謂淫風；敢有輕侮聖人之言不用，拒絶忠直之人不納，疏遠年長德韶不尊，而親密頑凶童愚之人者，是謂亂風。説文心部云：「愆，過也，从心，衍聲。」又哭部云：「喪，亡也，从哭亡，亡亦聲。」爾雅釋言云：「匡，正也。」蔡傳云：「墨，墨刑也。」按：墨刑，鑿額塗墨之刑。爾雅釋詁云：「供，具也。」蒙士，蒙昧之士，謂不懂官刑之人，猶今言法盲。言以上這三風十過，卿士十有其一在身，封家之位必亡失；諸侯十有其一在身，封國君位必滅亡。卿士、諸侯之臣下不諫正其主者則受墨刑，以上官刑供訓導于法盲之人。

「嗚呼！嗣王祗厥身，念哉！聖謨洋洋，嘉言孔彰。惟上帝不常，作善，降之百祥；作不善，降之百殃。爾惟德罔小，萬邦惟慶；爾惟不德罔大，墜厥宗。」

【校】内野本洋作𢒟。古文訓洋作𢒟。按：説文水部云：「洋，洋水，出齊臨朐高山，東北入鉅定。从水，羊聲。」段注云：「毛詩衛風傳曰：『洋洋，盛大也。』魯頌傳曰：『洋洋，衆多也。』讀與章切。」今按：戰國古陶文、古璽文作洋。而集韻陽韻云：「𢒟，美善也。通作洋。」汗簡彡部、古文四聲韻陽韻引尚書洋作𢒟。洋字本義爲水名，蓋用作修飾詞「洋洋」則變爲𢒟，以與彰字从彡一律，此乃作古奇字。尚書當以作洋爲正。

【詁】爾雅釋詁云：「祗，敬也。」「謨，謀也。」又釋言云：「孔，甚也。」廣雅釋詁云：「彰，明也。」按：祗謂警戒。

謨謂謀慮。言繼位之王應警戒其自身，常念先王聖謨遠大，嘉言甚明。王氏釋詞云：「惟，發語詞也。」爾雅釋言云：「作，爲也。」説文示部云：「祥，福也，从示，羊聲。」言上帝不常保祐一家，而是爲善者，降之百福；爲不善者，降之百殃。蔡傳云：「勿以小善而不爲，萬邦之慶積於小；勿以小惡而爲之，厥宗之墜不在大。」蓋善必積而後成，惡雖小而可懼。」按：玉篇心部云：「惟，爲也。」國語周語韋注云：「慶，福也。」是「惟慶」即爲福。「罔小」、「罔大」，上下文相互成義，謂無論其小大。言你有德無論德行小大，則天下萬國爲福而歸向；你無德不論惡行小大，則使宗廟墜失而亡國。

商書四

太甲上【解題】史記殷本紀云：「帝太甲既立三年，不明，暴虐，不遵湯法，亂德，於是伊尹放之於桐宫。三年，伊尹攝行政當國，以朝諸侯。帝太甲居桐宫三年，悔過自責，反善，於是伊尹迺迎帝太甲而授之政。帝太甲修德，諸侯咸歸殷，百姓以寧。伊尹嘉之，迺作太甲訓三篇，褒帝太甲，稱太宗。」按：太甲三篇經文皆亡，今傳梅氏古文，非原文。

惟嗣王不惠于阿衡。伊尹作書曰：「先王顧諟天之明命，以承上下神祇，社稷宗廟，罔不祗肅。天監厥德，用集大命，撫綏萬方。惟尹躬克左右厥辟宅師，肆嗣王丕承基緒。

【校】内野本辟作侵，基作坖。天理本廟作庿。天正本辟作侵。古文訓廟作庿，辟作侵，基作坖。按：説文广部云：「廟，尊先祖皃也，从广，朝聲。庿，古文。」段注云：「尊其先祖而以是儀皃之，故曰宗廟。聲字蓋衍，古文从苗，爲形聲，小篆从广朝，謂居之與朝廷同尊者，爲會意。」今按：西周金文吴方彝、免簠、虢季子白盤等作廟，東周金文中山王壺作庿，是説文所謂古文者，實後起形聲字，故仍當以作廟爲正字。説文辟部云：「辟，法也，从卩辛，節制其辠也；从口，用法者也。」今按：説文所釋當是。但甲骨文作𨐨不从口，金文多作辟从口，後世通行。魏三體石經多方作辟，汗簡人部引尚書作侲，古文四聲韻昔韻引古尚書作侲，又引古文作侲，及上引寫本諸體，皆變異本形，不可説解，不足取。説文土部云：「基，牆始也，从土，其聲。」段注云：「牆始者，本義也，引申之爲凡始之偁。釋詁曰：『基，始也。』」汗簡土部引尚書作𡉚，古文四聲韻之韻引汗簡作𡊄。今按：東周金文子璋鐘作基，與説文篆文同，當爲正體，後世通行，故尚書文字當以作基爲正。而古璽文作𡉚从丌，包山楚簡作𡊄从亓，丌、亓皆古其字，是𡉚、𡊄即基字異體，後世廢而不行。

【詁】爾雅釋言云：「惠，順也。」詩商頌長發云：「降予卿士，實維阿衡，實左右商王。」毛傳云：「阿衡，伊尹也。」段玉裁説文解字注謂「伊與阿、尹與衡皆雙聲，然則一語之轉也」。按：當以毛傳、段説爲是，阿衡即伊尹，爲商王成湯卿士。説文言部云：「諟，理也，从言是聲。」段注云：「理猶今人言是正也。大學引太甲『顧諟天之明命』，注：『諟猶正也。』」按：「顧諟」猶今言認定。「上下」即天地。神謂天神，祇謂地神。爾雅釋詁云：「祇，敬也。」按：「祇肅」猶言敬奉。小爾雅廣詁云：「集，成也。」按：集謂成就。説文手部云：「撫，安也。」爾雅釋詁云：「綏，安也。」按：「撫綏」爲同義複詞，猶言安撫。言繼位之王太甲不順從于伊尹，伊尹于是作書給王説，先王成湯認定上天之明命，因而恭奉天地神靈，社稷宗廟無不敬奉，上天明鑒其德，因成就大命于其身，使安撫天下。爾雅釋詁云：「躬，身也。」「左、右、助，勴也。」「辟，君也。」「師，衆也。」又釋言云：「宅，居也。」是「宅師」謂使衆民安居樂業。爾雅釋詁云：「肆，故也。」丕，語詞無實義，「丕承」即繼承。詩魯頌閟宮毛傳云：「緒，業也。」言我伊尹親身能協助其君王成湯使天下衆民安居樂業，故你繼位子孫得繼承先王基業。

「惟尹躬先見于西邑夏，自周有終，相亦惟終。其後嗣王，罔克有終，相亦罔終。嗣王戒哉！祗爾厥辟，辟不辟，忝厥祖。」

【校】古文訓忝作悉。按：説文心部云：「悉，辱也，从心，天聲。」段注云：「小雅小宛曰：『無忝爾所生。』傳云：『忝，辱也。』蓋或㥏之或體耳。」今按：古文四聲韻忝韻引籀韻忝作悉，與説文篆文同。實則本形作悉，隸變作忝，心字漢隸變作⺗，故悉變作忝，後世則忝爲通行體。

【詁】蔡傳云：「夏都安邑，在亳之西，故曰西邑夏。」按：據現代考古材料，夏都當在晉南豫西之間，位于商邑亳即今商丘之西，故曰西邑夏。國語魯語云：「忠信爲周。」爾雅釋詁云：「在，終也。」「在，存也。」是終與存同義，終謂善終。相，謂輔相之臣。薛綜注東京賦云：「惟，有也。」按：「惟終」猶言有善終。爾雅釋詁云：「辟，法也。」「辟，君也。」按：辟謂君道，「辟不辟」謂君而不盡君道。言我伊尹親身先前見到商都亳邑以西夏都的君主，自身忠信有善終，故輔相之臣亦有善終；其後代嗣王如桀不能有善終，故輔相之臣亦無善終。今你嗣王要警戒，警戒其爲君之道，爲君而不盡君道，將辱没其祖成湯。

王惟庸，罔念聞。伊尹乃言曰：「先王昧爽丕顯，坐以待旦，旁求俊彦，啓迪後人。無越厥命以自覆，慎乃儉德，惟懷永圖。若虞機張，往省括于度則釋。欽厥止，率乃祖攸行，惟朕以懌，萬世有辭。」

【校】内野、足利、天正本越作粤。古文訓越作𨒪。按：説文辵部云：「𨒪，踰也，从辵，戉聲。易曰：『襍而不逑。』」又走部云：「越，度也，从走，戉聲。」段注云：「與辵部逑字音義同。周頌：『對越在天。』箋云：『越，於也。』此假借越爲粵也。尚書有越無粵。大誥、文侯之命越字，魏三體石經作粵。說文引『粵三日丁亥』，今召誥作『越三日丁巳』。」今按：金文越字作戉，見者沪鐘。而越國字作⿰邑戉从邑，見越王勾踐劍及包山楚簡。秦代陶文踰越字作越，是爲正體。逑不見于先秦古文字，蓋爲越字後出異體。魏三體石經及古寫本作粵，皆用假借字。尚書文字當以作越爲正。

【詁】爾雅釋詁云：「庸，常也。」言太甲照常不改其過，不想聽伊尹之戒。說文日部云：「昧，昧爽，且明也。」段注云：「且明者，將明未明也。」爾雅釋詁云：「丕，大也。」顯當讀爲憲。說文心部云：「憲，敏也，从心目，害省聲。」段注云：「心目並用，敏之意也。」按：「丕顯」謂大爲用心國政。說文二部云：「旁，溥也。」按：「旁求」猶言廣求。爾雅釋訓云：「美士爲彥。」說文辵部云：「迪，道也，从辵由聲。」段注云：「道兼道路、引導二訓。」按：「啟迪」謂啟發訓導，猶今言教導。言伊尹于是進言說，先王天未明即起，大爲用心國政，坐以待旦勤理國政，廣求才俊美彥之士，以教導後人。孔傳云：「越，墜失也。」「厥命」謂祖上成湯教導後人之命。「自覆」即自取滅亡。廣雅釋詁云：「慎，思也。」王氏釋詞云：「乃，猶其也。」說文人部云：「儉，約也。」按：約謂約束，「慎乃儉德」謂思念成湯自約勤政之德。爾雅釋詁云：「懷，思也。」「永、遠，遐也。」「圖，謀也。」言不要失掉祖上成湯訓命而自取滅亡，慎思先王自約勤政之德，惟思遠謀國事。爾雅釋言云：「虞，度也。」說文木部云：「機，主發謂之機。」按：「機張」，張射之弓弩機關。爾雅釋詁云：「省，察也。」蔡傳云：「括，矢括也。」按：矢括，箭末扣弦處。度，瞄準度數。蔡傳云：「釋，發也。」止，行止，行爲。爾雅釋詁云：「率，循也。」釋言云：「攸，所也。」按：「攸行」謂所行道。辭，言辭，美譽。言行德如揆度張射之弓弩機關，需往視箭括之位是否合于度數，合則發射必中，謂改過也當有的放矢，要敬慎其行爲，遵循你祖成湯所行之道，如此不僅我伊尹喜悦，你太甲萬代都有美譽。

王未克變。伊尹曰：「茲乃不義，習與性成，予弗狎于弗順。營于桐宮，密邇先王其訓，無俾世迷。」王徂桐宮居憂，克終允德。

【校】古文訓邇作⿺辶⿱至至。按：説文辵部云：「⿺辶⿱至至，近也，从辵，臸聲。」段注云：「按：至部：『臸，到也。』重至與並至一也。」又辵部云：「邇，近也，从辵，爾聲。迩，古文邇。」今按：⿺辶⿱至至字古音端紐質部，邇字日紐脂部，端日準旁紐，質脂對轉，兩字爲音近義同的同源字。而⿺辶⿱至至字見於甲骨文殷虚書契前編卷五第三十頁一片，與説文篆文同。邇字篆文未見于先秦古文字，古文迩始見于戰國古文字，是兩字以⿺辶⿱至至爲古，邇當是後起字。集韻質韻云：「邇，古作⿺辶⿱至至。」其説是，而後世邇字通行，故尚書文作邇作迩均可。

【詁】説文我部云：「義，己之威義也，从我从羊。」段注云：「詩文王、我將毛傳皆曰『義，善也』，引伸之訓也。」按：陸氏釋文云：「義，本亦作誼。」誼亦善。説文犬部云：「狎，犬可習也，从犬，甲聲。」段注云：「引伸爲凡相習之偁。」按：「弗狎」，不使相習，猶今言不熟視無睹。「弗順」，謂不順从訓戒。營，營造。蔡傳云：「桐，成湯墓陵之地。」按：桐地在今河南偃師縣西南。桐宮，桐陵營造之宮。「密邇」，古成語，猶今言親近。「世迷」謂一生迷惑。言太甲未能改變舊習，伊尹乃告羣臣説，此乃王的不善行爲，積習會成秉性，我不能熟視無睹于他不順從訓戒，要營造桐陵之宮讓其居住，使親近先王成湯之教訓，無使一生迷惑不悟。爾雅釋詁云：「徂，往也。」「憂，思也。」「允，信也。」按：「居憂」，居處憂思之位。言于是太甲前往桐宮，居處憂思祖訓之位，故使他能終成忠信美德。

太甲中

惟三祀，十有二月朔，伊尹以冕服奉嗣王歸于亳。作書曰：「民非后，罔克胥匡以生；后非民，罔以辟四方。皇天眷佑有商，俾嗣王克終厥德，實萬世無疆之休。」

【校】天理本疆作彊。古文訓冕作絻，疆作畺。按：説文冃部云：「冕，大夫以上冠也。从冃，免聲。絻，冕或从糸作。」段注云：「覲禮注云：『今文冕皆作絻。』許或之者，許意從古文也。亦見管子、荀卿子及封禪書。」今按：冃即古冒、帽字。从冃之字，金文冑簋有冑字，九年衛鼎有冒字，而絻不見於先秦古文字，自當以从冃之冕字爲正，絻蓋後起異體字，許氏或之是。説文畕部云：「畺，界也，从畕，三其介畫也。疆，畺或从土彊聲。」段注云：「今則疆行而畺廢矣，惟周禮有畺。」今按：畺字初文甲骨文作畕，見庫方二氏藏甲骨卜辭四九二片。金文毛伯簋作畺，頌簋、兮甲盤作彊，秦公簋作疆。是畕、畺、彊、疆爲一字，而後世疆字通行，故尚書文當作疆。

【詁】蔡傳云：「奉，迎也。喪既除，以衮冕吉服，奉迎以歸也。」言太甲在桐宮的第三年十二月初一日，伊尹用國王冕服迎嗣王回到亳都。楊氏詞詮云：「非，同動詞，無也。」揚雄方言云：「胥，輔也。」輔者扶也。爾雅釋言云：「匡，正也。」又釋詁云：「辟，君也。」言伊尹作書説，民無君，不能扶正而生存；君無民，無以君臨天下。説文目部云：「眷，顧也。」段注云：「眷者顧之深也。」「有商」即商，有爲助詞。國語周語韋注云：「終，成也。」實與寔、是通用。爾雅釋詁云：「休，美也。」言皇天顧念扶助商家，使嗣王能終成其善德，是商家萬世無窮之美。

王拜手稽首，曰：「予小子不明于德，自厎不類，欲敗度，縱敗禮，以速戾于厥躬。天

作孽，猶可違；自作孽，不可逭。既往背師保之訓，弗克于厥初，尚賴匡救之德，圖惟厥終。」

【校】天理本欲作慾。古文訓欲作慾，縱作徔，躬作躳。按：說文欠部云：「欲，貪欲也，从欠，谷聲。」段注云：「古有欲字，無慾字，後人分別之，製慾字，殊乖古義。欲从欠者，取慕液之意；从谷者，取虚受之意。易曰：『君子以懲忿窒欲。』陸德明曰：『欲，孟作谷。』晁説之曰：『谷，古文欲。』晁氏所據釋文不誤，今本改作孟作浴，非也。」今按：欲、慾古今字，戰國古璽文、郭店楚簡、睡虎地秦簡、詛楚文作欲，爲古本字。尚書文當以作欲爲正。說文糸部云：「縱，緩也，一曰捨也，从糸，從聲。」段注云：「捨者，釋也。後人以爲從衡字者，非也。」今按：殷周甲金文無縱字，當即從之孳乳。甲骨文從作徔，見戰後京津新獲甲骨集一三七二片。金文亦作徔，見芮公鐘；而賢簋、啟卣等作從。睡虎地秦簡已用縱字，且爲通行字，故放縱字當以此爲正。集韻用韻云：「縱，說文：『緩也，一曰舍也。』古作徔。」徔字始見於玉篇，釋義「緩也」，不見于漢代以前字書文獻，是其字不古。說文吕部云：「躳，身也，从吕从身。躬，俗从弓身。」段注云：「从吕者，身以吕爲柱也。鞠躳者，斂曲之皃也。弓身者，曲之會意也。」今按：說文吕部云：「吕，脊骨也，象形。膂，籀文吕，从肉，旅聲。」戰國古璽作躳，从吕；包山楚簡作躬从弓，从弓當即从吕之變。漢印作躬，漢碑多作躬，如桐柏廟碑、郙閣頌、北海相景君銘皆作躬，是躬在漢代已爲通行字，通行既久，故尚書文作躬亦可。

【詁】蔡傳云：「拜手，首至手也；稽首，首至地也。」按：王拜伊尹，以謝前不順其訓之過。爾雅釋言云：「厎，致也。」又釋詁云：「類，善也。」「速，召也。」「戾，罪也。」按：召與招義同。言太甲拜謝伊尹説，我小子不明于修德，自致不善，貪欲毀敗法度，放縱毀敗禮儀，因而招來罪過在其身。孽是孼之俗字，妖孼本字說文作蠥。漢書劉向傳顏師古注云：「蠥，災也。」爾雅釋詁云：「違，遠也。」按：違謂遠避。説文辵部云：「逭，逃也。」言上天造災，尚可躲避；自身造災，不可逃避。「既往」，猶言以往。師保，即太保，謂伊尹。爾雅釋言云：「匡，正也。」又釋詁云：「圖，謀也。」「初，始也。」言以往違背師保之教訓，不能謀善于其始，但願依賴師保匡正挽救之德，謀善于其終。

伊尹拜手稽首，曰：「修厥身，允德協于下，惟明后。先王子惠困窮，民服厥命，罔有不悦。並其有邦厥鄰，乃曰：『徯我后，后來無罰。』王懋乃德，視乃厥祖，無時豫怠。奉先思孝，接下思恭，視遠惟明，聽德惟聰，朕承王之休無斁。」

【校】足利、天正本悦作⿺辶兑。古文訓悦作兑。按：説文言部云：「説，説釋也，从言，兑聲。一曰談説。」段注云：「説釋即悦懌，説悦、釋懌皆古今字，許書無悦懌二字也。説釋者開解之意，故爲喜悦。采部曰：『釋，解也。』儿部曰：『兑，説也。』本周易。此从言兑會意，兑亦聲。疑後增此四字，別音爲失爇切。」今按：商周古文有兑無説，兑字見殷契粹編一一五四片與師兑簋。兑爲説之初文，字从儿即人、从八、从口，會意人開口笑談喜悦，後孳乳説字，兼喜悦、談説二義。禮記學記、緇衣、文王世子引尚書説命皆作兑命，猶存古字。但古陶文、古璽文、郭店楚簡、睡虎地秦簡皆作説，故尚書文仍當以作説作悦爲通用字。古寫本悦作⿺辶兑，考⿺辶兑乃稅字異體，見馬王堆漢墓帛書老子。「厥祖」，蔡沈集傳本作「烈祖」。按：僞孔傳云：「視其祖而行之。」以「其」釋「厥」，是僞孔本作「厥祖」。唐開成石經作「厥祖」不誤。

【詁】爾雅釋詁云：「允，信也。」「協，服也。」「后，君也。」按：玉篇心部云：「惟，爲也。」是「惟明后」即爲明君。言君修其德，有誠信之德則民悦服于下，是爲明君。子當讀爲慈，説文心部云：「慈，愛也。」參看楊樹達積微居小學金石論叢釋慈。爾雅釋詁云：「惠，愛也。」言先王成湯慈愛困窮之民，故民服從其教令，無有不悅服。「有邦」即邦，有爲助詞，邦謂諸侯國。楊氏詞詮云：「並，介詞，與今語連義同。」王氏釋詞云：「厥，猶之也。」爾雅釋詁云：「徯，待也。」言成湯連其諸侯之鄰國都使悅服，鄰國人說，等待我君商湯，君來無有苛罰。說文心部云：「懋，勉也。」廣雅釋詁云：「視，效也。」楊氏詞詮云：「乃，對稱人稱代名詞，爾也，汝也。」王氏釋詞云：「厥，猶之也。」按：「視乃厥祖」謂效你之祖成湯。楊氏詞詮云：「時，時間副詞，有時也。」按：「無時」，猶今語不要有時。蔡傳云「不可頃刻而逸豫怠惰」，亦是。爾雅釋詁云：「豫，樂也。」又釋言云：「懈，怠也。」按：「豫怠」謂逸樂怠惰。言王要勉修你德，效你之祖成湯，不要有時逸樂怠惰。孔傳云：「以念祖德爲孝，以不驕慢爲恭。」玉篇心部云：「惟，爲也。」言遵奉先人要思念祖德爲孝道，接引下臣要思不驕不慢爲恭敬，看得遠大爲明聖，聽進德言爲聰察。說文木部休字或體作庥。爾雅釋言云：「庥，廕也。」郭注云：「今俗語呼樹蔭爲庥。」按：樹蔭福護人，故休謂福護。說文攴部云：「斁，一曰終也。」按：終者竟也、窮也，「無斁」猶言無窮。言王能如此，則我商家受王之福護無窮。

太甲下

伊尹申誥于王曰：「嗚呼！惟天無親，克敬惟親。民罔常懷，懷于有仁。鬼神無常享，享于克誠。天位艱哉！

【詁】爾雅釋詁云：「申，重也。」「誥，告也。」按：「申誥」猶言再告。言伊尹再進一步告戒于王。爾雅釋詁云：「恒，常也。」又釋言云：「懷，來也。」按：懷謂歸向。享，享用祭品。言天于人無有恒定之親，能敬天命者爲親；民于君無有永恒歸向，歸向于有仁愛之心的君主；鬼神不經常享用一人祭品而保祐一人，享用能誠信者，可見居天子之位艱難。

「德惟治，否德亂。與治同道，罔不興；與亂同事，罔不亡。終始慎厥與，惟明明后。」

【校】唐石經初刻有后字，後磨改衹作「惟明明」。內野、天理、八行本亦無后字，而足利、天正本及古文訓有后字。按：孔傳作「明慎其所與治亂之機，則爲明王明君」，似本有后字，后者，王也君也，今本作「惟明明后」是。

【詁】王氏釋詞云：「惟，猶乃也。」按：否與不古本一字，「否德」猶言不德、無德。言爲政有德乃治，無德乃亂。「與治同道」，謂與治者同道，如禹、湯。「與亂同事」，謂與亂者爲同事，如夏桀。爾雅釋訓云：「明明，察也。」陸氏釋文引舍人注云：「明明，甚明也。」言與治者同道而行，國無不興；與亂者同事爲伍，國無不亡。終與始皆能慎其所與，以禹、湯爲榜樣，則爲英明之君。

「先王惟時懋敬厥德，克配上帝。今王嗣有令緒，尚監茲哉！若升高，必自下；若陟遐，必自邇。無輕民事，惟難；無安厥位，惟危。慎終于始。」

【校】古文訓升作陞。按：說文斗部云：「升，十合也，从斗，象形。」段注云：「古經傳登多作升，古文假借也。」按今俗所用又作陞。」今按：漢代以前蓋已有陞字。原本玉篇𨸏部云：「陞，始繩反。蒼頡篇：『陞，上也。』廣雅：『陞，進也。』聲類：『今升字。』」秦丞相李斯作蒼頡篇，是秦代已有陞字。但陞乃升之孳乳。殷契粹編三三〇片及兩周金文友簋、秦公簋皆有升字，蓋與陟、降等字類化加𨸏作阩，見集韻蒸韻，再加土作陞，皆升字之繁化區別字。而尚書文仍當以作升爲正。

【詁】「惟時」，猶言爲此。孔傳云：「勉修其德，能配天而行之。」按：敬从支苟會意。説文苟部云：「苟，自急敕也。」是敬有自修之義。言先王成湯爲此勉力自修其德，故能配合天道而行。爾雅釋詁云：「令，善也。」「業，緒也。」「監，視也。」按：緒本義端緒，引伸義爲基業，「令緒」猶言美善基業。尚與當古同聲而通用，謂應當。監、鑑古今字，謂鑑取效法。言今王繼承先王美善基業，當鑑取效法于此。説文自部云：「陟，登也，从自步。」段注云：「謂緣自而步，自有層次可尋，是謂會意。」爾雅釋詁云：「遐，遠也。」「邇，近也。」「惟，思也。」蔡傳云：「無、毋通。毋輕民事而思其難，毋安君位而思其危。」言爲政如登高行遠，必自下自近開始；不要輕視下民之事而要思慮其難，不要安于其君位而要居安思危，慎其善終要從慎其善始做起。

「有言逆于汝心，必求諸道。有言遜于汝志，必求諸非道。嗚呼！弗慮胡獲？弗爲胡成？一人元良，萬邦以貞。君罔以辯言亂舊政，臣罔以寵利居成功，邦其永孚于休。」

【校】足利、天正本辯作辨。古文訓遜作孫，辯作辡。按：説文辵部云：「遜，遁也，从辵，孫聲。」段注云：「六經有孫無遜，大雅『孫謀』、論語『孫以出之』，皆愻之假借也。春秋『夫人孫于齊』，尚書序『將孫于位』，皆逡遁遷延之意。釋言云：『孫，遁也。』釋名曰：『孫，遜也。』遜遁在後生也。古就孫義引伸，卑下如兒孫，非別有遜字也。今尚書爾雅釋言淺人改爲遜，許書『遜，遁也』，蓋後人據今本爾雅增之，非本有也。」今按：甲骨文金文有孫無遜。殷虚書契後編卷下十四頁七片作孙。西周金文段簋作孙，班簋作孫，从系與从幺義同。睡虎地秦簡作孫，與説文篆文同，从系即糸之繁化。魏三體石經閔公作遜，乃孫之孳乳後起字。然遜字通行既久，用之亦可。説文辡部云：「辡，辠人相與訟也，从二辛。方免切。』「辯，治也，从言在辡之間也。」段注云：「治者理也。俗多與辨不別，辨者判也。謂治獄也，會意。」又刀部云：「辨，判也，从刀，辡聲。」段注云：「古辨、判、別三字義同也，辨从刀，俗作辦，爲辨別字。」今按：殷周古文字有辨無辯，辨篆作辨，从刀。因此古當有辡字，孳乳从刀爲辨別字，後又孳乳从言爲辯言字，而辡爲古初字，辨、辯爲通用字，戰國古文睡虎地秦簡有辨並有辯。古通用之例，如漢老子銘「辯是與非」，辯即辨；郙閣頌「下辨仇審」，辨即辯。古文訓作辡，自是古初文，而不如以作辯爲通行字。

【詁】楊氏詞詮云：「諸，代名詞兼介詞，之於二字之合聲。」遜當讀爲愻。説文心部云：「愻，順也。」又心部云：「志，意也。」言有些話不順于你心意，一定要考求之于道義，以判斷其是非；有些話雖順于你心意，一定要考求之于非道義，從反面判斷其是非。説文思部云：「慮，謀思也。」段注云：「言部曰『慮難曰謀』，與此爲轉注。」胡與曷通。詩邶風日月毛傳云：「胡，何也。」言不謀思道德何得道德，不爲善政何成善政。「一人」謂天子。禮記月令鄭注云：「元，善也。」廣雅釋詁云：「貞，正也。」言天子爲萬邦儀表，天子善良，則萬邦得以正。「辯言」，巧辯之言。「寵利」，尊寵利禄。吕氏春秋上農篇高誘注云：「居，安也。」王氏釋詞云：「其，猶將也。」孚當讀爲保，見説文爪部。言君不用巧言擾亂國家故政，臣不以尊寵禄利安居成功不退，則國家將永保于美善。

商書五

咸有一德

【解題】史記殷本紀云：「既紬夏命，還亳，作湯誥。曰：『不道，毋之在國，女毋我怨。』以令諸侯。伊尹作咸有一德。」是咸有一德作于湯時，贊湯堅持君臣皆有純一之德以號令諸侯。

而僞古文尚書次于太甲三篇之後，即此足證其僞。

伊尹既復政厥辟，將告歸，乃陳戒于德，曰：「嗚呼！天難諶，命靡常。常厥德，保厥位。厥德匪常，九有以亡。

【校】内野、足利、天正本陳作敕。天理本諶作忱。古文訓陳作敶，諶作忱。按：説文阜部云：「陳，宛丘也，舜後嬀滿之所封。从𨸏、从木，申聲。」段注云：「陳本大皞之虚正字，俗假爲敶列之敶，陳行而敶廢矣。大皞以木德王，故字从木。古文从申不从木。」又説文攴部云：「敶，列也，从攴，陳聲。」段注云：「爾雅：『郊外謂之田。』李巡云：『田，敶也，謂敶列種穀之處。』敕者，敶之省，素問注云『敕，古陳字』是也。此本敶列字，後人假借陳爲之，陳行而敶廢矣。亦本軍敶字，後人别製無理之陣字，陣行而敶又廢矣。」今按：陳、敶本一字，金文陳侯鬲作陳，陳公子甗作敶，即其證。字又从土作塦，齊陳曼簠、陳逆簠等皆如此形，魏三體石經僖公亦同此。陳从申，有申布義，故亦用爲布陣字，加攴孳乳爲敶，作戰陣字。又加土作塦，用作氏姓封邑字，皆陳之孳乳。後出陣字，蓋即陳之譌變。漢隸司農劉夫人碑陳作陣，是漢時已作陣。漢書刑法志顔師古注云：「戰陳之義本因陳列爲名，而音變耳，字則作陣，更無别體。而末代學者輒改其字旁從車，非經史之本文也。」顔説是。而諸寫本陳作軙，其形顯誤。汗簡支部、古文四聲韻真韻引尚書作敕，其形亦不古，而古文訓以爲古文。説文言部云：「諶，誠諦也，从言，甚聲。詩曰：『天難諶斯。』」段注云：「大雅文，今詩作忱，毛曰：『忱，信也。』」按諶、忱義同音近，古通用。」又心部云：「忱，誠也，从心，冘聲。詩曰：『天命匪忱。』」段注云：「詩大明曰：『天難忱斯。』大雅蕩曰：『天生烝民，其命匪諶。』許作忱，是亦可徵二字互用也。」今按：金文有諶無忱，西周諶鼎有諶字，詩大雅大明亦作諶，是諶信字以作諶爲正，忱乃通用字。寫本作忱者，當即忱之譌變，不足取。

【詁】爾雅釋詁云：「辟，君也。」言伊尹已還政其君太甲，將告老回到封邑，乃陳述修德爲政以戒。楊氏詞詮云：「靡，否定副詞，不也。」按：匪當讀爲非，不也。詩商頌玄鳥毛傳云：「九有，九州也。」按：有與或古同聲而通用，或、域古今字，「九有」，猶言九域，九域即九州，謂天下九州。言上天難信，因爲天命不常保一家，而保有德者，故要常修其德，以保其位。如君修德不常，雖有九州而亡，夏桀即是。

「夏王弗克庸德，慢神虐民，皇天弗保。監于萬方，啟迪有命，眷求一德，俾作神主。惟尹躬暨湯，咸有一德，克享天心，受天明命，以有九有之師，爰革夏正。

【詁】爾雅釋詁云：「庸，常也。」言夏桀不能常修其德，輕慢神明，虐待下民，故上天不保。監，猶言觀察。「啟迪」，謂開導。眷，反復看，「眷求」猶言察訪。蔡傳云：「一德，純一之德。」「神主」，主持百神祭祀之君主，謂國君。言上天觀察萬方，開導有天命之人，察訪有純一之德者，使作百神主祭之國君而伐桀。爾雅釋詁云：「暨，與也。」「咸，皆也。」小爾雅廣言云：「享，當也。」按：當者，合也。爰，猶于是。正當讀爲政。言上天看到惟獨我伊尹與商湯君臣皆有純一之德，能合天心，故受天明命，而統有九州之衆，于是革除夏政。

「非天私我有商，惟天佑于一德。非商求于下民，惟民歸于一德。德惟一，動罔不吉；德二三，動罔不凶。惟吉凶不僭，在人；惟天降災祥，在德。

【校】古文訓私作厶。按：説文禾部云：「私，禾也，从禾，厶聲。北道名禾主人曰私主人。」段注云：「蓋禾有名私者也，今則假私爲公厶。北道蓋許時語，立乎南以言北之辭。周頌：『駿發爾私。』毛曰：『私，民田也。』」又厶部云：「厶，姦衺也。韓非曰：『倉頡作字，自營爲厶。』」段注云：「公私字本如此，今字私行而厶廢矣。見五蠹篇，今本韓非營作環，二字雙聲語轉，營訓帀居，環訓旋繞，其義亦相通。自營爲厶，六書之指事也。八厶爲公，六書之會意也。」今按：汗簡亥部引尚書私作厶。古陶文字徵引「十一年厶坴」私作厶。古璽文或作厶，私字見戰國古璽與睡虎地秦簡，是亦先秦古文，尚書作私亦可。

【詁】爾雅釋親云：「女子謂姊妹之夫爲私。」按：私本謂私有，引伸之義爲私愛。孔傳云：「二三，言不一。」廣雅釋詁云：「僭，差也。」按：「吉凶」、「災祥」皆偏義複詞，上句言吉，下句言災，互文見義。爾雅釋詁云：「在，察也。」言不是上天私愛我商家，而是佑助于純德之人；不是我商家強求于下民，而是民心歸向于純德之王；德純一，行動無不吉利；德不純一，行動無不凶險；天降吉祥不會有差，察德純者而降；天降災凶亦不會有差，察德不純者而降。

「今嗣王新服厥命，惟新厥德；終始惟一，時乃日新。任官惟賢材，左右惟其人。臣爲上爲德，爲下爲民；其難其慎，惟和惟一。德無常師，主善爲師；善無常主，協于克一。

【校】蔡沈書集傳本材作才。按：說文木部云：「材，木梃也，从木，才聲。」段注云：「梃，一枚也。材謂可用也。論語：『無所取材。』鄭曰：『言無所取桴材也。』材引伸之義，凡可用之具皆曰材。」又才部云：「才，艸木之初也，从丨上貫一，將生枝葉也；一，地也。」段注云：「引伸爲凡始之偁。釋詁曰：『初、哉，始也。』哉即才。凡才、材、裁、纔字以同音通用。」今按：甲金文有才無材。殷虛書契後編卷上三十二頁十一片與西周金文有才字，皆象艸木幼苗突出地面而生。材字始見于戰國古文郭店楚簡與睡虎地秦簡。據許書賢才字以材爲本字。據字史先有才字，孳乳爲材，是才、材實古今字，故古書通用。唐石經作材，與今本合。

【詁】說文舟部云：「服，用也，从舟艮聲。」按：詞義引伸爲受。「厥命」即其命，謂王命。爾雅釋詁云：「時，是也。」言今嗣王新受王命，當更新其德行，終始爲一，如此則會日新不衰。說文人部云：「任，保也，从人，壬聲。」按：任之本義爲保舉，引伸之義爲選任。蔡傳云：「左右者，輔弼大臣。」「惟其人」，「其」指代上句「賢材」，謂唯用賢材之人。言選任官吏唯用賢能之人，輔弼大臣更要任得其人。論語述而孔安國注云：「爲，猶助也。」廣雅釋詁云：「爲，施也。」按：「爲上爲德」謂助君上施德；「爲下爲民」謂助下民作順民。言臣之職責在佐助君上布施德義，訓助下民作順民。王氏釋詞云：「其，猶尚也，庶幾也。」「惟和」，謂惟有君臣和諧；「惟一」，謂惟有君臣一德。言要君德民順，希望以任賢爲難，以防佞爲慎，君臣和諧一德。蔡傳云：「師，法也。協，合也。」說文丶部云：「主，鐙中火主也。」按：主本義燈中火芯，引伸之義爲準則。言德無經常不變之法度，以主于行善爲法度；善無經常不變之準則，符合于能一德即是準則。

「俾萬姓咸曰：大哉！王言。又曰：一哉！王心。克綏先王之禄，永厎烝民之生。嗚呼！七世之廟，可以觀德；萬夫之長，可以觀政。后非民罔使，民非后罔事。無自廣以狹人，匹夫匹婦不獲自盡，民主罔與成厥功。」

【詁】爾雅釋詁云：「俾，使也。」「咸，皆也。」「綏，安也。」「禄，福也。」「烝，衆也。」馬融注舜堯云：「厎，定也。」言要使萬姓之民皆說：偉大啊，君王之言。又說：純一啊，君王之心。如此就能安享上天所賜先王之福禄，永定衆民之生存。孔傳云：「天子立七廟，有德之王則爲祖宗，其廟不毁，故可觀德。」蔡傳云：「天子七廟，三昭三穆，與太祖之廟七。天子居萬民之上，必政教有以深服乎人，而後萬民悦服，故曰萬夫之長，可以觀政。」爾雅釋詁云：「后，君也。」按：使，謂驅使；事，謂從事。言由七世之廟祖宗風采，可以觀察爲政之德；由明君堪爲萬民之長，可以觀察爲政之風；君主没有人民就無所驅使，保有四方；人民没有君主就無所從事，謀求生存。「自廣」，猶言自大。「狹人」，猶言小人，即以人爲小。「匹夫匹婦」，謂平民百姓。「自盡」，謂身盡事君心力。「民主」，猶言人君。言君主不要自大而小視人民，如果平民百姓不得身盡事君心力，人君就没有人與他建立功業。

商書六

説命上【解題】史記殷本紀云：「武丁夜夢得聖人名曰説。於是迺使百工營求之野，得説於傅巖中。得而與之語，果聖人，舉以爲相，殷國大治。故遂以傅巖姓之，號曰傅説。」史記雖有殷高宗武丁夢得傅説之記，而不記作説命，故亦書之僞篇。題意即高宗命傅説之言。

王宅憂，亮陰三祀。既免喪，其惟弗言。羣臣咸諫于王曰：「嗚呼！知之曰明哲，明哲實作則。天子惟君萬邦，百官承式。王言，惟作命；不言，臣下罔攸稟令。」

【校】足利本罔作亡。唐石經補闕「稟令」作「稟命」。古文訓説作兑，「稟令」作亩令。按：陸氏釋文云：「説，本又作兑，音悦。」考釋見太甲篇。釋文又云：「亮，本又作諒，如字。」今按：説文言部云：「諒，信也，从言，京聲。」段注云：「方言：『衆信曰諒。』經傳或假亮爲諒。」是今本尚書作亮者，爲假借字。諒、亮二字皆見于戰國古文字，蓋通用已久。古寫本罔作亡。考罔从网亡聲，雖罔省借作亡可通，然不見用例。故尚書文當以作罔爲正。説文亩部云：

「亩，穀所振入也，从入，从回，象屋形，中有户牖。廩，亩或从广稟。」又云：「稟，賜穀也，从亩禾。」段注云：「凡賜穀曰稟，受賜亦曰稟，引伸之凡上所賦、下所受皆曰稟，左傳言『稟命則不威』是也。」今按：亩爲倉廩古字，見殷契粹編九一五片，象倉屋有通風散熱之户牖。金文盂鼎作亩，是亩之加形異體。説文或體作廩，蓋即亩之俗變。戰國古璽文及睡虎地秦簡作稟从禾，與説文篆文同。蓋亩、稟古本一字，後倉亩用亩，俗作廩，稟命用稟，俗作禀，讀音亦異。是作亩者用古字，稟則稟之異體。而令作命者，説文口部云：「命，使也，从口令。」段注云：「令亦聲。」又卩部云：「令，發號也，从亼卩。」按：殷周古文命、令本一字。鐵雲藏龜第十二頁四片命作令，从亼从卩，李孝定釋亼爲倒口，即口字，卩象人跽跪之形，是令之本義爲人跽跪聽口令之形。金文免盤、默簋、秦公鐘命作令，與甲骨文同，是命、令自可通用。然尚書古寫本及蔡傳本皆作令，阮校云：「令，石經補缺誤作命。」是此文以作令字爲正。

【詁】爾雅釋言云：「宅，居也。」按：「宅憂」謂居喪。論語憲問云：「子張曰：『書云「高宗諒陰，三年不言」，何謂也？』子曰：『何必高宗，古之人皆然。君薨，百官總己以聽於冢宰三年。』」又史記殷本紀云：「帝武丁即位，思復興殷，而未得其佐，三年不言，政事決定于冢宰，以觀國風。」左傳隱公元年疏引馬融曰：「亮，信也。陰，默也。爲聽于冢宰，信默而不言。」綜上諸説，「亮陰」，是謂武丁新立服孝，信任冢宰大臣主政，自己考察國情，三年默而不言政事。伏生大傳及鄭玄注謂「亮陰」爲居凶廬守孝，未必古義。「其惟」猶今語「還是」。言新王武丁居喪，委政冢宰不言政事三年，雖已免除居喪，還是不言政事。爾雅釋詁云：「咸，皆也。」又釋言云：「哲，智也。」王氏釋詞云：「曰，猶爲也。」按：實與曰對文義同，本亦作寔。爾雅釋詁云：「寔，是也。」又云：「則，法也。」言羣臣皆進諫于王説，知曉事理則爲明智，明智是能制作法令。君謂君臨。説文工部云：「式，法也，从工，弋聲。」言天子之職是君臨天下萬國，使百官承受法令，王之言是所爲法令，王不言，臣下就無從稟受法令。

王庸作書以誥曰：「以台正于四方，台恐德弗類，茲故弗言，恭默思道。夢帝賚予良弼，其代予言。」乃審厥象，俾以形旁求于天下。説築傅巖之野，惟肖。爰立作相，王置諸其左右。

【校】敦煌、内野本審作宷。古文訓默作嚜，審作宷，築作筑。按：説文犬部云：「默，犬暫逐人也，从犬，黑聲，讀若墨。」段注云：「假借爲人静穆之偁，亦作嘿。」今按：玉篇口部云：「嘿，與默同。」墨子貴義篇云：「嘿則思，言則誨。」畢沅校注云：「默字俗寫从口。」又漢婁壽碑：「玄嚜有成。」顧氏隸辨云：「字原云：『義作默。』按：書説命：『恭默思道。』古文尚書作嚜。史記賈生列傳：『于嗟嚜嚜兮生之無故。』漢書作默。」暫者不久也，犬暫逐人，謂一逐即止，故默引伸爲静止之義。因此義常用，故字俗寫从口作嘿，或作嚜，皆後出字，不必視爲古文。尚書文當以作默爲正。説文釆部云：「宷，悉也，知宷諦也，从宀釆。審，篆文宷，从番。」段注云：「鍇曰：『宀，覆也，釆，别也，能包覆而深别之也。』然則宷，古文籀文也。不先篆文者，从部首也。」今按：西周金文五祀衛鼎審作⿱宀⿱釆口，从宷、从口，古璽「審訊」亦作⿱宀⿱釆口从口。而審字从番，兩周金文魯伯鬲、番白匜有番字，是審亦古文而且後世通行，故尚書文當以作審爲正體。説文木部云：「築，擣也，从木，筑聲。」今按：此築牆本字，東周金文子禾子釜作築，睡虎地秦簡亦作築，與説文篆文同。尚書文字當以作築爲正。而或作筑者，乃假借字。説文竹部云：「筑，以竹曲五弦之樂也，从巩竹，巩，持之也，竹亦聲。」是筑本樂器名。周書金縢云：「凡大木所偃，盡起而築之。」陸氏釋文云：「築音竹，本亦作筑，謂築其根。」是築、筑通用之證。而古文訓作筑，亦以借作古，不足取。

【詁】説文用部云：「庸，用也。」言王因羣臣皆諫作書而誥喻。台音怡。爾雅釋詁云：「台，我也。」又云：「類，善也。」「玆，此也。」按：「玆故」，猶言是故。言因我要以身表正四方，我恐德行不善，因此不言，惟有恭敬沈默以思治道。爾雅釋詁云：「賚，賜也。」「予，我也。」「弼、輔，俌也。」按：俌與輔通。言夢見上帝賜我賢良輔佐，他將代我言其政事。說文二部云：「旁，溥也。」段注云：「旁讀如滂，與溥雙聲。」按：「旁求」猶言廣求。言于是詳細繪畫所夢之人形象，使人持畫象廣求于天下。說謂傅說。孔傳云：「傅氏之巖在虞虢之界，通道所經有澗水壞道，常使胥靡刑人築護此道。說賢而隱，代胥靡築之以供食。」按：其地在今山西平陸縣與河南陝縣之間。說文肉部云：「肖，骨肉相似也，从肉，小聲。」按：王氏釋詞云：「惟，猶獨也。」是「惟肖」猶言獨似。言傅說築土于傅巖野外，與所夢特似，于是立他爲相，王置傅說于王位左右，以爲輔臣。

命之曰：「朝夕納誨，以輔台德。若金，用汝作礪；若濟巨川，用汝作舟楫；若歲大旱，用汝作霖雨。

【校】敦煌、岩崎本誨作㫗。古文訓朝作鼂，誨作㫗。按：汗簡日部及古文四聲韻宵韻引尚書朝作鼂，从日从黽。說文黽部云：「鼂，匽鼂也。讀若朝。楊雄說：『匽鼂，蟲名。』杜林以爲『朝旦』，非是。从黽，从旦。」鼂，古文从皀。」段注云：「皀見日部，讀若窈。古文从黽，皀聲。」今按：鼂與鼂蓋本兩字而混爲一字，鼂本匽鼂蟲名，金文象黽頭口伸舌。匽當讀爲晏，天晴日出爲晏，蓋此蟲喜陽，日出而出，故其名。而鼂爲朝之異體，古璽作鼂，从早。雲夢秦簡作鼂，从日。篆隸萬象名義作鼂，亦从日。从早與从日皆與朝義通。而朝爲朝旦正體，見甲骨文與西周金文，故尚書文當以作朝爲正。說文言部云：「誨，曉教也，从言，每聲。」汗簡口部引尚書誨作㫗。集韻隊韻云：「誨，古从口作㫗。」今按：殷契遺珠五二三片有㫗字，甲骨文編列入口部，謂「說文所無」，實即誨之初文。金文牆盤、王孫鐘等皆作誨，與說文篆文同。古寫本及古文訓作⿱每口者，即晦之異構。尚書文字當作誨。

【詁】納當讀爲內。說文入部云：「內，入也。自外而入也。」段注云：「多假納爲之。」蔡傳云：「朝夕納誨者，無時不進善言也。」金，商時謂銅。礪，磨刀石。爾雅釋言云：「濟，渡也。」「巨川」，謂大河。「舟楫」，謂船與船槳。說文雨部云：「霖，凡雨三日已往爲霖，从雨，林聲。」段注云：「自三日以往，謂雨三日又不止。」言武丁命令傅說曰：隨時進諫善言，以輔我德，比如以銅製刀劍，就用你作磨刀石；比如要渡過大河，就用你作船及槳；比如年歲大旱，就用你作霖雨抗旱。謂納誨心切如此。

「啟乃心，沃朕心。若藥弗瞑眩，厥疾弗瘳；若跣弗視地，厥足用傷。惟暨乃僚，罔不同心，以匡乃辟。俾率先王，迪我高后，以康兆民。

【校】唐石經補缺藥作樂。古文訓瞑作眄，僚作尞。按：說文艸部云：「藥，治病艸，从艸，樂聲。」唐石經補缺誤刻作樂，藥、樂不得通作。說文宀部云：「⿱宀丏，冥合也，从宀，丏聲。讀若書曰『藥不瞑眩』。」段注云：「謂讀若此瞑也。按此許引孟子滕文公篇文也。鄭注醫師亦引孟子『藥不瞑眩，厥疾無瘳』，趙注孟子云：『書逸篇也。』若今僞撰說命，則采楚語爲之，許、鄭所未見者。大徐本作『讀若周書』，繆甚。」今按：瞑與⿱宀丏音雖同而義不同。說文目部云：「瞑，翕目也，从目冥。」段注云：「釋詁、毛傳皆曰：『翕，合也。』引伸爲瞑眩。此以會意包形聲也。武延切。俗作眠，非也。」又目部云：「眩，目無常主也，从目，玄聲。」段注云：「孟子引書：『若藥不瞑眩。』方言：『凡飲藥而毒，東齊謂之瞑眩。』」是正字當作瞑眩，不得以說文讀若而改瞑爲眄。古文訓瞑作眄，亦非本字，不足取。說文人部云：「僚，好皃，从人，尞聲。」段注云：「陳風『佼人僚兮』，傳曰：『僚，好皃。』此僚之本義也。自借爲同寮字而本義廢也。」又穴部云：「寮，穿也，从穴，尞聲。論語有公伯寮。」段注云：「西京賦曰：『交綺豁以疏寮。』薛曰：『疏，刻穿之也。』善曰：『倉頡篇云：「寮，小窗。」按：大雅：『及爾同寮。』毛傳曰：『寮，官也。』蓋同官者同居一域，如俗云同學一處爲同窗也。亦假僚字爲之。俗省作寮。」今按：殷虚書契前編卷四第三十一頁六片等皆作寮，从宀；金文番生簋、毛公鼎等亦皆作寮，从宀，是作寮者爲正體。亦省借作尞。漢祝睦後碑：「尞屬欽熙。」隸釋云：「以尞爲寮。」魏元丕碑：「詶咨羣尞。」亦以尞爲寮。是古文訓作尞者，以借字作古，不足取。

【詁】説文口部云：「启，開也，从户口。」段注云：「後人用啟字訓開，乃廢启不行矣。啟，教也。」是启爲開启古本字。沃，説文作浂，水部云：「浂，灌溉也，从水，芺聲。」段注云：「隸作沃。」言開启你之心智，灌輸我之心靈。謂以智启蒙。「瞑眩」，眼目昏花。説文疒部云：「瘳，疾瘉也，从疒，翏聲。」言進諫比如治病，如藥性之烈不能使其眼目昏花，其病不能治瘉。謂良藥甚苦。跣，赤足。孔傳云：「跣必視地，足乃無害。」言自己無知，比如跣足行路不看地之平否，其足因此受傷。謂需引導。爾雅釋詁云：「暨，與也。」「辟，君也。」「率，循也。」「迪，道也。」「康，安也。」「后，君也。」按：「高后」，猶言高祖，謂成湯。言望與你之同僚，無不同心而匡輔你君，使遵循先王治道，追踪我之高祖成湯，以安定天下萬民。

「嗚呼！欽予時命，其惟有終！」説復于王曰：「惟木從繩則正，后從諫則聖。后克聖，臣不命其承，疇敢不祗若王之休命？」

【詁】爾雅釋詁云：「欽，敬也。」「時，是也。」按：「是命」，謂上文所命。王氏釋詞云：「其，猶尚也，庶幾也。」爾雅釋言云：「彌，終也。」郭注云：「終，竟也。」按：「有終」即終，有爲語助詞，終猶今言始終。王言敬奉我之是命，望盡職切諫始終。爾雅釋詁云：「遵、從，自也。」「后，君也。」按：繩謂木工打線繩墨，「從繩」謂遵從繩墨。聖謂聖明。王氏釋詞云：「其，猶將也。」説文手部云：「承，奉也。」按：奉者進也，「其承」謂將進諫。爾雅釋詁云：「疇，誰也。」「祇，敬也。」又釋言云：「若，順也。」又釋詁云：「休，美也。」言傅説答復于王説：木材遵從繩墨斧斲則正直，君主從諫如流則聖明；君主能聖明，則臣下不待君命將進諫，誰敢不敬順王之美命而行政。

説命中

惟説命總百官，乃進于王曰：「嗚呼！明王奉若天道，建邦設都，樹后王君公，承以大夫師長，不惟逸豫，惟以亂民。

【校】敦煌、岩崎、元亨本樹作尌。八行本及古文訓樹作尌。按：説文木部云：「樹，木生植之總名也，从木，尌聲。尌，籀文。」段注云：「植，立也。假借爲尌豎字。籀文从豆不从壴者，豆柄直，亦有直立之義，寸則謂手植之也。」按：樹立本字當作尌。説文壴部云：「尌，立也，从壴从寸，寸，持之也。讀若駐。」段注云：「今字通用樹爲之，樹行而尌廢矣。寸與又古通用，又者手也，尌而復持之則固矣。壴亦聲。」今按：金文尌仲簋尌作䜴，从又，與從寸義同。石鼓文樹作䜴，與説文籀文从寸義同。汗簡木部引尚書樹作尌，與説文籀文同。是諸寫本作尌者，爲古本字；古文訓作尌者，乃假借字樹之古文。樹之引伸義亦爲立，故尚書文字作樹亦可。

【詁】王氏釋詞云：「惟，發語詞也。」説文口部云：「命，使也，从口令。」按：「説命」即傅説受命。言傅説受命總理百官，在冢宰之職，乃進諫于王。爾雅釋言云：「若，順也。」又釋詁云：「王、后、公、侯，君也。」「師，衆也。」按：「后王」猶言侯王，「君公」猶言公卿。「大夫師長」謂大夫任職位之衆官首長。爾雅釋詁云：「豫，樂也。」按：「逸豫」謂放縱享樂。爾雅釋詁云：「亂，治也。」言明王奉順天道，建國設都，封立侯王公卿，又授職大夫百官之長，君臣上下同道，不是爲了放縱享樂，而是爲了治理人民。

「惟天聰明，惟聖時憲，惟臣欽若，惟民從乂。惟口起羞，惟甲胄起戎，惟衣裳在笥，惟干戈省厥躬。王惟戒兹，允兹克明，乃罔不休。

【校】敦煌本、岩崎本省作眚。古文訓裳作常。按：説文巾部云：「常，下帬也，从巾，尚聲。裳，常或从衣。」段注云：「釋名曰：『上曰衣，下曰裳。裳，障也，以自障蔽也。』今字裳行而常廢矣。引伸爲經常字。」今按：戰國古文字包山楚簡作裳亦作常，睡虎地秦簡作常，蓋常乃裳之異體字，是古文訓裳作常者，乃用古異體字。説文眉部云：「省，視也，从眉省，从中。」又目部云：「眚，目病生翳也，从目，生聲。」段注云：「假爲減省之省。」今按：殷虚書契前編卷三第二十三頁二片省字作眚，金文戍甬鼎作眚，與甲文同；豆閉簋、省觚作眚，中山王鼎作眚。是从中、从屮者，皆生之省形。劉心源奇觚室金文述云：「眚、省爲一字，小篆分爲二。」今證諸劉氏未見之甲骨文與中山王鼎，可謂有識。敦煌本古文尚書省作眚，亦省、眚同字之例，不必謂眚假借爲省。

【詁】廣雅釋詁云：「時，善也。」爾雅釋詁云：「憲，法也。」「欽，敬也。」又釋言云：「若，順也。」又釋詁云：「乂，治也。」按：「時憲」謂善于效法。言惟上天聰明，聖王善效法天道立制，下臣則敬順君制，人民則服從統治。孔疏云：「惟口出令不善以起羞辱。」説文金部云：「鎧，甲也，从金，豈聲。」段注云：「甲本十干之首，从木戴孚甲之象，因引伸爲甲胄字。古曰甲，漢人曰鎧。」説文冃部云：「胄，兜鍪也，从冃，由聲。」段注云：「兜下曰：『首鎧也。』按：古謂之胄，漢謂之兜鍪，今謂之盔。」説文戈部云：「戎，兵也，从戈甲。」按：引伸之義爲兵事。説文竹部云：「笥，飯及衣之器也，从竹，司聲。」段注云：「曲禮注曰：『簞笥，盛飯食者。』此飯器之證。禮記引兑命曰：『惟衣裳在笥。』此衣器之證。」按：此文笥謂衣箱。爾雅釋詁云：「在、省，察也。」言當慎于口令不善以免引起羞辱之患，慎于動用甲胄以免引起兵事之憂；官爵衣裳要檢察衣箱，以免任官非人；干戈武器要檢察使用者其身，以免錯用其人。王應警戒此四，此四誡能明慎，則政無不美善。

「惟治亂在庶官。官不及私昵，惟其能。爵罔及惡德，惟其賢。慮善以動，動惟厥時。有其善，喪厥善。矜其能，喪厥功。

【校】敦煌、天正本矜作矝。内野、足利、八行本昵作眤。古文訓昵作尼。按：説文日部云：「暱，日近也，从日，匿聲。春秋傳曰：『私降暱燕。』昵，或从尼作。」段注云：「日，謂日日也。皆日之引伸之義也。釋詁、小雅傳皆曰：『暱，近也。』昭廿五年左傳文，今本作昵。按古文假尼爲昵。古文尚書：『典祀無豐於尼。』釋詁云：『即，尼也。』孫炎曰：『即，猶今也；尼，近也。』郭璞引尸子：『悦尼而來遠。』自衛包改尚書作昵，而古文之讀不應爾雅矣。」今按：親昵本字當即尼字。説文尸部云：「尼，從後近之，从尸，匕聲。」殷契粹編五一九片尸字與殷代金文尸作父己卣尸字皆象人坐形，是主人之象。而殷虚書契後編卷下第三十六頁六片匕字象人屈膝作揖有求之形，是下人之象。蓋尼字本義象人私下有所屈求，用爲凡親近之義。而昵爲尼之後起字，暱又爲昵之異體字，先秦古文字未見昵、暱可證。昵雖後出，而古書通行此體。古文訓昵作尼，是爲古字。而寫本作眤者，昵之俗字。龍龕手鏡目部云：「眤，正從日。」謂正字从日作昵，是。大徐本説文矛部云：「矜，矛柄也，从矛，今聲。」段氏注改作「令聲」，曰：「今依漢石經論語、溧水校官碑、魏受禪表皆作矜正之。」今按：詛楚文作矜，或釋作矝，詳審各本，仍从矛而非从子。汗簡矛部作矜，謂出石經，誤，石經論語作矜，古文四聲韻蒸韻引石經亦作矜不誤，當以作矜爲是，是敦煌寫本等作矜者，正字。

【詁】爾雅釋詁云：「庶，衆也。」「及，與也。」按：與、与通，說文云：「与，賜予也。」言治亂根源在于衆官賢否，官職不予私屬親近之人，當予其賢能之人；爵位不封惡德之人，當封其賢良之人。爾雅釋詁云：「幠，有也。」按：幠者大也，是有字有大義。古金文有字从又从肉，本義爲富有，引伸之義爲大。「有其善」，謂夸大其善，與下「矜其能」對文。言爲政當謀慮妥善而行動，行動又當視其時宜；夸大其善，會喪失其善；矜夸其能，會喪失其功。

「惟事事，乃其有備，有備無患。無啟寵納侮，無恥過作非。惟厥攸居，政事惟醇。黷于祭祀，時謂弗欽。禮煩則亂，事神則難。」

【校】足利、天正、八行本恥作耻。按：說文心部云：「恥，辱也，从心，耳聲。」今按：恥本从心，戰國古文字郭店楚簡數見，皆作恥从心。而或从止者，遵漢隸，如尹宙碑、譙敏碑恥皆作耻，蓋隸書心與止相似而譌變。尚書文當以作恥爲正。

【詁】孔傳云：「事事，非一事。」「乃其」猶言「則要」。言做每一件事，則要先有其準備，有備則無患。啟，開也。納，入也。說文人部云：「侮，傷也，从人，每聲。」蒼頡篇云：「傷，慢也。」是「納侮」謂引入欺慢之人。言不要開寵幸之門而引入欺慢佞人。「恥過」謂以過失爲恥而掩飾。爾雅釋言云：「作、造，爲也。」按：過失本非，恥過則會造成大非。言有過則改，不要因恥過而釀成大過。惟，發語詞。爾雅釋言云：「厥，其也。」「攸，所也。」「宅，居也。」按：居即居職，「惟厥攸居」謂其所居職位。玉篇酉部云：「醇，粹精也。」言爲君者其所居職位專心，其政事則醇粹不雜。黷當讀爲嬻，嬻即褻瀆本字，今字作瀆。「禮煩」，謂祀禮煩瑣，事事占卜。殷人迷信鬼神之俗如此。言褻瀆輕慢于祭祀鬼神，是謂不敬；但祀禮過于煩瑣則亂，事奉鬼神之祀禮亦難行。

王曰：「旨哉！說，乃言惟服。乃不良于言，予罔聞于行。」說拜稽首，曰：「非知之艱，行之惟艱。王忱不艱，允協于先王成德，惟說不言，有厥咎。」

【校】岩崎本稽作詣。足利、天正本艱作難。按：稽首之稽，說文首部作䭫。西周金文命簋作⿰旨頁，从頁旨聲；公臣簋作䭫，與說文篆文同。是䭫爲本字，古書通用稽字。而古寫本作詣者，即古本字䭫之俗字，不足取。又古寫本艱作難者，以同義字而通用。

【詁】說文旨部云：「旨，美也，从甘匕。」爾雅釋詁云：「悅，服也。」言王說：美哉，傅說，你言令人悅服。王氏釋詞云：「乃，猶若也。」說文云：「良，善也。」又云：「聞，知聲也。」按：聞之引伸義爲知。爾雅釋宮云：「行，道也。」言你若不善于進言，我就無知于治國之道。說文心部云：「忱，誠也。」爾雅釋詁云：「允，信也。」說文劦部云：「協，同衆之龢也，从劦十。」按：協謂同合。成當讀爲盛，釋名釋言語云：「成，盛也。」詩小雅北山鄭箋云：「咎，罪過也。」言不是知之爲難，而是行之爲難，王誠心不以實行爲難，真合于先王盛德，如此我傅說如不進言，就有其罪責。

說命下

王曰：「來！汝說。台小子舊學于甘盤，既乃遯于荒野，入宅于河，自河徂亳，暨厥終罔顯。爾惟訓于朕志，若作酒醴，爾惟麴糵；若作和羹，爾惟鹽梅。爾交脩予，罔予

棄，予惟克邁乃訓。」

【詁】台音怡。爾雅釋詁云：「台，予也。」又釋言云：「遜，遯也。」按：遯謂退處。孔傳云：「甘盤，殷賢臣，有道德者。」「荒野」謂荒郊民野，即民間。孔傳云：「其父欲使高宗知民之艱苦，故使居民間。」河謂黄河河州。爾雅釋詁云：「徂，往也。」亳，商之亳都。文選文賦李善注引爾雅云：「暨，及也。」按：暨猶至。言我小子從前學習于賢德之臣甘盤，但後由于退居于荒野民間，又遷居河水之州，繼又自河州遷往亳都，屢遷廢學，故至其學終無顯明進步。爾雅釋詁云：「訓，道也。」按：訓謂教導。説文酉部云：「醴，酒一宿熟也，从酉，豊聲。」段注云：「周禮酒正注曰：『如今恬酒也。』按：恬即甜也。」按：「酒醴」謂甜酒。麯，説文米部作䴹，謂酒母。「麯糵」謂酒母，即釀酒之酵母。孔傳云：「鹽鹹梅酸，羹須鹽醋和之。」言你教導于我，使志意成熟，如造甜酒，你爲麯糵酵母；如作羹湯，你爲鹽醋調料。吕氏春秋知士篇高誘注云：「交，接也。」脩當讀爲修。廣雅釋詁云：「修，治也。」按：「交修」謂不斷教導。爾雅釋言云：「邁，行也。」言你不斷教導我，不要放棄我，我能遵行你的教導。

説曰：「王！人求多聞，時惟建事。學于古訓，乃有獲。事不師古，以克永世，匪説攸聞。惟學遜志，務時敏，厥脩乃來。允懷于兹，道積于厥躬。

【校】敦煌、岩崎、元亨本建作建。按：説文廴部云：「建，立朝律也，从聿、从廴。」段注云：「今謂凡豎立爲建。从廴，廷省也。」今按：戰國古文字中山王墓宮堂圖建皆作建，从辵，是建字古亦作建。漢碑猶多作建，如鄭固碑、北海相景君銘、史晨後碑等皆如此。而戰國金文與璽印文多作建，是爲後世通行之體。故許氏説文作建，敦煌古寫本作建，皆合先秦古文。

【詁】廣雅釋詁云：「聞，知也。」爾雅釋言云：「時，是也。」玉篇心部云：「惟，爲也。」言傳說謂王說，人求學增多知識，是爲建立事業。說文犬部云：「獲，獵所獲也，从犬，蒦聲。」段注云：「引伸爲凡得之偁。」左傳襄公十年杜注云：「師，法也。」按：「師古」，效法古昔，謂以古爲鑒。言學習古訓，才會有得。事不法古，而能長久世代事業者，非我傳說所聞。遜當讀爲愻。說文心部云：「愻，順也，从心，孫聲。」段注云：「凡人愻順字从心，凡遜遁字从辵，今人遜專行而愻廢矣。」按：引伸之義爲謙遜。敏謂敏疾勤奮。爾雅釋詁云：「來，至也。」「允，信也。」脩當讀爲修。言學當謙遜心志，務必時時勤勉，其德之修養乃至，誠能心懷于此，則道德積于其身。

「惟斆學半，念終始典于學，厥德脩罔覺。監于先王成憲，其永無愆。惟說式克欽承，旁招俊乂，列于庶位。」

【詁】兩周金文斆爲學字繁化異體。斆字从教，故詞義爲教。孔傳云：「斆，教也。教然後知所困，是學之半。」傳說言我教王學佔一半，王自學亦佔一半，勉王自學。爾雅釋詁云：「念，思也。」「典、恒，常也。」言心思始終常恒于學，其德之修養于不知不覺之中提高。監爲古鑒字，謂借鑒。爾雅釋詁云：「憲，法也。」說文心部云：「愆，過也。」言借鑒先王成法，會長無過失。黄侃經傳釋詞箋識云：「式亦尚之借。」是式爲表希望之詞。朱氏說文通訓定聲云：「乂，假借爲傑。」是「俊乂」即俊傑，謂賢才。爾雅釋詁云：「庶，衆也。」言我傳說望王能敬承先王成法，廣招俊傑賢才，列置衆官之位。

王曰：「嗚呼！說。四海之内咸仰朕德，時乃風。股肱惟人，良臣惟聖。

【詁】孔傳云：「風，教也。」言天下之人皆敬仰我之德行，是你教我所致。股恃足行，肱恃手揮，故以股肱謂手足。王氏釋詞云：「惟，猶乃也。」言手足具備乃成人體，良臣教輔乃成聖君。

「昔先正保衡，作我先王，乃曰：『予弗克俾厥后惟堯舜，其心愧恥，若撻于市。』一夫不獲，則曰：『時予之辜。』佑我烈祖，格于皇天。爾尚明保予，罔俾阿衡專美有商。」

【校】敦煌本專作叀，美作媺。岩崎、元亨本專作耑。古文訓專作叀，美作媺。按：說文叀部云：「叀，專小謹也，从幺省，中，財見也，中亦聲。玄，古文叀。」又寸部云：「專，六寸簿也，从寸，叀聲。一曰專，紡專。」段注云：「六寸簿，蓋笏也。小雅：『乃生女子，載弄之瓦。』毛曰：『瓦，紡專也。』糸部云：『紡，網絲也。』網絲者，以專爲錘。今專之俗字作甎塼，以專爲嫥壹之嫥。」今按：殷虛書契前編卷一第十八頁一片作叀，金文克鼎亦作叀，皆象紡甎紡綫之形。殷虛書契前編卷五第十二頁一片作叀，从又，是用手持紡甎紡綫之意，與小篆从寸同義。蓋叀爲象形初文，專爲象形兼會意字，實一字。說文釋叀義不確。又說文女部云：「嫥，壹也，从女，專聲。一曰，女嫥嫥。」按：玉篇女部云：「嫥，專一也，又可愛之皃。」嫥當以可愛之皃爲本義。古專一本字即專，嫥爲孳乳之後起字，先秦古文字中無嫥字。而寫本專字或作耑，蓋即叀之譌變，因叀字古文上作中，下作厶而知。尚書文當以作專爲正。汗簡女部引尚書美作媺，古文四聲韻旨韻引古老子美亦作媺。按：說文羊部云：「美，甘也，从羊大。羊在六畜主給膳也，美與善同意。」段注云：「甘部：『甘，美也。』甘者五味之一，而五味之美皆曰甘，引伸之凡好皆謂之美。」又女部云：「媄，色好也，从女，美聲。」段注云：「凡美惡字可作此。周禮作媺，蓋其古文。」今按：殷虛書契前編卷一第二十九頁二片作美，金文美爵、中山王壺亦作美，而先秦古文字無媄、媺字。蓋美爲正體，媄、媺皆後出異體，故當以作美爲正。

【詁】孔傳云：「保衡，伊尹也。」爾雅釋詁云：「正，長也。」說文人部云：「作，起也。」玉篇心部云：「惟，爲也。」

按：「惟堯舜」謂成爲堯舜一樣明君。説文手部云：「撻，鄉飲酒罰不敬，撻其背。」段注云：「撻，扑也。」言昔日先朝百官之長伊尹要扶起我先王成湯，他説，我不能使其君成爲堯舜，其内心羞恥，如在街市受鞭打一樣。一夫，猶言一人。蔡傳云：「不獲，不得其所也。」爾雅釋詁云：「辜，罪也。」言伊尹見有一人不得其所，就説這是我的罪過。佑，助也。爾雅釋詁云：「烈，業也。」「格，至也。」按：烈祖，有功業之祖，謂成湯。尚與當義同，謂應當。明、勉音近義同，謂勉力。專美，獨美。「有商」即商，有爲助詞。言伊尹助我功業之祖成湯，功高至皇天，你應當勉力扶助我，不要使伊尹獨美于我商朝。

「惟后非賢不乂，惟賢非后不食。其爾克紹乃辟于先王，永綏民。」説拜稽首，曰：「敢對揚天子之休命！」

【詁】爾雅釋詁云：「后，君也。」「乂，治也。」廣韻職韻云：「食，用也。」言君非賢臣國家不得其治，賢臣非君不得其用。王氏釋詞云：「其，猶尚也，庶幾也。」爾雅釋詁云：「紹，繼也。」「辟，君也。」「綏，安也。」言望你能使你君繼承先王成湯功業，永安其民。楊氏詞詮云：「敢，表敬助動詞。」儀禮士虞禮鄭注云：『敢，冒昧之辭。』」孔傳云：「對，答也。答受美命而稱揚之。」言傅説跪拜叩首説：冒昧上面與王對答，稱揚天子的美善教命。

晚書校詁卷三

周書一

泰誓上【解題】詩大雅緜：「周原膴膴。」毛傳云：「周原，沮漆之間也。膴膴，美也。」鄭箋云：「廣平曰原。周之原地，在岐山之南，膴膴然肥美。」按：周太王古公亶父自豳遷岐山之南周原，國號周即起于此。周書記周朝史事。史記周本紀云：「武王遍告諸侯曰：『殷有重罪，不可以不畢伐。』乃遵文王，以東伐紂。十一年十二月戊午，師畢渡盟津，諸侯咸會。武王乃作太誓，告于衆庶。」漢書律曆志引尚書作大誓。按：本當作大，太乃説文泰字古文夳之隸變。是泰誓即太誓，本當作大誓。今本史記作太誓者，蓋後人所改。孔傳云「大會以誓衆」，故以名篇。泰誓早佚，此亦梅氏僞古文，分爲三篇。

惟十有三年春，大會于孟津。王曰：「嗟！我友邦冢君，越我御事庶士，明聽誓。

惟天地萬物父母，惟人萬物之靈。亶聰明作元后，元后作民父母。

【校】陸氏釋文云：「十有三年，或作十有一年。後人妄看序文輒改之。」天正本邦作朔。按：史記周本紀及書序皆作「十一年」，當從之。說文邑部云：「邦，國也，从邑，丰聲。𤰃，古文。」段注云：「周禮注曰：『大曰邦，小曰國。』析言之也。許云『邦，國也』，『國，邦也』，統言之也。邦之言封也，古邦、封通用。書序云『邦康叔』、『邦諸侯』，皆封字也。古文從之田，之，適也，所謂往即乃封。古文封字亦從之土。」今按：殷虚書契前編卷四第十七頁三片邦作𤰈。王國維史籀篇疏證云：「古封、邦一字。說文邦之古文作𤰃从㞢从田，與封字从㞢从土均不合六書之指，㞢皆丰之譌。𤰈字从丰从田，即邦字。封籀文𡊄字从土丰聲，與𤰃之从田、邦之从邑同意，本係一字。」是邦之古文从田、丰聲，㞢乃丰之譌變，非从之字。戰國古文字中山王鼎，古璽文、睡虎地秦簡作邦，與說文篆文同，後世通行，尚書文當作邦。而古寫本邦作𦍩者，蓋漢隸之譌俗字。北海相景君銘邦作𨚵，是丰譌作羊，阝譌作㠯；𦍩則又羊譌作𦍌，㠯譌作月，譌而又譌。

【詁】有當讀爲又。王氏釋詞云：「有、又古同聲，故又通作有，有亦通作又。」孟津，史記周本紀作盟津，蓋因會盟諸侯于此渡河伐紂而名盟津，其地在今河南孟津縣境。言周武王即位十一年春天，大會諸侯于孟津。王，武王姬發。爾雅釋詁云：「冢，大也。」按：「冢君」猶言大君，是對諸侯君主之敬稱。廣雅釋詁云：「越，與也。」詩大雅思齊毛傳云：「御，治也。」按：「御事庶士」謂治事衆臣。言我友邦諸侯大君，與我王朝治事衆臣，皆明聽我伐紂誓言，是天地生出萬物，故爲萬物父母，而人爲萬物之靈秀。爾雅釋詁云：「亶，誠也。」「誠，信也。」「作，爲也。」「元，首也。」「后，君也。」言人中確實聰明者當爲國家元首君主，元首君主當爲保養人民之父母。

「今商王受弗敬上天，降災下民。沈湎冒色，敢行暴虐，罪人以族，官人以世。惟宮室臺榭陂池侈服，以殘害于爾萬姓。焚炙忠良，刳剔孕婦。皇天震怒，命我文考，肅將天

威，大勳未集。

【校】神田、内野、八行本剔作㔹。古文訓剔作㔹，孕作䏰。按：説文髟部云：「鬄，鬀髮也，从髟，从刀，易聲。」段注云：「鬄之本義而引伸之，則爲解散。士喪禮：『特豚四鬄。』注曰：『鬄，解也。今文鬄爲剔。』漢時有剔字，許不録者，禮古文作鬄，今文作剔，許於此字從古文，故不取今文也。剔者，鬄之省俗。」今按：集韻錫韻云：「剔，解也。古作㔹。」汗簡刀部引義雲章剔作㔹。玄應一切經音義卷十一云：「剔，又作㔹，同他歷反，剞㔹也。通俗文：『去肉曰剔也。』」易、狄音近，故爲聲符互作，説文辵部逖字古文作逷，心部惕字或體作愁，皆其例。是㔹爲剔之異體，蓋隋唐以前已有，而以爲剔之古文則無據。戰國古文字包山楚簡有剔字，尚書文當以作剔爲正。汗簡肉部引尚書孕作䏰。説文子部云：「孕，裹子也，从子，乃聲。」段注云：「乃聲二字各本作从几，誤，今正。管子孕作䏰，从繩省聲，可證也。」今按：甲骨文孕字从子从身會意。而詛楚文作孕，从子从勹會意，勹即古包字，象身有所包。鄭氏汗簡箋正云：「管子五行篇『䏰婦不銷棄』，是秦漢間有此形。一切經音義屢云孕古文䏰，蓋漢後字書有以䏰當古孕者，僞尚書所自采。」按鄭氏説是，䏰乃孕之後出異體字，非古文。尚書文字當以作孕爲正。

【詁】「商王受」即商王紂，古文尚書作受，今文尚書作紂。説文冃部云：「冒，冢而前也，从冃目。」段注云：「冢者覆也，引伸之有所干犯而不顧亦曰冒，如貪冒是也。」是冒有貪義，「冒色」者，貪色也。王氏釋詞云：「以，猶及也。」按：「罪人以族」謂治罪一人而連及親族。世謂世親。言今商紂王不敬上天養民，反降災難于下民，他沈湎于酒，貪淫女色，肆行暴虐，治罪一人而連及親族，封官不用賢才而用世親同族。孔傳云：「土高曰臺，有木曰榭，澤障曰陂，停水曰池。」言紂王貪圖奢華，用盡民財修建宫殿、臺榭、湖池，縫制奢華服飾，以搜刮殘害于你們萬姓人民。蔡傳云：「焚炙，炮烙刑之類。」説文刀部云：「刳，判也。」段注云：「刳謂空其腹。」按：「刳剔孕婦」謂割解孕婦之腹而觀其胎。言忠臣賢良無罪而施用炮烙之酷刑，孕婦無辜而割解其腹觀其胎。「震怒」猶言動怒。爾雅釋親云：「父爲考。」按：「文考」，武王謂其父文王。説文寸部云：「將，帥也。」段注云：「毛詩訓行也。」按：「肅將」猶言嚴行。爾雅釋詁云，「勳，功也。」「未集」猶言未成。言紂王殘暴，皇天動怒，我父文王嚴行天罰，但大功未成而逝。

「肆予小子發，以爾友邦冢君，觀政于商。惟受罔有悛心，乃夷居弗事上帝神祇，遺厥先宗廟弗祀，犧牲粢盛，既于凶盜，乃曰吾有民有命，罔懲其侮。

【詁】爾雅釋詁云：「肆，故也。」廣雅釋詁云：「以，與也。」史記周本紀云：「九年，武王上祭于畢，東觀兵，至于盟津。」謂武王即位九年已率諸侯至盟津示兵而回。此云「觀政」，是「觀兵」婉詞。方言云：「悛，改也。自山而東或曰悛。」説文大部云：「夷，東方之人也，从大从弓。」按：古文字夷與尸同字，「夷居」猶言尸居。説文尸部云：「尸，陳也，象臥之形。」又云：「居，蹲也。」段注云：「凡今人蹲踞字古祇作居。」曹憲曰：『按説文今居字，乃箕居字。』近之也。箕踞爲大不敬。」按：箕居，足腿伸展于前而坐。「夷居」謂側卧箕居而不跪拜起敬。爾雅釋詁云：「祀，祭也。」言紂王暴虐無有悔改之心，乃夷居不敬，不事奉上帝神靈，廢棄其祖先宗廟不祭。「犧牲」謂牛羊牲體祭品。陸氏釋文云：「粢音咨，黍稷曰粢。盛音成，在器曰盛。」按：黍稷穀食祭品盛于器中，故曰「粢盛」。爾雅釋言云：「卒，既也。」穀梁傳桓公三年云：「既者盡也。」言犧牲粢盛祭品，盡被惡人盜賊竊據而不治罪，竟説我有萬民又有天命爲君，而不懲戒其侮慢上天神靈之心。

「天佑下民，作之君，作之師，惟其克相上帝，寵綏四方。有罪無罪，予曷敢有越厥

志？同力度德，同德度義。受有臣億萬，惟億萬心；予有臣三千，惟一心。

【詁】佑，古本字作右。説文口部云：「右，助也，从口又。」爾雅釋言云：「作，爲也。」之，猶其。師，教師。言上天佑助下民，爲民立君主政，爲民擇師教導。相，相助。寵者，愛也。爾雅釋詁云：「綏，安也。」小爾雅廣言云「越，遠也。」按：遠謂遠離違背。説文心部云：「志，意也。」言爲君爲師，應能相助上天，愛護安撫四方之民，有罪誅伐，無罪赦免，我何敢有遠離上天佑民除惡之意。國語晉語韋注云：「度，揆也。」「同力度德，同德度義」，兩句互文成義，謂衆能同力則揆度是否同德，衆能同德則揆度是否合義。言武王謂諸侯同力同德伐紂，是揆度天意之義舉。十萬曰億。「億萬」，謂成億成萬，言其極多。蓋億萬、三千皆虚數，一爲極多，一爲較少。言紂王雖有臣億萬，却分散爲億萬條心；我雖有臣三千，却團結爲一條心，故我必勝。

「商罪貫盈，天命誅之。予弗順天，厥罪惟鈞。予小子夙夜祇懼，受命文考，類于上帝，宜于冢土，以爾有衆，底天之罰。天矜于民，民之所欲，天必從之。爾尚弼予一人，永清四海，時哉弗可失！」

【詁】説文毌部云：「毌，穿物持之也，从一横毌，毌象寶貨之形。」又云：「貫，錢貝之毌也，从毌貝。」段注云：「串即毌之隸變。」按：毌、貫古今字。「貫盈」謂串索已串滿。鈞當讀爲均。説文土部云：「均，平徧也，从土匀，匀亦聲。」段注云：「平徧者，言無所不平也。亦假鈞爲均。」言商紂已惡貫滿盈，上天命令誅伐他，我如不順從天命誅伐，其罪與紂相等。類與禷通。説文示部云：「祇，敬也。」又云：「禷，以事類祭天神。」段注云：「王制『天子將出，類于上帝』，主軍旅言。」孔傳云：「祭社曰宜。冢土，社也。」爾雅釋言云：「底，致也。」「有衆」即衆，有爲助詞。言我小子姬發早晚敬戒恐懼不安，已受命文王之廟，又祭告上天及社稷神靈，要率領你們衆人，執行天命誅罰商紂。矜當讀爲憐。說文矛部云：「矜，矛柄也。」段注云：「古假矜爲憐。」尚與當聲同義通，「尚弼」猶言應當輔助。言上天憐憫下民，民之所願，上天必從。你們應當輔助我一人，鏟除穢惡使四海長清，今正天命人願之時，不可違失。

泰誓中

惟戊午，王次于河朔，羣后以師畢會。王乃徇師而誓，曰：「嗚呼！西土有衆，咸聽朕言。

【校】神田本河作⿱可水，徇作侚。唐石經補缺徇作循。古文訓徇作殉。按：甲骨文河字作汅，古陶文與古璽文作河，河即汅之變，後世通行，是河字正體。說文彳部云：「𢓊，行示也，从彳，勻聲。司馬法：『斬以𢓊。』」段注云：「古勻、旬同用，故亦作徇。」又彳部云：「循，行也，从彳，盾聲。」段注云：「引伸爲撫循。」今按：據說文所釋，徇師字當以𢓊爲正，異體作徇。因漢人多通用循字，故唐石經補缺誤作循。神田寫本作侚者，徇字之誤。說文人部「侚，疾也」，此史記五帝本紀「幼而侚齊」本字，非徇師字。古文訓作殉者，亦徇字之誤，古書徇師不作殉師。尚書文作徇爲通行體。

【詁】蔡傳云：「戊午，以武成考之，是一月二十八日。」左傳莊公三年云：「凡師一宿爲舍，再宿爲信，過信爲次。」按「王次」謂王師留止駐扎。書雒誥釋文云：「朔，北也。」是「河朔」謂河北。爾雅釋詁云：「后，君也。」按：「羣后」謂衆諸侯。畢猶皆。言一月二十八日，武王駐軍于黃河之北，諸侯率師皆來會合。武王于是巡視軍營誓師。武王與諸侯之師皆來自西方，故曰「西土有衆」。「有衆」即衆，有爲助詞。爾雅釋詁云：「咸，皆也。」「朕，我也。」言西土衆士，皆聽我言。

「我聞吉人爲善，惟日不足；凶人爲不善，亦惟日不足。今商王受，力行無度，播棄犂老，昵比罪人，淫酗肆虐。臣下化之，朋家作仇，脅權相滅。無辜籲天，穢德彰聞。

【校】神田本老作耇。足利、天正本犂作黎。按：國語吴語云：「申胥對曰：『今王播棄黎老，而孩童焉比謀。』」又墨子明鬼篇云：「昔者殷王紂，播棄黎老。」泰誓「播棄犂老」蓋取此，是當以作老字爲是。寫本或作耇者，蓋以僞孔傳「鮐背之耇稱犂老」而誤書老字爲耇字。説文通訓定聲云：「黎，履黏也，从黍，古文利省聲。假借爲棃，實爲耆。吴語：『今王播棄黎老。』注：『凍棃，壽徵也。』方言十二：『黎，老也。』按：書西伯戡黎，大傳作耆，是黎、耆通寫字。」是作黎、作犂皆假借字，故可通作。

【詁】説文口部云：「吉，善也，从士口。」按：「吉人」猶言善人，「凶人」猶言惡人。日謂終日。王氏釋詞云：「惟，獨也。或作唯。」言我聽説善人終日爲善，唯以時日不够；惡人終日爲惡，亦唯以時日不够。爾雅釋言云：「肆，力也。」按：力謂肆力。國語吴語韋注云：「度，法也。」又周語注云：「播，放也。」昵，古本字爲尼。説文尸部云：「尼，從後近之，从尸，匕聲。」段注云：「天寶間衛包改經尼爲昵。」又比部云：「比，密也。」按：「尼比」猶言親密。「淫酗」，過酒醉怒。「肆虐」，肆力暴虐。言今商王紂肆力行惡無有法度，放棄高壽老人不敬，却親密逃亡犯罪小人，一起縱酒醉怒，肆行暴虐。説文匕部云：「化，教行也，从匕人，匕亦聲。」段注云：「上匕之而下從匕謂之化。」按：「化之」者，上行而下效。「朋家」，家族結爲朋黨。脅當讀爲挾，説文手部云：「挾，俾持也。」「脅權」謂挾持權柄。説文頁部云：「籲，呼也。」「穢德」猶言惡德。言臣下效行紂王之惡，族黨爲仇，挾權相滅，無罪者呼天告冤，君臣惡德顯聞于天地。

「惟天惠民，惟辟奉天。有夏桀弗克若天，流毒下國。天乃佑命成湯，降黜夏命。惟受罪浮于桀，剥喪元良，賊虐諫輔。謂己有天命，謂敬不足行，謂祭無益，謂暴無傷。厥監惟不遠，在彼夏王。

【校】古文訓剥作𠟏。蔡沈書集傳監作鑒。按：説文刀部云：「剥，裂也，从刀录，录，刻也，录亦聲。一曰剥，割也。𠟏，剥或从卜。」段注云：「衣部曰：『裂，繒餘也。』謂殘破也。豳風假剥爲攴。『八月剥棗』，毛曰：『剥，擊也。』音義云：『普卜反。』故知剥同攴也。𠟏，卜聲也。」今按：殷虚文字甲編三一五三片剥作ㅓ刂，ㅓ即卜，是甲文此字與説文剥字或體同，可見𠟏確爲古字。但説文剥字後世通行，故尚書文當作剥。蔡沈書集傳監作鑒者，監、鑒古今字，説已見前，蔡傳用鑒，不合古文，不足取。

【詁】爾雅釋詁云：「惠，愛也。」「辟，君也。」又釋言云：「若，順也。」説文黑部云：「黜，貶下也。」孔傳云：「浮，過。」剥，傷害也。賊，殺也。」蔡傳云：「元良，微子也。諫輔，比干也。」按：「元良」謂元老良臣，「諫輔」謂諫議輔臣。王氏釋詞云：「厥，語助也。」爾雅釋詁云：「監，視也。」「在，察也。」言上天愛民，爲君者當奉天命愛民。夏桀不能順天愛民，流行毒虐于下國萬民。上天于是扶助賜命成湯爲君，降下廢黜夏王桀之命令。商紂王罪惡超過夏桀，傷害逼走元老良臣微子，殺害諫輔大臣比干，而説自己有天命爲君，恭敬不必行，祭祀無益，暴虐無害。商紂王如此，要看他的下場不遠，就看那夏王桀的下場。

「天其以予乂民，朕夢協朕卜，襲于休祥，戎商必克。受有億兆夷人，離心離德；予有亂臣十人，同心同德。雖有周親，不如仁人。天視自我民視，天聽自我民聽。百姓有過，在予一人，今朕必往。

【校】古文訓襲作戳。「予有亂臣十人」，唐石經「臣」字旁添。按：説文衣部云：「襲，左衽袍。」戰國古文字睡虎地秦簡作襲，與説文篆文相同。古文四聲韻緝韻引古老子襲作戳，又引義雲章習作戳。玉篇戈部云：「戳，古襲字，輕師不備也。」又玄應一切經音義僧祇律第十九卷云：「掩襲，古文戳同。左傳：『凡師，輕曰襲。』注云：『掩其不備也。』」是戳爲後造掩襲俗字，从戈，習聲。古文訓以俗作古，不足取。尚書文當作襲。阮氏校勘記云：「唐石經臣字旁添。石經考文提要云此文諸經凡四見，此與論語泰伯句同。左傳襄公二十有八年『武王有亂十人』、昭公二十有四年『余有亂十人』是也。唐石經四見皆無臣字，後人於泰誓、左傳昭公二十有四年、論語皆旁增臣字，襄公二十有八年復失不增。若云唐石經脱字，不應四見皆同也。經典釋文於論語明出『予有亂十人』，注云：『本或作亂臣十人，非。』是增臣字自論語別本始也。」是唐石經本無臣字，後據論語別本有臣字而增。

【詁】爾雅釋詁云：「乂，治也。」「休，美也。」「祥，善也。」「勝，克也。」説文戈部云：「戎，兵也，从戈甲。」段注云：「戎之引伸爲卒旅。」按：「戎商必克」謂伐商必勝。十萬曰億，「億兆」猶言億萬。爾雅釋詁云：「平、夷，易也。」按：「夷人」謂平凡之人。爾雅釋詁云：「亂，治也。」孔傳云：「周，至也。」按：「周親」猶言至親。説文人部云：「仁，親也，从人二。忎，古文仁从千心作。」按：戰國古文字郭店楚簡仁字皆作忎，先秦古璽文信字亦多作㐰，㐰、忎當爲一字，是仁、信古同字，故仁字本義當爲仁信。言天意將使我治理下民，我有夢合我卜兆，重現吉祥，故伐商必勝。紂王有億萬平凡之人，都離心離德；我有治理才臣十人，都能同心同德；紂王雖有至親之臣，不如我周家有仁信之士。廣雅釋詁云：「過，責也。」言上天對紂惡之視聽，出自我民之視聽，百姓有責難不伐紂之怨言，責任在我一人，今我必往伐之。

「我武惟揚，侵于之疆，取彼凶殘，我伐用張，于湯有光。勖哉夫子，罔或無畏，寧執非敵。百姓懍懍，若崩厥角。嗚呼！乃一德一心，立定厥功，惟克永世。」

【詁】説文手部云：「揚，飛舉也。」按：兵貴神速，故曰揚。説文人部云：「侵，漸進也。」按：侵謂進軍。之，猶其。「之疆」猶言其疆。説文又部云：「取，捕取也，从又耳。」按：取之本義爲執捕罪人。「凶殘」謂紂王。説文弓部云：「張，施弓弦也，从弓，長聲。」按：詞義用爲施。于用作比較。言我武事舉動要快，進軍于其商疆土，執捕彼暴君紂王，我伐暴紂之施行，比成湯伐誅夏桀更有光輝。爾雅釋詁云：「勖，勉也。」「夫子」謂將士。王氏釋詞云：「或，猶有也。」又云：「寧，猶將也。」畏與威通。非與匪通，匪讀爲彼。言諸君共勉，軍行不能有無威狀態，要有將執彼敵決心。廣雅釋詁云：「懍，敬也。」按：「懍懍」猶言崇敬。俞樾古書疑義舉例倒句例云：「孟子盡心下篇：『若崩厥角稽首。』若崩二字乃形容厥角稽首之狀。蓋紂衆聞武王之言，一時頓首至地，若山冢之崒崩也。」按：角謂額角。言商朝百姓崇敬武王義師，迎接叩首，額角觸地之聲響若山崩。武王視此情景感嘆説：你們一德一心，可立時決定伐紂之功，則能長世安民。

泰誓下

時厥明，王乃大巡六師，明誓衆士。王曰：「嗚呼！我西土君子，天有顯道，厥類惟

彰。今商王受，狎侮五常，荒怠弗敬，自絶于天，結怨于民。

【校】内野、足利、八行本「時厥明」作「時厥明日」。神田本類作隋。古文訓巡作徇。按：僞孔傳云「是其戊午明日也」，蓋因傳「明日」而衍作「時厥明日」，一本錯而傳寫者諸本皆錯。説文辵部云：「巡，視行也，从辵，川聲。」段注云：「視行者，有所省視之行也。天子適諸侯曰巡狩，巡所守也。」是「巡六師」正用巡字本義。今按：金文行气銘有巡字，先秦古璽多見巡字，而不見徇字，似視行、行示古用巡字，後亦用異體彴徇，説文歸辵、彳兩部，強生區别詞義，未爲達詁。隋爲峻峭古本字。而類作隋者，隋蓋胄之譌。類古寫本或作胄，以類、胄音近通作。蓋𠂤譌作卩，巾譌作小，則胄譌作隋。尚書文當以作類爲正。

【詁】時當讀爲是，爾雅釋詁云：「時，是也。」「厥明」，其明日。「大巡」謂大舉閲兵。「六師」，六軍。明誓，明當讀爲孟，爾雅釋詁云：「孟，勉也。」言當其戊午之明日，武王于是大舉檢閲六軍，勉勵約誓衆將士。方言云：「類，法也。齊曰類。」言上天有明道，其法則彰明。「狎侮」，狎褻侮慢。爾雅釋詁云：「典，常也。」孔疏云：「鄭玄論語注云：『狎，慣忽之。』言慣見而忽也，意與侮同。五常即五典，謂父義、母慈、兄友、弟恭、子孝五者。」「荒怠」，荒廢怠惰。言今商紂王忽視天理五常之教，荒怠不敬，自絶于天，結怨于民。

「斮朝涉之脛，剖賢人之心，作威殺戮，毒痡四海。崇信姦回，放黜師保，屏棄典刑，囚奴正士。郊社不修，宗廟不享。作奇技淫巧，以悦婦人。上帝弗順，祝降時喪。爾其孜孜，奉予一人，恭行天罰。

【校】足利、天正本斮作斬，剖作割。古文訓斮作戠。按：説文斤部云：「斮，斬也，从斤，昔聲。」段注云：「斬者，截也，截者，斷也。」今按：僞孔傳釋斮爲斬，寫者遂誤爲訓詁字斬。先秦古璽文有斮字，是斮爲正字。玉篇戈部云：「𢧵，古斮字。」蓋斮之後出俗字，非古字。説文刀部云：「剖，判也，从刀，咅聲。」「判，分也，从刀，半聲。」剖是解剖本字，古寫本剖或作割者，隋唐俗字割或作剖，與剖字形近，故剖譌作割。尚書文當以作剖爲正。

【詁】詩鄘風載馳毛傳云：「水行曰涉。」按：涉謂徒步渡水。説文脛字段注云：「厀下踝上曰脛。」按：脛即脚脛。孔傳云：「冬月見朝涉水者，謂其脛耐寒，斬而視之。比干忠諫，謂其心異于人，剖而觀之。」爾雅釋詁云：「痡，病也。」言商紂以斷視無辜足脛、剖觀賢良之心爲兒戲，作造酷刑殺戮，毒害及于四海。禮記祭統鄭注云：「崇，猶尊也。」按：「崇信」謂尊敬信任。回當讀𡨄。説文交部云：「𡨄，衺也。」按：𡨄回、衺邪皆古今字，「姦回」猶言姦邪。「師保」即太保，當謂微子，被逼出走，亦猶放黜。爾雅釋詁云：「典，常也。」「刑，法也。」「正士」，正諫之士，謂箕子。蔡傳云：「郊，所以祭天；社，所以祭地。」「不修」猶言不治。爾雅釋詁云：「享，孝也。」按：祭祖爲孝。言商紂尊信姦邪，放逐微子，廢棄常法，箕子正諫被囚爲奴，祭祀天地之禮不行，宗廟之祖不祭享，而創作奇異之技、荒淫之巧取悦婦人妲己。公羊傳哀公十四年何休解詁云：「祝，斷也。」「孜孜」謂勸勉不倦。言上天不依商紂，斷然降此亡紂之伐令，你們應共勉奉我一人，恭行上天對紂之懲罰。

「古人有言曰：『撫我則后，虐我則讎。』獨夫受洪惟作威，乃汝世讎。樹德務滋，除惡務本。肆予小子，誕以爾衆士，殄殲乃讎。爾衆士其尚迪果毅，以登乃辟。功多有厚賞，不迪有顯戮。

【校】神田本滋作兹。古文訓滋作滋，惡作亞。按：説文水部云：「滋，益也，从水，兹聲。」一曰滋水，出牛歓山白陘谷，東入呼沱。」段注云：「艸部茲下曰：『艸木多益也。』此字从水茲，爲水益也。凡經傳增益之義多用此字，亦有用茲者。」今按：殷虛書契後編卷下第四十頁十六片有滋字，故尚書文字當以作滋爲正，作茲者通用字。説文心部云：「惡，過也，从心，亞聲。」段注云：「人有過曰惡，有過而人憎之亦曰惡，本無去入之别，後人强分之。」又亞部云：「亞，醜也，象人局背之形。賈侍中説以爲次弟也。」段注云：「亞與惡音義皆同，故詛楚文『亞駞』，禮記作『惡池』。史記盧綰孫他之封惡谷，漢書作亞谷。宋時玉印曰周惡夫印，劉原甫以爲即條侯亞父。」今按：殷虛書契前編卷七第三十九頁二片作亞，西周金文丙申角、父辛簋作亞，皆與説文篆文亞同。而甲骨文與金文皆不見惡字，戰國古文字郭店楚簡、睡虎地秦簡始見惡字，是惡爲後出異體，古祇作亞。但後世惡字通行，故尚書文作惡亦可。

【詁】撫當讀爲憮。説文心部云：「憮，愛也。」讎當讀爲仇，謂仇敵。言愛我則爲我君，虐我則爲我仇。「獨夫」即一夫。孟子梁惠王下篇云：「殘賊之人謂之一夫。」按：獨夫謂紂王。王氏釋詞云：「洪，發聲也，大誥曰『洪惟我幼沖人』，是也。」言獨夫紂作造威虐，是你們世代仇敵。樹當讀爲尌。説文壴部云：「尌，立也。」段注云：「今字通用樹爲之。」言立德務求滋長，除惡務求除根。爾雅釋詁云：「肆，故也。」王氏釋詞云：「誕，發語詞也。」爾雅釋詁云：「殄，盡也。」按：「殄殲」猶言全殲。言故我小子率領你們衆士，要全殲你們之仇敵。尚與當聲同義通。王氏釋詞云：「迪，句中語助也。」孔傳云：「登，成也。」爾雅釋詁云：「辟，君也。」「迪，進也。」言你們衆將士應當果敢堅毅完成你君誅紂之功，功多則有重賞，不進攻殺伐則有大刑殺戮。

「嗚呼！惟我文考，若日月之照臨，光于四方，顯于西土。惟我有周，誕受多方。予克受，非予武，惟朕文考無罪；受克予，非朕文考有罪，惟予小子無良。」

【詁】「文考」謂先父文王。西土謂周人發祥之地岐周。言我先父文王，明德如日月之照臨，光被于天下四方，顯著于西土岐周。「有周」即周，有爲助詞。誕，發語詞。「多方」，衆多地方諸侯國。武王伐紂時，已有天下三分之二方土歸周。言我周朝，受有天下衆多方土。武謂武功。爾雅釋詁云：「勝，克也。」蔡傳云：「無罪猶言無過也。無良猶言無善也。」按：「無良」猶今言無能。言我戰勝商紂，不是我之武功，是我先父文王盡誅紂之責而無過于天下；如商紂勝我，不是我先父文王有過，而是我小子姬發無能。謂衆當助我，以求必勝。

周書二

武成【解題】史記周本紀云：「乃罷兵西歸。行狩，記政事，作武成。封諸侯，班賜宗彝，作分殷之器物。營周居于雒邑而後去。縱馬于華山之陽，放牛于桃林之虚，偃干戈，振兵釋旅，示天下不復用也。」又漢書律曆志引武成八十餘字，蓋即梅氏僞古文尚書所依據而推衍，其真本則佚而不可見。孔傳云：「武成，武功成，文事修。」

惟一月壬辰，旁死魄。越翼日癸巳，王朝步自周，于征伐商。厥四月哉生明，王來自商，至于豐。乃偃武修文，歸馬于華山之陽，放牛于桃林之野，示天下弗服。

【校】敦煌本豐作豊，偃作⿰彳匽，古文訓魄作𠬢，豐作⿱丰丰豆，偃作匽。按：魄字漢志所引武成、顧命皆作霸，後代魄行而霸廢，俗用爲王霸字，實伯之假借字。說文鬼部云：「魄，陰神也，从鬼，白聲。」段注云：「孝經說曰：『魄，白也；白，明白也。』」蓋魄从白有明白義，與霸音義相近，故霸亦作魄，實假借字。金文昌鼎、兮甲盤等皆作霸，與說文篆文同，是霸爲本字。集韻陌韻云：「霸，月始生，古作屰。」按：屰字甲骨文作倒子之形，即逆子之逆字初文，與月霸字無涉。蓋霸古作屰者，屰爲釆之寫譌。説文釆部云：「釆，辨别也，象獸指爪分别也。讀若辨。」釆與霸音近，故假釆爲霸。是古文訓霸作屰者，用假借字釆之譌字，不足取。説文豐部云：「豐，豆之豐滿也，从豆，象形。」段注云：「生部云：『丰，艸盛丰丰也。』與豐音義皆同。」今按：甲骨文金文豐與豊爲一字。金文大豊簋豊作豐，象豆中有祭祀之物。説文古文作䒠，从豆从丰丰，丰丰爲二丰相竝，丰即串玉，丰丰爲珏字。殷虚書契後編卷下八頁二片豊字作䒠，从豆从珏，與豐字爲一字之明證。是敦煌寫本豐作豊，古文訓作䒠，皆不違古文。但豐字通行，故尚書文當作豐。説文匸部云：「匽，匿也，从匸，晏聲。」段注云：「匽之言隱也。周禮宮人：『爲之井匽。』鄭司農云：『匽，路厠也。』後鄭云：『匽豬，謂霤下之池畜水而流之者。』按二説皆謂隱蔽之地也。」是匽之本義爲隱藏，即偃武本字。金文堇鼎、匽侯盂匽作𠥰，从乚，「乚」即隱字初文，是从乚與从匸同義。匽公匜、杕氏壺作匽，與説文篆文同。而偃者，説文人部云：「偃，僵也，从人，匽聲。」是偃爲偃仰本字，與匽字義殊。故偃武本字爲匽，古書多作偃者，字之假借。古文訓作匽者，用古本字。但史記周本紀作「偃干戈」，是假借字偃通用已久。且偃字見于先秦古陶文、古璽文，是偃亦古字，故尚書文作偃亦可。而又作偃者，則偃之譌字。

【詁】夏商周斷代工程報告據尚書武成推定武王克商爲公元前一〇四六年一月二十日。孔傳云：「旁，近也，月二日近死魄。」翼本當作昱。説文日部云：「昱，明日也。」段注云：「古多假借翌字爲之，釋言曰『翌，明也』是也。唐衞包改尚書翌皆作翼，而昱日之義廢矣。」王氏釋詞云：「越，猶及也。」按：「越翼日」謂及明日。周謂周都鎬京，在今陝西長安縣西北灃水東，史稱宗周。言一月二日月近死魄，及明日一月三日，武王自宗周起兵行軍，出征伐商。爾雅釋詁云：「哉，始也。」按：哉爲才之假借字，故有始義。「哉生明」，謂月初之三日。豐爲文王故都，有祖廟，其地在灃水西。言在其四月三日，武王誅紂自商邑歸來，至于豐邑告廟祭祖。孔傳云：「山南曰陽。桃林在華山東，皆非長養牛馬之地，欲使自生自死，示天下不復乘用。」按：桃林當在華山之南。此文華山與桃林、馬與牛皆互文成義，言歸放馬、牛于華山之南桃林之野。説文舟部云：「服，用也。」言于是停息武備、修治文教，以表示天下不再用馬牛軍需。

丁未，祀于周廟，邦甸侯衛，駿奔走，執豆籩。越三日庚戌，柴望，大告武成。既生魄，庶邦冢君暨百工，受命于周。

【校】敦煌、神田本豆作梪，籩作邊。陸氏釋文云：「豆，本又作梪。」古文訓豆作皀。按：説文豆部云：「豆，古食肉器也，从口，象形。𣅠，古文豆。」段注云：「玉篇亦曰『𣅠，古文』，當近是。」今按：殷虚書契後編卷上六頁四片作𣅠，殷虚文字甲編六一三片作豆，西周金文豆閉簋作豆，是豆字皆象形。而古文訓豆作皀者，蓋依集韻而譌。集韻侯韻云：「豆，古作皀，或从木作梪。」以爲古文作皀已譌，而又以爲異體从木作梪亦誤。説文豆部云：「梪，木豆謂之梪，从木豆。」段注云：「豆本瓦器，故木爲之則異其字。僞古文武成有梪。」今按：甲骨文金文未見梪字，梪字始見于戰國古文字包山楚簡、郭店楚簡，蓋豆爲古字，梪爲後出木豆區別字。武成豆籩相配，是豆當爲梪，敦煌古寫本作梪可證。説文竹部云：「籩，竹豆也，从竹，邊聲。」又辵部云：「邊，行垂崖也。」今按：先秦古書未見籩借作邊之例，而古寫本籩作邊者，蓋省形，不足取。

【詁】爾雅釋詁云：「祀，祭也。」「周廟」，謂豐邑文王與先王祖廟。邦謂封邦。「甸、侯、衛」謂甸服、侯服、衛服之邦國諸侯。爾雅釋詁云：「駿，大也。」奔、走二字古同義，謂奔走于助祭之事。言四月丁未日，武王以克商祭告于先周祖廟，封國甸、侯、衛服諸侯都來大力奔走助祭，執持木豆竹豆祭品進獻祭事。爾雅釋天云：「祭天曰燔柴。」郭璞注云：「既祭，積薪燒之。」廣雅釋天云：「望，祭也。」王氏疏證云：「望者，遥祭之名。」按：望謂遥祭大山大河。言及三日爲庚戌日，燔柴祭天，望祭山川，大告武功之成。魄本作霸。王國維生霸死霸考以古器物銘推定「既生霸謂自八九日以降至十四五日也」，當從之。爾雅釋詁云：「庶，衆也。」「冢，大也。」「暨，與也。」小爾雅廣言云：「工，官也。」按：「百工」即百官。周謂周京宗周。言四月既生霸之日，衆國諸侯大君與周朝百官，接受周王分封班賜政命于周京。

王若曰：「嗚呼！羣后，惟先王建邦啟土，公劉克篤前烈。至于大王，肇基王迹，王季其勤王家。我文考文王，克成厥勳。誕膺天命，以撫方夏。大邦畏其力，小邦懷其德。惟九年，大統未集。

【校】唐石經「大王」作「太王」。神田本膺作應。按：說文水部云：「泰，滑也，从収水，大聲。夳，古文泰如此。」段注云：「後世凡言大而以爲形容未盡則作太，如周大王俗作太王是也。」今按：泰从大聲，故泰、大可通用。而泰古文作夳，二當爲仌之譌，仌即古冰字，仌表滑意。夳隸省作太，漢張休崖涘銘「太山雖高」，太山即泰山。是太本泰之古文省變，因與大音同形近，故凡大用爲大而尊之之義，則作太。此本假太爲大，久而不歸則反賓爲主之例。唐石經「大王」作「太王」，從俗之例。古寫本膺作應者，應爲膺之同音假借字，尚書文當以作膺爲正。

【詁】爾雅釋詁云：「后，君也。」啟當讀爲启。說文口部云：「启，開也，从户口。」后稷封邰，故曰建國開土。後王尊祖，故稱后稷爲先王。爾雅釋詁云：「篤，厚也。」「烈，業也。」史記周本紀云：「公劉復修后稷之業。」言武王謂諸侯與王臣衆君，是先王后稷建立邦國開闢疆土，公劉能厚實前代基業。太王即古公亶父，率周族自豳遷岐。爾雅釋詁云：「肇，始也。」説文辵部云：「迹，步處也。」按：迹謂處址。王季是太王之子，文王之父。言太王古公亶父自豳原遷徙岐周，始奠基王業處址，王季則勤勞建立我周家王業。誕，發語詞。爾雅釋言云：「膺，親也。」郭璞注云：「謂躬親。」按：膺謂親受。孔傳釋「方夏」爲四方中夏。集謂集成，猶言完成。言我先父文王，德能成其王功，親受上天之命，以安撫四方中夏。大國諸侯畏懼其威力，小國諸侯懷念其恩德，但征伐九年而逝，大一統事業未能完成。

「予小子其承厥志，厎商之罪，告于皇天后土，所過名山大川，曰：『惟有道曾孫周王發，將有大正于商。今商王受無道，暴殄天物，害虐烝民。爲天下逋逃主，萃淵藪。予小子既獲仁人，敢祇承上帝，以遏亂略。華夏蠻貊，罔不率俾，恭天成命。

【校】唐石經貊作貃。足利、天正本殄作絶。古文訓貊作貉。按：説文豸部云：「貉，北方貉，豸穜也。从豸，各聲。孔子曰：『貉之言貉貉惡也。』」段注云：「俗作貊。貉貉，惡皃。」今按：金文鮇貉豆作貉，與説文篆文同，爲正體；貉子卣、紀侯貉子簋等聲符各在左，爲異體。古陶文與睡虎地秦簡作貉，亦爲正體。玉篇豸部云：「貉，莫格切，蠻貊也。」又云：「貊，盲百切，蠻貊也。」貊本貉之俗造異體，今本玉篇分爲兩字，蓋非原本。唐人貊字又譌作貃，虞世南凌煙閣勳臣贊貊俗譌作貃即其例。唐石經貉作貃，是俗而又俗，不足取。古寫本殄作絶者，則因僞傳「暴絶天物」而以訓詁字改殄爲絶。

【詁】王氏釋詞云：「其，猶將也。」爾雅釋詁云：「厎，致也。」「皇、后，君也。」按：「皇天后土」謂天神地神。名山謂華岳，大川謂黃河。言我小子將承父志，致伐商紂之罪，稟告紂罪于皇天后土，所經過名山大川之神。「有道」謂有道先祖，曾孫是武王自謂。正當讀爲征，大征謂兵征。言是我有道先祖之曾孫周王姬發，將有兵征于商紂。爾雅釋詁云：「烝，衆也。」「殄，絶也。」「天物」謂上天所生萬物。「害虐」猶言殘害。言今商紂無道，暴滅天物，殘害衆民。周易序卦云：「萃者，聚也。」「淵藪」猶言藏府。言商紂是天下逋逃罪犯之主，商都是聚集窩藏罪犯之府。「仁人」謂姜太公、周公旦、召公奭等人。爾雅釋詁云：「遏，止也。」「俾，從也。」小爾雅廣言云：「略，行也。」言我小子已得賢仁之人相助，敢于敬承上帝之命，以制止商紂亂行，華夏諸侯與南蠻北夷之族無不相從，奉行上天伐紂成命。

『肆予東征，綏厥士女。惟其士女，篚厥玄黃，昭我周王。天休震動，用附我大邑周。惟爾有神，尚克相予，以濟兆民，無作神羞。』

【校】神田本克作剋。按：説文克部云：「克，肩也，象屋下刻木之形。亯，古文克；𠅜，亦古文克。」段注云：「釋詁云：『肩，克也。』釋言曰：『克，能也。』其引伸之義。俗作剋。」今按：甲骨文與西周金文克字相同，均象人肩負盆缶之形，故本義爲肩負，引伸義爲勝任、能力等。而公克錞作克，則其變形，爲後世字形所本。説文釋字形不足取，所録古文譌異不可解。克亦作剋者，爲勊字之譌俗。説文力部云：「勊，尤劇也，从力，克聲。」段注云：「許書勊與克義不同。勊之字譌而从刀作剋，猶劇之譌而从刀也。經典有克無剋，百家之書克、剋不分，而勊乃廢矣。」剋字不見于唐宋以前字書而見于唐代古寫本，是亦隋唐之俗字，不足取。尚書文當作克。

【詁】爾雅釋詁云：「肆，故也。」「綏，安也。」「士女」猶言男女，謂衆民。言故我東征，以安定商之衆民。篚謂筐篚。「玄黃」謂玄黃二色絲帛。爾雅釋詁云：「昭，見也。」「休，美也。」按：「天休」謂上天滅商扶周美命。説文邑部云：「邑，國也。」按：「大邑周」猶言大國周。震動猶言感動。言商之士女筐篚盛其玄黃絲帛，道路迎見我周王。是上天美命感動民心，因此歸附我大國周。「有神」即神，有爲助詞，謂皇天后土、名山大川衆神。尚與當通，謂應當。

相謂相助。爾雅釋言云：「濟，益也。」按：濟謂救助。言你們衆神靈，應當能助我以救萬民，不要旁觀使神感愧。

「既戊午，師逾孟津。癸亥，陳于商郊，俟天休命。甲子昧爽，受率其旅若林，會于牧野。罔有敵于我師，前徒倒戈，攻于後以北，血流漂杵。一戎衣，天下大定。乃反商政，政由舊。釋箕子囚，封比干墓，式商容閭。散鹿臺之財，發鉅橋之粟，大賚于四海，而萬姓悦服。」

【校】敦煌本俟作戺，「鉅橋」作「巨喬」。神田本俟作待。内野、八行本亦作「巨喬」。古文訓俟作戺，漂作⿰氵剽，鉅作巨。唐石經「比干墓」、「商容閭」旁添「之」字作「之墓」、「之閭」。按：説文人部云：「俟，大也，从人，矣聲。詩曰：『伾伾俟俟。』」段注云：「此俟之本義也。自經傳假爲竢字，而俟之本義廢矣。立部云：『竢，待也。』廢竢而用俟，則竢、俟爲古今字矣。」今按：漢熹平石經鄉射亦作俟，是俟待通用俟字。神田本俟作待者，用訓詁字，寫者之誤。俟或作戺者，蓋⿰立巳之譌。説文立部云：「竢，待也，从立，矣聲。⿰立巳，或从巳。」段注云：「巳聲、矣聲同在一部。」矣从巳聲，故竢省聲作⿰立巳，立譌作户，則⿰立巳譌作戺，不足取。説文水部云：「漂，浮也，从水，票聲。」漂或作⿰氵剽者，是隋唐俗字。隋澧水石橋碑漂作⿰氵剽，是其證。玉篇水部漂、⿰氵剽分爲兩字，⿰氵剽音同漂而無義，當即顧野王所見異體。北宋陳彭年等重編玉篇分爲兩字，非。而丁度等集韻宵韻云：「漂，説文：『浮也。』或作⿰氵剽。」司馬光等類篇水部漂、⿰氵剽音同義同，當皆據玉篇，是⿰氵剽爲漂之異體無疑。尚書文當以作漂爲正。説文金部云：「鉅，大剛也，从金，巨聲。」段注云：「引伸爲鉅大字。」又説文工部云：「巨，規巨也，从工，象手持之。榘，巨或从木矢，矢者其中正也。」段注云：「今字作矩省木。」今按：凡西周金文伯矩盤、伯矩尊等矩字皆从大不从矢，先秦古璽文亦从大作⿰大巨而不从矢作矩，是鉅大本字當作⿰大巨，尚書文作鉅爲同音通用字。而橋作喬者，亦同音通用之例。

【詁】孟津古亦作盟津，爲黄河渡口。陳爲古陣字，謂布陣。爾雅釋詁云：「休，美也。」「俟天休命」謂待上天賜晴明良晨決戰美命。言自戊午至癸亥共五日，大軍自孟津速至商郊布陣，待天賜良晨決戰美命。爾雅釋詁云：「旅，衆也。」史記周本紀云：「紂亦發兵七十萬人」，故曰「若林」。言甲子日清晨，商紂率領其兵衆如林，會戰于商郊牧野。徒謂徒衆。說文北部云：「北，乖也，从二人相背。」段注云：「軍奔曰北，其引伸之義也，謂背而走也。」說文木部云：「杵，舂杵也。」段注云：「舂，擣粟也，其器曰杵。繫辭曰：『斷木爲杵。』」按：「漂杵」謂血流成河能漂浮舂杵。說文戈部云：「戎，兵也，从戈甲。」爾雅釋詁云：「安，定也。」言紂軍不敵我軍，前陣徒衆倒戈反擊，自攻于後陣而敗走，殺得紂軍血流漂杵。我一着兵服滅紂而天下大安。據史記周本紀「封商紂子禄父殷之餘民」，是反謂反還；由與猶通。言于是封紂子反還商政，商有政猶如舊時。式當讀爲軾。說文車部云：「軾，車前也，从車，式聲。」段注云：「經傳多作式者，古文假借也。」按：軾謂伏軾表敬。說文門部云：「閭，里門也。」爾雅釋詁云：「賚，賜也。」言于是解放箕子囚禁，封土比干墳墓，軾敬賢人商容居住里門，散發商紂鹿臺之財、鉅橋之粟濟貧，大賜于天下，而萬民悦服。

列爵惟五，分土惟三。建官惟賢，位事惟能。重民五教，惟食喪祭。惇信明義，崇德報功。垂拱而天下治。

【詁】說文刀部云：「列，分解也。」按：「列爵」與下「分土」對文，列亦分。惟猶爲。孔傳云：「爵五等：公、侯、伯、子、男。列地分國，公侯方百里，伯七十里，子男五十里，爲三品。」言武王分封爵位爲五等，分封國土爲三等。惟亦作唯。位與立古通用。説文史部云：「事，職也。」按：「位事」謂設立職事。言立官唯用賢才，設職唯用能人。蔡傳云：「五教：君臣、父子、夫婦、兄弟、長幼五典之教也。」按：「五典」即五常。言要重視人民的五常之教，及民食、喪葬、祭祀之事。爾雅釋詁云：「惇，厚也。」「崇，高也。」按：「惇信」謂厚愛其忠信之人。國語晉語韋注云：「明，顯也。」按：「明義」謂光顯其仁義之士。「崇德」謂尊崇有德。「報功」謂報賞有功。説文手部云：「拱，斂手也。」按：「垂拱」謂下垂衣裳斂手不親手爲事。言爲君能厚愛其忠信，光顯其仁義，尊崇有德，報賞有功之人，如此任官得人，各盡其職，則君主垂衣斂手無事而天下治理。王氏釋詞云：「惟，猶與也，及也。」

周書三

旅獒【解題】書序云：「西旅獻獒，太保作旅獒。」孔傳云：「西戎遠國貢大犬，召公陳戒。」按：陸氏釋文引馬融本古文尚書獒作豪曰：「酋豪也。」孔氏正義引鄭玄曰：「獒讀曰豪。西戎無君，名強大有政者爲酋豪。國人遣其酋豪來獻，見于周。」可證馬鄭所傳漢代古文尚書旅獒與梅氏僞古文不同，而馬鄭所見真古文失傳，無從比較。

惟克商，遂通道于九夷八蠻。西旅厎貢厥獒，太保乃作旅獒，用訓于王。曰：「嗚呼！明王慎德，四夷咸賓，無有遠邇，畢獻方物，惟服食器用。王乃昭德之致于異姓之邦，無替厥服，分寶玉于伯叔之國，時庸展親。

【校】島田本獒作敖。古文訓獒作敖。按：説文犬部云：「獒，犬如人心可使者，从犬，敖聲。」春秋傳曰：『公嗾夫獒。』」今按：獒亦作敖者，敖爲假借字。説文放部云：「敖，出游也，从出放。」朱氏通訓定聲云：「假借爲獒，楚蔿艾獵字叔敖。」是孫叔敖之敖本字當作獒。爾雅釋獸云：「狗四尺爲獒。」是獒本獵用大犬，亦馴而傷人。左傳宣公二年云：「公嗾夫獒焉。」杜注云：「獒，猛犬也。」蓋獒取義於出獵放犬取物，故其字从犬从敖會意，敖亦聲。是獒作敖者，省形借字。

【詁】爾雅釋詁云：「勝，克也。」又釋地云：「九夷、八狄、七戎、六蠻，謂之四海。」郭璞注云：「九夷在東，八狄在北，七戎在西，六蠻在南。」按：六蠻亦謂八蠻。「九夷八蠻」概言四方邊遠民族。言武王勝商紂後，于是開通道路于九夷八蠻地區。「西旅」謂西戎旅國。爾雅釋言云：「厎，致也。」太保，召公奭，與周公旦爲執政大臣。言西戎旅國進貢其大犬獒，太保召公乃作旅獒一篇，以訓諫于武王。説文貝部云：「賓，所敬也。」段注云：「君爲主，臣爲賓，詩『率土之賓，莫非王臣。』」言自古明王慎其德行，故四方邊遠民族皆稱臣敬服。爾雅釋詁云：「邇，近也。」蔡傳云：「方物，方土所生之物。」畢、斁古今字。説文攴部云：「斁，盡也。」言無論遠近，盡獻地方所産，皆爲衣食器用之物。昭謂明賜。「德之致」謂王德之所致方物。「異姓之邦」謂異姓諸侯國。爾雅釋詁云：「替，廢也。」「服，事也。」「伯叔之國」謂同姓諸侯國。説文用部云：「庸，用也。」按：「時庸」猶言用此。爾雅釋詁云：「展，信也，誠也。」言王乃明賜德之所致貢物于異姓諸侯國，使不荒廢其職事；分賜所貢寶玉于同姓諸侯國，用此表誠信于親情之族。

「人不易物，惟德其物。德盛不狎侮。狎侮君子，罔以盡人心；狎侮小人，罔以盡其力。不役耳目，百度惟貞。玩人喪德，玩物喪志。志以道寧，言以道接。不作無益害有益，功乃成；不貴異物賤用物，民乃足。

【校】古文訓貴作㕯。按：説文女部妻字下云：「𡜊，古文妻，从㕯女，㕯，古文貴字。」此㕯譌奪不可説解，或貴字上半譌作小，下半譌作冂而爲之。集韻未韻貴作㕯，古文訓因之作㕯，不可取。

【詁】春秋左傳僖公五年云：「周書曰：『民不易物，惟德緊物。』」僞古文尚書採入旅獒作「人不易物，惟德其物」。左傳襄公四年杜預注云：「易，猶輕也。」王氏釋詞云：「其，猶之也。」言人不輕物者，因是有德之物。玉篇犬部云：「狎，易也。」按：「狎侮」謂輕易侮慢。君子謂在位官吏，小人謂平民百姓。王氏釋詞云：「罔，無也。」按：「罔以」猶言無以。人謂人人。言德盛之王不輕視侮慢于人，輕慢在位官吏，則官吏不能人人盡心職事；輕慢平民百姓，則百姓不能人人盡其勞力。説文殳部云：「役，戍也，从殳彳。」段注云：「役所以守也，引伸之義凡事勞皆曰役。」爾雅釋言云：「揆，度也。」按：「百度」猶言百揆，百揆謂百官，見堯典。廣雅釋詁云：「貞，正也。」言不勞累于耳目聲色所好，則百官風正。「玩人」謂戲弄輕慢君子小民，「玩物」謂戲弄耳目所好器物。蔡傳云：「己之志，以道而寧，則不至于妄發；人之言，以道而接，則不至妄受。」言戲弄人則喪失其道德，戲弄物則喪失其意志；立志以道則身寧而不妄發，人言以道相接則不盲目妄受。孔傳云：「遊觀爲無益，奇巧爲異物。」言不作遊觀費日無益之事而妨害盡職力役有益之事，事功則成；不珍奇稀世異物而下賤日常器用之物，民用則充足。

「犬馬非其土性不畜，珍禽奇獸，不育于國。不寶遠物，則遠人格；所寶惟賢，則邇人安。嗚呼！夙夜罔或不勤。不矜細行，終累大德，爲山九仞，功虧一簣。允迪茲，生民保厥居，惟乃世王。」

【校】島田本性作姓，簣作遺。內野本性作生，簣作匱。足利、天正本簣作匱。八行本性作生，簣作匱。古文訓累作絫，伆作刃。按：説文心部云：「性，人之昜氣性，善者也，从心，生聲。」今按：古文字生、姓、性爲一字，金文兮甲盤姓作生，蔡姞簋性作生，即其證。甲骨文生字多見，殷契佚存四四五片作姓，而不見性字，是性字後出。造字次序，當先有生，次有姓，後有性，性專用爲性質、性別，是爲區別字。故尚書古寫本性或作生、作姓者，皆古通用字。説文厽部云：「絫，增也，从厽糸，厽亦聲。一曰，絫，十黍之重也。」段注云：「增者，益也，凡增益謂之積絫。絫之隸變作累，累行而絫廢。會意，糸，細絲也。積細絲成繒，積坺土成牆，其理一也。不入糸部入厽部，重厽也。」是絫爲累之古本字。説文人部云：「伆，伸臂一尋八尺，从人，刃聲。」段注云：「尺部下云：『周制寸、尺、咫、尋、常、伆諸度量，皆以人之體爲法。』近歙程氏瑶田通藝録有説曰：『言七尺者是也。尋爲八尺，伆必七尺。』玉裁謂程説甚精，伆説可定矣。伆下當云七尺，今本乃淺人所竄易耳。」今按：陸氏釋文云：「伆，字又作刃，七尺曰伆。」此與程氏考證合。漢無極山碑「浚谷千刃」，隸釋云：「以刃爲伆。」殷虚書契前編卷四第五十一頁一片有刃字，用作地名，似上古「尋伆」字止作刃，以甲骨文金文中皆不見伆字。簣作匱者，論語子罕篇云：「譬如爲山，未成一簣，止，吾止也。」包咸注云：「簣，土籠也。」鄭玄注云：「簣，盛土器。」今按：漢書禮樂志引論語此文簣作匱。唐化度寺碑「資覆匱以成山」，亦用此而作匱，是漢、唐人所見論語作匱。説文無簣字，而匚部云：「匱，匣也，从匚，貴聲。」匚爲受物之器，是匱與簣義通。或古止作匱，後乃造簣字，故匱、簣爲古今字。古寫本簣又作遺者，則假借字，不足取。

【詁】生、性古今字，「土性」即土生。言犬與馬非是土生土産者不養，以其不習于用；珍禽奇獸不養于國者，以非其所用而耳目費時有害。爾雅釋言云：「格，來也。」「邇，近也。」按：「遠物」謂邊遠之國所貢寶貴之物。言不貪寶遠方所貢寶物，則遠方國人來服；國家所寶貴者爲賢能之人，則近在王畿之人安樂，近人安則遠人亦安。玉篇夕部云：「夙，早也。」王氏釋詞云：「或，猶有也。古有字通作或。」言當早晚無有誰人不勤于行德。小爾雅廣言云：「矜，惜也。」「細行」猶言微行，指上王受貢獒之類。累謂損累。爾雅釋詁云：「虧，毀也。」書疏引鄭玄曰：「簣，盛土器。」按：「一簣」猶今言一筐。言不慎惜細小行爲，終將損累大德，猶如築九仞之高土山，成功會毀于尚缺一筐土。爾雅釋詁云：「允，誠也。」「迪，作也。」「茲，此也。」按：茲謂以上誡言。言誠能做到此誡言，則人民安樂其居，周室則世代王天下。

周書四

微子之命

【解題】史記宋世家云：「武王崩，成王少，周公旦代行政當國。管、蔡疑之，乃與武庚作亂，欲襲成王、周公。周公既承成王命誅武庚，殺管叔，放蔡叔，乃命微子開代殷後，奉其先祀，作微子之命以申之，國于宋。」按：史記所謂微子之命已佚，此篇乃梅氏僞古文尚書之一篇。

王若曰：「猷殷王元子，惟稽古，崇德象賢，統承先王，修其禮物，作賓于王家，與國咸休，永世無窮。

【詁】爾雅釋言云：「猷、肯，可也。」郭璞注云：「詩曰：『猷來無棄。』肯，今通言。」按：「猷殷王元子」五字當連讀，猷表希望，猶今言但願。史記宋世家云：「微子開者，殷帝乙之首子而帝紂之庶兄也。」按：微子名啟，史記作開者，避漢景帝劉啟諱。元子即首子，長子。爾雅釋詁云：「崇，重也。」按：「崇德」謂尊重有德。象當讀爲像。楚辭九章橘頌王逸注云：「像，法也。」按：「象賢」謂效法前賢。釋名釋典藝云：「統，緒也，主緒人世類相繼，如統緒也。」按：「統承」猶言繼承。爾雅釋詁云：「咸，皆也。」「休，美也。」「永，遠也。」言王如此説，但願殷朝先王帝乙長子啟，察考古事，尊重有德，效法前賢，繼承先王成湯傳統，修其典禮文物，作周王的貴賓，與周國同樣美好，永遠世代相傳無窮無盡。

「嗚呼！乃祖成湯，克齊聖廣淵，皇天眷佑，誕受厥命。撫民以寬，除其邪虐。功加于時，德垂後裔。

【詁】乃與汝一語之轉，故乃訓汝。爾雅釋言云：「克，能也。」「肅、齊，疾也。」説文耳部云：「聖，通也。」又目部云：「眷，顧也。」王氏釋詞云：「誕，發語詞也。」爾雅釋詁云：「加，重也。」方言云：「裔，末也。」按：裔謂苗裔，即子孫，此謂微子。言你祖成湯能肅德聖達，廣大深遠，故皇天眷顧佑助，受其天命爲君，而安撫人民用寬政，除其邪暴之君夏桀，功重于當代，德傳于後世子孫。

「爾惟踐修厥猷，舊有令聞，恪慎克孝，肅恭神人。予嘉乃德，曰篤不忘。上帝時歆，下民祗協。庸建爾于上公，尹兹東夏。

【校】島田本予作余。内野本恪作意。古文訓恪作窓。按：説文心部云：「窓，敬也，从心，客聲。春秋傳曰：『以陳備三窓。』」段注云：「釋詁、商頌毛傳皆曰：『恪，敬也。』當作从心客，客亦聲。今字作恪。而引此文者，以證从心客會意也。鄭玄駁五經異義云：『恪者，敬也，敬其先聖而封其後，與諸侯無别殊異。』」今按：西周金文窓簋作窓，漢印亦作窓，與説文篆文同。戰國古璽文作悆，从心，客省聲。漢祝睦碑作恪，移心於旁，後世通行此字。説文八部云：「余，語之舒也，从八，舍省聲。」段注云：「釋詁云：『余，我也。』『余，身也。』孫炎曰：『余，舒遲之身也。』然則余之引伸訓爲我。詩、書用予不用余，左傳用余不用予。」今按：甲骨文余字鄴中片羽初集下二十九頁四片、殷虚文字甲編二七零片作仐，西周金文何尊、盂鼎等皆作仐，與甲骨文同。東周金文齊侯壺、中山王壺作余，石鼓文作余，與晚周金文同。說文謂「舍省聲」，魏三體石經多士篇余字因作舍，皆無據。用作第一人稱之余、予，當爲古今字，秦以前古文字中未見予字。

【詁】說文足部云：「踐，履也。」修當讀爲攸。說文攴部云：「攸，行水也。」按：「踐修」猶言履行。小爾雅廣詁云：「舊，久也。」爾雅釋詁云：「令，善也。」「恪，敬也。」「慎，誠也。」「時，是也。」又釋宫云：「猷，道也。」說文欠部云：「歆，神食气也。」段注云：「引伸爲憙悅之意。」又示部云：「祇，敬也。」又劦部云：「協，衆之和同也。」又用部云：「庸，用也。」又部云：「尹，治也。」孔傳云：「此東方華夏之國，宋在京師東。」言你能履行成湯治道，久有美譽，敬誠能孝，肅敬神人，故我嘉美你德，謂你忠厚不忘祖德。天帝是喜，下民敬和，因立你于上公之位，由你治理此華夏之東宋國。

「欽哉！往敷乃訓，慎乃服命，率由典常，以蕃王室。弘乃烈祖，律乃有民，永綏厥位，毗予一人。世世享德，萬邦作式，俾我有周無斁。嗚呼！往哉惟休！無替朕命。」

【校】陸氏釋文云：「蕃，本亦作藩。」按：說文艸部云：「蕃，艸茂也。」又云：「藩，屏也。」今按：據許氏說文，藩爲藩屏本字。但先秦古文字未見藩字，而東周金文蔡侯盤及睡虎地秦簡有蕃字，是蕃、藩古今字，草茂爲屏，故蕃即藩屏古字。

【詁】爾雅釋詁云：「欽，敬也。」「訓，道也。」按：道即導字，謂訓導。敷猶布，乃猶汝。言敬其爲君之德，往宋國布行你治國教導。爾雅釋詁云：「服，事也。」「率，循也。」廣雅釋詁云：「由，用也。」「典常」猶言常典，即上公所用通常典禮，此戒勿僭越禮儀。言當慎行你職事使命，遵用上公通常典禮，以藩屏我周王室。爾雅釋詁云：「弘，大也。」「烈、顯，光也。」「範、律，法也。」「綏，安也。」按：「有民」即民，有爲助詞，下「有周」同。詩小雅節南山鄭箋云：「毗，輔也。」言弘揚你顯祖治道，法範你國人民，長安其上公君位，以輔助我天子一人。爾雅釋詁云：「享，獻也。」按：「享德」猶言進德。說文工部云：「式，法也。」按：式猶言典範。爾雅釋詁云：「俾，從也。」說文攴部云：「斁，解也，从攴，睪聲。」按：解、懈古今字，「無斁」即不懈。「無斁」爲古成語，語義隨語境而不同，此文「無斁」猶今言不懈倦。爾雅釋詁云：「休，美也。」「替，廢也。」言當世代進德，作萬國典範，順從我周朝不懈，往宋國謀爲美政，無廢棄我之教命。

周書五

蔡仲之命【解題】書序云：「蔡叔既沒，王命蔡仲踐諸侯位，作蔡仲之命。」今按：蔡仲名胡字仲，以其賢，故父蔡叔沒，成王封蔡仲爲諸侯，此篇乃誥命之辭。此亦梅氏僞古文尚書之一篇。

惟周公位冢宰，正百工，羣叔流言。乃致辟管叔于商，囚蔡叔于郭鄰，以車七乘。降霍叔于庶人，三年不齒。蔡仲克庸祗德，周公以爲卿士。叔卒，乃命諸王，邦之蔡。

【校】敦煌本鄰作隣，邦作封。九條本鄰作仏。足利本邦作封。八行本鄰作隣。唐石經先刻封，後磨改爲邦。按：汗簡引尚書鄰作仏。古文四聲韻真韻引古老子鄰作吅。殷虛文字乙編五八二二片有吅字，从二口，口即圍字初文，象家院周圍，二家鄰居，故吅爲鄰字古文。仏當即吅之隸變。而古寫本鄰作隣者，俗寫字。漢韓勑碑、隋宋永貴墓誌、唐台州刺史陳皆墓誌鄰字作隣，是其例。古寫本邦作封者，蓋本作封，唐石經改作邦。僞孔傳云：「叔之所封圻内之蔡，仲之所封淮汝之間。」孔氏正義云：「及蔡叔既卒，乃將蔡仲命之於王，國之於蔡，爲諸侯也。」是以國與邦同義而改爲邦，而不知國即封國之意，國之于蔡即封之于蔡。

【詁】爾雅釋詁云：「冢，大也。」按：「冢宰」猶言大宰，即太宰，天子宰相。爾雅釋詁云：「正，長也。」小爾雅廣言云：「工，官也。」按：「正百工」謂總長百官。言成王年少，周公旦位爲太宰，總長百官，管叔、蔡叔等流言不滿周公，謂周公將不利于成王。左傳襄公二十五年云：「各致其辟。」杜預注云：「辟，誅也。」按：致謂處治，「致辟」即治罪誅殺。爾雅釋言云：「囚，拘也。」按：囚謂囚禁，限制自由。郭鄰，地名。鄰者，近也，蓋在京城之外近郊。廣雅釋詁云：「以，用也。」按：「以車七乘」謂從用之車限數七輛。禮記王制云：「終身不齒。」鄭注云：「齒，録也。」按：録謂録用封爵。爾雅釋詁云：「庸，常也。」「祗，敬也。」「命，告也。」廣雅釋言云：「諸，於也。」蔡，蔡叔原封之蔡邑。言于是治罪誅殺管叔于商邑，囚禁蔡叔于京城之外近郊，限用乘車七輛，貶降霍叔爲庶民，三年以内不録用封爵。而蔡仲能常行敬德，周公用爲卿士之職。蔡叔死後，周公于是禀告于成王，請封蔡仲于蔡邑爲諸侯。

王若曰：「小子胡！惟爾率德改行，克慎厥猷，肆予命爾侯于東土，往即乃封，敬哉！爾尚蓋前人之愆，惟忠惟孝。爾乃邁迹自身，克勤無怠，以垂憲乃後。率乃祖文王之彝訓，無若爾考之違王命！

【詁】王謂成王，時周公攝政，雖稱成王，而實周公之意。「小子」猶今言少年，胡爲蔡仲之名。爾雅釋詁云：「率，循也。」按：「率德改行」謂遵循其祖文王之德，改其父蔡叔之行。方言云：「猷，道也。」爾雅釋詁云：「肆，故也。」「侯，君也。」按：「侯于東土」謂爲諸侯國君主于東土，東土即成周雒邑以東土地。詩衛風氓鄭箋云：「即，就也。」言王如此説，年輕人姬胡，你遵循祖德改其父行，能謹守其爲臣之道，故我命你爲諸侯于東土，往就你封國，謹慎其德行。尚與當古同聲通用。説文心部云：「愆，過也。」玉篇心部云：「惟，爲也。」言你當掩蓋先人已父之罪過，成爲忠孝之人。王氏釋詞云：「乃，猶其也。」爾雅釋言云：「邁，行也。」楚辭天問王注云：「迹，道也。」爾雅釋詁云：「憲，法也。」言你應行道從自身開始，能勤勞不殆慢，以垂法于你後代子孫。爾雅釋詁云：「彝，常也。」釋親云：「父爲考。」言遵循你祖文王常教，無如你父之違背王命。

「皇天無親，惟德是輔；民心無常，惟惠之懷。爲善不同，同歸于治；爲惡不同，同歸于亂，爾其戒哉！

【校】敦煌、九條、内野、八行本是作之。古文訓歸作逽。按：左傳僖公五年云：「（宫之奇）對曰：『故周書曰：皇天無親，惟德是輔。』」蓋梅氏僞書輯此改「是」爲「之」，「是」猶「之」，故尚書古寫本「是」作「之」。今尚書作「是」者，唐石經據左傳改回。逽字宋人以爲出石鼓文，即歸字，但今人辨石鼓文爲逮字。蓋逽即帰之俗字。歸字説文籀文作帰，从止與从辵同義，故俗寫作逽，不足取。

【詁】爾雅釋詁云：「惠，愛也。」釋言云：「懷，來也。」言上天于人無有親疏，唯獨有德者則輔佑；民心于君上無有常主，唯獨愛己者則來歸。廣雅釋詁云：「同，皆也。」王氏釋詞云：「其，猶尚也，庶幾也。」言君爲善雖各自不同，但皆歸于國治；君爲惡雖各自不同，但皆歸于國亂，你應當慎戒。

「慎厥初，惟厥終，終以不困；不惟厥終，終以困窮。懋乃攸績，睦乃四鄰，以蕃王室，以和兄弟，康濟小民。率自中，無作聰明亂舊章；詳乃視聽，罔以側言改厥度，則予

一人汝嘉。」

【詁】爾雅釋詁云：「初，始也。」「惟，思也。」廣雅釋詁云：「困，窮也。」按：困謂困窮，與下「困窮」相對爲文。終謂結局。言作事要謹慎其初始，思慮其結局，則結局因而不困窮；不思慮其結局，則結局因而困窮。說文心部云：「懋，勉也。」爾雅釋言云：「攸，所也。」又釋詁云：「績，事也。」蕃當讀爲藩。說文艸部云：「藩，屏也。」爾雅釋詁云：「康，安也。」釋言云：「濟，成也。」言勉力你所行事業，親睦你四鄰之國，以藩屏保衛王朝，以和協同姓之國，安定成就小民百姓基業。爾雅釋詁云：「率，循也。」「從，自也。」按：「率自」猶言遵從。論語堯曰皇侃義疏云：「中，謂中正之道。」廣雅釋器云：「章，程也。」按：章即章程，「舊章」謂先王成法。說文言部云：「詳，審議也。」蔡傳云：「側言，一偏之言也。」爾雅釋詁云：「嘉，善也。」言遵從中正之道，無自作聰明變亂先王成法；詳審你所視所聽，無以一偏邪言改變其自身法度，則我天子以你爲善美。

王曰：「嗚呼！小子胡，汝往哉！無荒棄朕命！」

【校】唐石經補缺棄作失，蓋據盤庚篇「無荒失朕命」而改。

【詁】「小子」猶今言少年，年輕未成熟之稱。朱氏說文通訓定聲云：「荒，假借爲忘。書盤庚：『無荒失朕命。』傳：『荒，廢也。』」按：「荒棄」謂忘忽棄失，猶今語忘掉。言周公代成王說，年輕人姬胡，你往就封國，不要忘失我告命你之言，終身奉行。

周書六

周官【解題】史記魯世家云：「成王在豐，天下已安，周之官政未次序，於是周公作周官，官別其宜。」按：天下已安者，謂周公東征平亂，成王即政滅淮夷，于是天下大定。此篇相傳周公輔成王制定周朝設官分職用人制度史録，然今文尚書無此文，亦僞古文尚書之一。

惟周王撫萬邦，巡侯甸，四征弗庭，綏厥兆民，六服羣辟，罔不承德，歸于宗周，董正治官。

【校】内野本、八行本撫作攺。古文訓撫作攺，庭作廷。按：據許氏説文，撫爲安撫正字。又攴部有攺字，音義與撫相同。考包山楚簡有𢿌字，當爲撫之異文。古文無、亡通用，故𢿌可作攺。是攺亦撫之異體，許氏歸字於手、攴兩部，未當。庭作廷者，廷當爲庭之初文。西周金文何尊、盂鼎有廷字，而先秦古文未見庭字，是庭即廷之孳乳，故庭作廷者，廷爲古本字，而非假借字。

【詁】王氏釋詞云：「惟，發語詞也。」「周王」謂周成王。説文手部云：「撫，安也。」邑部云：「邦，國也。」按：「萬邦」謂所封天下諸侯國。「侯甸」代指下文「六服」，「六服」即王畿外之侯服、甸服、男服、采服、衛服、蠻服。爾雅釋詁云：「庭，直也。」「綏，安也。」「辟，君也。」按：「弗庭」即不直，不直猶言無道，謂上不禮王下不親民者。言周成王即政安撫天下萬國，巡視王畿之外侯服甸服等邊遠封疆，四面征討叛上虐民之無道諸侯，以安定其天下萬民，故六服衆君，無不奉承周王威德。「宗周」謂周都鎬京。爾雅釋詁云：「董、督，正也。」按：「董正」即董理督正，猶今言整頓。「治官」謂任職治事之百官。言成王外治之功完成，乃歸來于鎬京，整頓朝内任職治事百官。謂安外而後治内。

王曰：「若昔大猷，制治于未亂，保邦于未危。曰唐虞稽古，建官惟百，内有百揆四岳，外有州牧侯伯。庶政惟和，萬國咸寧。夏商官倍，亦克用乂。明王立政，不惟其官，

惟其人。

【詁】王氏釋詞云：「若，詞之惟也。大誥曰『若昔朕其逝』，若字是語詞之惟。」按：「若昔」猶言往昔。爾雅釋宫云：「猷，道也。」按：「大猷」即大道，大道猶言大法。「制治」謂制定治安策略。言成王説，往昔明王治國大法，是制定治安策略于未亂之前，保安國家于未危之前。爾雅釋詁云：「粤、爰，曰也。」按：曰爲句首助詞。「唐虞」謂唐堯虞舜。薛綜注東京賦云：「惟，有也。」按：「惟百」猶言有百，即有百官。孔疏云：「百揆，揆度百事，爲羣官之首，立一人也。四岳，内典四時之政，外主太岳之事，立四人也。」鄭玄注書立政云：「殷之州牧曰伯，虞夏及周曰牧。」按：堯典云「肇十有二州」，又云「十有二牧」，是「州牧」謂十二州長。「侯伯」謂一方諸侯之長，爾雅釋詁云：「咸，皆也。」「寧，安也。」言朝内設立總理百官之百揆一人，與分管四方政事長官四人，朝外設有十二州長與諸侯之長。立官有序，故衆政于是協和，萬邦亦皆安寧。倍謂加倍，「官倍」即設百官加倍。爾雅釋詁云：「乂，治也。」玉篇心部云：「惟，爲也。」言夏商之時世變事繁而設官比唐虞之世增加一倍，其政亦能得以治理，而明王聖君設立朝臣官長，不爲其官之多，而爲其官得人。

「今予小子祗勤于德，夙夜不逮。仰惟前代時若，訓迪厥官。立太師、太傅、太保，兹惟三公。論道經邦，燮理陰陽。官不必備，惟其人。少師、少傅、少保，曰三孤。貳公弘化，寅亮天地，弼予一人。

【校】内野本地作埊。八行本地作坔。古文訓仰作卬。按：説文匕部云：「卬，望也，欲有所庶及也，从匕卩。詩曰『高山卬止。』」人部云：「仰，舉也，从人卬。」段注云：「與卬音同義近。古卬、仰多互用。」今按：卬、仰古今字。

戰國古璽文與詛楚文有卬字，而仰字未見於先秦古文字，是仰乃後出今字。卬、仰既爲古今字，則晚出尚書作仰亦可。地字先秦古璽文作地又作墬，分別與説文篆文作地而古文作墬相同。尚書古寫本作埊、作坔，古文四聲韻至韻引崔希裕纂古作坔、埊，蓋皆俗字，不足取。汗簡土部引尚書地作墬，亦與説文古文同。但此字仍當以通行體作地爲正。

【詁】爾雅釋詁云：「祗，敬也。」「夙，早也。」釋言云：「逮，及也。」按：「不逮」猶言不及，謂不及前人。言成王説，今我小子爲王，雖敬勤于修德，早晚不懈，亦恐不及前代明王。玉篇心部云：「惟，思也。」爾雅釋詁云：「時，是也。」「若，善也。」按：王氏釋詞云：「是，猶之也。」「仰惟前代時若」謂仰思前代官制之善法。爾雅釋詁云：「迪、訓，道也。」按：「訓迪」猶言引導。言立官當仰思前代官制之善，以引導我們設立百官。孔傳云：「師，天子所師法；傅，傅相天子；保，保安天子于德義者。」玉篇心部云：「惟，爲也。」爾雅釋詁云：「燮，和也。」言首立太師、太傅、太保輔佐天子大臣，是爲三公，其職責是講論治道，經理國政，和調天地人道陰陽變化，三公之官不必充數備員，唯在其得人則任之。孔傳云：「孤，特也。言卑于公，尊于卿，特置此三者，副貳三公，弘大道化，敬信天地之教，以輔我一人。」按：爾雅釋詁云：「寅，敬也。」「亮，信也。」言立少師、少傅、少保特設之官，謂之三孤，爲三公之副，協助三公弘大教化，敬信天地人世陰陽之道，輔助我天子一人。

「冢宰掌邦治，統百官，均四海。司徒掌邦教，敷五典，擾兆民。宗伯掌邦禮，治神人，和上下。司馬掌邦政，統六師，平邦國。司寇掌邦禁，詰姦慝，刑暴亂。司空掌邦土，居四民，時地利。六卿分職，各率其屬，以倡九牧，阜成兆民。

【校】古文訓均作㘽，和作龢。按：説文土部云：「均，平徧也，从土勻，勻亦聲。」段注云：「徧者，帀也。平徧者，平而帀也，言無所不平也。」今按：戰國文字蔡侯鐘均字作㘽，古璽文亦作㘽，是古文作㘽，小篆作均而通行。説文龠部云：「龢，調也，从龠，禾聲。讀與和同。」段注云：「此與口部和音同義別，經傳多假和爲龢。」今按：龢爲調龢、龢協本字，和爲唱和本字，古書多用和少用龢。殷虚書契前編卷二第四十五頁二片作龢，羅振玉增訂殷虚書契考釋謂侖从龠省，郭沫若甲骨文字研究釋龢言謂侖象編管之形，金文作龢，龠从吅者，示管頭之空，示此爲編管而非編簡。按羅、郭二氏之説是。或以爲龢、和古今字，但西周金文史孔盉、東周金文陳貺簋及古陶文和字作和从木，可見龢、和實非一字。

【詁】爾雅釋詁云：「冢，大也。」玉篇宀部云：「宰，治也。」按：「冢宰」即太宰，爲百官之長，天子之相。均當讀爲鈞。鈞爲製陶轉輪，引伸之義爲運籌。言冢宰之卿主掌國家政治，統領百官，運籌四海之内政事。敷謂布施，即施行。爾雅釋詁云：「典，常也。」按：「五常」即父義、母慈、兄友、弟恭、子孝，亦稱五教。書疏引鄭玄曰：「擾，亦安也。」言司徒之卿主管國家教化，施行五常之教，以安順天下萬民。周禮春官序官鄭玄注云：「宗伯，主禮之官。」按：即主禮制之官長。言宗伯之卿主管國家典禮，治理天地神祇人鬼之事及吉凶賓軍嘉五禮，以協和上下尊卑等級。政當讀爲征，「邦政」謂國之征伐。「六師」猶言六軍，天子六軍。平謂平治。言司馬之卿主管國家軍兵征伐，統領六軍，平定四方邦國叛亂。「司寇」主寇賊法禁。左傳襄公二十一年杜預注云：「詰，治也。」廣雅釋詁云：「慝，惡也。」言司寇之卿主管國家法禁，懲治姦宄凶惡之人，刑罰強暴作亂之徒。「四民」謂士、農、工、商四類人。言司空之卿主管國家土地，安居士農工商四民，使順天時地利。倡本字爲唱。説文口部云：「唱，導也。」按：導謂引導。禹貢分天下爲九州，「九牧」謂九州之長。詩秦風駟驖毛傳云：「阜，大也。」國語吴語韋注云：「成，定也。」言以上六卿分別有其職責，各自率領其屬官，以倡導九州之長執行政事，大力安定天下萬民。

「六年，五服一朝。又六年，王乃時巡，考制度于四岳。諸侯各朝于方岳，大明黜陟。」

【詁】「六年」謂凡六年。「五服」即侯服、甸服、男服、采服、衛服，謂王畿以外由近及遠所封諸侯國。言六年五服諸侯至京都朝見周王一次。「時巡」謂按四時巡守四方。孔傳云：「周制十二年一巡守，春東夏南，秋西冬北，故曰時巡。」考謂考正，即考察校正。「制度」謂月日曆法及度量衡等事。「四岳」謂四方諸侯之長。「方岳」即四岳之一方。説文黑部云：「黜，貶下也。」爾雅釋詁云：「陟，升也。」按：「黜陟」猶言降升，即劣者貶降，優者褒升。言又隔六年，周王乃按時巡視四方，考察校正曆法度量衡等制度，諸侯朝王于各自方岳，大加申明考察政績升降之法。

王曰：「嗚呼！凡我有官君子，欽乃攸司，慎乃出令。令出惟行，弗惟反。以公滅私，民其允懷。學古入官，議事以制，政乃不迷。其爾典常作之師，無以利口亂厥官。蓄疑敗謀，怠忽荒政。不學牆面，莅事惟煩。

【校】內野本議作誼，「其爾典常作之師」句無「之」字；觀智院本此句亦無「之」字。古文訓議作誼。按：説文言部云：「誼，人所宜也，从言从宜，宜亦聲。」今按：此古仁義本字，古書多用義字者，假借字。而議論字又作誼者，此亦假借，以議从義聲，與誼音同。漢書董仲舒傳云：「故舉賢良方正之士，論誼考問。」但羣書治要引此作議，是漢書本作議用本字。故尚書仍應以作議字爲正。「其爾典常作之師」，據僞孔傳與正義無「之」字，與古寫本合，以無「之」字義長。

【詁】王氏釋詞云：「有，猶爲也。爲、有一聲之轉，故有可訓爲爲。」爾雅釋詁云：「欽，敬也。」釋言云：「攸，所也。」玉篇司部云：「司，主也。」按：「攸司」謂所主管之事。言成王感歎説，凡我爲官長君子，敬行你們所主職事。玉篇心部云：「惟，爲也。」言慎重你們所出號令，號令發出是爲其執行，而不爲其反改，朝令夕改則失信于民。王氏釋詞云：「其，猶將也。」爾雅釋詁云：「允，信也。」「懷，至也。」言從政當以公平滅其私情，則民心將信服歸向。「學古」謂學習前代典法。「入官」謂進入政途爲官。「議事」謂議論古事成法。説文刀部云：「制，裁也。」廣雅釋詁云：「迷，誤也。」言先學前代典法而後進入政途爲官，議論政事當用先王成法裁斷，政事則不會有誤。王氏釋詞云：「其，猶尚也，庶幾也。」爾雅釋詁云：「典、法，常也。」按：「典常」謂舊典常法。師謂師法。「利口」謂辯佞之口。言希望你們以舊典常法爲師，不要用利口辯佞擾亂其官風。説文艸部云：「蓄，積也。」言積疑不決則敗壞其謀慮，怠惰忽略則荒廢其政事。「牆面」謂面牆而立，所見不遠。王氏釋詞云：「惟，猶乃也。」言不學舊典常法則如面牆無識，莅臨政事乃煩亂無措。

「戒爾卿士，功崇惟志，業廣惟勤。惟克果斷，乃罔後艱。位不期驕，禄不期侈，恭儉惟德。無載爾僞，作德心逸日休，作僞心勞日拙。居寵思危，罔不惟畏，弗畏入畏。推賢讓能，庶官乃和，不和政厖。舉能其官，惟爾之能；稱匪其人，惟爾不任。」

【校】内野、八行本驕作憍。足利、天正本「弗畏入畏」作「弗畏入可畏」。古文訓驕作憍，拙作炪。按：説文馬部云：「驕，馬高六尺爲驕，从馬，喬聲。詩曰：『我馬維驕。』一曰野馬。」段注云：「凡驕恣之義當是由此引伸，旁義行而本義廢矣。俗製憍字。」今按：喬从高，故凡从喬之字有高義。中山王鼎驕作喬，是喬爲驕之初文。曾侯乙墓竹簡憍作⿱喬心，是戰國文字已有憍字，皆喬之孳乳，非段氏所謂俗字。説文手部云：「拙，不巧也，从手，出聲。」汗簡出部引尚書拙作⿰矢出。鄭氏箋正云：「薛本盤庚『予亦拙謀』作炪，是采説文炪下所引書作之，而周官『心勞日拙』作⿰矢出，蓋當時有譌火旁作矢者，僞本用爲古文，非也。」集韻薛韻云：「拙，古作⿰矢出。」而玉篇矢部云：「⿰矢出，短也。」是⿰矢出非拙字，更非拙之古文。故古文訓拙作⿰矢出，無理無據。古寫本「人」下有「可」字者，因僞孔傳誤衍。

【詁】「卿士」爲百官之長，此文以卿士賅百官。説文山部云：「崇，山大而高也。」段注云：「崇之引伸爲凡高之偁。」王氏釋詞云：「惟，猶以也。」「以，亦由也。」言告戒你們卿士百官，功高由于有志，業大由于勤勞。王氏釋詞云：「惟，發語詞也。」爾雅釋言云：「克，能也。」「罔，無也。」釋詁云：「艱，難也。」按：難謂患難，「後艱」猶言後患。言能果斷行事，則無後患。位謂居官位爲貴。玉篇月部云：「期，當也。」禄謂有俸禄而富。言有位而貴不當驕傲，有禄而富不當奢侈，恭儉爲美德。國語周語韋昭注云：「載，行也。」又吴語韋注云：「逸，樂也。」爾雅釋詁云：「休，美也。」按：爾爲句中助詞。僞謂作僞。言不要行使詐僞，爲德直行則于心逸樂而名聲日美，爲詐飾巧則于心勞苦而行事日拙。呂氏春秋離俗篇高誘注云：「居，處也。」玉篇心部云：「惟，思也。」言處于貴寵則思危辱，無一事不思慮畏懼，不思畏懼則將入于可畏之中。蔡傳云：「賢，有德者也；能，有才者也。」爾雅釋詁云：「諧，和也。」孔傳云：「厖，亂也。」言賢能相讓，則衆官和諧，不和諧則政亂。國語周語韋注云：「稱，舉也。」匪與非通。言所舉之人能勝任其官職，是你之能力勝任其官職；如舉非其人，是你亦不勝任其官位。謂自己不賢則所舉必不賢。

王曰：「嗚呼！三事暨大夫，敬爾有官，亂爾有政，以佑乃辟，永康兆民，萬邦惟無斁。」

【詁】「三事」之官見立政，即任人、準夫、牧伯三卿，此文謂卿士。爾雅釋詁云：「暨，與也。」「亂，治也。」「辟，君也。」「永，長也。」「康，安也。」按：「有官」即官，有爲助詞。「有政」即政，有亦爲助詞。説文攴部云：「斁，解也。」詩曰『服之無斁』，斁，厭也。」按：「無斁」謂不厭棄。言成王感歎説，卿士與大夫們，敬業你們之官職，治理你們之政事，以佑助你們之君王，使天下萬民長遠安寧，諸侯萬國則不厭棄我周朝。

周書七

君陳【解題】孔氏正義云：「周公遷殷頑民於成周，親自監之。周公既没，成王命其臣名君陳代周公監之。以策書命之，史録其事作策書，爲君陳篇名。」按：此亦梅氏僞古文尚書之一篇。

王若曰：「君陳！惟爾令德孝恭，惟孝友于兄弟，克施有政。命汝尹茲東郊，敬哉！昔周公師保萬民，民懷其德。往慎乃司，茲率厥常，懋昭周公之訓，惟民其乂。

【校】「惟孝友于兄弟」，内野、觀智院、足利、天正諸古寫本皆作「惟孝于孝，友于兄弟」。按：論語爲政篇云：「書云：『孝乎惟孝，友于兄弟，施於有政。』」此本爲尚書逸文，而作僞古文尚書者采入君陳篇。潘岳閒居賦亦作「孝乎惟孝，友于兄弟」，與論語引尚書同，可證今本僞古文尚書之誤。而古寫本作「惟孝于孝」，亦已錯誤。

【詁】爾雅釋詁云：「令，善也。」「恭，敬也。」釋訓云：「善父母爲孝，善兄弟爲友。」釋言云：「克，能也。」按：「有政」即政，有爲助詞。言成王如此謂君陳説，你之美德是孝敬父母，友于兄弟，故能施政于國。説文又部云：「尹，治也。」爾雅釋地云：「邑外謂之郊。」按：邑謂國都，周之國都宗周在西，故稱位東之成周爲東郊。言命你君陳治理東郊成周，訓導殷遺民，你當敬職爲之。周禮師氏鄭注云：「師，教人以道者之稱也。」説文人部云：「保，養也。」爾雅釋詁云：「懷，思也。」言昔日周公教導保養萬民，故萬民懷念周公之德。玉篇司部云：「司者，主也。」楊氏詞詮云：「茲，承接連詞。茲，此也。本代名詞。此種用法乃是『茲用』之省略。」爾雅釋詁云：「率，循也。」「法，常也。」説文心部云：「懋，勉也。」言部云：「訓，説教也。」爾雅釋詁云：「昭，光也。」「乂，治也。」按：治謂治安。言往成周當謹慎你所司主之事，茲循其常法，勉力光大周公之教導，則萬民將治理安定。

「我聞曰：至治馨香，感于神明；黍稷非馨，明德惟馨。爾尚式時周公之猷訓，惟日孜孜，無敢逸豫。凡人未見聖，若不克見；既見聖，亦不克由聖，爾其戒哉！爾惟風，下民惟草。

【校】古文訓孜作𡥉。按：説文子部云：「孳，孳孳，彶彶生也，从子，茲聲。𡥉，籀文孳，从絲。」段注云：「支部孜下曰：『孜孜，彶彶也。』此云『彶彶生也』，孜、孳二字古多通用。蕃生之義當用孳，故从茲；無怠之義當用孜，故从支。」今按：西周金文㝬鐘及戰國古文郭店楚簡有𡥉字，从丝聲，丝即古絲字，與説文籀文从絲合，故説文小篆从茲聲無當。考先秦古文字未見孜字，蓋孳、孜本古今字，故古書通用。

【詁】蔡傳云：「『至治馨香』以下四句，所謂『周公之訓』也。」周禮考工記弓人鄭注云：「至，猶善也。」「黍稷」謂黍稷祭品。説文香部云：「馨，香之遠聞也。」王氏釋詞云：「惟，猶乃也。」言我聽周公訓導説，善美政治之芬香遠聞，能感動神明；黍稷祭品之香氣不能遠聞，光明德行之芬香乃能遠聞。説文八部云：「尚，庶幾也。」按：尚與當通。爾雅釋言云：「式，用也。」釋詁云：「時，是也。」「猷，言也。」「訓，道也。」「逸，過也。」「豫，樂也。」按：「猷訓」猶言教導。「逸豫」猶言享樂。言你君陳應當用此周公之教導，每日孜孜不倦修德教民，不敢享樂無度。聖謂聖道。小爾雅廣言云：「若，乃也。」爾雅釋詁云：「遵、由，自也。」言凡人未見聖道，乃以未能見聖道而不遵循，但已見聖道，亦不能遵循聖道，人多如此，故于事無成，你當引以爲戒。玉篇心部云：「惟，爲也。」言你在上爲風，民在下爲草，草隨風而倒向，民由教而安順，不可不知此理。

「圖厥政，莫或不艱；有廢有興，出入自爾師虞，庶言同則繹。爾有嘉謀嘉猷，則入告爾后于内，爾乃順之于外，曰：『斯謀斯猷，惟我后之德。』嗚呼！臣人咸若時，惟良顯哉！」

【校】足利、天正本繹作紎。按：足利古寫本尚書釋字作釈，澤字作沢，此繹作紎者，皆日本國所用漢字類化之簡字。

【詁】爾雅釋詁云：「圖，謀也。」王氏釋詞云：「或，猶有也。」按：「莫或」猶言無有。「出入」猶言反覆。爾雅釋詁云：「由，自也。」「師，衆也。」釋言云：「虞，度也。」釋詁云：「繹，陳也。」按：陳謂布施。言謀其政治，無有不難之事；有廢除與興起之事，要反覆由你衆人商量，衆言同則公布施行。爾雅釋詁云：「嘉，善也。」釋言云：「猷，言也。」釋詁云：「后，君也。」「順，陳也。」「斯，此也。」按：王氏釋詞云：「乃，猶然後也。」「臣人」謂臣于人君者，即臣子。言你有善謀善言，則入告你君于内，你然後陳述于外説，此善謀此善言，是我君之德。臣子皆如此，是臣良則君顯。

王曰：「君陳！爾惟弘周公丕訓，無依勢作威，無倚法以削。寬而有制，從容以和。殷民在辟，予曰辟，爾惟勿辟；予曰宥，爾惟勿宥，惟厥中。有弗若于汝政，弗化于汝訓，

辟以止辟，乃辟。狃于姦宄，敗常亂俗，三細不宥。

【校】觀智院本宥作㝻。按：說文宀部云：「宥，寬也，从宀，有聲。」今按：西周金文諫簋作宥，與說文篆文同。開母廟石闕亦作宥。玉篇穴部云：「㝻，于究切，空也。」是宥與㝻音同義異。尚書古寫本宥或作㝻者，誤寫同音字，不足取。

【詁】爾雅釋詁云：「弘、丕，大也。」說文人部云：「依，倚也。」廣雅釋詁云：「依，恃也。」按：「依勢」謂依恃權位，「倚法」謂依恃法制。削當讀爲陗。說文𨸏部云：「陗，陵也。」按：陗亦作峭，陵亦作峻。削謂嚴刑峻法。言成王謂君陳說，你當弘揚周公大訓，不要依恃權位作威壓民，不要依恃峻法虐民，應寬容而有法度，從容不迫以和諧其民。爾雅釋詁云：「辟，法也。」按：「在辟」猶言犯法。釋詁又云：「惟，思也。」按：「爾惟勿辟」謂你思慮不要以法判刑。廣雅釋言云：「宥，赦也。」中謂中正公平。言殷遺民犯法，如我成王説以法判刑，你則思慮不要以法判刑，因其罪輕；我説赦免，你則思慮不要赦免，因其罪重，當思慮其公正判決，不受君意干擾。爾雅釋言云：「若，順也。」釋詁云：「訓，道也。」按：訓謂教導。言有不順從于你政事，不變化于你教導者，以刑法能制止犯法，則刑法從事。玉篇犬部云：「狃，習也。」爾雅釋詁云：「法，常也。」廣雅釋詁云：「細，小也。」按：「三細」謂姦宄、敗常、亂俗三種小罪。言殷遺民有惡習姦宄，毀敗常法，壞亂風俗者，三罪雖小亦不可赦免，以絕惡源。

「爾無忿疾于頑，無求備于一夫。必有忍，其乃有濟；有容，德乃大。簡厥修，亦簡其或不修；進厥良，以率其或不良。惟民生厚，因物有遷，違上所命，從厥攸好。爾克敬典在德，時乃罔不變，允升于大猷，惟予一人膺受多福，其爾之休，終有辭于永世。」

【校】内野、八行本「一夫」作「一人」。按：論語微子篇作「無求備于一人」，據孔氏正義亦作「一人」，蓋因僞孔傳釋作「一夫」而抄者誤改。

【詁】疾、嫉古今字。廣雅釋詁云：「嫉，惡也。」「頑，愚也。」按：「忿疾」猶言憎惡。説文貝部云：「責，求也。」廣雅釋詁云：「備，具也。」按：「求備」謂要求完美。言你不要憎惡于頑愚不明之人，當耐心教導，不要要求一個人完美無缺，當取其所長。廣雅釋詁云：「忍，耐也。」爾雅釋言云：「濟，成也。」言爲民君長，一定要有忍耐心，其事乃能有成；有所寬容，其德乃能大。簡當讀爲柬。説文柬部云：「柬，分别簡之也，从束八，八，分别也。」段注云：「韻會無簡字爲長。」是説文原訓柬爲分别。文選思玄賦舊注云：「修，善也。」説文畐部云：「良，善也。」王氏釋詞云：「或，語助也。」言分别其善良者，又分别其不善良者；進用其善良者，以率領勉勵其不善良者使善良。生、性古今字。禮記大傳鄭注云：「遷，猶變易也。」爾雅釋言云：「攸，所也。」言人之本性敦厚，但因受外物影響而變易，故或違背君上所命，或順從君上所好，皆非正道。爾雅釋詁云：「典，常也。」「在，察也。」「登，陞也。」「時，是也。」「猷，道也。」按：王氏釋詞云：「允，猶以也。」言你能敬行常道省察己德，如此則無所不變，以登上正大之道。爾雅釋言云：「膺，親也。」「休，美也。」「永，長也。」按：「一人」謂天子。「有辭」謂稱誦之言。言你君陳爲官有道，不僅我成王親受大福，你之美名亦終能稱誦于長遠後世。

周書八

畢命

【解題】史記周本紀云：「康王命作策畢公，分居里，成周郊，作畢命。」按：周公與君陳相繼治理成周殷民。君陳殁，康王命畢公繼續治理，此乃册命之辭。今文尚書無此文，是史遷所記畢命早佚，此爲梅氏僞古文尚書之一篇。

惟十有二年，六月庚午朏。越三日壬申，王朝步自宗周，至于豐，以成周之衆，命畢公保釐東郊。

【校】岩崎本釐作釐。古文訓釐作𨤏。按：説文里部云：「釐，家福也，从里，𠩺聲。」段注云：「家福者，家居獲祐也。釐字从里，里者家居也，故許釋爲家福。有假釐爲理者，堯典『允釐百工』是也。」今按：西周金文善夫克鼎作釐，芮伯壺作釐，皆从來，與説文篆文从未不同，當以从來爲是。古寫本作釐从来，来即來之簡筆字，是从来猶合古文。而古文訓作𨤏从夾，則是从來之譌，不可取。

【詁】説文月部云：「朏，月未盛之明也。」段注云：「漢志引古文月采篇曰：『三日曰朏。』」是「六月庚午」謂六月三日。王氏釋詞云：「越，猶及也。」按：「越三日壬申」謂自庚午及至三日爲壬申日。古今韻會舉要云：「輦行曰步。書『王朝步自周』，輦行也。後世稱輦曰步輦，謂人荷而行，不駕馬。」按：「宗周」即鎬京。豐即豐邑，有文王廟。「成周」即雒邑。詩小雅天保鄭玄箋云：「保，安也。」又周頌臣工箋云：「釐，理也。」按：「保釐」謂安置治理。「東郊」謂成周。言康王即位十二年之六月三日爲庚午日，夜月初明，自庚午及至三日爲壬申日，王朝自鎬京乘步輦至于豐邑文王廟，因成周之衆民事，命畢公安置治理于東郊成周。

王若曰：「嗚呼！父師，惟文王武王敷大德于天下，用克受殷命。惟周公左右先王，綏定厥家，毖殷頑民，遷于洛邑，密邇王室，式化厥訓。既歷三紀，世變風移，四方無

虞，予一人以寧。

【詁】父謂伯父，師謂大師，父師猶言伯父太師，是對太師畢公的敬稱。敷謂布施。言康王如此感歎説，伯父太師，文王武王布施大德于天下，故能代受殷之王命。爾雅釋詁云：「左、右，助也。」「綏，安也。」「邇，近也。」按：廣韻至韻云：「毖，告也。」王氏釋詞云：「式，語詞之用也。」説文言部云：「訓，説教也。」言周公輔助成王，安定其國家，告戒殷遺頑民勿叛，遷徙于雒邑，使親近王室，以變化其禮教。文選幽通賦李善注云：「應劭曰：『紀，世也。』」按：「三紀」即三世，謂自武王、成王及今康王三世。爾雅釋言云：「虞，度也。」按：「無虞」猶言無慮，即無憂。言自武王至今已經三代，世變風移，四方無憂，我康王得以安寧。

「道有升降，政由俗革，不臧厥臧，民罔攸勸。惟公懋德，克勤小物，弼亮四世，正色率下，罔不祗師言。嘉績多于先王，予小子垂拱仰成。」

【詁】廣雅釋詁云：「道，治也。」按：「道有升降」謂治道有高下。説文革部云：「革，更也。」臣部云：「臧，善也。」爾雅釋言云：「攸，所也。」説文力部云：「勸，勉也。」言治道有高有下，爲政當因民俗不同而改更治方，如不嘉善其善者，則民無所勸勉仰慕。懋與茂通。詩齊風還毛傳云：「茂，美也。」左傳哀公元年賈逵解詁云：「物，職也。」按：「小物」猶言小職，謂畢公才大職小，歉辭。爾雅釋詁云：「弼、輔，俌也。」「亮、相，導也。」按：「弼亮」猶言輔相。「四世」謂文、武、成、康四代君王。「正色」謂嚴正態度。爾雅釋詁云：「祗，敬也。」詩大雅抑鄭箋云：「言，猶教命也。」按：「師言」謂太師畢公之教導。言畢公美德，能勤勞于小職，輔相四世君王，嚴厲率領下臣，故無不尊敬太師教導。爾雅釋詁云：「嘉，美也。」「績，功也。」玉篇多部云：「多，重也。」按：「垂拱」謂垂衣斂手無所執事。廣雅釋詁云：「仰，恃也。」言畢公美善功績顯重于先王之時，我幼稚天子可垂衣斂手仰恃其成功。

王曰：「嗚呼！父師，今予祗命公以周公之事，往哉！旌别淑慝，表厥宅里，彰善癉惡，樹之風聲。弗率訓典，殊厥井疆，俾克畏慕。申畫郊圻，慎固封守，以康四海。政貴有恒，辭尚體要，不惟好異。商俗靡靡，利口惟賢，餘風未殄，公其念哉！

【校】岩崎本慝作忒。八行本旌作旍。内野、足利、天正本慝作忒。古文訓慝作忒。按：古寫本旌作旍，乃隋唐俗字，不足取。説文無慝字，心部云：「忒，更也，从心，弋聲。」戰國古文字侯馬盟書作忒，與説文篆文同。廣雅釋詁云：「忒，差也。」差錯即忒字本義之引伸。洪範云：「人用側頗僻，民用僭忒。」馬融注云：「忒，惡也。」惡又差錯之引伸。蓋慝字後出，始見漢碑。詩、書忒、慝並用，當以忒字爲正，慝爲或體。尚書文當以作忒爲正。

【詁】廣雅釋詁云：「旌，表也。」按：表謂表識，「旌别」猶言識别。爾雅釋詁云：「淑，善也。」吕氏春秋觀表篇高誘注云：「表，異也。」爾雅釋言云：「宅，居也。」按：「表厥宅里」謂表異其居里。詩大雅板毛傳云：「癉，病也。」王氏釋詞云：「之，可訓爲其。」言王敬命畢公以周公前已所爲治民之事往成周，要識别善惡，異其居里，揚善疾惡，樹立其善風善聲。爾雅釋詁云：「率，循也。」「訓，道也。」「典，常也。」按：「訓典」謂教導倫常。淮南子本經篇高誘注云：「殊，異也。」按：井即井田，疆即田界，「殊厥井疆」謂異其田界。爾雅釋詁云：「俾，使也。」釋言云：「克，能也。」孔傳云：「畏慕，畏爲惡之禍，慕爲善之福。」言民不遵循教導倫常，則變異其田界，善惡有别，使其畏懼爲惡，仰慕爲善。爾雅釋詁云：「申，重也。」説文畫部云：「畫，界也。」爾雅釋地云：「邑外謂之郊。」圻亦作畿，邑内謂畿，「郊畿」謂距雒邑郊外之界。言當重新畫分殷遺民居于雒邑郊外之界，使謹慎堅固所封守地，以安定天下。爾雅釋詁云：「恒，常也。」孔疏云：「言辭尚其體實要約。」按：「體要」謂質樸簡要。言爲政貴在有常，言辭尚其質樸簡要，不爲好奇立異。方言云：「靡靡，細好也。」爾雅釋詁云：「殄，絶也。」言商紂風習以巧言利口爲賢能，餘風未絶，公當念戒。

「我聞曰：世禄之家，鮮克由禮。以蕩陵德，實悖天道。敝化奢麗，萬世同流。兹殷庶士，席寵惟舊，怙侈滅義，服美于人。驕淫矜侉，將由惡終。雖收放心，閑之惟艱。資富能訓，惟以永年。惟德惟義，時乃大訓。不由古訓，于何其訓？」

【校】内野本陵作淩。足利、天正本侈作移。古文訓悖作𢧢，侉作夸。按：古寫本陵作淩，陵、淩皆夌之假借字。説文夊部云：「夌，越也，从夊兴，兴，高大也。一曰夌徲也。」段注云：「凡夌越字當作此，今字或作淩，或作凌，而夌廢矣。廣韻陵下云：『犯也，侮也，侵也。』皆夌義之引伸，今字概作陵矣。」今按：殷代金文子夌尊有夌字，是古本字。淩本水名，陵本大阜，是今作淩、陵者，皆夌之假借。説文言部云：「誖，亂也，从言，孛聲。悖，誖或从心。𢧢，籀文誖，从二或。」段注云：「兩國相違，舉國相向，亂之意也。」今按：甲骨文誖字作𢧢，見殷契佚存七八一片，西周金文旅仲簋誖作𢧢，與説文籀文同，或即國字古文。今小篆誖之異體悖通行，亦文字簡化所需。説文人部云：「侈，掩脅也，从人，多聲。一曰奢也。」段注云：「三禮皆假移爲侈。」是古寫本侈作移者，用假借字，不足取。説文人部云：「侉，憜詞也，从人，夸聲。」段注云：「爾雅、毛傳皆曰：『夸毗，體多柔。』然則侉即夸毗字乎？」又大部云：「夸，奢也，从大，亏聲。」今按：先秦古文字無侉字。殷代金文甗文有夸字，西周金文白夸父盨及戰國古陶文、古璽文亦有夸字，侉蓋後出或體，「矜侉」字當以作夸爲古本字，侉乃後出通行字。

【詁】論語爲政篇鄭玄注云：「禄，禄位也。」爾雅釋詁云：「鮮，罕也。」「遵、循、由，自也。」「寔，是也。」按：寔爲實本字。言我聽説，世代亨有禄位之家，罕能遵循禮法，以放蕩之行輕侮有德，是悖亂天道。玉篇攴部云：「敝，壞也。」按：「敝化」謂敗壞風化。廣雅釋詁云：「流，行也。」言敗壞風化，奢侈華麗，雖萬世同惡流俗。爾雅釋詁云：「兹，此也。」「庶，衆也。」説文巾部云：「席，藉也。」小爾雅廣詁云：「舊，久也。」説文心部云：「怙，恃也。」按：「怙侈」謂恃禄奢侈。言此殷遺衆士，藉寵乃久，恃禄奢侈而滅德義，服飾華美于常人。書無逸鄭玄注云：「淫，放恣也。」按：「驕淫」猶言驕恣。禮記表記鄭注云：「矜，謂自尊大也。」言驕恣自大，將以惡自終。小爾雅廣言云：「放，棄也。」按：「放心」謂放棄王命之心。廣韻山韻云：「閑，防也，禦也。」言今雖已收斂殷民放棄王命之心，但防禦他們反復則難。「資富」謂資財富足。廣雅釋詁云：「訓，順也。」王氏釋詞云：「惟，猶乃也。」能从㠯聲，故與以通，「惟以」猶言乃能。爾雅釋詁云：「永，長也。」按：「永年」猶言長久。言使殷遺民資財富足則能順服，乃能長久不叛。玉篇心部云：「惟，爲也。」爾雅釋詁云：「時，是也。」言對殷遺民行德行義，此乃能使其大順。玉篇言部云：「訓，誡也。」按：「古訓」謂古言訓誡。王氏釋詞云：「于，猶如也。」「其，猶乃也。」訓讀爲順。廣雅釋詁云：「訓，順也。」言不用古言訓誡殷遺民，如何乃能使順服。

王曰：「嗚呼！父師，邦之安危，惟兹殷士。不剛不柔，厥德允修。惟周公克慎厥始，惟君陳克和厥中，惟公克成厥終。三后協心，同厎于道。道洽政治，澤潤生民。四夷左衽，罔不咸賴，予小子永膺多福。

【詁】王氏釋詞云：「允，猶以也。」吕氏春秋先己篇高誘注云：「修，設也。」按：修謂修立。言康王歎謂畢公説，伯父太師，國家之安危，在此殷遺士民和諧與否，治理要剛柔相濟不偏，則其德政因以修立。始、中、終相對，中謂中途。言周公能慎其始，遷殷頑民于雒邑以防叛，君陳能弘揚周公德治而和諧殷頑民于其中途，而相信你畢公能繼二公完成最終治理。爾雅釋詁云：「后，君也。」釋言云：「底，致也。」漢書終軍傳顔注云：「洽，溥也。」言周公、君陳、畢公三君協心，同致于治道，治道遍行而政教治理，德澤惠潤其生民。説文衣部云：「衽，衣衿也。」按：衿今作襟。夷狄民族衣襟向左，故謂「左衽」。楚辭天問王逸注云：「膺，受也。」言四方夷族左衽之民，無不皆依賴三公之德政，我康王小子亦長受大福。

「公其惟時成周，建無窮之基，亦有無窮之聞。子孫訓其成式，惟乂。嗚呼！罔曰弗克，惟既厥心；罔曰民寡，惟慎厥事。欽若先王成烈，以休于前政。」

【校】岩崎本寡作㝥。足利、天正本「亦」字作「其」。按：僞孔傳云「於公亦有無窮之名以聞於後世」，是當以「亦」爲是。古寫本或作「其」者，「其」字古文作「亓」，與「亦」形近，故「亦」誤作「其」。古寫本寡作㝥者，用隋唐俗字，如隋太僕卿元公墓誌寡字作㝥，是其例，不足取。

【詁】王氏釋詞云：「其，猶尚也，庶幾也。」「惟，猶以也。」按：尚與當通，「其惟」猶言「當以」。爾雅釋詁云：「時，是也。」漢書韋賢傳顔注云：「聞，聲名也。」爾雅釋詁云：「訓，順也。」言畢公當以此成周之治理，爲周朝建立無窮之基業，于畢公亦有無窮之聲名傳至後世。説文工部云：「式，法也。」王氏釋詞云：「惟，猶以也。」爾雅釋詁云：「乂，治也。」言後世子孫將順畢公治理成周之成法，以治理安定天下。廣雅釋詁云：「既，盡也。」言爲政不當説不能，惟在盡其心；不當説民少不足治，惟在謹慎其從事。爾雅釋詁云：「欽，敬也。」「若，順也。」「烈，業也。」「休，美也。」按：「前政」謂周公、君陳之政。言敬順先王文武成就之功業，使其政治美善于前人之政。

周書九

君牙【解題】書序云：「穆王命君牙爲周大司徒，作君牙。」陸氏釋文云：「穆王名滿。君牙或作君雅。」按：穆王爲康王孫，昭王子。此篇亦爲梅氏僞古文尚書之一篇。

王若曰：「嗚呼！君牙，惟乃祖乃父，世篤忠貞，服勞王家，厥有成績，紀于太常。惟予小子，嗣守文、武、成、康遺緒，亦惟先王之臣，克左右亂四方，心之憂危，若蹈虎尾，涉于春冰。

【校】岩崎本康作庚，冰作爻。古文訓牙作雅，冰作仌。阮刻本「乃祖乃父」作「乃祖父」，「先王之臣」作「先正之臣」。按：阮氏校勘記云：「禮記緇衣作君雅，注云：『書序作牙，假借字也。』然則記自作雅，經自作牙，或僞孔本有作雅者。」今按：據此文「今命爾予翼，作股肱心膂」等句之義，是臣名君牙者，取君王爪牙之意，本字即牙，雅乃假借字，鄭玄禮記注不足信。考唐石經及各古寫本皆作「乃祖乃父」、「先王之臣」，是阮刻本作「乃祖父」、「先正之臣」者，皆誤。說文仌部云：「仌，凍也，象水冰之形。」「冰，水堅也，从水仌。凝，俗冰，从疑。」段注云：「仌象水初凝之文理也。以冰代仌，乃別製凝字，經典凡凝字皆冰之變也。」今按：仌乃冰凍本字，西周金文卣文及先秦古陶文皆有仌字。冰乃凝凍本字，東周金文陳逆簠、二年上郡守冰戈皆有冰字可證。是尚書「春冰」古本字當作仌，古寫本作爻者，乃俗譌，不足取。

【詁】楊氏詞詮云：「乃，對稱人稱代名詞，爾也，汝也。」爾雅釋詁云：「篤，厚也。」廣雅釋詁云：「貞，正也。」爾雅釋詁云：「服，事也。」「功、績、就，成也。」按：「成績」謂成就功績。周禮司勳云：「凡有功者，銘書于王之太常。」又司常云：「九旗之物名，日月爲常，畫其象焉。」鄭玄注云：「銘之言名也。」是「太常」謂王之旌旗畫日月之象以名紀功勳者。言穆王謂君牙說，你祖你父，世代篤厚忠正，服事勤勞于王室，其有成就功績，紀名于王之旌旗太常。爾雅釋詁云：「嗣，繼也。」「業，緒也。」「左、右，助也。」「亂，治也。」說文危部云：「危，在高而懼也。」段注云：「引伸爲凡懼之偁。」言我穆王小子，繼守文武成康四代先王遺業，你君牙，亦爲先王之臣，能輔助我治理天下四方，我無能治國，心之憂懼，如踩虎尾畏其噬，如行春冰畏陷河。

「今命爾予翼，作股肱心膂，纘乃舊服，無忝祖考。弘敷五典，式和民則。爾身克正，罔敢弗正；民心罔中，惟爾之中。夏暑雨，小民惟曰怨咨；冬祁寒，小民亦惟曰怨咨。厥惟艱哉！思其艱以圖其易，民乃寧。

【校】岩崎、内野、足利、天正、八行本皆作「小民惟日怨咨」、「小民亦惟日怨咨」。古文訓膂作吕，咨作資。按：說文吕部云：「吕，脊骨也，象形。昔大嶽爲禹心吕之臣，故封吕侯。膂，篆文吕，从肉，旅聲。」段注云：「沈氏彤釋骨曰：『項大椎之下二十一椎通曰脊骨，曰脊椎，曰膂骨。』吕本古文。僞君牙襲國語云『股肱心膂』，此未知古文無膂，秦文乃有膂也。」今按：殷虛文字乙編一九八〇片有吕字，兩周金文吕王壺、吕不韋戟亦皆有吕字，而先秦古文字未見膂字，是爲後出形聲字。古寫本「惟曰」作「惟日」，日謂日日，作日字義長。咨與資古同聲而通用。廣雅釋詁云：「資，問也。」資即咨之假借字。是古文訓咨作資者，以借字作古，不足取。

【詁】國語楚語韋昭注云：「翼，輔也。」說文糸部云：「纘，繼也。」王氏釋詞云：「乃，猶其也。」「舊服」猶言故事，謂父祖忠勤王室往事。爾雅釋言云：「忝，辱也。」釋親云：「父爲考。」言今命你君牙爲我輔相，作股肱心腹脊梁重臣，繼你父祖忠勤王室往事，無玷辱你祖你父。爾雅釋詁云：「典，常也。」按：「五常」謂父義、母慈、兄友、弟恭、子孝。爾雅釋言云：「式，用也。」釋詁云：「則，法也。」言大力實施五常教育，用以和諧民情使有法則。淮南子主術篇高誘注云：「中，正也。」爾雅釋詁云：「惟，思也。」言你自身能正，則下民無敢不正，民心不正，則思你自身之正而使民正。說文日部云：「暑，熱也。」王氏釋詞云：「惟，猶乃也。」按：「惟曰」當作「惟日」，謂乃日日。爾雅釋詁云：「咨，䢋也。」按：䢋即嗟字。詩小雅吉日毛傳云：「祁，大也。」「厥惟」猶言其惟，惟者，是也，「厥惟艱哉」謂其如是難哉。爾雅釋詁云：「圖，謀也。」按：民心歸正爲難，謀求衣食爲易。言夏天火熱大雨，乃自然常道，而小民百姓乃日日怨恨嗟歎；隆冬大寒亦自然常道，而小民百姓亦乃日日怨恨嗟歎。可見治民之艱難在民心歸正。當先思其民心歸正之難，而後謀求衣食豐足之易，民則安寧。

「嗚呼！丕顯哉！文王謨；丕承哉！武王烈。啓佑我後人，咸以正罔缺。爾惟敬明乃訓，用奉若于先王。對揚文武之光命，追配于前人。」

【詁】王氏釋詞云：「孟子滕文公引書曰：『丕顯哉，文王謨；丕承哉，武王烈。』顯哉，承哉，贊美之詞，丕則發聲也。」是丕爲發語詞。爾雅釋詁云：「顯，光也。」「謨，謀也。」「烈，業也。」承通蒸，蒸謂美，見廣雅。言光明啊文王之謀略，美大啊武王之功業，文武之道啟示佑導我們後繼之人，治民要事事皆由正道而無一事有虧缺。王氏釋詞云：「惟，猶以也。」爾雅釋言云：「若，順也。」言你君牙當敬明你所布行之五教，以敬順于先王之道，答揚文王武王之光明之命，追配于你有美名之父祖先人。

王若曰：「君牙！乃惟由先正舊典時式，民之治亂在兹。率乃祖考之攸行，昭乃辟之有乂。」

【校】岩崎本昭作照。足利本攸作道。天正本正作王，攸作道。按：古寫本攸作道者，道蓋逌之寫譌，攸、逌古通用，故攸可作逌。説文日部云：「昭，日明也，从日，召聲。」段注云：「引伸爲凡明之偁。」又火部云：「照，明也，从火，昭聲。」段注云：「與昭音義同。」是昭、照古通用。

【詁】惟與唯通。楊氏詞詮云：「唯，命令副詞，表希望之時用之。」按：「惟由」猶言當以。爾雅釋詁云：「正，長也。」按：禮記緇衣鄭注云：「先正，先君長也。」是「先正」謂先君長輩。古寫本「先正」或作「先王」，誤。爾雅釋言云：「典，經也。」按：典謂經典，猶今言經驗方法。廣雅釋詁云：「時，善也。」説文工部云：「式，法也。」言你當以你家先君長輩爲政治民舊有經驗善法爲法則，民之治理關鍵在此。爾雅釋詁云：「率，循也。」「辟，君也。」「乂，治也。」按：「有乂」猶言治道，有爲助詞。言遵循你祖你父之所行事，昭明你君王之治道。

周書十

冏命【解題】史記周本紀云：「昭王子滿，是爲穆王。穆王即位，王道衰微，穆王閔文、武之道缺，乃命伯臩申誡大僕國之政，作臩命，復寧。」裴駰集解云：「應劭曰：太僕，周穆王所置。蓋太御衆僕之長，中大夫也。」按：臩音窘，與冏音同。漢書古今人表作煛。史記所記冏命早佚，此乃梅氏僞古文尚書之一篇。

王若曰：「伯冏！惟予弗克于德。嗣先人宅丕后，怵惕惟厲，中夜以興，思免厥愆。昔在文武，聰明齊聖，小大之臣，咸懷忠良。其侍御僕從，罔匪正人，以旦夕承弼厥辟，出入起居，罔有不欽。發號施令，罔有不臧，下民祗若，萬邦咸休。

【校】岩崎本冏本奭，古文訓作臩，唐石經作冏。按：說文夰部云：「臩，驚走也，一曰往來皃，从夰，𦣝聲。周書曰：『伯臩。』」段注云：「蓋臩冏古通用也。」今按：汗簡夰部引古尚書作臩。此字从𦣝，蓋䀠之變，从夰，即夫字。說文䀠部云：「䀠，左右視也，从二目。讀若枸，又若『良士瞿瞿』。」段注云：「為驚遽之狀。」古文字臣與目為一字，夫與人同，故臩字本義當為人警覺之貌，伯臩人名取義於此。或作奭、哭者，皆臩之譌變。冏與臩音義皆近。說文冏部云：「冏，窗牖麗廔闓明也，象形，讀若獷。賈侍中說讀與明同。」段注云：「闓明謂開明也。獷古音如廣，冏音同也。𦣝讀若誑，𦣝聲之臩為古文冏字。今音俱永切。」按：段氏說備參。

【詁】爾雅釋詁云：「勝，克也。」王氏釋詞云：「于，猶為也。」按：「于德」猶言為德。爾雅釋詁云：「丕，大也。」「后，君也。」廣雅釋訓云：「怵惕，恐懼也。」「厲，危也。」說文心部云：「愆，過也。」言穆王如此謂伯冏說，我不勝任為德，繼承先王居大君之位，恐懼思危，半夜而起，思免其過。王氏釋詞云：「匪，不也。」按：匪與非通。爾雅釋言云：「齊，中也。」說文耳部云：「聰，察也。」「聖，通也。」廣雅釋詁云：「侍，近也。」「僕，使也。」按：「侍御僕從」謂近衛、車御、役使、隨從之官。爾雅釋詁云：「辟，君也。」「欽，敬也。」「臧，善也。」「祗，敬也。」釋言云：「若，順也。」釋詁云：「休，美也。」言昔在文王武王，聰察明哲，中正通達，大小之臣，皆懷忠良。其近侍車御役使隨從小臣，無不用中正之人，早晚承輔其君，出入起居，無有不敬其職。故君王發號施令，無有不善，天下之民敬順其命令，諸侯萬國皆美其教化。

「惟予一人無良，實賴左右前後有位之士，匡其不及，繩愆糾謬，格其非心，俾克紹先烈。今予命汝作大正，正于羣僕侍御之臣。懋乃后德，交修不逮。慎簡乃僚，無以巧言令色，便辟側媚，其惟吉士。

【校】岩崎、内野本糾作糺，「大正」作「太僕正」。足利、天正、八行本糾作紏，「大正」作「大僕正」。古文訓謬作繆。按：説文丩部云：「糾，繩三合也，从糸丩，丩亦聲。」段注云：「凡交合之謂之糾，引伸爲糾合諸侯之糾，又爲糾責之糾。」古寫本作糺者，用日本國所用漢字，蓋由隋唐俗字作糺演變。古寫本又或作紏者，即糾之寫譌。説文言部云：「謬，狂者之妄言也，从言，翏聲。」段注云：「古差繆多用从糸之字，與此謬義別。」又糸部云：「繆，枲之十絜也，一曰綢繆也。从糸，翏聲。」段注云：「十絜猶十束也，亦假爲謬誤字。」是謬作繆者，用假借字。古寫本「大正」作「太僕正」者，阮氏校勘記云：「古本正上有僕字。按疏云：『命汝作太僕官。』大正則大字作如字讀，不讀爲太，古本非也。」是作「太僕正」、「大僕正」皆非是。

【詁】王氏釋詞云：「惟，發語詞也。」「無，不也。」廣雅釋詁云：「實，誠也。」爾雅釋言云：「匡，正也。」廣雅釋詁云：「及，至也。」按：至謂至善，「不及」猶言不善。言我天子不善，誠依賴左右前後有職位之臣，匡正其不善。呂氏春秋離俗篇高誘注云：「繩，正也。」周禮大司馬鄭玄注云：「糾，猶正也。」按：「繩愆糾謬」謂匡正過失，糾正謬誤。小爾雅廣詁云：「格，止也。」按：「格其非心」謂諫止其非妄之心。爾雅釋詁云：「俾，使也。」「紹，繼也。」「烈，業也。」言在位之臣爲君王匡正過失，糾正謬誤，諫止其非妄不實之心，使能繼承先王文武成康功業。爾雅釋詁云：

「正，長也。」按：「大正」猶言大長官，即統領侍御僕從衆臣之太僕正。爾雅釋詁云：「后，君也。」按：「后德」謂君王之德。小爾雅廣言云：「交，俱也。」國語魯語韋昭注云：「修，儆也。」按：儆亦作警，謂警戒。言今我命你伯冏作太僕正大長官，教正于衆僕侍御之臣，勸勉你君王爲德，共同警戒其王之不善。簡當讀爲柬。爾雅釋詁云：「柬，擇也。」「令，善也。」按：便與辯通。廣雅釋詁云：「側，度也。」按：「巧言」與「便辟」義近，謂巧辯求信；「令色」與「側媚」義近，謂善于觀色逢迎取悦。王氏釋詞云：「其，猶尚也，庶幾也。」玉篇心部云：「惟，爲也。」按：「其惟」猶言當爲。言謹慎選擇你僚屬侍臣，不要用巧辯求信、善于觀色逢迎取悦之小人，僚屬應當皆爲賢良善士。

「僕臣正，厥后克正；僕臣諛，厥后自聖。后德惟臣，不德惟臣。爾無昵于憸人，充耳目之官，迪上以非先王之典。非人其吉，惟貨其吉，若時瘝厥官，惟爾大弗克祗厥辟，惟予汝辜。」王曰：「嗚呼！欽哉！永弼乃后于彝憲。」

【校】岩崎、内野本昵作暱，憸作⿱冊心。古文訓昵作尼，憸作⿱冊心。按：説文日部云：「暱，日近也，从日，匿聲。昵，或从尼作。」段注云：「古文假尼爲昵，自衛包改尚書作昵。」今按：説文尸部云：「尼，從後近之，从尸，匕聲。」段注云：「尼訓近，故古以爲親暱字。自天寶間衛包改經尼爲昵，而賈氏羣經音辨所載猶未誤也。」考古陶文有尼字，而先秦古文字未見昵、暱，是皆後出字而通行。陸氏釋文云：「憸，息廉反，徐七漸反，利口也。本亦作⿱冊心。」説詳盤庚。

【詁】王氏釋詞云：「惟，猶以也。」言僕臣能正，其君乃能正，僕臣諂諛不正，則其君無人正諫而自以爲聖明，故君有德因臣正，君無德因臣諛。爾雅釋詁云：「迪，道也。」「典，法也。」按：道、導古文同字。説文非部云：「非，違也。」言你伯冏不要親近于利口佞人，不使其充任君王僕從耳目之官，不使其引導君王而違背先王之法。王氏釋詞云：「其，猶之也。」集韻山韻云：「瘝，病也。」按：病謂病害。爾雅釋詁云：「時，是也。」「祇，敬也。」「辟，君也。」「辜，罪也。」言不以人之善而以貨賄之善選任僕臣，如此則害其官制，就是你伯冏大不能敬其君，我將治你用人失察之罪。爾雅釋詁云：「欽，敬也。」「永，長也。」「弼、輔，俌也。」「后，君也。」「彝，常也。」「憲，法也。」按：彝憲謂常法，即正常法制。言穆王感歎説，要敬盡你伯冏輔政大臣之職，長遠用正常法制輔佐你君王治國。

附録　主要參考書目

一　文字校勘主要參考書

尚書文字合編　顧頡剛　顧廷龍輯
經典釋文彙校　唐陸德明撰　黄焯彙校
尚書注疏校勘記　清阮元（簡稱校勘記）
汗簡箋正　宋郭忠恕撰　清鄭珍箋正（簡稱箋正）
汗簡注釋　黄錫全
古文四聲韻　宋夏竦
集韻　宋丁度
説文解字注　清段玉裁（簡稱段注）
古文尚書撰異　清段玉裁（簡稱撰異）
説文通訓定聲　清朱駿聲（簡稱通訓定聲）

隸辨　清顧藹吉
碑別字新編　秦公
甲骨文編　孫海波
金文編　金文續編　容庚
戰國文字編　湯餘惠主編
古陶文字徵　高明　葛英會
侯馬盟書　文物出版社
古璽文編　漢印文字徵　羅福頤
古幣文編　張頷
包山楚簡　郭店楚墓竹簡　文物出版社
睡虎地秦墓竹簡　文物出版社
殷契粹編考釋　金文叢考　郭沫若
甲骨文字集釋　李孝定
甲骨文字詁林　于省吾主編

金文詁林及補與附録　周法高主編
説文解字詁林　丁福保編纂
説文古籀補　清吴大澂
説文解字新訂　臧克和　王平
古文字類編　高明
漢語古文字字形表　徐中舒主編
戰國古文字典　何琳儀

二　經文訓詁主要參考書

尚書大傳輯校　漢伏生傳　清陳壽祺輯校
史記　漢司馬遷
漢書　漢班固
尚書正義　唐孔穎達（簡稱孔疏）
書集傳　宋蔡沈（簡稱蔡傳）
尚書古文疏證　清閻若璩

尚書集注音疏　清江聲
廣雅疏證　清王念孫（簡稱王氏疏證）
讀書雜志　清王念孫
經義述聞　清王引之（簡稱王氏述聞）
經傳釋詞　清王引之（簡稱王氏釋詞）
經傳釋詞箋識　黄侃
尚書今古文注疏　清孫星衍（簡稱孫氏注疏）
今文尚書考證　清皮錫瑞
尚書孔傳參正　清王先謙
羣經平議　清俞樾（簡稱俞氏平議）
尚書駢枝　清孫詒讓
尚書故　清吴汝綸
古文尚書拾遺　章炳麟
禹貢錐指　清胡渭

水經注疏　楊守敬　熊會貞（簡稱楊守敬注疏）
禹貢本義　楊守敬
禹貢新解　辛樹幟
禹貢注釋　顧頡剛
古本竹書紀年輯校訂補　王國維輯校　范祥雍訂補
觀堂集林　古史新證　王國維
觀堂學書記　王國維講　劉盼遂記
尚書覈詁　楊筠如（簡稱楊氏覈詁）
雙劍誃尚書新證　于省吾（簡稱于氏新證）
西周青銅器銘文分代史徵　唐蘭
尚書正讀　曾運乾
積微居讀書記　詞詮　楊樹達
古書虛字集釋　裴學海
尚書易解　周秉鈞

尚書集釋　屈萬里

尚書綜述　蔣善國

尚書通論　陳夢家

尚書學史　劉起釪

尚書校釋譯論　顧頡剛　劉起釪

逸周書彙校集注　黄懷信等

爾雅詁林　朱祖延主編

經籍纂詁　清阮元主編

方言箋疏　漢揚雄撰　清錢繹箋疏

小爾雅義證　漢佚名撰　清胡承珙義證

釋名疏證補　漢劉熙著　清畢沅疏證　清王先謙補

玉篇　南朝顧野王

廣韻　宋陳彭年等

夏商周斷代工程階段成果報告　李學勤等